武汉大学测绘学科六十年

（1956—2016）

主编　李建成

WUHAN UNIVERSITY PRESS
武汉大学出版社

武汉大学测绘学科创建六十周年纪念活动

筹备工作领导小组

顾　问　宁津生　李德仁　刘经南　张祖勋　陈俊勇　刘先林　郭仁忠
主　任　李建成
副主任　龚健雅　李　斐
成　员　姚宜斌　刘耀林　万晓霞　施　闯

筹备工作领导小组办公室

主　任　陈　明
副主任　杨　旭　彭宇文　晏金柱
成　员　孙　萍　毕卫民　左　军　高振东　庞小平

《武汉大学测绘学科六十年（1956—2016）》编委会

主任委员　宁津生
副主任委员　李德仁　刘经南　张祖勋　龚健雅　李建成　李　斐
委　　员（按姓氏拼音为序）
毕为民　陈　明　陈晓榕　刘耀林　彭宇文　施　闯
孙　萍　万晓霞　王泽民　徐兴沛　晏金柱　杨　旭
姚宜斌　左　军

《武汉大学测绘学科六十年（1956—2016）》编写组

主　编　李建成
执行主编　杨　旭
副主编（按姓氏拼音为序）
毕为民　陈莉琼　陈晓榕　孙　萍　晏金柱　徐兴沛

1958年4月，毛泽东主席与武汉测量制图学院首任院长夏坚白院士亲切交谈

1967年10月，周恩来总理视察武汉测绘学院

1993年8月，江泽民总书记参观原武汉测绘科技大学在全国首届地图展览会的展位

2011年6月1日，胡锦涛总书记在武汉视察武汉大学测绘科技成果转化工作

2013年7月21日，习近平总书记听取刘经南院士关于北斗卫星相关研究成果汇报

2015年1月9日，习近平总书记亲切接见李德仁院士

2000年，时任全国人大常委会委员长乔石（左一）视察原武汉测绘科技大学

1997年11月，时任中共中央政治局常委、国务院副总理李岚清（前排左二）视察原武汉测绘科技大学南极标本馆

2004年11月19日，时任中共中央政治局常委、全国政协主席贾庆林（前排左一）视察武汉大学测绘遥感信息工程国家重点实验室，时任武汉大学党委书记顾海良（前排左二）、校长刘经南（前排右一）陪同

2003年10月11日，时任中共中央政治局委员、国务院副总理吴仪（二排中）参观高交会时观看武汉大学GPS成果展

2005年9月13日，时任中共中央政治局委员、国务院副总理曾培炎（前排右二）视察武汉大学测绘遥感信息工程国家重点实验室

2006年6月，时任中共中央政治局委员、湖北省委书记俞正声登门看望原武汉测绘学院党委书记毛远耀

2009年11月19日，时任中共中央政治局委员、国务委员刘延东来校视察

1994年8月，时任国务委员兼国家科委主任宋健（右一）亲切会见王之卓院士

2005年5月，全国政协副主席张梅颖（右一）视察武汉大学测绘遥感信息工程国家重点实验室

2009年10月23日，全国政协副主席、国家科技部部长万钢（前排右二）视察测绘遥感信息工程国家重点实验室，时任武汉大学党委书记李健陪同（前排右三）

2007年4月10日，泰国诗琳通公主来校为诗琳通地球空间信息科学国际研究中心揭幕

2008年8月4日，时任国家教育部部长周济考察我校

1987年10月，时任国家测绘局局长李曦沐出席中共武汉测绘科技大学第四次党代会

国家测绘局原局长陈俊勇院士在武汉测绘学院作报告

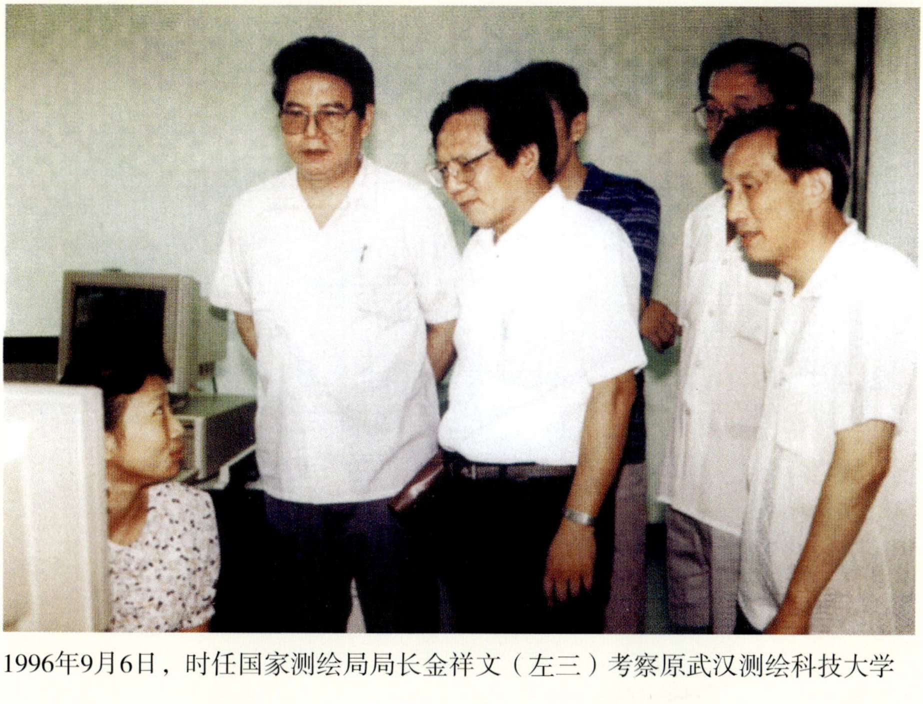

1996年9月6日，时任国家测绘局局长金祥文（左三）考察原武汉测绘科技大学

2001年10月29日，时任国家测绘局局长陈邦柱（右二）在我校举行的测绘系统局级干部培训班上作报告

2006年6月，时任国土资源部副部长、国家测绘局局长鹿心社（中）听取武汉大学测绘学科创建五十周年纪念活动筹备工作汇报

2009年4月22日，时任国土资源部副部长、国家测绘地理信息局局长徐德明（前排右二）来校考察

2014年9月4日，国土资源部副部长、国家测绘地理信息局局长库热西（左三）来校考察，湖北省副省长许克振（左二）、武汉大学党委书记韩进（左一）、武汉大学副校长李建成（左五）陪同

2009年1月10日，时任中共湖北省委书记罗清泉登门看望李德仁院士

2008年1月4日，时任湖北省省长李鸿忠来校考察

2014年4月，地球空间信息技术协同创新中心理事会在武汉大学举行，中心理事会理事长、武汉大学校长李晓红（前排中）与参会人员合影

中国科学院学部委员、国家一级教授、大地测量学家夏坚白

中国科学院资深院士、国家一级教授、摄影测量与遥感学家王之卓

中国科学院资深院士、国家一级教授、大地测量学家陈永龄

国家一级教授、土木工程学家金通尹

国家一级教授、大地测量学家叶雪安

中国工程院院士、大地测量学家宁津生

中国科学院院士、大地测量学家陈俊勇

中国科学院院士、中国工程院院士、摄影测量与遥感学家李德仁

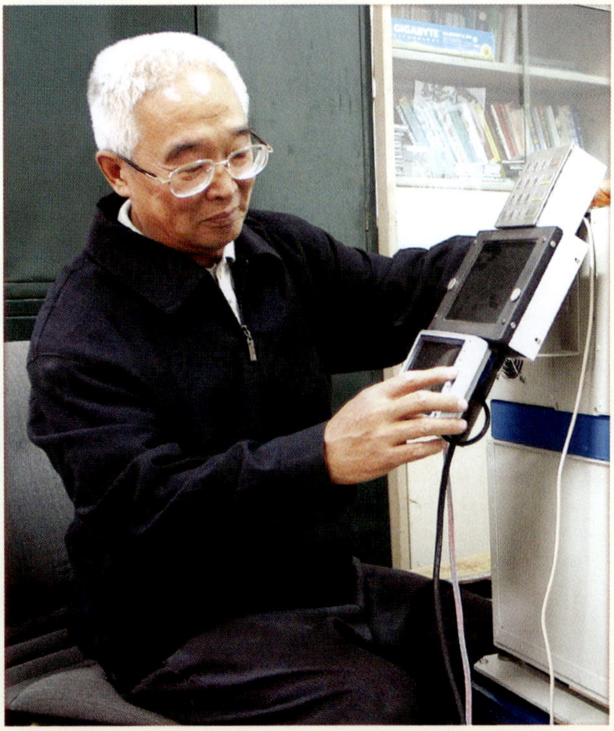

中国工程院院士、摄影测量与遥感学家刘先林

中国工程院院士、大地测量学家刘经南

中国工程院院士、摄影测量与遥感学家张祖勋

中国科学院院士、摄影测量与地理信息学家龚健雅

中国工程院院士、大地测量学家李建成

中国工程院院士、制图与地理信息学家郭仁忠

序　一

2016年10月，是武汉大学测绘学科创建六十周年的日子。我谨代表国家测绘地理信息局对武汉大学测绘学科表示热烈的祝贺！并向测绘学科全体师生和校友们表示亲切的慰问和美好的祝愿！

六十年一甲子，弹指一挥间。今年也是国家测绘地理信息局建局六十周年的日子。回首测绘学科和测绘事业六十年的发展，我们深深缅怀以夏坚白、王之卓、陈永龄、金通尹、叶雪安为代表的测绘教育的先辈们，永远铭记他们艰辛创业，兴学图强，为测绘学科和测绘事业发展所作出的不可磨灭的贡献。六十年来，正是几代测绘学科人严谨求实、团结奋进、志存高远、传承创新，成就了今天武汉大学测绘学科突出的特色和优势，确立了学科在国内外的重要地位和影响，也为我国测绘科技进步和测绘事业发展作出了突出的贡献。

六十年来，尽管测绘学科与主管部门的行政隶属关系发生过多次变化，但是几代学科带头人始终带领学科自觉服务于测绘行业发展需要，与国家测绘地理信息局系统和行业应用部门及单位保持着良好合作并相互支持。测绘学科先后为国家培养了数以万计的高层次专门人才，其中许多人都成为国家测绘地理信息局系统和相关单位的学术、技术和管理骨干，为测绘行业的发展提供了强有力的人才支持；测绘学科积极跟踪国际测绘科技发展前沿，取得了一大批重大研究成果，满足了各个时期国家建设对测绘科技的迫切需求，有力地促进了传统测绘向数字化、信息化测绘方向的发展，不断推动测绘科技进步和测绘事业向前发展。

当前，测绘地理信息产业已经成为国家战略性新兴产业，正以日新月异的势头迅猛发展。各类空间地理信息应用日趋广泛，地理信息服务价值凸显，传统测绘正在加速向内涵更加深刻、功能更加强大、应用更加广泛的空间地理信息方向发展，在政府决策、行业管理、社会生活和公众服务等各方面发挥着全方位、不可替代的作用。

面对新的发展机遇，国家测绘地理信息局确定了瞄准国际前沿，推进自主创新，实施创新驱动的测绘行业发展目标。为此，我们必须培养一大批创新型人才，构建以重点高等院校、重点研究院、重点实验室、工程技术研究中心与企业紧密结合的产、学、研、用相结合的测绘科技创新体系，确保我们的发展战略获得人才、技术和机制的保障与支持。

武汉大学测绘学科作为我国测绘高级人才培养和测绘科技创新领域水平最高、实力最强的学科之一，肩负着越来越重要的使命与任务。希望武汉大学测绘学科能够密切关注行业发展需求，进一步与行业加强合作，创造新的辉煌，为我国测绘地理信息教育和科技事业发展作出新的更大的贡献。

国土资源部副部长、国家测绘地理信息局局长

库热西·买合苏提

2016年9月

序 二

风雨沧桑，岁月轮回。2016 年 10 月，武汉大学测绘学科迎来了六十华诞。六十年一甲子，无论是对于武汉大学还是对于测绘学科来说，这都是一个具有纪念意义的时刻。

习近平总书记明确指出，“要坚定不移地建设世界一流大学”。党中央、国务院作出了建设世界一流大学和一流学科的重大战略决策，吹响了中国大学冲刺国际前列、打造顶尖学府的“冲锋号”。没有一流的学科，就没有一流的大学。通过六十年的不懈努力，武汉大学测绘学科已成为中国乃至全球规模最大、门类最全、办学层次和办学体系最为完整的学科之一，学科排名一直保持全国第一的地位，无疑是武汉大学特色和优势学科的突出代表。

六十年来，武汉大学测绘学科的国际影响力也与日俱增，无论是人才培养规模与质量、科学研究实力与水平、社会服务作用与贡献，还是国际交流广度与深度等，都拥有诸多较高显示度的客观指标，获得了国内外同行的高度认可和广泛赞誉。2012 年，国际地球空间信息科学大会授予武汉大学测绘科学地球空间信息基础研究与能力提升 World Leadership（全球领袖）奖。我们可以自豪地说，在世界测绘高等教育格局中，武汉大学测绘学科已经占据一席之地。

展望未来，武汉大学在世界一流大学和一流学科建设中，肩负着重要的历史使命。武汉大学测绘学科将继续勇攀高峰，争取早日迈入世界一流学科前列。我们相信，在以测绘学科为代表的一批特色优势学科支撑下，武汉大学一定会早日跻身世界一流大学行列，为提升我国教育发展水平、增强国家核心竞争力，实现从高等教育大国到高等教育强国的历史性跨越，作出我们应有的贡献。

武汉大学校长、中国工程院院士

李晓红

2016 年 9 月

序　三

武汉大学测绘学科自1956年创建，至今已满一个甲子。今天，我们编写《武汉大学测绘学科六十年（1956—2016）》，是为了全面总结过去，更好面向未来。六十年来，武汉大学测绘学科紧紧围绕国家建设发展需要，精心培养大批测绘高级人才，努力攻克测绘科技难题，积极推进科技成果转化，取得了重要成就，作出了卓越贡献。如果要对武汉大学测绘学科做出评价，我想，最平实、最贴切的莫过于“特色”和“优势”这四个字。之所以这样讲，主要是因为：

第一，武汉大学测绘学科是世界上测绘类学科中规模最大、门类最全、办学层次和办学体系最为完整的学科之一。1956年，基于国民经济建设对基础测绘工作的迫切需要，国家按照“集中力量办大事”的理念，将全国民用高校几乎所有的测绘学科资源汇聚在武汉，成立了武汉测量制图学院。六十年来，武汉大学测绘学科历经创建、撤销、重建、合并等历程，面临过诸多挑战，但总体格局不曾改变，发展态势一路向上。近年来，武汉大学测绘学科更是实现了又好又快地发展。面向学术前沿和国家需求，建设一个体系完整、结构优化、实力强大的学科，这是武汉大学测绘学科的一大特色和优势。

第二，武汉大学测绘学科具有很高的起点，并且实现了很好的传承。成立之初，测绘学科汇聚了以夏坚白、王之卓、陈永龄、叶雪安、金通尹五位国家一级教授为代表的一大批学界精英，其中，夏坚白曾担任同济大学校长，王之卓曾担任国立交通大学校长，金通尹曾担任北洋大学代理校长，陈永龄曾担任华南工学院副院长。尽管当时物质条件非常艰苦和落后，但学科的学术和能力起点却是相当高的。这是测绘学科发展非常重要的基础。六十年来，经过几代人的不懈努力，测绘学科在攻克一道道测绘科技难题、为国家和社会培养一批批优秀测绘高级人才的同时，也为学科自身培养和造就了新一代学术领军人物，积淀了“严谨、求实、团结、奋进”的优秀学科文化。测绘学科相继培养了9位中国科学院院士和中国工程院院士，他们为我国测绘高等教育和测绘科技事业发展发挥着重要的继往开来的作用。目前，一大批中青年学术带头人已经挑起学科建设和发展的重任，而年轻的学术带头人也正在崭露头角，他们在学科文化的影响和熏陶之下，一定会将学科发展的接力棒很好地传递下去。

第三，测绘学科迎来了非常重要的发展机遇。作为一门古老而又充满朝气的学科，测绘学科在现代科学技术特别是信息科学的推动下，正从一门几何科学发展为信息科学，广泛应用于国家经济建设、国防建设和大众民生。以测绘科学和技术为主要支撑的地理信息产业，已经成为我国正在蓬勃发展的战略性新兴产业；从学科发展自身逻辑来看，多学科交叉与融合是测绘学科发展的内在要求与必由之路。武汉大学作为一所学科门类齐全、综合性强的全国重点大学，为测绘学科与相关学科的交叉融合提供了良好的学科资源与条件支持。强大的社会需求和多学科支撑，必将促进武汉大学测绘学科更好、更快地向前发展。

武汉大学测绘学科的特色和优势，是相辅相成的两个方面。特色，正是其优势；优势，使其特色更加无与伦比。长期以来，武汉大学测绘学科通过自身发展支持和带动了我国测绘学科的整体建设和发展。目前，全国设立测绘学科专业的高校已多达140余所，很好地满足了国家建设对测绘各类高级人才和测绘科技进步的迫切需求。武汉大学测绘学科对我国测绘教育和测绘科技事业的发展发挥了重要的引领和示范作用，和世界先进学科相比，可以说我们是并驾齐驱的，相信武汉大学测绘学科将为国内外测绘学科的发展提供一个极具价值的中国标准。我衷心期望武汉大学测绘学科得到更好发展，并在武汉大学建设“中国特色、世界一流”大学的征程中发挥独特而又重要的作用，作出自己应有的贡献！

中国工程院院士

2016年9月

前　言

武汉大学测绘学科自1956年成立，至今已满一个甲子。为了纪念这个特别的日子，更好地推进学科建设与发展，2016年10月20日前后，武汉大学测绘学科将举办“武汉大学测绘学科六十年发展回顾暨世界一流学科建设高端论坛”系列活动。编写《武汉大学测绘学科六十年（1956—2016）》一书，是纪念活动的一项重要内容。

2006年，武汉大学测绘学科在创建五十周年时曾出版《武汉大学测绘学科五十年（1956—2006）》一书。该书对武汉大学测绘学科五十年发展作了较为全面的总结。鉴于此，《武汉大学测绘学科六十年（1956—2016）》侧重于对2006—2016年十年间的工作进行总结。2006年前学科发展详情可参见《武汉大学测绘学科五十年（1956—2006）》一书。

《武汉大学测绘学科六十年（1956—2016）》共分为三篇。第一篇为“武汉大学测绘学科六十年发展概述”（第一章至第三章），第二篇为“近十年主要进展与成就（2006—2016）”（第四章至第九章），第三篇为“武汉大学测绘学科六十年纪事（1955.01—2016.07）”（第十章至第十三章）。对学科发展既作逻辑梳理，亦作史料记录；既作全面总结，亦作重点介绍。

《武汉大学测绘学科六十年（1956—2016）》编写工作由武汉大学测绘学科相关单位（测绘学院、遥感信息工程学院、资源与环境科学学院、印刷与包装系、国际软件学院空间信息与数字技术系、测绘遥感信息工程国家重点实验室、卫星导航定位技术研究中心、中国南极测绘研究中心）共同承担完成。由于资料分散、认识所限、编撰时间仓促，差错在所难免，请读者不吝指正。

本书编写和出版过程中，武汉大学测绘学科各位院士给予了悉心指导，武汉大学档案馆提供了热情帮助，武汉大学出版社提供了经费赞助与出版支持，测绘学科相关单位领导和工作人员给予了全力投入，在此谨致以衷心感谢！

《武汉大学测绘学科六十年（1956—2016）》编写组

2016年9月

目　录

第一篇　武汉大学测绘学科六十年发展概述

第三篇　武汉大学测绘学科六十年纪事（1955.01—2016.07）

第一篇　武汉大学测绘学科六十年发展概述

第一章　艰苦创业，曲折前进（1955—1984）

1.1　集全国高校测绘学科资源，创建我国第一所民用测绘大学

中国测绘事业发展源远流长。从清末开始，已有一些有识之士用西方近代测量技术培训测绘技术人才，其中影响较大的有 1904 年创立的京师陆军测绘学堂，以及 1932 年同济大学在工学院增设的高等测量系，培养高级测量技术人才，这是中国高等院校最早设置的测绘专业。此外，还派人留学日本和欧美专攻测绘。1949 年前，共培训各类测绘人员 7000 余人，但专门从事测绘工作的仅 1000 余人。

1949 年中华人民共和国成立后，大规模经济和国防建设急需测绘人才，测绘事业和测绘教育迅速发展。1949 年 12 月 30 日，中央军委将东北民主联军测绘学校改为中国人民解放军测绘学校，1953 年 7 月 19 日升格为中国人民解放军测绘学院，主要培养军事测绘人才。在民用测绘方面，全国高校中唯一的测量系——同济大学工学院测量系一再扩大招生；1952 年，为适应第一个五年计划需要，清华大学、天津大学、浙江大学、青岛工学院、南京工学院、华南工学院 6 所院校设立了两年制工程测量专修科，南京大学设立了地图学专业，北京矿业学院设立了矿山测量专业，各部门创办测绘学校或设立测绘专业的学校达十五六所。测绘教育虽有进展，但仍满足不了国家经济建设和国防的需要，尤缺高级测绘人才。测绘教育家一致认为仅有解放军测绘学院培养军事测绘人才是不够的，他们开始酝酿建立一所为经济建设服务的测绘高等学校，培养民用测绘高级技术人才。

1955 年 1 月，高等教育部委托同济大学主持召开全国高等工业学校土建、水利类共同课程统一教学大纲审定会议。其间，召开了“全国高等测绘教育经验交流座谈会”，夏坚白、王之卓、陈永龄、叶雪安、李庆海、纪增觉、陈健、黄继渼、周江文等参加了会议。夏坚白等建议：集中我国已发展起来的测绘专业师资和仪器设备、图书文献，创建我国第一所民用测绘高等学校，培养民用测绘高级技术人才，以满足国家经济建设的需要。建议书由陈健起草，讨论通过后由夏坚白转呈高教部。

1956 年 1 月，国务院成立国家测绘总局，和总参测绘局共同承担全国测绘工作。1956 年夏，全国科学规划会议制订了我国科技 12 年发展规划，其中第二项就是“测量制图新技术的研究和中国基本地图的绘制”，测绘学科成为我国科技界公认的一门独立学科。同年夏，测绘出版社、中国测量制图学会相继成立，中国科学院地理研究所大地测量组为独立的中国科学院测量制图研究室，并拟发展为测量制图研究所。至此，我国测绘体

制基本形成。武汉测量制图学院就是在上述历史条件下孕育的。

1955 年 6 月，国务院决定由高等教育部集全国高教测绘专业人力物力，创建我国第一所民用测绘大学，将同济大学、天津大学、青岛工学院、华南工学院、南京工学院测量专业集中，汇集大部分测绘专家和师资，统一调拨测绘教学科研设备，并以青岛工学院基础课、基础技术课、公共必修课师资和行政干部为基础，成立武汉测量制图学院（以下简称武测）。武测学制 5 年，最大发展规模 7500 人，初步建工程测量、航空摄影测量与制图、天文大地测量 3 个系，开办工程测量、天文大地测量、航空摄影测量、制图 4 个专业。各校代招 1955 级学生，一律按 5 年制教学大纲教学，1956 年 9 月 1 日在新建武测上课。责成青岛工学院负责校址的选定和基建勘察、设计、施工，以及武测开学前一切有关筹备事宜。武测建成后，青岛工学院校名取消。

1955 年 6 月—1956 年 8 月，高等教育部主持武测筹委会相继召开了四次筹委会会议，及时解决了建校各类问题。1956 年 9 月 1 日，武测走完建校第一步，按期正式开学；简朴的大门上，悬挂着全国人大常委会副委员长、中国科学院院长郭沫若亲笔题写的校名；同月，经中共湖北省委批准成立了院临时党委，共 12 人，党委书记刘宿贤，副书记张肇翼、周汶源；院党委向全校提出“艰苦奋斗、团结建校”的创业方针，成为全校师生员工的动员令。1956 年 10 月 28 日，举行了建校典礼。

武测建校初期，集中了全国大师级名师国家一级教授 5 名：中国科学院最早的专门委员和学部委员、前同济大学校长夏坚白，前上海交通大学校长王之卓，前北洋大学代理校长金通尹，华南工学院副院长陈永龄，同济大学测量系系主任叶雪安；国家二级教授、前清华大学土木系系主任李庆海；以及国家三级教授纪增觉、顾葆康、陈健、崔希璋、周江文、黄继渼、万遇贤、郑昌时、马文元等；聘请苏联著名大地测量学家阿格罗斯金任院长顾问兼天文大地测量系、工程测量系顾问；聘请苏联航测专家伊里英斯基为航测与制图学系顾问。

武测设置 3 个系 4 个专业，学制 5 年。3 个系分别为航空摄影测量与制图系、天文大地测量系、工程测量系。4 个专业分别是航空摄影测量、天文大地测量、工程测量、制图学。集中了价值 181 万多元的仪器设备，有中外图书 79142 册，土地 211400 平方米，建筑面积 46619 平方米，1955—1956 年总投资 6217827. 89 元。1956 年 9 月 17 日校刊《武汉测量制图学院》创刊，发表了以“艰苦奋斗，团结建校”为题的社论。

1956 年 11 月 16 日，国务院任命夏坚白、金通尹、陈永龄、刘宿贤为武测副院长，由夏坚白负责全面工作。夏坚白指出：“我们学校的任务是：一、适应祖国的需要，培养大批合格的测绘工程师；二、展开科学研究，赶上国际水平。”

1957 年 10 月 16 日，中共中央决定毛远耀任武测党委书记。

1958 年 7 月 5 日，国务院任命夏坚白为武测院长。

1.2　艰苦奋斗，团结建校，曲折前进

武测建校之初，全校围绕党的“八大”精神开展工作，呈现一派创业的景象。

第一，稳定教学秩序，恢复和提高教学质量。从 1957 年整风运动开始，我国高等教

育进入艰苦探索和曲折前进的时期。高校出现“三多”，即政治运动多、会议多、劳动多，正常教学受到冲击。在这种形势下，武测尽力稳定教学科研秩序，争取测绘学科的新进展。在复杂环境下，武测坚持民主办学，扩大专业门类。1957 年 6 月，经高等教育部批准创办测绘学科成人高等教育设立函授部。1957 年 8 月，根据航测与制图系主任王之卓建议，将航测与制图系分成为航空摄影测量系与制图学系，报请高等教育部审批；8 月 28 日，高等教育部批复同意，武测制图学系诞生。1958 年 4 月 2 日，武测确定了“光、机、电测发展方向”，即要“掌握物理测距、雷达航测、电子计算机及其应用等技术”。1958 年 9 月，夏坚白与院党委密切合作、共同争取高等教育部同意武测增设测量仪器制造系，任命测量仪器专家纪增觉教授为该系首任系主任，当年即招收该专业本科新生 59 名。1958 年 7 月，增设工程测量专修科；还成立了中技科（后改称中专部），设航空摄影测量和制图两个专业。建校之初，夏坚白即选派青年教师到中国科学院学习电子计算机制造与使用，为开设计算机专业做准备。正因为早有准备，当 1959 年 12 月全国高等院校科研工作会议精神传下来时，武测即顺利地设立了无线电技术和计算技术两个专业，1960 年又增设了计算数学专业。此时，武测已开展成人教育，还招有副博士研究生和青年教师中的在职研究生，呈现以本科教育为中心，多层次的办学雏形。1958 年 8 月，武测由教育部领导改归国家测绘总局与湖北省双重领导。同年 12 月 20 日，武汉测量制图学院更名为武汉测绘学院。1959 年 1 月 16 日，第一届师生员工代表大会提出“必须更好地加强基础课程”，专业课“要迅速掌握近代专业知识”，教师要“钻研尖端的专业知识，编写教材，试行开课”，教学大纲和教材要“密切结合我国的生产实际，结合最新的科学成就，既要加强基础理论知识，又要结合专业需要”。1959 年 9 月，院务会议强调了“建立新的教学秩序”。1960 年 5 月，副院长陈永龄调任国家测绘总局总工程师。1960 年 8 月，编制《学生手册》，对学籍管理、成绩考核、生活管理等重新进行具体规定，力求稳定教学秩序。

第二，注重基础与实践环节。学校强调测绘是实践性很强的科学，特别关注教学实习。相继在湖北武昌县山坡、土地堂、湖北崇阳县建立了 3 个教学实习场地，占地面积 100 亩，布设 300 多平方米三角控制网点，可供 400 余名学生实习。大地、工测、航测、制图各专业学生，每年来这里实习几周。

1958 年 5 月，武测接受农垦部荒地勘测设计院委托，为开发“北大荒”提供各种地形图；成立航测内业队和外业队，分头进行工作。外业队学生 245 人、教师 20 名当即奔赴北大荒测区。这是一个 800 里长的沼泽地区，荒草、森林沼泽连成一片，水齐腰深，野草高 1~2 米，是一个荒无人烟、野兽出没、虻蚊叮咬的荒漠世界；外业队师生在这绝无人迹的原野上，风餐露宿，克服种种困难，运用所学测量原理，联系实际摸索，整个测图历时 5 个月完成。为“北大荒”农场总体规划，准备了必要的资料。1958 年 11 月 21 日，学生王平代表武测“北大荒测量队”出席了全国社会主义建设积极分子代表大会。

1959 年 11 月至 1960 年 10 月，武测接受了开发海南岛的航测外业任务，在原始森林中进行 1∶1 万比例尺国家基本图的外业测图。航测系 56 级（航 5 甲）和 58 级共 300 多人在老师的带领下，经过近 9 个月艰苦测图工作，提前完成全部测图 262 幅，总面积为 7800 平方公里，军用控制点 413 个，四等水准 1380 公里，平面控制点 3830 个，高程控制点2502个，100%合乎国家基本图标准，优良率为65%。为开发海南岛，大力发展祖国橡胶、油棕等热带经济作物，创造了有利条件。

毕业设计是实践性教学环节的最后一环，武测尤为重视。1960年3月，航测系在指导教师少、资料缺、时间紧的情况下，师生拧成一股绳，把毕业设计与生产科研结合起来，圆满完成了毕业设计任务。夏坚白院长立即召开现场会，总结航测系毕业设计的经验，全校予以推广。他强调，“现在毕业设计涉及的问题很广泛，必须动员各教研组通力协作，选择题目要尽量先考虑国家的重点，工作中注意接力问题，创造出自己领导毕业设计的新办法”。

第三，坚持全面发展，因材施教，主张最好的教师到教学第一线。首任院长夏坚白虽身兼要职，社会工作诸多，仍长期担任本科生“大地天文学”课程，当研究生的导师。在他带头下，著名一级教授陈永龄、王之卓、叶雪安，二级教授李庆海，三级教授顾葆康、崔希璋、周江文、纪增觉、陈健、黄继渼、郑昌时、马文元等都坚持上课。夏坚白常说：“不论教学或科研，包教包懂或研究密切配合生产者少，想教书总得像样些，科学研究总得可以得出结论，否则如何交代?”充分体现了他认真负责的精神。一级教授王之卓亲自给本科生授课，做研究生的导师。许多学生听他讲课后深深爱上航测专业。他常晚间去学生宿舍答疑，帮助学生消化课堂讲授的知识，冬天下雪路不好走，他就要小女儿打电筒陪同去；学生提出的问题，哪怕有的十分幼稚，他总是耐心讲解，循循善诱。学校经常研讨教学问题。一次叶雪安教授建议互相讲课、听课，毕业设计前先看看以前同学做的，以便改进工作，夏坚白院长立即表示同意，并结合实际研究安排实施，成为一项制度。

第四，狠抓教师队伍、教材、实验室三大基本建设。建校伊始即制定《关于培养、提高师资的方案》，老带青、请进来、派出去，青年教师制订个人进修计划，吸收新理论、新技术。充分发挥名师和苏联专家的导师作用，招脱产研究生，陈永龄副院长为考试委员会主席，苏联专家伊里英斯基和阿格罗斯金为顾问。先后派出几十位教师外出进修学习，仅仅四五年时间，就培养出当时新开办的计算技术、无线电技术等专业的全部教师。

首任院长夏坚白告诫，“教材是培养人才的重要工具”，他兼任校教材审查委员会和全国测绘教材编审委员会的主任委员，制订规划，配套编著各主干课程教材，翻译出版国外重要文献。他主持编著出版的《大地天文学》（上、下册），是我国这一领域内第一部重要文献。为跟上大地测量学科发展，陈永龄、叶雪安合编专著《大地测量学》，共分上、下两卷，成为新中国第一部理论严谨、内容完整、阐述全面、切合实际需要的大地测量教科书。王之卓根据我国航测理论与生产实际，结合自己科研与教学的经验，重新主编了《航空摄影测量学》（上、下册），成为我国高校航测教科书……

在教材建设中，夏坚白、王之卓、陈永龄、叶雪安、李庆海等老专家对青年教师耳提面命，勉励他们攀登测绘科学高峰。1956—1965年，武测教师编著、翻译出版教科书、教学参考书60多种。

实验室是科学研究、培养人才的重要阵地，因此，武测坚持向中国科学院、清华、北大看齐，以高标准建设实验室；经不懈努力，1956—1966年仪器设备总值增长了4.8倍，其中一批争取进口测绘仪器长期发挥着重要作用。夏坚白要求教师都下实验室操作维护仪器，并亲自这么做。他主张不花钱收集生产单位报废仪器供学生观看、拆卸，提出建立测量仪器博物馆。

第五，注重科技信息建设和强化外语教学。1961 年 12 月，武测在极其困难的条件下建成图书馆，总建筑面积达 6351 平方米，可藏书 60 余万册，有 6 个 350 平方米的大阅览室，2 个 188 平方米的阅览室，都与辅助书库相连，方便学习。1961 年，有中外文书刊 205000 册。为丰富馆藏，金通尹率先捐献家藏《二十四史》等多种古籍及科技图书。叶雪安捐献留学德国节衣缩食、高价购齐的从 19 世纪创刊的各期德国测量杂志（ZFV），至今完好陈列在武汉大学图书馆信息科学分馆；一些德国学者前来参观，对此爱不释手，因为受第二次世界大战破坏后，德国本土也难以见到完整的 ZFV 杂志了。武测还不惜用珍贵的外汇订购外国测绘文献，加强外语教学掌握国际交往语言工具，及时获得国外科技信息。

第六，努力向科学进军。首任院长夏坚白以身作则，严冬酷暑坚持天文观测，年逾花甲仍不间断；对天文方位角精度的提高、全能经纬仪 T4 的检验与应用、大地天文学等方面做了大量开拓性研究。陈永龄主持制定了我国第一部立法性大地测量技术法规，改变了我国过去大地测量完全按照苏联细则规范进行作业的状况，按这个法式规定实施的布网方案，使我国天文大地网适应了国家建设 30 年的需要，一开始就具有世界先进水平。王之卓发现苏联用于山区的“瓦洛夫公式”之不足，重新推演提出了精度大大优于“瓦洛夫公式”的新解算公式，曾被称为“王之卓公式”；他关于空中三角测量的理论，奠定了中国航测发展的基础；在中国第一个导出“利用电子计算机解算空中三角测量的基本公式”，为中国航测使用电子计算机开辟了道路；1965 年，王之卓分析美国利用卫星测绘月球表面，当即预见到航空摄影测量向遥感发展等问题，是我国学术界对遥感的先知者之一。叶雪安教授注意吸收国际最新成果，但不迷信外国，他和他的研究生不止一次地改正过国际著名学者在公式推导中的错误……

从 1957 年至 1966 年，武测共开展 424 个项目的科研，完成了 171 项。在这些完成的科研项目中，根据国家测绘总局要求研制成“地形测绘仪Ⅱ型”，较苏联同类仪器 CTA-2 型，在高程测量和等高线描绘上，精度都有提高，曾在全国仪器仪表新产品展览会上展出，受到行家们的好评。1965 年，在国家测绘总局的要求下，武测进行了“按条件观测平差法进行我国天文大地网平差”的科研，提出了对我国天文大地网全部一并平差的总体设计方案，还成功完成了“电模拟测图仪”的设计与试制。与此同时，在老一辈测绘学者的慧眼选拔和悉心培养下，我国测绘学科新一代学科带头人，在向科学进军的号角声中茁壮成长起来。

第七，尽力争取，对外交流。“我时常想，我们的学校是专业性的，不但要在中国出名，就是在世界上，也要使它崭露头角！”首任院长夏坚白道出了武测先驱们的心声。对外学术与教育交流是一项重要工作，使学校获取国际测绘界、教育界新信息，促进教学科研水平提高，结识新朋友，扩大影响力。如在学校筹建初期，夏坚白就一所测绘高等院校应设置哪些专业、各专业应设哪些教研组、每个教研组应设什么实验室、各个实验室应当如何建立等问题，反复征询苏联大地测量学家阿格罗斯金教授、航测专家伊里英斯基教授的意见，回顾早年留学英国德国西方大学测量专业设置情况，总结自己的办学经验教训，与筹委会委员多次磋商、研究，使筹建方案日趋完善。1956—1960 年，武测先后聘请了 5

名苏联专家到校工作。1956—1966年，先后派出10人出席了9次国际会议，与10个国家取得了学术联系，接待外国科技教育界人士来访16人次，培养了亚非留学生114名。

第八，贯彻党的“八字方针”和《高教60条》。一是认真贯彻《高教60条》“以教学为主”的原则，稳定和建立了正常的教学秩序。二是狠抓调整关系，调动各方面的积极性：调整各级党组织与行政组织的关系，发挥行政组织的积极性；调整党内外的关系，调动教师教书育人和学生学习的积极性；搞好甄别平反、右派摘帽工作，将《高教60条》规定落到实处，解除了他们的政治枷锁。“正确执行党的知识分子政策”，对卓有贡献的老教授在政治上尽量妥善安排。尽量减少各种会议，保证教师有5/6时间用于业务工作。三级以上教授都配备了助手，生活除按规定给予物质照顾外，还尽量统一购买特供物质，减少他们自行购买的时间。贯彻《高教60条》，武测各项工作逐步走向正轨，对稳定教学秩序、提高教学质量、调动知识分子积极性，起了积极作用。

至1966年初，武测已发展为有5个系、8个本科、1个专科专业，有中专部、函授部，30个教研组、27个实验室，1000余名教职工，约3000名在校生，1100余名在籍函授生的测绘专门学院。主要设备价值880万元，中外图书20万余册，基建总投资1013万余元，建成建筑面积10.1万余平方米；编著、译著出版教材教学参考书60余种，科研项目404项（其中国家项目187项），完成161项（其中国家项目36项），培养出本科毕业生4312名、研究生26名、中专生301名、函授本科生531名、函授专科生130名、外国留学生114名。此时的武测已闻名于国际测绘界。

1.3 撤销重建，扭转工作重点

1969年11月10日，集全国民用高等测绘专业人力物力而创建、经过十年艰辛创业、在国际测绘学科界已显优势、全国唯一培养民用高级测绘人才的武汉测绘学院，在“文化大革命”中被撤销，十年创业，毁于一旦，损失惨重。一是拆散了一支被外国测绘专家评论“水平很高”的测绘师资队伍；二是损害了我国测绘科学的研究发展；三是中断了我国高级测绘人才的培养；四是经济损失严重，以致地不能尽其利，物不能尽其用，人不能尽其才；五是失信于国际友人，产生不良影响。

撤销国家测绘系统和武汉测绘学院，是历史的倒退。广大有识之士纷纷呼吁重建国家测绘机构和武测，原武测院长夏坚白就是其中的突出代表。1972年春，在湖北省委召开的高级知识分子座谈会上，他慷慨陈词呼吁恢复武测，恢复国家测绘总局和测绘研究机构。会后他又写信呈周恩来总理，建议“恢复武汉测绘学院、测绘科学研究所、国家测绘总局”……1973年3月6日，周恩来总理代表中央作了调整测绘部门体制问题的批示。5月23日，国务院和中央军委发布《关于调整测绘部门体制的通知》（国发〔1973〕62号），重建国家测绘总局和测绘科学研究所；重建武汉测绘学院，实行湖北省和国家测绘总局双重领导，其重建工作由湖北省负责。1973年8月，湖北省革委会决定成立武汉测绘学院重建领导小组，组长方俊夫，副组长纪增觉。9月，方俊夫、纪增觉、张益堂出席国家测绘总局全国测绘工作会议，汇报了武测重建设想：设置工程测量、航空摄影测量、大地测量、地图制图、测量仪器制造、无线电技术、计算技术7个专业，1974年先在部分专业招生。1974 年 9 月 16 日，中共湖北省委批准成立中共武测临时委员会，方俊夫为党委书记，纪增觉、张益堂为副书记。1974 年 10 月初，招收首批工农兵学员 329 人。停止招生 8 年之久的武测，至此终于恢复。

重建后的武测，教学举步维艰。1974—1976 年共招收三届工农兵学员 941 人，文化程度参差不齐。纪增觉分管教学科研，克服重重困难恢复正常教学秩序，组织科研生产。1975 年，根据国家地震局的委托，在大地测量专业内开办了地震班。8 月，将测量仪器制造系分为光学测绘仪器系和电子测绘仪器系。随后，又将测量仪器制造专业改名为光学测绘仪器专业，将无线电技术专业改名为电子测绘仪器专业，将天文大地测量专业改名为大地测量专业。

重建后的武测，科研逆水行舟。1974 年 4 月，夏坚白回到重建的武测，立即建议学校开展卫星大地测量理论与新技术研究。他主持在我国较早编译的两部国外最新卫星大地测量专著相继脱稿；但在当时形势下难以出版，被诬之为“私货”……纪增觉气愤地说：“一个老科学家，为我国的卫星大地测量事业架桥铺路，既无名（署集体名）又无利（无稿酬），何谓‘私货’？”他签字推荐交测绘出版社出书，后来又去催促，几经周折，《卫星大地测量学概论》、《卫星大地测量方法》由测绘出版社相继出版。1974 年，王之卓回到重建的武测，为航测系制定了解析空中三角测量、近景摄影测量、摄影测量自动化、数字地面模型、遥感及其应用五大新的研究方向，并担任这些课题组的指导，亲自撰写某些研究方案；他高瞻远瞩地提出发展遥感技术，指导孙家抦教授在全国高校中率先编写出版第一本《遥感技术》教材。李庆海、崔希璋、於宗俦、陶本藻等教授，在我国率先研究介绍国外测绘理论的新发展，如概率统计原理和在测量中的应用、广义平差、自由网平差等。宁津生 1974 年回到重建的武测，即参加了国家科研项目“应用重力资料推求高程异常和垂线偏差的精度估计”，为确定我国大地原点的地心坐标及椭球定位提供了科学依据；接着他又参加了求定珠穆朗玛峰高程的计算等研究工作。潘正风、张琰、陈永奇 3 人在工程测量实验室极为简陋的条件下坚持“激光准直系统”的研究，研制出适用于大坝变形观测的波带板激光准直仪、波带板激光准直数显仪，安装在刘家峡大坝，组成测定大坝坝顶及廊道坝体水平位移的激光准直系统，“观测参数准确、工作效率高，节省了不少人力和时间”……

拨乱反正，迎接春天。1977 年武测明确提出：“培养德、智、体全面发展又红又专高级测绘工程技术人才。”改变了重建以来“培养又红又专的劳动者”的提法，提高了办学质量要求。成立了“参加全国科学大会筹备工作领导小组”，纪增觉任组长。提出了《科学研究三年、八年和二十年的设想（草案）》，试图缩短我国测绘科学与世界先进水平差距，解决成图期长、依赖手工多的问题，使测绘技术在国民经济建设各部门得到充分应用和发展。主攻方向是航测成图和地图编绘过程的数字化、自动化，测绘计算的电子化，测绘技术在若干生产建设部门的应用，常规测绘仪器、材料和工艺。1978 年 2 月 27 日，教育部确定武测为全国重点高等学校。恢复招生考试制度第一届本科大学生（1977 级）入学，共招收 439 人。3 月 13—31 日，全国科学大会在北京召开，武测的“波带板激光准直系统”和“测绘专用台式电子计算机”两项科研成果获“全国科技大会奖”。5 月 19 日至 28 日，武测纪增觉等 12 人出席了湖北省科学大会。9 月，制订了《1978—1985 年发展规划（草案）》，对学院各方面的工作进行认真的整顿，实现大治，在整顿中提高教学质量，积极开展科学研究工作，为进一步发展提高打好基础；8 年内学校规模要努力发展，要适应测绘技术现代化的需要，办好原有专业，增设新专业，建立充实科研机构，使学校形成教学和科研两个中心，教育质量和科学研究的水平有大幅度的提高，力争进入国际先进行列。1978 年 10 月，武测恢复招收硕士研究生，共录取学生 8 人。

转移重点，挺直腰杆搞教学科研。1979 年 2 月 15 日，武测党委扩大会议贯彻十一届三中全会决议："武测工作重点转移的条件已基本具备，今后的工作重点要转移到教学、科研上来"，集中力量努力把武测办成"教学科研中心"；鼓励广大知识分子理直气壮从事教学和科研，鼓励他们为社会主义现代化著书立说；尽可能在时间上保证广大知识分子六分之五的业务学习时间，在生活上尽可能地解决他们的后顾之忧。狠抓教师队伍的建设，解决专业教师青黄不接的问题，健全教师培训制度，加速造就一支思想好、业务精、干劲大的队伍。1981—1983 年，由武测单独或与外校合作举办培训高校师资的特种班 7 个，培养物理、数学、力学、无线电技术、计算技术、政治等教师共 143 人。举办中青年教工外语学习班，聘请外籍教师任教。至 1985 年年初，武测已形成了老中青相结合的学术梯队，在教学科研中发扬出团队精神。在学术梯队中相继在国外获博士学位者 7 人，他们是王之卓、李庆海、周忠谟、陈永奇、李德仁、张正禄、黄幼才。1981 年 10 月 3 日，航空摄影测量、大地测量被列为国家重点学科。国务院首批学位委员会批准武测为我国博士、硕士学位授予单位之一。王之卓、李庆海、崔希璋为博士研究生导师，航空摄影测量、大地测量两个专业为博士点，工程测量、航空摄影测量、大地测量、地图制图、光学仪器 5 个专业为硕士点。

老教授焕发青春，甘当科研带头人。1979 年 10 月，测绘出版社出版了王之卓教授的专著《摄影测量原理》，被选为湖北省高等学校重大科研成果，1982 年荣获中国出版局颁发的 1977—1981 年度全国优秀科技图书一等奖，此书又相继荣获 1976—1985 年度全国优秀测绘教材一等奖和 1976—1985 年度全国高等学校优秀教材特等奖，是一部代表我国摄影测量理论水平的科学著作。李庆海与陶本藻合著《概率统计原理在测量中的应用》一书，获 1982 年度全国优秀科技图书二等奖、1976—1985 年度全国高等学校优秀教材奖和全国优秀测绘教材一等奖。李庆海对我国测绘科学的最大贡献主要是：在我国最早提倡将数理统计原理应用于测绘理论，解决了我国测绘学科中等高观测绘误差方程式的互相转变、星的最佳分配、地面自由网平差的初值等问题，在我国较早介绍了利用人造卫星测数据推求地球模型的方法和公式。1982 年，崔希璋主编出版了《广义测量平差》专著，该书应用概率论、数理统计及线性代数原理解释测量平差和近代平差，保存了过去的精华，使用了新的理论和方法，是一部难得的著作。崔希璋还倡导并主持了"卫星网与地面网的联合平差"的研究，提出在不同坐标系中建立统一的观测方程，避免了国际上往往在直角坐标系中建立观测方程所需要的繁复计算，并为建立地心坐标系提出了新的模型，避免了国际上采用的两种模型的缺点。提出影响率方法用公式，突破了国外学者的观点，可对实际参测资料进行定量的误差分析；这些研究成果，很快应用到我国西北地区卫星网布设中，取得显著的经济效益，获得国家和部委奖励。

专业优势得发挥，科学研究揭新篇。一是研制"全数字化自动测图系统"在世界领先：1978 年王之卓教授在世界首次提出了“全数字化自动测图系统”研究方案，1980 年列为国家重点科研项目，在王之卓指导下由张祖勋负责研制，至 1984 年以数字影像为核心的“全数字化自动测图系统”取得阶段性的突破。二是深入研究大力推广卫星定位新技术：宋成骅等与石油部横向联合，自筹资金开展以三大盆地为重点五省区覆盖面积约 300 万平方公里的“西北地区卫星定位网”的建网工作，首次进行了卫星定位网与天文大地网联合平差，在求定西北地区转换参数、精化该地区大地水准面方面取得重要突破，其精度指标达到了国际先进水平扭转了西北三大盆地内石油地质勘探沿用旧转换参数精度不高、不能满足生产需要被动局面，对国家经济建设有重大作用。三是在资源调查中应用遥感新技术的研究，取得可喜成果：杨凯、林开愚等与环保所协作，在我国第一次进行了“江汉湖群围垦变化的遥感监测”的研究；发现江汉湖群湖泊个数由 20 世纪 50 年代的 609 个减少到 80 年代初的 309 个，湖泊常年水位面积由 4703 平方公里减少到 2657 平方公里，这一惊人的围垦变化已使湖区生态平衡遭严重破坏，调蓄、水产和水资源受到损失；取得的大量数据可直接应用于综合经营研究和制订计划、农田规划、环境保护，为各级领导提供了精确的第一手资料。四是近景摄影测量的研究结硕果：冯文灏、吴土金、朱宜萱等成功地将这一新技术应用于大型工矿企业的变形观测和安全监视、古文物的等值线图、脑外科异物定位、水轮机叶片断层面图、公安刑事侦破、奶牛生态测定等方面，并建立起“近景摄影测量计算程序软件包”，取得了一系列成果。五是研制出“地图数据库软件系统”，填补了国内空白，对我国进一步发展计算机辅助制图有较大的作用。六是深入开展激光应用课题和精密工程测量的研究：以潘正风为首的武测工程测量研究室，研制出测定水电站大坝坝顶及廊道平位移的激光准直系统、激光铅直仪、安装大型汽轮机组的激光准直仪、激光导线测量系统等，填补了我国激光应用技术的多项空白。七是紧跟时代步伐，开展现代大地测量学的研究：1984 年 8 月，应国际大地测量协会邀请，宁津生发表了《根据最小二乘配置求相对大地水准面高》，在我国较早将最小二乘配置方法应用于重力计算，为我国开展这方面的研究提供了实践依据。陶本藻 1984 年出版了《自由网平差与变形分析》，是我国第一部有关自由网平差理论及其应用方面的专著，为我国推广秩亏自由网平差新理论起了重要作用。八是参加我国首次南极考察，填补了我国在南极洲测绘的空白。鄂栋臣参加了我国首次南极考察任考察队党支部副书记和测绘班班长。他和校友刘永诺以及国晓港测绘班，为建立我国第一个南极科学考察站——长城站作出贡献，全面完成了首次南极测绘考察任务。九是创造粗差定位验后方差选权迭代法——“李德仁方法”：1982 年李德仁针对西方学者发现和消除粗差的倾向性方法，反其道而行之，根据最小二乘法中可以根据平差结果验后方差分量估计的原理，导出了一种进行粗差定位的新方法——选权迭代法；用这种选权迭代法粗差检测新方法研制的新软件比该所原区域网平差软件计算结果更佳，受到国际测量学界一致好评，“李德仁方法”传遍国际测量界。

面向世界，学术交流。党的十一届三中全会之后，武测同国际测绘界、教育界进行了日益广泛的学术与教育交流，不断获得新的信息，促进了教学与科研，结识了许多国际朋友，扩大了我国的影响，取得了十分显著的效果。一是面向世界、广泛联系：1979 年，先后派王之卓、李庆海、纪增觉等 8 人参加我国有关考察团，出国考察了联邦德国、英国、法国、美国、荷兰、奥地利、日本、澳大利亚等发达国家的测绘科技教育事业，不仅找出了与发达国家在测绘方面的差距，而且和一些测绘学者及学术组织建立了学术联系；与荷兰国际航天测量与地学学院（ITC）签订了改革开放后第一个国际间的校际合作协议，为两校合作奠定良好基础。国家测绘局先后与联邦德国、法国签订了政府部门间的交流合作协议，武测积极承担了协议中许多项目的实施任务，建立了良好的关系。我国相继参加了国际大地测量协会、国际摄影测量与遥感学会、国际测量工作者联合会、国际地图制图学会等学术机构及其所属组织，武测即与这些组织建立联系并担负了其中部分工作。一些老教授们早年曾留学欧美，改革开放恢复了联系，联故友、结新识、连锁反应。就这样，随着我国日益对外开放，武测面向世界，国际联系日益深入广泛。至1984年，先后与荷兰ITC（1979.11）、奥地利格拉茨工业大学（1981.10）、香港理工学院（1982.11）、加拿大新布伦瑞克大学（1983.12）、美国华盛顿州立大学（1984.2）和北达科他州立大学（1984.7）签订了校际合作协议。武测已同6大洲的44个国家和地区相关学术机构及组织建立了联系，因此能及时了解国际测绘界、教育界的各种信息。面向世界，广泛联系，为武测引进人才讲学、派出人员留学进修、进行国际技术与教育合作、参加国际学术组织活动开辟了广阔的渠道。

第二章　改革创新，快速发展（1985—2000）

2.1　学校领导调整与院系设置变更

1984年8月，中共城乡建设环境保护部党组决定对武汉测绘学院领导班子进行调整，由周忠谟任院长，张世汶任党委副书记，主持校党委工作；王之卓任名誉院长，宁津生、甘宏度、仇肇悦任副院长，戴丕凯任纪律检查委员会书记。

1985年10月，国家测绘局批准“武汉测绘学院”更名为“武汉测绘科技大学”，简称“测绘科大”。

1986年7月，鄂栋臣被增补为校党委副书记；10月20日，学校隆重集会，庆祝建校三十周年；10月23日，张世汶被任命为测绘科大党委书记。

1987年10月，测绘科大召开第四次党员代表大会，通过了学校《七五教育事业发展规划》和《七五精神文明建设规划》等文件，选举产生了中共测绘科大第四届委员会，由17人组成，其中党委常委7人，党委书记张世汶，副书记鄂栋臣，常委有张世汶、鄂栋臣、周忠谟、甘宏度、仇肇悦、宁津生、卢梅生。

1988年1月，中共城乡建设部党组决定调整测绘科大行政领导，宁津生任校长，增补张祖勋、杨长庚分别任副校长，并增补为校党委常委；免去周忠谟校长和党委常委职务，调任国家测绘局测绘研究所所长；同意仇肇悦辞去副校长的请求，并免去其党委常委职务。

1991年5月，中共测绘科大第五次代表大会举行，选举产生了第五届校党委会和纪委会。第五届校党委由19人组成，其中党委常委7人，党委书记张世汶，副书记鄂栋臣、卢梅生；校纪律检查委员会由7人组成，纪委书记卢梅生（兼）。

1995年4月，国家测绘局决定对测绘科大领导班子进行调整，增补林宗坚、黄签名任副校长（副司局级）、党委常委，俞湛明任中共测绘科大纪委书记（副司局级）、常委，免去卢梅生纪委书记职务，退休；同意杨长庚恳求，免其副校长职务（原待遇保留）。同年7月13日，国家测绘局党组任命俞湛明为中共测绘科大党委副书记。

1997年2月27日，国家测绘局决定对测绘科大领导班子进行调整，由李德仁任学校党委常委、校长，增补刘经南任党委常委、副校长。1999年7月，国家测绘局党组决定增补王观松任测绘科大党委常委、副书记，陈明任测绘科大党委常委。2000年1月3日，国家测绘局党组决定李清泉任测绘科大副校长、党委常委。

由于学科发展的需要，1984 年，经国家测绘局批准，航空摄影测量系更名为航空摄影测量与遥感系，电子测绘仪器系更名为计算机与无线电工程系。1988 年，学校将原为一体的计算机与无线电工程系分开，分别成立电子工程系和计算机科学与工程系；同年，成立印刷工程系。1990 年，学校成立建筑工程系，与工程测量系合署办公。1993 年 12 月，原工程测量系与大地测量系合并组建了地球科学与测量工程学院。1994 年 1 月，学校将原为一体的地图制图系和印刷工程系分开，单独设立地图制图系和印刷工程系；11 月，将光学仪器系与电子工程系合并，组建电子信息工程与精密机械学院；12 月，将“地图制图系”更名为“国土信息与地图科学系”。1995 年 4 月，学校成立遥感信息工程学院。1996 年 4 月，将遥感信息工程学院、计算机科学与工程系合并，组建信息工程学院，将国土信息与地图科学系和地测学院的土地管理专业合并，组建土地科学学院；同年 10 月，成立印刷工程学院。

2.2 加强专业改造与建设，优化学科结构

为了适应经济社会发展和世界测绘科技的发展，1985 年，学校就提出了“以测绘学科为主干，多学科相互依托，协调发展”的发展思路。加大了优化学科结构，加强专业改造与专业建设的力度。一方面，积极吸收国际测绘及相关领域的高新技术，大力开展传统学科更新改造，传统测绘学科与遥感、计算机、空间技术等现代高科技交叉融合，呈现出勃勃生机。如传统的航空摄影测量学科向数字化、自动化摄影测量方向转型，同时，摄影测量向航空、航天遥感方向拓展；传统的大地测量向空间卫星大地测量和地球动力学方向拓展；传统的地图制图学科向计算机制图和电子地图方向发展。同时，通过交叉渗透，优势学科带动一批相关学科方向的快速发展，如遥感、地理信息系统技术与传统的城市规划学科交叉渗透，形成了测绘科大独具特色的城市规划学科方向；光电技术、计算机技术与测绘学科的结合，形成了图形图像测量和机器视觉等新的学科方向；地理信息系统与土地资源管理学科结合形成了学科的鲜明特色，并具有很强的竞争力；工程测量学科成功与 GPS 技术、遥感技术、地理信息系统、激光技术交叉融合，学科承担国家大型工程项目的能力大大增强。面向社会需求建设一批新专业。1985—1998 年，经教育部和国家测绘局批准，测绘科大先后增设了计算机及应用、工业与民用建筑、计算机软件、机械设计与制造、土地管理与地籍测量、电子仪器及测量技术、信息工程、城镇建设、土地管理、城市规划、应用电子技术、城镇建设、市场营销、涉外英语文秘等 15 个学科（专业）。

1988 年，按照国家当时的政策和要求，摄影测量与遥感专业再次被国家教委评为全国高等学校重点学科。大地测量学成为部级重点学科，工程测量学、地图制图学成为省级重点学科。1998 年 4 月，经国务院学位委员会批准，测绘科大获得测绘工程硕士学位授予权。至 2000 年，测绘科大已建成 1 个国家级重点学科，7 个省部级重点学科，1 个一级学科博士点，5 个二级学科博士点、1 个博士后科研流动站，14 个硕士点、21 个本科专业。

通过多年改造传统学科专业，建设一批适应市场需求的新专业，彻底改变了原有的学科单一、服务面狭窄的办学局面，逐步形成了以测绘学科为主干、多学科相互依托，结构

合理，特色鲜明的学科体系。

2.3　利用外资加强基地建设

从20世纪80年代中期至90年代末期，测绘科大抓住改革开放的大好时机，通过国家投资、世行贷款和国际合作等渠道，建设了一批高水平的重点实验室、专业实验室和人才培养基地，为学校开展科学研究、人才培养和国际交流合作奠定了坚实的基础。

2.3.1　争取外资贷款建设项目

改革开放后，我国开始接受世界银行贷款，由于学校具有突出的学科优势和鲜明的学科特色，很快被教育部列入外资贷款建设院校行列。

1983年1月，学校成立外资贷款办公室，由纪增觉院长兼任主任，准备迎接世行官员来校评估。1984年年初，国家教委和世行官员来汉对武测建设项目进行评估，正式将武测列入世行中国第二个大学发展项目学校，并确定武测接受贷款金额为380万美元，其中用于购置设备的经费为340.6万美元。

1987年，学校通过一标购置到校设备303.32万美元，包括西门子7570-C计算机系统、高分辨率EIKONIX CCD摄影系统、大幅面Gentian数字化仪、快速图像输出GCR系统、大幅面绘图桌Calcomp、Geovision测绘软件、解析测图仪和解析正射投影系统等，这些设备的引进，极大地改善了校计算中心、航测系遥感图像处理实验室、数字摄影测量实验室的教学科研条件。

1988年2月，国家教委确认测绘科大第二个大学项目贷款二标设备总计43.684万美元。1989年，确认第三标设备总额65.72万美元；同时批准学校使用供求余额27.12万美元直接购置一、二标设备的零部件，以充分发挥已有设备的效益。1990年，国家教委追加了7万美元用于直接采购设备。

测绘科大第二个大学发展项目1987年7月12日生效，至1991年12月31日，先后进行了5次招标，整个项目实际贷款493.35万美元，比1984年确定的380万美元增加了113万多美元，这些设备到校后经过测试、检查、运行、验收，全部符合论证要求。学校还利用世行贷款，派出一批教师和研究生学习深造，邀请了一批国外知名学者来校讲学，有力地促进了学校师资队伍建设。世行贷款项目的成功，还为测绘科大申请国家重点实验室奠定了坚实的基础。

2.3.2　中荷合作建设“城乡测量、规划与管理教育中心”

测绘科大的“城乡测量、规划与管理教育中心”，是测绘科大与荷兰国际航天测量与地学学院20多年的教育科技合作的硕果，并进而发展为两国政府间的教育科技合作项目，在全国堪称典范。

1979年11月，武测院长纪增觉率团访问荷兰国际航测与地球科学院（ITC），签订了两校校际协议，这是改革开放后测绘科大签订的第一个国际间的校际合作协议。1983年，ITC院长贝克教授和尤佩拉兹教授访问学校，提出由荷兰政府资助在测绘科大建立“城乡测量、规划与管理教育中心”的建议。1986年3月，双方拟定了的《武汉测绘科技大学建立城乡测量、规划与管理教育中心方案》，同年获中国国家测绘局和荷兰发展合作部批准，并于12月由荷兰驻我国使馆照会我国国家测绘局正式通知这一批复。确定由荷兰政府无偿资助380万荷兰盾，我国政府配套投资460万元人民币，在测绘科大建立“城乡测量、规划与管理教育中心”。根据双方协议，我方拨专款修建“教育中心”，总面积为3600平方米；8月2日该中心主体工程破土动工，1988年7月30日竣工。1988年9月18日，中荷合作办学项目——“测绘科大城乡测量、规划与管理教育中心”建成，举行隆重的开学典礼。

1988年9月，我国外国专家局为表彰测绘科大名誉教授、荷兰ITC尤佩拉兹博士争取荷兰政府资助测绘科大建立“城乡测量、规划与管理教育中心”所作的贡献，邀请他到北京出席国庆活动，受到李鹏总理等国家领导人的接见。

1988年12月20日，测绘科大校长宁津生教授率代表团应邀出席荷兰ITC建校37周年庆祝会。会上授予宁津生教授该校最高荣誉称号，贝克院长亲自颁发了荣誉证书——该校最高荣誉称号。

1990年，中荷两国政府派专家组莅测绘科大对“城乡测量规划与管理教育中心”合作项目执行四年来的工作进行了评审。两校与荷兰海牙社会研究院签订了三方合作意向书，这份意向书的签订，开拓了测绘科大国际合作的新领域，使测绘科大首次在国际合作项目中进行社会经济领域的研究、调查和人员培训。

1992年9月起，中荷合作办学项目进入第二期“合作巩固阶段”。1993年3月21日，中荷两国政府代表在北京签署的政府间协议，两国政府合作实施的项目名称为“武汉测绘科技大学城乡测量、规划和管理教育中心巩固阶段”，正式实施。这是两国合作办学第一期4年项目的继续，测绘科大与荷兰ITC合作办学正式进入第二期，荷方无偿投资323.52万荷兰盾，中方投入522万元人民币共同进行建设；使得该中心成为测绘科大一个长期培养“城乡测量规划与管理”方面高级人才的国际教育中心。目标是培养掌握区域和居民地规划管理方面，具有实用性、多学科性，具有研究生水平的专门人才。

1997年底，测绘科大又通过荷兰驻华使馆向荷兰政府申请荷兰DSO项目，获“巩固城市建设学院项目”。12月4日，接受荷兰政府无偿援助的“巩固城市建设学院”项目在荷兰驻华大使馆举行隆重的签字仪式，测绘科大校长李德仁院士和荷兰驻华大使Mr. Dostra分别在协议书上签字。

该项目是荷兰政府“向发展中国家教育机构直接提供援助计划”在我国实施的第一个项目，是测绘科大与荷兰ITC合办“城乡测量、规划与管理教育中心”之后成功申请的荷兰政府无偿资助的新的重大进展，荷方将向测绘科大城市建设学院分批提供总价值254.4万荷兰盾（约合人民币1200万元）无偿援助，以提高该学院在城市规划与管理领域的教学、科研、培训及咨询水平。

该项目是荷兰政府拨专款直接资助发展中国家教育机构的项目，计划拨出24万元人民币作为助学金。1998年11月，测绘科大的中荷合作DSO项目首次发放助学金，城建学院城市规划等专业1998级的5名本科生每人获得3000元助学金。1998—2001年，资助测绘科大城建学院城市规划专业本科生80人次、硕士生60人次，保障这些学生顺利完成学业。

1999 年 11 月，荷兰政府委派项目专家和驻华使馆官员来汉，对测绘科大城市建设学院的项目工作进行了年度检查评估，认为是荷兰政府援助中国项目中最成功的一个。

测绘科大在中荷合作办学中获益匪浅，仅 3 次荷兰政府的无偿援助总数就达 957.9 万荷兰盾，约合 520 万美元，加上我国政府与之配套的 1000 多万元人民币，资助测绘科大建立起"城乡测量规划与管理教育中心"，成为一个长期培养具有研究生水平、掌握区域和居民居住地规划和管理领域的高级专业人才的基地，促进了相关学科快速持续发展。

2.3.3 测绘遥感信息工程国家重点实验室建设

1984 年，国家决定由国家计委牵头在全国建立一批国家重点实验室。1987 年，国家计委提出利用世行贷款，通过公开竞争、择优选拔的方式，从全国 1500 个博士点、500 多个重点学科专业中遴选 75 个国家重点实验室。在国家测绘局的支持下，测绘遥感信息工程实验室在激烈的竞争中脱颖而出，于 1989 年获批建设，该实验室也是我国测绘学科第一所国家级重点实验室，并被确定为 7 个世行贷款示范实验室之一。

测绘遥感信息工程实验室于 1991 年开始利用世行贷款进行建设，贷款总额为 130 万美元，在 155 个子项目中列第 7 位。这些经费中的 90%用于购置设备，10%用于派出人员、聘请专家和购置专利文献、图书资料。学校先后通过 3 次招标，购置了一批先进的仪器设备、软件系统和图书资料，实验室形成了具有国际水平的科研条件，同时，派出一批教师出国际学习培训，组织召开了一系列国际学术会议。

国家测绘局对重点实验室的建设始终给予大力支持，先后投入大量资金用于实验室基础设施建设，并为实验室每年提供 20 万元开放研究基金和 10 万元运行补助费，为实验室的正常开放运行奠定了良好的基础。

1994 年，测绘遥感信息工程国家重点实验室通过国家检查验收。当年 12 月，校党委书记张世汶、国家重点实验室副主任郑儒根，赴京参加国家重点实验室建设十周年总结表彰暨高校重点实验室工作会议。郑儒根被评为国家重点实验室建设先进个人，获国家教委、国家科委、国家计委等中央 7 部委共同授予的"国家重点实验室建设金牛奖"。

1995 年 4 月 19 日，国家重点实验室顺利通过国家测绘局验收专家组和由国家教委、国家计委、国家自然基金委代表组成的联合检查组验收，验收专家组认为：该实验室科研方向明确，遥感图像处理、空间信息系统、高精度空间定位三大研究方向特色、优势明显，在国内外有重要影响；有老中青结合较稳定学术队伍；实验室学术委员会有权威性、国际性和代表性；开展与国际水平接轨的实验与科研；实验室建设制度化、规范化。一致同意通过国家验收，正式冠以"测绘遥感信息工程国家重点实验室"名称。

1996 年，国家自然科学基金委组织评估，该实验室名列地学部 14 个国家重点实验室的第 5 名。2000 年，在国家自然科学基金委评估中，该实验室名列地学部 28 个国家重点实验室和部门开放实验室第 4 名，被评为 A 级国家重点实验室。

2.3.4 国家卫星定位系统工程技术研究中心建设

1998 年 1 月，经国家科技部批准，国家卫星定位系统工程技术研究中心成立，中国工程院院士、著名大地测量学家刘经南任中心法人和技术负责人。该中心面向我国导航与位置服务相关行业应用的迫切需求，以卫星定位导航及相关领域的基础理论研究、新技术的推广应用及“高精尖”人才培养为主要目标，中心瞄准我国卫星导航系统应用与自主卫星导航系统建设的需求，充分利用在卫星导航相关学科建设、科学研究、人才培养及对外交流等方面的优势，研究与跟踪国际卫星导航系统、终端及应用服务等方面的前沿关键技术，发展形成我国自主卫星导航系统的新技术、新方法和新应用方面实验与开发的重要基地。

中心紧密结合基础理论研究及应用，在空间大地测量基准建立与维持、导航卫星实时精密定轨、对地观测卫星高精度定位、广域实时精密定位、高频 GNSS 地震监测等方面，取得大量创新性的研究成果，并在国家相关的重大工程和重大科技攻关项目中得到成功应用。在卫星导航与应用技术领域培养高素质卫星导航专业技术人才，已经成为具有世界水平的卫星导航定位技术研发与创新平台。

2.3.5 中国南极测绘研究中心建设

经国家南极考察委员会和国家测绘局联合批准，1991 年，中国南极测绘研究中心正式成立，鄂栋臣教授任首任中心主任。该中心是极地测绘科学研究和高层次人才培养机构。以现代大地测量学、遥感信息科学和地图制图与地理信息科学为依托，形成了极地测绘与遥感信息学相结合、具有特色的交叉学科，主要研究领域为极地大地测量学、极地遥感应用、极地制图与地理信息应用服务、固体地球物理与极地战略等。

至 2000 年，中心先后参与和完成了国家和部委的多项重大科技项目，包括国家“863”计划、“973”计划、自然科学基金、极地重大专项、国防重大专项、极地基础测绘等，取得了多项国内领先、国际先进水平的研究成果，获得国家科技进步二等奖 1 项、“何梁何利”地球科学奖 1 项、部级科技进步一等奖 7 项。在极地科学研究、南北极科考、极地研究团队建设以及人才培养和对外交流等方面取得了显著成绩。中心先后选派 100 余人次参加了中国 20 余次南极科学考察和北极科学考察。

中心还积极参与国际南极科学委员会（SCAR）地理信息工作组的各项工作，并与挪威极地研究所、新西兰坎特伯雷大学南极中心等国际极地研究机构建立了良好的合作与交流关系。

2.4 跻身“211 工程”，步入国家重点建设行列

1995 年 11 月，国务院批准启动“ 211 工程”，即面向 21 世纪，重点建设 100 所高等学校和一批重点学科。这是新中国成立以来由国家计委立项，在高等教育领域进行的规模最大、层次最高的重点建设项目。

根据国家“211 工程”的建设目标和任务，测绘科大结合学科优势特色，全面动员、认真充分准备，组织对建设项目深入论证，形成立论严谨、构思严密、目标明确、内容翔实、项目设计合理的《“九五”、“211 工程”建设项目可行性研究报告》，国家测绘局金祥文局长审核该报告后，给予高度评价。

1996年9月25日至27日，国家测绘局组织测绘科大申请进入“211工程”部门预审，预审专家组由赵鹏大、潘云鹤、刘先林、杨叔子4名院士和另5名专家组成，国家教委“211工程”办公室、国家测绘局、湖北省有关部门负责人参加。国家测绘局局长金祥文、湖北省委宣传部长王重农致辞。听取宁津生校长关于“211工程”部门预审工作报告，实地考察了测绘遥感信息工程国家重点实验室、现代地球动力学部级重点实验室等研究基地，召开了青年、中老年教师和党政管理干部座谈会，专家们顺利完成了预审工作。预审专家组组长赵鹏大院士宣布：“专家组成员一致同意测绘科大通过‘211工程’部门预审，建议国家测绘局尽快向国家教委申请立项。”

1997年12月25日至26日，国家测绘局组织以殷鸿福院士为组长10位专家对测绘科大“211工程”建设项目可行性研究报告和重点学科建设论证报告进行立项审核。专家组听取了测绘科大校长李德仁院士关于学校“211工程”立项的工作报告，审核了有关文件材料，实地考察了测绘遥感信息工程国家重点实验室、空间与物理大地测量部级重点实验室、数字制图实验室、多媒体通讯研究所、光电实验室和物理实验室等科研教学基地。专家经认真研究审议，一致同意测绘科大“211工程”项目通过立项审核，并从加强师资队伍、加强基础学科和基础平台建设及发挥国家测绘局与湖北省共建优势等四个方面对我校项目提出建设性的意见。

1998年3月，测绘科大向国家测绘局发出《关于申请立项实施“211工程”建设项目的请示》，国家测绘局经研究后，向国家计委和国家“211工程”部际协调小组申请项目正式立项建设，获国家计委批准，标志着测绘科大“211工程”、“九五”建设项目正式启动。

2.5 全面深化改革，人才培养成果显著

测绘科大十分重视人才培养的基础性地位，按照专业培养目标要求，坚持深化教学改革，大胆调整课程体系，优化课程结构，更新教学内容，改进教学方法，同时强化行之有效的教学质量监控机制，有效促进教学质量的稳步提高。1985—2000年，测绘科大人才培养成效显著，先后有3项教改成果获得国家级优秀教学成果一等奖，55项成果获得省部级优秀教学成果奖，其中“遥感系列课程建设”教育模式还被推广到荷兰及亚太地区，引起国内外同行专家的普遍关注。学校出版的教材获国家优秀教材特等奖1项、全国高校出版社优秀学术著作特等奖1项、全国优秀教材奖2项、部级优秀教材奖14项。编制的声像教材有6部在中央电视台和中国教育电视台播放。王之卓院士的《摄影测量原理》(英文版)等专著还被国际著名专家、学者选作研究生教材。

为了培养基础扎实、综合素质强的高层次人才，测绘科大把课程建设作为教学改革的核心内容，学校对相关学科的课程体系、教学内容式进行了大胆改革。统一了测绘工程5个专业方向的课程设置和实践教学，要求这5个专业方向在课程设置上至少有3年的打通，在统一必修课的基础上，各专业方向按不同的培养要求确定限选课和实践环节的设置，以培养具有较强综合能力和社会适应力的高素质人才。同时，适应科技和社会发展，更新优化教学内容，重组了课程体系，明确了课程建设的重点。1985年，国家教委开始

试点开展课程评估和评选一类课程，测绘科大首先对大学物理、物理实验、高等教学等课程的评估进行试点，逐步推广，1988年，确定了各本科专业的主干课程，制定了《本科主干课程建设规范》。1989年12月自评了48门课程，首批满足“课程建设规范”验收合格课程19门；1998—1999年，测绘科大为课程建设拨专款95万余元，重点搞好课程建设立项。按基本保障和重点投入两个层次，对全校206门课程分期分批立项建设，其中117项取得了可喜的成绩。按照国家教委的《本科教学工作评价指标》的要求，确定了12门主要基础课程。这些改革对提高人才培养质量起到了十分明显作用。

学校通过实施和完善学分制，实行分段教育、弹性学制、淘汰制、奖优制；试行本科-硕士、硕士-博士连读制；制订严格的学业管理办法，充分调动了广大学生的学习积极性，促进人才培养质量的稳步提高。学校坚持加宽加厚基础，尤其注意加强数学、外语、计算机这三大支撑性课程建设。注意专业基础课结构的优化配置，加强系列课程、多学科交叉渗透类课程建设，努力拓展课程内容的广度，不仅增加了高新技术内容，而且增加了管理、经济、法律等人文类课程，扩大选修课范围。在教学方法上，实行因材施教、启发式教学，这些措施促使教育教学质量明显提高。2000年，学校先后组织了3次大规模的毕业生跟踪调查，调查表明，测绘科大毕业生基础扎实，专业知识系统，知识结构合理，整体素质较好，应用新技术能力和工作适应性较强。毕业生深受用人单位欢迎，毕业生就业一次到位率位居武汉高校前列。

2.6 立足前沿、拓展服务，科学研究成果丰硕

从20世纪80年代开始，测绘科大组织力量在测绘学科前沿学术领域：全数字化摄影测量、遥感影像信息处理、空间信息系统、空间定位技术、3S集成技术、计算机网络多媒体技术、地球重力场模型、地理信息系统（GIS）基础软件和应用技术、精密工程测量、3S集成的理论与应用、全球卫星定位系统（GPS）的理论研究和应用等方面持续开展系统性的研究，形成了一批处于国内一流水平，并跻身国际先进行列的研究成果，受到国内外同行的普遍关注和充分肯定。

“八五”期间，测绘科大承担各类科研项目650项，取得研究成果440项，其中45项达到国际先进水平，32项处于国内领先水平，119项获国家和省部级奖励。“九五”期间，测绘科大承担各类科研项目600多项，先后有4项成果获得国家级奖励，45项获省部级奖励。

由王之卓院士倡导，张祖勋院士主持的“全数字化自动测图系统的理论和方法”，革命性地解决了摄影测量技术的自动化与数字化问题，使摄影测量技术产生了深刻的变革，在数字影像匹配等诸方面都有创新性进展，获得国家自然科学二等奖。“GPS航空摄影测量技术在复杂地区的应用”可以大大减少甚至完全免除测绘工作中的野外实地测量，引起了测绘生产的革命性变化，该成果获得国家科技进步二等奖。测绘科大连续15次参加中国南极科学考察，“南极地区测绘与遥感应用研究”取得了一大批重大科研成果，其中多项成果填补空白，直接为国家南极科学考察提供测绘保障。

测绘科大在推动我国测绘产业由传统技术体系向以3S技术为代表的现代测绘技术体

系转变的过程中发挥着重要作用，如“地球重力场模型的研究”、“现代测量平差理论及应用研究”、“现代地壳运动和地球动力学研究”等，有力地推动了传统二维测量向三维空间测量及地球动力学方向的发展；在摄影测量与遥感的理论研究与应用方面，“数字摄影测量系统”、“GPS航空摄影测量技术”、“摄影测量平差系统的可靠性研究”、“数字化扫描系统”等多项成果直接促进了测绘行业作业方式与生产流程的根本转变，测绘科大在地理信息系统的理论、方法与基础软件方面开展了深入研究，其成果“面向对象的智能化中GIS基础软件系统”已替代大部分国外系统，为研究领域和生产单位所广泛采用，为行业的科技进步作出了突出贡献。

测绘科大在代表现代测绘学科发展方向的3S技术（全球卫星定位系统GPS、遥感RS、地理信息系统GIS）应用方面取得了一系列重要成果，创造了巨大的社会效益和经济效益。研制的GPS软件已在国内上百家单位使用，占领全国部分市场，并出口日本。研发的应用地理信息系统技术，成功地为20多个城市和地区建立了多种城市地理信息系统。应用遥感和计算机技术进行国土资源调查、城市总体规划设计和环境评价，为各级政府进行管理、规划、决策提供了既可定性又可定量的信息资源和科学依据，社会经济效益十分显著。

主动为数十项国家重大建设工程提供服务。其中，研制的“北京正负电子对撞机注入器激光准直系统”，为对撞机一次对撞成功作出了突出贡献，受到国务院嘉奖；还为武汉长江二桥、三峡工程建设等提供精确测绘保障和技术服务。学校成功地将进口模拟测图仪B8S改造为B8S-AAB解析测图仪，大大提高了原有仪器的性能，已装备到国内多个生产单位，并出口澳大利亚。

学校在加强基础研究的同时，主动面向经济建设主战场，面向测绘行业，积极开展应用研究和新技术、新产品的研究与开发。在高新技术开发与产业化方面，测绘科大的武汉适普工程系统有限公司的拳头产品“全数字化自动测图软件系统”以国际领先的创新技术跻身于世界五大知名品牌之列；由著名大地测量学专家刘经南院士牵头组建的武汉泰通卫星技术发展有限责任公司，已开发出享有自主知识版权的GPS差分接收机、GPS OEM板及系列GPS应用软件。由国际知名遥感信息学家李德仁院士牵头组建的武汉吉奥信息工程技术有限公司研发的“吉奥之星”系列软件，已广泛应用于测绘等领域及多项重大项目中，取得了很好的社会和经济效益。武汉立得空间信息技术发展有限公司专门从事3S技术集成与应用研究，其开发的LD2000型自动道路测量车是目前国内最为先进的机动道路测量系统。湖北普赛高新科技开发有限责任公司的产品“GPS自动化监测系统”，多项指标在国际上处于先进水平，在1998年抗洪中为防汛指挥部正确决策起到决定性作用。武汉天任勘测科技有限责任公司短短几年内就使其产品在国内GPS同类软件市场的占有率达到80%以上，扭转了国外软件在我国“一统天下”的局面，其产品还远销日本及我国台湾等国家和地区。武汉瑞风科技有限公司开发的可视电话性能优于国外同类产品，市场前景看好。

学校全数字化测图系统软件、GPS数据处理软件、地理信息系统基础软件等产品已成功地打入市场，占有相当的市场份额，并成为同类产品中强有力的竞争者。在地理信息系统（GIS）应用技术研究开发方面，学校在吸收消化国际上最新的软、硬件技术的基础上，形成了具有自己特色地理信息系统工程技术研究开发思路。成功地为深圳、武汉、重庆、青岛、天津、北海等10多个城市和地区建立了多种城市管理地理信息系统，不仅为区域经济建设作出了贡献，而且取得了令人瞩目的成就和巨大的社会经济效益。在GPS软硬件技术开发、大比例尺一体化测图系统、电子地图、钢板在线自动剪切系统等方面，学校都开发了一批具有广阔的市场前景产品。

测绘科大利用GPS定位方面的基础研究成果和科研实力，参与包括三峡工程、西气东送、南北极考察、南沙考察等一系列科研和大型工程项目建设，主持完成了数十个中型城市的测量控制网的建设改造任务，开发的系列GPS定位软件，服务于全国十几个部委的600余家单位，经济效益十分显著。此外，还为我国导航定位卫星——“北斗一号”研制了信号接收机及广域差分定位软件等核心部件，为我国自主开发卫星导航定位系统作出了突出贡献。运用CCD图像传感器和解析摄影测量原理开发的工业检测技术系统在武汉钢铁公司、鞍山钢铁公司等大中型钢铁企业得到广泛的应用，产生了重大的社会经济效益。研制的3000米深井高温、高压条件下，用普通电缆进行实时图像传输的技术，成功地应用于大庆油田、胜利油田和江汉油田，成为我国大中型油田广泛采用的一种油田深井探测技术。利用光学传感器检测和光学传递函数测试技术，研制成功我国ZY-1资源卫星和JB-3侦察卫星的光学传递函数测试设备，并对我国长焦距、大口径卫星相机光学系统与CCD相机系统光学传递函数进行精密测试，对提高我国资源卫星和侦察卫星影像质量发挥了重要作用。在高速运动物体三维机器视觉测量技术研究方面，成功研制出铁路货车超限测量与装载状态监测系统，现已安装200台列车，为我国铁路管理技术现代化作出了贡献。

测绘科大充分利用自己的学科优势，积极开展科技开发，拓展服务社会的领域。学校利用地处武汉东湖新技术开发区黄金地段这一得天独厚的优越条件，在湖北高校中率先打开围墙，兴办高新技术产业，先后与日本索佳、拓普康，瑞士徕卡，以及澳大利亚和我国香港特别行政区的一些大公司进行合作研究与开发，直接引进外资上千万美元，同时采取积累资金、滚动发展的方式，先后自筹资金建起了两万多平方米的开发用房，极大地增强了学校的造血功能。至20世纪90年代末，测绘科大已经有独资和合资企业22个，校办企业总资产1000多万元，校办产业收入已成为办学经费的重要来源之一，不仅增强了服务社会与行业的能力，也大大改善了办学条件。

2.7　对外交流与国际合作广泛深入

测绘科大的对外交往与学术交流始于建校初期。改革开放以来，学校依托主干学科优势，积极扩大对外学术和科技交流，先后与美国、加拿大、澳大利亚、德国、荷兰、奥地利、俄罗斯、新西兰，以及我国香港、台湾等50多个国家和地区的学术机构建立了联系；与海外22所院校签订了校际合作协议。学校先后派遣1200多人次出国讲学、合作科研、出席国际学术会议及进修学习；邀请国外专家、学者3000人次来校访问、讲学；聘请了来自6个国家的22位国际测绘界的著名学者为名誉教授。学校有7位教授被国际著名大学聘为荣誉教授或客座教授，15人在国际学术组织中担任重要职务，其中，王之卓教授被国际摄影测量与遥感学会授予荣誉会员，成为全世界同时享此殊荣的7人之一。

作为我国测绘行业对外交流与国际合作的重要窗口，学校充分发挥自己在人才培养和科学研究方面的优势，先后与荷兰国际航天测量与地学学院合作，共同促成两国政府批准在校合建城乡测量、规划与管理教育中心；与联合国亚太经社理事会及和平利用外层空间委员会等组织合作，使学校被确定为亚太地区遥感教育培训基地之一；与法国合作在校建立了“中法国际遥感培训中心”；与日本索佳公司合作，在学校建立了仪器设备技术服务中心。学校还争取世界银行贷款，建立了计算中心和测绘遥感信息工程国家重点实验室。恢复了高层次留学生的培养工作。对外交往与学术交流活动不仅扩大了师生的眼界，改善了学校的办学条件，还使学校能够及时掌握国际学术前沿的动态和发展趋势，为主干学科各个领域跟踪国际前沿奠定了坚实的基础。

测绘科大已在国际测绘教育领域占有重要地位。瑞士苏黎世理工大学格林教授在访问学校时说：“你们中国与美国、德国是当今世界航测与遥感界的三个超级大国。”世界银行曾聘请澳大利亚昆士兰技术大学的库比克教授到测绘科大讲学，他给世界银行的评价报告中说：“武汉测绘科技大学的摄影测量与遥感专业可以与世界上第一流大学的相应专业，如美国加州大学、缅因州大学、荷兰德耳夫特大学和德国斯图加特大学相媲美。”美国摄影测量与遥感学会前主席莫伦教授和奥地利维也纳工业大学前校长克劳斯教授在访问测绘科大后都说：“真羡慕你们做了我们想做而不敢做的事情。”国际摄影测量与遥感学会主席、日本东京大学村井俊治教授在日本杂志上著文称赞，“测绘科大在航测的理论技术上如数字影像匹配和在遥感与GIS中应用、数学形态学等要比我们日本强得多”。

2.8 探索特色鲜明、优势突出的办学之路

测绘学科创建几十年来历尽艰辛，经历了撤销和重建的曲折，也沐浴了改革开放的春风。20世纪80年代中期，学校在深入研究和广泛征求意见的基础上确定了“严谨求实、团结奋进”校风，严谨求实、团结奋进，志存高远、勇于创新，成就了一所学科特色突出、专业特色鲜明，享誉世界的测绘高等学府。

老校长夏坚白在建校初期就说：“我们的学校是专业性的，不但要在中国出名，就是在世界上，也要使它崭露头角。”改革开放之初，王之卓教授就准确预见了传统测绘技术向数字化、自动化方向发展的趋势，领导和推动了传统测绘技术和产业向数字化、自动化、信息化的变革。正是这种放眼世界、高瞻远瞩的眼光，追求卓越、勇攀高峰的崇高理想和豪迈情怀，激励着一代又一代测绘学人攻艰克难，开拓创新，不断开创学科发展的新天地。

2.8.1 紧密依托行业是学校发展不竭的力量源泉

测绘科大是隶属国家测绘总局领导的一所专业型学校。这种直接隶属关系，既为学校发展提供了重要依托，也使测绘学科的建设获得了行业的巨大支持。测绘学科充分认识到自己的人才培养和科学研究的优势，要紧密围绕测绘行业生产的需要，主动为行业的科技进步服务，因此，学校除了根据行业发展不断改革人才培养模式，还针对行业需要，不断

推出紧密结合行业发展的最新技术，直接推动了我国测绘生产从传统作业体系向自动化、数字化、信息化生产体系转变。测绘科大与全国测绘行业这种相互依托、相互促进、水乳交融的密切关系，是加快学校发展不竭的力量源泉。

2.8.2 坚持国际化办学是学校快速发展的重要保障

测绘科大的创建者们大多是留学欧美的饱学之士，他们学识渊博、底蕴深厚，具有广阔的世界眼光。早在创办伊始，学校即迅速开展国际学术交流，包括参加学术会议，派遣留学人员，聘请外籍专家、培养外国留学生等。当时派出的一批留学人员学成回国，迅速成长为学校教学科研的第二代中坚。改革开放以后，学校抓住机遇，派出大批教师留学欧美，同时恢复了与国际测绘学术组织和机构的联系，与国际上几十所大学建立了校际交流合作协议。这批中青年才俊掌握先进技术后回国，迅速成长为学科的骨干和领军人物，成为引领学科走向国际学术前沿发展的精英。在迈向国际化办学过程中，学校通过外资贷款、中荷合作、中法合作等途径，争取到国际上的大量经费和项目支持，大大加速了测绘学科自身的发展。通过国际合作和对外交流，学校及时引进和消化吸收了国外先进科技，创造了一大批具有国际先进水平的研究成果，推动了我国传统测绘技术向数字化、信息化方面的转变，站到了国际学科发展的前沿，赢得了国际同行的尊敬。坚持国际化办学，使一批学者迅速成长起来，在国际测绘学界产生影响，学校一些成果也通过对外交流在国际测量学界推广应用。放眼世界，坚持国际化办学，使测绘科大的整体实力迅速提升，国际影响日益扩大。

2.8.3 改革创新、勇立潮头是学校持续发展的重要法宝

建校初期，武汉测量制图学院仅设3个系、4个专业，是一所传统意义的测绘专门高等学府。建校不久，学校即根据测绘科技和生产的发展需要，认识到拓展学科服务领域和交叉融合的重要性，适时增设了光学仪器、电子计算机等专业。此后，学校及时总结提出了“光、机、电、测一体化”的办学指导思想，并执著地向这一目标努力。改革开放以后，学校在遵循学科发展内在规律，努力跟踪国际前沿的同时，主动适应经济社会发展的需求，通过改造传统专业和增设新专业，不断拓展学校的服务和应用领域，逐步形成了以测绘学科为主干，多学科相互依托、协调发展的办学格局。

第三章 抓住机遇，创建一流（2000—2016）

3.1 跨越新世纪，站在新起点

2000年7月28日，教育部和湖北省政府颁布《关于武汉大学、武汉水利电力大学、武汉测绘科技大学、湖北医科大学合并的实施意见》，四校合并后，新武汉大学为教育部直属高校，由教育部与湖北省共建共管。2000年8月2日，新武汉大学正式挂牌成立；教育部将新四强合一的新武大定位在建成“国内外知名高水平大学”上。2001年2月13日，教育部和湖北省政府在武汉签订重点共建武汉大学协议：加快武汉大学向国内外高水平大学迈进的步伐，新武汉大学进入了我国重中之重的“985工程”，向着实现创“世界先进水平的一流大学”前进。

2007年8月，测绘科学与技术被教育部批准为一级学科国家重点学科，是此次教育部批准的武汉大学5个一级学科重点学科之一。新武汉大学首先通过学科重组与整合，进一步突出“211工程”建设测绘学科的特色与优势，投入5000余万元专款，重点支持摄影测量与遥感、大地测量与测量工程、地图制图学和地理信息工程3个国家重点学科的建设，城市规划与设计、光学与电子信息工程、印刷工程3个学科，也得到了不同程度投入，有力地保证了原测绘科大“211工程”建设目标的如期完成，奠定上述学科进一步发展的基础。

四校强强联合，真正实现一加一大于二的效应。测绘学科面临难得的发展机遇。李德仁院士曾说：“一个学科的发展，如果没有一个环境、一个平台、一个机会的话，提升起来也是有限的。测绘尽管原来很有本事，但没有大舞台，还是跳不了大舞蹈。”“事实上，高校体制改革是国家发展的大政方针，我们要顺应其势，抓住机遇。同时，合校只是体制的变化，专业并没有变，早在1956年，夏坚白、王之卓、陈永龄、叶雪安、金通尹等我国测绘先驱，也是因为从四面八方走到了一起，独唱变合唱，力量大了，测绘的声音才更响。”而且，生源质量则是人才培养质量的重要基础，合校后，新武汉大学实力逐步提升、影响日益增强，整体生源质量显著提高。以湖北省为例，2006—2016年我校理工科高考录取成绩排名从10000名左右逐步跃升到4500名左右，其中遥感、测绘、地理信息系统等相关专业报考热度稳步上升。在绝大多数省份，我校理工科高考录取成绩在该省高考成绩排名3000名以内。研究生生源质量的提升趋势与本科生相同。

3.2 打造新平台，迎来新机遇

近年来，国家对高等教育和科学事业发展给予了越来越大的支持。武汉大学测绘学科作为经济社会发展和国防建设具有重大需求的学科，迎来了一个又一个重大发展机遇。

3.2.1 “985 工程”二期建设项目——武汉地球空间信息 I 类平台建设

1998 年 5 月 4 日，时任国家主席江泽民在庆祝北京大学建校 100 周年大会上向全社会宣告：“为了实现现代化，我国要有若干所具有世界先进水平的一流大学。”1999 年，国务院批转教育部《面向 21 世纪教育振兴行动计划》，“985 工程”正式启动建设。“985 工程”一期建设率先在北京大学和清华大学开始实施。2004 年，根据《2003—2007 年教育振兴行动计划》，教育部、财政部印发《教育部、财政部关于继续实施“985 工程”建设项目的意见》，启动了“985 工程”二期建设。新武汉大学迎来了“985 工程”二期建设的机遇。经论证研究，学校决定利用“985 工程”二期建设经费，重点支持测绘学科建设国家一类科技创新平台——武汉地球空间信息 I 类平台。该平台建设总经费为 2.2 亿元。

地球空间信息 I 类平台的建设主要面向“第二代卫星导航定位系统”、“高分辨率对地观测系统”、“载人航天与探月工程”三大国家重大需求，基于测绘科学与技术、地理学两个一级学科的已有建设基础，集合大地测量学与测量工程、摄影测量与遥感、地图制图学与地理信息工程等已有国家重点学科优势，同时结合地球物理学、电子信息科学与技术、计算机科学与技术、信息与通信工程等相关学科技术，推进多学科交叉融合，使测绘学科逐步发展整合成为具有较强国际学术竞争力的地球空间信息学科。其主要依托平台包括测绘遥感信息工程国家重点实验室、国家卫星定位系统工程技术研究中心、地理信息系统教育部重点实验室、数字制图与国土信息应用工程国家测绘地理信息局重点实验室、地球物理大地测量国家测绘地理信息局重点实验室、地球空间环境与大地测量教育部重点实验室、中国南极测绘研究中心等多个国家级、省部级科研平台。“985 工程”二期建设项目极大地提高了我校测绘及相关学科科学研究实验条件，促进了人才培养、科学研究更好开展，进一步提升了学科的整体实力。

3.2.2 地球空间信息国家实验室申报

武汉大学测绘学科开始着手武汉地球空间信息 I 类平台建设之时，赶上国家科技部推动实施国家实验室建设计划。武汉大学测绘学科积极响应国家需求，牵头提出了申请筹建地球空间信息国家实验室的申报报告。地球空间信息国家实验室拟以武汉大学测绘遥感信息工程国家重点实验室和 4 个相关的国家重点学科为核心，联合中国科学院测量与地球物理研究所和中国地质大学（武汉）等单位组建，并涵盖了 8 个省部级重点实验室、2 个国家工程中心和 2 个国家“863”空间信息产业化基地，得到教育部、湖北省和武汉市政府的大力支持。

武汉地球空间信息国家实验室拟从地球时空基准、空间信息网络、地球空间环境探测、遥感对地观测、卫星导航定位以及地球空间信息服务 6 个方向开展系统性研究，建立地球空间信息科学的理论框架，形成我国完整的天、空、地一体化地球空间信息获取、传输、处理、分发与服务的技术体系，推进地球空间信息在国民经济和国防建设中的应用及产业发展。

2004 年 11 月 10 日，国家科技部专家组就申请筹建武汉地球空间信息国家实验室工作来武汉大学进行了实地考察，对筹建工作给予了积极评价和充分肯定。后来，由于种种原因，国家科技部未能如期实施国家实验室建设计划，但武汉大学测绘学科推进创新力量整合的步伐没有停止，这为之后的协同创新平台建设打下了坚实基础。

3.2.3 “2011 计划”建设项目——地球空间信息技术协同创新中心

2011 年 4 月 24 日，时任国家主席胡锦涛在清华大学百年校庆上发表讲话时提出了“推动协同创新”的理念和要求。为落实胡锦涛同志重要讲话精神，2012 年 5 月 7 日国家教育部、财政部联合召开工作会议，正式启动实施《高等学校创新能力提升计划》，也就是“2011 计划”。

2013 年，武汉大学测绘学科代表牵头单位武汉大学，携手清华大学、北京航空航天大学、中国航天科技集团相关机构，按照“平台共建、人才汇聚、资源共享、研究协作”的原则，构建了 3+1+X（三家协同高校、一家协同企业、X 家协作单位）的协同创新模式，面向技术前沿和行业的重大需求，突破校内视野，整合共享优势资源，建成地球空间信息科学技术协同创新中心，中心主任为李德仁院士、副主任为龚健雅院士。中心于 2014 年正式通过教育部认定，目前已受到教育部两期共 6000 万元经费支持。

中心下设 7 大研究方向，每个研究方向设置 1 名首席科学家和 1~6 个创新研究团队：武汉大学负责遥感对地观测、卫星导航定位、地球时空基准和空间信息服务等测绘学科方向，清华大学负责空间通信方向，北京航空航天大学负责空间网络方向，中国航天科技集团牵头负责空天信息获取方向。7 大研究方向根据重大任务需求的特点，按照前沿研究团队、重大项目团队、技术研发团队三大类分别组建创新团队。其中，前沿研究团队根据科学前沿发展和国家急需，中心自主组建研究团队，针对本领域产业发展的重大共性前沿问题开展研究；重大项目团队将符合中心发展方向的国家重大项目科研团队，纳入中心管理，支撑国家本领域重大项目研究；技术研发团队直接面向企业需求，由企业出资，依托中心聘用组建研发团队，面向行业、企业产品研发需求，开展关键技术攻关。

中心在三所优势高校、一个产业优势企业的基础上，进一步辐射，汇聚国家卫星测绘应用中心、国家基础地理信息中心、解放军信息工程大学、中航工业、武大吉奥等多家行业领军企业和单位，努力建成为国际领先的地球空间信息领域基础研究平台、行业共性技术创新基地、高新技术成果辐射基地和高级专门人才的培养基地，有力地促进我国地球空间信息产业发展。

3.2.4 “双一流”建设计划

2015 年 10 月 24 日，国务院印发《统筹推进世界一流大学和一流学科建设总体方案》，要求按照“四个全面”战略布局和党中央、国务院决策部署，坚持以中国特色、世界一流为核心，以立德树人为根本，以支撑创新驱动发展战略、服务经济社会发展为导向，坚持“以一流为目标、以学科为基础、以绩效为杠杆、以改革为动力”的基本原则，加快建成一批世界一流大学和一流学科。自2016年起，针对大学以及学科建设明确提出了“双一流”的任务要求，并分3个阶段制定了时间表，其中将“基本建成高等教育强国”的最终目标节点定于21世纪中叶。这预示着，未来30余年的高等教育发展规划由此有了新的蓝图。

武汉大学测绘学科作为具有“中国特色、世界一流”特质的学科，得到了国家“双一流”建设经费的支持。按照国家关于一流大学和一流学科建设将分三步走的计划要求——“第一步到2020年，若干所大学和一批学科进入世界一流行列，若干学科进入世界一流学科前列”，武汉大学测绘学科责无旁贷肩负着进入“世界一流学科前列”的重任，同时对武汉大学实现世界一流大学建设目标作出应有贡献。

3.3 付出新努力，取得新成就

近年来，得益于国家和学校大力投入和支持，广大师生奋发努力，武汉大学测绘学科在人才培养、科学研究、国际学术交流等方面取得一系列显著成就，业已成为我国地球空间信息高素质专门人才培养基地、地球空间信息领域基础研究和应用基础研究基地、地球空间信息高新技术成果辐射基地和空间信息军事应用的重要研究基地，在国内外具有重要影响。

3.3.1 人才培养

近年来，武汉大学测绘学科努力打造世界一流的本科教育和研究生教育，采取了以下系列措施：

在本科生培养方面，实加强招生宣传，稳步提高生源质量；不断修订培养方案，完善课程体系；不断更新教学内容，提高课堂教学质量；积极开展国际合作办学，不断提升学生的国际交流能力；加强实践性教学和第二课堂建设，不断提高学生的综合素质；积极探索拔尖创新人才培养的新模式；不断规范教学管理。

在研究生培养方面，积极推进研究生招生制度改革，不断提高生源质量；以人才培养为目标，全面推进研究生培养机制改革；不断推进高层次人才培养模式创新；开设全英文课程，努力提高课程教学质量；推进高层次人才国际化培养；充分发挥导师在研究生培养中的作用；推进研究生参与科学研究和学术交流；加强实践锻炼和协同培养，全面提升研究生综合素质。

通过系统、规范的教育和培养，武汉大学测绘学科人才培养质量稳步提高，不论是进一步深造还是走向社会，武汉大学测绘学科毕业生堪称一种“金字招牌”，被充分肯定和热情欢迎。

3.3.2 科学研究

过去十年，武汉大学测绘学科肩负使命，为满足国家重大科技需求攻坚克难。累计承担国家“973”计划、“863”计划、国家科技支撑计划等国家级项目163项，国家自然科学基金项目 287 项，其他国家、省部级、境外合作及国内重要科研项目 200 余项，总科研经费达 20 亿元。面向我国"高分辨率对地观测系统"、"第二代卫星导航定位系统"国家重大专项和"中国大陆构造环境监测网络"重大科技基础设施等战略需求，开展系统性和先导性研究，突破了卫星测高、精确定位、精密定轨、测图自动化、高分辨率信息提取与地理信息应用服务等一系列技术难题，为实现我国对地观测系统和第二代卫星导航系统从无到有、从有到好的飞跃作出了重要贡献。面对国家安全保障和重大自然灾害应急响应等重大问题，测绘学科在我国西部困难地区测绘、中越边界雷区测绘、海岛礁无人区测绘、汶川玉树地震快速测绘、地理国情监测以及各种应急测绘保障和国防安全信息保障中屡建功勋，为我国向遥感测绘强国的转变作出了重要贡献。

作为在国际上有重大影响的测绘学科研究实体，武汉大学测绘学科紧紧把握国际科学与技术前沿，在互联网、大数据高速发展的时代背景下，不断发展与充实测绘学科的科学内涵与技术领域。过去十年，测绘学科以"时空基准—对地观测系统—遥感数据—空间信息—地学知识—网络服务转化"理论与方法为主线，开展基础研究与应用基础研究，在大地测量、工程测量、导航与位置服务、航天航空摄影测量、遥感信息处理、地图学、地理信息系统、3S 集成与网络通信、海洋与极地测绘、色彩学等方向不断发展，提出了具有国际引领性的理论、模型、方法与前沿技术，建立了我国地理信息服务标准体系，解决了高分全球测图和卫星高精度定轨等难题，在一批方向上实现了从跟踪研究到引领发展的跨越，学科国际影响力显著增强。通过交叉融合，测绘学科还带动了地球物理、地理学等其他学科的发展。最近十年间，武汉大学测绘学科共获得国家级科研奖励 21 项：其中，国家科技进步奖（创新团队）1 项；国际科学技术合作奖 1 项，国家科技进步一等奖 2 项，二等奖 15 项；国家技术发明二等奖 1 项，国家自然科学二等奖 1 项；其他省部级及各类国际奖励共获得 161 项。在研究成果方面，共取得发明专利 401 项，取得计算机软件著作权登记 515 项，出版专著 187 本。2006—2016 年，测绘学科收录于 SCI 和 SSCI 的"测绘类"文献 2447 篇，居国内高校前列，为武汉大学多个学科进入 ESI 学科世界前 1% 的排名作出了重要贡献。

3.3.3 社会服务

作为我国测绘遥感与地理信息科学研究的基地，武汉大学测绘学科引领和推动着传统测绘向数字化测绘和信息化测绘方向发展，地理信息系统向地理信息服务迈进。在推动科技创新的同时，也在不断形成有效的产学研合作机制。通过与科技成果转化企业武大吉奥、武汉立得、武大卓越，以及众多测绘地理信息应用部门和高科技企业合作，推动了我国测绘地理信息产业快速发展，为测绘地理信息产业成为关系国家安全、国民经济与社会发展的战略性新型产业作出重要贡献。2015 年，美国地理信息行业巨头 ESRI 公司与武汉大学测绘学科合作，将凝聚测绘学科心血的 DPGrid 产品化，使其融入 ArcGIS 平台，实现 DPGrid 技术及应用在全球的推广，这标志着测绘学科通过国际合作的通道，推动地理信息产业走出国门，迈向世界。

3.3.4　国际影响

武汉大学测绘学科学者活跃在国内外学术舞台，目前有64人次在国际重要的学术机构任职。其中，李德仁院士先后担任国际摄影测量与遥感学会第三委员会、第六委员会主席，以及该学会首批Pellow并获该学会“荣誉会员”最高荣誉称号；刘耀林教授继胡毓钜教授之后担任国际制图学会副主席；龚健雅院士任国际摄影测量与遥感学会第六委员会主席；李建成院士担任国际大地测量协会（IAG）卫星重力理论专题研究组、国际大地测量协会（IAG）地球重力场模型测评组成员；李斐教授任国际南极研究科学委员会（SCAR）下属地球科学工作组（SSG-GS）和地理信息工作组（SCAGI）中国代表；杜清运教授任国际制图协会理论制图学专业委员会主席。此外，还有56人次任国际摄影测量与遥感学会及其他国际学术组织的工作组组长、副组长、秘书或者同级别的职务，是全球同类学科中在国际学术机构中任职最多的单位之一。武汉大学测绘学科不仅积极争取在国际学术机构中发挥作用，也积极开拓和主导区域学术的发展。本学科是亚洲地理信息系统协会的创会单位，李德仁院士曾担任亚洲地理信息系统协会创会会长，龚健雅院士是现任亚洲地理信息系统协会的秘书长，联合亚洲研究单位和学者推动区域地理信息技术的发展。

武汉大学学者中有53人次在国际学术期刊任职，其中刘耀林教授、张良培教授、单杰教授、黄昕教授、Timo Balz教授、钟燕飞教授、吴伟副研究员担任本领域9个国际知名学术期刊副主编。

武汉大学测绘学科作为我国乃至全球规模最大、学科门类最全、教育层次和办学体系最为完整的测绘类学科之一，正在以其特色和优势，不断创造辉煌。

第二篇　近十年主要进展与成就（2006—2016）

第四章　办 学 实 体

2000 年 8 月，武汉大学测绘学科在四校（原武汉大学、武汉水利电力大学、武汉测绘科技大学、湖北医科大学）合并中进行整合重组。测绘及相关学科主要设置于武汉大学的测绘学院、遥感信息工程学院、资源与环境科学学院、印刷与包装系（直属系）4 个院（系），另外还有测绘遥感信息工程国家重点实验室、武汉大学卫星导航定位技术研究中心（国家卫星定位系统工程技术研究中心）、中国南极测绘研究中心 3 个直属科研机构。4 个院（系）分别招收本科、硕士和博士生，同时开展函授教育及各类培训；直属科研单位招收硕士、博士研究生，也开展各类培训。测绘学科设有测绘科学与技术博士后流动站，相关学科还设有地理学、地球物理学、材料加工工程 3 个博士后流动站。

4.1　学院（系）、实验室、研究中心简介

4.1.1　测绘学院

测绘学院由 1956 年成立的武汉测量制图学院的天文大地测量系和工程测量系发展而来，几经传承演变，先后易名地球科学与测量工程学院、地学测量工程学院、测绘科学与技术学院。2001 年 9 月，更名为武汉大学测绘学院。

夏坚白、陈永龄、叶雪安等老一辈科学家是学科和学院的奠基人。学院立足测绘科学与技术发展前沿，开展测绘学科高层次人才培养和科学研究，是全国高等学校测绘学科教学指导委员会主任单位。设有国家信息化测绘人才培养模式创新实验区、国家级实验教学示范中心、国家级工程实践教育中心。

测绘学院现有教职员工 129 人，其中专任教师 90 人，中国工程院院士 3 名，国家“千人计划”入选专家 2 名，“长江学者”特聘教授、讲座教授 5 人，国家杰出青年科学基金获得者 2 人，国家教学名师 1 人，中国青年科技奖获得者 4 人，国家测绘局科技领军人才 3 人，教授 33 人，博士生导师 49 人（含兼职）。近年来，先后获国家教学成果奖和省部级教学成果奖 20 余项。已建成 5 门国家精品课程，1 门国家视频公开课，5 门国家级精品资源共享课，编著出版的一系列教材被全国相关高校广泛使用。现有全日制本科生 1700 余人，硕士生 700 余人，博士生 200 余人，函授生 3800 余人。

测绘学院现有测绘工程、导航工程和地球物理学 3 个本科专业。测绘工程专业通过国家工程教育专业认证，是国家“卓越工程师教育培养计划”试点专业。导航工程专业是

2012 年国家新批准招生的面向战略性新兴产业的专业。学院拥有大地测量学与测量工程、摄影测量与遥感、地图制图学与地理信息工程、固体地球物理学四个二级学科博士学位授权点和硕士学位授权点以及测绘工程工程硕士专业学位授权点。

测绘学院设有 3 个系（测绘工程系、导航工程系、地球物理系）、5 个研究所（测量工程研究所、空间信息工程研究所、航空航天测绘研究所、地球物理大地测量研究所、空间定位与导航研究所）、3 个部级重点实验室（地球空间环境与大地测量教育部重点实验室、地球物理大地测量国家测绘地理信息局重点实验室、精密工程与工业测量国家测绘地理信息局重点实验室），以及全球卫星导航服务系统（IGS）连续运行跟踪站、武汉大学海洋研究院、武汉大学灾害监测与防治研究中心等教学科研机构。学院近些年来承担国家“973”计划、“863”计划、科技支撑计划、国家自然科学基金、重点工程项目等各类科技项目 1000 余项，获国家科技进步奖 10 余项，省部级科技进步奖 100 余项。

测绘学院高度重视测绘学科基础理论和前沿技术，确定了以卫星重力场探测及其应用、现代时空基准与全球垂直基准统一、导航与位置服务、工程测量与工程安全监测、地球构造与地球动力学、空间碎片探测与预警、组网遥感对地观测与遥感动态监测、海洋测绘与海洋动力环境、移动测量与智能测量机器人、时空地理信息工程与智慧城市、地下空间信息工程等主要研究领域为学科发展重点方向，取得了一大批具有国际先进水平或国内领先水平的测绘科技与教学成果，为我国测绘教育事业和测绘科技的发展作出了重要贡献。

测绘学院秉承“敬业、乐群、求是、创新”的院训精神，正朝着“高品质、国际化、创新型”的建院目标昂首奋进。

4.1.2 遥感信息工程学院

遥感信息工程学院前身是 1956 年成立的武汉测量制图学院航测与制图系，历经航空摄影测量系、航测与遥感系、遥感与信息工程学院、信息工程学院，2000 年 8 月成立更名为武汉大学遥感信息工程学院。

王之卓等老一辈科学家是学科和学院的奠基人。学院设置遥感科学与技术、地理国情监测 2 个本科专业，均为全国首创，摄影测量与遥感、地图学与地理信息系统、模式识别与智能系统 3 个学术型硕士学位授权点，摄影测量与遥感、地图制图学与地理信息工程 2 个博士学位授权点，另有 1 个专业硕士学位授权点和 1 个博士后科研流动站。其中，摄影测量与遥感是全国重点学科，遥感科学与技术专业是国家一类特色专业和湖北省品牌专业，学院已形成从学士、硕士、博士的完整人才培养体系。

遥感信息工程学院师资力量雄厚，现有教职工 110 人，其中，中国科学院院士 2 人，中国工程院院士 2 人，欧亚科学院院士 2 人，教授 28 人，副教授 23 人，博士生导师 38 人（含兼职）。在职教师中，国家“千人计划”入选专家 4 人，教育部“长江学者” 2 人，国家“万人计划”青年拔尖人才 1 人，教育部新世纪优秀人才 4 人，杰出青年科学基金获得者 2 人，优秀青年科学基金获得者 2 人，全国优秀教师 1 人，全国百篇优秀博士论文获得者 2 人，另有多名国务院政府特殊津贴专家、湖北省有突出贡献的中青年专家、湖北省教学名师、宝钢教育优秀教师。

遥感信息工程学院坚持“人才培养为本，教育教学为根”的办学理念，院士、“千人计划”学者、珞珈特聘教授等长期坚持为本科生授课，成功入选国家教育部“卓越工程师培养计划”。拥有国家级教学团队1支，国家级实验教学示范中心1个，开设全英文课程6门。学院获国家级优秀教学成果奖4项，省级优秀教学成果奖5项，国家级优秀教材奖13项，6篇论文被评为全国百篇优秀博士论文。本科生课程“遥感原理与应用”、“摄影测量学”、“数字图像处理”等先后被评为国家级精品课程和国家级精品资源共享课程。

经过多年的探索，遥感信息工程学院凝练出数字摄影测量、遥感、地理信息工程、地理国情监测四大研究方向，拥有5个省部级研究中心，3个校级研究中心，是中国测绘地理信息学会摄影测量与遥感专业委员会挂靠单位。近十年来，学院获批“863”项目1项，“973”项目1项，国家自然科学基金项目45项，国家级科技奖励12项，省部级科技奖励18项。

遥感信息工程学院以“创造、创新、创业”教育思想为指导，充分利用国家级教学团队和“211”、“985”工程科研平台，培养满足社会需求的“厚基础、宽口径、强能力”的复合型遥感人才。毕业生中，有的已经成为学术带头人、博士生导师、两院院士，有的被评为国家级有突出贡献的专家，许多已走上了业界领导岗位，为测绘遥感事业的发展提供着强有力的技术支撑和智力支持。

目前，学院秉承“笃志、敦行、和协、拓新”的遥感精神，紧跟遥感科学与技术发展前沿，积极倡导“大遥感”理念，推动遥感学科不断发展。

4.1.3 资源与环境科学学院

资源与环境科学学院测绘学科由1956年成立的武汉测量制图学院的航测与制图系发展而来，历经地图制图系、地图学与国土信息学院，1994年地籍测量专业并入，成立土地科学学院。2001年1月，由原武汉大学环境科学系、原武汉水利电力大学环境工程专业、原武汉测绘科技大学土地科学学院合并组建成立资源与环境科学学院，是集理、工、管学科专业的综合性学院。

学院涵盖测绘科学与技术、地理科学、环境科学与工程、公共管理4个一级学科，拥有地图学与地理信息系统和地图制图与地理信息工程2个国家重点学科、湖北省优势学科2个和湖北省重点学科3个；拥有和共享测绘科学与技术、地理学、公共管理与环境科学与工程4个一级学科博士点和4个博士后流动站，有地图制图与地理信息工程、地图学与地理信息系统和资源环境监测与规划等8个二级博士学位授权点和10个硕士学位授权点以及地理信息系统等6个本科专业，1个国家级理科人才培养基地，1个国家级工程实践教育中心，1个国家野外实习基地。学院的地图制图与地理信息工程、地图学与地理信息系统和地理学为国家“211”、“985”工程重点建设学科，现有地理信息系教育部重点实验室和数字制图与国土信息应用工程国家测绘地理信息局重点实验室等省部级重点实验室和工程技术中心5个。

学院设有地图制图与地理信息工程系、地理信息科学系、国土资源管理系、资源环境与城乡规划系等6个系。现有教职工141人，其中专任教师108人（含教授35人，副教授49人），管理人员20人，实验技术人员13人。现有本科生1198人，硕士生598人，博士生242人。学院有外聘中国科学院院士和中国工程院院士3人，长江学者2人，国家教学名师1人，国家杰出青年科学基金获得者1人，国家"万人计划"入选者1人，国家"百千万人才工程"入选者2人，国务院学科评议组成员1人，国家测绘地理信息局领军人才2人，国家测绘地理信息局科技委员会委员1人，湖北省高端人才1人，国家"863"计划主题专家1人，国家和湖北省有突出贡献的专家6人，国务院政府特殊津贴获得者9人，全国优秀科技工作者1人，宝钢优秀教师特等奖1人、优秀奖2人，"青年千人"入选者1人，国家优秀青年科学基金获得者1人，国家青年拔尖人才1人，教育部"新世纪优秀人才支持计划"入选者6人，先后2人担任国际地图制图协会副主席，多人担任其他国际和全国性学术团体的领导职务。

近十年来，学院承担和参与了国家"973"计划、"863"计划、科技支撑、国家自然科学基金、国家科技专项、国家行业公益科技项目以及一大批横向科研项目达900多项。先后获得国家科技进步一等奖1项，国家科技进步二等奖3项，国家自然科学二等奖1项，国家测绘地理信息局科技进步特等奖3项，省部科技进步奖20多项，学院获国家级优秀教学成果奖2项，省级优秀教学成果奖5项，"地理信息系统"、"土地信息系统"等课程被评为国家级精品课程和国家级精品资源共享课程，地理信息系统教学团队被评为国家优秀教学团队。

学院一直坚持"学科立院、人才兴院、科研强院"的办学方针，通过加强学科建设、基地建设和师资队伍建设，全面增强学院的综合实力和核心竞争力，努力把学院建设成为国内外知名的资源与环境科学学院。

4.1.4 印刷与包装系

武汉大学印刷与包装系前身为武汉测绘科技大学印刷工程学院。2000年并入武汉大学新闻与传播学院，2004年独立建制成武汉大学印刷与包装系。主要涉及轻工技术与工程一级学科的教学和科学研究。现为教育部轻工类专业教学指导委员会副主任委员单位。

1956年，在地图制图专业中开设地图制印相关课程。1983年开设印刷工程本科专业。1995年开设包装工程本科专业，同年获印刷工程硕士学位授予权。经过30余年的建设，轻工技术与工程一级学科获得了国家"211"、"985"工程重点建设学科资助，已成为我国印刷包装领域人才培养、科学研究、产学研合作及社会服务的重要基地。现有印刷工程和包装工程2个本科专业、轻工技术与工程等4个硕士点和图像传播工程、材料加工工程2个博士点，材料加工工程博士后流动站，2个博士后培养创新基地。

印刷与包装系依托拥有的"教育部卓越工程师教育培养计划"和"湖北省普通高等学校战略性新兴（支柱）产业人才培养计划"，国家新闻出版广电总局高级印刷人才培养基地、国家资源精品共享课程等平台和资源，引领我国印刷和包装领域的学科建设，为产业升级提供智力支持和人才保障。

注重"创新、创造、创业"教育，人才培养工作取得丰硕成果。本科毕业生和毕业研究生创新能力和国际视野广受用人单位青睐，就业签约率在全校名列前茅。在全国"挑战杯"大学生课外学术科技作品竞赛中获一等奖3项、二等奖2项、三等奖1项；湖北省"挑战杯"大学生创业计划竞赛中获特等奖3项、二等奖3项、三等奖1项；在全国印刷行业职业技能大赛等其他各项重要赛事中获奖20余项。在澳大利亚安姆科包装设计大赛、美国艾利丹尼森创新大赛、德国DAAD奖学金和美国电子文档基金会（EDSF）奖学金的角逐中屡屡拔得头筹。其中，“立感见颖”学生科研团队入选全国百支大学生“小平科技创新团队”称号。印刷与包装系人才培养质量受到国内外同行的一致认同。

印刷与包装系注重开放和共享，在德国学术交流中心的资助下，举办了6期印刷媒体技术暑期班，面向亚洲地区高校共享资源培养人才。面向全国举办了8届研究生“图像传播在珞珈”学术论坛活动，吸引20余所知名高校师生汇聚研讨，促进学术交流。举办本学科领域全国高校骨干教师培训班，推动我国高校师资队伍建设。

印刷与包装系立足学科发展前沿，面向国家重大战略与工程需求，致力于解决行业关键问题和共性技术难题，促进产学研用的深度融合。牵头建设了两部一省（教育部、科技部、广东省）“绿色包装与数字印刷”产学研战略联盟、武汉大学-香港印刷科技研究中心等研究基地多个工程技术研究中心。连续举办了4届图像传播国际学术会议、全国包装学术会议等重要学术会议。

十年来，完成了包括国家“973”计划、“863”计划、国防预研/型号、重大产业技术开发专项、国家科技支撑、国家自然科学基金等课题及省部级产学研课题100余项，科研经费超过8000万元，授权发明专利转化及应用40余项。一批科研成果在国内外得到推广应用。智能包装研究领域涉及功能材料型、信息型和功能结构型智能包装技术，现已研制成功我国第一条军用基础产品自动包装生产示范线，大大提高了武器包装的安全性和可靠性；数字成像涉及彩色数字加网和色彩管理等关键技术，现已研制成功并应用于我国第一台彩色激光打印机系统中，打破了打印机设备被国外技术垄断的局面；印刷电子与柔性电子研究领域涉及有机和无机印刷电子材料的合成与制备、全印刷电子工艺技术、功能性印刷电子器件的应用等方面，所研究的新型印刷电子材料及应用已成功应用于各类功能性显示装备中；与方正国际合作研发的包装印前设计软件已远销海外，结束了我国全面依赖国外印前处理系统的历史；在颜色科学领域，研制的色棉配色方法及色卡深受国内外用户企业好评。

面向相关学科的世界一流高校和国内著名企事业单位，聘请兼职教授、讲座教授及客座教授授课。美国罗切斯特理工大学、英国利兹大学、德国伍珀塔尔大学、韩国延世大学、澳大利亚蒙纳什大学等知名高校在学生互换、学分互认、联合办学、师资互访、科学研究等方面与印刷与包装系开展了密切的交流合作。

印刷与包装系已经形成了具有稳定和可持续的学科发展方向，并不断拓展新的研究领域，产生影响行业发展的创新成果，推动成果转化与应用，形成科学创新和人才培养的新模式，引领我国印刷包装人才培养和科学研究。

4.1.5 测绘遥感信息工程国家重点实验室

测绘遥感信息工程国家重点实验室是我国测绘学科第一个国家级重点实验室。1989年初，以原武汉测绘科技大学国家重点学科摄影测量与遥感及大地测量专业有关实验室为基础筹建，并在当年由国家计委批准成立。1991年世界银行贷款启动，成为世界银行在中国的7个跟踪示范实验室之一。1992年国家测绘局投入开放研究基金，实验室正式对外开放。1995 年通过由国家计委、国家教委和国家测绘局组织的联合验收。2004 年，在国家科技部等部委召开的国家重点实验室建设 20 周年总结表彰大会上，实验室被授予先进集体称号，获“金牛奖”。在国家科技部组织的每五年一次评估中，2000 年、2005 年、2010 年、2015 年连续四次被评为“优秀国家重点实验室”。

实验室主要研究方向包括：航空航天摄影测量、遥感信息处理、空间信息系统与服务、3S 集成与网络通信、导航与位置服务。5 个研究方向形成有机的整体，以“对地观测系统—遥感数据—空间信息—地学知识—网络服务转化”理论与方法为主线，解决多平台多传感器对地观测系统的高精度定轨定姿、摄影测量与遥感数据的高精度自动处理、遥感信息自动提取与智能解译、地理信息与导航位置信息集成和智能服务等理论与方法问题。

实验室历任主任为张祖勋院士、李德仁院士，现任主任为龚健雅院士。实验室学术委员会历任主任为王之卓院士、徐冠华院士，现任主任为李德仁院士。实验室现有固定人员 112 人，其中，中国科学院、工程院院士 3 人，国家“千人计划”入选人才 4 人，国家“青年千人计划”入选人才 1 人，国家杰出青年基金获得者 4 人，国家优秀青年基金获得者 2 人，“百千万人才工程”入选人才 4 人，教育部“长江学者”特聘教授 7 人，教育部“新世纪”人才 16 人，全国百篇优秀博士论文获得者 7 人，5 人担任国家“973”计划项目首席科学家，2 人担任国家“863”计划领域专家，是测绘遥感地理信息领域高层次人才最为集中的机构之一。2010 年，以龚健雅教授为带头人的研究团队获批国家自然科学基金委创新群体的滚动支持。2012 年，以龚威教授为带头人的研究团队入选国家教育部创新团队。2014 年，以李德仁院士、刘经南院士、龚健雅院士等为带头人的研究团队获国家科技进步奖（创新团队），是目前我国地学领域唯一获得此项奖励的团队。

近年来，实验室立足国际学术前沿，面向地球空间信息的快速采集、处理和服务的基础理论和国家重大战略需求，揭示地球空间信息机理，解决核心技术难题，突显自主创新，特色鲜明，成绩卓著。

实验室高度重视高层次拔尖创新人才培养，以先进的人才培养理念、国际化视野和完善的培养措施，让研究生站在学术前沿，经受科研实践锻炼，全面提高学术能力和综合素养。人才培养质量受到广泛好评。实验室 7 篇博士学位论文入选全国百篇优秀博士学位论文。

实验室注重科技成果转化，建立了有效的“产—学—研—用”机制，形成了基础研究、技术创新、成果转化相互促进的完整科技创新链条；积极推动协同创新，是地球空间信息技术协同创新中心的核心支撑单位。

4.1.6　武汉大学卫星导航定位技术研究中心（国家卫星定位系统工程技术研究中心）

武汉大学卫星导航定位技术研究中心（以下简称中心）成立于 1998 年，由“国家卫星定位系统工程技术研究中心”战略发展部、“卫星导航定位”教育部国防重点实验室、“导航与位置服务”国家测绘地理信息局重点实验室、教育部“中国大陆构造环境监测网络联合研究中心（武大）”、教育部“中国第二代卫星导航重大专项联合研究中心（武大）”等研究机构组成。中心围绕我国北斗卫星导航系统建设与应用的重大需求，瞄准国际卫星导航领域前沿方向，开展导航基础理论、方法、软件平台及关键应用系统的研究。目标是成为国际卫星导航领域一流的研究团队，为我国卫星导航领域培养“高精尖”人才，引领我国高精度卫星导航与应用的前沿方向。

围绕发展目标，中心建立了“GNSS 实时数据平台”、“高精度卫星导航数据处理软件平台”、“全球 GNSS 数据分析与处理平台”、“导航终端开发与测试平台”4 大基础研发平台，支撑中心在高精度时空基准、导航卫星精密定轨定位、卫星导航增强系统、组合导航终端、协同精密定位与位置服务等研究方向的长期发展。

中心现有固定人员 43 人，其中，中国工程院院士 1 人，国家“千人计划”入选人才 1 人，国家“青年千人计划”入选人才 1 人，国家杰出青年基金获得者 2 人，“万人计划”入选人才 1 人，教育部“长江学者”特聘教授 3 人，教育部“新世纪优秀人才支持计划”入选人才 3 人，1 人担任国家“863”计划领域专家，3 人担任北斗导航重大专项专家组专家，是我国卫星导航领域高层次人才最为集中的机构。

目前，中心代表我国成为国际卫星导航领域权威研究机构（IGS）的数据中心、实时数据分析中心及电离层数据分析中心，打破了近 30 年欧美研究机构对这一领域的垄断地位，实时数据产品质量位居 9 家分析中心前三名。PANDA 软件已发展成为我国完全自主知识产权系列软件，被德、英、加、澳、荷、日、美、芬兰等国的知名研究机构引进，作为科研和研究生培养的基础软件平台，成为国际知名的高精度卫星导航数据处理软件之一，显著提升了我国在这一领域的国际影响力。

近年来，中心的研究成果有力地支撑了我国北斗卫星导航系统的研制建设和推广应用，先后解决了广域实时精密定位、北斗地基增强与高精度导航定位、羲和系统架构、北斗高精度坐标参考框架建立与维持、全球连续监测评估高精度数据处理、国产对地观测卫星高精度定轨等一系列核心关键技术，研制了我国广域实时精密定位服务系统、首个北斗地基增强示范系统、国家北斗地基增强数据处理软件系统、IGMAS 数据处理系统等重大技术系统。2012 年，以施闯教授为带头人的研究团队，获批国家科技部“重点领域（卫星导航定位）创新团队”。2013 年，研究团队被原总装备部和国防工局授予“北斗二号卫星工程建设突出贡献集体”荣誉称号。2014 年，以刘经南院士为导航方向带头人的“武汉大学对地观测与导航”研究团队获国家科技进步奖（创新团队）。近年来，中心作为第一完成单位获得国家科技进步二等奖 2 项，省部级科技进步奖 5 项；发表 SCI 收录论文 193 篇，EI 收录论文 225 篇，其中 ESI 高被引影响因子论文 1 篇；授权发明专利 37 项。在国际著名杂志 *GPS Solutions* 发表的学术论文总数名列全球测绘研究机构第一位。一批年轻教授脱颖而出，作为项目负责人承担国家重大和重点研究任务，成为我国卫星导航领域的生力军，中心培养的研究生多次在国际 GNSS ION 会议、中国北斗卫星导航年会、国际室内定位大赛等获得优秀论文和成果奖。

4.1.7 中国南极测绘研究中心

中国南极测绘研究中心是由原国家南极考察委员会和原国家测绘局联合发文批准、于 1991 年成立的极地测绘科学研究和人才培养机构。经过 20 多年的发展，该中心以武汉大学的现代大地测量学、遥感信息科学和地图制图与地理信息科学为依托，逐步形成了极地测绘与遥感信息学这一具有特色的交叉学科。主要研究领域为极地大地测量学、极地遥感应用、极地制图与地理信息应用服务、固体地球物理与极地战略等。该中心拥有极地测绘科学国家测绘地理信息局重点实验室（武汉大学、黑龙江测绘地理信息局共建）、极地测绘遥感与全球环境变化实验室（武汉大学和国家海洋局极地考察办公室共建）、中国极地考察支撑条件建设单位等创新平台；也是湖北省南北极科学考察学会的挂靠单位。

从2010年成为直属武汉大学管理的独立科研机构以来，该中心在进一步巩固极地测绘专业特色和传统优势基础上，积极跨学科整合资源、开拓创新，不断提高极地地理信息的应用和服务水平，充分发挥测绘与遥感信息在极地科学考察和研究中的基础性、前瞻性作用。

该中心拥有一支精炼的教学科研队伍，现有固定编制人员18人，其中教授4人；共培养博士、硕士研究生100余人，目前在读50余人。

该中心参与和完成了国家和部委的多项重大科技项目，包括国家“863”计划、“973”计划、自然科学基金、极地重大专项、国防重大专项、极地基础测绘等，取得了多项国内领先、国际先进水平的研究成果，获得国家科技进步二等奖1项、“何梁何利”地球科学奖1项、省部级科技进步一等奖7项。

中国极地考察30多年来，中心先后选派100余人次参加了中国31次南极科学考察和11次北极科学考察。

中心积极参与国际南极科学委员会（SCAR）地理信息工作组的各项工作，多次在工作组会议上做中国的南极地理信息工作报告；并与挪威极地研究所、新西兰坎特伯雷大学南极中心等国际极地研究机构有良好的合作与交流。

4.2 2006年以来历任党政主要领导

4.2.1 武汉大学校级党政主要领导和学术委员会主任

党委书记：顾海良 2008.11止
李　健 2008.11—2013.2
韩　进 2013.2至今
校　　长：刘经南 2008.11止
顾海良 2008.11—2010.12
李晓红 2010.12至今
校学术委员会主任：李德仁 2009至今

4.2.2 武汉大学测绘学科院（系）党政主要领导

1. 测绘学院

党委书记：朱德友 2006.01—2012.10
孙　萍 2012.10至今

院　　长：李建成　2006.01—2015.04
　　　　　姚宜斌　2015.04 至今

2. 遥感信息工程学院

党委书记：于子松　2006.01—2012.10
　　　　　毕卫民　2012.10 至今
院　　长：万幼川　2008.11—2010.07
　　　　　单　杰　2010.07—2015.04
　　　　　龚健雅　2015.04 至今

3. 资源与环境科学学院

党委书记：晏金柱　2006.01—2007.06
　　　　　陈晓榕　2007.06—2015.04
　　　　　彭宇文　2015.04 至今
院　　长：刘耀林　2006.01 至今

4. 印刷与包装系

党委书记：黄佐斌　2006.01—2012.10
　　　　　左　军　2012.10 至今
主　　任：万晓霞　2006.01 至今

5. 测绘遥感信息工程国家重点实验室

党委书记：李平湘　2007.06—2010.06
　　　　　杨　旭　2010.06 至今
主　　任：龚健雅　2006.01 至今

6. 武汉大学卫星导航定位技术研究中心（国家卫星定位系统工程技术研究中心）

主　　任：施　闯　2006.01 至今

7. 中国南极测绘研究中心

主　　任：鄂栋臣　2006.01—2010.11
　　　　　李　斐　2010.11 至今

第五章　学 科 设 置

武汉大学测绘学科是我国乃至全球高等学校设立的规模最大、门类最全、教育层次和办学体系最为完整的测绘类学科之一。学科设置适应和满足了国家经济社会发展及国防建设的迫切需求，有力地促进了测绘科技进步和行业发展。测绘学科特色明显、优势突出，特色和优势相辅相成，堪称“中国特色、世界一流”学科建设的典范。

5.1　本科专业设置

改革开放以来，我国共进行了 4 次大规模的学科目录和专业设置调整工作。《普通高等学校本科专业目录（2012 年）》新目录分为基本专业和特设专业，特设专业和国家控制布点专业分别在专业代码后加“T”和“K”表示。按照 2012 年专业分类目录，武汉大学开办的测绘类及测绘相关专业分别由测绘学院、遥感信息工程学院、资源与环境科学学院、印刷与包装系以及国际软件学院等院系承办。

武汉大学开办的测绘类及测绘相关专业一览表

测绘专业类		密切相关专业类	
专业代码	学科门类、专业类、专业名称	专业代码	学科门类、专业类、专业名称
0812	**测绘类**	**0708**	**地球物理学类**
081201	测绘工程	070801	地球物理学
081202	遥感科学与技术	**0705**	**地理科学类**
081203T	导航工程	070501	地理科学
081204T	地理国情监测	070502	自然地理与资源环境
		070503	人文地理与城乡规划
		070504	地理信息科学
		070504	地理信息科学 （数字地图与空间信息工程）
		0809	**计算机类**

续表

测绘专业类	密切相关专业类	
	080908T	空间信息与数字技术
	0817	**轻工类**
	081702	包装工程
	081703	印刷工程
	1204	**公共管理类**
	120404	土地资源管理

5.1.1 测绘学院

测绘学院现设3个本科专业。测绘工程专业通过国家工程教育专业认证，是国家卓越工程师教育培养计划试点专业，2013年首批通过了国际工程教育专业认证（华盛顿协议）。导航工程专业是2012年国家新批准招生的面向战略性新兴产业的专业，自2015年起，按照学校大类招生的要求，和测绘工程专业合并为“测绘类”招生，学生进校后再根据兴趣分专业。学院每年招收本科生400人左右，其中，地球物理专业30人。

1. 测绘工程

测绘工程主要是利用空天地对地观测技术研究地球空间信息的一门学科。测绘工程专业主要研究地球空间信息科学领域的基本理论与方法，研究利用这些技术解决与地球空间分布有关的各种几何、物理、人文及其随时间变化的信息采集、处理、分析、表达与应用的科学与工程技术问题。测绘工程专业全国排名第一，通过了中国工程教育专业认证。2007年获批教育部人才培养模式创新实验区建设项目，2009年被评为湖北省“高等学校本科品牌专业”，2010年获批国家级第六批高等学校特色专业建设点，2012年获批教育部卓越工程师培养计划。测绘工程专业分为大地测量与卫星定位、工程与工业测量、航天航空测绘、地理信息工程等专业方向。按照厚基础、宽口径、强能力、高素质的创新型人才培养目标要求，学生在三年级开始根据兴趣选择专业方向。

2. 地球物理学

地球物理学是天文学、物理学、数学、化学、地质学、计算机科学等多学科的交叉学科，它利用物理学的原理、方法和技术，观测地球的各种物理场分布及其变化，探索地球本体各圈层及近地空间的介质结构、物质组成、形成和演化，研究与其相关的各种自然现象及其变化规律。地球物理学是武汉大学的优势特色学科，师资力量雄厚，形成了本科—硕士—博士的完整培养体系，在全国同类学科评估中与北京大学、中国科学技术大学并列第一。

3. 导航工程

导航工程专业于2012年由教育部批准设立并开始招生。导航工程专业是一门多学科交叉的新兴工程学科专业，其研究内容包括导航基础理论、各种导航技术与方法、导航系统设计、导航传感器设备集成、导航应用与位置服务等。融合移动通信、互联网技术的位置服务应用，将有力地推动北斗卫星导航应用产业结构升级，释放出更加广阔的市场空间。本专业旨在培养导航与位置服务领域国内一流的拔尖创新人才。

5.1.2 遥感信息工程学院

遥感信息工程学院招收遥感科学与技术、地理国情监测两个本科专业，均为在全国率先创办，每年招收本科生 250 人左右。其中，遥感科学与技术专业创办于 2001 年，2007 年入选国家特色专业，2008 年被入选湖北省品牌专业，2008 年入选国家级教学团队，2011 年入选教育部“卓越工程师教育培养计划”。地理国情监测专业创办于 2011 年，是我校测绘类第一个自然科学和人文社会科学交叉的学科专业，地理国情监测专业约为 40 人。

1. 遥感科学与技术

遥感科学与技术是在空间科学、电子科学、地球科学、计算机科学以及其他学科交叉渗透、相互融合的基础上发展起来的一门新兴学科，它利用非接触传感器来获取有关目标的时空信息。由于其涉及广泛的科学技术领域，因此它的应用已深入到经济建设、社会发展、国家安全和人民生活等各方面。为国家制定重大决策、国防建设提供科学依据和军事情报服务，毕业生社会需求量大，就业前景广阔，可从事摄影测量与遥感，测绘方面的生产、设计、规划和管理，以及有关教学、科研工作。毕业生适应性的岗位有遥感、测绘类行业以及信息产业、航空航天、城市规划、地震监测、石油、电力、物探等能源领域。

遥感科学与技术专业主要面向国家空间信息基础设施建设的需要，培养掌握遥感科学基本理论、方法和技术，具有空间信息获取、处理、分析和应用专业知识的复合型高级技术应用人才。该专业的学生主要学习遥感原理、摄影测量、地理信息系统、计算机科学与技术、数字图像处理等方面的基础理论与知识，掌握影像信息获取及处理、目标识别及三维重建、地理信息管理及应用的理论和技术方法，使学生具有应用所学专业解决空间信息分析、表达与应用等实际问题的能力。此外，该专业的学生还要从事测量学课程综合实习、摄影测量基础课程设计、遥感原理与应用课程设计、地理信息系统原理课程综合实习、GPS 测量与数据处理实习、计算机图形学课程设计、数字图像处理课程综合实习、数据库设计、微波遥感课程综合实习、遥感应用模型实习、网络 GIS 程序设计实习等综合实践和实习。

2. 地理国情监测

地理国情监测专业面向国家对国情国力调查与监测的需要，培养掌握地理国情监测的基础理论、方法和技术，具有地理国情信息获取、处理、变化分析、地理建模、可视化与地理模拟、校验评估、动态信息共享服务、综合应用等能力的复合型高级技术人才。其研究内容包括地理监测原理与方法、地理变化检测与分析、地理调查方法与编码、地理数据分析与建模、地表覆盖与土地利用、地理国情模拟与可视化等。地理国情监测专业是我校测绘类第一个自然科学和人文社会科学交叉的学科专业，也是武汉大学重点建设专业，本着“重基础、宽口径、塑个性、求创新”的办学指导思想，在全国同类学科中具有明显优势。

5.1.3 资源与环境科学学院

资源与环境科学学院是一个集工科、理科与管理类专业于一体的综合性学院，横跨测绘科学与技术、地理学、环境科学与工程、公共管理4个一级学科，1个国家理科科学研究与人才培养基地（地理科学），招收8个本科专业，其中测绘类及相关专业6个，招生规模230人/年。

1. 地理信息科学

本专业培养具备地理信息系统与地图学的基本理论、基本知识和基本技术，能在科研机构、高等学校从事科研或教学工作，能在城市、区域、资源、环境、交通、人口、住房、土地、基础设施和规划管理等领域从事与地理信息系统有关的应用研究、技术开发、生产管理和行政管理等工作的地理信息系统高级专门人才。

本专业具有测绘学、地理学、土地科学及环境科学等综合背景，兼有理工结合的复合性专业特色。学生主要学习地理信息系统和地图学、遥感技术方面的基本理论和基本知识，受到应用基础研究和技术开发方面的科学思维和科学实验训练，具有较好的科学素养，具有地理信息系统研究、设计与开发的基本技能及初步的教学、研究、开发和管理能力。

本专业学生主要通过学习数学、计算机和地理信息科学的基本理论和基础知识，接受基础研究及应用建模的科学思维和地理信息系统技术的开发技能训练，具备较好的科学素养，系统地掌握从多维地理空间信息获取与处理、存储与管理、分析与查询、到信息开发与应用的各个环节的基本理论知识、方法和技能，具有地理信息科学研究、信息系统设计与开发的基本技能，以及初步的教学、研究、开发和管理能力。通过本专业的系统学习，学生具备扎实的地理学和测绘学基本知识背景，兼具理科和工科相结合的复合性知识结构。

2. 地理信息科学（数字地图与空间信息工程）

本专业培养具备数字地图制图、地理信息工程与地理信息服务等方面基本理论、基本技术和基本工程实践应用的高级技术人才，学生能在科研机构、高等学校、国家机关、生产管理部门从事测绘地理信息工程建设、地理国情监测、数字城市与智能技术研发、国土资源调查与管理、环境保护、灾害预报、交通、人口领域等部门从事地图设计、计算机地图制图和地理信息系统的设计等工作。

本专业具有以地图学与现代计算机技术相结合的专业特色。学生主要学习计算机科学与技术、地理科学、测量工程、摄影测量与图形图像信息处理、计算机地图制图、地图投影与变换、地图设计与编制、地理信息系统原理、地图制图数学模型、数字地图制图原理、地图电子出版技术、数字地图分析、地图科学理论等方面的基本理论、基本知识和基本技能，接受应用基础研究和技术开发方面的科学思维和科学实验训练，具有较好的科学素养及教学、研究、开发和管理能力，掌握计算机地图制图、地理信息系统设计的能力。

3. 地理科学

本专业培养具备地理科学的基本理论、基本知识和基本技术，能在科研机构、高等学校、企业单位及行政部门等从事科研、教学、管理、规划、开发与管理工作的高级专门人才。

本专业学生主要学习自然地理、人文地理、地理空间分析与处理、遥感技术应用的基本理论和基本知识，接受基础研究、应用研究方面的科学思维和科学实验的训练，具有较好的科学素养，掌握运用地理空间分析与资源环境实验分析的基本技能，并初步具备在本专业领域从事教学、研究、开发和管理的能力。

4. 土地资源管理

本专业培养德、智、体全面发展，具备土地资源管理的基本理论、基本知识和基本技术，能在国土、测绘、房地产、规划等政府机关及相关科研机构、高等学校、企事业单位等从事管理、科研、教学、技术服务等工作的高级专门人才。

本专业在学生全面掌握土地资源管理专业知识的基础上，着重培养学生在土地资源管理工作中运用专业技术的能力。要求学生掌握土地管理的基本理论和基本知识，掌握测绘技术、计算机技术、3S 技术等现代先进技术；熟悉国家有关土地利用与管理及可持续发展方面的有关方针、政策和法规；能从事地籍测量、地籍地政管理、土地分等定级估价、土地利用规划、房地产经营管理等实际工作以及土地信息系统及其他管理信息系统的开发、研制、应用等技术工作；并能将测绘技术、遥感技术、计算机技术、GIS 技术等现代科学技术运用到相关科技领域。

5. 自然地理与资源环境

本专业培养具备自然地理与资源环境的基本理论、基本知识和基本技术，能在规划、国土、测绘、环境、林业等政府机关及相关科研机构、高等学校、企事业单位等从事管理、科研、教学等工作的高级专门人才。

本专业学生主要学习自然地理与资源环境、地理信息系统和遥感技术应用的基本理论和基本知识，接受基础研究、应用研究方面的科学思维和科学实验的训练，具有较好的科学素养，掌握运用地图遥感及地理信息系统与资源环境实验分析的基本技能，并初步具备在本专业领域从事教学、研究、开发和管理的能力。

6. 人文地理与城乡规划

本专业培养具备地理科学的基本理论、基本知识和城乡规划基本技能，能在科研机构、高等学校、企业单位及行政部门等从事科研、教学、规划与管理工作的高级专门人才。

本专业学生主要学习人文地理、城乡规划、地理信息系统和遥感技术应用的基本理论和基本知识，接受基础研究、应用研究方面的科学思维和科学实验的训练，具有较好的科学素养，掌握运用地图、遥感、地理信息系统与资源环境实践分析的基本技能，并初步具备在本专业领域从事教学、研发与规划管理的能力。

5.1.4 印刷与包装系

印刷与包装系现为教育部轻工类专业教学指导委员会副主任委员单位，设立印刷工程和包装工程两个本科专业。

1. 印刷工程（图像传播工程）

印刷工程（图像传播工程）专业是该学科领域国家唯一的“211”工程重点建设学科。主要针对数字化信息的可视化传播理论与方法，开展数字图形图像等信息的获取、处理、传输、记录与再现相关的理论和工程技术问题的科学研究与人才培养。主要研究数字成像、数字媒体、颜色科学及印刷电子等技术领域的科学与技术问题，涉及光、机、电、材料、计算机等多学科领域的理论与应用。本专业以培养具有扎实的理论基础、宽阔的国际视野，实践能力强，富有创新精神的高素质专门人才为目标。本专业学生主要学习颜色科学与技术、图形与图像处理技术、图像复制工艺及材料适性、质量检测与控制、数字媒体技术等的基本理论和知识。掌握数字化传播的策划、设计、生产、管理的基本原理和方法。

本专业主干课程包括“颜色科学”、“数字图像处理”、“图像复制原理”、“印刷原理与工艺”、“材料与适性”、“数字媒体技术”。双语课程有“印刷概论（Introduction to Printing）”、“数字印刷（Digital Printing）”。特色课程有“色彩管理”、“数字内容管理”。本专业的毕业生主要面向数字传媒（大型出版传媒集团）、广播电视、大型印刷集团、相关领域机械设备制造、材料、纸业集团、印刷电子制造等政府主管部门、高等院校、事业单位及跨国公司等。

2. 包装工程

包装工程专业主要针对产品包装的智能化与绿色环保化理论与方法，开展包装新材料、新结构、新工艺的相关理论和工程技术问题的科学研究与人才培养。主要研究领域包括智能包装、绿色包装和印刷光电子等技术，涉及材料、电子、物理、化学、机械和管理等多学科理论与应用。本专业以培养具有扎实的理论基础、宽阔的国际视野，具备现代包装设计与制造的智能化、绿色环保化的生产与管理能力，实践能力强、富有创新精神的高素质复合型人才为目标。主要学习智能包装材料与技术、绿色包装材料与技术、印刷光电技术等的基本理论和知识；掌握现代产品包装智能化和绿色化的策划、管理、设计、制造的基本原理和方法。

本专业主干课程包括“包装材料学”、“包装应用化学”、“包装应用力学”、“包装工艺学”、“运输包装”、“包装装潢与造型设计”、“包装结构设计”、“包装印刷”等。特色课程有“绿色包装”、“印刷光电材料技术”。本专业的毕业生主要面向新材料、节能环保、包装、出版传媒等行业及商检、质检、外贸等部门，亦可在政府机关、高等院校、科研机构等部门从事包装系统工程管理及科学研究工作。

5.1.5 国际软件学院空间信息与数字技术专业

国际软件学院空间信息与数字技术专业是学院特色专业，该专业于2002年经学校向教育部申请获得批准，经过一年的准备，于2004年开始专业招生。2012年教育部新版本科教学目录中，该专业列为计算机科学与技术特设专业。应用领域主要包括：城市规划与管理、地理信息共享服务、空间信息云计算框架、数字城市、文物考古、超高压输电线路设计与维护、三维可视化、遥感与气候变化等。空间信息与数字技术专业以能力与素质培养、理论与实践结合为宗旨，形成了立体化的培养体系，并结合国际化办学的理念，与国外多所大学或研究机构建立了学术研究或联合人才培养合作关系，逐步建设成为体系科学合理、教学科研并重、知识架构完整、理论实践并驾齐驱的培养体系，每年为各行各业输送高质量的专业技术人才，专业成立以来，共培养本科生600多人。在专业建设方面，完成3门课程教材的编写工作，其中《空间信息导论》和《数字工程原理与方法》被评为教育部十二五规划教材和优秀测绘教材。经过十年建设，目前在全国高校中已有20多所高校开设该专业，国际软件学院为创办者和首批实践者。

5.2 硕士学位授权点

武汉大学测绘学科拥有测绘科学与技术一级学科硕士学位授权点，包括大地测量学与测量工程、摄影测量与遥感、地图制图学与地理信息工程3个二级学科；相关学科拥有固体地球物理、导航制导与控制、地图学与地理信息系统、土地资源管理、模式识别与智能系统、自然地理学、人文地理学、资源环境监测与规划、轻工技术与工程、制浆造纸工程、包装与环境工程、图像传播工程等硕士学位授权点；另外，还拥有“测绘工程”工程硕士学位授权点。测绘学科各办学实体单位根据自身职能定位和办学条件招收硕士研究生，共建硕士学位授权点。

测绘学科硕士学位授权点

学科门类	一级学科	二级学科
工学	0816 测绘科学与技术	081601 大地测量学与测量工程
		081602 摄影测量与遥感
		081603 地图制图学与地理信息工程

相关学科硕士学位授权点

学科门类	一级学科	二级学科
理学	0705 地理学	070501 自然地理学
		070502 人文地理学
		070503 地图学与地理信息系统
		0705Z1 资源环境监测与规划
	0708 地球物理学	070801 固体地球物理学

续表

学科门类	一级学科	二级学科
工学	0811 控制科学与工程	081104 模式识别与智能系统
		081105 导航、制导与控制
	0822 轻工技术与工程	082200 轻工技术与工程
		082201 制浆造纸工程
	0812 计算机科学与技术	081203 计算机应用技术
	0830 环境科学与工程	0830Z1 包装与环境工程
	0835 软件工程	0835Z1 图像传播工程
管理学	1204 公共管理	120405 土地资源管理

专业学位

专业学位类别代码	专业学位类别名称	专业领域代码	专业领域名称
0852	工程	085211	计算机技术
0852	工程	085215	测绘工程
0852	工程	085221	轻工技术与工程

5.2.1 大地测量学与测量工程

培养目标：培养熟悉所从事研究方向的国内外最新发展动态，在大地测量与测量工程专业领域掌握坚实的专业理论基础知识和系统的专业知识，受到独立进行科研及专门技术工作的训练，能熟练地使用计算机编程及操作相关仪器设备，能承担相关专业的教学及管理工作，具有综合运用所学理论独立解决实际技术问题的能力的高层次人才。主要研究方向如下：

物理大地测量：是大地测量学科的一个主要分支，是构成现代大地测量学科体系的重要支柱之一。其主要任务是研究地球形状、地球重力场及其随时间的变化。卫星重力探测技术的发展给物理大地测量带来了革命性的变化；空间大地测量学和物理大地测量学的结合，开创了现代大地测量学发展新阶段，使大地测量学有能力深入地球科学，在更深层次上参与解决地球科学面临的重大科学问题。精细的地球重力场模型将为测绘科学、国防与军事科学、固体地球物理学、海洋动力学等相关领域的发展提供重要的地球空间信息，在高程基准的统一、空间飞行器的精密定轨、资源勘探、灾害与环境监测等领域具有广泛的应用价值。主要研究方向包括：重力场理论与数值逼近、大地水准面确定及应用、地球自转与潮汐、参考系及参考框架、高程基准、相对论重力测量、时变重力场应用研究等。

卫星大地测量：是大地测量学中一个极为活跃的分支学科，是现代大地测量的一个重要支柱，是目前为大地测量其他分支学科提供数据的主要技术手段。其任务是研究利用卫星技术，获得距离、距离差和角度等观测值，通过数据处理，从中提取位置、速度等信息。这些信息是建立坐标系和参考框架、确定地球重力场、进行地球物理研究必不可缺的基础。除此之外，它还积极向其他学科渗透。卫星大地测量学是当代高新技术在测量中的具体体现，它的出现给大地测量，乃至其他诸多学科带来了革命性的变化。

地球物理大地测量：是现代大地测量学的延伸和拓展。地球物理大地测量研究方向是大地测量学与地球物理学的相互交融与渗透而产生的学科增长点。它利用近代空间大地测量和地球物理观测新技术，精确测定地球表面点的几何位置、地球重力场元素、地球自转轴在空间的位置和方向以及上述参数随时间的变化，并从动力学的观点研究地球动态变化的物理机制，进行地球物理解释，进而为环境变迁和海平面变化的研究、地震火山等自然灾害的孕育预测、空间飞行器精密定轨和制导，以及地下资源的勘探等提供服务。

精密工程测量：服务对象的主要特点是工程投资规模大、结构复杂、建设周期长、精度要求高，而且往往要在极端恶劣的环境下作业，因此，要求自动、实时、持续地获取数据。其发展趋势已从传统理论、仪器与方法向现代理论、自动化仪器与方法方向发展。它不仅与大地测量学、摄影测量学等学科密切相关，而且与其他相关学科，如计算机科学、自动控制、通信工程、系统工程、地质学、建筑工程等学科互相交叉和渗透，是工程测量中发展最活跃、最具有生命力的研究方向。

灾害监测与预报：变形分析理论已向整体的多源数据空间建模方向发展，灾害监测技术和方法已向多维空间模式发展，数据获取由人工、离散采集向自动化、实时连续采集方向发展。由工程引发的灾害预警，需要结合工程地质、结构力学、水文学等相关学科的信息和方法，引入数学、数字信号处理、系统科学以及非线性科学的理论来研究灾害发生的机理和早期预报的方法，为工程设计和灾害防治提供科学依据。灾害综合风险分析评估技术也是本方向研究的重要方面。

海洋测绘：是海洋测量和海图制图的总称，是综合了空间、电子、计算机、信息、化学、物理等学科的研究领域。其主要任务是对海洋及其邻近陆地和江河湖泊进行测量和调查，获取海洋基础地理信息，编制各类海图和航行资料，为航海、国防建设、海洋开发和海洋研究服务。海洋测绘的主要内容包括：海洋大地测量，水深测量，海洋工程测量，海底地形测量，障碍物探测，水文要素调查，海洋重、磁力测量，海洋专题测量和海区资料调查，以及各类海图、海图集、海洋资料的编制和出版，海洋地理信息的分析、处理和应用。

现代时空基准的建立与维持：原子频标和现代大地测量观测技术（如 VLBI，LLR，SLR，GPS、DORIS）的发展，使天文观测和空间大地测量的观测精度得到迅速提高。高精度的时空基准是科学研究、科学实验和工程技术等方面的参考基准，是对地观测系统等空间科学技术的重要组成部分。该方向重点研究高精度全球性坐标框架的定义、实现和维持的可行性方案。研究在全球性坐标框架下，区域时空基准的建立、维持和精化方法。研究保持我国现代大地测量参考框架现势性的方法，研究在全球时空基准下对原有不同基准空间数据的进行转换和整合的方法。

导航定位技术：研究卫星导航系统技术体制、原理，精密测量、时空基准建立，精密时间同步、精密轨道确定与预报、完好性监测、系统运行控制、用户终端等理论、技术和方法研究，及卫星导航增强、地基无线电导航增强、辅助卫星定位系统研究等。研究利用惯性器件测量载体加速度并计算载体速度和位置的导航理论、技术与方法，主要包括：惯性导航原理、惯性器件、惯性导航算法设计、惯导系统精度和可靠性等理论、技术和方法研究等；研究卫星导航、地基无线电导航、惯性导航、地磁导航、重力导航、天文导航、影像匹配导航等组合导航系统、理论和算法。

5.2.2 摄影测量与遥感

培养目标：培养熟悉所从事研究方向的国内外最新发展动态，在摄影测量与遥感专业领域掌握坚实的专业理论基础知识和系统的专业知识，受到独立进行科研及专门技术工作的训练，能熟练地使用计算机编程及操作相关仪器设备，能承担相关专业的教学及管理工作，具有综合运用所学理论独立解决实际技术问题的能力的高层次人才。主要研究方向如下：

遥感对地观测信息处理：遥感对地观测是涉及空间技术、计算技术、信息技术、测绘科学与技术以及地球信息科学、技术等多学科的交叉领域，从根本上突破了传统测量的时空局限性，提高了观测精度，扩大了观测范围，已成为推动地球科学、空间科学和军事科学发展的前沿学科，研究范围已从地球本体扩展到整个地球外空间。主要研究方向包括：资源遥感、卫星测绘、微波遥感、激光雷达遥感、高光谱遥感、定量遥感、热红外遥感、低空遥感等，主要研究内容包括航天摄影测量、遥感信息提取理论与方法、卫星测图理论与方法、干涉测量和差分干涉测量、遥感图像自动解译、多源时空遥感综合应用技术、传感器网络、对地观测仿真与可视化等。

新型航空成像与数字摄影测量：新型航空成像、传感器以及先进计算技术推动了现代摄影测量技术的发展，主要进展体现在多模成像空三、自动密集匹配、辐射校正、地物分类以及三维目标自动重建等方面在高速、高精度、自动化处理论和技术的发展。主要研究方向包括：组合宽幅成像、倾斜摄影、多角度摄影、低空遥感技术、机载激光雷达技术等。

计算机视觉与图像测量技术：计算机视觉是在图像处理的基础上发展起来的新兴学科，是涉及数学、计算机科学和感知心理学等多学科交叉的研究领域，计算机视觉从信息处理的层次研究视觉信息的认知过程，视觉信息处理的计算理论、表达与计算方法。现已广泛地应用于遥感测绘、工业自动化、视觉导航、安全监控、智能交通等领域。数字近景摄影测量已经从传统的、采用专业摄影测量相机及单模型解析技术的测量方式发展成为以多目视觉和区域网平差技术为理论的当代近景摄影测量技术。主要研究方向包括：数字计算机视觉、近景摄影测量、精密图像测量等，主要研究内容包括：视觉和视知觉、目标表达和描述、立体视觉、三维景物恢复、运动分析、景物识别等。

移动测量与三维地理信息技术：移动测量技术作为高精度、高效率及海量实景三维数据采集手段，是城市测量技术的发展方向，能够实现多分辨率、多尺度、多时空和多种类的三维城市描述和管理，是数字城市、智慧城市建设的支撑技术。主要研究方向包括：车载移动测量、多传感器集成、地面三维激光雷达、激光雷达技术数据处理；实景三维展示技术等。主要研究内容有：车载移动测量多传感器处理技术、多源影像三维快速重建技术、三维 GIS 数据采集处理与更新、海量空间数据存储与发布技术、时空分析与三维可视化方法、街景移动测量数据的集成与应用技术。

月球与行星测绘：是进行深空探测的关键技术之一。主要研究利用月球及行星的高分辨率影像、激光测高、高光谱、多光谱影像以及微波等探测数据，分析、反演、提取月球与行星表面形貌特征，构建全球高精度三维地形模型，为深空探测提供高精度的测绘技术支持。主要研究方向包括：行星光度学校正与反射率反演、目标飞行器光行差校正、探测器导航定位与姿轨优化技术、激光测高数据与 CCD 影像数据融合、月球与行星影像数据自动匹配、全月球高精度控制网建立、月球与行星表面高精度几何定位技术、月表形貌特征提取与和月球专题图制作、月球与行星表面移动机器人测绘技术等。

地理国情监测技术：是对地理国情的动态变化的监管和检测，是获取国家自然、经济、人文的动态变化信息并分析其变化的合理性与驱动力，对将来的趋势进行预测；以多种形式反映各类资源、环境、生态、经济要素的空间分布及其发展变化规律，通过多种渠道报告地理空间、人文、社会、经济的动态变化和实时状态。研究内容包括：地理国情监测的基础理论、基本方法与技术体系。从技术上讲，其研究内容包括：地理国情监测的质量控制理论与方法，地理国情监测时空动态建模理论与方法，空天地一体化地理国情调查技术，多时相、多尺度、多源数据动态变化检测技术，地理国情时空数据动态更新与一致性维护技术，地理国情动态监测的空间统计和时空过程分析技术，地理国情动态预警技术，地理国情监测高性能计算技术，地理国情监测数据与系统的集成和互操作技术和地理国情监测标准体系。

数字城市与智慧城市：“数字城市”的概念来源于“数字地球”，是指以地理空间坐标为框架、以空间信息技术为手段，对信息资源进行整合的支撑平台或环境，其核心研究内容为遥感（RS）、地理信息系统（GIS）和全球定位系统（GPS）的集成技术；“智慧城市”的概念来源于“智慧地球”，其主要内容是把新一代 IT 技术充分运用在各行各业中，即把感应器嵌入和装备到城市的每个角落，每个地方，并且被普遍链接，形成所谓“物联网”，通过“云计算”将“物联网”整合起来，使城市居民更加精细和动态的方式管理、生产和生活，从而达到整个城市处于“智慧”状态。

高性能计算理论与方法：是随计算机、信息、网络和遥感技术发展而产生的一个新兴跨学科研究方向，该方向针对遥感数据所具有的多时空尺度、超高维和不确定性等特征的问题，研究海量遥感数据分析、处理与应用中的高性能计算理论、问题求解算法及其实现技术。其主要研究内容包括：海量遥感数据的存储与管理、统计分析、数据分发、影像处理与解译、三维可视化与仿真等超大规模、高复杂性优化问题求解以及复杂离散系统的可计算建模、高效算法与高性能计算。

5.2.3　地图制图学与地理信息工程

培养目标：培养熟悉所从事研究方向的国内外最新发展动态，在地理信息工程专业领域掌握坚实的专业理论基础知识和系统的专业知识，受到独立进行科研及专门技术工作的训练，具备从事科学研究的基本素质及承担专业技术工作的能力，能够从事相关行业的地理信息系统建设、土地规划与管理、地图学理论研究、数字地图设计与分析、空间数据处理等的高级专门人才和工程技术骨干，具有综合运用所学理论独立解决实际技术问题的能力高层次人才。主要研究方向如下：

地图空间认知理论：地理空间的现象、事物与过程如何被人感知，是 GIS 建模的首要问题，是一个理论性很强的基础问题，需要与认知科学、人工智能、地理景观分析等多学科交叉研究。本方向主要研究数字环境下地理空间认知与地图表达的基础理论，包括：空间信息认知与传输、地图语言学理论、多媒体与虚拟现实环境下的地图感受、地理空间本体论。基于虚拟现实系统、眼动仪等空间信息认知工具，结合空间统计、心象地图原理，研究空间景观的视觉表达模型、室内空间的导航机制与空间景观模式的认知识别。研究新型地图使用中的视觉感受与空间认知问题，包括：扩展视觉变量、触觉感知地图交互、赛博空间导航行为分析。本方向的研究为导航地图设计、地理空间分析、城市景观规划提供基础理论与原理方法。

地理信息可视化：经典的地图学其主要任务即是探讨如何将数据转换为地图以及基于地图的应用分析，在现代技术条件下，地理信息的可视化成为 GIS 的重要研究内容。本方向旨在研究数字技术、网络技术、多媒体技术支持下的地理信息可视化的理论框架与技术方法，建立新型的三维动态地图表达模型与规范体系。研究移动设备及其他特殊显示设备上电子地图的自适应可视化技术策略。从“地理实空间”向“泛在网络虚空间”扩展，通过视觉语言、形象化思维方式集成、分析泛在网络空间信息，以揭示社会群体空间行为特征、预测空间信息过程趋势、发掘地理现象空域规律。

地图综合与多尺度表达：是地图制图学与地理信息工程中的关键技术，完成对复杂空间的抽象概括，从而获得地理空间的本质特征和地学规律。它既是完成从大比例尺地图向小比例尺地图转换的技术方法，也是地图阅读与地理分析必要的抽象化处理工具。本方向研究空间表达的尺度概念与尺度变换（地图综合）的原理和技术方法，包括网络技术、数字技术环境下空间、时态、语义尺度变换的理论、算法与数据模型，探求地图综合软件开发的技术方法，研究基于大比例尺空间数据通过地图综合实现数据库更新的技术路线。建立国家空间基础设施多比例尺数据库模型及跨比例尺级联式地图更新技术策略，为多级瓦片地图的一致性尺度匹配与高效渐进式传输提供尺度变换支持。针对泛在网络新型空间数据，研究以地图综合为主要手段的知识提取与模式发现技术。

地图文化与艺术：是测绘地理信息软实力的集中体现，在现代 IT 技术背景下，如何扩展地图的传播效应、增强地图表达的艺术美、提升基于地图的国情教育水平，开展地图文化的研究尤其重要。本方向以地图文化、地图史、地图美学为研究内容，探讨其在地图设计、地图语言表达与信息传输中的指导作用，揭示媒体传输、社会服务中地图的艺术特色与美学原理。探求新型可视化技术在地图艺术美表现中认知工效。研究地图文化在大众传媒及新兴自媒体技术的贡献作用，研究地图在不同层次教育体系中的版权意识、地理国情、爱国情操素质教育中的文化效应。

地理信息系统软件工程：随着地理信息技术的广泛应用及 IT 支撑技术新型软件开发模式的出现，地理信息系统软件工程的开发越来越复杂，系统结构、数据来源、产品模式研发方式趋向于多样化，迫切需要引入软件系统工程原理开展地理信息系统软件的研制。本研究方向即是运用系统工程原理研究 GIS 工程建设的方法与技术路线，包括 GIS 工程设计、系统开发、运行维护等，研究 GIS 工程建设中软件开发、数据库建立的方法，研究

GIS 工程中标准，包括数据格式、互操作、网络应用、专业化分析、GIS 工程评价等。研究资源环境资源信息表达、建模、分析与应用的理论方法，探求国土资源、环境、城市规划等典型性 GIS 系统开发模式、功能结构、分析方法及相应的软件设计策略。研究地理信息系统工程建设的质量评价方法。

空间分析与数据挖掘：随着地理信息技术的深入应用和各种空间数据资源的建设积累，在大数据时代各个领域、各种尺度的空间数据资源获得极大丰富，如何从这些数据资源中挖掘、分析获得地学特征规律，成为 GIS 研究的核心问题。本研究方向运用数学统计、几何学、人工智能等原理方法与技术工具，将地图数据、影像数据、社会感知数据及其他来源的数据集成融合，研究空间信息的分布规律、特征与演变过程，挖掘空间数据知识，为地学规律探测、地学过程分析、地学机理解释提供信息技术工具。

网络地图工程：基于网络地图系统平台研究网络地图的制作、发布、更新及与其他网络传输信息的集成，研究网络地图在浏览、分析等应用过程中的信息查询、量算统计、可视化表达的基本功能。研发泛在网络空间数据智能探测与主动集成，包括：开发基于网络爬虫的数据获取，研究基于自然语言处理和文本挖掘的泛在隐含空间信息发现方法；开发基于开放 Web API 和 GeoRSS 地理订阅的显式地理数据主动聚合软件；开发多模态泛在网络空间信息集成 Web 平台。研究泛在网络空间数据质量评价与保障基础设施，包括：研究基于角色的信息监管机制；研究基于软件辅助的缺陷探测与数据清理技术；研发泛在网络下多源空间数据的匹配技术与质量比对评价方法；建立面向特定地图可视化应用的数据质量规则与评价方法。

城市公共安全与应急管理：主要研究内容包括：基于 3S 技术的城市灾害监测理论和方法、基于物联网技术的城市灾害监测系统、城市滑坡监测理论和方法、城市洪涝监测和预测预警模型、城市灾害监测信息系统的设计和实现、基于空间信息技术的城市应急平台系统设计与实现、基于空间信息学的城市风险和脆弱性分析理论与方法、城市风险模拟和仿真等。

智慧城市电子政务：主要研究内容包括：基于遥感技术（RS）、地理信息系统（GIS）、全球定位系统（GNNS）、计算机技术和物联网等现代信息技术的智慧城市体系结构研究，以及城市三维建模与虚拟仿真、城市空间信息共享理论与方法、城市空间信息共享服务平台关键技术、电子政务系统设计与实现等。

土地信息理论与技术：主要研究土地资源信息表达、建模、分析与应用的理论方法，探求土地信息系统开发模式、功能结构、分析方法及相应的软件设计模式；研究土地信息系统工程应用方法，包括土地资源评价、国土资源信息公共服务、土地利用规划决策分析等。

空间数据分析与信息服务：属于地理空间信息工程与地理国情监测的关键技术，研究从空间数据中提取空间信息、挖掘空间知识、提供空间信息服务的基础理论和关键技术。主要研究方向包括：矢量空间数据分析、栅格空间数据分析、多维空间数据分析、空间统计分析、探索性空间数据分析、空间点模式分析、空间面模式分析、空间回归分析、空间分析应用建模、空间数据挖掘、空间信息服务等。

地学计算：将现代地理科学理论与数学模型、计算方法及 3S 技术结合在一起，以高性能计算机和网络计算环境为支撑，针对“整体性”和“大容量”数据所表征的复杂地理问题，进行多角度、全方位综合研究的理论与方法体系。主要研究内容有：地理空间统计分析、地学线性规划、多目标规划、非结构化的地学战略决策分析、地理网络分析等。

空间感知与认知：是研究人们理解地理空间，进行地理分析和决策，包括地理信息的知觉、编码、存储，以及解码等一系列心理过程，属于认知科学与地理空间信息科学的交叉。主要研究方向包括：空间感知的理论与方法、地理知觉、地理表象、地理概念化、地理知识编码、空间认知、地理本体、地理知识存储、地理知识解码、地理知识工程等。

地理空间推理：是利用空间理论和人工智能技术对空间对象进行建模、描述和表示，并据此对空间对象间的空间关系进行定性或定量分析和处理的过程和方法。主要研究方向包括：空间关系推理、案例推理、模糊推理、证据推理、可信度推理、贝叶斯推理、概率推理、不确定性推理、时空推理等。

5.2.4 固体地球物理学

培养目标：培养熟悉所从事研究方向的国内外最新发展动态，具有坚实的数理基础知识和固体地球物理学专业知识，能熟练使用计算机编程语言解决相关科学问题，能承担相关专业的教学辅助及管理工作，具备综合运用所学理论知识独立解决实际问题能力的高层次人才。主要研究方向如下：

地球重力场理论及应用：重力测量及重力场确定理论和方法，卫星重力学理论与方法，大地水准面及地壳密度反演，相对论重力场理论与方法，固体潮，地球系统物质迁移及其动力学机理等。

地球物理大地测量学：地球物理大地测量反演理论与方法，地震断层的破裂和位错模式，基于多源数据的地壳运动与变形分析，时变地壳应力场多源数据联合反演，地震应力转移，地球动态变化及其物理机制。

地球内部物理学：地震波理论，层析成像理论与方法，地球自由振荡，地球背景噪声，地震孕育过程及震源机制，地球内部物理参数确定理论，地球内部物理过程及机理，地核动力学，核幔耦合，地球内部热状态，地球内部密度反演，地球参考模型等。

地球动力学：板块构造，地壳运动与变形，地壳与地幔物性参数，地表热流与地幔热状态，消减板与下地幔的相互作用，地球自转动力学，三轴分层地球自转理论等。

应用地球物理学：重力勘探，磁法勘探，电法勘探，地震勘探，地球物理测井，放射性勘探技术与方法，地热勘探技术与方法，能源与资源勘查，工程与环境地球物理调查，海洋地球物理调查，自然灾害监测和预警，城市发展过程衍生的多种次生地球物理场及其耦合关系，人类活动与城市环境的相互作用，城市环境健康监测等。

5.2.5 自然地理学

培养目标：培养系统掌握自然地理学基础理论和研究方法，具备地理信息系统、遥感、资源与环境管理规划等方面的专业知识，具有全球变化及其区域响应、区域土地资源开发利用规划、流域水循环过程和水环境变化等方面的理论知识和实际工作能力的高层次人才。主要研究方向如下：

全球变化及其区域响应：主要研究海、陆、气相互作用及人类活动对区域环境变化影响的机理，区域环境对全球变化的响应方式、响应途径、作用过程、动力机制及未来变化趋势，关键区域生态过程与生态安全及其对全球变化的响应与反馈，国家食物安全、水安全策略及国际公约中的国家立场。

土地利用、气候变化及其环境效应：主要研究土地利用/地表覆盖变化及其影响机理，区域土地利用/地表覆盖变化的监测与持续更新技术、动态建模、区域响应分析技术，气候变化及其环境效应等。

地表过程与环境演变：主要研究流域水土地表过程及其与区域环境演变之间的响应关系。

土壤碳分析与评价：主要研究土壤碳测定与变化分析技术、土地利用变化与土壤碳之间定量关系耦合分析、土地利用变化的土壤碳效应预测与评价技术。

流域水文水资源与环境：主要研究流域水土资源的形成演化过程、流域水资源的合理开发和利用、水环境保护及流域经济社会发展可持续发展相互影响机理，以及经济、生态、环境效益综合最佳的协调的可持续发展方案。

湖泊与湿地生态环境：主要研究典型区域湖泊湿地资源数量、分布、湿地生态以及湿地的环境状况变化，湿地生态系统健康评价理论与方法，湿地生态系统的服务功能评价，湿地系统的动态监测及信息系统开发与设计技术。

5.2.6 人文地理学

培养目标：培养系统掌握人文地理学基础理论和研究方法，具备经济地理、城市地理、区域经济、流域开发与可持续发展等方面的专业知识，具有区域开发与资源管理、产业规划、城市规划等方面的理论知识和实际工作能力的高层次人才。主要研究方向如下：

城市地理与城市研究：在经典城市地理理论指导下，基于现代空间信息技术，研究城市空间结构、空间形态、功能分布、时空演化及驱动力，分析城市人口、经济活动对城市环境的影响，研究城市对区域经济的辐射、带动的一般性规律，并进行实证研究。

经济地理与产业规划：主要研究经济活动区位、空间组织及其与地理环境的相互关系，城市及区域的产业结构、空间布局及演进，规划未来城市及区域的产业发展。

区域发展与城乡规划：主要研究区域发展与城乡规划的特性、未来区域发展走势及科技需求、区域发展重大命题以及发展策略与规划模式，研究区域发展与城乡规划的作用关系及相互影响，为国家发展和各级政府部门提供科学决策服务。

区域建模与遥感应用：以区域为基本研究单元，利用遥感影像宏观性、动态性、综合性的优点，结合其他空间数据及统计数据，对区域地理事物及现象进行模型的构建和模拟预测。

资源环境与可持续发展：主要研究人口、资源、环境与可持续发展的相互作用关系，人类社会与环境协同演化、持续发展途径与方法，可持续发展的基本理论、指标体系、区域可持续发展战略和对策等。

人地关系地域系统研究：主要研究人地关系地域系统的形成过程、结构特点和发展趋向，人与地两大系统间相互作用，以及物质、能量传递与转换的机理、功能、结构和整体调控的途径与对策，典型地域人地系统的动态仿真模型，优化调控模型等。

5.2.7 地图学与地理信息系统

培养目标：培养深入了解地图学、计算机科学、地理信息系统、遥感及相关领域的进展和学术动态，能从事地理信息系统基础研究、应用系统设计与开发、数字工程建设、空间分析与应用、辅助决策管理与空间数据处理的高层次人才。主要研究方向如下：

地理信息科学理论及其应用：主要研究地理信息科学的理论方法、地理语义信息的表达理论、地理本体的构建与应用、空间关系自动识别方法、地理空间特征提取方法、地理网络模型、资源分布模型、地理空间统计、地学计算方法等。

地图认知的理论方法与应用：主要研究地理空间数据多尺度表达方法、地图认知理论和方法、地图空间认知模型及计算方法、基于地图模型的可视化地学分析方法等。

时空数据建模与分析：利用时空相关和时空逼近等理论，研究长时间序列的地图、遥感影像和地理空间数据中时空数据结构化建模、数据管理和统计分析方法，支持地理信息智能服务的建立。

地理空间网络智能：主要研究地理空间数据共享、信息服务、知识挖掘和决策推理的理论、模型、技术与方法，实现地理信息泛在获取、快速处理、智能服务和广泛共享的地理空间服务网络，以及智能地理过程模型网。

地理信息分析与服务：主要研究空间数据分析、空间数据挖掘、应用建模、空间信息智能服务、动态空间信息服务、众源 GIS 与 PP GIS、移动 GIS、基于位置的服务、空间信息智能化处理、空间感知与认知、地理空间推理等。

地理数据高性能计算：主要研究高性能计算环境下 GIS 的架构、空间数据并行处理与分析方法、GPU/CPU 协同计算、网格计算与网格 GIS，以及云计算与云 GIS 等。

地理信息可视化与虚拟现实技术：主要研究地理信息的动态可视化方法和模型、虚拟现实技术在地理信息可视化中的应用、地图自动设计与地图自动综合方法和模型等，以及网络环境下地理信息可视化的数据模型、数据结构、数据传输方法、快速浏览方法等。

地理信息系统的软件开发与工程应用：主要研究网络地理信息系统的设计方法和软件开发方法等，多维动态地理信息的数据管理和应用方法，动态地理信息系统的模拟和可视化等，以及移动地理信息系统的软件开发技术、数据传输技术、自适应性可视化技术等。

数字地图工程：主要研究数字地图工程的建设方法、数据检查方法、制图工程方案设计、数字地图出版技术等，地图认知理论、感受理论、信息理论等，电子地图的理论与制作方法，地图（集）设计理论与方法。

数字（智慧）城市技术方法：主要研究空间数据库与空间数据仓库的建设方法、空间数据库的建模与应用、空间数据仓库中的数据挖掘等，研究地理空间传感网信息接入、建模技术，数字区域（城市）、智慧城市的构建方法和应用工程等。

地理国情监测与应用：主要研究地理国情数据获取技术、数据处理技术，地理国情变化检测技术、动态分析技术，地理国情应用服务等。

对地观测技术在 GIS 中的应用：主要研究对地观测技术在空间信息更新、地形图生产、空间导航、地学研究等中的应用方法，遥感数据在地学领域的应用方法、相关的遥感数据分类方法等，3S 技术集成中的各种数据融合方法、同化方法、在不同领域的应用方法、软件开发技术等。

5.2.8 资源环境监测与规划

培养目标：培养系统掌握自然地理学基础理论和研究方法，掌握地理信息系统、遥感、资源与环境管理规划等方面的专业知识，具有全球变化及其区域响应、区域土地资源开发利用规划、流域水循环过程和水环境变化等方面的理论知识和实际工作能力的高层次人才。主要研究方向如下：

资源环境监测与评价：主要研究资源环境遥感监测理论、技术和标准，资源环境状态综合测度体系构建技术、资源环境态势综合评估与制图技术。

资源环境时空数据分析与挖掘：主要研究多类型、异构、多时态资源环境时空数据管理、数据整合、同化及其上的时空数据分析与时空数据挖掘的理论与技术方法等。

地理国情监测与综合分析：主要研究自然和人文地理国情监测内容体系、监测技术方法、地理国情监测数据统计分析与多尺度地理国情综合态势评估、趋势预测及相关专题信息产品的生成与发布技术等。

地理过程分析与模拟：主要研究地理过程形式化描述与建模、地理时空过程演变分析、驱动机制解释、趋势预测与模拟的模型、方法及支撑技术。

资源环境预警、调控与空间优化决策支持：主要研究资源环境警源识别、警度评价与警兆分析，资源环境系统的综合调控与开发、利用与保护的空间优化决策理论和技术等。

资源环境信息系统：主要研究资源环境数据集成管理、综合分析、评价、规划管理的系统集成与软件开发与应用。

5.2.9 模式识别与智能系统

培养目标：培养具有模式识别、信息处理、人工智能与认知科学及有关数学领域的坚实基础理论和系统知识，对于模式识别与智能系统某一研究领域的进展和学术动态有较深入的了解，并能够熟练利用计算机解决本学科的有关问题，具有从事模式识别与智能系统的研究、开发、设计等方面工作的高级专门人才。主要研究方向如下：

语音频处理、识别与应用：主要研究语音频的分析和预处理、语音频编码、语音频的差错处理、语音频识别与增强，语音频质量评价等。

图像视频处理、识别与应用：主要研究图像及视频的信源编码、信道编码、图像识别与增强等。

多媒体信息检索与应用：主要研究多媒体信息检索与数据挖掘、大规模安防监控系统网络效能评估、安防应急系统风险预测和智能布控等。

遥感图像处理、解译与信息提取：主要研究遥感图像处理的基础理论，遥感图像增强、去噪声、多源数据融合、特征检测与分析等处理方法，以及高分辨率遥感影像的解译理论与方法。

遥感图像的高性能计算与云计算：主要研究海量遥感数据的存储与管理、数据分发、图像处理与解译、三维可视化与仿真等的高性能计算与云计算方法。

遥感图像智能计算：主要研究基于人工神经网络的遥感图像智能计算方法、基于模糊逻辑的遥感图像智能计算方法、基于进化计算的遥感图像智能计算方法等。

空间数据挖掘与知识发现：主要研究从空间数据中提取隐含的规律性知识的理论和方法，包括空间关联规则挖掘方法及应用、空间聚类挖掘方法及应用、空间数据分类挖掘方法及应用、空间数据离群点检测方法及应用、空间数据挖掘与知识发现软件系统的设计与开发方法，以及基于空间数据挖掘和知识发现的 GIS 智能化分析方法和遥感影像智能解译方法。

遥感影像认知与空间推理：主要研究认知科学与遥感科学结合的理论和方法、遥感影像认知的理论和方法、空间知识的表达与处理方法及其在空间信息智能化处理中的应用。

空间决策支持与智能 GIS：主要研究空间决策支持的基本理论和方法、空间决策支持系统的设计与开发方法、空间模型库的构建方法、空间知识库的构建方法、地理信息系统与人工智能结合的理论和方法、GIS 智能空间分析的理论和方法。

5.2.10 导航制导与控制

培养目标：培养掌握在导航、制导与控制专业领域坚实的专业理论基础知识，能满足航空航天、测绘、导航、交通、电力、电信等领域需求，具有综合运用所学理论，独立从事科学研究和承担专业技术工作能力的高层次人才。主要研究方向如下：

卫星导航技术与应用：研究全球卫星导航系统的理论、方法、技术和应用，主要包括卫星导航增强系统技术、卫星精密定轨与定位、北斗卫星导航技术和应用、卫星导航应用系统集成与开发等。

组合导航与信息融合：卫星导航系统与其他传感器的组合导航技术、重点研究各类导航传感器的集成应用、地图/重力场/磁场匹配导航技术、定位定向、姿态确定、自主导航、多类传感器组合导航、最优滤波与控制技术等。

室内定位技术：研究伪卫星定位技术、复杂室内环境下超宽带（UWB）协作定位技术和方法，研究 WLAN 与 MEMS 传感器组合的室内定位方法。

导航与位置服务：研究先进车载导航和行人导航技术、车载导航系的定位和地图匹配技术，汽车电子多传感器集成与智能驾驶；研究并发展新的位置服务模式。

精密制导与控制：测量与控制技术、传感器技术及应用、光电导引与制导技术、激光与光电精密测量技术、光电仪器与图像处理、机器视觉检测与应用，以及高速、高精度数据采集系统等，实现精密制导与控制。

目标跟踪与轨迹确定：研究如何利用地面、飞机或空间设备跟踪监测目标、确定与预报目标的运行轨迹的理论、方法及软件实现。应用范围包括：空间目标、弹道导弹、地面车辆和水面船只等。研究方向还可以包括：如何确定武器的外弹道运动轨迹以实现对敌方目标的精准打击。

5.2.11 轻工技术与工程

培养目标：培养掌握在轻工、印刷与包装专业领域坚实的专业理论基础知识，能满足图像复制、图文信息处理、印刷电子、功能性包装材料等领域需求，具有综合运用所学理论，独立从事科学研究和承担专业技术工作能力的高层次人才。

本专业包括图像复制技术、图文信息处理、印刷材料与适性、印刷电子、功能性包装材料、包装结构设计、运输包装设计、包装新技术等研究方向。本专业硕士点主要基于印刷工程、包装工程专业二级学科硕士点建设本学科点。

本专业坚持服务国民经济建设，产-学-研-用结合与跟踪学科发展前沿的原则，探索、研究印刷和包装工程相关的新材料、新工艺、新技术的理论、方法与技术实现，推动印刷工程理论体系的延伸与技术革新，在颜色科学与技术、印刷电子、智能包装技术等领域开展研究。

5.2.12 制浆与造纸工程（印刷工程）

培养目标：培养掌握在印刷工程专业领域坚实的专业理论基础知识，能满足图像复制、图文信息处理、数字出版、印刷材料等领域需求，具有综合运用所学理论，独立从事科学研究和承担专业技术工作能力的高层次人才。

本专业具有图文复制理论、图文信息处理、电子出版、印刷工艺与质量控制、印刷管理和印刷材料 5 个稳定的研究方向。"九五"期间是国家"211 工程"重点资助学科。在印刷科学与技术及其相关研究领域均已具备了一定的优势和特色，研究并完成了"基于多光谱的彩绘文物颜色数据获取与再现方法研究"、"基于光谱的喷墨打印设备全墨色特性化高效建模方法研究"等国家自然科学基金研究项目，在图文信息处理与复制的理论和应用研究方面处于国内领先地位。

本专业主要课程设置有：图像质量分析与评价、现代印刷管理、印刷质量控制、高等多媒体技术、图像传播理论、印刷生产流程的组织与开发、数字加网理论、色彩视觉分析、印刷适性与材料分析等。

5.2.13 包装与环境工程

培养目标：以培养在绿色包装、产品包装设计等领域中迫切需要的高层次人才为目标。培养掌握在智能包装技术专业领域坚实的专业理论基础知识，能满足绿色包装材料、水性油墨、缓冲包装、包装设计等领域需求，具有综合运用所学理论，独立从事科学研究和承担专业技术工作能力的高层次人才。本专业涉及可降解包装材料、天然大分子复合材料、水性油墨等绿色包装材料的研发、包装材料生命周期评价以及缓冲包装系统设计、包装轻量化设计、智能包装技术等。

本专业研究领域为可降解包装材料、天然大分子复合材料、水性油墨、包装材料生命周期评价、包装结构设计的理论与方法、智能包装技术、包装 CAD/CAM 技术、缓冲包装设计理论与方法、包装印刷技术。主要研究方向有：绿色包装、功能性包装材料、包装结构设计、包装新技术、运输包装设计、智能包装、包装管理、包装印刷。主要课程设置有：现代环境科学、包装科技前沿、包装与环境、功能性包装材料、缓冲包装设计理论与方法、现代食品与药品包装技术、智能包装、防伪技术等。

5.2.14 图像传播工程

培养目标：培养掌握在图像传播工程专业领域坚实的专业理论基础知识，能满足图像传播、数字媒体技术、色彩视觉分析、彩色数字成像等领域需求，具有综合运用所学理论，独立从事科学研究和承担专业技术工作能力的高层次人才。

本专业研究方向包括：图像传播理论、彩色数字成像、数字资产管理、色彩视觉分析、数字媒体技术等。研究并完成了"具有自主核心技术光机电一体化多功能激光打印机关键技术"、"颜料彩绘文物全外貌信息表征及再现方法研究"等国家科技支撑计划及国家自然科学基金项目课题，在图像传播工程理论及彩色数字成像技术应用研究方面处于国内领先地位。主要课程设置有：数字加网理论、色彩视觉分析、图像质量分析与评价、现代印刷管理、印刷质量控制、高等多媒体技术、图像传播理论、印刷生产流程的组织与开发、软件工程、高分子化学等。

5.2.15 土地资源管理

培养目标：培养熟悉土地管理的方针、政策和法规，掌握土地的管理、经济、法律、规划、调查、评价、地籍、信息化等方面的理论、技术和方法，具备将3S、计算机、网络工程等技术综合应用于土地资源管理的能力，能独立从事科研、教学、工程和管理等方面工作的高层次人才。主要研究方向如下：

土地信息系统与土地信息工程：充分利用信息技术，全面研究土地资源管理的自动化、信息化问题，包括土地信息数据库建立、系统集成、系统工程设计等。研究更加快速、准确和合理的土地数据采集、处理的自动化技术；解决土地利用现状调查和城镇地籍调查的海量数据的管理和更新问题；解决土地资源管理工程自动化处理、管理业务信息化等问题。

现代地籍理论与方法：运用经济学、管理学、测绘科学、统计学、法学、本体论等理论，研究地籍制度、地籍管理措施体系和地籍信息更新与管理的政策、法律、理论、技术与方法等问题。包括地籍的基础理论、地籍的时空变化规律、三维地籍的理论与方法、地籍的效益和效率、地籍本体数据结构、现代测绘技术在地籍中的应用等。

土地资源评价理论与方法：运用系统论原理研究土地资源评价体系，土地资源评价模型及新方法，对现有模型进行集成。解决实际操作中存在的模糊性和不确定性问题，研究这些模型智能化、规范化和信息化的途径。

土地利用与可持续发展：以土地利用为核心，运用先进的技术方法，研究土地利用对经济社会发展的影响，探究土地利用可持续性的途径及模式，寻找生态-经济-社会复杂系统的可持续发展之路，为国家可持续发展战略的实施提供决策支持。

土地政策与法规：以法理学、政策学、经济学等学科理论为基础，研究土地政策与法规的基础理论、建设方法、实施途径与措施等问题，促进经济社会可持续发展。

土地安全与管理：针对国家粮食安全、生态安全和社会安全的重大需求，从土地资源管理的角度，研究土地粮食安全、土地生态安全和土地社会安全，形成土地安全理论、技术和方法体系，为区域和国家的土地资源管理决策提供支持。研究土地安全监测预警与调控技术，研发土地安全监测预警与调控平台，为土地安全研究和管理提供支撑技术和手段。从时间、空间角度探讨土地安全因素变化的时空特征、驱动机制及其变化趋势模拟；强化土地安全的空间性、动态性的综合模型构建；更注重从社会学、经济学、生态学、地理学和生物学等多学科的视角把握土地安全的科学内涵，建立土地安全监测、预警和模拟一体化的土地安全保障体系。

房地产经济：主要研究房地产经济理论和研究方法，涉及城市土地利用及空间结构、各类物业市场运行规律、房地产市场与宏观经济分析等。从多学科的视角把握土地安全的科学内涵，建立土地安全监测、预警和模拟一体化的土地安全保障体系。

5.2.16 计算机应用技术

培养目标：培养具有坚实宽广的基础知识和系统深入的专业知识，了解计算机应用技术的学科进展与动态，掌握有关的高新技术的高层次人才，能独立承担本专业科研和教学辅助任务，具备组织科研项目或工程生产的能力的高层次人才。主要研究方向如下：

计算机图形图像处理：主要研究真实感图形学及其应用，数字图像处理、分析、理解、检索，以及模式识别、视频信息处理/检测/检索、多能量光谱图像、多元图像融合、计算机视觉及其应用等。

多媒体技术：主要研究数字媒体技术、网络多媒体、音频/视频处理、音视频压缩、非线性编辑、多媒体智能检索、多媒体融合技术、多媒体通信技术等。

空间信息技术：主要研究空间信息智能化处理与空间信息集成技术，以及 GIS、RS 和 GPS 等的集成应用与空间信息网络服务、位置服务等技术。

物联网应用：主要研究物联网在城市基础设施管理、智能交通、智能电网、环境保护、政府工作、公共安全、平安家居、智能消防、工业监测、水系监测、食品溯源、智能物流、商品流通等多个领域的应用技术。

地理信息系统开发与应用：研究网络地理信息系统的设计和软件开发等，多维动态地理信息的数据管理和应用方法、时空过程模拟和可视化技术等，移动地理信息系统的软件开发技术、数据传输技术、自适应可视化技术等。

海量空间数据管理技术：研究分布式海量空间数据高效管理、空间数据动态更新技术和应用方法等。

5.2.17 通信与信息系统

培养目标：培养在信息与通信工程方面具有较坚实的理论基础，了解国内外通信与信息系统领域或信号与信息处理领域的新技术和发展动态，较熟练地掌握本学科某些方向的专业知识，初步具备独立从事科学研究的能力的高层次人才。主要研究方向如下：

现代通信理论与技术：主要研究现代通信信号、传输、系统的基本理论与方法，数字通信、无线与移动通信、卫星通信等通信技术，保密通信与抗干扰技术，网络通信技术等以及这些技术的应用。

高速网络系统与信息安全的理论与技术：主要研究高速 Internet 网络体系结构模型与协议，网络管理与智能控制，网络仿真建模与路由优化，网络性能测量与预测，网络服务质量（QoS），网络安全与信息对抗，电子商务与远程教育等网络应用的理论、方法和技术。

图像和视频处理与多媒体通信的理论与技术：主要研究数字图像与视频的处理、分析的理论、方法和技术，多媒体信息的采集、压缩、存储、表示、理解及信息的集成与复用，基于内容的图像、音频、视频的存储组织、内容保护、检索与管理技术。

空间信息通信的理论与技术：主要研究空间信息传输与网络的理论与方法，包括空间网络、复杂网络、传感网、物联网的构成理论与组网技术、空间信息传输与优化的理论与方法，空间信息通信应用技术。

5.2.18 测绘工程（专业学位）

培养目标：测绘工程硕士的培养主要是解决测绘行业及相关工程部门高层次应用型、复合型人才紧缺的矛盾，面向生产第一线培养高层次工程技术和工程管理人才。2009年开始招收全日制专业学位硕士研究生，学制为2年。测绘工程硕士研究生应掌握所从事工程领域的坚实的基础知识和宽广的专业知识，以及解决工程问题的先进研究方法和现代化技术手段，具有独立承担工程技术或工程管理以及较高的综合素质和较强的创新能力和适应能力。

测绘工程是研究地球和其他实体与空间分布有关的信息的采集、量测、分析、显示、管理和利用的工程领域。研究内容包括确定地球的形状和重力场及空间定位，利用各种测量仪器、传感器获取与空间分布有关的信息，制成各种地形图、专题图和建立地理、土地等各种空间信息系统，为研究地球自然和社会现象、解决人口、资源、环境和灾害等社会可持续发展中的重大问题以及为国民经济和国防建设提供技术支撑和数据保障。随着现代空间技术、微电子技术、计算机和信息技术的迅猛发展，测绘学科正步入一个自动化、网络化、实时化的发展阶段。测绘工程有着广泛的应用，在经济发展规划、土地资源调查和利用、海洋开发、农林牧渔业的发展、生态环境保护、疆界的划定以及各种工程、矿山和城镇的建设等方面都必须进行相应的测量工作，编制各种地图和建立相应的地理信息系统，以供规划、设计、施工、管理和决策使用。在国防建设和现代战争中，可持续、实时地提供战场环境，为作战指挥和武器的定位与制导提供测绘保障。在科学研究方面，测绘工程是测定地球的动态变化，研究地壳运动及其机制的重要手段。各种非接触式的测量方法还可用于工业过程质量控制、机器人工程。

相关学科领域包括地球物理学、海洋科学、土木工程、海洋工程、水利工程、交通导航、地质学、电子科学与技术、地理学、环境科学与工程、计算机科学与技术、管理科学与工程、信息与通信工程等。

按行业覆盖面，可分为大地测量理论与技术、摄影测量与遥感、地图制图与地理信息工程、工程测量理论与方法、海洋测量理论与方法、土地管理信息工程。

根据工程技术人员工作性质，领域范围可分为动态大地测量与环境变化及灾害监测，地测量理论与技术，精密工程测量与三维工业测量，海洋测量技术，交通导航工程，土木、水利、矿山、海洋工程测量，地籍测量与土地信息系统，数字摄影测量，遥感图像处理与制图，地理信息系统工程，地图制图及其生产自动化，国土规划与管理。

培养方式：实行进校不离岗的培养方式，年限为2.5~3年，最长不超过5年。课程学习将采取相对集中、节假日或与全日制研究生一起学习等多种方式。地区生源数量较多时，可在当地设立教学点，指派富有教学经验的教师授课。论文的研究和撰写可在学员所在单位或到武汉大学进行。

课程设置：攻读本领域工程硕士学位的研究生，应获得总学分不少于30学分，其中：(1) 学位课程不低于20学分；(2) 选修课程不低于10学分。另外，必须完成开题报告、论文中期报告两个必修环节。

学位论文：工程硕士研究生确定论文选题须进行论文开题报告，开题报告应在论文答辩前1年完成，开题报告通过后方可进行学位论文工作。

论文应结合研究生所在工程单位的实际需要选题，要具有明确的生产背景和应用价值，直接解决研究生所在单位的实际问题。同时，也可以选择测绘工程领域的前沿研究课题。学位论文应具有系统性和完整性，要理论结合实际，应用所学的理论知识解决实际工作中的关键问题，且具有一定的先进性和一定的工作量，表明作者有一定的独立工作的能力。论文工作一般应包括选题、调研、开题、系统设计、系统实现、论文撰写和答辩等环节。论文评阅、答辩、学位授予等均按国务院学位办公室的有关规定执行。

5.2.19 计算机技术（专业学位）

培养目标：培养掌握计算机技术领域坚实的基础理论和宽广的专业知识，具有较强的解决实际问题的能力，能够独立承担专业技术或管理工作，具有良好的职业素养的高层次、应用型专门人才。

计算机技术领域重点研究如何扩展计算机系统的功能，以及发挥计算机系统在各学科、各类工程、人类生活和工作中的作用。计算机技术是信息社会中的核心技术，也是实现现代化的关键技术之一。

作为一门新兴的技术，计算机技术在短短的几十年内获得了空前的发展，其应用已渗透到社会生产、生活的各个方面。计算机技术的应用不仅改变着人类生产和生活的方式，而且在一定程度上决定着许多学科的新发展，并在很大程度上影响和改变着各国综合国力的对比，是重要的技术领域。

本领域包括计算机软、硬件系统的设计、开发以及与其他领域紧密相关的应用系统的研究、开发和应用，涉及计算机科学与技术学科理论、技术和方法等。

本领域的主要研究方向：计算机系统结构，包括绿色计算机系统结构、并行与分布式计算、云计算技术、高性能计算、信息存储、嵌入式系统、物联网、无线网络技术、全光网络技术、网络编码技术、网络工程；计算机软件与理论，包括软件开发方法、高可信软件、嵌入式软件、面向服务的软件工程、分布与并行处理、智能计算方法、复杂数据管理、Web信息搜索、数据挖掘与智能分析；计算机应用技术，包括计算机图形图像处理、知识工程、生物信息、自然语言处理技术、仿真与决策技术、计算机辅助技术、多媒体技术应用、协同计算技术、空间信息技术；信息安全，包括密码学、网络安全、可信计算、信息系统安全、信息安全应用技术、可信数据管理、内容安全、空天信息安全；数字影视技术，包括影视计算机系统、影视存储与挖掘、影视内容传播、影视设计与制作、影视内容版权保护；安防应急信息技术，包括安防应急信息处理、安防应急信息安全、安防应急信息系统。

5.2.20 轻工技术与工程（专业学位）

培养目标：轻工技术与工程硕士的培养主要是解决轻工、印刷、包装行业及相关工程部门高层次应用型、复合型人才紧缺的矛盾，面向生产第一线培养高层次工程技术和工程管理人才。

轻工技术与工程专业学位授权点是印刷与包装系 1999 年获批的本学科最早的专业学位授权点之一。以培养掌握图像复制原理、电子出版基本理论、印刷工艺与材料、印刷质量管理等方面的高级技术人才及能结合生产实践，开展独立的科学研究，具有独立担负专门技术工作及生产管理能力的高级管理人才为目标。

本专业学位招生的主要对象是大中型印刷、包装企业、高校和科研院所中的技术骨干和管理层技术人员。主要课程有英语、数值分析、图像传播工程、色彩视觉分析、现代印刷与包装管理、数字加网、图像质量分析与评价、印刷质量控制、印刷生产流程的组织与开发、高等多媒体技术、现代包装科技等。主要研究数字网络时代图像文字信息的采集、处理、复制（印刷）、传播的基本理论和技术。

培养方式：实行进校不离岗的培养方式，年限为 2.5~3 年，最长不超过 5 年。课程学习将采取相对集中、节假日或与全日制研究生一起学习等多种方式。地区生源数量较多时，可在当地设立教学点，指派富有教学经验的教师授课。论文的研究和撰写可在学员所在单位或到武汉大学进行。

课程设置：攻读本领域工程硕士学位的研究生，应获得总学分不少于 30 学分，其中：（1）学位课程不低于 20 学分；（2）选修课程不低于 10 学分。另外，必须完成开题报告、论文中期报告两个必修环节。

学位论文：工程硕士研究生确定论文选题须进行论文开题报告，开题报告应在论文答辩前 1 年完成，开题报告通过后方可进行学位论文工作。

论文应结合研究生所在工程单位的实际需要选题，要具有明确的生产背景和应用价值，直接解决研究生所在单位的实际问题。同时，也可以选择印刷包装工程领域的前沿研究课题。学位论文应具有系统性和完整性，要理论结合实际，应用所学的理论知识解决实际工作中的关键问题，且具有一定的先进性和一定的工作量，表明作者有一定的独立工作的能力。论文工作一般应包括选题、调研、开题、工程方案设计、实现、论文撰写和答辩等环节。论文评阅、答辩、学位授予等均按国务院学位办公室的有关规定执行。

5.3 博士学位授权点

测绘学科拥有一级学科博士授权点。各培养单位根据自身职能定位和办学条件，招收博士研究生。

5.3.1 大地测量学与测量工程

培养目标：培养熟悉所从事研究方向的国内外最新发展动态，在大地测量和测量工程专业领域掌握坚实宽广的专业理论基础知识和系统深入的专业知识，具备独立从事科学研究和承担专业技术工作，具有综合运用所学理论独立解决实际技术问题能力的高层次拔尖创新人才。主要研究方向如下：

物理大地测量：是大地测量学科的一个主要分支，是构成现代大地测量学科体系的重要支柱之一。其主要任务是研究地球形状、地球重力场及各自随时间的变化。卫星重力探测技术的发展给物理大地测量带来了革命性的变化；空间大地测量学和物理大地测量学的结合开创了现代大地测量学发展新阶段，使大地测量学有能力深入地球科学，在更深层次上参与解决地球科学面临的重大科学问题。精细的地球重力场模型将为测绘科学、国防与军事科学、固体地球物理学、海洋动力学等相关领域的发展提供重要的地球空间信息，在高程基准的统一、空间飞行器的精密定轨、资源勘探、灾害与环境监测等领域具有广泛的应用价值。

卫星大地测量：是大地测量学中一个极为活跃的分支学科，是现代大地测量的一个重要支柱。其任务是研究利用卫星技术，获得距离、距离差和角度等观测值，通过数据处理，从中提取位置、速度等信息。这些信息是建立坐标系和参考框架、确定地球重力场、进行地球物理研究不可缺少的基础。除此之外，卫星大地测量学是当代高新技术在测量中的具体体现，它的出现给大地测量，乃至其他诸多学科带来了革命性的变化。

地球物理大地测量：是现代大地测量学的延伸和拓展。地球物理大地测量研究方向是大地测量学与地球物理学的相互交融与渗透而产生的学科增长点。它利用近代空间大地测量和地球物理观测新技术，精确测定地球表面点的几何位置、地球重力场元素、地球自转轴在空间的位置和方向以及上述参数随时间的变化，并从动力学的观点研究地球动态变化的物理机制，进行地球物理解释，进而为环境变迁和海平面变化的研究、地震火山等自然灾害的孕育预测、空间飞行器精密定轨和制导，以及地下资源的勘探等提供服务。

精密工程测量：其服务对象的主要特点是工程投资规模大、结构复杂、建设周期长、精度要求高。其趋势向现代理论、自动化仪器与方法方向发展。它不仅与大地测量学、摄影测量学等学科密切相关，而且与计算机科学、自动控制、通信工程、系统工程、地质学、建筑工程等学科互相交叉和渗透，是工程测量中发展最活跃、最具有生命力的研究方向。

灾害监测与预报：重大工程及自然灾害监测与预报是近30年发展起来的学科方向。灾害监测技术和方法向多维空间模式发展；数据获取向自动化、实时连续采集方向发展；变形分析理论向动态、线性向非线性、局部向整体的多源数据空间建模方向发展。灾害监测与预报需要结合工程地质、结构力学、水文学等相关学科的信息和方法，引入数学、数字信号处理、系统科学以及非线性科学的理论来研究灾害发生的机理和早期预报的方法，为工程设计和灾害防治提供科学依据。

海洋测绘：是海洋测量和海图制图的总称，是综合了空间、电子、计算机、信息、化学、物理等学科的研究领域。其主要任务是对海洋及其邻近陆地和江河湖泊进行测量和调查，获取海洋基础地理信息，编制各类海图和航行资料，为航海、国防建设、海洋开发和海洋研究服务。海洋测绘的主要内容有：海洋大地测量，水深测量，海洋工程测量，海底地形测量，障碍物探测，水文要素调查，海洋重力、磁力测量，海洋专题测量和海区资料调查，以及各类海图、海图集、海洋资料的编制和出版，海洋地理信息的分析、处理和应用。

现代时空基准的建立与维持：原子频标和现代大地测量观测技术（如 VLBI，LLR，SLR，GPS、DORIS）的发展，使天文观测和空间大地测量的观测精度得到迅速提高。高精度的时空基准是科学研究、科学实验和工程技术等方面的参考基准，是对地观测系统等空间科学技术的重要组成部分。该方向重点研究高精度全球性坐标框架的定义、实现和维持的可行性方案。研究在全球性坐标框架下，区域时空基准的建立、维持和精化方法。研究保持我国现代大地测量参考框架现势性的方法，研究在全球时空基准下对原有不同基准空间数据的进行转换和整合的方法。

导航定位技术：研究卫星导航系统技术体制、原理，精密测量、时空基准建立，精密时间同步、精密轨道确定与预报、完好性监测、系统运行控制、用户终端等理论、技术和方法研究，以及卫星导航增强、地基无线电导航增强、辅助卫星定位系统研究等。研究利用惯性器件测量载体加速度并计算载体速度和位置的导航理论、技术与方法，主要包括惯性导航原理、惯性器件、惯性导航算法设计、惯导系统精度和可靠性等理论、技术和方法研究等；研究卫星导航、地基无线电导航、惯性导航、地磁导航、重力导航、天文导航、影像匹配导航等组合导航系统、理论和算法。

5.3.2 摄影测量与遥感

培养目标：培养熟悉所从事研究方向的国内外最新发展动态，在摄影测量与遥感专业领域掌握坚实宽广的专业理论基础知识和系统深入的专业知识，具有综合运用所学理论独立解决实际技术问题的能力的高层次拔尖创新人才。主要研究方向如下：

卫星遥感对地观测信息处理：是涉及测绘科学与技术、地球信息科学、空间技术、计算机科学等多学科的交叉领域。现代空间信息探测技术从根本上突破了传统测绘科学的时空局限性，提高了观测精度，扩大了观测范围，已成为推动地球科学、空间科学和军事科学发展的前沿学科，研究范围已从地球本体扩展到整个地球外空间。主要研究内容包括航天摄影测量、遥感信息提取理论与方法、卫星测图理论与方法、多源时空遥感综合应用技术等。

新型航空摄影测量技术：是涉及新型航空传感器、地球空间信息学、计算机科学、电子信息科学等多学科的交叉领域。航空摄影测量已发展成为集新型航空数码航摄仪、机载 LiDAR 技术、倾斜摄影技术、高性能计算处理技术等的全方位空间信息处理技术。主要研究内容包括三线阵处理技术、倾斜摄影测量、基于高性能计算或云计算技术摄影测量、多传感器集成技术、机载 LiDAR 技术等。

近景摄影测量技术：是摄影测量学的扩展和延伸，是涉及传统测绘、工业测量、文物数字化、医学研究、军事侦察、公安交通等应用的学科方向。近景摄影测量已发展成以多目视觉和区域网平差技术为理论的当代近景摄影测量技术。主要研究内容包括普通数码相机高精度标定、大倾角影像高精度匹配、全自动三维重建技术、文物数字化应用技术、工业测量、变形监测、图像精密测量技术、医学测量及定位技术等。

激光扫描测量技术：是摄影测量和遥感领域的重要分支学科，是现代空间信息获取的重要技术支撑。其任务是研究在机载、车载和地面等各种遥感平台上，结合激光测距技术、步进扫描技术、光学成像技术和空间定位技术，主动快速获取目标表面海量点云数据，通过点云数据处理提取目标空间几何形态和物理特征等信息。激光扫描测量是现代对地观测的前沿学科，在诸多学科领域都有交叉渗透，引领着空间信息的高精度、快速获取和处理技术的发展前进。

移动测量技术：作为高精度、高效率及海量实景三维数据的采集手段，代表着未来测绘与地理信息技术的一个重要发展方向，也是数字城市、智慧城市建设不可或缺的一项支撑技术。应用领域涵盖规划、城管、交通、公安、应急指挥等部门。研究内容包括 3S 集成技术、多传感器集成处理、全景图像采集与处理，激光雷达技术数据处理，以及实景三维展示技术等。

计算机视觉与图像测量技术：是涉及数学、计算机科学和感知心理学等多学科交叉的研究领域，计算机视觉从信息处理的层次研究视觉信息的认知过程，视觉信息处理的计算理论、表达与计算方法。主要研究内容包括视觉和视知觉、图像采集、图像预处理、基元检测、目标分割、目标表达和描述、形状特性分析、立体视觉、三维景物恢复、运动分析、景物识别、广义匹配、场景解释等。

三维数字城市技术：数字城市地理框架是智慧城市的重要载体。它以计算机技术、多媒体技术和大规模存储技术为基础，以宽带网络为纽带，运用遥感、全球定位系统、地理信息系统、遥测、三维仿真虚拟等技术，对城市进行多分辨率、多尺度、多时空和多种类的三维描述和管理。主要研究内容包括基于多源影像的三维快速重建技术；基础三维 GIS 数据采集、处理与更新，海量空间数据存储与发布技术，时空分析与三维可视化方法，街景移动测量数据的集成与应用等。

微波遥感技术：具有全天候、全天时和具有一定穿透能力和纹理特性等特点，对解决海况监测，恶劣气象条件下的灾害监测，冰雪、云雾覆盖区、松散层掩盖区及国土资源勘查等领域有重大作用。主要研究内容包括雷达图像的测图方法、目标定位方法、干涉测量和差分干涉测量方法、多极化技术、多波段技术、多工作模式、目标的目视解译和计算机分析、微波图像应用、多源遥感数据源应用等。

5.3.3 地图制图学与地理信息工程

培养目标：培养具有国际学术视野、富有创新思维和创新能力、适应我国经济社会建设发展需要的地图制图学与地理信息工程高层次拔尖创新人才。要求博士研究生能系统扎实地掌握地图学与地理信息技术的基本理论与研究方法，了解本专业的国内外研究现状及相关学科发展前沿，在研究方向上具有提出或改进新理论、新方法、新技术的学术创新能力，具备地理信息处理、地图设计、GIS 设计与开发、空间分析与应用等方面的工程实践本领，具有独立从事科学研究工作的能力。主要研究方向如下：

数字地图理论与方法：研究数字环境下地理空间认知与地图表达的基础理论，包括空间信息认知与传输、地图语言学理论、地图传输模型、地图感受、地理空间本体论、元地图学等；研究媒体传输、社会服务中地图的艺术特色与美学原理。基于虚拟现实系统、眼动仪等空间信息认知工具，结合空间统计、心象地图原理，研究空间景观的视觉表达模型、室内空间的导航机制与空间景观模式的认知识别。研究新型地图使用中的视觉感受与空间认知问题，包括扩展视觉变量、触觉感知地图交互、赛博空间导航行为分析。本方向的研究为导航地图设计、地理空间分析、城市景观规划提供基础理论与原理方法。

空间数据尺度变换与信息融合：研究空间表达的尺度变换原理和技术方法，包括数字网络环境下空间、时态、语义的尺度变换理论、算法与数据模型，探索地图与空间数据库的自动化、智能化综合方法。研究基于大比例尺空间数据通过地图综合实现数据库更新的技术，建立国家空间基础设施多比例尺数据库模型及跨比例尺级联式地图更新技术策略，为多级瓦片地图的一致性尺度匹配与高效渐进式传输提供尺度变换支持。

泛在网络空间信息可视化：研究因特网、物联网以及各种专业传感器网络空间数据获取与可视化方法，建立数字技术、网络技术、多媒体技术支持下的地理信息可视化的理论框架与技术方法；研究移动设备及其他特殊显示设备上电子地图的自适应可视化技术与方法。爬虫的数据获取，研究基于自然语言处理和文本挖掘的泛在隐含空间信息发现方法；开发基于开放 Web API 和 GeoRSS 地理订阅的显式地理数据主动聚合软件；开发多模态泛在网络空间信息集成 Web 平台。

空间分析与数据挖掘：针对各类海量异质空间数据库，运用数学统计、几何分析、模式识别、人工智能、地学计算等，研究空间分析与数据挖掘的新理论与新方法，分析大数据时代空间信息的分布规律、特征与演变过程。

地理信息服务：在互联网、传感网、物联网等环境下，研究地理信息服务的技术体系、模型框架、服务模式等；研究基于不同终端的位置服务技术、以地理信息为依托的综合性软件技术。运用系统工程原理研究 GIS 工程建设的原理、方法与技术路线，研究多维动态地理信息系统的标准与构建技术。

空间信息的地学应用：在虚拟地理环境下，研究各种地学过程的动态模拟、仿真、预测；研究面向地球系统科学、资源环境监测、全球环境变化等研究的空间信息获取、处理与服务技术，为地学规律探测、地学过程分析、地学机理解释提供信息技术工具。

多维动态地理信息系统：研究多维动态 GIS 数据模型与数据结构、泛在动态观测信息的接入处理与时空配准、时空索引、组织管理、可视化和应用服务的理论方法与技术。

地理信息共享与智能服务：研究地理信息共享与智能服务的理论与方法，主要包括开放地理信息服务框架、地理表达与语义建模、地理信息服务智能发现与组合、地理信息服务任务描述和建模、服务质量、空间关系语义推理、空间数据起源信息等。

时空统计与数据挖掘：针对地学领域相关的数据—信息—知识转化机理关键问题，研究时空统计学与数据挖掘的相关理论与方法，探讨地理信息科学中的研究对象时空特征及其变化规律，开展信息检索、数据挖掘、社会计算和大数据处理方面的研究工作。

地理认知与过程分析：研究地理知觉、地理表象、地理概念化、地理知识的心理表征和地理空间推理等涉及地理知识的获取、存储和使用过程的地理信息科学核心内容，针对地理空间、地理梯度、地理流和空间关系等关键要素开展过程分析研究。

多源信息融合与应用：以地球系统为主要研究对象，集成3S技术、数值模拟、数据同化等手段，研究地理信息科学相关的多源、多尺度、多粒度科学数据融合，解决空间信息科学在大气、水体、陆地生态环境灾害等领域的应用问题。

5.3.4 固体地球物理

培养目标：培养熟悉所从事研究方向的国内外最新发展动态，在固体地球物理专业领域掌握坚实宽广的专业理论基础知识和系统深入的专业知识，具备独立从事科学研究和承担专业技术工作，以及综合运用所学理论知识独立解决科学问题和实际应用问题的能力的高层次拔尖创新人才。主要研究方向如下：

地球重力学：重力测量及重力场理论与方法，卫星重力学理论与方法，大地水准面及高程基准，相对论重力测量，固体潮，地球系统物质分布及迁移等。

地球物理大地测量学：地球物理大地测量反演理论与方法，地震断层的破裂和位错模式，基于多源数据的地壳运动与变形分析，时变地壳应力场多源数据联合反演，地震应力转移，地球动态变化及其物理机制。

地球内部物理学：地球内部圈层结构及物理过程，物理参数确定理论和方法，地核动力学，核幔耦合；地震波传播，层析成像理论与方法，地球自由振荡及背景噪声，地震预测预警、震源机制，以及地磁场确定理论、地磁场模型等。

地球动力学：地壳及地幔变形、地壳及地幔热状态、地球自转、大气及电离层理论与方法、冰质量平衡、地球环境变化及监测，以及海平面变化等。

应用地球物理学：重磁电震勘探、地球物理测井、放射性与地热勘探技术的理论和方法、能源与资源勘查、工程与环境地球物理调查、海洋地球物理调查、自然灾害监测和预警，以及次生地球物理场及其耦合关系、人类活动与城市环境的相互作用、城市环境健康监测等。

5.3.5 通信与信息系统

培养目标：培养在通信与信息系统专业领域内，掌握坚实宽广的基础理论和系统深入的专业知识，了解本学科专业的前沿动态，具有较强的独立从事科学研究工作的能力，在通信与信息系统领域内某一方向或专门技术上做出创造性成果的高层次人才。主要研究方向如下：

多媒体信息处理与系统：研究多媒体计算机信息处理、信息集成、信息识别、信息管理以及多媒体网络实时交互通信系统的理论方法及软件硬件设计；研究多媒体可视化技术和虚拟现实技术。

多媒体信息处理与编码：研究通信系统中的多媒体编码技术，包括语音编码、宽带语音编码、音频编码、图像及视频流编码的理论方法及软硬件设计。

多媒体与空间信息网络与安全技术：面向空、天、地一体化空间信息研究与应用，研究基于车载、机载等机动高速移动、高度时变与动态环境下的高速数据传输的原理与组网实现、通信控制与服务质量保证机理、多媒体与空间数据信息传输安全性与保密性理论与方法。

5.3.6 图像传播工程

培养目标：培养在媒体传播技术、颜色表达与再现、彩色数字成像与信息记录材料等领域相关的理论、技术研究与应用中迫切需要的高层次拔尖创新人才。要求在软件工程学科掌握坚实的基础理论和系统的专门知识，比较熟练地掌握和运用一门外语，具有较宽的知识面，了解当前国内外本学科最新前沿，具有从事基础性、理论性科学研究和教学工作的能力，能够在本学科领域做出创造性的成果，具备独立从事科学研究工作的能力。主要研究方向如下：

颜色科学与技术：研究颜色的测量、再现、转换、反演、预测、复制与感知，基于光谱的颜色数据获取、转换和复制，基于颜色理论和技术的彩色图像处理技术及其应用等内容。主要研究方向包括光谱信息获取、颜色测量、颜色传递与再现、色彩视觉分析。

彩色数字成像技术：彩色数字成像技术以光学图像的采集获取、增强处理及输出成像过程中涉及的相关理论与技术为主，涉及颜色视觉感知、机器视觉，数字成像的图像信息采集、存储、传输、处理、显示、输出及传播的基本方法，喷墨成像系统的设计与研制关键技术，数字成像系统与器件的性能检测与分析方法等。

数字媒体技术：研究数字媒体信息的获取、处理、存储、传播、管理、安全、输出等相关的理论、方法、技术与系统。主要研究方向包括数字资产管理、数字印刷技术、数字出版技术等。

5.3.7 材料加工工程

培养目标：培养在绿色包装材料、阻隔材料、信息记录材料等领域迫切需要的高层次拔尖创新人才。要求具有严谨的治学态度，在材料加工工程学科内掌握坚实宽广的基础理论和系统深入的专业知识，了解材料科学内的前沿动态，具有独立从事科学研究工作的能力，在科学或专门技术上做出创新性的成果。熟练掌握一门外国语，达到能熟练阅读专业文献，以及写作专业论文和进行国际学术交流的能力。主要研究方向如下：

绿色包装材料及加工：天然生质材料及合成降解高分子材料的化学修饰、物理改性，绿色包装材料的加工成型技术（共挤、吹塑、拉伸、流延、发泡等），天然生质材料、合成降解高分子材料、复合绿色包装材料的包装适宜性。

阻隔包装材料及加工：高阻隔树脂材料及多层复合加工技术，无机粒子沉积复合塑料，纳米插层高阻隔材料，等离子体表面改性包装材料。

器件制造材料及加工：印刷光电材料及制造技术（柔性显示器、柔性传感器、柔性电阻、柔性光学器件）；3D 打印材料及加工技术，导电油墨；RFID 及天线制作技术；印刷防伪技术。

5.4 博士后流动站

5.4.1 测绘科学与技术

测绘科学与技术博士后流动站是1991年经国家人事部、全国博士后科研流动站管理协调委员会批准设立的。测绘科学与技术博士后流动站由武汉大学测绘学院牵头建设，遥感信息工程学院、资源与环境科学学院、测绘遥感信息工程国家重点实验室、卫星导航定位技术研究中心、中国南极测绘研究中心共同招收博士后。

测绘科学与技术博士后流动站涵盖了摄影测量与遥感、地理学与地理信息系统、地图制图学与地理信息工程二级学科博士点，主要研究方向包括大地测量与测量工程、航空航天摄影测量、遥感影像信息处理、空间信息系统与服务、3S集成与空间信息通讯、导航与深空探测，以及水环境遥感与数字流域研究等。

测绘科学与技术博士后流动站立足跟踪国际学术前沿以及国家重大需求，每年招收跨学科、跨专业的博士后科研人员来我站从事科学研究。近十年来，通过全额资助博士后、配套博士后、自筹经费博士后及联合招收的企业博士后等方式，大约招收了200名博士后。

测绘科学与技术博士后流动站为博士后提供了良好的事业平台、工作环境和条件支持；博士后作为学科发展的重要组成力量，为学校的科学研究、师资队伍建设注入了生机和活力，为学科发展作出了重要贡献。

2015年，测绘科学与技术博士后流动站接受全国范围评估，被评为优秀。

5.4.2 地理学

武汉大学地理学始建于20世纪50年代，是国家“985工程”和“211工程”建设学科，也是湖北省重点学科，拥有地理学一级学科博士点和博士后流动站、地理科学国家理科基础科学研究与教学人才培养基地，已构建完整的地理学一级学科本科、硕士、博士和博士后培养体系。本学科点是我国地理学人才培养和科学研究的重要基地，也是国际上知名的且有重要影响的地理信息人才培养基地。在2012年教育部全国第三轮学科评估中，地理学一级学科排名全国第四。

地理学博士后流动站是武汉大学学科建设的重要平台，拥有国家重点学科“地图学与地理信息系统”，已建立起以空间信息快速获取、管理、更新、可视化、分析和应用的完整学科理论与技术体系，在测绘学和地理学界享有很高的学术地位。

本学科点具有一大批国内外知名的专家教授和雄厚的师资队伍，多人在国际和全国性学术组织中任职。有院士1名，国务院学位评定组成员1名，国家级有突出贡献的专家2名，省级有突出贡献的专家2名，教育部跨世纪人才2名，省部级跨世纪人才9名，湖北省科技高端人才1名。学科充分发挥地理信息系统、地图学和遥感技术优势，结合长江中游区域地理环境研究，形成了地理信息系统理论方法与应用、空间信息分析与挖掘、遥感信息智能提取、数字国土、数字城市和公众地理信息服务、资源环境监测与规划、区域发展与土地利用、长江中下游水文、水质、湿地生态及流域水资源等特色鲜明的研究方向。

博士后在站期间取得成就明显。近3年内，共参与或主持国家级项目106项，其中主持国家自然科学基金项目17项；获博士后科学基金国家特别资助项目2项，博士后科学基金国家一等项目3项，博士后科学基金国家二等项目14项，博士后科学基金省部级项目1项。发表SCI/EI论文28篇，出版论著7本，获批专利或授权14项。目前出站博士后大多在武汉大学作为骨干青年教师承担教学科研工作，他们较高的综合素质和较强的教学科研能力逐渐凸显。

5.4.3 地球物理学

武汉大学地球物理学一级学科博士后科研流动站设站时间为1999年2月，包含两个二级学科博士点（空间物理、固体地球物理学），牵头建设单位是电子信息工程学院，共建单位包括电子信息工程学院（空间物理）、测绘学院（固体地球物理学）、南极中心（固体地球物理学）、GPS中心（固体地球物理学）。

该站有博士生导师50余人，其中有中国工程院院士3人，长江学者特聘教授6名，国家杰出青年基金获得者5名，“千人计划”入选者1名。该博士后流动站的主要研究方向有：

空间物理：电离层与磁层物理、中高层大气物理、日地物理、地球空间探测与信息处理技术（空间物理）。

固体地球物理学：地球重力学、地球物理大地测量学、地球动力学、极地冰川物理与气候变化。

该站已经招生了博士后31人，已经出站博士后23人，目前在站博士后人数8人。

5.4.4 材料加工工程

该博士后流动站是2015年经国家人社部批准设立，由印刷与包装系负责招收博士后研究人员。其主要研究方向包括：绿色包装材料与加工、智能包装设计与材料、高阻隔材料与加工、柔性电子与器件等。

材料加工工程博士后流动站立足国际学术，瞄准国家重大工程需求，招收跨学科、跨专业的博士后科研人员进站从事科学研究。培养过程尊重学术民主、鼓励探索创新，重视博士后人员的学术水平、科研能力、科研成果的量化考核，积极为博士后研究人员开展国际学术交流创造条件，为武汉大学包装工程学科发展作出了重要贡献。

第六章　师资队伍

武汉大学测绘学科在建校初始，就云集了一批以夏坚白、王之卓、陈永龄、叶雪安、金通尹5位一级教授为代表的学术大师。学术前辈们具有很高的学术造诣，高度重视学科的传承发展；他们学为人师、行为世范，奠定了学科发展的根基，形成了优秀的学科文化，影响深远。60年来，武汉大学测绘学科培养造就了一代又一代优秀人才，推动学科不断向前发展。

截至2015年12月31日，武汉大学测绘学科相关单位共有教职工571人，其中教师427人、专业技术人员66人、管理人员78人。教师队伍中教授177人，占41.5%；副教授151人，占35.3%；讲师99人，占23.2%。平均年龄41岁。

目前，测绘学科共拥有中国科学院院士2人，中国工程院院士5人，国际欧亚科学院院士4人，国家杰出青年基金获得者6人，长江学者特聘教授11人，国家教学名师2人，百千万人才工程国家级人选9人，中组部“千人计划”入选者8人，“青年千人计划”入选者4人，中组部“万人计划”入选者6人，国家科技部科技创新领军人才3人，国家测绘地理信局科技领军人才7人，教育部新世纪人才21人，国家自然科学基金委优秀青年基金获得者4人，国务院特殊津贴获得者13人，湖北省楚天学者、楚天学子12人，宝钢优秀教师奖7人，湖北省教学名师2人，武汉大学“351”人才76人。

2006年以来，测绘学科以建设国际一流师资队伍为目标，按照“稳定、引进、培养、提高”的总体思路，加大人才引进和培养力度，优化队伍结构，提高队伍质量，激发队伍活力，师资队伍的整体水平和学术竞争力迈上了一个新的高度。

1. 筑巢引凤，招贤纳才

测绘学科始终坚持广纳贤才，采取多种措施吸引海内外优秀人才，为测绘学科发展壮大补充新生力量。

（1）不断拓展学科领域，以学科的交叉融合、集成发展为人才搭建更大的学术舞台，汇聚多学科优秀人才。测绘学科在建设世界一流学科中树立了引领学术前沿和服务国家重大需求的发展理念，不断拓展学科方向，与大数据、云计算、传感网络、人工智能、空间技术、海洋技术、先进国防科技等交叉融合，从传统的几何学科发展成为新型的地球空间信息学科，依托承担的重大研究项目吸引大批相关学科的优秀人才，逐渐形成了多学科技术方法互补，相互支撑，团结协作，协同攻关的学科团队。

（2）加大高层次人才引进，充分利用国家“千人计划”，湖北省“百人计划”、“楚天学者”，武汉大学“351”人才建设项目，以及国家引智计划和协同创新计划项目等的支持，加强海外高层人才引进。在测绘院士等学术领军人物的感召下，一批知名学者和青年才俊从欧美、亚洲等相关国家和地区知名高校、科研机构来到武汉大学，聚集珞珈山下，投身于测绘学科建设。其中，史文中、单杰、萧世伦、陈锐志、闵启龙、桑吉章、朱敦尧、宋晓东 8 人入选国家“千人计划”专家，陈震中、彭创、柳景斌、耿江辉 4 人入选“国家青年千人计划”。

（3）加强青年后备人才队伍建设。通过师资博士后、聘期制等教师选拔政策，从国内外知名高校选留优秀博士后充实教师队伍，近十年新补充青年教师 100 多人，教师队伍后劲进一步增强。其中，有部分外籍人士加盟，如从新西兰奥塔哥大学引进了 B 类学科带头人、外籍优秀学者 Robert Tenzer 教授，在本学科从事博士后研究而后留校任教的德国籍学者 Timo Jochen Balz 博士等。

（4）聘请国际知名学者担任武汉大学名誉教授或客座教授、兼职教授，提升学科国际影响力。受聘武汉大学名誉教授的国外人士包括：泰王国诗琳通公主，德国汉诺威莱布尼兹大学 Gottfried Konecny 教授，澳大利亚新南威尔士大学 John Trinder 教授，美国科学院院士、加州大学圣巴巴拉分校 Michael Goodchild 教授，瑞士皇家科学院院士、苏黎世联邦理工学院 Armin Gruen 教授，美国马里兰大学 John Townshend 教授，以及德国斯图加特大学 Dieter Fritsch 教授等。

2. 梯队建设，人才辈出

测绘学科一直十分注重学术传承、师资培养和学术梯队建设。在夏坚白、王之卓、陈永龄、叶雪安、金通尹等测绘学科奠基人的教育和培养下，陈俊勇、李德仁、刘先林、宁津生、刘经南、张祖勋成为本学科学术领军人物，先后当选为中国科学院、中国工程院院士，成为测绘学科第二代学科带头人。2011 年，龚健雅、李建成分别当选为中国科学院、中国工程院院士。2013 年，校友郭仁忠当选为中国工程院院士，以他们为代表的一批杰出人才成为第三代测绘学科的领军人物。目前，武汉大学测绘学科青年学术骨干不断涌现，他们朝气蓬勃、勇于创新，在相关领域取得一大批有重大影响的研究成果，在国际学术领域崭露头角，逐步成为当前学科发展的中坚力量，并将引领学科的未来发展。2006—2015 年，施闯、姜卫平 2 人成为国家自然科学杰出青年基金获得者，许才军、张良培、朱庆、吴华意、龚威、施闯、姜卫平 7 人成为长江学者特聘教授，刘耀林、施闯、李建成、龚威、乐鹏、沈焕锋 6 人入选中组部“万人计划”科技创新领军人才或青年拔尖人才，姜卫平、艾廷华、朱庆、吴华意 4 人成为百千万国家级人才，龚威、邵振峰、施闯 3 人成为国家科技部科技创新领军人才，李建成、龚健雅、刘耀林、许才军、闫利、李霖、史文中 7 人被评为国家测绘地理信息局科技领军人才，姚宜斌、罗志才、姜卫平、张永军、乐鹏、黄昕、袁修孝、沈焕锋、吴华意、施闯、龚威、王树良、杨必胜、钟燕飞、王密、陈能成、邵振峰 17 人获批教育部新世纪优秀人才，万晓霞成为国家新闻出版总局新闻出版领军人才。还有一大批优秀青年学者入选湖北省和武汉大学各类优秀人才，武汉大学测绘学科人才辈出，形成“五代传承、四世同堂”，交叉综合、结构合理的队伍建设格局，在业界传为佳话。

3. 团队合作，协同创新

武汉大学测绘学科十分注重团队建设，依托各类重点研究平台、重点研究方向和重点研究项目推进团队建设，形成了方向明确、交叉互补、协同创新、特色明显的学术团队。其中，李德仁、刘经南、龚健雅院士牵头的对地观测与导航创新团队获国家科技进步奖（创新团队）；龚健雅院士为负责人的创新团队在获国家自然科学基金创新群体项目支持基础上，继续获国家自然科学基金委“多传感器对地观测网络数据精确处理与空间信息智能服务”项目滚动支持。李建成院士领衔的“地球重力场精细结构及其时变效应研究创新团队”、施闯教授领衔的“卫星导航定位技术创新团队”获批科技部创新人才推进计划重点领域创新团队。龚威教授为带头人的“多源地球空间数据的智能观测与定量应用”研究团队获教育部“长江学者和创新团队发展计划项目”支持。在教学团队方面，李德仁院士牵头的“遥感科学与技术系列课程建设”、李征航教授牵头的“卫星导航系列课程”、刘耀林教授牵头的“地理信息系统专业系列课程”被评为国家级教学团队。

4. 多措并举，有力支持

在国家和武汉大学相关政策支持下，测绘学科积极创造条件，为师资队伍可持续发展提供有力支持和保障。

（1）在“211工程”、“985工程”和“2011协同创新计划”等建设专项中，有计划地安排资金重点支持人才队伍建设，用于各类人才的引进、实验室建设和科研启动经费。

（2）注重对青年教师的关心和培养，根据青年教师自身特点、学术背景和研究兴趣，帮助其选择加入相近的团队，在团队中尽快找准研究方向。特别是注重发挥内部人才聚合效应，支持学术带头人面向重大科学研究项目以及人才培养需要进行团队组织，形成了力量互补、富有效率的团队；指定专家学者对新选留师资博士后进行一对一指导，让青年教师尽快熟悉教学和科研工作环境，实现身份转变和能力提升。

（3）切实解决青年教师成长发展初期困难，为每一位选留青年师资提供5万~10万元安家费，为青年老师设立科研启动费、青年基金等，给予青年教师特别工资补贴，努力做到事业留人、情感留人、待遇留人。

（4）营造良好的学术文化氛围。学校推行全员聘用制改革，各单位制定合理的劳务分配政策措施，向教师和专业技术人员倾斜，调动教师各方面积极性，营造团结和谐、宽松自由、公平竞争的良好学术氛围，使各类人才引得来、留得住、干得好。

（5）贯彻“以生为本、以师为重”的服务理念，建立人性化的服务机制，努力营造务实、高效、温暖的工作氛围，从各方面解除教师的后顾之忧，确保教师全心全意投入教学、科研工作。

5. 教书育人，名师荟萃

人才培养是高等学校的根本任务，也是教师的首要职责。测绘学科教师始终把人才培养作为中心工作，院士、知名专家亲自上讲台为本科生上课。在武汉大学，被誉为“最奢侈”基础课的课程“测绘学概论”，正是由宁津生、李德仁、陈俊勇、张祖勋、刘经南、龚建雅6位院士和几位知名教授共同讲授。李德仁院士、张良培教授等指导的博士生先后有7人获得“全国优秀百篇博士论文”。由于教学业绩突出，刘耀林教授、李征航教授被评为“国家教学名师”，李征航教授、袁修孝教授被评为“湖北省教学名师”，李建成、刘耀林、闫利、姚宜斌、王树根、李建松、杜清运7位教授分别荣获“宝钢优秀教师特等奖”和“宝钢优秀教师奖”。学校还出台了严格的规章制度，确保教师特别是教授深入教学一线，直接接触学生，使学生能得到一流教师的指导和影响。如在教师年度考核、职称晋升时提出了明确的教学要求，每年教学检查中也把教授上讲台作为重要检查内容。测绘学科相关单位十分注重教师特别是青年教师教学能力培养，各单位都成立了教师发展中心，通过老教师指导、教学研讨、试讲等环节帮助年青教师尽快适应教学需要，不断提高教学能力。一批优秀青年很快成长，在各类教学竞赛中脱颖而出，如遥感信息工程学院龚龑副教授在湖北省青年教师讲课比赛中获一等奖，荣获湖北省五一劳动奖章。测绘学科专家学者注重发挥武汉大学测绘学科的示范和引领作用，扩大学科影响力，如龚健雅院士担任国务院第六届学科评议组测绘学科组召集人，李建成院士担任教育部测绘工程专业教学指导委员会主任，刘耀林任教育部地理科学类教学指导委员会副主任，李斐任地球物理类教学指导委员会副主任，万晓霞任轻工类教学指导委员会副主任。

6. 面向国际，提升能力

测绘学科积极推荐选派青年教师到国外知名大学、学术机构进修学习，到相关单位挂职锻炼，参加多种形式的学术交流，支持青年教师成长发展。出台了支持青年教师出国交流的相关政策，并在职称晋升文件中明确要求职称晋升必须有海外交流访问一年以上的经历。2006 年以来，测绘学科共有近百名中青年教师先后获批国家留学基金委全额资助项目或青年骨干教师研修项目，到美国加州大学伯克利分校、田纳西大学，加拿大卡尔加里大学，德国斯图加特大学，英国诺丁汉大学，日本东京大学，新加坡国立大学等世界知名高校交流访问，这些举措不仅提高了青年教师的国际视野和教学、科研能力，而且也扩大了测绘学科的国际影响力。

6.1 测绘学科相关单位教职工基本情况

6.1.1 测绘学科各单位人员情况

测绘学科各单位人员情况汇总表

单 位	教职工总数（人）	教师（人）	实验技术人员（人）	管理人员（人）	平均年龄（岁）
测绘学院	130	90	21	19	43.5
遥感信息工程学院	103	72	16	15	42
资源与环境科学学院	141	108	14	19	42
印刷与包装系	39	27	5	7	41
测绘遥感信息工程国家重点实验室	99	81	7	11	43.5
卫星导航定位技术研究中心	41	34	3	4	41
中国南极测绘研究中心	18	15	0	3	40
合计	571	427	66	78	42.3

6.1.2 测绘学科各单位专任教师职称结构

测绘学科各单位专任教师职称结构汇总表

单　位	教师总数（人）	教授（人）	副教授（人）	讲师及以下（人）
测绘学院	90	35	33	22
遥感信息工程学院	72	29	23	20
资源与环境科学学院	108	38	48	22
印刷与包装系	27	8	8	11
测绘遥感信息工程国家重点实验室	81	46	27	8
卫星导航定位技术中心	34	17	7	10
中国南极测绘研究中心	15	4	5	6
合计	427	177	151	99

6.2 各类称号专家

6.2.1 中国科学院、中国工程院、国际欧亚科学院院士

1. 中国科学院院士

中国科学院院士列表

姓　名	出生年月	学部名称	所在单位	当选时间
李德仁	1939.12	地学部	测绘遥感信息工程国家重点实验室 遥感信息工程学院	1991 年
龚健雅	1957.04	地学部	遥感信息工程学院 测绘遥感信息工程国家重点实验室	2011 年

2. 中国工程院院士

中国工程院院士列表

姓　名	出生年月	学部名称	所在单位	当选时间
李德仁	1939.12	信息与电子工程学部	测绘遥感信息工程国家重点实验室、 遥感信息工程学院	1994 年
宁津生	1932.10	土木、水利与建筑工程学部	测绘学院	1995 年

续表

姓　名	出生年月	学部名称	所在单位	当选时间
刘经南	1943.07	土木、水利与建筑工程学部	卫星导航定位技术研究中心 测绘学院	1999 年
张祖勋	1937.06	土木、水利与建筑工程学部	遥感信息工程学院 测绘遥感信息工程国家重点实验室	2003 年
李建成	1964.12	土木、水利与建筑工程学部	测绘学院	2011 年

3. 国际欧亚科学院院士

国际欧亚科学院院士列表

姓　名	出生年月	单位	当选时间
张祖勋	1937.06	遥感信息工程学院 测绘遥感信息工程国家重点实验室	1995 年
李德仁	1939.12	测绘遥感信息工程国家重点实验室 遥感信息工程学院	1999 年
鄂栋臣	1939.07	中国南极测绘研究中心	2007 年
李清泉	1965.01	测绘遥感信息工程国家重点实验室	2014 年

6.2.2 “千人计划”入选者

“千人计划”入选者列表

姓　名	出生年月	所在单位	批准时间	备注
朱敦尧	1963.09	卫星导航定位技术研究中心	2009	短期专家
单杰	1961.10	遥感信息工程学院 测绘遥感信息工程国家重点实验室	2010	
史文中	1963.01	遥感信息工程学院 测绘遥感信息工程国家重点实验室	2010	短期专家
萧世伦	1958.01	测绘遥感信息工程国家重点实验室	2010	
宋晓东	1964.04	测绘学院	2010	短期专家
闵启龙	1962.08	测绘遥感信息工程国家重点实验室	2012	短期专家
桑吉章	1963.06	测绘学院	2013	
陈锐志	1963.11	测绘遥感信息工程国家重点实验室	2016	

青年“千人计划”入选者列表

姓　名	出生年月	所在单位	批准时间	备注
陈震中	1977.06	遥感信息工程学院	2014	
彭创	1982.07	资源与环境科学学院	2015	
耿江辉	1982.03	卫星导航定位技术研究中心	2015	
柳景斌	1979.04	测绘遥感信息工程国家重点实验室	2016	

6.2.3 长江学者特聘教授，国家杰出自然科学基金、国家自然科学优秀青年科学基金获得者，“万人计划”入选者，百千万人才工程国家级人选

1. 长江学者特聘教授

长江学者特聘教授列表

姓　名	出生年月	所在单位	批准时间
龚健雅	1957.04	遥感信息工程学院、测绘遥感信息工程国家重点实验室	1999
李建成	1964.12	测绘学院	2004
刘耀林	1960.09	资源与环境科学学院	2005
许才军	1964.03	测绘学院	2006
张良培	1962.04	测绘遥感信息工程国家重点实验室	2007
朱庆	1966.07	测绘遥感信息工程国家重点实验室	2008
吴华意	1966.12	测绘遥感信息工程国家重点实验室	2012
姜卫平	1972.06	卫星导航定位技术研究中心	2013
龚威	1970.12	测绘遥感信息工程国家重点实验室	2014
施闯	1968.06	卫星导航定位技术研究中心	2014

2. 国家杰出自然科学基金获得者

国家杰出自然科学基金获得者列表

姓　名	出生年月	所在单位	批准时间
龚健雅	1957.04	遥感信息工程学院、测绘遥感信息工程国家重点实验室	1995
李建成	1964.12	测绘学院	1997
施闯	1968.06	卫星导航定位技术研究中心	2013
姜卫平	1972.06	卫星导航定位技术研究中心	2015

3. 国家自然科学基金优秀青年科学基金获得者

国家自然科学基金优秀青年科学基金获得者列表

姓　名	出生年月	所在单位	批准时间
张永军	1975. 03	遥感信息工程学院	2013
沈焕锋	1980. 03	资源与环境科学学院	2014
黄昕	1982. 04	遥感信息工程学院	2015
钟燕飞	1982. 12	测绘遥感信息工程国家重点实验室	2016

4. 中组部“万人计划”入选者

中组部“万人计划”入选者列表

姓　名	出生年月	所在单位	类别	批准时间
刘耀林	1960. 09	资源与环境科学学院	教学名师	2014
施闯	1968. 06	卫星导航定位技术研究中心	科技创新领军人才	2014
李建成	1964. 12	测绘学院	科技创新领军人才	2016
龚威	1970. 12	测绘遥感信息工程国家重点实验室	科技创新领军人才	2016
乐鹏	1979. 01	遥感信息工程学院	青年拔尖人才	2015
沈焕锋	1980. 03	资源与环境科学学院	青年拔尖人才	2015

5. 百千万人才工程国家级人选

百千万人才工程国家级人选列表

姓　名	出生年月	所在单位	批准时间
龚健雅	1957. 04	遥感信息工程学院、测绘遥感信息工程重点实验室	1996
李建成	1964. 12	测绘学院	1997
刘耀林	1960. 09	资源与环境科学学院	1997
许才军	1964. 03	测绘学院	1999
艾廷华	1969. 12	资源与环境科学学院	2007
朱庆	1966. 07	测绘遥感信息工程重点实验室	2009
姜卫平	1972. 06	卫星导航定位技术研究中心	2014
吴华意	1966. 12	测绘遥感信息工程国家重点实验室	2014

6.2.4 教学名师

1. 国家级教学名师

测绘学院：李征航（2006年）；

资源与环境科学学院：刘耀林（2008年）。

2. 湖北省教学名师

测绘学院：李征航（2005年）；

遥感信息工程学院：袁修孝（2007年）。

3. 宝钢优秀教师特等奖

测绘学院：李建成；

资源与环境科学学院：刘耀林。

4. 宝钢优秀教师奖

测绘学院：闫利、姚宜斌；

遥感信息工程学院：王树根、李建松；

资源与环境科学学院：杜清运。

6.2.5 科技领军人才

1. 国家科技部创新领军人才

测绘遥感信息工程国家重点实验室：龚威（2014年）、邵振峰（2015年）；

卫星导航定位技术研究中心：施闯（2014年）。

2. 国家测绘地理信息局科技领军人才

测绘学院：李建成（2010年）、许才军（2014年）、闫利（2014年）；

遥感信息工程学院：史文中（2014年）；

资源与环境科学学院：刘耀林（2012年）、李霖（2014年）；

测绘遥感信息工程国家重点实验室：龚健雅（2010年）。

3. 国家新闻出版总局新闻出版领军人才

印刷与包装系：万晓霞（2012年）。

4. 教育部新世纪人才

测绘学院：许才军（2004年）、罗志才（2007年）、姚宜斌（2012年）。

遥感信息工程学院：张永军（2007年）、黄昕（2011年）、袁修孝（2013年）、乐鹏（2013年）。

资源与环境科学学院：杜清运（2004年）、艾廷华（2005年）、沈焕锋（2010年）。

测绘遥感信息工程国家重点实验室：李清泉（2005年）、朱庆（2005年）、吴华意（2006年）、王树良（2006年）、龚威（2007年）、杨必胜（2007年）、钟燕飞（2009年）、王密（2010年）、陈能成（2011年）、邵振峰（2012年）。

卫星导航定位技术研究中心：施闯（2006年）、姜卫平（2009年）。

6.2.6 楚天学者

测绘学院：张双喜（2010年）、方兴（2011年）、霍学深（2013年）。

遥感信息工程学院：姚剑（2013年）、彭漪（2013年）。

测绘遥感信息工程国家重点实验室：单杰（2009年）、龚威（2011年）、吴华意（2011年）、张彤（2011年）、罗斌（2011年）、夏桂松（2012年）。

卫星导航定位技术研究中心：耿江辉（2014年）。

6.2.7 武汉大学"351人才计划"学者

1. 珞珈杰出学者

测绘学院：闫利、姚宜斌、申文斌。

遥感信息工程学院：袁修孝。

资源与环境科学学院：李霖、杜清运。

测绘遥感信息工程国家重点实验室：廖明生、陈晓玲。

中国南极测绘研究中心：李斐。

2. 珞珈特聘教授

测绘学院：申文斌、闫利、张小红、姚宜斌。

遥感信息工程学院：袁修孝、胡翔云、张永军、黄昕。

资源与环境科学学院：艾廷华、沈焕锋。

测绘遥感信息工程国家重点实验室：朱庆、龚威、杨必胜、陈能成、王密、眭海刚、唐炉亮、张过、邵振峰、钟燕飞。

卫星导航定位技术研究中心：赵齐乐。

3. 珞珈青年学者

测绘学院：邓非、姚宜斌、邹贤才、温扬茂、袁强强、方兴、郭斐。

遥感信息工程学院：乐鹏、黄玉春、季顺平、贾涛、毛飞跃。

资源与环境科学学院：沈焕锋、焦利民、苏世亮、李慧芳、张翔。

印刷与包装系：刘兴海、吴伟。

测绘遥感信息工程国家重点实验室：钟燕飞、潘俊、邵振峰、张过、方志祥、张洪艳、黄先锋、呙维、陈碧宇、冯炼、鄢建国、李熙、田礼乔、史磊。

卫星导航定位技术研究中心：赵齐乐、楼益栋、章红平、唐卫明、李敏、方荣新。

中国南极测绘研究中心：张胜凯、周春霞、杨元德、赵羲、刘婷婷。

6.3 教授名单及简介

6.3.1 一级教授

（1）宁津生，男，1932年出生，祖籍安徽桐城。大地测量学家，1995年当选中国工程院院士，武汉大学教授、博士生导师。1956年毕业于同济大学测量系，曾任原武汉测绘科技大学校长，国际大地测量与地球物理联合会中国分会委员，国务院学位委员会工科评议组成员，国家自然科学基金委员会学科评议组成员，中国测绘学会副理事长，国际大地测量委员会中国分会委员，国际大地测量协会学术杂志《大地测量手稿》和《大地测量公报》编委，教育部高等学校测绘学科教学指导委员会主任，中国测绘学会测绘教育工作委员会主任，《中国大百科全书》总编委会委员和第二版《测绘学科》主编，《大辞海》分科主编等。现任教育部"工程教育测绘地理信息类专业认证试点工作组"组长，教育部"卓越工程师教育培养计划"专家委员会成员，国家测绘地理信息局科技委员会委员，《中国大百科全书》第三版总编委会委员及《测绘学》综论组主编，湖北省高等学校设置评审委员会副主任等。

宁津生教授长期从事物理大地测量的理论与方法研究，包括地球形状、外部重力场及其模型等方面的研究，是该领域有影响的专家和重要学术带头人。从20世纪50年代至70年代，主要研究我国天文重力水准的理论、方法和精度，其研究成果完善了当时由苏联专家为我国设计的天文重力水准布设方案，部分成果被收入修订后的我国《天文重力水准测量细则》，作为我国重力测量实际作业的依据和标准。20世纪70年代末至80年代初，他在国内率先开展"利用最小二乘配置确定相对大地水准面的理论和方法"研究，其成果为确定我国大地水准面提供了一种新方法。20世纪80年代中后期，他重点研究局部重力场的逼近理论，由他主持完成的国家自然科学基金高技术项目和国家测绘科技发展基金项目WDM85 180阶和WDM94 360阶地球重力场系列模型研究，建立了当时我国自己阶次最高、精度最好的地球重力场模型。近年来，他主持或参加了多项国家自然科学基金和省部级项目，其中"全国及省市地区高精度高分辨率似大地水准面的技术研究及实施应用工程"荣获国家科技进步二等奖；"重力场数据的多尺度分析技术及其应用"、"卫星测高学理论与技术及其应用研究"、"地球重力场精细结构及我国大地水准面精化的研究"、"地球重力场模型研究"、"整体大地测量"、"大地测量学科发展战略"、"地球形状及外部重力场"等项科研成果及其相应的著作、教材等分别获得省部级科技进步和优秀教材、图书一、二等奖。与人合作编著和翻译出版教材、专著和外文文献15部，发表论文200余篇。

（2）李德仁，男，1939年出生于泰县溱潼镇，祖籍江苏镇江丹徒。摄影测量与遥感学家，1991年当选中国科学院院士，1994年当选中国工程院院士，1999年当选欧亚科学院院士，武汉大学教授、博士生导师。1963年毕业于武汉测绘学院，1981年获该校硕士学位。1985年获联邦德国斯图加特大学博士学位。2008年获得苏黎世理工大学名誉博士。是1988年度国家级有突出贡献专家。历任武汉测绘科技大学校长，武汉大学学术委员会主任、测绘遥感信息工程国家重点实验室主任、学术委员会主任，湖北省科协副主席，武汉市科协主席。中国科学院地学部常委，承担国防"973"预研、"863"、国防"973"及多项装备科研项目，并担任总参科技顾问，国家重大科技攻关项目"高分辨对地观测系统"专家组副组长，教育部第六届科技委委员兼战略研究委员会委员，国家"973"专家顾问组成员，中国博士后管委会专家委员会成员，国家航天专家组成员，国家遥感中心专家组成员，欧美同学会常务理事、武汉欧美同学会会长，中国图象图形学学会副理事长，中国GIS协会专家顾问，中国测绘学会理事长、副理事长，中国资源卫星应用中心首席科学家，中国全球定位系统技术应用协会高级顾问，亚洲GIS协会创会会长，国际摄影测量与遥感学会第三、六届专业委员会主席（1988—1996），清华大学、北京大学、浙江大学、瑞士苏黎世理工大学、澳大利亚昆士兰工大学、加拿大卡尔加里大学等50多所大学顾问或名誉教授。长期从事遥感、全球卫星地位和地理信息系统为代表的地球空间信息学的教学研究，提出了处理测量误差的可靠性和可区分理论和空间数据挖掘理论。先后获国家科技进步（创新团队）奖1项，国家科技进步二等奖5项，和国家教学成果二等奖2项。1999年获何梁何利基金科学技术进步奖。截至目前，共发表论文800余篇，出版专著11部，译著1部，主编著作8部。独立与合作培养博士后10多名，培养硕士生80多名，博士生164名。2012年4月底，他远赴荷兰阿姆斯特丹，从印度第11届总统阿卜杜尔·卡拉姆博士手中，代表武汉大学领取了地理空间信息科学“全球领袖”奖；同年9月，在墨尔本大会上，国际摄影测量与遥感学会授予他“荣誉会员”称号，这是国际上该领域的最高荣誉，全世界仅有10人享此殊荣。

（3）刘经南，男，1943年出生，湖南长沙市人。大地测量学家，1999年当选中国工程院院士，武汉大学教授、博士生导师。毕业于武汉测绘学院天文大地测量专业，1982年获工学硕士学位。长期从事大地测量理论及应用研究与教学工作，在大地测量坐标系理论、卫星定位应用、软件开发和重大工程应用方面做出了一系列开创性工作，特别是在GPS技术应用和工程领域成就显著。曾任武汉大学校长，国际著名杂志 *GPS SOLUTIONS* 编委。现任国家卫星定位系统工程技术研究中心主任，中国测绘学会常务理事，国际 *GPS WORLD* 杂志编委，国际GPS地球动力学服务组织协调成员。2008年当选第十一届全国政协委员。

他主持完成了“国家GPS A、B级网”的设计方案和数据处理，“湖北清江隔河岩大坝外观变形GPS监测自动化系统”的总体设计方案和软件开发，“中国广域差分GPS建设方案”等多项科研项目，以及“深圳市连续运行卫星定位服务系统”等多项大型工程项目，获得两次国家科技进步奖，多次省部级科技进步一、二等奖和一次国家教委教学成果一等奖。其中“八五”重点测绘科技攻关项目“国家高精度GPS网的布测方案、施测技术和数据处理的研究”解决了高精度GPS网数据处理中一系列理论、方案与算法的关键技术，并研制出一系列国产化高精度GPS定位的科研和商品化软件，在理论模型、技术方案、软件开发、实际应用四个层面上取得了一系列进展，获得2000年国家科技进步二等奖。“深圳市连续运行卫星定位服务系统”是我国首个集现代计算机网络、卫星定位、大地测量、现代移动通信等最新技术的城市级定位与导航综合服务系统，是城市空间数据基础设施的重要组成部分，已在全国多个省市建设并推广应用。他曾获中国科协“全国优秀科技工作者”等多项荣誉称号。

其代表著作为《广域差分GPS定位原理和方法》。发表论文100余篇，其中代表作有《精密全球定位系统多期复测研究青藏高原现今地壳运动与应变》（科学通报，2000）。指导完成了40余篇博士学位论文和60余篇硕士学位论文，目前仍然培养的在读博士、硕士生有50多名。

（4）张祖勋，男，1937年出生，江苏无锡人。摄影测量与遥感学家，2003年当选中国工程院院士，国际欧亚科学院院士，武汉大学教授、博士生导师。1960 年毕业于武汉测绘学院，1968 年研究生毕业。曾任原武汉测绘科技大学副校长、测绘遥感信息工程国家重点实验室主任（兼）等职。

长期从事摄影测量与遥感的教学和研究工作。主持完成多项国家和部委重大科研项目。在航空（天）影像测图自动化方面取得了国际一流的研究成果，曾荣获国家自然科学二等奖、国家科技进步二等奖等多项国家和省部级奖励。其数字摄影测量研究成果享有很高的国际声誉，1994 年在澳大利亚首次推出具有我国自主知识产权的数字摄影测量系统 VirtuoZo 的 SGI 工作站版。1998 年成功开发了微机版，实现了摄影测量产业的跨越式发展。迄今为止，VirtuoZo 在国内外已经推广应用 1000 余套，产生经济效益逾亿元。

近年来，他致力于将数字摄影测量的最新发展应用于工程设计、工程测量与数码城市的建立等领域，使摄影测量在工程领域中开创新的应用。基于航空数码相机的巨大应用前景，建立新一代航空航天数字摄影测量处理平台数字摄影测量网格（DPGrid），将数字摄影测量工作的生产效率提高到现有水平的 5~10 倍，新匹配技术误配率降低到现有的 1/4，解决了航空数码影像工作量增大与工程测绘精度降低的难度，促进遥感影像数据加工、生产的新一轮跨越式发展，在整体上达到国际先进水平。其主持完成的“基于 DPGrid（数字摄影测量网格）的正射影像更新”项目实现了大范围航空航天遥感正射影像的全自动更新，整体上达到国际领先水平。

（5）龚健雅，男，1957 年出生，江西省樟树市人。摄影测量与地理信息学家，2011 年当选中国科学院院士，武汉大学教授、博士生导师。1982 年毕业于华东地质学院测量系，1992 年于武汉测绘科技大学获博士学位，2011 年当选中国科学院院士。现任武汉大学测绘遥感信息工程国家重点实验室主任、遥感信息工程学院院长。国家杰出青年基金获得者，教育部“长江学者”特聘教授，“973”项目首席科学家，国家自然科学基金创新群体学术带头人，国家测绘局科技领军人才，国务院第六、七届学科评议组测绘科学与技术学科召集人，国际摄影测量与遥感学会第六委员会主席。全国地理信息标准化技术委员会委员，国际标准化组织地理信息标准技术委员会（ISO/TC211）注册专家，国际标准 ISO 19163-1：2016 的项目召集人。

主要从事地理信息理论和几何遥感基础研究。在 20 世纪 90 年代初提出了面向对象地理信息系统的概念和数据模型，现已成为 GIS 软件的主流技术，并率先研发了面向对象 GIS 软件 GeoStar，在我国测绘、国土和电力管理等许多领域得到广泛应用。于 21 世纪初系统地提出了空间信息共享与互操作理论与方法，研发出多源空间信息共享服务平台 GeoSurf 和网络三维信息共享集成平台 GeoGlobe，成为我国军民各类地理信息公共服务平台如天地图的基础软件。在摄影测量与遥感方面，他提出了遥感广义几何成像模型与精确处理方法，主持研发了我国遥感卫星地面处理系统，并大幅提高了国产遥感卫星影像自主定位精度。在标准工作方面，他主持项目研制并发布实施了《地理信息地理标记语言》（GB/T23708—2009）等 4 项国家标准；他主持的国际标准（ISO/TS 19163-1：2016）是第一项由我国专家牵头编制的国际地理信息标准，对于我国实质性参与地理信息国际标准化工作，推动我国测绘地理信息技术发挥引领作用具有重要意义。

先后承担国家“973”、“863”、科技支撑、国防科技等项目 60 余项。出版专著和教材13部（其中第一作者专著6部），发表论文430多篇（其中期刊论文290多篇、第一作者论文80多篇、SCI论文60多篇、EI论文200多篇），论著他引共10000多次。获国家科技进步创新团队奖1项（排名第三），国家科技进步一等奖1项（排名第三），国家科技进步二等奖3项（2项排名第一、1项排名第二），省部级特等奖2项、一等奖6项，国际摄影测量与遥感学会（ISPRS）Dolezal成就奖1项。

（6）李建成，男，汉族，1964年出生，内蒙古集宁市人，大地测量学家，2011年当选中国工程院院士，武汉大学教授、博士生导师。

1983年至1993年就读于武汉测绘科技大学，先后获学士（1987年）、硕士（1990年）和博士（1993年）学位，1993年7月留校任教，并先后在美国、芬兰、德国做访问学者。先后任武汉测绘科技大学地学测量工程学院副院长、院长，武汉大学测绘学院院长。现任武汉大学党委常委、副校长。

长期致力于地球重力场理论及其工程应用研究，研制了我国自主的全球重力场模型，解决了区域精密数字高程基准确定的多项难题，形成了自主创新的理论与技术体系，使我国在该领域的研究达到国际先进水平。主持国家“973”计划、“863”计划、国家自然科学基金重点项目研究。获国家科技进步奖二等奖4项，省部级科技进步特等奖1项、一等奖7项。

获得国家杰出青年基金资助（1996年）、入选教育部长江学者奖励计划特聘教授（2004年）、国家测绘地理信息局首批科技领军人才（2010年）等。曾获中国青年科技奖、光华科技工程奖（青年奖）、宝钢优秀教师特等奖、全国五一劳动奖章等荣誉。

担任国际大地测量协会（IAG）卫星重力理论专题研究组成员、教育部高等学校测绘学科教学指导委员会主任、中国卫星导航定位协会副会长、中国测绘地理信息学会副理事长、湖北省第十一届政协委员、湖北省科协第八届委员会常委、武汉市科协副主席等。

6.3.2 二级教授

1. 测绘学院

（1）李征航，男，1943年生于浙江省杭州市。1965年毕业于武汉大学测绘学院天文大地系。曾在冶金部长沙勘察公司和武汉勘察公司工作，1978年回校任教，现为武汉大学二级教授，博士生导师，国家教学名师。长期从事教学工作，曾获国家级教学成果奖一等奖1项、二等奖1项，省部级教学成果一等奖3项。2006年他负责的课程“GPS原理及其应用”被评为国家精品课程。2009年他率领的教学团队被评为国家级教学团队。出版教材和学术著作8本，其中《GPS测量与数据处理》被评选为“十一五”和“十二五”国家级规划教材，《空间大地测量学》被评为“十一五”国家级规划教材。曾担任武汉大学第一届和第二届教学督导团副团长。先后参加国家级和省部级科研项目数十项。获省部级科技进步奖7项，其中一等奖3项，在各类学术刊物和学术会议上发表论文100余篇。

（2）张正禄，男，四川省渠县人，1944年出生。德国博士、教授、教学名师。曾任湖北省测绘学会常务理事兼工程测量委员会主任，全国特种精密工程测量中心理事，全国水利水电测绘信息网副理事长，国家测绘局科技委员；测绘学报、武汉大学学报等多家学术刊物编委，武汉市科技智囊团专家，多所大学兼职教授；民盟湖北省委员会委员兼武汉大学委员会副主委；国际测量师联合会第五委员会专题组组长，国际大地测量协会第四特别委员会秘书等职。主讲课程10多门，培养工学硕士80多名，工学博士13名。主持各种教学和科研项目40余项，出版专著、教材等20多部，在国内外公开发表学术论文（含英、德文）240余篇；获国家级教学成果二等奖、省级教学成果奖、省部级科技进步奖和全国优秀教材等各多项。代表成果有：测量控制网优化设计、地面测量工程内外业一体化和数据处理自动化系统、超站仪系统、城市地下管线网系统和测量机器人变形监测和自动化系统等。

（3）许才军，男，1964年3月出生，江苏江阴人，博士生导师、二级长江学者特聘教授。现任武汉大学测绘学院副院长，国家自然科学基金委学科评审组成员，国家测绘地理信息局科技领军人才。1997年获全国测绘系统测绘奖章。1998年被评为国家测绘局跨世纪学术和技术带头人。1999年入选"百千万人才工程"国家级人选。2002年被评为全国高等学校优秀骨干教师。2003年获首届夏坚白院士测绘事业创业奖（科学技术类），同年享受国务院政府特殊津贴。2004年入选教育部"新世纪优秀人才支持计划"。担任国际大地测量联合会（IAG）理论大地测量委员会反演工作组成员、星载和机载成像系统应用分会委员，中国测绘地理信息学会大地测量专业委员会副主任委员，中国测绘地理信息学会教育工作委员会副主任委员，中国测绘地理信息学会测绘学名词审定工作委员会委员，中国地震局第四届监测预报学科技术协调组成员。*Journal of Applied Geodesy*、《武汉大学学报·信息科学版》等杂志编委，获省部级科技进步一等奖3项，省部级自然科学及科技进步二等奖各1项，省部级优秀教学成果一、二等奖5项，全国高等学校优秀测绘教材一等奖1部，在国际著名期刊 *Nature* 子刊 *Nature Geoscience*、*Journal of Geophysical Research*、*Geophysical Journal International*、《地球物理学报》、《测绘学报》等国内外核心期刊发表学术论文170余篇，获软件著作权2项，出版专著1部，合著1部，出版教材3部。

（4）姚宜斌，男，1976年1月出生，湖北宜都人。武汉大学珞珈杰出学者、教授、博士生导师，武汉大学测绘学院院长。现任中国青年科技工作者协会第五届理事会理事、中国测绘学会大地测量与导航专业委员会委员、中国卫星导航定位协会环境监测专业委员会副主任、重庆大学兼职教授、《测绘学报》编委、《导航定位学报》编委。

长期从事测量数据处理基础理论与方法、GNSS空间环境学（对流层、电离层）应用、GNSS精密数据处理及应用研究。在 *Journal of Geodesy*、*Geophysical Journal International* 等期刊发表150余篇学术论文，已主持国家"863"项目2项、国家自然科学基金面上项目4项、教育部新世纪优秀人才支持计划项目1项、湖北省杰出青年科学基金项目1项。获国家科技进步二等奖2项（2008、2012），获第十三届中国青年科技奖。

（5）闫利，男，汉族，山西省人，1966年出生。博士，武汉大学珞珈杰出学者，测绘学院副院长，博士生导师。现从事摄影测量与遥感方面的教学、科研和人才培养工作，主要研究遥感信息处理、卫星测图、匹配导航以及三维激光雷达扫描测量等理论与技术。主持国家科技支撑计划、"863"计划、自然科学基金、武器装备等100余项科研项目。获国家科技进步二等奖2项、国家测绘科技进步一等奖和二等奖各1项、获测绘地理信息教学成果奖一等奖1项。发表论文110余篇，其中SCI/EI 140余篇。在卫星测图、三维激光雷达、自主导航等方面取得了多项成果，解决了我国某重点型号武器中景像匹配导航的一系列关键技术。提出了三面阵景像匹配新思想，突破了前视或前下视景像匹配的局限性；设计和研发了机载中波红外成像系统。2010 年评选为武汉大学十佳“我心目中的好导师”。2005 年被评为“宝钢全国优秀教师奖”。2003 年被评为中国第 19 次南极科学考察优秀考察队员。2006 年被中国矿物岩石地球化学学会授予“陨石搜集贡献奖”。是国防科技大学、河南理工大学等学校兼职教授。

（6）罗志才，男，四川隆昌人，教授、博士生导师。现任地球空间环境与大地测量教育部重点实验室、地球物理大地测量国家测绘地理信息局重点实验室副主任。1996 年于原武汉测绘科技大学获得大地测量专业博士学位。1998 年 10 月至 1999 年 6 月、2000 年 2 月至 2002 年 8 月香港理工大学访问学者，2015 年 1 月、2 月荷兰代尔夫特工业大学高级研究学者。长期致力于物理大地测量学和固体地球物理学的教学、科研、人才培养及社会服务工作。近年来主持国家重大科学仪器设备开发专项课题、“973”课题、“863”项目、国家自然科学基金项目、国防预研及横向开发项目等 20 余项，在卫星重力测量、地球重力场建模、区域大地水准面精化、时变重力场反演及应用等领域取得了一系列创新性成果。曾获国家科学技术进步奖二等奖 1 项，省部级科学技术奖一等奖 2 项，测绘地理信息教学成果奖二等奖 2 项；发表论文 150 余篇，出版专著和教材 3 部。曾获湖北省杰出青年人才、湖北省青年科技奖、教育部新世纪优秀人才等荣誉。

（7）桑吉章，男，1963 年 6 月出生。国家“千人计划”特聘专家，武汉大学教授、博士生导师。1983 年毕业于武汉测绘科技大学大地测量专业，1986 年硕士毕业留校任教。1997 年获昆士兰科技大学博士学位。1996 年至 1998 年在昆士兰科技大学卫星导航空间中心从事博士后研究。1998 年至 2013 年任职于澳大利亚 EOS Space Systems（EOSSS）公司，历任高级研究工程师、主任研究工程师、模型/分析部经理。2012 年入选国家“千人计划”，2013 任武汉大学教授。

自 1998 年先后于 EOSSS（1998—2013 年）和武汉大学（2013 年至今）主要从事空间监测、空间态势感知和轨道确定等方面的教学、研究和开发工作。作为关键研究员或项目负责人参与的重要项目有：全球首次实现对已知和未知轨道信息的空间碎片激光测距（2004—2005 年），大气质量密度模型的准实时校正（2010 年），空间碎片的精密轨道确定和预报（2012 年）等。目前研究重点包括：超短弧初轨确定和数据关联，稀疏数据条件下的碎片轨道确定和预报，大气质量密度模型精化，半解析法轨道计算，空间碎片环境管理等。

（8）申文斌，1960 年 10 月出生。博士、教授、博士生导师。1996 年在奥地利格拉茨技术大学获得博士学位。武汉大学测绘学院地球物理系主任、中国高等教育地球科学教学指导委员会委员、湖北省天文学会副理事长、湖北省地震学会理事，《武汉大学学报信息科学版》、《大地测量与地球动力学》、《测绘科学》等杂志的编委。

申文斌教授主要从事物理大地测量、相对论大地测量以及固体地球物理学方面的科研与教学工作；发表学术论文、论著 130 余篇，多次参加国际学术研讨会并宣读论文；出版专著两部，合作出版教材 1 部；主持和作为课题组核心成员参与完成了近 10 项国家及省部级科研项目，在引力与惯性力的分离、等频大地水准面的提出以及确定、重力场边值问题求解、三轴地球自转以及时变重力场以及超导重力数据在地球科学中的应用研究等方面作出了贡献。研究领域为重力场理论及时变重力场在地球科学中的应用，利用GPS信号测定海拔高的理论及应用，三轴分层地球自转，地球自由振荡及背景噪声、及多源数据大地震前异常信号探测研究。

2. 遥感信息工程学院

（1）张剑清，男，教授、博士生导师，主要从事摄影测量、遥感、计算机视觉等方面的研究。主持、参加了23项国家与省部级重大科研项目，包括国家“六五”重点项目“全数字化自动测图系统”，国家“七五”子项目“为黄土高原提供正射影像与数字地面模型的典型研究”，国家“八五”项目子专题“航空影像全数字化测图实用系统研究”，“863”项目课题“航空对地观测应用软件集成”，国家“九五”项目子专题“数字摄影测量工作站实用技术”，国家自然科学基金项目“基于影像的城市变化检测”、“高分解率遥感影像的精纠正”等。获国家及省部级奖励10项，包括国家自然科学二等奖、国家科技进步二等奖、全国优秀科技图书奖暨科技进步奖（科技著作）三等奖、国家教委科技进步一等奖、国家测绘科技进步一等奖。主要研究成果“VirtuoZo全数字摄影测量系统”（国家科技进步二等奖）不仅为我国摄影测量产业进入高科技时代作出了突出贡献，并且实现了我国摄影测量高科技成果在国际上占有一席之地的理想。

（2）舒宁，男，教授、博士生导师。曾任系主任、学院教授委员会副主任、中国测绘学会摄影测量与遥感专业委员会副主任委员，以及《武汉大学学报·信息科学版》、《测绘学报》等期刊编委。长期从事摄影测量遥感图像处理等方面教学、科研工作，作为主要成员参与“遥感系列课程建设”教学研究项目，获全国高校优秀教学成果一等奖。曾赴法国空间研究中心、加拿大萨斯喀彻温大学访问交流。发表“关于遥感影像处理智能系统的若干问题”等学术论文百余篇，编著了《微波遥感原理》、《雷达影像干涉测量原理》、《模式识别的理论和方法》、《激光成像》等专业核心教材，并率先开设了相关课程。负责提出、设计和实施遥感科学与技术新专业本科生培养方案，指导培养了数门新课的青年教师。主持了20余项科研项目，获国家科技进步二等奖1项，获国家测绘局一等奖3项，获湖北省科技进步二等奖1项，获省部级三等奖4项。曾被评为国家测绘局“八五”先进科技工作者、“湖北省科技精英”。获国务院政府特殊津贴。

（3）单杰，男，教授、博士生导师。摄影测量与遥感专业博士，美国普渡大学教授、武汉大学讲座教授、国家“千人计划”入选者。国际摄影测量与遥感学会科学顾问委员会委员，国际摄影测量与遥感学会遥感专业委员会遥感模式识别工作组共同组长、国际模式识别协会第七委员会（遥感和制图）共同主席，IEEE *Transactions on Geoscience and Remote Sensing*、*International Journal of Data and Image Fusion*、*Journal of Geo-spatial Information Science* 编委，*Photogrammetric Engineering and Remote Sensing* 专栏编辑，是50多个国际期刊的特邀审稿人。发表学术论文160余篇，其中期刊论文约80篇。出版专著1本，编撰2本研究类专著和4本特约期刊，应邀作国际会议报告80余次。曾获美国摄影测量与遥感学会最佳论文大奖、最佳论文奖、中国测绘学会优秀论文奖、中国青年科技奖等奖励。

（4）袁修孝，教授、博士生导师，珞珈杰出学者，湖北名师，享受国务院政府特殊津贴。现为武汉市第十一及十二届政协委员、测绘学名词审定委员会委员、全国无人机航空遥感产业工作委员会副主任委员、《武汉大学学报·信息科学版》、《测绘科学技术学报》和《遥感信息》编委。长期从事缺少控制点的高精度摄影测量定位理论与方法的研究和教学工作。在GNSS/IMU航空摄影测量、无人机低空摄影测量、高分辨率卫星遥感影像几何处理等方面有独到建树，研究成果广泛应用于国家基础测绘及国产卫星地面处理系统中，产生了巨大的社会和经济效益。发表论文120余篇，出版著作12部，参与起草和修订国家测绘行业标准2种，获国家发明专利2项。曾荣获国家科技进步奖二等奖、国家教学成果奖二等奖、湖北省高等学校教学成果奖一等奖、教育部科技进步奖一等奖。主持建设的“摄影测量学”课程入选国家级精品资源共享课。

（5）万幼川，教授、博士生导师，国务院特殊津贴专家。曾担任武汉大学遥感信息工程学院院长，中国测绘学会摄影测量与遥感专业委员会主任委员、湖北省测绘学会常务理事、湖北省测绘学会摄影测量与遥感专业委员会主任委员、国家测绘局科学技术委员会委员、教育部测绘学科教学指导委员会委员、地球观测与导航技术领域“十二五”发展战略规划编写组成员、“863”项目凝练专家和责任专家、国家自然基金评审专家。现任任中国冶金地质总局地球空间信息工程重点实验室常务副主任、武汉大学数字流域研究中心主任、《武汉大学学报·信息版》、《测绘学报》、《遥感信息》、《测绘科学与技术》、《遥感信息》、《城市勘测》、《测绘工程》、《地理空间信息》、《测绘通报》等刊物编委。主持国家“863”、国家科技支撑计划和其他部委项目40余项，获国家科技进步二等奖1项、国家测绘局科技进步一等奖1项、湖北省科技进步二等奖2项、国家测绘局科技进步二等奖1项、江西省科技进步二等奖1项、湖北省科技进步三等奖1项、国家测绘局科技进步三等奖1项、武汉市科技进步三等奖1项。在国内外学术刊物发表学术论文100余篇，其中EI 47篇、SCI 20篇。在国内率先申办了“遥感科学与技术”专业，获湖北省教学成果特等奖1项、国家级教学成果二等奖1项。主要研究方向为高分辨遥感数据处理、LIDAR数据处理与地理信息系统开发。

（6）马洪超，1969年2月出生于浙江嵊州，加拿大Dalhouise大学大数据研究所及武汉大学测绘遥感信息工程国家重点实验室兼职教授。1990年本科毕业于中国地质大学资源学院，后在浙江第七地质大队从事地质勘察与测量工作3年。1999年8月于中国地质大学数学地质与遥感研究所获得地球探测与信息技术工学博士学位，随即进入原武汉测绘科技大学从事博士后研究，于2002年12月出站。2000年与2003年先后两次破格晋升为副教授、教授。2011年起任二级教授至今。主讲本科生“模式识别”以及硕士生“模式识别”、“当代遥感”等课程。主要从事遥感信息处理，尤其是机载激光雷达数据处理与测绘应用工作。曾先后主持国防基础科研、国家“863”计划、科技支撑计划、自然基金、总装预研等各类国家级课题；承担过“973”子课题。与业内著名企业合作广泛，致力于产学研用的结合。曾获省部级科技进步奖一等奖（排名第一），已发表各类论文60多篇，授权发明专利5项。

（7）孟令奎，教授、博士生导师，国务院特殊津贴专家，1987年、1990年、1994年分别获河海大学学士学位、华中科技大学硕士和博士学位，1996年于武汉测绘科技大学博士后流动站出站。长期从事水利遥感和网络GIS科研与教学工作，主持参加完成了60

余项国家及省部级科研项目和横向项目，在水利遥感监测、城市GIS建设和大数据处理的理论研究、技术开发和发明等方面取得了系列成果。共获科技奖9项，其中国家科技进步二等奖1项，大禹水利科学技术一等奖1项，湖北省科技进步一等奖1项，全国高等学校优秀测绘教材一等奖1项，省部级科技进步二等奖4项、三等奖1项。授权国家发明专利2项，发表论文190余篇，出版著作5部，主编水利行业标准1部。2004年被评为"武汉大学十大杰出青年"，同年被评为"湖北省优秀研究生导师"。2011年通过全校网络海选获得第二届武汉大学"我心目中的好导师"称号。现兼任全国测绘工程专业学位研究生教育协作组组长。

（8）张永军，1975年3月出生，内蒙古自治区鄂尔多斯人，工学博士，教授、博士生导师。优秀青年科学基金获得者、国务院政府特殊津贴专家、教育部新世纪优秀人才、武汉大学珞珈学者特聘教授。主要从事数字摄影测量与遥感、计算机视觉及多源数据融合等方面的研究，在影像特征提取与匹配、卫星遥感影像的几何处理与三维信息提取、多源数据联合区域网平差、低空无人机摄影测量、数码城市三维建模等方面取得了较好的研究成果。主持国家自然科学基金项目6项、国家科技支撑计划课题1项、国家863计划课题1项。以第一作者或通讯作者公开发表学术论文100余篇，其中SCI、EI收录70余篇；申请国家发明专利22项，申请软件著作权20项；获得测绘科技进步特等奖和一等奖各1项。

3. 资源与环境科学学院

（1）刘耀林，荷兰瓦赫宁根大学博士，教授、博士生导师，长江学者特聘教授、资源与环境科学学院院长、地理信息系统教育部重点实验室主任、数字制图与国土信息应用工程国家测绘地理信息局重点实验室主任、国家教学名师、国家高层次人才特殊支持计划领军人才（"万人计划"）、国家测绘地理信息局领军人才、湖北省高端人才、全国优秀科技工作者，享受国务院特殊津贴，是湖北省有突出贡献的专家，获宝钢优秀教师奖、霍英东优秀教师奖等。任国务院第六、七届学科评议组成员、国家测绘地理信息局科技委员会委员、国家"863"计划地理信息领域主题专家，国际地图制图协会协会副主席，国际摄影测量与遥感学会空间分析与数据挖掘工作组主席，国际科学联合会中国委员会副主席，中国测绘地理信息学会副理事长，中国地理信息系统协会常务理事，中国地理学会理事，中国土地学会理事，教育部地理学教学指导委员会副主任委员，湖北省测绘地理学会副理事长，湖北省第十届政协委员等。长期从事地理空间信息分析与数据挖掘、地理数据库综合、地理空间建模与优化和专业地理信息系统软件开发与应用，承担和参与国家"973"、"863"、国家科技支撑、自然基金、国家科技专项、国家行业公益和省部级和国际合作项目50多项，获科技奖励15项，其中，国际奖2项，国家科技进步二等奖3项（2项排名第一，1项排名第二），国家优秀教学成果奖二等奖1项，省部级科技进步特等奖1项、省部级科技进步一等奖5项，省部级教学成果一等奖4项；发明专利22项，出版专著5部，发表论文200多篇，其中SCI论文80多篇。担任*International Journal of Applied Earth Obervation and Geoinformation*、*International Journal of Cartography*副主编和编委，以及国内《测绘学报》等多个国内期刊的编委。

（2）胡鹏，男，教授、博士生导师，国务院政府特殊津贴突出贡献专家，国家海洋信息中心 GIS 技术顾问。多年来主持的国家和部级科研项目 10 多项，其中“九五”重点项目 1 项。自 1989 年进行系列地图代数研究项目，1992 年鉴定为“国际领先”，2002 年完成《地图代数》专著；获省、部级奖 4 项。主持并完成了“云南武警边防信息系统”等 10 多项地理信息工程。指导培养了博士、硕士 60 余名。主编和参编教科书 6 本、专著 5 本。在核心刊物及国际会议上发表学术论文 80 余篇。主持的“地理信息系统”课程获国家精品课程。

（3）杜清运，教授、博士生导师，武汉大学“珞珈杰出学者”。1987 年 7 月获工学硕士后留校，先后赴德国斯图加特和美国加州大学进修及访问学者。现任中国地理信息产业协会地图工作委员会主任委员、中国测绘学会地图学与地理信息系统专业委员会副主任委员、地理信息工程国家重点实验室学术委员会委员。担任《武汉大学学报》等杂志编委，国家科技奖励委员会、自然科学基金、测绘科技进步奖等评审专家。担任武汉大学资源与环境科学学院副院长，地理信息系统教育部重点实验室常务副主任。长期从事数字制图与地理信息系统研究工作，研究兴趣包括理论地图学与地理信息科学理论、新媒体地图、移动地理计算等。先后获国家科技进步奖一项、省部级奖 15 项，获得国家发明专利 3 项，发表 SCI 论文 20 篇，其他论文近 200 篇。获得湖北省有突出贡献的中青年专家、国家测绘局跨世纪优秀学术与技术带头人等称号，享受国务院政府特殊津贴，入选教育部“新世纪优秀人才支持计划”。

（4）李霖，男，教授、博士生导师，武汉大学“珞珈杰出学者”，武汉大学资源与环境科学学院地理信息科学系系主任、教授委员会主任、国家级重点学科“地图学与地理信息系统”专业的学术带头人，入选国家测绘地理信息局第三批“科技领军人才计划”和武汉市“黄鹤英才（专项）计划”，全国地理信息标准化委员会委员，中国地理信息产业协会教育与科普工作委员会副主任委员。曾在法国国家科研中心（CNRS）任客座研究员，在日本东京大学任客座研究员和客座副教授。主持完成了包括“863”重点和国家自然基金等多项重要科研课题，获得国家科技进步一等奖和教育部科技发明二等奖以及其他多项省部级科技进步奖项；发表了上百篇包括三大检索及核心刊物的学术论文，出版专著和教材 10 余部，取得 10 多项发明专利授权。目前主要研究方向包括为数字制图模型、地理信息本体模型、三维数据模型及可视化、三维地籍、泛在位置服务等。

（5）艾廷华，男，1969 年 12 月出生，地图制图学与地理信息工程专业教授、博士生导师，入选“新世纪百千万人才工程国家级人才计划”，享受国务院政府特殊津贴，曾获中国地理学会青年科技奖，担任 *Computers, Environment and Urban Systems*、《测绘科学技术学报》、《武汉大学学报·信息科学版》等期刊编委。承担并参与国家“863”计划项目、国家自然科学基金、国家科技支撑计划、国家测绘地理信息局科技专项多项国家级研究课题。在地图综合、时空数据挖掘、泛在网络空间数据可视化等多方面取得了重要的研究成果，研制了国内首套自动化地图综合系统 DoMap，承担了国家 1∶5 万地图缩编更新、国家第二次国土资源调查成果多级数据库建设等重大测绘工程任务，取得了显著的社会、经济效益。发表学术论文 110 篇，出版专著 1 部，申请发明专利 4 项，获国家科技进步二等奖 2 项，省部级一等奖 3 项，获国际摄影测量与遥感协会（ISPRS）优秀论文奖。

（6）刘艳芳，女，博士，教授、博士生导师。主要从事经济地理与区域规划、地理信息应用工程研究。先后承担国家“973”计划、“863”计划重点项目以及国家“十一五”、“十二五”科技支撑计划，教育部科技计划和各类应用工程项目30多项，出版《城市环境分析》、《经济地理原理、方法与应用》等专著3部，发表论文60多篇，其中SCI、EI40多篇，获批专利3项，软件著作权登记6项。项目获得国家测绘科技进步奖一等奖、二等奖、三等奖，优秀地图作品裴秀奖，教育部科学技术进步奖，国家优秀教学成果二等奖，湖北省优秀教学成果一等奖等国家和省部级奖励，研究成果在湖北、广西、广东等省土地综合整治、土地储备、土地利用规划等工程中广泛推广应用。

4. 国际软件学院空间信息与数字技术系

边馥苓，女，1964年毕业于武汉测绘科技大学航测系。教授，博士生导师，中国GIS协会培训与教育委员会主任，国务院政府津贴享受者，湖北省有特殊贡献的中青年专家，武汉市九届人大代表，湖北省十届人大代表。中国城市规划设计研究院、冶金工业部、山东省测绘局、陕西省测绘局高级顾问，南海市、杭州市、宁波市、天津市“数字城市”工程专家组组长。1985—1986年欧洲空间局访问学者，1990年澳大利亚昆士兰工业大学高级访问学者。1988年和2002年在武汉测绘科技大学和武汉大学创建信息工程（地理信息系统）和空间信息与数字技术两个新专业，是我国GIS、空间信息与数字技术产业化的开拓者之一。培养了近300名硕士、博士、博士后和留学生。荣获省部级以上科技进步奖16项（其中国家级一等奖1项、二等奖1项）。撰写专著、译著8部，在国内外刊物上发表论文100余篇。获中华全国总工会全国先进女职工、湖北省优秀共产党员、湖北省劳动模范、湖北省教育工会高校优秀女职工和武汉大学师德标兵等荣誉称号。《人民日报》、《光明日报》、《中国测绘报》、《湖北日报》及新华社、香港《紫荆》杂志、中央电视台、湖北电视台等媒体专题报道了她在GIS理论与方法研究及GIS工程建设方面的突出贡献和成就。

5. 测绘遥感信息工程国家重点实验室

（1）陈锐志，男，1963年出生，教授、博士生导师。1991年在芬兰大地测量研究所地球物理专业博士毕业，国家“千人计划”特聘专家，国家“十三五”计划重点研发项目首席科学家，现任武汉大学测绘遥感信息工程国家重点实验室副主任。在导航与定位领域有近30年的研究基础，主要研究方向包括智能手机泛在定位和卫星导航。具有在欧美大学、研究机构和跨国公司从事科研、产品开发和项目管理经验，以及出色的团队建设和人才培养能力。主持和参与了美国、欧盟政府及企业资助的20个科研项目，发表论著2部，论文150多篇。研究成果曾两次被导航领域全球最著名的杂志*GPS Worlds*选为封面专题报道。指导学生3人次获美国导航年会（ION）优秀学生论文奖。曾开发整套基于智能手机的三维无缝导航技术，并在上海世博园区示范，该成果入选科技部“十一五”国际合作成果展。在美国工作期间，研发了一套基于安卓手机的室内外无缝定位系统。

（2）李清泉，男，1965年1月出生，摄影测量与遥感专业博士，教授、博士生导师，深圳大学校长，国家教育部第六届科技委委员，地学与资源环境学部常务副主任，国家科技部“十一五”、“863”计划现代交通领域专家组成员，国际摄影测量与遥感学会ISPRS第五委员会WG V/I副主席，ACM SIGSPATIAL中国分会创会主席，中国交通地理信息系统协会创会主席，《测绘学报》、《武汉大学学报信息科学版》、《交通运输系统工程与信息》编委，国务院特殊津贴获得者，湖北省测绘学会副理事长，第二届“湖北省五四青年奖章”获得者，湖北省第八、九届政协委员，湖北省青年联合会第十届委员会副主席，武汉市青年联合会第十届委员会副主席。

主持完成了“863”计划项目、国家自然科学基金项目、科技部“十五”科技攻关项目、测绘科技发展基金项目等20余项。目前正在主持研究国家“973”项目、国家重点自然科学基金项目、基础测绘科技项目、国家自然基金项目。在多传感器集成、多传感器同步控制、多源时空数据的融合方面取得了重要的研究成果，研制了LD激光测量系统和多传感器集成的道路路面智能检测系统，服务于国内的电厂、高速公路管理等部门，取得了较好的社会、经济效益。

结合研究工作发表学术论文180余篇（其中SCI/EI/ISTP检索90余篇），出版专著5部，登记软件著作权14项，申请专利30项。获科技奖励10余项：国家科技进步二等奖2项，湖北省科技进步二等奖1项，测绘科技进步一等奖1项，地理信息科技进步一等奖1项，测绘科技进步一等奖5项，测绘科技进步二等奖1项，国家教育部科技进步一等奖1项，教育部科技进步一等奖1项，美国摄影测量与遥感协会（ASPRS）优秀论文一等奖2项，第九届中国青年科技奖。

（3）张良培，男，1962年出生，长江学者特聘教授、“973”计划项目首席科学家，IEE/IET会士。长期从事遥感信息处理与应用方向的研究，系统地建立了高分辨率遥感地学信息解译与应用的理论方法体系，研究成果在我国遥感卫星地面系统建设、高分重大专项等工程领域中得到广泛应用。出版专著6部，发表论文480余篇，其中SCI论文250余篇，主持“973”、“863”、国家自然科学基金重点等40余项项目。获国家科技进步奖（创新团队）、省部级一等奖4项、全国百篇优秀博士论文指导教师（两次）、美国摄影测量与遥感协会Boeing奖与ERDAS奖等奖励、指导的团队囊括IEEE GRSS数据融合大赛前三名。任遥感领域顶级期刊IEEE TGRS等4个国际刊物编辑。

（4）秦前清，男，1961年2月生于湖北。近20年来系统地将小波分析方法应用于遥感影像处理、地震数据处理、视频图像处理等领域。在遥感影像数据压缩、多源数据协同处理、变化检测、超分辨率重建方面取得了较大进展，获得了两项专利。在基于遥感影像进行目标分割分类识别，利用高分辨率遥感影像内插加密高程数据并进行三维高精度可视化方面取得了较大进展。在地震数据压缩、地震层分析成像方面取得了实质性突破。受到了包括国家“973”、“863”、国家自然科学基金、国家支撑计划、总装、空装、中石油等项目资助。出版著作3部，发表论文近百篇。2005年获国务院国家科技进步二等奖。2006年获武汉市交通管理局表彰。同时培养博士后两名（2006—2007年度，武汉大学测绘学科仅有的两名同时获得省及国家资助人员），培养博士近30名（目前已有4人晋升教授，8名晋升副教授，4人在国外继续深造）。

（5）廖明生，教授，工学博士，博士生导师。2013年入选武汉大学“珞珈杰出学者”。主要从事航空航天遥感影像信息分析与应用的理论与方法研究。先后主持了国家自然科学基金重点项目“高分辨率SAR图像城市目标认知解译与动态监测应用研究”和面上项目“从星载雷达影像提取地面三维信息的研究”、“时间序列雷达干涉影像中相位信号的分析方法”，“863”项目“基于D-InSAR点目标方法的城市地表沉降监测的关键技术”，国家“973”项目课题“多源观测数据与滑坡机理模型同化理论与方法研究”和“地表形变场与地下水热参数探测的理论与方法”等项目。近几年发表论文百余篇，被SCI、EI或ISTP检索百余篇次，出版《雷达干涉测量学》等多部专著。曾获教育部自然科学一等奖和国土资源部科学技术二等奖，并获得2011年度武汉大学“我心目中的好导师”荣誉称号等。香港中文大学太空与地球信息科学研究所客座研究员，中国南极测绘研究中心兼职博导。

（6）李平湘，男，1964年12月出生。摄影测量与遥感专业博士，教授、博士生导师。现任武汉大学科学发展研究院院长，湖北省测绘学会青年委员会副主任，《地理空间信息》编委会副主任，第二届国际数字地球学会中委会微波专委会委员。

长期从事遥感影像处理和摄影测量的方面的研究工作，取得了一系列重要理论成果。在超分辨率重建方面进行了系统研究，发表了多篇高质量学术论文；解决了高分辨率大幅面真彩色影像拼接与色彩平衡技术难题，为三峡坝区大幅面航空彩色正射影像图的研制成功提供了关键技术支撑，相关研究成果已连续十多年应用于三峡地区的大幅面正射影像图制作和环境变化检测；针对我国西部困难地区利用多波段多极化SAR影像进行地物信息提取与解译方面做了大量研究，成果已经应用于西部测图国家重大工程项目。目前承担国家自然科学基金面上项目2项，测绘行业公益性项目1项，基础测绘类项目1项。主持并参与完成的项目包括：“973”项目子课题1项，国家自然科学基金专项基金1项，“863”主题项目课题1项，“863”子课题3项，国家测绘局重点项目1项，以及湖北省自然科学基金项目等10多项国家和省部级课题。

发表学术论文130余篇，出版专著2部，其中第一作者（通讯作者）论文36篇，专著1部。2013年获国家科技进步奖二等奖和湖北省技术发明一等奖，2012年获测绘科技进步一等奖，2011年获湖北省自然科学奖一等奖。

（7）吴华意，男，1966年出生，博士，武汉大学测绘遥感信息工程国家重点实验室副主任，教授，长江学者特聘教授，湖北省楚天特聘教授，博士生导师，国家百千万人才工程国家级有突出贡献中青年专家。主要研究方向包括：地理信息共享与服务，网络地理信息系统，空间数据模型，地理信息系统中的计算几何与算法，空间分析，空间统计，地理信息系统软件工程。主持和参加过国家科技部、国家自然科学基金委、国家测绘局等部门资助的“973”、“863”、基金重大项目、面上项目及其他项目30多项，是教育部创新团队主要成员、国家科技部创新群体骨干成员、2006年度新世纪优秀人才。目前任国际摄影测量与遥感学会VI/1工作组主席，美国地理学会CyberInfrastructure专家委员会委员，中国地理信息产业协会GIS理论与方法委员会委员兼秘书长。获得专利3项，软件著作权登记8项，专著4部，在国内外学术期刊和国际会议发表论文150余篇，其中SCI、SSCI收录42篇，EI收录68篇。

（8）龚威，男，1970年出生，“长江学者”特聘教授，现任武汉大学测绘遥感信息工程国家重点实验室副主任、武汉大学卫星遥感大气监测国际研究中心主任。IEEE Section MD主席、ISPRS国际摄影测量与遥感学会工作组副主席、中国宇航学会光电技术专业委员会委员、中国宇航学会空间遥感专业委员会委员、中国光学工程学会理事。从事激光与光学遥感技术与应用研究多年，主要研究集中在新型对空对地激光遥感技术、光学与激光遥感数据处理、光学与激光空间信息定量应用等方面。近年来主持国家自然科学基金重点项目、973项目课题、国家自然科学基金重大科学仪器专项课题、“863”项目等。发表论文160余篇，其中SCI论文80余篇；授权国家专利13项。作为第一完成人获湖北省技术发明一等奖、湖北省科技进步二等奖。入选科技部“中青年科技创新领军人才”、国家教育部创新团队带头人、湖北省“楚天学者”特聘教授、湖北省高层次人才工程（第一层次）、湖北省科技创新创业人才、武汉大学“珞珈学者”特聘教授、教育部新世纪优秀人才等。

（9）陈晓玲，女，1962年4月出生，自然地理学专业博士，教授、博士生导师，“珞珈杰出学者”，海洋监测与数字工程研究中心主任，数字流域与水环境遥感研究中心主任，定量遥感与空间信息技术应用方向学术带头人，龙计划4期国际合作中方负责人（ID 32442，New Earth Observations tools for Water resource and quality monitoring in Yangtze wetlands and lakes（EOWAQYWET）），国家领土主权与海洋权益协同创新中心数字边海与空间信息技术应用团队负责人，国家自然科学基金委创新团队骨干成员。2008—2012年期间，担任鄱阳湖湿地与流域研究教育部重点实验室主任、江西师范大学地理与环境学院院长。中国自然资源学会湿地资源保护专业委员会副主任委员，中国测绘地理信息学会地理国情监测工作委员会副主任委员，中国海洋学会海洋物理分会理事，流域生态与地理环境监测国家测绘地理信息局重点实验室学术委员会委员，江苏省区域现代农业与环境保护协同创新中心咨询委员会委员，民政部减灾和应急工程重点实验室特聘专家。承担并参与“973”计划项目、“863”计划项目、国家自然科学基金重点项目、国家自然基金委创新研究群体项目、国家自然科学基金项目、科技部支撑项目、环保部水专项、水利部公益性项目、国家减灾等多项国家级研究课题。发表学术论文260余篇（其中SCI/EI/ISTP检索150余篇），出版专著等9部，登记软件著作权8项，授权专利11项，获国家创新团队奖1项，省部级自然科学一等奖2项，省部级发展研究一等奖1项，“Elsevier环境科学领域2005—2010年最高被引中国作者”奖1项。

（10）徐正全，男，1962年8月出生，博士，教授、博士生导师，享受国务院津贴专家，通信与信息系统方向学术带头人。先后担任武汉大学校园信息化建设专家、武汉市政务信息化建设专家、湖北省政务信息化建设专家。先后主持及参与“973”计划项目、“863”计划项目、国家自然科学基金项目、科技攻关项目等多项国家级研究课题以及国家、湖北省及武汉市多项重大产业化项目。在多媒体通信、多媒体与空间信息安全、空间信息存储管理、数据隐私保护等领域取得了重要的研究成果。曾经研制出国内最早的视频会议全套系统之一，其成果已在军队、政府、高校等国内近百个重要单位得到了广泛应用，取得了较好的社会、经济效益。在研究生培养方面，注重科学研究与工程开发能力并重，历届毕业生一直受到国内外著名高科技公司的青睐。发表学术论文60余篇（其中SCI、EI、ISTP检索40余篇），出版专著2部，授权专利8项，先后获得省部级科技进步一等奖1项，二、三等奖各1项，军队科技进步三等奖1项，市级科技进步奖2项。

（11）朱欣焰，男，1963年出生，教授、博士生导师。1989年武汉测绘科技大学计算机应用硕士毕业留校工作，1999年评为教授，2007年获摄影测量与遥感专业博士学位，现任测绘遥感信息工程国家重点实验室空间信息系统研究室主任，“空天信息安全与可信计算”教育部重点实验室（B类）副主任。主要从事分布式空间数据库、地球空间信息服务以及地理信息系统与应用等方面研究。先后主持或参与国家“973”计划、“863”计划、支撑计划、自然科学基金、高分辨率对地观测系统重大专项等国家或省部级科研项目20多项。在分布式空间数据无缝查询与优化、地理空间信息的共享与服务、位置传感网与全息位置地图关键技术及其在公安领域应用、自然语言位置识别与提取等方面取得较好研究成果。发表学术论文一百余篇（其中SCI、EI、ISTP检索论文70余篇），出版专著2部，登记软件著作权6项，授权发明专利6项，获国家科技进步一等奖（创新团队奖）1项、国家科技进步二等奖3项，省部级科技进步一等奖3项、二等奖1项，武汉市科技进步一等奖1项。

（12）王密，男，1974年出生，武汉大学珞珈学者特聘教授、博士生导师，2010年入选教育部新世纪优秀人才，2013年入选湖北省首批高端人才，2015年入选武汉市黄鹤英才计划，武汉大学对地观测与导航技术国家创新团队骨干成员，《空间对地观测工程与技术》期刊编委，中国电子学会遥感遥测遥控分会第六届委员会常务委员，国际摄影测量与遥感学会（ISPRS）地球观测传感器和平台委员会对地观测卫星系统工作组秘书。主持国家自然科学基金青年基金、面上项目、重点项目、“863”计划项目、国家“973”计划课题、高分辨率对地观测系统国家重大专项等10余项国家级研究课题。长期从事国产光学卫星地面数据处理理论与算法研究和系统研制工作，在国产高分辨率光学卫星高精度在轨几何定标、高精度地面数据处理、超大规模高精度无控制光学卫星影像区域网平差和海量数据高性能近实时处理等方面取得了重要的研究成果，主持研制高分辨率光学卫星地面处理算法软件成功用于我国30余颗卫星数据处理任务，产生了显著的军事、社会、经济效益。研究成果“天地一体化对地观测数据处理创新及在国家应急响应应中应用”获国家科技进步二等奖，“国产高分辨率光学卫星地面数据处理系统”获教育部科技进步一等奖，“资源三号卫星指标设计及地面处理关键技术”入选2012年中国高校十大科技进展奖，获授权发明专利20余项并获2015年湖北省发明专利金奖、软件著作权10余项、发表SCI、EI论文80余篇。

（13）杨必胜，男，博士，教授、博士生导师，测绘遥感信息工程国家重点实验室3S集成与空间信息通信研究室主任，湖北省杰出青年基金获得者，教育部新世纪优秀人才。主要从事三维密集点云处理的理论与方法研究，创新性地提出了“广义点云模型”，成为继矢量模型和栅格模型后集数据模型和处理模型于一体的一种可重用模型，把传统GIS中的“点、线、面”几何特征提取扭转到空间结构为基础的三维对象精细化提取，国际摄影测量与遥感学会Benchmarking证实：提取的正确率和精度位居本领域最好水平。近十年来，主持了“973”计划课题、“863”计划课题、国家自然科学基金重点、面上项目及湖北省杰出青年科学基金等10余项；共发表国际期刊SCI论文40篇，SCI总引近400次；担任ISPRS *Journal of Photogrammetry and Remote Sensing* 期刊编委、国际大地测量学会（IAG）激光扫描工作组主席和 *Computers & Geosciences* 学术期刊Guest Editor；获美国摄影测量与遥感学会（ASPRS）ESRI优秀论文一等奖，教育部自然科学一等奖、二等奖各1项，获其他省部级科技一等奖4项，以及湖北省青年科技奖。

6. 卫星导航技术研究中心

（1）施闯，教授，武汉大学卫星导航定位技术研究中心主任。长期致力于高精度卫星导航定位理论方法、软件系统及其应用研究。主持发展和研制了我国自主的导航卫星精密定轨定位软件系统、广域实时精密定位系统，以及导航与位置服务系统、北斗地基增强系统关键技术等重大研发任务，研究成果在我国“北斗导航重大专项”、“羲和系统”、“中国大陆构造环境监测网络”等国家重大科技项目中得到成功应用。获国家科技进步奖二等奖 3 项（其中两项为第一完成人）、国家科技进步奖创新团队奖 1 项（第六完成人）。入选国家杰出青年基金、长江学者特聘教授、“万人计划”科技创新领军人才、科技部“创新人才推进计划”重点领域创新团队负责人等。近 5 年发表学术论文 80 余篇，其中 SCI 43 篇，授权专利 8 项，软件著作权 5 项。担任 863 计划“对地观测与导航”技术领域专家、“导航与位置服务”科技重点专项专家组召集人、“北斗导航重大专项应用推广与产业化”专家组组长等。

（2）姜卫平，教授，长期致力于卫星大地测量学理论与应用研究，特别在卫星导航定位、卫星测高、地球动力学等领域取得了突出成绩。2003—2004 年赴冰岛北欧火山研究所做博士后，2007—2008 年在德国斯图加特大学担任访问教授。现任武汉大学卫星导航定位技术研究中心副主任，兼任《测绘学报》、*Geodesy and Geodynamics* 等期刊编委，并担任国际大地测量协会（IAG）卫星测高组委员。曾入选教育部长江学者奖励计划、国家级中青年科技创新领军人才和国家百千万人才工程；获德国斯图加特大学客座教授突出贡献奖、中国青年科技奖、光华工程科技青年奖和国家杰出青年科学基金资助；获国家级有突出贡献中青年专家和国务院特殊津贴专家称号；获国家科学技术进步二等奖 2 次，省部级科技进步一等奖 7 次。发表论文近 140 篇，出版专著 2 部，主持和参与国家自然科学基金、国家“863”和“973”计划等项目 80 余项。

（3）赵齐乐，主要从事 GNSS 卫星精密定轨定位的理论方法、软件系统及其应用研究。在 GNSS 数据精密处理、卫星精密定轨、事变重力场反演等方面取得了突出研究成果，研制了我国自主知识产权的卫星精密定轨定位软件，将我国国产卫星的定轨精度由 10m 量级提高到 cm 级，在我国北斗二号卫星系统以及海洋 2 号和资源 3 号卫星地面系统得到了应用，并被多家国际知名研究机构和高校引进，获得了一致好评。近 5 年主持国家自然基金课题、“863”重点课题、中国第二代卫星导航系统重大专项课题等 10 余项，其他省部级及航天科技集团项目 20 余项。参与国家“973”计划、“863”计划以及澳洲空间联合研究中心（CRC-SI）等项目多项。获国家科技进步一等奖、二等奖及国家科技创新团队奖各 1 项，教育部科技进步一等奖、测绘科技进步特等奖以及军队科技进步一等奖多项。在 *Journal of Geodesy*、*GPS Solutions*、*Geophysical Journal International*、*Science China-Earth Sciences* 等国内外期刊发表学术论文 80 余篇，其中 SCI 检索论文 25 篇、EI 检索 45 篇，授权专利 2 项，软件著作权 5 项。

7. 中国南极测绘研究中心

（1）鄂栋臣，男，博士生导师，国际欧亚科学院院士，原武汉测绘科技大学党委副书记，是中国著名的极地测绘与遥感信息科学研究领域的开创者和学术带头人，主要研究方向为极地测绘遥感信息，现任武汉大学中国南极测绘研究中心名誉主任。曾任极地测绘科学国家测绘局重点实验室主任、国际南极研究科学委员会（SCAR）地球科学组中国常任代表、湖北省南北极科学考察学会理事长、国家测绘局科技委委员。从1984年参加中国首次南极考察至今，已连续参加了7次南极考察和4次北极考察，2次在国家南极科学考察中荣立二等功。承担国家自然科学基金项目、国家“973”计划子课题，以及多项我国南北极测绘科学考察重点项目，其研究成果曾多次获奖，曾于1985年、1987年、2010年3次荣获国家测绘局科技进步一等奖，1998年荣获国家科技进步二等奖，2002年荣获何梁何利地球科学与技术进步奖。

（2）李斐，教授，博士生导师。武汉大学副校长，中国南极测绘研究中心主任。第十二届湖北省政协常委会委员，第十一届湖北省人大常委会委员，国际南极研究科学委员会（SCAR）大地测量与地理信息工作组中国常设代表，中国绕月探测工程科学应用专家委员会委员，教育部学科发展与专业设置专家委员会委员，中国海洋学会理事。测绘遥感信息工程国家重点实验室、中国科学院测量与地球物理研究所、国家卫星定位系统工程研究中心等机构兼职教授，《地球物理学报》、《测绘学报》、《武汉大学学报·信息科学版》、《地球物理学进展》等杂志编委。1次赴南极考察，2次赴北极考察。主要从事重力场、月球内部构造和南极测绘研究，先后承担及完成国家和省部级科研项目30余项，其中国家自然科学基金5项，“863”项目2项（重点项目1项）。发表科研论文90余篇，其中三大检索50余篇；培养博士、硕士研究生40余人。

6.3.3　三级教授

1. 测绘学院

（1）邱卫宁，女，主要研究方向为测量工程、测量数据处理方法的研究、GPS的应用。国家精品课程“误差理论与测量平差基础”和武汉大学精品课程“高等测量平差”的负责人。主编和参编了8部本科生及研究生教材，其中3部获得国家及省部级奖项。主持和参加了多项教学和科研项目的研究，主要有：国家教育部“十五”规划测量平差教材的研究、测量数据处理系列课程改革与设计、检核天文大地网的研究、南极半岛地区地壳活动断层研究、同步辐射加速器储存环垂直变形分析、GPS多天线滑坡监测系统研究、GPS监测网系统误差与形变信息的可区分性及分离方法、武汉轻轨一号线控制网的建立、Development of Methodologies for Precise Land Surveying、水电站大坝变形分析与灾害预报系统的研制等，变形监测中快速精确提取形变量的理论与算法研究、地壳运动连续形变场有限元模拟与地壳应力场反演研究，其中两项分别获得测绘科技一等奖和三等奖。

（2）刘宗泉，男，四川省武胜县人，1957年6月出生，中共党员，教授、硕士生导师，1982年1月武汉测绘学院大地测量专业毕业留校工作至今。曾任武汉测绘科技大学地测学院副院长和中国测绘学会第七届理事会大地测量专业委员会委员。承担多项本科和函授生教学任务，国家精品课程“大地测量学基础”主讲教师，参加编写教材和专著3部，其中《大地测量学基础》获第五届全国高等学校优秀测绘教材奖二等奖。近年来主要从事大地测量、GPS测量、工程形变测量方面的应用研究，有着丰富的工程实践经验，发表了一些学术论文。作为项目负责人承担和参加完成了多项横向科研课题，其中“GPS技术建立行政区多城镇不均匀合级布网研究”获湖南省科技进步奖四等奖，“武汉长江二桥变形监测研究”获湖北省科技进步奖三等奖，参加完成的“深圳市城市测量控制网改造工程”获深圳市科技进步奖二等奖。

（3）孙海燕，男，山西朔州人，1960 年 3 月出生，教授、博士生导师。研究方向：空间大地测量。1988 年 2 月参加工作，1988 年 12 月加入中国共产党，1982 年 1 月武汉测绘学院工程测量专业毕业，1988 年 12 月武汉测绘科技大学大地测量硕士，1995 年 6 月获武汉大学大地测量与测量工程博士学位，研究生学历。

（4）张双喜，教授、博士生导师，楚天特聘教授。提出了面波频散多模信息最优化提取准则、多模反演方法，俯冲带及地震动力学过程模拟和多物理场耦合效应，对在云南及三峡地区的地震波横波速度结构及区域构造有深入研究。主持“973”课题、子课题、“985”项目、开放基金及横向项目 10 余项。发表 SCI 期刊论文 20 余篇，国际会议论文 30 多篇，受多家国际地球物理专业期刊邀请为评审专家。学术兼职为中国地球物理学会会员、国际地球物理学会会员、中国近地表地球物理学会副主任委员。

（5）郭际明，教授、博士生导师。主要从事全球导航卫星系统（GNSS）高精度定位、GB-InSAR 精密变形监测、三维激光扫描点云处理、测量基准与控制网布设等理论与技术研究，主讲“大地测量学基础”（国家精品课程）。主编及参与完成教材和专著共 6 部，发表学术论文 100 余篇。获得 3 项发明专利及 3 项软件著作权。主要研究成果有：GPS 工程测量网通用平差软件包（CosaGPS）、现代测量控制网测量数据处理通用软件包（CosaCODAPS）、水准测量与沉降观测数据处理系统（CosaLEVEL）、CORS 运维与功能扩展系统等。曾获国家教育部 2009 年教学成果二等奖、国家测绘地理信息局 2012 年教学成果一等奖、中国测绘学会/国家测绘局 2009 年测绘科技进步二等奖、北京市 2010 年科学技术三等奖、华夏建设 2011 年科学技术三等奖、中国测绘学会/国家测绘地理信息局 2011 年测绘科技进步三等奖、中国全球定位系统技术应用协会/国家测绘地理信息局 2011 年卫星导航定位科技进步三等奖、中国测绘学会 2013 年全国优秀测绘工程白金奖、中国测绘学会 2014 年测绘科技进步二等奖、中国电建集团 2015 年科技进步一等奖。

（6）徐亚明，男，1964 年出生，江苏泰兴人，教授、博士生导师。1987 年毕业于武汉测绘学院；1990 年获该校硕士学位，留校任教；2002 年获武汉大学博士学位。1999 年至 2015 年担任测绘学院副院长，现为精密工程与工业测量国家测绘地理信息局重点实验室主任，中国测绘学会工程测量分会副会长。长期从事精密工程与工业测量教学和研究工作，获国家科技进步二等奖 1 项、测绘科技进步奖二等奖 2 项、优质测绘工程奖金奖 1 项。发表论文 70 余篇，培养硕士研究生 90 余名，博士研究生近 10 名。

（7）花向红，男，1963 年 10 月出生，江苏姜堰人，教授、博士生导师。主要从事工程测量与专题 GIS、三维激光扫描质量评价、多传感器信息融合无缝导航定位技术研究。主持和参加了各类纵横向科研课题 30 余项，其中主持国家自然科学基金项目 1 项，荣获省部级科技进步二等奖 3 项、三等奖 3 项，实用新型专利 6 项，软件著作权 10 多项，发表论文 180 余篇。主持承担了 6 项省级和 3 项校级教学研究项目，荣获国家教学成果二等奖 1 项，测绘地理信息教学成果一等奖 1 项，发表了 20 多篇教学研究论文。2000 年获湖北省师德先进个人、武汉大学师德标兵，2010 年获武汉大学第二届“尊师爱学——我最喜爱的“十佳教师”荣誉称号。2015 年获武汉大学实验室工作突出贡献奖。

（8）巢佰崇，男，1962 年出生。长期从事工程测量自动化、精密工程测量仪器与技术、地理信息系统在公共安全的应用的研究与教学，先后参加了国家“七五”、“八五”攻关项目，参加国家重点项目工程“电子正负对撞机激光准直系统”项目的研究，获国务院嘉奖，主持了两项国防科工委“十五”重点攻关项目，参加了“十二五”国家科技支撑项目、国家自然科学基金重大研究计划（2011—2014）等重大项目的研究工作。主讲“信号与系统”、“数字信号处理”、“嵌入式开发”等本科生课程以及“数字信号处理”研究生课程。曾获省部级科技进步一等奖 2 项、二等奖 4 项、三等奖多项，以及国家实用专利 1 项，国家级教学成果二等奖 1 项和湖北省教学成果一等奖 1 项，获武汉测绘科技大学首届青年科技十佳。曾受聘香港理工大学为研究助理。

（9）张小红，男，1975 年 8 月出生，武汉大学珞珈特聘教授，博士生导师。长期致力于卫星导航定位理论与技术及其应用方面的教学和科研工作，先后主持国家自然科学基金、国家“863”计划、湖北省杰出青年基金等项目 30 余项；先后在 GRL、JGR、JoG、GPS Solutions 等本学科领域国际权威期刊上发表 SCI 论文 50 余篇，EI 论文 70 余篇，出版学术专著 2 部，编写教材 2 部；获省部级科技进步奖 5 项，获第十四届中国青年科技奖等荣誉。任国际大地测量协会（IAG）非差模糊度解算及 PPP-RTK 工作组主席，中国卫星导航定位协会教育与发展专业委员会主任委员等。

（10）张景雄，教授，博士生导师。1985 年、1988 年分别获原武汉测绘科技大学学士和硕士学位（摄影测量与遥感），1997 年获英国爱丁堡大学博士学位（地理学）。主要致力于测绘、遥感与地理信息科学的基础研究与应用基础研究。主持了 3 项国家自然科学基金项目。在国际核心期刊 IJGIS，IJRS，PE&RS，ISPRS，TGIS 等发表了论文数篇。最具有代表性的成果是与美国 Goodchild 教授和英国 Atkinson 教授出版的英文专著 *Uncertainty in Geographical Information* 和 *Scale in Spatial Information and Analysis*，反映了他在空间信息不确定性与尺度等基础理论与应用基础方面的研究积淀。

（11）赵建虎，教授，博士生导师，武汉大学海洋测绘研究院副院长。主攻方向为海洋测绘，在海底高精度高分辨率地形地貌信息获取、声呐图像精处理、海底浅表层底质层析及分类、海洋水文学及水下导航定位等方面有较深入的研究。近年来承担国家重大专项、国家“863”计划、国家支撑计划、国家自然科学基金和海洋 908、127 项目多项。发表 EI、SCI 论文近百篇，出版专著 3 部。担任海洋测绘专业委员会委员、全国海洋标准委员会海洋工程勘察与测绘分技术委员会委员、中国惯性协会会员，国内外多家期刊编委。2009 年荣获国家测绘类优秀教材三等奖，2011 年、2014 年和 2015 年分获国家测绘科技进步奖三等奖、二等奖和一等奖，2015 年获第二届海洋测绘学科发展突出贡献奖。

2. 遥感信息工程学院

（1）王树根，博士，教授、博士生导师。民进中央第十三届科技医卫委员会委员，民进武汉市第九、十、十一届副主委、武汉市第十一届人大常委、政协武汉市第十一、十二届常委。测绘遥感信息工程国家重点实验室兼职教授。湖北省人民政府专项津贴获得者。获第六、七届湖北省高等学校教学成果一等奖，第六届高等教育国家级教学成果二等奖，2012 年获宝钢优秀教师奖。

（2）贾永红，博士，教授、博士生导师，武汉大学教学名师。近十年来承担国家省部级多项科研和教研项目，发表论文 40 多篇。被授予资源三号工程研制三等功臣；获湖北省测绘科技进步一等奖。负责的国家精品课程“数字图像处理”遴选为国家精品共享课；课程“数字图像处理技巧”为全国大学生素质教育优秀通识课；研究生课程“图像处理与分析”和“图像分析与解译”均为精品课程，且为国家专业硕士学位在线教育重大建设项目；出版教材 5 部，其中 3 部为国家规划教材；获湖北省教学成果一等奖。

（3）郑顺义，博士，教授、博士生导师。2000 年毕业于北京交通大学获工学博士学位。2007 年破格晋升为教授。公开发表论文 50 余篇，其中 6/31 篇被 SCI/EI 收录，以第一完成人申请国家发明专利 7 项，申请软件著作权 10 多项。主要研究领域包括摄影测量与遥感、计算机视觉、虚拟现实等，在基于影像的三维建模、视觉测量与检测等方面取得了突出的研究成果，先后主持国家级项目多项。作为第一完成人主持完成的“视觉测量方法研究及应用”成果 2012 年获国家测绘科技进步奖一等奖。

（4）乐鹏，博士，教授、博士生导师。武汉大学遥感信息工程学院地理空间信息与位置服务研究所所长、地理信息工程系副主任。中组部国家青年拔尖人才，教育部新世纪优秀人才，IEEE 地球信息科学委员会主席，OGC 国际开放地理信息联盟武汉大学首席代表，OGC-China 中国论坛负责人，ISPRS 国际摄影测量与遥感协会第六委员会秘书长，国务院学位委员会测绘科学与技术学科评议组秘书。主要从事地理信息系统平台与服务的研究，先后完成了国家“973”、“863”、自然科学基金等资助的 10 多项课题，发表学术论文 100 余篇（其中 SCI、SSCI、EI 检索 80 余篇）。获省部级一等奖 2 项，国际性学术奖励 1 项。

（5）刘继琳，教授，长期主要从事摄影测量与遥感学科的科研与实验室管理、实践教学研究及实验教学工作。先后参与完成了国家级与省部级的重大科研项目及其他横向开发项目 20 余项；主持和参与完成国家、湖北省及学校教学研究项目 10 余项。1993 年至今，获国家测绘科技进步一等奖 2 项、二等奖 2 项、三等奖 1 项，武汉市科技进步三等奖 1 项，获国家级教学成果二等奖 1 项；湖北省高等学校教学成果一等奖 1 项、二等奖 1 项；发表学术论文和教研论文 20 余篇；各种荣誉奖励 20 余项。

3. 资源与环境科学学院

（1）郭庆胜，男，教授、博士生导师。湖北省有突出贡献的中青年专家。1989—2000 年在武汉测绘科技大学从事计算机地图制图及地理信息系统的教学和科研工作，1996 年被破格聘为教授。2000—2001 年在瑞士留学。从 2001 年开始在武汉大学资源与环境科学学院任教。已指导博士生 24 人，硕士生 84 人。主持国家级、部级等科研项目十几项。获国家科技进步奖一项、部级科技进步奖 6 项。

（2）何宗宜，男，教授、博士生导师。国家测绘局首届测绘立法咨询专家。主要从事数字地图制图理论与技术等方向的科研和教学。主持的《深圳市地图集》于 1999 年获国际地图制图协会地图杰出作品奖，曾获国家海洋科技进步一等奖，国家教学研究优秀成果二等奖，发表学术论文100余篇，出版学术专著《地图学》、《普通地图编制》、《地图数据处理模型的原理与方法》、《计算机地图制图》、《测绘学概论》等6部。

（3）林爱文，男，教授、博士生导师。中国地理学会副秘书长，湖北省地理学会副理事长，中国自然资源学会理事、热带亚热带地区资源研究专业委员会副主任委员和土地资源研究及资源地理专业委员会委员，中国环境科学学会环境规划专业委员会委员和环境经济分会委员。从事自然地理及地貌学、土地规划与区域发展、资源环境遥感等方面的教学与研究。承担国家和地方项目50多项；发表SCI、EI、核心等论文100余篇，出版教材专著5部；获部级科技成果一等奖、三等奖和国家级教学成果二等奖、省部级特等奖、一等奖等奖励。

（4）张根寿，男，1953年出生，教授。主要从事地貌、地理分析、土地评价与规划方面研究。主编和参编出版了《现在地貌学》等专著、教材4部，《中国西部地区典型地貌图集》等大型地图集5本，国内外发表教学论文30余篇，主持和参与国家自然科学基金等纵、横科研项目15项，获国家测绘局科技进步二等奖1项，国家教学成果二等奖1项，湖北省教学成果一等奖2项，湖北省教学成果二等奖3项，湖北省精品课程“现代地貌学”负责人。

（5）沈焕锋，男，教授、博士生导师，IEEE资深会员，中国遥感应用协会理事。主要研究方向包括影像质量改善、数据融合与同化、遥感制图与应用、区域与全球环境变化等。主持4项国家自然基金，发表SCI论文60余篇，其中40余篇影响因子大于3.0，申请发明专利10项。入选国家“万人计划”青年拔尖人才、国家优秀青年基金、教育部新世纪优秀人才支持计划、湖北省杰出青年基金等人才计划，担任*Journal of Applied Remote Sensing*编委。

4. 印刷与包装系

（1）万晓霞，女，博士，教授、博士生导师，现任武汉大学印刷与包装系主任。兼任国际标准化技术委员会（ISO/TC 130）委员、中国印刷标准化技术委员会（SAC/TC170）委员、香港印刷媒体专业人员协会（IPP）会士，全国标准样品技术委员会颜色标样技术委员会委员、教育部轻工类教学指导委员会副主任等。美国罗切斯特工学院孟塞尔颜色科学实验室高级访问学者。主要研究方向为颜色科学。

长期从事色彩再现理论和应用研究，主持国家自然科学基金2项、广东省科技厅产学研基金2项；参与国家支撑项目的研究1项；策划并参与“973”专项“文化遗产数字化保护的理论与方法”子课题“文化遗产色彩的反演与再现”的研究。发表学术论文80多篇，编辑出版专著4部，获国家授权发明专利12项，软件著作权2项。

中国印刷最高奖毕昇奖获得者，国家新闻出版总局新闻出版领军人才，武汉市“黄鹤英才”称号，苏州工业园领军人才。其主讲的课程入选国家精品课程和国家精品共享课程。获湖北省优秀教学研究成果一等奖1项、二等奖1项。获国家测绘科技进步奖二等奖1项，湖北省科技成果进步奖二等奖1项。

（2）黎厚斌，博士，教授、博士生导师，“中国兵器工业炸药先进制造技术研究应用中心”专家委员会委员，中国包装联合会包装教育指导委员会副主任委员，中国振动工程学会包装动力学专业委员会常务理事，全国数码影像材料与数字印刷标准化技术委员会副秘书长。担任 *Progress in Polymer Science*、*Carbohydrate Polymers*、*Bioresources* 等国际期刊特约审稿人。主要从事功能包装材料、高分子化学与物理、包装工程等方向的研究。主持国家自然基金面上项目、国防科工局重大专项、国防科工局配套项目 5 项，曾主持广东省产学研项目、中央高校专项基金等多项，参与国家科技支撑计划、自然基金项目、国家发改委专项及军工多项。发表学术论文 70 余篇，申请发明专利 30 余项，授权 30 项。获全国包装教育先进个人称号、广东省汕头市科学技术进步奖、武汉大学科技工作先进个人称号。

5. 国际软件学院空间信息与数字技术系

朱国宾，男，1965 年出生，江苏如皋人，以色列本古里安大学博士、武汉大学国际软件学院教授、博士生导师。长期从事摄影测量、遥感、地理信息系统方向的研究，领域涉及海量空间数据库、大型地理信息系统设计与开发、遥感影像理解与分析、地理信息共享与分发等。主持或承担课题和大型地理信息系统工程项目 20 余项，其中国家科技支撑计划 1 项、国家自然科学基金 1 项、省科技攻关项目 1 项、横向开发类科研项目 18 项；在国内外发表论文 60 余篇，其中 SCI 收录 5 篇，EI 收录 20 余篇，ISTP18 余篇，出版专著 2 部。获得国家科技进步二等奖 1 项、省部级科技进步一等奖 3 项、二等奖 4 项。

6. 测绘遥感信息工程国家重点实验室

（1）王伟，男，1962 年 10 月出生，湖北省英山县人，工学博士，教授、博士生导师，国家“十三五”重点研发计划战略与综合评审特邀委员。主要研究方向包括软件工程、虚拟现实与仿真、空间信息系统、智慧城市应用等。主要成就：地理信息系统平台软件 GeoStar、多维实时虚拟数字地球平台软件 Gaea Explorer、动态虚拟仿真平台软件 Gaea Lostworld 的创始人和开发者之一；荣获国家科技进步二等奖 1 项、国家信息技术重大发明奖 1 项、其他省部级奖 10 多项；软件著作权登记 6 项，发明专利 3 项，发表论文 80 多篇，出版专著 2 部；主持和参与国家“863”计划、“973”计划、火炬计划、重大科技专项及省部级项目 60 多项；指导硕士、博士研究生 200 多人。

（2）许妙忠，男，工学博士，教授，博士生导师。长期从事摄影测量与遥感数据获取与处理、数字城市建设、古建筑保护和建模、航空航天传感器定定标与质量评定等方面的教学和研究，负责和参加国家地面定标场网建设和航空航天传感器定标与质量评定软件系统研发与集成工作。先后主持国家重大专项、“863”项目，国家重大工程项目及其他国家科技部、香港地区、武汉大学、航天科技集团等科研项目十余项；成果获得国家测绘局科技进步一等奖，培养博士和硕士数十名。在本领域的顶级期刊与学术会议上共发表了近 30 篇学术论文并受邀担任测绘学报、宇航学报、武汉大学学报、光电工程等行业期刊的评审专家。

（3）闫军，1974 年 9 月出生，中共党员，工学博士，博士后，教授，博士生导师，中国电子学会高级会员。主要研究领域：ATR 技术、电子工程。专注于战场侦察雷达自动目标识别技术（ATR）领域 18 年，取得了突破性成果，已完成了 5 个型号研制工作，均批量装备，取得了显著的军事效益。成果被评价为：“填补了国内空白，与国外同类装备相比，技术水平居于国际领先，成果具有里程碑意义，标志着我国战场侦察雷达 ATR

技术进入实用化时代。”作为主要完成人，成功研制了我国第一代潜用拖曳通信导航浮标，装备至全部常规主战潜艇，为维护国家安全与领土完整作出了突出贡献。该成果被评价为：“改变了潜艇部队传统作战样式。”主持研制成功我国第一代单兵手持式激光目标定位系统，比美国早14年提出，早12年批量装备部队。发表论文11篇，GF报告8篇，其中2篇为一级GF报告。已获国防发明专利1项，军队科技进步二等奖1项，中船重工科学技术二等奖1项，国防科学技术三等奖1项。

（4）江万寿，研究员，博士生导师。长期从事数字摄影测量算法研究、软件开发和教学工作，主要研究方向为影像匹配、影像配准和密集匹配，研制的控制点匹配软件和DEM生产软件已经用于国产光学卫星影像的业务化处理和生产应用，为ZY3号等卫星传感器影像定标、全国规模的影像空三和DEM生产提供了技术保障。在“863”项目支持下主持研制的开放式遥感数据处理平台OpenRS，实现了桌面处理、分布式并行处理与网络服务的一体化，为遥感数据云在线流式处理提供了后台服务。曾获得测绘科技进步奖二等奖2项，测绘科技进步一等奖1项，国家科技进步二等奖1项，2015年入选黄鹤英才（科技）计划。现主要从事三维城市建模及在电力巡线等行业的深度应用研究。

（5）陈能成，男，1974年出生。美国乔治梅森大学博士后，博士生导师、教育部新世纪优秀人才、武汉大学“珞珈学者”特聘教授、中国智慧城市产业技术创新联盟副秘书长、CPGIS长期会员、ITU国际电联“物联网与智慧城市”国际标准编辑。长期从事地理信息感知服务的理论方法、关键技术和平台应用研究，牵头和参与完成国家“973”项目课题、国家“863”重大重点项目、国家自然科学基金面上项目和美国宇航局“卫星传感网”基础研究项目等20余项。出版论文170余篇，其中著作5部（4部为第一作者）、SCI/EI论文54/95篇，ITU智慧城市综合管理技术报告1项、国际标准2项，申请专利29项（已授权13项）、获得软件著作权14项。研究成果获2014年高等学校自然科学一等奖、2008年美国“R&D 100 AWARD”国际学术奖、国家科技进步一等奖（创新团队），两次获国家科技进步二等奖，三次获省部级科技进步奖。目前主要研究领域为对地观测传感网、时空大数据、动态实时网络GIS和位置智慧应用。

（6）邵振峰，教授、博士生导师。2013年至2014年在美国纽约州立大学布法罗分校作访问学者。先后入选武汉大学珞珈青年学者、武汉市“晨光计划”、湖北省自然科学基金“杰青人才”计划、教育部“新世纪优秀人才”计划、武汉大学“珞珈特聘教授”、国家科技部中青年科技创新领军人才。承担了30多项国家项目，研究方向为城市高分辨率遥感影像处理与分析、从数字城市到智慧城市的关键技术与应用。已发表学术论文100余篇，其中SCI检索32篇、EI检索110篇，出版专著《城市遥感》。获授权发明专利17项。主持研发了从数字城市到智慧城市的系列软件，先后获得2012年测绘科技进步一等奖（排名第一）、湖北省十大科技成果转化奖、2014年美国摄影测量与遥感学会Talbert Abrams奖、2015年国家科技进步二等奖、2016年全国优秀科技工作者。

（7）眭海刚，博士，博士生导师，珞珈特聘教授，ISPRS第七委员会第五工作组秘书，主要从事遥感信息提取与图像理解、传感网信息融合、GIS的理论与应用等方面的研究。主持及参与了多项国家"863"、"973"重点项目、国家自然科学基金以及总装军方型号和预研项目。研制的装备和系统已在国防单位、国家减灾中心、湖北省测绘局等进行了部署和推广应用。在国内外核心刊物和国际会议上发表了80多篇学术论文，参与编写6部著作，曾获第六届中国科协期刊优秀学术论文奖。获国家科技进步国家科技进步二等奖3项（2014、2012、2000），军队科技进步一等奖2项（2015、2010），测绘科技进步一等奖一项（2013），教育部科学技术进步一等奖一项（2009），湖北省发明二等奖一项（2013）。发明专利18项，软件著作权9项。

（8）张过，男，1976年6月出生，博士，教授、博士生导师；武汉大学珞珈青年学者；卫星测绘技术与应用国家测绘地理信息局重点实验室副主任；国家测绘地理信息局卫星测绘应用中心资源三号测绘卫星应用系统总师助理。长期从事航天摄影测量教学和研究工作。参与的资源三号测绘卫星应用系统研制的团队，主要研究测绘卫星设计、高精度几何处理和应用效果评价等方面研究工作，并于2012年12月，获"资源三号测绘卫星工程研制先进个人二等功"，获2013年国家科技进步一等奖1项；在星载SAR和InSAR处理方面，在国内外首先提出星载SAR和InSAR的严密几何模型可以被RPC模型替代，并在此基础上发展了星载SAR和InSAR处理软件，并于2013年10月获测绘科技进步一等奖1项。出版专著3部，从2005年博士毕业至今发表学术论文51篇；获得3项发明专利和8项计算机软件著作权登记。研究兴趣包括星载光学处理、星载SAR/InSAR处理和变化信息提取等。

7. 卫星导航定位技术研究中心

（1）叶世榕，博士，教授、博士生导师。长期从事精密单点定位、GNSS气象应用等方向研究。主持与参与"863"重点、目标导向、"973"计划、国家自然科学基金等项目，在*Journal of Geodesy*、*Remote Sensing*、《测绘学报》等刊物上发表SCI/EI学术论文20余篇，获国家科技进步二等奖一项、省部级科技进步一等奖三项。*Journal of Geodesy*、《测绘学报》、《宇航学报》等刊物审稿专家，中国测绘地理信息学会第九届海洋测绘专业委员会委员。

（2）楼益栋，教授、博士生导师。从事GNSS实时精密定轨定位数据处理理论、方法、软件及应用研究。具体研究方向包括导航卫星高精度实时精密定轨理论方法、导航卫星实时钟差处理理论与方法、实时动态精密单点定位。近5年，主持国家"863"重点项目1项，国家自然科学面上基金和青年基金各1项、重大专项项目1项。在*Journal of Geodesy*、*GPS Solutions*等本学科国内外期刊发表学术论文40余篇，其中SCI论文27篇，Google Scholar引用500多次，授权发明专利4项获国家科技进步二等奖2项。2011年入选武汉大学"珞珈青年学者"，2015年获武汉市青年科技"晨光计划"支持。

8. 中国南极测绘技术研究中心

（1）王泽民，教授、博士生导师，中国南极测绘研究中心副主任。兼任湖北省南北极科学考察学会副会长。主要研究方向为大地测量学。*Geomatics*、《大地测量与地球动力学》、《极地研究》、《全球定位系统》等学术杂志编委。2004年5月—2005年4月为澳大利亚皇家墨尔本理工大学访问学者。4次参加中国南极科学考察，4次赴北极科学考察。深入开展了非连续变形分析研究并应用于现代地壳运动研究，利用GPS技术研究了极区电离层特征，取得了较大成绩。

主持了国家“863”计划重大项目子课题、国家自然科学基金、国家极地考察重大专项子课题等项目10余项，获得1项国家教学成果一等奖，3项省部级科技进步一等奖，发表学术论文60余篇，科技专著2部。

（2）庞小平，教授、博士生导师，中国南极测绘研究中心副主任。兼任国际制图协会数据共享与知识产权保护专业委员会委员，极地测绘科学国家测绘局重点实验室学术委员会委员，湖北省南北极科学考察学会理事。

主要研究方向为数字地图学、遥感制图与应用、地理信息可视化以及极地冰雪环境动态模拟研究等。2002年赴德国耶拿大学进行合作研究。2001—2002年期间参加中国南极科学考察。2012年赴北极考察。

主讲“专题地图编制”、“数字地图理论与工程研究进展”、“数理统计与地学分析”等课程。

主持了国家基础测绘项目、国家极地考察重大专项子课题、湖北省科技攻关项目及相关横向合作项目20余项，主编出版各类地图集10余册，在遥感城市制图、极地GIS等领域研究成果突出。获得2项省部级科技进步一等奖以及多项优秀地图成果奖，发表学术论文50余篇。

6.3.4　四级教授（研究员）

1. 测绘学院

黄声享、梅文胜、徐进军、邹进贵、操华胜、朱良保、魏二虎、蓝悦明、罗年学、尹晖、Robert、丁士俊、邓非、徐晓华、余科根、王甫红、王正涛。

2. 遥感信息工程学院

李建松、方圣辉、付仲良、赵双明、陈震中、李欣、巫兆聪、张鹏林、姚剑、潘斌、秦昆、胡翔云、胡庆武、黄昕、赖旭东、季顺平。

3. 资源与环境科学学院

任福、蔡忠亮、游涟、陈玉敏、焦利民、胡石元、邬国峰、何建华、应申、王海军。

4. 印刷与包装系

刘全香、钱俊、马桃林、易尧华、张霞、叶双莉。

5. 国际软件学院空间信息与数字技术系

江聪世、熊庆文、沙宗尧。

6. 测绘遥感信息工程国家重点实验室

沈未名、达汉桥、李汉武、樊红、舒红、李必军、王艳东、熊汉江、张晓东、钟燕飞、杨杰、高文秀、唐炉亮、张路、徐彦彦、黄先锋、陈静、方志祥、郭丙轩、罗斌、宋爱红、Timo Jochen Balz、毛庆洲、马国锐、鄢建国、李锐、夏桂松。

7. 卫星导航工程中心

牛小骥、聂桂根、朱敦尧、何健鹰、刘晖、李陶、江金光、章红平、唐卫明、耿江辉、江鹏。

8. 中国南极测绘研究中心
周春霞。

6.4 团队

6.4.1 国家创新群体

国家创新群体入选名单

项目负责人	项目名称	起止时间	批准部门	批准时间
龚健雅	多传感器对地观测网络数据精确处理与空间信息智能服务	2008—2010 年 2011—2013 年	国家自然科学基金委员会	2007 年 2010 年

6.4.2 "长江学者和创新团队发展计划"创新团队

"长江学者和创新团队发展计划"创新团队获批名单

序号	带头人	研究方向	批准部门	批准时间
1	龚健雅	地球空间信息科学与技术	教育部	2005 年
2	龚威	多源地球空间数据的智能观测与定量应用	教育部	2012 年

6.4.3 科技部创新人才推进计划重点领域创新团队

科技部创新人才推进计划重点领域创新团队获批名单

序号	团队类别	学术带头人姓名	带头人出生年月	资助时间
1	地球重力场精细结构及其时变效应研究创新团队	李建成	1964. 12	2014 年
2	卫星导航定位技术创新团队	施闯	1968. 06	2013 年

6.5 出国（境）从事访问学者交流情况（1 年及以上）

6.5.1 测绘学院

测绘学院近十年共有 38 名教师出国（境）从事 1 年及以上的访问学者交流。

测绘学院出国（境）从事访问学者交流情况

项目名称	项目执行起止时间	人员	职称	地点
国家公派	2015.01—2016.01	张煜	副教授	美国休斯敦大学
国家公派	2015.01—2016.01	陈巍	副教授	美国得克萨斯大学奥斯汀分校
国家公派	2015.01—2016.01	朱智勤	讲师	英国诺丁汉大学
国家公派	2015.02—2016.02	向东	讲师	英国诺丁汉大学
国家公派	2015.02—2017.01	袁强强	副教授	香港浸会大学
国家公派	2015.03—2017.03	方兴	副教授	美国俄亥俄州立大学
自费公派	2015.09—2016.09	刘万科	副教授	香港理工大学
国家公派	2015.10—2016.10	胡春春	讲师	美国北卡罗来纳大学夏洛特分校
国家公派	2014.10—2015.09	邓洪涛	讲师	美国俄亥俄州立大学
国家公派	2014.09—2015.09	曾文宪	副教授	美国俄亥俄州立大学
国家公派	2014.09—2015.08	张毅	讲师	美国加州戴维斯大学
国家公派	2014.08—2015.08	陈庭	副教授	美国宾夕法尼亚州立大学
国家公派	2014.08—2015.07	徐晓华	教授	美国大学大气研究中心
自费公派	2014.07—2015.07	刘冠兰	讲师	德国汉诺威大学
国家公派	2014.06—2015.06	郑莉	副教授	美国乔治梅森大学
国家公派	2014.04—2015.12	郭斐	讲师	澳大利亚新南威尔士大学
国家公派	2013.12—2014.12	康雄华	讲师	美国北卡罗来纳大学教堂山分校
国家公派	2013.12—2014.12	汪建军	讲师	美国阿拉斯加大学菲尔班克斯分校
国家公派	2013.11—2014.11	赵前胜	讲师	美国田纳西州立大学
国家公派	2013.10—2014.10	金涛勇	副教授	美国俄亥俄州立大学
国家公派	2013.09—2014.08	钟波	讲师	得克萨斯大学奥斯汀分校
国家公派	2013.06—2014.06	温扬茂	副教授	英国格拉斯哥大学
单位公派	2013.03—2014.03	邹进贵	教授	加拿大卡尔加里大学
国家公派	2013.03—2014.03	张鹏	讲师	英国诺丁汉大学
国家公派	2013.02—2014.02	李英冰	副教授	美国俄亥俄州立大学
国家公派	2013.02—2014.02	黄海兰	副教授	美国俄亥俄州立大学
国家公派	2013.02—2014.02	王甫红	教授	加拿大卡尔加里大学
国家公派	2012.09—2013.09	褚永海	副教授	美国俄亥俄州立大学
国家公派	2011.09—2012.09	吴云	副教授	澳大利亚新南威尔士大学
单位公派	2011.03—2012.03	张守建	副教授	德国斯图加特大学
国家公派	2010.12—2011.12	汪海洪	副教授	美国俄亥俄州立大学

续表

项目名称	项目执行起止时间	人员	职称	地点
国家公派	2009.07—2010.07	罗佳	副教授	美国俄亥俄州立大学
单位公派	2009.03—2010.02	徐新禹	副教授	德国斯图加特大学
单位公派	2008.03—2009.02	邹贤才	副教授	德国地学中心
国家公派	2007.11—2009.05	陈庭	副教授	美国乔治亚理工学院
自费公派	2007.06—2008.06	徐晓华	教授	澳大利亚墨尔本皇家理工大学
国家公派	2007.03—2008.03	蓝蔚	助理工程师	南极中山站
自费公派	2006.09—2007.07	汪海洪	副教授	台湾“交通大学”

6.5.2 遥感信息工程学院

遥感信息工程学院近十年共有21名教师出国（境）从事1年及以上的访问学者交流。

遥感信息工程学院出国（境）从事访问学者交流情况

项目名称	项目执行起止时间	人员	职称	地点
国家公派	2006.03—2007.02	孟令奎	教授	英国 Cranfield 大学 Cranfield-Cambridge 联合高性能计算中心
国家公派	2006.03—2007.09	马吉平	副教授	加拿大多伦多大学
国家公派	2006.04—2007.12	张鹏林	副教授	日本立命馆大学
国家公派	2007.01—2008.01	贾永红	教授	美国理海大学
自费公派	2007.04—2008.04	孙红星	讲师	美国
国家公派	2007.04—2008.04	陈江平	副教授	英国剑桥大学地理系
国家公派	2009.06—2010.06	刘亚文	副教授	加拿大约克大学地球空间科学与工程系
国家公派	2010.02—2011.02	李欣	副教授	美国普渡大学
国家公派	2012.07—2013.07	张熠	讲师	美国加州大学戴维斯分校计算机学院
自费公派	2012.05—2013.05	季顺平	讲师	日本东京大学空间信息技术研究所
国家公派	2013.01—2014.01	邬建伟	讲师	美国波士顿大学
国家公派	2014.01—2015.01	李林宜	副教授	澳大利亚联邦科学与工业研究组织
国家公派	2014.01 —2015.01	张永军	教授	加拿大卡尔加里大学
国家公派	2014.02 —2015.02	赖旭东	副教授	意大利欧空局对地观测中心
国家公派	2014.06—2015.06	杜娟	讲师	美国纽约州立大学奥尔巴尼分校
国家公派	2014.05—2014.11	秦昆	教授	美国伊利诺伊大学香槟分校

续表

项目名称	项目执行起止时间	人员	职称	地点
国家公派	2014. 12—2015. 12	孟庆祥	讲师	美国乔治梅森大学
国家公派	2015. 01—2016. 01	季铮	副教授	加拿大滑铁卢大学
国家公派	2015. 01—2016. 01	唐雪华	讲师	美国伊利诺伊大学香槟分校
国家公派	2015. 03—2016. 03	胡庆武	教授	美国田纳西州立大学
国家公派	2015. 10—2016. 10	崔卫红	副教授	加拿大滑铁卢大学

6.5.3　资源与环境科学学院

资源与环境科学学院近十年共有 24 名教师出国（境）从事 1 年及以上的访问学者交流。

资源与环境科学学院出国（境）从事访问学者交流情况

项目名称	项目执行起止时间	人员	职称	地点
国家公派	2006. 10—2008. 09	吴艳兰	教授	日本东京大学博士后
国家公派	2008. 11—2009. 11	蔡忠亮	教授	美国德克萨斯州
国家公派	2009. 09—2010. 09	朱海红	副教授	美国俄亥俄州立大学
国家公派	2010. 12—2011. 12	应申	教授	荷兰代尔夫特工业大学
国家公派	2011. 01—2012. 01	何建华	教授	美国北卡罗来纳大学
国家公派	2011. 01—2012. 01	陈玉敏	教授	美国南加利福尼亚大学
国家公派	2011. 08—2012. 08	翁敏	副教授	德克萨斯州立大学
国家公派	2012. 01—2013. 01	胡石元	教授	美国田纳西大学
国家公派	2012. 01—2013. 01	任福	教授	滑铁卢大学
国家公派	2013. 02—2014. 02	唐旭	副教授	纽约理工学院
国家公派	2013. 03—2014. 03	李连营	副教授	格拉斯哥大学
国家公派	2013. 05—2014. 05	万幼	讲师	宾夕法尼亚州立大学
国家公派	2013. 03—2014. 09	王海军	教授	香港大学
国家公派	2013. 07—2014. 07	黄丽娜	副教授	代尔夫特理工大学
国家公派	2013. 09—2014. 08	周晓艳	副教授	美国肯特州立大学
国家公派	2013. 12—2014. 12	张金亭	副教授	美国得克萨斯州大学
国家公派	2014. 07—2015. 07	江文萍	副教授	美国佐治亚大学
国家公派	2015. 01—2015. 12	钟赛香	讲师	伦敦大学皇家霍洛威学院

续表

项目名称	项目执行起止时间	人员	职称	地点
国家公派	2015. 01—2015. 12	李全	副教授	美国肯特州立大学
国家公派	2015. 03—2016. 03	苏俊英	副教授	美国田纳西州立大学
国家公派	2015. 08—2016. 07	赵林	讲师	纽约州立大学奥尔巴尼分校
国家公派	2015. 10—2016. 10	刘殿锋	讲师	美国北卡罗来纳大学夏洛特分校
国家公派	2015. 09—2016. 09	马晨燕	副教授	美国乔治梅森大学
国家公派	2015. 12—2016. 12	刘胜华	副教授	美国北卡罗来纳大学夏洛特分校

6.5.4 印刷与包装系

印刷与包装系近十年共有 7 名教师出国（境）从事 1 年及以上的访问学者交流。

印刷与包装系出国（境）从事访问学者交流情况

项目名称	项目执行起止时间	人员	职称	地点
欧盟资助项目	2007. 1—2009. 8	叶双莉	教授	德国 Duisburg 大学
自费公派	2003. 5—2004. 7	周奕华	副教授	澳大利亚墨尔本皇家理工大学
国家公派	2015. 3—2016. 3	李治江	副教授	英国利兹大学
国家公派	2008. 9—2009. 9	高智勇	副教授	俄罗斯圣彼得堡列宾美院
国家公派	2013. 9—2014. 9	柯贤文	副教授	美国罗切斯特理工学院
香江学者	2014. 2—2016. 2	吴伟	副研究员	香港城市大学
国家公派	2015. 11—2016. 11	曹丽琴	讲师	挪威阿哥德大学
国家公派	2016. 08—2017. 08	刘兴海	副教授	加拿大阿尔伯塔大学

6.5.5 测绘遥感信息工程国家重点实验室

测绘遥感信息工程国家重点实验室近十年共有 22 名教师出国（境）从事 1 年及以上的访问学者交流。

测绘遥感信息工程国家重点实验室出国（境）从事访问学者交流情况

项目名称	项目执行起止时间	人员	职称	地点
自费公派	2014. 04—2015. 04	林立宇	副教授	美国威斯康星大学麦迪逊分校
国家公派	2014. 01—2015. 01	徐彦彦	教授	美国新泽西理工学院
国家公派	2014. 04—2015. 03	毛庆洲	副教授	美国加州大学伯克利分校

续表

项目名称	项目执行起止时间	人员	职称	地点
国家公派	2014. 04—2015. 04	钟燕飞	教授	美国伊利诺伊大学芝加哥分校
国家公派	2014. 08—2015. 08	潘少明	副教授	美国乔治梅森大学
国家公派	2014. 08—2015. 08	邓跃进	副教授	美国圣地亚哥州立大学
国家公派	2014. 08—2014. 10	黄昕	教授	新加坡国立大学
国家公派	2014. 09—2015. 09	李熙	讲师	美国马里兰大学
国家公派	2014. 09—2015. 09	范业稳	副教授	美国密歇根理工大学
国家公派	2014. 11—2015. 11	陆建忠	讲师	法国图卢兹大学
自费公派	2014. 12—2015. 08	刘俊怡	副研究员	美国乔治梅森大学
国家公派	2015. 02—2016. 02	方志祥	教授	美国田纳西大学
国家公派	2007. 11—2008. 11	方志祥	教授	美国田纳西大学
国家公派	2014. 08—2015. 07	肖志峰	副研究员	美国新泽西州立大学
NASA 资助	2015. 01—2016. 10	冯炼	讲师	美国南佛罗里达大学
国家公派	2015. 09—2016. 09	关雪峰	讲师	荷兰代尔夫特理工大学
自费公派	2015. 11—2016. 10	王密	教授	美国佛罗里达大西洋大学
自费公派	2015. 05—2016. 05	杜志强	教授	香港中文大学
自费公派	2016. 02—2016. 03	陈碧宇	副教授	香港理工大学
国家公派	2015. 12—2016. 11	张洪艳	副研究员	比利时根特大学
国家公派	2016. 02—2018. 01	史磊	讲师	香港理工大学
国家公派	2016. 01—2017. 01	张靖	讲师	加拿大卡尔加里大学

6.5.6 卫星导航定位技术研究中心

卫星导航定位技术研究中心近十年共有 10 名教师出国（境）从事 1 年及以上的访问学者交流。

卫星导航定位技术研究中心出国（境）从事访问学者交流情况

项目名称	项目执行起止时间	人员	职称	地点
自费公派	2006. 04—2007. 09	赵齐乐	讲师	荷兰代尔夫特理工大学
自费公派	2009. 01—2010. 01	唐卫明	副教授	英国诺丁汉大学
自费公派	2011. 08—2012. 08	章红平	教授	德国地学研究中心
自费公派	2011. 11—2012. 11	李敏	副教授	香港理工大学

续表

项目名称	项目执行起止时间	人员	职称	地点
自费公派	2013.03—2014.03	王广兴	博士	荷兰辉固（Fugro）集团
自费公派	2013.03—2014.03	郭靖	讲师	荷兰辉固（Fugro）集团
自费公派	2013.03-—2014.3	宋伟伟	讲师	香港理工大学
国家公派	2013.03—2014.03	耿涛	副教授	美国俄亥俄州立大学
自费公派	2013.07—2015.07	魏娜	讲师	卢森堡大学
国家公派	2013.11—2014.11	方荣新	讲师	美国内华达大学里诺分校

6.5.7 中国南极测绘研究中心

中国南极测绘研究中心近十年共有2名教师出国（境）从事1年及以上的访问学者交流。

中国南极测绘研究中心出国（境）从事访问学者交流情况

项目名称	项目执行起止时间	人员	职称	地点
国家公派	2013.2—2014.1	周春霞	副教授	美国加利福尼亚大学洛杉矶分校
国家公派	2015.9—2016.8	艾松涛	副研究员	挪威极地研究所

6.6 博士后

博士后是武汉大学测绘学科开展科学研究工作的一支重要力量。本学科在测绘科学与技术、地理学、地球物理学、材料加工工程4个博士后科研流动站招收博士后研究人员。2006—2016年博士后研究人员进站168名，出站88名。

博士后研究人员基本情况

测绘学院

序号	姓名	进站时间	出站时间	合作导师	二级学科
1	金涛勇	2010.11	2012.11	宁津生	地球物理学
2	钟波	2010.11	2012.11	李建成	地球物理学
3	汪建军	2010.11	2012.11	申文斌	地球物理学
4	邢诚	2011.09	2013.12	李建成	地球物理学
5	张煜	2012.08	2015.01	张双喜	地球物理学
6	袁强强	2012.08	2015.01	李建成	地球物理学

续表

序号	姓名	进站时间	出站时间	合作导师	二级学科
7	陈巍	2013.01	2014.12	李建成	测绘科学与技术
8	刘洋	2013.06	2016.02	李建成	地球物理学
9	郭斐	2013.09	2016.01	李建成	地球物理学
10	谢洪	2013.09	—	李建成	地球物理学
11	李大炜	2013.11	—	姜卫平	地球物理学
12	王爱学	2014.01	—	刘经南	地球物理学
13	刘冠兰	2014.04	—	申文斌	地球物理学
14	陈立娟	2014.07	—	桑吉章	测绘科学与技术
15	赵展	2015.01	—	李建成	地球物理学
16	陈华	2015.08	—	李建成	地球物理学

遥感信息工程学院

序号	姓名	进站时间	出站时间	合作导师	二级学科
1	许丽娜	2011.05	2015.08	方圣辉	摄影测量与遥感
2	徐元进	2011.06	2015.05	马洪超	摄影测量与遥感
3	刘超	2012.07	2014.06	李清泉	摄影测量与遥感
4	杨朝辉	2013.04	—	张祖勋	摄影测量与遥感
5	周颖	2013.09	—	方圣辉	摄影测量与遥感
6	吴萌	2014.06	—	姚剑	遥感信息工程
7	康朝贵	2015.04	2016.01	秦昆	地图学与地理信息系统
8	李彦胜	2015.08	—	张永军	摄影测量与遥感
9	李建	2015.08	—	龚健雅	摄影测量与遥感
10	蒋子龙	2015.08	—	李建松	地图学与地理信息系统
11	吕煊	2016.03	—	秦昆、马泽忠	地图制图学与地理信息工程
12	贾涛	2016.06	—	史文中、秦昆	摄影测量与遥感

资源与环境科学学院

序号	姓名	进站时间	出站时间	合作导师	二级学科
1	田晶	2009.07	2012.03	艾廷华	地图学与地理信息系统
2	黄丽娜	2010.07	2012.10	艾廷华	地图制图学与地理信息工程
3	孟庆祥	2010.08	2012.10	刘耀林、付仲良	地图学与地理信息系统

续表

序号	姓名	进站时间	出站时间	合作导师	二级学科
4	姚春静	2010.08	2012.10	刘耀林、马洪超	地图学与地理信息系统
5	李爽	2010.08	2012.06	刘耀林、孟令奎	地图学与地理信息系统
6	陶建斌	2010.08	2012.07	刘耀林	地图学与地理信息系统
7	张洪艳	2010.08	2012.12	杜清运	地图学与地理信息系统
8	费腾	2010.08	2012.10	刘艳芳	地图制图学与地理信息工程
9	余洋	2010.08	2012.10	李霖、李建松	地图学与地理信息系统
10	呙维	2011.03	2013.07	李霖	地图学与地理信息系统
11	周俊	2011.07	2015.08	张明、刘艳芳	地图学与地理信息系统
12	关雪峰	2011.08	2013.07	李霖	地图学与地理信息系统
13	陈奕云	2011.09	2014.08	林爱文	地图学与地理信息系统
14	亢孟军	2011.09	2013.12	李霖	地图学与地理信息系统
15	张旭	2011.09	2013.12	张万顺	地图学与地理信息系统
16	刘殿锋	2011.09	2013.12	刘艳芳	地图学与地理信息系统
17	孔雪松	2011.09	2013.12	刘耀林	土地资源管理
18	张靖	2011.12	2014.07	李霖	地图学与地理信息系统
19	靳华中	2012.07	—	刘耀林	地图学与地理信息系统
20	赵林	2012.07	2014.11	林爱文	地图学与地理信息系统
21	石永阁	2012.08	2016.06	杜清运	地图学与地理信息系统
22	谢波	2012.08	2014.08	刘艳芳	地图学与地理信息系统
23	杨妍	2012.10	2016.04	李霖	地图学与地理信息系统
24	张翔	2013.01	2015.08	艾廷华	地图学与地理信息系统
25	李世迁	2013.06	—	张万顺	地图学与地理信息系统
26	曹金山	2013.06	2016.01	龚健雅、刘耀林	地图学与地理信息系统
27	史磊	2013.08	2015.12	沈焕锋	地图学与地理信息系统
28	李慧芳	2013.08	—	林爱文	地图学与地理信息系统
29	赵翔	2013.08	2016.01	刘艳芳	地图学与地理信息系统
30	杨敏	2013.08	2016.01	何宗宜	地图学与地理信息系统
31	沈欣	2014.01	—	李霖	地图学与地理信息系统
32	成晓强	2014.07	2016.07	李霖	地图学与地理信息系统
33	邵世维	2014.12	—	艾廷华	地图学与地理信息系统
34	蒋永华	2015.08	—	刘耀林	地图学与地理信息系统

续表

序号	姓名	进站时间	出站时间	合作导师	二级学科
35	戴雪峰	2015. 08	—	李霖	地图学与地理信息系统
36	曾玲琳	2015. 08	—	李霖	地图学与地理信息系统
37	何海清	2015. 08	—	沈焕锋	地图学与地理信息系统
38	刘海燕	2015. 08	—	沈焕锋	地图学与地理信息系统
39	赵伶俐	2015. 08	—	杜清运	地图学与地理信息系统
40	方建	2015. 08	—	林爱文	地图学与地理信息系统
41	林恒	2015. 10	—	杜清运	地图学与地理信息系统
42	胡涛	2015. 11	—	杜清运	地图学与地理信息系统

印刷与包装系

序号	姓名	进站时间	出站时间	合作导师	二级学科
1	丁福源	2016. 03	—	黎厚斌	材料加工工程

测绘遥感信息工程国家重点实验室

序号	姓名	进站时间	出站时间	合作导师	二级学科
1	向隆刚	2006. 01	2008. 01	龚健雅	地图学与地理信息系统
2	孙宝林	2007. 01	2009. 01	秦前清	摄影测量与遥感
3	刘进	2007. 04	2010. 07	李德仁	摄影测量与遥感
4	王伟玺	2007. 05	—	朱庆	摄影测量与遥感
5	曾群	2007. 06	2010. 05	陈晓玲	摄影测量与遥感
6	吴钊	2007. 12	2010. 11	李德仁	摄影测量与遥感
7	吴黎兵	2008. 03	退站	李清泉	摄影测量与遥感
8	Timo Balz	2008. 05	2010. 12	廖明生	摄影测量与遥感
9	李华玮	2008. 07	2011. 07	李德仁	摄影测量与遥感
10	张彤	2009. 03	2011. 04	李清泉	摄影测量与遥感
11	李明	2009. 06	2012. 03	李清泉	摄影测量与遥感
12	柳林	2009. 06	2012. 06	李德仁	摄影测量与遥感
13	杨博雄	2009. 07	2012. 09	秦前清	摄影测量与遥感
14	范冲	2009. 11	退站	龚健雅	摄影测量与遥感
15	严颂华	2009. 11	2011. 06	龚健雅	摄影测量与遥感
16	杨明	2009. 11	—	李德仁	摄影测量与遥感

续表

序号	姓名	进站时间	出站时间	合作导师	二级学科
17	戴晨光	2010.03	—	龚健雅、许妙忠	摄影测量与遥感
18	温永宁	2010.07	—	李清泉	摄影测量与遥感
19	余荣威	2010.07	2012.08	朱欣焰	信息安全
20	马盈盈	2010.08	2012.07	王祖武、龚威	地图学与地理信息系统
21	陆建忠	2010.08	2012.07	朱欣焰、陈晓玲	摄影测量与遥感
22	张洪艳	2010.08	2012.07	杜清运、张良培	摄影测量与遥感
23	陶建斌	2010.08	2012.07	李清泉	地图学与地理信息系统
24	林宏	2010.09	2012.08	龚威	摄影测量与遥感
25	杨文	2010.11	2013.11	廖明生	摄影测量与遥感
26	何楚	2010.11	2013.11	廖明生	摄影测量与遥感
27	种衍文	2010.11	2013.12	李清泉	摄影测量与遥感
28	呙维	2011.03	2013.03	李霖、朱欣焰	地图学与地理信息系统
29	王后珍	2011.04	2013.07	徐正全	信息安全
30	关雪峰	2011.08	2013.06	李霖、吴华意	地图学与地理信息系统
31	张毅	2011.09	2015.07	李斐	测绘科学与技术
32	张靖	2011.12	2014.03	江万寿	摄影测量与遥感
33	陈振兴	2012.01	—	李清泉	3S 集成与空间信息通信
34	雷震	2012.03	2014.08	李德仁	摄影测量与遥感
35	陈碧宇	2012.03	2014.07	李清泉	交通规划与管理
36	肖进胜	2012.03	—	李清泉	
37	齐同军	2012.04	—	李清泉、孙玉国	摄影测量与遥感
38	黎蕾蕾	2012.04	2015.06	李德仁、孙红星	摄影测量与遥感
39	靳华中	2012.07	—	李清泉	地理学
40	汪韬阳	2012.07	2014.06	李德仁	摄影测量与遥感
41	赵磊	2012.07	2014.12	龚健雅	信息安全
42	张志军	2012.09	2015.06	李德仁、邵振峰	地图学与地理信息系统
43	曹金山	2013.06	—	龚健雅	摄影测量与遥感
44	史磊	2013.08	2015.07	李平湘、沈焕锋	摄影测量与遥感

续表

序号	姓名	进站时间	出站时间	合作导师	二级学科
45	王文波	2014. 01	—	张晓东	摄影测量与遥感
46	杨国鹏	2014. 01	—	龚健雅	摄影测量与遥感
47	朱忠敏	2014. 01	—	龚威	摄影测量与遥感
48	陈泽强	2014. 05	—	龚健雅	摄影测量与遥感
49	徐川	2014. 05	—	眭海刚	摄影测量与遥感
50	成晓强	2014. 07	—	吴华意	地图学与地理信息工程
51	孙伟伟	2014. 07	—	张良培	摄影测量与遥感
52	江辉	2014. 07	—	龚健雅、陈晓玲	摄影测量与遥感
53	孙康	2015. 06	—	许秒忠	信号与信息处理
54	戴雪峰	2015. 07	—	龚健雅、李霖	地图学与地理信息系统
55	刘冲	2015. 11	—	陈晓玲	摄影测量与遥感
56	何蕾	2015. 11	—	陈晓玲	摄影测量与遥感
57	王涛	2015. 12	—	杨必胜	摄影测量与遥感
58	杨威	2016. 01	—	眭海刚	摄影测量与遥感
59	石岩	2016. 03	—	龚健雅	摄影测量与遥感

卫星导航定位技术研究中心

序号	姓名	进站时间	出站时间	合作导师	二级学科
1	陶维亮	2009. 11	2012. 1	刘经南	大地测量学与测量工程
2	赵静	2010. 06	2013. 05	刘经南	大地测量学与测量工程
3	郭迟	2011. 03	2013. 1	刘经南	大地测量学与测量工程
4	程世来	2011. 09	2015. 05	刘经南	大地测量学与测量工程
5	柯福阳	2012. 01	2016. 03	施闯	大地测量学与测量工程
6	郭文飞	2012. 04	2015. 05	施闯	大地测量学与测量工程
7	石书祝	2012. 04	2015. 06	刘经南	大地测量学与测量工程
8	夏学文	2012. 11	2016. 01	刘经南	大地测量学与测量工程
9	徐侃	2013. 09	—	刘经南	大地测量学与测量工程
10	张提升	2014. 04	2016. 03	施闯	大地测量学与测量工程

续表

序号	姓名	进站时间	出站时间	合作导师	二级学科
11	徐宗秋	2014.07	—	施闯	大地测量学与测量工程
12	周志伟	2014.12	—	刘经南	大地测量学与测量工程
13	王成	2015.03	—	施闯	大地测量学与测量工程

南极测绘研究中心

序号	姓名	进站时间	出站时间	合作导师	二级学科
1	杨元德	2010.07	2012.07	李斐	固体地球物理学
2	安家春	2011.07	2014.01	李斐	固体地球物理学
3	郝卫峰	2012.07	2015.01	朱良保	固体地球物理学
4	柯灝	2012.07	2015.01	李斐	固体地球物理学
5	孔建	2015.03	—	李斐	固体地球物理学
6	刘海燕	2015.07	—	沈焕峰	地图学与地理信息系统
7	季青	2015.07	—	李斐	固体地球物理学

地球空间信息技术协同创新中心

序号	姓名	进站时间	出站时间	合作导师	二级学科
1	沈　欣	2013.08	2016.07	李德仁	摄影测量与遥感
2	陈泽强	2014.03	2017.02	龚健雅	地图学与地理信息系统
3	姚　远	2014.11	2017.10	李德仁	摄影测量与遥感
4	杨　博	2015.01	2017.12	王密	摄影测量与遥感
5	王　成	2015.03	2018.02	施闯	大地测量学与测量工程
6	史　硕	2015.07	2018.06	龚威	摄影测量与遥感
7	桂　力	2015.09	2018.08	郑顺义	摄影测量与遥感
8	鲁路平	2015.09	2018.08	张勇	摄影测量与遥感
9	戴雪峰	2015.07	2018.06	龚健雅	地图学与地理信息系统
10	曾玲琳	2015.07	2018.06	李德仁	摄影测量与遥感
11	张　全	2015.08	2018.07	施闯、牛小骥	大地测量学与测量工程
12	易文婷	2015.08	2018.07	施闯、楼益栋	大地测量学与测量工程

续表

序号	姓名	进站时间	出站时间	合作导师	二级学科
13	胡　涛	2015. 10	2018. 10	朱欣焰	地图学与地理信息系统
14	王　涛	2016. 01	2018. 12	徐正全	通信与信息系统
15	庞世燕	2016. 03	2019. 02	胡翔云	摄影测量与遥感
16	石　岩	2016. 03	2019. 02	龚健雅、乐鹏	地图学与地理信息系统
17	常学立	2016. 01	2018. 12	王密	摄影测量与遥感

第七章　人才培养

7.1　概述

人才培养是高等学校的根本任务。武汉大学高度重视人才培养工作，始终坚持把改革开放的办学成果优先用于教学，将优质教育资源服务于学生的成长成才，不断强化教学的中心地位。经过十多年的不断探索和反复研讨，学校在办学目标、人才培养理念和教育教学改革方面逐步凝聚共识，形成较为完整的办学思路和一系列重要的改革措施；武汉大学测绘学科设有国家信息化测绘人才培养模式创新实验区、国家级实验教学示范中心、国家级工程实践教育中心和遥感信息工程国家级实验教学示范中心，是全国高等学校测绘学科教学指导委员会主任单位，在我国测绘教育和科技事业发展中发挥了引领和示范作用。

在本科教学改革方面，以打造世界一流的本科教育为目标，坚持以“创造、创新、创业”为核心，培养具有坚定民族精神和开阔国际视野、强烈社会责任感和使命感、人格健全、知识宽厚、能力全面，能够引领未来社会进步和文明发展的一流人才；在研究生培养方面，围绕质量和创新两大主题，全面推进研究生教育改革，着力培养具有国际竞争力的拔尖创新人才和各类高级专门人才。武汉大学测绘学科作为学校最具特色的优势学科之一，在建设“中国特色、世界一流”大学的进程中，根据学校人才培养目标和发展定位，结合自身特点，坚持从提高生源质量入手，全面深化人才培养过程改革，不断规范教学管理，提高人才培养质量。测绘学科教育教学改革已经走在了全国高校同类学科的前列，人才培养质量得到广泛好评。

2006—2016 年，武汉大学测绘学科共培养各类毕业生 13987 名，其中本科毕业生 8429 人，硕士研究生 4451 人，博士研究生 1107 人。另外，还培养各类继续教育学生约 30000 名。这些学生除服务于测绘行业相关单位外，还广泛分布于教育、科学研究与技术服务、信息传输、软件开发、工程建设、规划管理等专业领域。武汉大学测绘学科相关专业的毕业生因基础理论扎实、专业技术全面、学术视野开阔、解决实际问题的能力强，受到用人单位的普遍欢迎，其中部分毕业生迅速成长为单位领导和业务骨干，为国家经济建设和社会发展作出了重要贡献，也为学校赢得了荣誉。

7.1.1　努力打造世界一流的本科教育

本科教育是高校高级专门人才培养的基础阶段，本科教育质量从根本上决定着人才培养质量。武汉大学始终坚持“人才培养为本，本科教育是根”的办学理念，始终坚持把本科教学质量作为评价和衡量院系工作的重要依据，积极推动各单位高度重视本科人才培养工作。

新武汉大学合并组建后，先后于 2001 年、2005 年、2007 年、2012 年和 2015 年召开了 5 次全校性本科教学工作会议，确立了“三创”教育理论和“打造世界一流本科教育”的办学目标。学校在不断深化教学改革的过程中，先后出台“本科教学改革与发展行动计划”、“本科教学质量与教学改革卓越工程”、“本科创新人才培养发展规划——武大课程 2010”、“武汉大学本科教育改革 1+8 系列改革文件”等重要举措，以提高人才培养质量为核心，推动各项工作回归人才培养本位。十年来，武汉大学测绘学科根据学校部署和学科发展需要，先后 3 次大规模修订本科人才培养方案，改革课程体系，对新形势下人才培养的方式方法进行大胆探索，在培养“宽口径、厚基础、强能力、高素质”的复合型人才方面取得突出成绩。

1. 切实加强招生宣传，稳步提高生源质量

进入 21 世纪以来，武汉大学测绘学科依托武汉大学这个优秀平台开展高考招生，整体生源质量大幅跃升。近年来，随着武汉大学综合实力不断增强，社会影响日益扩大，学校在各省市区的高考录取分数稳步上升，学生报考测绘学科各专业的热情持续升温。以湖北省为例，从 2006—2016 年武汉大学测绘学科高考录取最低分从湖北省理科的前 1 万名跃升到 3200 名，2016 年测绘学科录取的最高分更是进入理科前 1000 名。在其他省份，2016 年生源名次绝大部分进入理科前 2000 名。

近十年来，武汉大学测绘学科各办学单位都非常重视招生宣传工作，除每年都派出大量人员参与学校招生宣传外，还利用各种机会宣传学科的人才培养理念和办学实力，扩大社会影响，增强学科对优秀考生的吸引力。相关单位适时调整专业方向和培养方案，增设社会需求旺盛的新专业，同时配合学校积极推进按大类招生，提高学生报考的积极性。2006 年前后，测绘学科相关专业的录取分数在学校整体排名较后，部分专业第一志愿报考率偏低。近年来，测绘学科各本科专业报考率稳步提升，其中遥感、测绘、地理信息系统等相关专业报考热度上升较快，本科新生高考成绩优异，生源质量越来越好。

2. 不断修订培养方案，完善课程体系

2006 年以来，武汉大学测绘学科以提高人才培养质量为核心，先后 3 次组织修订本科人才培养方案，完善课程体系，相关改革一直走在全国高校同类学科的最前面。如测绘学院根据人才需求和学科发展需要，分别在 2006 年、2010 年和 2013 年对测绘工程、地球物理学和导航工程专业的本科人才培养方案进行了修订，不断完善了各专业的基础课和专业课程教学大纲以及课程之间关系结构图。2015 年，测绘学院结合学校本科教育改革精神以及社会对信息化测绘创新创业型人才的需求，分别召开 3 个本科专业课程体系改革专题研讨会，围绕课程组设置的优化、课程模块设置的优化、主要课程关系图优化、课程内容的优化和实践课程的改革等方面进行了讨论。其中，计算机类课程组分别到清华大学、北京大学、上海交通大学、同济大学和浙江大学进行调研。在此基础上，提出了结合测绘学院 3 个专业特点的计算机课程改革方案。在新一轮本科人才培养方案修订过程中，测绘学院还就相关课程设置向用人单位、教师、学生开展问卷调查，广泛听取各方意见。

新培养方案将从2017级新生开始启用。

2002年，遥感信息工程学院设立遥感科学与技术专业，属于遥感与地理信息学科的新兴交叉学科，涵盖了空间科学、信息科学、地球科学、光电科学、计算机科学5大学科群。遥感信息工程学院紧紧围绕遥感与地理信息数据获取、分析与处理、表达及应用体系的各个环节，以遥感科学与技术、理论、方法和应用为主线构建一个多学科关联的本科教学网络，形成了完整的人才培养方案和课程体系。近十年来，国内高校凡开办遥感科学与技术专业的，都要来遥感信息工程学院调研学习，包括哈尔滨工业大学、北京师范大学、中南大学、西南交通大学、北京建筑工程大学、长安大学等20余所不同层次的高校都参照学院做法，制定自己的人才培养方案和课程体系。2014年，遥感信息工程学院接待来自中国地质大学（武汉）、郑州大学、湖北大学、中南民族大学等高校相关专业学生435人，累计开放教学达到每年12591实验人时数，较好地引领了兄弟院校相关专业本科人才培养工作。

武汉大学测绘学科还利用全国领先的杰出教学团队、国家级精品资源共享课程、国家规划教学和各种教学科研成果，大力加强精品课程和教学资源建设，引导国内外高校同类学科的人才培养。由6位院士领衔主讲“测绘学概论”课程，是测绘学科在课程建设和基础课教学方面的有益探索，在国内外引起强烈反响。国内大部分开设测绘工程专业的院校都借鉴我校“测绘学概论”课程教学方式，邀请相关主讲老师去讲授“测绘学概论”课程。武汉大学“测绘学概论”、“物理大地测量学”、“误差理论与测量平差基础”、“大地测量学基础”、“GPS原理及其应用”、“摄影测量学”、“遥感原理与方法”、“数字图像处理”、“近景摄影测量学”等学科主干课程的国家级精品资源共享课程、省级和校级精品课程的教材、多媒体课件和教学成果被全国多所高校采用。

3. 不断更新教学内容，提高课堂教学质量

课堂教学是本科人才培养的基础性环节。武汉大学测绘学科在切实加强师资队伍、教材和精品课程建设的同时，积极推动将科学研究的最新成果融入课堂教学，不断提高课堂教学质量，努力拓展人才培养的广度和深度。

测绘学科承担了大量“973”计划、“863”计划、自然科学基金重点项目以及科技支撑项目等，相关的研究成果处于国内外前列。学科建立教学科研互动、科研反哺教学的机制，积极探索将学科前沿的最新成果和实验教学方法融入教学，推动不同类型科研成果向实验教学持续转化。通过十年的积累和更新，目前已凝练出数百个实验项目充实教学，既让学生及时了解学科前沿动态，又较好地培养了学生的创新意识。如资源与环境科学学院将40多项科研成果转化为实践教学内容，“多媒体电子地图设计”、“WebGIS与地理信息服务”、“土地整理项目规划与设计”等课程的教学内容直接来自最新科研成果。测绘学院开设《导航前沿专题讲座》等课程，向本科生介绍测绘学科最前沿的知识和发展动向。测绘学科各办学单位普遍鼓励本科生参与教师科研项目，了解本学科前沿发展，开阔学生学术视野，提高他们动手解决复杂问题的能力。

积极推进知名教授为本科生授课，全面提高课堂教学质量。测绘学院明确规定，教授完成本科教学理论课时每年不低于90课时，副教授每年不低于54课时，全院高级职称教师为本科生授课学时占总学时的80%以上。测绘学科知名教授参与本科教学的比例接近

100%，一大批高水平学者通过参与教学研究项目、指导学生毕业论文等方式，投入本科生教学。由宁津生、李德仁、刘经南、陈俊勇、张祖勋、龚健雅6位院士和部分测绘领域权威专家17年联袂为本科生开设专业基础课“测绘学概论”，受到学生的热烈欢迎，在全国高校被传为佳话。近年来，李征航、刘耀林教授先后被评为国家级教学名师；许才军教授2015年获得武汉大学“杰出教学贡献校长奖”；在全国测绘学科青年教师讲课竞赛和武汉大学青年教师教学竞赛中，测绘学科青年教师多次获得特等奖和一等奖。

4. 积极开展国际合作办学，不断提升学生的国际交流能力

武汉大学摄影测量与遥感、地图制图学与地理信息工程、全球定位与导航技术等学科的综合实力和办学水平国际一流。武汉大学测绘学科充分利用自己在国际上的重要影响，加强与国外高校和研究机构的合作，通过各种项目推进国际化人才培养，不断开阔学生的学术视野，提高人才培养质量。学科每年派出大批学生出国交流、合作科研或攻读学位，其中本科毕业生出国人数超过10%。

测绘学院与德国斯图加特大学等7所国外著名大学签订了优秀学生相互交流协议，平均每年选送20名左右学生到美国科罗拉多大学、加拿大卡尔加里大学等国际著名大学深造。2012年以来，遥感信息工程学院先后有65名学生分别赴德国斯图加特大学、美国埃默里大学、美国加州大学伯克利分校、澳大利亚悉尼大学、荷兰代尔夫特理工大学、香港理工大学，以及新加坡、芬兰等地近20所国际名校留学。资源与环境科学学院先后与荷兰ITC、法国里尔科技大学、美国爱荷华大学和密苏里大学哥伦比亚分校等联合培养国际教育合作项目；与加拿大滑铁卢大学、英国纽卡斯尔大学开展“2+2”本科生联合培养；与奥地利萨尔茨堡大学等欧亚6所大学和研究机构共同申请欧盟“Erasmus+计划”项目Geoservice-4-Sustainability，联合开发面向国际地理信息科学教育市场的扩展课程体系。印刷与包装系在德国学术交流中心（DAAD）的资助下，连续6年在武汉大学针对亚洲学生开展暑期班教育；先后与德国伍珀塔尔大学、香港知专设计学院、英国利兹大学、美国罗切斯特理工学院、台湾中国文化大学等建立学生交换、硕士或本科的“3+1+1”、“2+2”、研究生“1+1+1”等联合培养项目。资源与环境科学学院还与新西兰国立理工学院、新西兰皇家科学院水与大气研究所、武汉珞珈得毅科技发展有限公司共同组建“中新环境智能计算技术研究中心”，通过人员互访、联合攻关、产学研合作等多种形式联合培养人才，开展国际学术交流。为了提高本科生国际交流能力，测绘学科大力加强全英语课程建设，积极推进双语教学，相关工作受到学校肯定。

5. 加强实践性教学和第二课堂建设，不断提高学生的综合素质

测绘学科应用性强，各办学单位十分重视发挥实践实习和第二课堂在人才培养中的作用，通过广泛建立实习实践基地，引导和鼓励学生参加科学研究和社会实践等途径，提升学生的业务素养和实际工作能力。测绘学科各专业培养方案经过不断修订，明确规定本科生实践实习学分应不低于总学分的25%，其中测绘工程和印刷工程的“卓越工程师计划”专业要求实习一年以上。

为推进本科生实习实践，测绘学科建立了众多的校外实践教育基础，与相关单位合作，广泛开展校企协同育人。测绘学院与湖北科技学院合作建立了测绘地理信息校外实习基地，与葛洲坝集团葛洲坝测绘工程院、三峡通航管理局、武汉市测绘研究院、陕西省国

测局第一测绘大队、江苏省测绘工程院、重庆市勘测院、武汉光庭信息技术有限公司等企事业单位合作建立了人才培养与实践教学基地。遥感与信息工程学院分别与北京四维图新科技股份有限公司、北京吉威时代软件股份有限公司、东方道迩信息技术有限责任公司、湖北省基础地理信息中心、中国人民解放军广州军区测绘队、云南省航测遥感院等单位建立了校企协同育人基地，根据不同企业特点，联合开展人才培养。资源与环境科学学院建立了国家级庐山地理学理科野外实践教育基地，与中国地图出版社联合建立地理信息系统工程实践教学教育中心，与湖南省地图院共建大学生校外实习基地等。印刷与包装系先后与方正国际软件（北京）有限公司、上海烟草包装印刷有限公司、中华商务印刷（广东）有限公司、安徽时代出版、江苏凤凰传媒等 20 余家企业建立校企实习实践基地。这些基地为测绘学科人才培养提供了良好的实践操练平台，对提高学生实践动手能力发挥了重要作用。

武汉大学测绘学科部分实习实践项目和第二课堂活动形成特色，在国内外具有重要影响。资源与环境科学学院建立的国家级庐山地理学理科野外实践教育基地已有 50 多年的历史，2012 年被评为首批国家理科野外实践教育基地之一。该基地利用庐山独特而优越的自然地理禀赋，每年接受学校相关专业 200 多名学生开展地质、地貌、气候、水文、土壤、生态、生物多样性等实习。经过五十多年的探索，基地实习内容相对成熟，实习教材齐备，实践标本、模型粗具规模，已发展成为武汉大学地理和测绘学科著名的野外实践平台。出版的实习教材《庐山地理调查》和《庐山北部地区地形图》，被全国 60 多所高校相关专业作为庐山实习教材使用或作为主要参考文献之一。

2016 年 7 月，武汉大学资源与环境科学学院与西南大学、云南师范大学相关院系共同组织全国地理学国家理科人才培养基地联合野外实习，来自全国 26 所高校的 120 余名师生，途经武汉、荆州、宜昌、重庆、昆明等，考察数千公里沿线典型地质地貌、水文、土壤、植被及生态环境问题。跨区域联合实习融合各基地的路线、项目、师资等资源，改变了以往地理专业以定点实习为主的做法，让学生得到更加全面的锻炼，在国内高校引起强烈反响。印刷与包装系联合香港印刷商会、广东鹤山雅图仕、柯达、ESCO、杜邦等著名企业面向全国高校连续举办了 6 届包装设计大赛，吸引了全国 50 多所大学的学生参加，每届均收到参赛的大学生作品千余件。

测绘学院建立的“虚实结合、校企联动”的协同创新实践教学新体系，在全国测绘类专业实践教学中发挥了示范和引领作用。测绘学院开发了 100 多项综合和创新实验项目，建立的立体地形模型、低空摄影测量系统和高精度室内三维全景控制场，吸引了全国多所高校的学生来校进行教学实习。加拿大卡尔加里大学、奥地利维也纳技术大学、澳大利亚新南威尔士大学、清华大学、同济大学等 30 多所国内外著名院校派教师到测绘学院国家级测绘实验教学示范中心参观交流，并将项目研究成果引入这些院校实践教学体系建设之中，推动信息化测绘实验教学。

武汉大学测绘学科每年举办运动会，组织大型文艺活动和学术科技活动，学生第二课堂活动丰富多彩，部分社团比较活跃。其中，神农架科考、绿舟环保协会等一批学生社团在校内外具有较大影响。各培养单位每年都组织大量学生社会实践队，引导学生深入社会、了解国情。丰富的社会实践和第二课堂活动，培养学生的集体观念和参与意识，提高了学生的实际工作能力和综合素质。

资源与环境科学学院牵头的武汉大学神农架及长江流域生态考察队，组建于1999年，旨在通过实地生态考察，拓宽学生知识面，提升学生的野外生态环境科考技能，培养大学生吃苦耐劳、勇于探索、锐意进取、知识创新的精神，增强学生环境保护意识，提高综合素质。团队广泛接收武汉大学测绘、地理、环境、法律、经济等各个专业的本科生参与科考，不仅取得了丰硕的科研成果，而且培养了一批优秀的学生。2015年，神农架及长江流域生态考察队获得了"全国百强优秀实践队"的称号。

6. 积极探索拔尖创新人才培养的新模式

2008年，资源与环境科学学院地理科学获批"国家理科基础科学研究与教学人才培养基地"，成为全国7个地理科学"国家理科基础科学研究和教学人才培养基地"之一。基地结合自身优势，在科学研究和人才培养方面进行大胆探索，逐步形成特色。在科学研究方面，基地紧跟国际地理科学发展潮流，面向国家重大需求和资源环境主战场，形成了以地理信息系统、地图学研究为优势，以长江中游区域地理环境研究为特色，以一流学科平台和实验实习资源为依托的人才培养环境和条件，聚集了一批在国内外有影响的学者专家，取得了大量的研究成果。其中一些成果达到国内领先或国际先进水平，获得多项国家级和省部级奖励。资源与环境科学学院设立地理科学基地班，致力于培养具有扎实的专业基础、良好的科学素质、较宽的知识面、较好的分析问题和解决问题能力，掌握地理科学基本原理和科学研究方法，熟练掌握遥感、GIS、计算机技术和相关学科基本技术和技能，了解学科前沿研究领域的高层次创新型人才。基地十分注重实践动手能力和科学创新能力的培养，为学生配备双导师和专用实验机房，给予学生国家自然科学基金科研能力训练项目专项资助，创造条件加快学生成长成才。基地班50%以上的毕业生推免硕士研究生或参加硕博连读。

2012年，测绘工程和印刷工程专业入选"国家卓越工程师培养计划"。测绘学科相关单位积极探索卓越人才培养模式，制定个性化人才培养方案，建立与科研院所协同育人、与行业企业协作育人的合作机制，切实培养各行业的卓越人才。为提高卓越人才的实际动手能力，遥感信息工程学院对实践教学环节进行了大胆改革。首先，根据学科发展对实践能力的要求不断提高的特点，打破课堂教学与实验教学教师的壁垒，按照实验教学要求，引进和培养高水平的专职实验教学队伍，全面提高实验教学水平。其次，不断完善实验条件，同时提供宽松的管理环境，以满足学生个性化发展需要。学生凭校园卡即可进入实验室进行自己感兴趣的研究，每个实验室的管理教师同时也负责学生的答疑和指导。这些探索让实验中心成为学生课堂教学实践、科学研究和兴趣学习的重要场所，极大地满足优秀学生旺盛的学习需求，为全面提高卓越人才的实践能力提供了有力保障。印刷与包装系与安徽时代出版传媒联合，直接在企业开设实践性强的课程，并为每位参加"卓越工程师计划"的学生同时指定校内导师和校外导师，引导学生以问题为导向开展学习和研讨，全面打造高层次工程技术人才。

资源与环境科学学院还实施"解惑之窗"工程，规定每个任课教师每周都要拿出一定时间在确定地点接待学生，并列入教师的工作计划，要求教师不仅对学生进行学习上的辅导和答疑，还要对学生进行思想政治教育，端正专业思想教育，介绍学科前沿科研进展，对学生进行就业指导以及道德、品行、意志、作风等方面的教育。

遥感信息工程学院面向国家高层次地理空间信息与遥感高端人才需求，积极探索本博贯通式人才培养模式，开设“知卓菁英班”，设立专项奖学金，奖励本科阶段4年学费。2015年，“知卓菁英班”从遥感科学与技术专业新生中选拔30名左右优秀学生，在大学一年级开始，为每一位学生配备一名博导进行一对一学业指导，达到推荐免试研究生条件的，直接进入博士阶段培养。遥感信息工程学院瞄准国家航空航天遥感、深空探测、国防建设等重大方向，与电子信息学院、中科院西安光机所联合开办“祖同菁英班”，培养具有遥感传感器硬件和摄影测量与遥感信息处理算法等方面扎实的理论知识、掌握遥感数据获取到处理应用的全链路技术体系、理论与技术并重的复合型人才。三方共同制定培养方案、课程体系及实验实习方案，专业基础课和专业课程主要由遥感信息工程学院和电子信息学院共同承担，安排相关专业老师授课，中科院西安光机所安排技术骨干承担部分专业课程和实习课程教学。

7. 不断规范教学管理

合校之初，武汉大学成立了由热心教学工作、具有丰富教学和管理经验的专家教授和管理人员组成教学督导团，对教师的教学、学生的学习以及教学管理人员的管理行为进行督导。测绘学科在接受学校督导的同时，从提高人才培养质量和规范教学管理的实际需要出发，建立了各自的教学督导队伍，对本科教学过程的每个环节进行严格督查；同时院系院长、书记定期听课，了解教学情况，及时发现问题和整改，已经成为相关学院规范教学管理的经典做法，这些举措促使教学管理日益规范，教学质量稳步提高。

2007年，武汉大学接受教育部本科教学工作水平评估。2016年，武汉大学申请参加教育部组织的本科教学状态评估。以迎接两次重要评估为契机，测绘学科建立和完善了教学评估机制，每年都组织专家对本科教学状态进行自评，同时接受学校评估，将以评估促建长期化、制度化和规范化。经过多年努力，武汉大学测绘学科逐步建立起完善的本科教学质量监控机制，同时建立了对课程体系设置和主要教学环节、教学质量的定期评价机制，能够对人才培养的主要环节进行有效监控和及时反馈。测绘学科充分发挥教学指导委员会和教学督导组的作用，建立毕业生跟踪调查反馈机制，通过常态监测与不定期集中社会调查相结合，收集校友和用人单位对教学改革的意见，针对教学质量存在的问题和薄弱环节，采取有效的纠正与预防措施，进行持续整改，不断提升教学质量，规范教学管理。

为了适应社会发展对人才要求的变化，测绘学科基于社会评价反馈意见，不断丰富培养目标内涵，协调发展毕业生的知识、能力和素质，提高毕业生的社会适应、竞争能力，建立了人才培养持续改进机制。测绘学科以能力培养为导向，定期修订培养方案，探索人才培养新模式，优化课程体系和课程内容，加强实践、创新能力培养。测绘学科还积极探索教学过程和教学管理信息化工作，建立了“微信平台—在线课程—线下辅导”的多元信息化教学与管理模式，自主开发了基于微信平台的教学管理系统，通过微信平台及时发布教学计划、考试安排等信息，不断提高教学管理水平和服务质量。在学校每年的本科教学评估中，测绘学科的整体水平一直名列前茅。

8. 本科教学质量稳步提高，人才培养成绩突出

武汉大学测绘学科的办学水平一直是国内高校同类学科的标杆。在近两次全国一级学

科评估中，武汉大学测绘科学与技术、地球物理学两个一级学科排名全国第一，地理科学排名全国第四，土地资源管理所在一级学科排名全国第一，轻工技术与工程全国排名第七。近年来，测绘学科相关专业本科毕业生升学和出国深造率超过 50%，一次性就业率达到 95%以上，毕业生受到用人单位的普遍欢迎。

武汉大学测绘学科相关专业的培养方案得到教育部高等学校测绘学科教学指导委员会和国家测绘地理信息局测绘教育指导委员会的充分肯定，已在全国相关院校测绘工程及相关专业的人才培养及教学中推广应用。在中国工程院主持的“创新型工程科技人才培养研究”、“我国工程科技队伍发展趋势分析”和“我国测绘工程学科发展”等咨询项目中，武汉大学测绘学科人才培养的相关成果被广泛采纳。由武汉大学测绘学科相关院系牵头制定的我国测绘类专业国家质量标准，是国内 140 多所高等院校测绘类专业人才培养的标杆。全国测绘学科教学指导委员会在全国 100 多所高校中推广武汉大学测绘学科相关专业的人才培养方案，香港理工大学、清华大学、同济大学、解放军信息工程大学、重庆大学、中国地质大学、华南农业大学、山东建筑大学等高校先后来我校调研，学习测绘工程专业创新人才培养方案，部分高校引进我校的测绘类专业人才培养模式建设测绘工程专业。

近年来，武汉大学测绘学科本科生在国内外各种活动中频频获奖，学科人才培养质量受到各方面的充分肯定。在“挑战杯”全国大学生课外学术科技作品竞赛和大学生创业计划竞赛中，印刷与包装系获全国一等奖 1 项、金奖 2 项，湖北省特等奖 1 项；测绘学院获省部级一等奖和二等奖各 1 项。测绘学院学生在全国大学生数学建模竞赛中，获国家级一等奖 4 项、二等奖 8 项，省部级一等奖 1 项；在数学竞赛中，获国家级一等奖 2 项、二等奖 5 项，省部级二等奖 1 项；在英语竞赛中，获国家级特等奖 1 项、一等奖 1 项、二等奖 8 项；在全国大学生测绘技能大赛中，获国家级团体特等奖 3 项、一等奖 5 项，二等奖 3 项；在“则泰杯”全国大学生测绘科技创新论文竞赛中，获国家级一等奖 9 项、二等奖 7 项；“十二五”期间，大学生获批国家级科研训练项目立项 17 项、校级立项 93 项。遥感信息工程学院本科生近 5 年完成大学生科研立项 76 项，其中，获批大学生国家创新实验项目及国家大学生创新创业训练计划共 15 项；本科生在国内外核心刊物和会议上发表科研论文 85 篇，获得湖北省优秀学士论文奖 28 篇；学生参与各类竞赛获奖 130 项。遥感信息工程学院辩论队连续数次参加中国青年遥感辩论会，获团体冠军 3 次，多名同学获得“最佳辩论员”、“最佳逻辑奖”、“最佳幽默奖”、“最佳文采奖”、“最佳辩才奖”等荣誉称号。资源与环境科学学院土地资源管理专业本科生王峰在第 19 届世界脑力锦标赛中获得了 5 金 1 银的佳绩，打破四项世界记忆纪录，夺得第 19 届锦标赛总冠军，成为大赛举办以来第一个问鼎总冠军的亚洲人，被世界大脑基金委员会评为 2010 年“大脑年度人物”，并于 2011 年成功卫冕。2010 年，武汉大学辩论队获得国际大学群英辩论会冠军，资源与环境科学学院 2007 级本科生张文逸作为核心队员发挥了重要作用，其教练杨子江也是该学院优秀校友，现在北京大学攻读博士学位，并兼任北京大学辩论队队长。2015 年，以资源与环境科学学院本科生方飞国为队长的团队在 SuperMap 杯全国高校 GIS 应用大赛中获得一等奖。2016 年 4 月，资源与环境科学学院地理信息系统专业 2007 届本科生吴锦及其团队在 *Science*（《科学》）杂志发表学术论文《叶片年龄结构的季节性变化解释亚马逊热带雨林的光合作用过程》，并成为当期刊物的封面故事。在全国印刷行业技能大赛中，印刷与包装系有2人入选全国十强，3人获得全国三等奖。印刷与包装系“立竿见影”科技创新团队获大学生“小平科技创新团队”称号。2016年，武汉大学测绘学科本科生王涵、张登稣、常华、方高、邹建成、辛绍铭、赵望宇等组队参加“天宇杯”第四届全国高等学校大学生测绘技能竞赛，获得了团体、程序设计、1：500数字测图3个单项特等奖，二等水准测量一等奖和一级电磁波测距导线测量二等奖。

7.1.2 不断提高研究生培养质量

2004年，武汉大学召开学位与研究生教育工作会议，明确了研究生教育以培养拔尖创新人才为中心，狠抓质量和创新两大主题，着力培养高素质的专业技术人才、企业经营管理人才和党政管理人才的办学思路。2012年学校印发了《武汉大学研究生教育质量工程建设方案》，积极推进优质生源拓展与招生选拔优化工程、培养模式创新工程、高质量课程建设工程、导师队伍建设工程、质量管理强化工程、专业学位发展与质量提升工程6大工程的实施，全面深化学位与研究生教育的各项改革。近十年来，武汉大学测绘学科根据学校部署和学科特点，在研究生教育方面进行了改革探索，取得了显著成绩。

1. 积极推进研究生招生制度改革，不断提高生源质量

生源质量对于高层次人才培养至关重要。十年来，武汉大学测绘学科各培养单位高度重视研究生生源质量，通过研究生招生和培养机制改革创新，吸引优秀生源，提升生源质量，为高层次拔尖创新人才培养打好基础。

第一，高度重视研究生招生宣传。测绘学科各办学单位充分发挥导师的作用，动员老师利用各种机会，主动到生源集中地开展招生宣传，引导优秀学生报考武汉大学测绘学科相关专业。

第二，普遍举办优秀大学生暑期夏令营，通过提前选拔，让更多优秀学生成为预备生源。如测绘遥感信息工程国家重点实验室近年来面向全国举办优秀本科生夏令营，让考核成绩优异者优先进入该实验室攻读硕士或直接攻博。2015年实验室通过夏令营招收推免硕士生84人、直博生1人，占招生总人数的65.2%，较2014年38.8%的推免生人数增加近1倍，其中硕士生来自“985”高校比例达到50%，较2014年增加28.2%。

第三，逐步扩大推免生比例，提前锁定优质生源。教育部取消推免限制后，各培养单位抓住机遇，及时调整优录政策，大幅提高接收优质生源的比例。如遥感信息工程学院2016年共招收69名推免生，其中“985”、“211”高校毕业生65人，占总推免人数的94%。

第四，通过奖励性政策和措施吸引优秀生源。2011年以来，测绘遥感信息工程国家重点实验室每年投入近20万元，设立了优秀硕士新生奖学金，共吸引了30余名优秀本科毕业生来实验室进行硕博连读。遥感信息工程学院等单位规定夏令营优秀营员可推荐直博或获得“1+4”硕博连读资格，硕博连读生有机会获得2万元优秀新生奖励。

第五，在博士招生方面，将原来的统一考试改变为“申请—考核”选拔制度，更加注重对学生专业素养、研究能力和创新潜质的综合评价，更加有利于选拔综合素质优秀、有培养前景的学生。这一系列改革措施，促进了测绘学科研究生生源质量稳步提升，为测

绘学科人才培养、科学研究和毕业生就业打下了良好基础。

2. 以人才培养为目标，全面推进研究生培养机制改革

2006年以来，武汉大学测绘学科根据学科发展和社会需求变化情况，在研究生培养机制方面进行了改革探索，有效激发了学生学习成才的动力，加快了高层次拔尖人才培养步伐。

首先，根据形势发展需要，对硕士研究生学制进行了改革探索。近年来，随着我国研究生教育改革的不断深入，硕士研究生培养目标逐步由过去单一的学术型人才培养，转向以应用型为主兼及学术型人才培养。为适应这一变化，从2004年起，测绘学科在硕士研究生培养中全面推行以两年制主体的弹性学制。为进一步提高研究生培养质量，学校对硕士研究生培养模式、学制及相关配套方案一直在进行探索。2013年，测绘学科根据培养目标的差异，对硕士研究生学制进行了重新调整：科学学位硕士研究生学制调整为3年，培养目标重在为博士研究生阶段输送具有研究潜质的优秀生源；专业学位硕士研究生学制一般为2年，主要为各行各业培养高层次应用型人才。同时，将应用型人才培养作为测绘学科硕士研究生教育的第一要务。

其次，以培养创新人才为核心，积极探索多元化人才培养模式。测绘学科围绕培养高质量人才和多出高水平成果，从2007年开始积极探索“2+3”硕博连读和“1+4”硕博连读等多种培养方式。2012年开始对应届本科毕业生中对学术研究有浓厚兴趣、具有较强创新精神和科研能力的学生启动“直接攻博”的培养方式。2015年，遥感信息工程学院获批学校首批“贯通式人才培养模式”的试点单位，直接从2015级遥感科学与技术专业新生中选拔了31名新生，组成“武汉大学遥感信息工程学院遥感科学与技术专业本博贯通式培养班（知卓菁英班）”，开始贯通式人才培养方式探索。同年，测绘学科相关单位依托“地球空间信息技术协同创新中心”建立了“地球空间信息跨学科培养基地”，开始博士研究生跨学科拔尖创新人才培养试验区建设探索。试验区构建了协同创新与协同培养相结合的开放式培养体系，旨在实现研究生课程体系的精品化、科研训练的前沿化、学术视野的国际化，营造有利于高层次拔尖创新人才脱颖而出的培养氛围和运行机制，进一步提升跨学科平台研究生整体培养质量；着眼于研究生自主创新能力的提高与优秀青年学术骨干的培养，重点扶持和培养一批具有多学科知识背景和突出科研能力的优秀博士研究生，形成研究生创新成果产出的可持续增长机制。经过多年探索，多元化贯通式培养模式逐步发展成为我校测绘学科高层次人才培养的重要途径。

再次，全面推进研究生培养机制改革，不断激发学生的学习动力。2007年学校开始研究生培养机制改革，将学费收入的绝大部分用于建立研究生奖助金体系，设立研究生基本奖学金、优秀研究生奖学金和专项奖学金。2010年，学校对研究生奖助金政策进行调整，大大提高了奖助面和奖助力度。2010年11月，学校调整“1+4”硕博连读研究生及四年制博士研究生的奖助金标准。2012年10月，学校在原有奖助标准的基础上，再次大幅提高研究生奖助学金额度。为鼓励研究生树立学术精品意识，培养拔尖创新人才，2012年4月，学校实施研究生学术创新奖，最高可获5万~8万元奖励。为发展中国特色研究生教育，促进研究生培养机制改革，提高研究生培养质量，2012年10月，国家财政部和教育部联合发文设立研究生国家奖学金。2014年9月，学校实施学业奖学金和国家助学

金，让优秀研究生不用缴费就可专心治学，其中30%研究生有可能在原基础上增加2000~6000元奖学金。测绘学科各单位在完成研究生培养机制改革的同时，充分利用学科影响，争取社会企业设立各种专项奖学金、对拔尖创新人才给予奖励，逐步形成了有利于优秀人才脱颖而出的良好氛围。测绘学科设立的专项奖学金包括：夏坚白奖学金、王之卓奖学金、陈永龄奖学金、李庆海奖学金、熹光奖学金、光华奖学金、龙江奖助学金、天山奖学金、中海达奖学金、CSST智慧城市奖学金、AMD奖学金、东方道迩奖助学金、中航四维奖助学金、微软航测奖学金、四维图新奖学金，等等。研究生培养机制改革和各项奖学金的设立，激发了学生学习创新的动力，对测绘学科高层次人才培养和多出高水平成果起到了重要推动作用。在完善奖励机制的同时，测绘学科还十分重视对困难学生的帮扶，建立完善助学机制。通过"三助"（助研、助教、助管）、相关单位科研管理经费提成百分之一资助特困学生、临时困难补助等，不让一个学生因经济困难失学、辍学。

3. 不断推进高层次人才培养模式创新

武汉大学测绘学科共享多个硕士、博士学位授予点，相关导师分散在不同的培养单位。为了改善研究生的知识、能力和素质结构，培养高质量的应用型人才，测绘学科相关学院打通二级学科界限，为硕士研究生在测绘科学与技术一级学科范围制定统一的培养方案，开设统一的学科通开课程，在保证必修课精简优化的前提下，适当保留一定数量的选修学分，让硕士生能够根据个人发展定向选择一些感兴趣的课程，既保证了各学位点培养标准的基本统一，又尊重了各办学单位的个性化差异，成为测绘学科研究生培养的重要特色。

跨学科人才的培养既是当今科学研究的迫切需求，也是深化研究生教育综合改革的必要举措。武汉大学测绘学科依托地球空间信息技术协同创新中心，发挥多学科集群优势与交叉优势，实施博士生跨学科拔尖创新人才培养。该项目在实施的同时，已同步申报武汉大学博士生跨学科拔尖创新人才培养基地。

跨学科拔尖创新人才选拔对象为具有跨学科背景或拟跨学科培养的优秀直博生、硕博连读生和博士新生。该项目着眼于学术前沿和国家需求，按照"严入口、重特色、高水准、动态化"的原则，构建协同创新与协同培养相结合的开放式培养体系，实现研究生课程体系的精品化、科研训练的前沿化、学术视野的国际化，营造有利于高层次拔尖创新人才脱颖而出的培养氛围和运行机制，不断提升跨学科平台研究生整体培养质量；着眼于研究生自主创新能力的提高与优秀青年学术骨干的培养，重点扶持和培养一批具有多学科知识背景和突出科研能力的优秀博士研究生，形成研究生创新成果产出的可持续增长机制。

该项目通过课程考核、跨学科创新人才中期考核、结项考核等环节对跨学科培养质量进行监督和激励。中期考核为优秀的博士研究生，助学金标准增加1万元，即提高到3.2万元/年；达到预期培养目标，结项考核为优秀的博士研究生给予跨学科拔尖创新人才奖学金，奖励标准为1万元/人。考核不合格、不能胜任跨学科研究的博士研究生将退出试验区，停止相关资助，退出的指标空额由导师团队从其他在读博士研究生中择优补充。

4. 开设全英文课程，努力提高课程教学质量

武汉大学测绘学科非常重视研究生基础理论教学和实践能力培养，各办学单位注重教

学研究与改革，大力加强精品课程建设，不断提高课程教学质量。每年开设 20 余门全英文专业课程，涉及地球科学、地球物理学、测绘科学与技术、地理学等多个一级学科。近年来，本学科邀请到世界范围内地球空间信息领域的知名专家组成授课团队，为研究生提供世界一流的课程教育，包括美国得克萨斯州立大学达拉斯分校教授、空间统计领域的知名学者、空间滤波方法的创始人 Daniel Griffith 与美国密歇根大学教授李斌共同讲授“空间统计与方法”，意大利米兰理工大学教授、欧洲空间局雷达遥感领域首席科学家、2013 年中国国际科技合作奖获得者 Fabio Rocca 与重点实验室德国籍教授 Timo Balz 共同讲授“微波遥感”，英国格拉摩根大学的荣誉教授、Voronoi 图创始人 Christopher Gold 讲授“数字地表模拟与建模”，澳大利亚新南威尔士大学教授、国际摄影测量与遥感学会前任主席 John Trinder 讲授“摄影测量原理”，等等。高质量的课程教学，夯实了学生的理论基础，开阔了学生学术视野，受到测绘学科研究生的普遍欢迎。

5. 推进高层次人才国际化培养

武汉大学与国外一大批著名高校签订了校际合作协议，为测绘学科高层次人才国际化培养创造了良好条件。中德双硕士学位项目就是整合世界一流教育资源，联合培养研究生的成功典范。该项目课程涉及地球科学、地球物理学、测绘科学与技术、地理学等多个学科，德国慕尼黑工业大学的地球科学、地球物理学优势明显，武汉大学的测绘科学与技术、地理学师资力量强大，双方投入大量人力和资金，确保课程体系完备，优势互补。该项目邀请到世界范围内地球空间信息领域的知名专家组成授课团队。武汉大学在世界范围内邀请顶尖学者授课，包括空间统计领域的知名学者、空间滤波方法的创始人 Daniel Griffith、2013 年中国国际科技合作奖获得者 Fabio Rocca、Voronoi 图创始人 Christopher Gold 等，让学生接受到世界一流的课程教育。德方的授课团队集中了德国在该领域的顶尖高校、科研机构、企业的首席科学家和工程师，他们来自德国慕尼黑工业大学、慕尼黑大学（德国首批 3 所精英大学之一）、德国联邦国防军大学、德国宇航局、欧洲宇航防务集团、德国大地测量研究所等，在课程讲授外，还提供实践实验的机会，提高了学生的动手能力。从 2011 年 9 月起，该项目共录取 45 名学生（其中德方派出 1 名学生），目前已毕业 22 人。参加该项目的学生累计发表论文 8 篇，其中 SCI、EI 论文共 3 篇，国际会议获奖论文 1 篇，人才培养质量受到各方肯定。通过联合培养项目，测绘学科研究生有机会利用国外高校优质的教学资源、科研环境和浓厚的学术交流氛围，开阔学术视野，大幅提高了自身的科研能力和对外交往能力。

举办地球空间信息科学国际暑期学校，吸引大批外国学生来校学习和交流。自 2011 年起，已成功举办 4 届地球空间信息科学暑期学校，每年都吸引来自全球各高校和研究机构的数百名学生参加。

鼓励和支持研究生积极开展国际学术交流，出国（境）参加国际会议或短期访问。测绘学科与莫斯科国立测绘大学、新西伯利亚测绘大学建立了研究生 3S 暑期交流活动，每年由几所大学轮流主持开展研究生暑期学术交流。近十年来，共派出研究生近 1000 人次出国（境）参加国际学术会议。

6. 充分发挥导师在研究生培养中的作用

武汉大学测绘学科拥有一批在国内外具有重要影响的专家、学者，导师队伍水平很高，实力强大。测绘学科在培养高层次拔尖创新人才过程中，非常重视发挥导师全面育人的作用。

测绘学院制定了《研究生导师工作职责》、《研究生导师指导规范》、《研究生课程教学管理暂行规定》、《研究生培养经费划拨暂行规定》、《研究生学位论文答辩补充规定》等系列规章制度，落实导师在研究生培养过程中的首要责任。测绘学院通过建立导师与研究生"交心谈心"制度，让导师全面掌握研究生的政治思想、学习科研、身心健康等实际状况；通过建立导师与辅导员"工作联系"制度，共同解决研究生现实困难；通过完善导师"工作评价"制度，遴选一批师德高尚、学术精湛导师队伍，有效保证了研究生的培养质量。

测绘学科的研究团队一般由教授带队，一批具有博士学位的优秀青年教师为骨干，形成高素质的学术梯队。每位研究生都是以其导师为核心的研究团队成员之一，他们参与其中，既培养了团结协作精神，又快速提高了学术研究能力。张良培教授是研究团队培养模式探索的优秀典范。在他的研究团队里产生了全国百篇优秀博士论文获得者、武汉大学十大学术之星、各种国际学术大奖获得者等一大批优秀人才。

7. 推进研究生参与科学研究和学术交流

武汉大学测绘学科坚持将人才培养与科学研究结合起来，将研究生直接推向科研第一线，通过在导师指导下承担和完成大量研究项目，提升研究能力，实现了出成果和出人才的高度统一。测绘学科研究生普遍参加科研活动，他们以扎实的理论基础和创新性思维，成为科技创新和学科发展的重要推动力量。如中国南极测绘研究中心每年选派优秀研究生前往南极中山站和长城站参加我国南极科学考察，历时 20 多年从未间断，共计派出 40 余人，其中不少研究生通过南极科学考察迅速成长。国家"863"目标导向类项目——机载激光雷达数据处理软件课题组发表或录用论文 48 篇，其中 SCI 1 篇、EI 14 篇、中文核心及国际会议文章 33 篇，申请专利 4 项，其中绝大多数成果也都是由在读博士和硕士研究生完成的。

为了培养博士生的创新精神，着力营造浓厚的学术科研氛围，武汉大学专门设立了博士研究生自主科研项目，由博士生独立自主申报选题、开展研究。测绘学科积极支持研究生申请和承担自主科研项目，鼓励研究生通过完整地经历科学研究全过程，提升学术研究兴趣，培养团队协作精神，形成较为全面的科学研究能力。据统计，测绘学科每年均有 10 余位博士生通过该项目资助开展科学研究。

研究生之间的学术交流，是研究生开展学习和研究的重要方式，也是形成良好学风的一种重要途径。测绘学科积极支持研究生自主开展学术交流，对相关活动给予指导、创造条件和提供帮助，各培养单位均建立了各具特色的研究生学术交流平台，形成了良好的学习交流氛围。重点实验室鼓励和支持研究生创办的 GeoScience Café 就是一个促进同学间自由交流和互相帮助的良好平台，同学们在温馨、轻松的环境里，自主开展学术交流，主动分享科研心得，既提高了组织管理能力，也激发了科研潜力。Geoscience Café 共举办 100 余期，参加人数达数千人次。在"谈笑间成就梦想"宗旨的指引下，不同学校、不同学院、不同专业、不同师门的同学在这里实现了充分的交流。GeoScience Café 的微博公众号和微博已经上线，精彩的报告视频也在优酷上线。2016 年，该平台在对部分学术报告进行录音整理基础上，出版了《我的科研故事》，使学术交流的价值和精神得到更好的沉淀和传播。

资源与环境科学学院先后举办了以“复杂地理计算与地学可视化”、“泛在网络时空信息分析与应用”等为主题的研究生暑期学校，邀请国内测绘、地理信息领域的院士和国内外知名专家教授就前沿和热点问题进行专题授课，共有来自北京师范大学、华东师范大学、南京大学、南京师范大学、中山大学、解放军信息工程大学、兰州大学、中科院地理所、中科院遥感所等全国37所院校的300余名硕士、博士研究生参加了暑期学校，为国内地理信息领域的研究生提供了一个良好的交流平台，既扩大了武汉大学地理信息专业在全国的影响，也培养和锻炼了一批优秀研究生。印刷与包装系连续9届举办研究生学术科技节“图像传播在珞珈”学术会议，吸引了来自全国20多所大学的研究生撰写论文并积极参加。

8. 加强实践锻炼和协同培养，全面提升研究生综合素质

测绘学科通过举办“科研成果交流会”、“研究生学术科技节”等活动，广泛动员学生参加各类学术科技和社会实践活动，培养研究生综合素质，提升创新能力。印刷与包装系以“培养创新思维、增强创造技能、提高创业素质”为主旨，每年组织一定数量的学生团队，参与大学生创新创业项目训练，屡获佳绩。测绘学院、遥感信息工程学院建立校外研究生工作站，让学生在解决实际问题中增强创新能力。重点实验室与武大吉奥信息技术有限公司共同建设“武大吉奥地球空间信息技术”专业学位研究生实习实践基地，以培养实践创新能力为导向，通过校企之间的资源共享和优势互补，构建校企协同育人的人才培养模式，着力培养具有创新精神、适应行业发展需求的高层次应用型人才，取得显著成效。

测绘学院成立了由主要领导牵头的研究生实践育人工作领导小组，把实践育人工作纳入重要议事日程和年度工作计划，统筹安排，抓好落实。测绘学院建立研究生实践育人有关规章制度，坚持把实践育人工作纳入研究生培养计划，按照研究生的专业特点和人才培养要求，分类制定实践教学标准，增加实践教学比重，确保实践育人工作全面开展。测绘学院立足专业优势和行业特点，本着“育人为本，互惠双赢”的原则，与中冶集团武汉勘察研究院有限公司、重庆市勘测院、江苏省测绘局、河南省地质测绘总院、上海岩土工程勘察设计研究院有限公司、长江水利委员会长江空间信息技术工程有限公司等近10家单位签订了研究生实习实践基地合作协议，大力加强研究生实践育人基地载体建设。2014年，测绘学院与苏州工业园区测绘中心签订了联合培养研究生协议，联合培养5名2015级全日制硕士研究生。联合培养的研究生实行双导师制和“1+1”培养模式，校内导师和企业导师均严格遴选，第一年在校内进行专业基础能力培养，第二年到苏州工业园区测绘中心进行专业能力和创新实践训练。目前，这5名研究生已经到苏州工业园区测绘中心，各方对联合培养高度认可，苏州工业园区测绘中心将优先接受联合培养研究生就业。2012年以来，测绘学院连续3年获评武汉大学研究生实践育人优秀组织单位。

9. 高层次人才培养成绩显著

近年来，武汉大学测绘学科研究生教育取得显著成绩，高层次人才培养质量受到各方面肯定，博士和硕士毕业生在人才市场供不应求，一次性就业率接近100%。在首届全国

研究生智慧城市技术与创意设计大赛中，2014 级硕士研究生李贺获一等奖。在 2014 年度 IEEE 地球科学与遥感学会“影像分析和数据融合”大赛中，测绘学科研究生分别获得第一名、第二名、第三名、第五名、第六名的好成绩。在 2015 年第二届全国研究生智慧城市技术与创意设计大赛中，研究生李赠铨、张滢雪、陈秀、谭可清完成的作品《智慧城市宜居一张图——以武汉市为例》从参加创意设计大赛答辩的 112 支队伍的作品中脱颖而出，获得一等奖。在 2015 年首届中国“互联网+”大学生创新创业大赛全国总决赛中，测绘学科研究生郑杰、冷伟获得金奖。2016 年在第二十三届国际摄影测量与遥感学会上，资源与环境科学学院博士生刘欣鑫获青年论坛最佳论文奖（Youth Forum Best Paper Award），成为本次大会唯一获此殊荣的青年学子。

近年来，测绘学院研究生在全国研究生数模竞赛中获一等奖 2 项、二等奖 2 项、三等奖 2 项；有 64 名研究生获得国家奖学金、33 名研究生获得武汉大学学术创新奖；在 2013 年、2014 年、2015 年和 2016 年度武汉大学研究生十大学术之星评选中，2011 级硕士任晓东、2009 级博士郭斐、2011 级博士丁浩和 2013 级博士许超钤、张豹 5 名研究生先后入选。

作为我国测绘学科高层次人才培养的代表性机构，2010—2014 年 5 年间，测绘遥感信息工程国家重点实验室先后有 2 篇博士论文入选全国百篇优秀博士论文，3 篇论文被评为美国摄影测量与遥感学会年度最佳论文，8 人次在美国、欧盟等国际学术机构举办的会议和活动中获得相关荣誉，17 人次在国内竞赛或学术机构举办的会议上获得荣誉，高层次人才培养成绩令人瞩目。

以下是测绘学科研究生近十年来的主要获奖情况：

2006 年，博士生潘俊论文《Self-Adaptive Repair Approach for Color Composite DMC Images》在第 14 届地球空间信息科学国际会议上获最佳论文奖；硕士生邓红兵获首届“百人会英才奖”奖学金；教育部、团中央授予博士生张胜凯“全国三好学生标兵”，张胜凯还获得了“湖北青年五四奖章”、“湖北省三好学生”荣誉；武汉大学测绘学科大学生代表队获得第四届中国青年遥感辩论大赛冠军。

2007 年，第五届中国青年遥感辩论赛中，武汉大学测绘学科大学生代表队力胜 13 支对手代表队，夺得全国冠军。

2008 年，博士生李渊获第 21 届国际摄影测量与遥感大会青年优秀论文奖；研究生周浩获意大利印刷技术奖（中国项目）。

2009 年，钟燕飞博士论文《遥感影像处理中的人工免疫系统理论及其应用方法研究》入选全国百篇优秀博士论文，张良培教授等获全国百篇优秀博士论文指导教师奖；硕士生陈胜华荣获第六届全国研究生数学建模竞赛一等奖；研究生牟笑竹获“意大利印刷技术奖”。

2010 年，博士生黄昕获美国摄影测量学会波音图像分析与解译最佳科学论文奖，硕士生张亮、毕相如、张晓晔等代表武汉大学在“中国智能车未来挑战赛”中获得亚军。研究生梁恩获得第 30 届亚洲遥感大会优秀论文奖；博士研究生易俐娜获得第四届粗糙集知识技术国际会议（RSKT2009）最佳论文奖。

2011 年，博士研究生潘俊的博士学位论文《自动化的航空影像色彩一致性处理及接缝线网络生成方法研究》入选全国百篇优秀博士学位论文，李德仁院士获全国百篇优秀博士论文指导教师奖；2013 级博士研究生张豹、谢翔、许超铃获“第三届全国大学生测绘科技论文竞赛”一等奖。

2012 年，黄昕博士学位论文入选全国百篇优秀博士论文，张良培教授获全国百篇优秀博士论文指导教师奖。黄昕博士获国际 SCI 刊物 IEEE *Geoscience and Remote Sensing Letters* 的最佳审稿人奖，为当年获奖的 5 人之一。博士生王腾发表于 IEEE *Journal of Selected Topics in Applied Earth Observations and Remote Sensing* 的论文在国际地球科学与遥感年会（IGARSS 2012）上获得 IEEE J-STARS Prize Paper Award（最具贡献论文奖）。李盼获第三届测绘学科研究生学术报告一等奖；林旭获“中国地球物理年会学生优秀论文奖”。

2013 年，博士生李慧芳获美国摄影测量协会（ASPRS）最佳论文 ERDAS 奖；博士生陈敏论文《Robust Affine-invariant Lines Matching for High-resolution Remote Sensing Image》荣获美国摄影测量与遥感大会最佳学生论文奖；研究生陈驰的论文《Registration of Panoramic Image Sequences to Mobile Laser Scanning Point Cloud Using Linear Features》在 ISPRS（国际摄影测量与遥感学会）、FIG（国际测量师联合会）、IAG（国际大地测量协会）和 ION（美国导航学会）联合举办的国际移动测绘技术研讨会上获最佳学生论文奖；研究生张明达、胡磊、郭重鑫、姜良存组队参加欧盟 INSPIRE（欧洲空间信息基础设施建设计划）2013 年欧盟挑战竞赛，所提交参赛作品《Environmental Monitoring with GeoJModlBuilder》，荣获“水晶牛”奖；博士生郑杰在美国地理学家学会（American Association of Geographer）Cyberinfrastrcuture 专业委员会举办的首届 Robert Raskin Mashup Mapping Competition 中荣获最受欢迎地图奖；博士生陈起金在国际导航学会卫星导航年会上获优秀学生论文奖，并获全额资助到会宣读论文，全球仅 6 名学生获此殊荣；博士生朱映论文获第二届高分辨率对地观测学术年会青年创新基金论文奖；博士生郭靖获第四届中国卫星导航学术年会“青年优秀论文”一等奖。郑杰荣获首届“天地图”应用开发大赛特等奖；首届安姆科中国包装创新设计大赛中，武汉大学印刷与包装系组队参赛获得团体冠军；博士生曾晨荣获 2012—2013 年度“百人会英才奖”。全国研究生数学建模竞赛上，胡在凰、位明露获一等奖。

2014 年，在 IEEE 地球科学与遥感学会（IEEE Geoscience and Remote Sensing Society）影像分析和数据融合大赛中，测绘学科教师张良培、黄昕、张洪艳、钟燕飞等组织的 5 个小组参加比赛，取得优异成绩，一举囊括冠军、亚军、季军、第五名和第六名；博士生黄荣永、周漾的论文《激光点云与影像配准及其精度分析》获美国摄影测量与遥感学会波音图像分析与解译最佳科学论文奖和约翰戴维森主席应用论文奖一等奖；博士生陈敏的论文《仿射不变的高分辨率遥感影像线特征匹配》获美国摄影测量与遥感学会塔尔伯特·艾布拉姆斯奖；朱园媛论文《利用三维城市模型自动提取侧视地图中建筑物范围轮廓线的方法》获 2014 年中国测绘地理信息学会青年优秀论文一等奖；首届全国研究生智慧城市技术与创意设计大赛中，硕士研究生李贺获一等奖；博士研究生杜玉军首批“长江学子”称号；张烁获“嫦娥三号巡视器遥操作任务先进个人”；潘元进获“第五届 TibXS 国际会议论文一等奖”；高周正获“CSNC2014 青年优秀论文”；李文文、万丽华获“中国卫星导航年会青年优秀论文”；硕士研究生赵言获全国第一届“工程硕士实习实践优秀成果奖”；硕士研究生裴灼炎获全国第二届“作出突出贡献的工程硕士学位奖”；2014 年，博士生杜玉军荣获湖北省首届“长江学子”荣誉称号。

2015 年，博士生徐良春的论文在美国佛罗里达州坦帕市会议中心举行的 2005 年 ION GNSS+会议上被评为软件接收机分会最佳论文；EvAAL 国际室内定位比赛中，GPS 中心和卡尔加里大学联合组成的室内定位团队夺得手机定位组冠军。研究生郑杰、冷伟在首届中国“互联网+”大学生创新创业大赛全国总决赛荣获金奖；研究生卜晓倩论文《分布式多源处理功能集成的地学工作流脚本方法》获第四届全国遥感与地理信息科学研究生论坛论文一等奖。第二届全国研究生智慧城市技术与创意设计大赛中，研究生李赠铨、张滢雪、陈秀、谭可清完成的作品《智慧城市宜居一张图——以武汉市为例》获得一等奖；葛余超获全国研究生数学建模竞赛一等奖；硕士研究生李青丽获“湖北省第十届“挑战杯 · 青春在沃”大学生课外学术科技作品竞赛“特等奖”。

2016 年，博士生刘欣鑫的论文《A Novel Removal Method for Dense Stripes in Remote Sensing Images》获第二十三届国际摄影测量与遥感学会青年论坛最佳论文奖；硕士研究生许毅获第三届全国研究生智慧城市技术与创意设计大赛一等奖；第九届中国青年遥感辩论赛中，武汉大学测绘学科大学生代表队从 16 支参赛队伍中脱颖而出，一举夺冠。

7.1.3 稳步发展继续教育

武汉大学测绘学科在做好全日制本科和研究生教育的同时，非常重视发挥学科优势，围绕社会和行业需求，开展各种形式的继续教育，拓展学科的社会服务功能。早在学科建立之初，即面向全国测绘行业开展函授教育，为测绘行业培养人才，推广技术，帮助行业提高生产作业水平。经过近六十年的发展，武汉大学测绘学科形成了包括成人高等学历教育、网络高等学历教育、高等教育自学考试、工程硕士和干部培训、行业培训、高端培训等多层次、多形式的继续教育办学格局，继续教育成为测绘学科人才培养的重要组成部分，开展社会服务的重要推动力量。

测绘学科本专科学历继续教育形式包括函授教育、网络教育和自学考试，开办的主要专业有测绘工程、工程测量、地理信息系统、土地资源管理、地籍测量与地图制图、工程测量与监理、印刷工程、包装技术与设计、包装装潢设计、动画设计，等等。十年来，测绘学科在全国设立了数十个函授站，建立了一批继续教育基地，共同开展本专科学历教育。据不完全统计，测绘学科近十年共培养本专科继续教育学生约 16000 人。

武汉大学测绘学科还面向在职人员开展研究生课程教育，招收测绘工程、轻工技术与工程两个专业的工程硕士课程班学员。各办学单位十年累计招收工程硕士课程班学员约 4500 人，其中一半以上学员考取工程硕士研究生，获得相关专业工程硕士专业学位；天津测绘院胡珂、于建成，四川测绘地理信息局李维庆获评“全国作出突出贡献的工程硕士学位获得者”。孟令奎教授担任全国测绘工程专业学位研究生教育协作组组长，在推进测绘工程领域工程硕士教育方面发挥了重要作用。

武汉大学测绘学科充分发挥自身学科优势，面向党政机关、全国测绘、土地管理、印刷与包装等行业，相关企业开展业务和技术培训，积极推广学科最新研究成果，帮助生产单位提高技术水平，提升人才队伍素质。十年来，武汉大学测绘学科共举办各种类型的高新技术培训班、高级研修班等各类短期培训班近 200 期，为社会各界培养数千名业务骨干、技术能手和管理干部，在社会服务方面作出了重要贡献。

7.2 类别及规模

7.2.1 本科生

武汉大学测绘学科相关本科专业包括测绘工程、遥感科学与技术、地理信息系统、地理国情监测、地理科学、资源环境与城乡规划管理、自然地理与资源环境、人文地理与城乡规划、土地资源管理、导航工程、印刷工程、包装工程 12 个，2006—2016 年共培养本科毕业生 8429 人。

2006—2016 年武汉大学测绘学科本科专业设置及毕业人数一览

培养专业（单位）	本科招生人数	本科毕业人数
合计	9748	8429
测绘工程（测绘学院）	3987	3194
遥感科学与技术（遥感信息工程学院）	2246	2133
地理信息系统（资源与环境科学学院）	1487	1439
地理国情监测（遥感信息工程学院）	191	0
地理科学（资源与环境科学学院）	224	142
资源环境与城乡规划管理（资源与环境科学学院）	222	312
自然地理与资源环境（资源与环境科学学院）	32	0
人文地理与城乡规划（资源与环境科学学院）	36	0
土地资源管理（资源与环境科学学院）	371	330
导航工程（测绘学院）	74	0
印刷工程（印刷与包装系）	521	533
包装工程（印刷与包装系）	357	346

7.2.2 硕士研究生

武汉大学测绘学院、遥感信息工程学院、资源与环境科学学院、印刷与包装系、测绘遥感信息工程国家重点实验室、卫星导航定位技术研究中心、中国南极测绘研究中心等单位招收和培养测绘学科相关专业硕士研究生。2006—2016 年，上述单位共培养科学和专业硕士毕业生 4451 人。

2006—2016 年武汉大学测绘学科相关单位硕士毕业生人数一览

培养专业（单位）	招生人数	毕业人数
合计	5643	4451
摄影测量与遥感（遥感信息工程学院、重点实验室、南极中心）	788	492
地图学与地理信息系统（遥感信息工程学院、资源与环境科学学院、重点实验室、南极中心）	1114	1027
模式识别（遥感信息工程学院）	25	30
地图制图学与地理信息工程（资源与环境科学学院、重点实验室）	249	224
人文地理学（资源与环境科学学院）	201	162
自然地理学（资源与环境科学学院）	87	52
土地资源管理（资源与环境科学学院）	276	242
大地测量学与测量工程（测绘学院、重点实验室、卫星导航中心）	1206	964
轻工技术与工程（印刷与包装系）	6	1
制浆造纸工程（印刷与包装系）	184	258
图像传播工程（印刷与包装系）	60	31
包装与环境工程（印刷与包装系）	63	43
电路与系统（卫星导航中心）	45	35
导航、制导与控制（卫星导航中心）	36	20
测绘工程（遥感信息工程学院、资源与环境科学学院、重点实验室、卫星导航中心、南极中心）	1073	709
大地测量学与测量工程（测绘学院）	126	101
轻工技术与工程（印刷与包装系）	104	60

7.2.3 博士研究生

2006—2016 年，武汉大学测绘学院、遥感信息工程学院、资源与环境科学学院、印刷与包装系、测绘遥感信息工程国家重点实验室、卫星导航定位技术研究中心、中国南极测绘研究中心等单位共培养测绘学科相关专业博士研究生 1107 名。

2006—2016 年武汉大学测绘学科相关单位博士毕业生人数一览

培养专业（单位）	招生人数	毕业人数
合计	1591	1107
大地测量学与测量工程（测绘学院、重点实验室、卫星导航中心）	425	248

续表

培养专业（单位）	招生人数	毕业人数
地图制图学与地理信息工程（资源与环境科学学院、遥感信息工程学院、重点实验室）	236	135
地图学与地理信息系统（资源与环境科学学院、重点实验室）	157	132
人文地理学（资源与环境科学学院）	9	1
自然地理学（资源与环境科学学院）	3	0
土地资源管理（资源与环境科学学院）	89	52
摄影测量与遥感（遥感信息工程学院、重点实验室）	623	527
图像传播工程（印刷与包装系）	32	9
材料加工工程（印刷与包装系）	9	1
通信与信息系统（卫星导航中心）	8	2

7.3　精品课程介绍

7.3.1　国家级精品课程

测绘学科共有 14 门课程被认定为国家级精品课程。

武汉大学测绘学科国家级精品课程一览

精品课程名称	课程负责人	获准立项时间（年）	级别
GPS 原理及其应用	李征航等	2006	国家级
遥感原理与应用	方圣辉等	2006	国家级
摄影测量基础	袁修孝等	2006	国家级
物理大地测量学	李建成等	2007	国家级
测绘学概论	宁津生等	2007	国家级
误差理论与测量平差基础	邱卫宁等	2008	国家级
土地信息系统	刘耀林等	2008	国家级
印刷概论	万晓霞	2008	国家级
大地测量学基础	郭际明等	2009	国家级
数字图像处理	贾永红等	2012	国家级
摄影测量基础	袁修孝等	2013	国家级

续表

精品课程名称	课程负责人	获准立项时间（年）	级别
遥感原理与应用	方圣辉等	2013	国家级
土地信息系统	刘耀林等	2013	国家级
印刷概论	万晓霞	2014	国家级

7.3.2 省部级精品课程

测绘学科共计9门课程被认定为省部级精品课程。

武汉大学测绘学科省部级精品课程一览

精品课程名称	课程负责人	获准立项时间（年）	级别
工程测量学	张正禄	2006	省部级
遥感原理与应用	孙家抦	2006	省部级
现代地貌学	张根寿	2006	省部级
图像复制原理	刘全香	2006	省部级
近景摄影测量	张剑清	2007	省部级
土地信息系统	刘耀林	2007	省部级
地壳形变	许才军	2010	省部级
数字图像处理	贾永红	2013	省部级
摄影测量学	袁修孝	2013	省部级

7.4 重点规划教材

测绘学科共牵头编写共计68本重点规划教材。

武汉大学测绘学科重点规划教材一览

序号	教材名称	第一主编姓名	出版年月	出版单位
1	可撕式设计配色色谱（上、下）	刘武辉	2006.01	化学工业出版社
2	投资计算机直接制版实战指南	王强	2006.02	印刷工业出版社
3	印刷色彩控制手册	易尧华	2006.02	印刷工业出版社
4	经济地理学	刘艳芳	2006.03	科学出版社
5	数字印刷技术	刘全香	2006.03	印刷工业出版社

续表

序号	教材名称	第一主编姓名	出版年月	出版单位
6	图像复制原理	刘全香	2006.04	武汉大学出版社
7	包装概论	马桃林	2006.05	化学工业出版社
8	书籍设计	王武林	2006.06	印刷工业出版社
9	地理信息系统原理	李建松	2006.08	武汉大学出版社
10	电脑图文设计	刘武辉	2006.08	山西人民出版社
11	常用设计标准色谱	刘武辉	2006.08	化学工业出版社
12	高等测量平差	王新洲	2006.08	测绘出版社
13	由2维影像建立3维模型	郑顺义	2006.09	武汉大学出版社
14	印前制版系列丛书	王强	2006.11	印刷工业出版社
15	遥感图像解译	关泽群	2007.01	武汉大学出版社
16	数字图像处理实习讲义	贾永红	2007.01	武汉大学出版社
17	平印制版技术	李治江	2007.03	印刷工业出版社
18	印前制作与印刷工艺	万晓霞	2007.05	高等教育出版社
19	数字印刷	周奕华	2007.05	武汉大学出版社
20	印刷企业 ERP	钱俊	2007.06	印刷工业出版社
21	信息记录材料	刘全香	2007.08	印刷工业出版社
22	现代印刷材料	刘武辉	2007.09	印刷工业出版社
23	英汉印刷与包装词汇手册	万晓霞	2007.11	印刷工业出版社
24	现代海洋测绘	赵建虎	2007.12	武汉大学出版社
25	分色原理与方法	刘全香	2007.12	印刷工业出版社
26	摄影测量学课件	袁修孝，潘励	2008.01	华中科技大学音像出版社
27	印前图文处理	李治江	2008.01	上海交通大学出版社
28	环境遥感模型与应用	陈晓玲	2008.02	武汉大学出版社
29	摄影与空中摄影学	乔瑞亭、孙和利、李欣	2008.03	武汉大学出版社
30	土地信息系统	刘耀林	2008.04	中国农业出版社
31	测绘学概论	宁津生	2008.05	武汉大学出版社
32	ACROBAT 从基础到应用	易尧华	2008.05	印刷工业出版社
33	摄影测量与遥感概论（第二版）	李德仁等	2008.10	测绘出版社
34	制印化学基础	黎厚斌	2008.12	武汉大学出版社
35	摄影测量原理与应用	王树根	2009.01	武汉大学出版社

续表

序号	教材名称	第一主编姓名	出版年月	出版单位
36	误差理论与测量平差基础	陶本藻	2009.05	武汉大学出版社
37	摄影测量学（第二版）	张剑清 等	2009.05	武汉大学出版社
38	遥感原理与应用（第二版）	孙家抦	2009.06	武汉大学出版社
39	测量学（第二版）	杨正尧	2009.07	化学工业出版社
40	数字测图原理与方法	潘正风	2009.09	武汉大学出版社
41	智能空间信息处理	秦昆	2009.11	武汉大学出版社
42	大地测量学基础	郭际明	2009.12	武汉大学出版社
43	地理信息系统与科学	张景雄	2010.01	武汉大学出版社
44	数字图像处理（第二版）	贾永红	2010.02	武汉大学出版社
45	空间大地测量学	李征航	2010.03	武汉大学出版社
46	GIS 空间分析理论与方法（第二版）	秦昆	2010.03	武汉大学出版社
47	大地测量学基础（第二版）	孔祥元、郭际明、刘宗泉	2010.05	武汉大学出版社
48	网络地理信息系统原理与技术(第二版)	孟令奎	2010.05	科学出版社
49	GPS 测量与数据处理（第二版）	李征航	2010.09	武汉大学出版社
50	变形监测数据处理	黄声享	2010.11	武汉大学出版社
51	土地信息系统（第二版）	刘耀林	2011.03	中国农业出版社
52	动漫角色设计	黄山	2011.04	北京大学出版社
53	土建力学及结构基础（第 2 版）	王玉龙	2011.04	武汉大学出版社
54	印刷色彩管理	张霞	2011.04	中国轻工业出版社
55	Foundation of Geodesy	郭际明	2011.06	测绘出版社
56	动画概论	钱俊	2011.06	武汉大学出版社
57	数字印刷技术及应用	刘全香	2011.07	印刷工业出版社
58	数字图像处理实习教程（第二版）	贾永红	2012.01	武汉大学出版社
59	数字摄影测量学（第二版）	张祖勋、张剑清	2012.07	武汉大学出版社
60	地籍测量学	詹长根	2012.04	测绘出版社
61	地理国情监测理论与技术	史文中	2013.09	科学出版社
62	包装应用化学	黎厚斌	2014.01	印刷工业出版社
63	数字摄影测量 4D 生产综合实习教程	段延松	2014.08	武汉大学出版社

续表

序号	教材名称	第一主编姓名	出版年月	出版单位
64	地理监测原理与应用	李建松、周军其	2014.10	武汉大学出版社
65	地理信息系统原理	李建松、唐雪华	2015.01	武汉大学出版社
66	数字图像处理	贾永红	2015.07	武汉大学出版社
67	数字测图与 GNSS 测量实习教程	付建红	2015.09	武汉大学出版社
68	地理调查与编码	胡庆武、王少华、艾明耀	2015.12	武汉大学出版社

7.5 其他优秀教学成果

除以上成果，另有 19 项其他优秀教学成果获奖。

武汉大学测绘学科其他优秀教学成果一览

名称	年份	获奖等级	级别	负责人	主要完成人
工程测量学课程创新体系的研究	2006	一等奖	校级	尹晖	张正禄、梅文胜、李英冰、叶志伟
测量数据处理系列课程的改革与设计	2006	二等奖	校级	邱卫宁	王新洲、陶本藻、姚宜斌、孙海燕
三峡基地测绘工程实习创新教学模式的研究与实践	2006	二等奖	校级	花向红	邹进贵、汪志明、许才军、梅文胜
面向信息化的测绘工程专业改革及系列精品课程建设	2008	特等奖	校级	宁津生	李征航、李建成、张正禄、花向红
面向信息化的测绘工程专业改革及系列精品课程建设	2009	二等奖	国家级	宁津生	李征航、李建成、张正禄、花向红、郭际明、姚宜斌
遥感科学与技术专业建设的探索与实践	2009	特等奖	省级	李德仁	李德仁、余洁、万幼川、刘继琳、袁修孝
遥感科学与技术专业建设的探索与实践	2009	二等奖	国家级	李德仁	李德仁、余洁、万幼川、刘继琳、袁修孝
高等学校双语教学的现状研究和实践探索	2009	二等奖	国家级	王树根	王树根
面向信息化的测绘工程专业改革及系列精品课程建设	2009	一等奖	省级	宁津生	李征航、李建成、张正禄、花向红、郭际明、姚宜斌

续表

名称	年份	获奖等级	级别	负责人	主要完成人
印刷工程专业开放式、国际化人才培养模式的创新与实践	2009	一等奖	省级	万晓霞	万晓霞、易尧华、马桃林、刘全香、张霞
以国家级测绘实验教学示范中心建设为契机，完善信息化测绘创新人才培养模式	2010	一等奖	校级	花向红	许才军、邹进贵、汪志明、陈雪丰
创新型测绘工程专业人才培养模式与课程体系的构建及实践	2011	一等奖	国家测绘地理信息局	郭际明	宁津生、闫利、姚宜斌、徐亚明、许才军、黄声享、王甫红、邓非、张鹏、汪志明
卫星导航定位系列课程建设	2011	一等奖	国家测绘地理信息局	张小红	李征航、黄劲松、魏二虎、王甫红、徐晓华、刘万科、朱智勤、吴云、邹贤才
基于信息化测绘的测绘工程本科专业实验教学新模式	2011	一等奖	国家测绘地理信息局	花向红	许才军、汪志明、邹进贵、陈雪丰
大地测量与地球物理专业交叉学科创新性人才培养的改革与实践	2011	二等奖	国家测绘地理信息局	张双喜	许才军、申文斌、罗志才、朱良保、操华胜、陈雪丰
物理大地测量学系列课程与教学团队建设	2011	二等奖	国家测绘地理信息局	罗志才	宁津生、许才军、申文斌、操华胜、赵珞成、罗佳
测绘程序设计的教学与实验互动平台	2011	三等奖	国家测绘地理信息局	李英冰	胡春春、康雄华、赵前胜、曾文宪
摄影测量课程体系优化与创新教学模式探索	2013	一等奖	省级	袁修孝	袁修孝、潘励、王树根、李欣、贾永红
创新推进深空大地测量学的课程建设及教学研究	2013	二等奖	省级	魏二虎	李征航、刘经南、孔祥元、郭际明、黄劲松、邹贤才

7.6 学生国际交流情况

近十年来，武汉大学测绘学科学生共计 191 人次出国（境）攻读学位或进行联合培养。

武汉大学测绘学科学生国际交流情况一览

序号	姓名	出国（境）时间	回国（境）时间	地点（国家/地区及高校）	国际交流项目名称或主要交流目的
1	乐方	2006.09	2010.06	德国斯图加特大学	攻读学士学位
2	程鹏	2006.09	2010.06	德国斯图加特大学	攻读学士学位
3	温心达	2006.09	2010.06	德国斯图加特大学	攻读学士学位
4	唐旻葳	2007.09	2011.06	德国斯图加特大学	攻读学士学位
5	任乐	2007.09	2011.06	德国斯图加特大学	攻读学士学位
6	李昊	2007.09	2012.06	德国斯图加特大学	攻读学士学位
7	谢独放	2008.09	2013.06	德国斯图加特大学	攻读学士学位
8	朱捷	2008.09	2013.06	德国斯图加特大学	攻读学士学位
9	张婧	2009.10	2013.06	德国斯图加特大学	攻读学士学位
10	尚晨	2009.09	2011.07	加拿大滑铁卢大学	攻读学士学位
11	张墨涵	2009.09	2011.07	加拿大滑铁卢大学	攻读学士学位
12	杨书	2009.09	2011.07	加拿大滑铁卢大学	攻读学士学位
13	李君竹	2009.09	2011.07	加拿大滑铁卢大学	攻读学士学位
14	宋媛	2009.10	2013.06	德国斯图加特大学	攻读学士学位
15	张立凡	2009.10	2013.06	德国斯图加特大学	攻读学士学位
16	李瑞源	2010.03	2012.05	澳大利亚新南威尔士大学	攻读学士学位
17	唐伟刚	2010.09	2012.07	加拿大滑铁卢大学	攻读学士学位
18	李玥	2010.09	2012.07	加拿大滑铁卢大学	攻读学士学位
19	唐伟刚	2010.09	2012.07	加拿大滑铁卢大学	攻读学士学位
20	李怡霞	2011.12	2016.06	德国斯图加特大学	攻读学士学位
21	辛杰	2011.10	2013.06	德国斯图加特大学	攻读学士学位
22	薛飞	2011.09	2013.07	加拿大滑铁卢大学	攻读学士学位
23	赵一诗	2011.09	2013.07	加拿大滑铁卢大学	攻读学士学位
24	高逸鸥	2011.09	2013.07	加拿大滑铁卢大学	攻读学士学位
25	刘玥翔	2011.09	2013.07	加拿大滑铁卢大学	攻读学士学位
26	张多斯	2012.09	2016.06	哈萨克斯坦留学生	攻读学士学位
27	黄鑫	2012.09	2014.07	德国斯图加特大学	攻读学士学位
28	刘茉	2012.09	2014.10	德国斯图加特大学	攻读学士学位
29	盛齐明	2012.09	2014.07	德国斯图加特大学	攻读学士学位
30	夏诸葛	2012.09	2014.10	德国斯图加特大学	攻读学士学位

续表

序号	姓名	出国（境）时间	回国（境）时间	地点（国家/地区及高校）	国际交流项目名称或主要交流目的
31	韩宇轩	2012.09	2014.07	德国斯图加特大学	攻读学士学位
32	朱罗兰	2012.09	2014.10	德国斯图加特大学	攻读学士学位
33	肖卫星	2012.09	2014.07	德国斯图加特大学	攻读学士学位
34	李京桐	2012.09	2014.10	德国斯图加特大学	攻读学士学位
35	蔡知霖	2012.09	2014.07	德国斯图加特大学	攻读学士学位
36	胡天舒	2012.09	2014.10	德国斯图加特大学	攻读学士学位
37	李思源	2012.09	2014.07	加拿大滑铁卢大学	攻读学士学位
38	白云飘	2012.09	2014.07	加拿大滑铁卢大学	攻读学士学位
39	王思琪	2012.09	2014.07	加拿大滑铁卢大学	攻读学士学位
40	刘舒怡	2013.03	2015.06	澳大利亚新南威尔士大学“2+2”学习	攻读学士学位
41	潘峰	2013.09	2015.07	加拿大滑铁卢大学	攻读学士学位
42	马家骅	2013.09	2015.07	加拿大滑铁卢大学	攻读学士学位
43	潘峰	2013.09	2015.07	加拿大滑铁卢大学	攻读学士学位
44	石大明	2014.09	尚未返回	哈萨克斯坦留学生	攻读学士学位
45	曾岚林	2015.09	尚未返回	德国斯图加特大学	攻读学士学位
46	郭晨	2015.09	尚未返回	德国斯图加特大学	攻读学士学位
47	童雨椰	2015.09	尚未返回	德国斯图加特大学	攻读学士学位
48	曾卉	2015.09	尚未返回	德国斯图加特大学	攻读学士学位
49	伍乐毅	2015.09	尚未返回	德国斯图加特大学	攻读学士学位
50	胡畅宇	2015.09	尚未返回	德国斯图加特大学	攻读学士学位
51	范婵媛	2014.10	尚未返回	德国伍伯塔尔大学	攻读学士学位
52	林菁	2014.09	尚未返回	英国利兹大学	攻读学士学位
53	李贲临	2014.10	尚未返回	德国斯图加特大学	攻读学士学位
54	柯思琦	2014.09	尚未返回	德国斯图加特大学	攻读学士学位
55	曹杰	2014.10	2016.06	德国	攻读双学士学位
56	黄博	2014.10	2016.06	德国	攻读双学士学位
57	王文廷	2007.10	2010.10	德国伍珀塔尔大学	攻读硕士学位
58	吴芹	2007.10	2010.10	德国伍珀塔尔大学	攻读硕士学位
59	吴曦	2007.10	2010.10	德国伍珀塔尔大学	攻读硕士学位

续表

序号	姓名	出国（境）时间	回国（境）时间	地点（国家/地区及高校）	国际交流项目名称或主要交流目的
60	熊艳	2007.10	2010.10	德国伍珀塔尔大学	攻读硕士学位
61	张志敏	2007.10	2010.10	德国伍珀塔尔大学	攻读硕士学位
62	赵露	2007.10	2010.10	德国伍珀塔尔大学	攻读硕士学位
63	张敏东	2007.10	2010.10	德国伍珀塔尔大学	攻读硕士学位
64	陈旭波	2008.10	2011.10	德国伍珀塔尔大学	攻读硕士学位
65	董博	2008.10	2011.10	德国伍珀塔尔大学	攻读硕士学位
66	戴艳	2008.10	2011.10	德国伍珀塔尔大学	攻读硕士学位
67	任洁	2008.10	2011.10	德国伍珀塔尔大学	攻读硕士学位
68	赵康	2008.10	2011.10	德国伍珀塔尔大学	攻读硕士学位
69	殷逸橙	2010.04	2013.10	德国伍珀塔尔大学	攻读硕士学位
70	江浩	2010.04	2013.10	德国伍珀塔尔大学	攻读硕士学位
71	李露	2010.04	2013.10	德国伍珀塔尔大学	攻读硕士学位
72	孟娅	2010.04	2013.10	德国伍珀塔尔大学	攻读硕士学位
73	孙彦松	2010.04	2013.10	德国伍珀塔尔大学	攻读硕士学位
74	童景莉	2010.04	2013.10	德国伍珀塔尔大学	攻读硕士学位
75	王磊玲	2010.04	2013.10	德国伍珀塔尔大学	攻读硕士学位
76	吴偲	2010.04	2013.10	德国伍珀塔尔大学	攻读硕士学位
77	张自强	2010.04	2013.10	德国伍珀塔尔大学	攻读硕士学位
78	曹澄	2010.04	201310	德国伍珀塔尔大学	攻读硕士学位
79	张曦宇	2010.05	2011.06	英国伦敦大学学院	攻读硕士学位
80	于昌龙	2011.07	2012.06	美国福德汉姆大学	攻读硕士学位
81	陈睿	2011.08	2012.08	美国密歇根州立大学	攻读硕士学位
82	吴芹	2010.10	2012.06	德国	攻读硕士学位
83	赵露	2011.10	2013.06	德国	攻读硕士学位
84	张自强	2012.10	2014.06	德国	攻读硕士学位
85	孙彦松	2012.10	2014.06	德国	攻读硕士学位
86	刘晓典	2012.10	2013.09	德国慕尼黑工业大学	慕尼黑工业大学双硕士学位项目
87	李朴	2012.10	2014.09	德国慕尼黑工业大学	慕尼黑工业大学双硕士学位项目
88	胡敬良	2012.10	2014.09	德国慕尼黑工业大学	慕尼黑工业大学双硕士学位项目
89	许鑫	2012.10	2014.09	德国慕尼黑工业大学	慕尼黑工业大学双硕士学位项目

续表

序号	姓名	出国（境）时间	回国（境）时间	地点（国家/地区及高校）	国际交流项目名称或主要交流目的
90	黄萌	2012.10	2013.09	德国慕尼黑工业大学	慕尼黑工业大学双硕士学位项目
91	幸晨杰	2012.10	2014.09	德国慕尼黑工业大学	慕尼黑工业大学双硕士学位项目
92	钱成越	2012.10	2014.09	德国慕尼黑工业大学	慕尼黑工业大学双硕士学位项目
93	刘嵩	2012.10	2014.09	德国慕尼黑工业大学	慕尼黑工业大学双硕士学位项目
94	张青辰	2012.10	2014.09	德国慕尼黑工业大学	慕尼黑工业大学双硕士学位项目
95	何婧琳	2012.10	2014.09	德国慕尼黑工业大学	慕尼黑工业大学双硕士学位项目
96	吴萌	2013.10	2014.09	德国慕尼黑工业大学	慕尼黑工业大学双硕士学位项目
97	喻静敏	2013.10	2014.09	德国慕尼黑工业大学	慕尼黑工业大学双硕士学位项目
98	韩丽娜	2013.10	2015.09	德国慕尼黑工业大学	慕尼黑工业大学双硕士学位项目
99	陈海珍	2013.10	2014.09	德国慕尼黑工业大学	慕尼黑工业大学双硕士学位项目
100	肖浩威	2013.10	2015.09	德国慕尼黑工业大学	慕尼黑工业大学双硕士学位项目
101	解婧玮	2013.10	2015.09	德国慕尼黑工业大学	慕尼黑工业大学双硕士学位项目
102	叶浩	2013.10	2015.09	德国慕尼黑工业大学	慕尼黑工业大学双硕士学位项目
103	孙瑶	2013.10	2015.09	德国慕尼黑工业大学	慕尼黑工业大学双硕士学位项目
104	张梦迪	2013.10	2015.09	德国慕尼黑工业大学	慕尼黑工业大学双硕士学位项目
105	曾玲方	2014.10	2015.09	德国慕尼黑工业大学	慕尼黑工业大学双硕士学位项目
106	陈昌黎	2014.10	尚未返回	德国慕尼黑工业大学	慕尼黑工业大学双硕士学位项目
107	钱文倩	2014.10	2015.09	德国慕尼黑工业大学	慕尼黑工业大学双硕士学位项目
108	赵洁	2014.10	尚未返回	德国慕尼黑工业大学	慕尼黑工业大学双硕士学位项目
109	夏远鑫	2014.10	尚未返回	德国慕尼黑工业大学	慕尼黑工业大学双硕士学位项目
110	万丽华	2014.10	2015.09	德国慕尼黑工业大学	慕尼黑工业大学双硕士学位项目
111	孙梦婷	2014.10	2015.08	德国慕尼黑工业大学	慕尼黑工业大学双硕士学位项目
112	曾玲方	2015.10	尚未返回	德国慕尼黑工业大学	慕尼黑工业大学双硕士学位项目
113	陈昌黎	2015.10	尚未返回	德国慕尼黑工业大学	慕尼黑工业大学双硕士学位项目
114	钱文倩	2015.10	尚未返回	德国慕尼黑工业大学	慕尼黑工业大学双硕士学位项目
115	赵洁	2015.10	尚未返回	德国慕尼黑工业大学	慕尼黑工业大学双硕士学位项目
116	夏远鑫	2015.10	尚未返回	德国慕尼黑工业大学	慕尼黑工业大学双硕士学位项目
117	万丽华	2015.10	尚未返回	德国慕尼黑工业大学	慕尼黑工业大学双硕士学位项目
118	孙梦婷	2015.10	尚未返回	德国慕尼黑工业大学	慕尼黑工业大学双硕士学位项目

续表

序号	姓名	出国（境）时间	回国（境）时间	地点（国家/地区及高校）	国际交流项目名称或主要交流目的
119	彭漪	2008.10	2012.10	美国内布拉斯加大学林肯分校	国家公派攻读博士学位项目
120	袁巍	2014.10	尚未返回	日本东京大学	国家公派攻读博士学位项目
121	陈克杰	2012.09	尚未返回	德国地学研究中心（GFZ）	国家公派攻读博士学位项目
122	张红娟	2013.09	尚未返回	德国亚琛工业大学	国家公派攻读博士学位项目
123	戴小蕾	2013.09	2015.06	德国地学研究中心（GFZ）	国家公派攻读博士学位项目
124	李由	2013.09	2015.08	加拿大卡尔加里大学	国家公派攻读博士学位项目
125	刘杨	2014.09	2016.05	德国地学研究中心（GFZ）	国家公派攻读博士学位项目
126	刘伟	2014.09	尚未返回	德国斯图加特大学	国家公派攻读博士学位项目
127	徐良春	2015.09	尚未返回	美国塔夫斯大学	国家公派攻读博士学位项目
128	晋航	2007.11	2010.11	澳大利亚昆士兰科技大学	国家公派攻读博士学位项目
129	田一翔	2008.01	2009.01	荷兰国际航天测量与地球科学学院	国家公派攻读博士学位项目
130	罗超	2009.09	2013.09	加拿大约克大学	国家公派攻读博士学位项目
131	陈娇丽	2010.12	2015.12	美国田纳西大学	国家公派攻读博士学位项目
132	周洋	2013.10	2015.01	美国佛罗里达州立	国家公派联合培养博士生项目
133	平博	2013.09	2014.09	美国罗德岛	国家公派联合培养博士生项目
134	张盈	2013.09	2014.09	美国加州大学圣巴巴拉分校	国家公派联合培养博士生项目
135	张卫星	2014.10	尚未返回	美国加州大学圣地亚哥分校	国家公派联合培养博士生项目
136	张东映	2014.01	2015.01	美国乔治梅森大学	国家公派联合培养博士生项目
137	张宏雅	2014.10	尚未返回	美国马里兰大学	国家公派联合培养博士生项目
138	周建国	2015.01	2016.01	澳大利亚墨尔本大学	国家公派联合培养博士生项目
139	陈文进	2015.09	尚未返回	意大利的里亚斯特大学	国家公派联合培养博士生项目
140	董妍	2015.08	尚未返回	美国马里兰大学	国家公派联合培养博士生项目
141	梁琦	2015.08	尚未返回	美国俄亥俄州立大学	国家公派联合培养博士生项目
142	王腾	2007.09	2010.01	意大利米兰理工大学	国家公派联合培养博士生项目
143	刘异	2007.10	2008.10	美国中密歇根大学	国家公派联合培养博士生项目
144	赵羲	2008.01	2008.07	荷兰国际航天测量与地球科学学院（ITC）	国家公派联合培养博士生项目
145	冯甜甜	2008.09	2009.09	美国纽约州立大学布法罗分校	国家公派联合培养博士生项目

续表

序号	姓名	出国（境）时间	回国（境）时间	地点（国家/地区及高校）	国际交流项目名称或主要交流目的
146	黄练	2008.09	2009.09	美国犹他大学	国家公派联合培养博士生项目
147	蔡晓斌	2008.10	2009.10	美国密苏里大学堪萨斯城校区	国家公派联合培养博士生项目
148	田馨	2008.10	2010.01	加拿大滑铁卢大学	国家公派联合培养博士生项目
149	钱新林	2008.11	2009.11	美国中密歇根大学	国家公派联合培养博士生项目
150	沈欣	2009.09	2010.08	德国地学研究中心	国家公派联合培养博士生项目
151	许林	2009.09	2010.09	美国犹他大学	国家公派联合培养博士生项目
152	刘冲	2013.11	2014.11	美国北卡罗来纳大学教堂山分校	国家公派联合培养博士生项目
153	张亮	2013.11	2014.11	英国帝国理工大学	国家公派联合培养博士生项目
154	孙子恒	2013.02	2015.04	美国美国乔治梅森大学	国家公派联合培养博士生项目
155	李昱科	2014.01	2015.03	法国巴黎高等电信学院	国家公派联合培养博士生项目
156	罗晖	2014.02	2015.02	美国纽约州立大大学布法罗分校	国家公派联合培养博士生项目
157	曾玲琳	2013.12	2014.12	美国内布拉斯加林肯大学	国家公派联合培养博士生项目
158	李英	2013.11	2014.11	美国卡内基梅隆大学	国家公派联合培养博士生项目
159	张磊	2014.10	尚未返回	美国印第安纳州立大学	国家公派联合培养博士生项目
160	罗晖	2014.02	2015.02	美国	国家公派联合培养博士生项目
161	谢潇	2014.08	2015.09	德国慕尼黑工业大学	国家公派联合培养博士生项目
162	罗庆	2014.09	2015.09	美国得克萨斯州立大学达拉斯分校	国家公派联合培养博士生项目
163	薛逸飞	2014.09	尚未返回	荷兰国际航天测量与地球学学院（ITC）	国家公派联合培养博士生项目
164	熊礼治	2014.09	2015.09	美国新泽西理工学院	国家公派联合培养博士生项目
165	鲁仕维	2015.08	尚未返回	美国田纳西大学土木与环境工程学院	国家公派联合培养博士生项目
166	韩杏杏	2015.09	尚未返回	美国南佛罗里达大学	国家公派联合培养博士生项目
167	杨梦诗	2015.09	尚未返回	荷兰代尔夫特理工大学	国家公派联合培养博士生项目
168	单云霄	2015.10	尚未返回	美国罗格斯大学	国家公派联合培养博士生项目
169	张翔	2015.11	尚未返回	美国普渡大学	国家公派联合培养博士生项目
170	时朝阳	2014.01	2015.05	香港理工大学	交流学习

续表

序号	姓名	出国（境）时间	回国（境）时间	地点（国家/地区及高校）	国际交流项目名称或主要交流目的
171	汤圣君	2014.01	2015.02	香港理工大学	交流学习
172	吴晨	2014.01	2014.01	香港理工大学	交流学习
173	颜彪腾	2015.03	2015.06	台湾中兴大学	交流学习
174	李佳妮	2015.03	2015.06	台湾中兴大学	交流学习
175	陈华	2012.10	2014.10	德国地学研究中心 GFZ	交流学习
176	丁浩	2013.05	2015.07	台湾中央研究院地球科学研究所	交流学习
177	任晓东	2014.12	2015.07	澳大利亚墨尔本皇家理工大学	交流学习
178	畅鑫	2015.11	尚未返回	德国斯图加特大学	交流学习
179	张晨	2015.03	2015.12	澳大利亚莫纳什大学	交流学习
180	吴文豪	2015.05	2015.06	荷兰代尔夫特理工大学	交流学习
181	黄薇	2006.04	2007.04	日本奈良女子大学	交流学习
182	杨玮莹	2007.04	2008.03	日本奈良女子大学	交流学习
183	邵远征	2008.10	2010.10	美国中密歇根大学	交流学习
184	叶茂	2014.10	2015.06	意大利罗马大学	交流学习
185	余冰	2014.09	2015.04	美国密歇根大学安娜堡分校	交流学习
186	金晶	2010.09	2011.08	中国台湾文化大学	交流学习
187	罗毅	2010.09	2011.08	中国台湾文化大学	交流学习
188	赵友明	2010.09	2011.08	中国台湾文化大学	交流学习
189	陆晓娟	2010.09	2011.08	中国台湾文化大学	交流学习
190	刘蕾	2010.09	2011.08	中国台湾文化大学	交流学习
191	陈婉婷	2015.02	2015.07	台湾政治大学	交流学习

7.7　授予国（境）外学生学位情况

近十年来，共计 78 人次国（境）外学生正在攻读或已被授予学位。

授予国（境）外学生学位（包括在读）情况一览

序号	姓名	学位年月	国家或地区	学位类别
1	王锦麗	2010.06	香港	学士学位
2	許劍雲	2010.06	香港	学士学位
3	李耀輝	2010.06	香港	学士学位
4	謝敏梅	2010.06	香港	学士学位
5	陳志 JUN	2010.06	香港	学士学位
6	颜振雄	2011.06	香港	学士学位
7	黄燕葶	2011.06	香港	学士学位
8	徐育瑜	2011.06	香港	学士学位
9	李向明	2011.06	香港	学士学位
10	郑博文	2011.06	香港	学士学位
11	团德山	2011.07	越南	学士学位
12	何其峯	2012.06	香港	学士学位
13	李俊毅	2012.06	香港	学士学位
14	林宗骏	2012.06	香港	学士学位
15	池建东	2012.06	香港	学士学位
16	周君卫	2012.06	香港	学士学位
17	杨丽霖	2012.06	香港	学士学位
18	郑耀星	2012.06	香港	学士学位
19	粟桂雄	2012.06	香港	学士学位
20	杨泽铭	2012.06	香港	学士学位
21	刘翠钰	2012.06	香港	学士学位
22	伍秀珍	2012.06	香港	学士学位
23	罗靄霖	2013.06	香港	学士学位
24	许丽瑶	2013.06	香港	学士学位
25	文浩升	2013.06	香港	学士学位
26	曾咏诗	2013.06	香港	学士学位
27	伍国雄	2013.06	香港	学士学位
28	罗浩然	2013.06	香港	学士学位
29	黄卓禧	2013.06	香港	学士学位
30	谭永详	2013.06	香港	学士学位
31	宗敬心	2013.06	香港	学士学位

续表

序号	姓名	学位年月	国家或地区	学位类别
32	周卓安	2013. 06	香港	学士学位
33	董詠欣	2014. 06	香港	学士学位
34	伍嘉浚	2014. 06	香港	学士学位
35	刘晓韵	2015. 06	香港	学士学位
36	詹咏诗	2015. 06	香港	学士学位
37	张多斯	2016. 06	哈萨克斯坦	学士学位
38	丹尼	在读	刚果（布）	学士学位
39	石大明	在读	哈萨克斯坦	学士学位
40	塞布克	2009. 06	伊拉克	硕士学位
41	团文征	2011. 06	越南	硕士学位
42	Muhammad Shah	2013. 06	巴基斯坦	硕士学位
43	Nguyen The Luan	2013. 06	越南	硕士学位
44	阿沙德	2013. 06	巴基斯坦	硕士学位
45	Nguyen Xuan Tung	在读	越南	硕士学位
46	卡瑞	在读	阿尔及利亚	硕士学位
47	姚博	在读	阿尔及利亚	硕士学位
48	杜迪	在读	阿尔及利亚	硕士学位
49	欧加斯	在读	阿尔及利亚	硕士学位
50	戴妮	在读	阿尔及利亚	硕士学位
51	阿米勒	在读	阿尔及利亚	硕士学位
52	诺德里	在读	阿尔及利亚	硕士学位
53	哈姆扎	在读	阿尔及利亚	硕士学位
54	哈姆	在读	阿尔及利亚	硕士学位
55	布拉罕	在读	阿尔及利亚	硕士学位
56	拉比伯	在读	阿尔及利亚	硕士学位
57	梅德布	在读	阿尔及利亚	硕士学位
58	阿赫梅	在读	阿尔及利亚	硕士学位
59	法欧兹	在读	阿尔及利亚	硕士学位
60	佩罗	在读	西班牙	硕士学位
61	特里克	2007. 06	利比亚	博士学位
62	萨立姆	2009. 06	叙利亚	博士学位

续表

序号	姓名	学位年月	国家或地区	学位类别
63	萨立姆	2009.06	叙利亚	博士学位
64	殷明	2009.11	缅甸	博士学位
65	塔瑞克	2010.06	埃及	博士学位
66	塔瑞克	2010.06	埃及	博士学位
67	塞布克	2011.06	伊拉克	博士学位
68	Hussain Hamid	在读	巴基斯坦	博士学位
69	Nguyen Tuan Long	在读	越南	博士学位
70	Nguyen The Luan	在读	越南	博士学位
71	Bui Thi Kien Trinh	在读	越南	博士学位
72	Doan Van Chinh	在读	越南	博士学位
73	迈克尔	在读	德国	博士学位
74	佩雅	在读	泰国	博士学位
75	克里塞龙	在读	泰国	博士学位
76	陈琼安	在读	越南	博士学位
77	卡梅	在读	阿尔及利亚	博士学位
78	梅赫迪	在读	阿尔及利亚	博士学位

7.8 优秀博士学位论文获奖名单

7.8.1 全国百篇优秀博士学位论文

近十年来，共计3篇博士论文获评全国百篇优秀博士论文。

获全国百优博士论文情况一览

姓名	论文题目	指导教师	获奖时间
钟燕飞	遥感影像处理中的人工免疫系统理论及其应用方法研究	张良培	2009
潘　俊	自动化的航空影像色彩一致性处理及接缝线网络生成方法研究	李德仁	2011
黄　昕	高分辨率遥感影像多尺度纹理、形状特征提取与面向对象分类研究	张良培	2012

7.8.2 湖北省优秀博士学位论文

近十年来，共计38篇博士论文获评湖北省优秀博士论文。

获湖北省优秀博士论文情况一览

姓名	论文题目	指导教师	获奖时间
张过	缺少控制点的高分辨率卫星遥感影像几何纠正	李德仁	2006
杨必胜	数字城市的三维建模与可视化技术研究	李清泉	2006
姚宜斌	GPS 精密定位定轨后处理算法与实现	刘经南	2006
吴波	自适应三角形约束下的立体影像可靠匹配方法	朱庆	2007
王 琪	用 GPS 监测中国大陆现今地壳运动：变形速度场与构造解释	刘基余	2007
鄢建国	月球重力场研究及绕月卫星精密定轨	李飞	2008
唐旭	城市地价场理论和方法研究	刘耀林	2008
王华	利用 InSAR 研究青藏高原地区若干同震与震间形变	许才军	2008
张瑞菊	基于三维激光扫描数据的古建筑构建三维重建技术研究	李德仁	2008
褚永海	卫星测高波形处理理论研究及应用	李建成	2008
程亮	集成影像与 LiDAR 数据重建三维建筑物模型研究	龚健雅	2009
汪长城	SAR 图像海上舰船目标检测方法研究	廖明生	2010
谢伟	多帧影像超分辨率复原重建关键技术研究	秦前清	2011
钟波	基于 GOCE 卫星重力测量技术确定地球重力场的研究	宁津生、罗志才	2011
刘殿锋	土地质量空间抽样的群智能优化决策方法研究	刘耀林	2012
桂胜	地表净辐射的卫星遥感研究	李霖	2012
陈鹏	GNSS 电离层层析及震前电离层异常研究	姚宜斌	2012
严韦	基于 VLBI 观测数据的“嫦娥一号”定轨精度精化方法研究	刘经南	2012
王乐洋	基于总体最小二乘的大地测量反演理论及应用研究	许才军	2012
呙维	城市地区高分辨率 SAR 图像中典型地物的特征分析与解译	龚健雅	2012
田一翔	基于地面视频序列影像的建筑物重建方法	朱庆	2012
桂志鹏	质量驱动的空间信息服务链建模、评估和优化研究	吴华意	2012
袁强强	自适应影像复原及超分辨率重建方法研究	李平湘	2013
陈巍	顾及频率依赖响应的三轴分层地球自转理论	申文斌	2013
陈鹏	GNSS 电离层层析及震前电离层异常研究	姚宜斌	2013
王华	基于多目标群体智能优化算法的土地整理项目选址研究	刘耀林	2014
张乐飞	遥感影像的张量表达与流行学习法研究	张良培	2014
冯炼	大型通江湖泊水沙时空动态遥感研究——以鄱阳湖为例	陈晓玲	2014
李慧芳	多成因遥感影像亮度不均的变分校正方法研究	李平湘	2014
郭斐	GPS 精密单点定位质量控制与分析的相关理论与方法研究	张小红	2014
刘洋	顾及模型误差的震源参数 InSAR 反演	许才军	2014

续表

姓名	论文题目	指导教师	获奖时间
丁浩	探测地球自由振荡分裂信号的新方法及其应用	申文斌	2015
马跃	星载激光测高系统数据处理和误差分析	李松	2015
李星星	GNSS 精密单点定位及非差模糊度快速确定方法研究	张小红	2015
汪艳霞	基于 PSO 神经网络的空间目标匹配及典型应用研究	杜清运	2015
何平	时序 InSAR 的误差分析及应用研究	许才军	2015
王挺	高光谱遥感数据的自学习目标探测方法研究	张良培	2015

第八章　科 学 研 究

8.1　概述

测绘科学经过长期发展，形成了大地测量学、工程测量学、摄影测量与遥感学以及地图学与地理信息工程四大分支。经历工业革命和信息革命的历史发展，测绘科学已经从以光学机械仪器为主要手段的模拟方法发展为以空天地一体化测绘遥感技术和地理信息系统技术集成的数字化方法，目前正朝着以地球空间信息服务为目标的信息化测绘方向发展。测绘科学对国民经济建设、国防建设和大众民生具有重大意义和作用。以测绘科技为支撑的地理信息产业已成为我国战略性新兴产业，测绘科学迎来重大的战略发展机遇。

武汉大学测绘学科依托武汉大学测绘学院、遥感信息工程学院、资源与环境科学学院、印刷与包装系 4 个院（系）和测绘遥感信息国家重点实验室、武汉大学卫星导航定位技术研究中心（国家卫星定位系统工程技术研究中心）、中国南极测绘研究中心 3 个直属科研单位，以及地球空间信息技术协同创新中心、地球空间信息科学国际合作联合实验室、地球空间环境与大地测量教育部重点实验室、卫星导航定位教育部国防重点实验室、地理信息系统教育部重点实验室、教育部中国大陆构造环境监测网络联合研究中心（武汉大学）、教育部中国第二代卫星导航重大专项联合研究中心（武汉大学）、时空数据智能获取技术与应用教育部工程研究中心、地球物理大地测量国家测绘地理信息局重点实验室、精密工程与工业测量国家测绘地理信息局重点实验室、导航与位置服务国家测绘地理信息局重点实验室、地理国情监测与分析国家测绘地理信息局重点实验室、数字制图与国土信息应用工程国家测绘地理信息局重点实验室、极地测绘科学国家测绘地理信息局重点实验室、极地测绘遥感与全球环境变化实验室、武汉导航与位置服务工业技术研究院、武汉遥感与空间信息工业技术研究院等若干研究和产业化平台，不断完善学科体系建设，拓展学科应用领域，积极寻求合作，形成了集协同创新中心、各级重点实验室、工程研究中心、工业研究院于一体的测绘基础研究平台、科技创新基地和高新技术成果转化基地。

过去十年，武汉大学测绘学科肩负使命，为满足国家重大科技需求攻坚克难。累计承担国家“973”计划、“863”计划、国家科技支撑计划等国家级项目 161 项，国家自然科学基金项目 287 项，其他国家级、省部级、境外合作及国内重要科研项目 200 余项，总科研经费达 20 亿元。面向我国“高分辨率对地观测系统”、“第二代卫星导航定位系统”国家重大专项和“中国大陆构造环境监测网络”（简称陆态网络）重大科技基础设施等战略需求，开展系统性和先导性研究，突破了卫星测高、精确定位、精密定轨、测图自动化、高分辨率信息提取与地理信息应用服务等一系列技术难题，为实现我国对地观测系统和第二代卫星导航系统从无到有，从有到好的飞跃作出了重要贡献。面对国家安全保障和重大自然灾害应急响应等重大问题，测绘学科在我国西部困难地区测绘、中越边界雷区测绘、海岛礁无人区测绘、汶川与玉树地震快速测绘、地理国情监测以及各种应急测绘保障和国防安全信息保障中屡建功勋，为我国向遥感测绘强国的转变作出了重要贡献。

作为在国际上有重大影响的测绘科学研究实体，武汉大学测绘学科紧紧把握国际科学与技术前沿，在互联网、大数据高速发展的时代背景下，不断发展与充实测绘学科的科学内涵与技术领域。过去十年，测绘学科以"时空基准—对地观测系统—遥感数据—空间信息—地学知识—网络服务转化"理论与方法为主线，开展基础研究与应用基础研究，在大地测量、工程测量、导航与位置服务、航天航空摄影测量、遥感信息处理、地图学、地理信息系统、3S 集成与网络通信、海洋与极地测绘、色彩学等方向不断发展，提出了具有国际引领性的理论、模型、方法与前沿技术，建立了我国地理信息服务标准体系，解决了高分全球测图和卫星高精度定轨等难题，在一些方向上实现了从跟踪研究到引领发展的跨越，学科国际影响力显著增强。通过交叉融合，测绘学科还带动了地球物理等其他学科的发展。十年间，武汉大学测绘学科共获得国家级科研奖励 21 项。其中，国家科技进步奖（创新团队）1 项；国际科学技术合作奖 1 项，国家科技进步一等奖 2 项，二等奖 15 项；国家技术发明二等奖 1 项，国家自然科学二等奖 1 项；其他省部级及各类国际奖励共获得 161 项。在研究成果方面，共取得发明专利 401 项，取得计算机软件著作权登记 515 项，出版专著 187 本。测绘学科 2006—2016 年间收录于 SCI 和 SSCI 的"测绘类"文献 2447 篇，居国内高校前列，为武汉大学多个学科进入 ESI 学科世界前 1%的排名作出了重要贡献，最为突出的学科有地球科学（前 1%）、社会科学（1%）、计算机科学（1%）和工程科学（前 5‰）。

武汉大学测绘学科十分重视科技成果转化工作，不断探索并建立了良性的产学研合作机制。通过与科技成果转化企业武大吉奥、武汉立得、武大卓越、武汉适普等公司以及众多测绘地理信息应用部门和高科技企业合作，推动了我国测绘地理信息产业快速发展，为测绘地理信息产业成为关系国防安全、国民经济与社会发展的战略性新兴产业作出重要贡献。2015 年，美国地理信息行业巨头 ESRI 公司与武汉大学测绘学科合作，将凝聚测绘学科心血的 DPGrid 产品化，使其融入 ArcGIS 平台，实现 DPGrid 技术及应用在全球的推广。

十年间，武汉大学测绘学科在科学研究、社会服务等方面取得重要成就。相关科学研究进展分述如下：

8.1.1 大地测量

大地测量学是测绘学科的基础性学科。现代大地测量学与地球科学、空间科学和信息科学等多学科交叉，不断深化其内涵与拓展其外延。近十年，在现代高程基准确定、地球重力场的基础理论与方法、卫星重力探测技术及应用、大地测量地球物理联合反演理论与方法、地震地质灾害的大地测量监测、卫星测高技术及应用、卫星导航定位与定轨技术及应用、地球系统物质迁移及其动力学机制等领域取得了大量高水平成果，其中部分成果处于国内领先水平并在国际上产生了重要影响，为我国大地测量学的发展及有关重大科学工程建设作出了突出贡献。

1. 现代高程基准建立

我国采用1985黄海高程系统作为国家高程基准，青岛水准原点及其高程值为其起始基准数据，而国家一、二等水准网为此高程系统的参考框架。国家高程基准是测绘研究的根基，近十年，为了代替几何水准测量所建立的高程参考框架，将国家高程基准利用厘米级精度水平的高分辨率（似）大地水准面将GNSS测定的大地高转换成正（常）高，借助（似）大地水准面形成全球统一的高程基准，测绘学科在地球重力场领域不断突破，实现了大地水准面从理论到工程化应用的重大跨越。宁津生院士、李建成院士及其研究团队创新性地提出用数字高程基准取代传统水准标石，建立并维持国家现代高程基准，实现了传统高程基准建立和维持模式的根本性转变，引领了我国现代基准建设；通过解决精密大地水准面确定的多项理论和技术难题，完成了从米级到分米级、到厘米级、再到亚厘米级三次精度提升，使我国在该技术领域达到世界领先水平；成功实现建立1厘米精度城市和5厘米精度省级似大地水准面，精度水平整体提高了一个量级，并为我国现代高程基准建设提供了完整的新技术和标准；利用高精度区域似大地水准面和GPS大地高实现了长距离跨海厘米级精度的高程基准传递，解决了近海区域跨海高程测量难题。成果已规模化推广应用到150多个省、市、区域的数字高程基准建设工程。

2. 地球重力场理论、方法与应用

地球重力场表征了地球空间基本力学环境，是发展空间技术、建立地球参考坐标系、资源勘探和发展远程武器的重要基础。精密确定地球重力场是武汉大学测绘学科近十年来的重要研究领域。通过高精度高分辨率局部大地水准面确定的理论和方法研究，实现了我国各省区局部似大地水准面平均精度高于澳大利亚和加拿大等发达国家，实现±(2~5)cm厘米级的突破。通过改进低轨卫星精密定轨的计算方法，构建了高精度静态重力场模型和GRACE时变重力场模型，并进行了新一代卫星重力测量模式的模拟研究，完善了卫星精密定轨与卫星重力场模型确定的理论和方法。建立了多源多代卫星测高数据和海面时变信号改正方法，成功构建了高精度平均海面高模型。在卫星时变重力场研究领域，成功实现GRACE时变重力场有效探测同震重力变化，为地震等灾害监测提供依据。重力场数据的多尺度分析技术方面取得的一系列创新成果，得到国内外同行的高度关注和引用，部分成果已经在测绘、地震、规划等部门，并在高校和科研院所得到应用。顾及分辨率的线性估计方法推广应用于927重力测量数据处理，有效提高了数据精度。重力数据的多尺度分析方法和多分辨率可视化技术被应用于我国重大科技基础设施“中国大陆环境构造监测网络”重力数据处理与分析软件系统中，为地震预测、国土测绘、国民经济生活等诸多领域提供服务。

3. 空间大地测量理论、技术及应用

空间大地测量是利用卫星或河外类星体射电源电磁波信号精密测量地面及外空间任意点三维坐标及其随时间的变化，是现代大地测量的核心技术，也是大地测量扩大其应用领域的主要手段。近十年，空间大地测量在卫星运动轨道理论、地球坐标系的定义和实现、地壳运动监测技术及应用等领域取得了系列突破。

在GNSS精密定位技术研究与应用方面，通过建立GPS+GLONASS+BeiDou+Galileo四大卫星导航定位系统融合的精密单点定位模型，研究并分析了四系统融合PPP的定位性能，包含静态、动态以及在不同高度角下单系统和不同系统组合的PPP定位精度和收敛速度。提出了较为完整的北斗/GPS融合精密动态相对定位处理方案，实现了中短距离的北斗/GPS动态相对定位，研制了相应的原型软件系统，开展了大量的静态、车载和船载实验，可以在中短距离上实现静态、静动、动动等模式的相对定位，获得厘米至分米级的实时定位结果。研制了北斗/GPS实时姿态测量软件系统，并成功嵌入到某国产接收机进行工程应用。深入研究了北斗/GPS实时形变监测数据处理所涉及的融合定位模型、模糊度快速固定及恢复、误差精化处理等关键问题以及算法实现，建立了一套较为完整的适合于区域实时形变监测的数据处理方案。

面对我国在深空探测领域的战略需求，针对月球探测器和火星探测器定位的局限性，经过数年科技攻关，突破了空间大地测量技术高频计算和分析地球定向参数（EOP）、月球和火星探测器精密定位和时空基准转换参数精化的一系列关键技术，形成了从GPS到GNSS、SLR、VLBI多种空间大地测量系统，从空间大地测量技术到（ΔVLBI、统一S或X波段测速测距USB/UXB、天文导航和X射线脉冲星导航技术等）深空探测器定位导航技术、从地面测量到自主定位系统、从地球定向参数（EOP）到月球天平动参数和火星探测器时间基准参数，从低频到高频的一整套深空探测器定位和时空基准转换参数精化技术体系。提出了精化深空探测器定位参数、EOP、月球天平动和火星探测器时间基准参数的新方法和新模型，申报获批了一系列国家发明专利，开发了相应的具有自主知识产权的软件系统，开展了大量的空间大地测量、月球探测器和火星探测器实验，可以实现对地球停泊段、地月转移段、环月段探测器、月面着陆探测器、月面巡视器和环火探测器的精密定位和EOP参数、月球天平动参数、火星探测器星载时间基准参数的精化。月球和火星探测器定位精度达到了国际水平，EOP计算值与国际上著名的IERS公布的精度相当，将月球天平动参数Ω改进了1.031as，将火星探测器时间基准保持在300ns。为空间大地测量与地球动力学研究、深空大地测量与天体动力学研究、月球和火星探测器高精度定位、地面测控网和探测器轨道优化设计提供技术支撑，对我国测绘行业的科技进步及保障我国深空探测工程安全具有重要意义。

成果先后成功应用于相关单位的测绘工程控制网测量、CORS站的建立与维持、卫星定位导航大地基准的建设工程中，对嫦娥1，2，3和5号月球探测器测控或试验测控的技术支持以及火星探测的研究工作中，解决了因计算频率低制约其高频变化项分辨率的瓶颈问题，以及计算频率低和先验精度低制约深空探测器定位精度的瓶颈问题。大大节约了用户的成本，显著提高了工作效率，取得了巨大的经济和社会效益。

此外，GPS定位技术在对流层、电离层、全球温度模型等方面的应用也在不断扩展，利用提出的基于静态或扰动条件下的总变差最小化的三维迭代电子密度重建算法，显著地提高了重建精度，建立了顾及多影响因子的改进模型。通过探空资料、GGOS数据和COSMIC掩星数据的测试，新模型显示出全球一致的高精度，其精度比当前广泛采用的Bevis加权平均温度模型提高1K左右。相关成果应用于气象学、空间天气、地震等领域的研究工作中。

4. 大地测量地球物理反演理论、方法与应用

大地测量地球物理反演旨在利用各种物理、几何场信息约束地球物理本体的内在结构组成、形变机理及其动力学过程。现代空间大地测量技术的出现为研究地球本体提供了海量高时空分辨率的观测数据，同时现代计算机技术的飞速发展为模拟重现特定构造区域与地震孕育发生有关的动力学过程提供了技术保障。

近十年来，针对大地测量地球物理反演中的若干关键难题，提出和建立了大地测量反演构造应力场的理论和方法，为地壳构造应力场研究开辟了新的途径，也为大地测量深入地学研究领域进行了新的开拓；提出利用赫尔默特方差估计方法求解大地测量地球物理联合反演中各类观测权比例因子，利用交叉试验方法评价非线性反演结果的精度，合理地解决了大地测量地球物理联合反演的随机模型问题，发展了大地测量地球物理反演理论；利用 GPS/InSAR 时序分析集成技术研究地震地壳形变，发展了融合空间遥感与地面变形资料约束断层几何与运动参数的反演算法；研制了利用 GPS/水准、InSAR 和 GIS 进行活动断层地震危险性估计的软件系统；建立了库仑应力统一正反演解析模型及顾及库仑应力模型参数随机特性的库仑应力误差估计解析模型，显著提高了库仑应力和余震的空间相关性，有利于预测余震发生。相关研究成果极大推动了测绘技术的发展及行业的进步，取得了显著的社会效益。

8.1.2　工程测量

随着我国经济建设和社会发展的不断加快，工程测量的重要作用日益突出，应用领域和服务范围越来越广，包括城市建设、建筑工程、交通、矿山、地籍与房产、航空航天、水利水电以及工业、医学、公安和国防等。近年来，我国相继完成了三峡工程、青藏铁路、国家体育场、国家大剧院、中央电视台新台址、杭州湾跨海大桥、上海磁悬浮轨道交通工程、武广高速铁路、贵州世界最大的射电望远镜等大型特种精密工程。其中，三峡工程、青藏铁路和国家体育场被列入世界十大奇迹工程。这些工程体量大、结构复杂、空间变化不规则和精度要求高，工程测量科技人员围绕这些技术问题，在高精度三维工程控制网的快速建立，工程地形图测绘、信息化施工测量技术、智能化安全监测与预警、高精度工业测量和工程测量专用地理信息系统建设等方面开展了深入研究，在理论、方法和应用上取得了重大成就。主要体现在以下方面：

1. 工程控制网

全球导航卫星系统（GNSS）已成为布设工程控制网的主要技术方法。利用多台 GNSS 接收机进行同步观测，通过高精度相对定位建立工程控制网，具有观测时间全天候、控制点之间无需通视、控制网规模大小皆宜等特点，已在我国水利水电、高速铁路、城市地铁、高速公路、大型桥隧等重大工程中得到广泛应用，确保了工程各部位的准确空间关系。随着北斗卫星导航系统的快速发展，我国在 GNSS 接收机制造、高精度定位数据处理等方面已接近国际先进水平，国产 GNSS 接收机得到社会认可，国产控制网数据处理系统成为建立工程控制网的首选软件。在高程控制方面，提出了精密三角高程测量系统、大地水准面精化模型代替高精度水准测量的理论与方法，解决了大范围、长距离和跨海精密高程传递问题，并成功应用于高速铁路、跨海大桥等大型工程中。随着似大地水准面模型在

全国范围内的普遍建立与精度提高，GNSS 可实现平面坐标与正常高同步测量，真正成为三维高精度工程控制测量的重要手段。

2. 施工测量技术

各种大型工程建设兴起，促进了施工测量技术与方法的快速发展，各种高新技术与设备不断应用，解决了工程施工测量中的诸多技术难题。

在城市地铁中，采用全站仪、投点仪和陀螺全站仪组成的联合作业方法进行竖井定向，提高了定向精度。隧道盾构机开挖中，可先将隧道设计参数和放样点坐标输入到智能全站仪，仪器可通过测量自动引导盾构机按设计方向掘进。利用 GNSS 技术、通信技术与工程施工现场的各种机械进行集成，研制的施工碾压系统和机械防撞系统，应用于水布垭堆石坝碾压和广西龙滩水电站施工中塔吊防撞，实现对全过程的实时监控，保证了工程施工的安全、质量和工作效率。针对特大异型工程施工特点进行研究，将复杂构件准确快速地定位到设计位置，确保工程快速高质量地实施；将实地建构筑物数字化到计算机中重新构造复原，并与设计的原型进行比较，快速客观地评估施工质量和安全隐患，为特大异型工程的质量和安全提供基本保障。未来的工程施工将实现集成和无线化数据采集、自动和网络化数据传输、智能和数值化数据分析、可视和实时化现场监控，形成“施工监测→快速反馈→施工控制→在线管理”的有效循环机制，依托测绘学科各种测量技术，以空间信息管理系统为平台，建立信息化施工测量体系，为工程信息化施工的推进奠定了基础。

3. 自动化监测与变形分析

随着国家重大工程及异型工程的大量增加，工程安全监测与分析日益重要，对变形监测的精度、频次、实时性等方面提出了新的要求。高精度、自动化、持续、实时、动态监测已成为现代变形监测的特点。

在湖北隔河岩水电站、山西西龙池抽水蓄能电站建立了 GPS 高精度自动化变形监测系统，实现了大坝持续无人值守的高精度自动化监测；地铁运营期保护监测也已普遍采用测量机器人自动化变形监测系统；泰州长江公路大桥和苏通长江公路大桥的施工沉井实时定位、上海环球金融中心和深圳帝王大厦的楼顶位移动态监测中，采用了 GNSS RTK 和 CORS 技术。这些技术虽然实现了自动化测量，但这种单点监测模式尚不能完全满足实际需求。数字摄影测量、地面三维激光扫描和地基雷达干涉测量技术实现了面式监测，以毫米级到亚毫米级的精度获得监测对象表面的细部变形，已应用于矿山开采、滑坡、桥梁等监测中。将表面变形、内部变形和物理量进行综合分析，有利于全面了解变形过程、变形原因和分析变形机理。

4. 工业测量

现代工业生产要求对产品的设计模拟、生产流程、过程控制、质量检验与监控等进行快速高精度检测与定位，从而产生了工业测量系统，如早期的经纬仪交会系统。随着精密制造技术、光电技术、控制技术和通信技术的发展，出现了诸如工业全站仪、激光跟踪仪、激光扫描仪、工业摄影测量、Indoor GPS 等高精度工业测量系统和其他传感器，其测量范围从几米到数十米，精度达亚毫米级或者更高，广泛应用于飞机、汽车、轮船等零件的几何检测、部件精确组装、机器手跟踪与校准等。近年来，大型科学研究设备，如高能物理研究所需的各类粒子加速器。深空探测的大型天线、射电望远镜等，在制造、安装、调试等环节中，精度要求高，安装范围大，所受影响多。这些挑战扩展了工业测量的应用空间。

5. 工程地形图测绘

随着测量仪器与技术的革新，为数字化测图提供了丰富的手段，数字化测图技术也以其精度高、更新快等优点逐渐取代传统测图方法，在城市建设、工程勘测施工等方面得到广泛应用。

地面数字化测图技术主要采用全站仪测记法和电子平板两种模式，在开阔地区用 GNSS RTK 测量方法，在山高坡陡和危险地区采用无合作目标全站仪、近景摄影测量或激光扫描等方法。对大范围大比例尺工程地形图可利用数字航空摄影测量技术测制。无人机和飞艇低空摄影测量系统以其快捷灵活的优势，越来越多地应用在线路带状地形图测绘、沿海滩涂测量、城市三维建模、电网设计、输电线路巡检等工程中。集成惯导、GNSS、激光扫描和全景相机等技术的地面移动测量系统开始在城市大比例尺测图、城市部件和景观测量等方面开展应用。随着国家提出建设海洋强国战略，维护国家主权及对海洋资源开发与利用的需要，对海底地形图测绘也提出了更高要求，无验潮模式下的多波束精密测深技术、多形态海床特征下多波束和侧扫声呐图像配准和信息融合技术、基于地貌图像的海床微地形自动生成技术，可以获取高精度和高分辨率的海床地形地貌，可为海洋工程建设提供基础资料。

6. 工程测量专用地理信息系统

基于 GIS、网络与通信技术，实现工程测量数据采集、处理、分析、存储和展示的一体化，为重大工程提供及时、准确、标准化、数字化的基础空间信息，满足了工程建设各个阶段的科学管理与决策要求。近年来，相继出现了城市地下管线信息系统、房地产管理信息系统、水利工程测量信息系统、大坝安全监测信息系统、地铁安全施工与管理信息系统、南水北调中线工程信息化施工测量系统和钢铁公司总图管理信息系统等，极大地提升了我国工程测量的信息化管理水平。

8.1.3 导航与位置服务

全球卫星导航系统（GNSS）是攸关国家经济、社会和信息安全的重大技术系统和战略基础设施，在国家安全、经济发展和社会民生中具有举足轻重的地位。2000 年，我国建立北斗导航区域试验系统，成为继美、俄之后的世界上第三个拥有自主卫星导航系统的国家，大国之间对“导航信号控制权”、“位置信息控制权”以及“定位导航授时基准体系控制权”的国际竞争日趋激烈。在近十年，针对北斗系统建设和应用的一系列核心技术问题，刘经南院士带领团队从整体方案设计、关键技术突破、系统应用服务各方面，引入了一系列相关的新思路、新方法、新技术，解决了广域与区域融合、导航卫星轨道与钟差实时精确修正、高精度终端集成定位等难题，极大地支撑了我国北斗系统应用及位置服务产业的发展。

1. 广域实时精密定位

卫星定轨精度直接影响卫星导航系统定位导航授时性能、对地观测卫星遥感影像的定位精度，是长期以来导致我国遥感对地观测卫星影像几何定位精度低的重要原因之一。针对国际上多卫星导航系统（GPS/GLONASS/Galileo/北斗系统）共存和兼容互操作的必然趋势，提出了多导航系统融合精密定轨中统一的时空基准、物理模型参数的估计理论方法，以及多导航观测系统选权策略、系统误差消除与估计方法；设计并实现了导航卫星实时精密轨道处理软件系统，该系统对 GPS 卫星实时定轨精度优于 5cm、GLONASS 卫星优于 10cm、北斗卫星（径向）优于 10cm。卫星实时定轨技术为我国资源三号、海洋二号卫星精密定轨和未来我国编队 INSAR 卫星相对精密定轨提供了支撑。同时，基于上述卫星精密定轨理论与方法，实现了嫦娥一号多源数据的高精度精密定轨，获得月球的动力学参数解算结果，提出了火星探测器精密定轨的时间和坐标系统转换方法，为我国深空探测导航服务奠定了技术基石。

GNSS 实时精密定位数据处理系统存在两条技术途径：一是在国家级、洲际甚至全球的基于广域增强信息的精密单点定位技术；二是基于区域基准站基线网的网络 RTK 定位技术。为了解决一套系统两种技术服务体系导致地面基准站网资源的利用效率低下的问题，将 GNSS 精密定位服务从专业应用领域向大众消费领域拓展，实现“全国一张网、无缝统一服务”的目标，提出了多 GNSS 系统广域与区域融合的数据处理理论方法，研制了我国具有完全自主知识产权的广域实时精密定位数据处理系统，解决了我国现有省市连续运行基准站网系统不能全国统一无缝服务的难题，打破了国外垄断。

2. 北斗地基增强系统和北斗国际试验网

2004 年我国正式启动北斗卫星导航系统重大科技专项，研制建设中国第二代卫星导航系统，过去的十年，也是北斗卫星导航系统建设的黄金十年。自 2011 年起，通过在国内外建立由 20 个跟踪站组成的北斗/GNSS 连续观测网络——北斗国际试验网，实现了卫星自主导航技术、广域差分体制、卫星“动转零”精密定轨机理、下行电文精密测定评估技术、卫星天线相位中心标定、低轨卫星监测站增强体制设计等关键技术的重要突破，有力地支撑了全球连续监测评估系统（iGMAS）的论证、设计和建设，显著提升了系统的连续性和可靠性，并首次验证了北斗卫星导航的系统精密定位服务能力，为系统从“可用”到“好用”的转变发挥了重要作用，解决了北斗系统建设、海外站观测资源不足的问题。

通过攻克北斗定位中特有的三频模糊度固定难题，提高了北斗网络 RTK 精密定位收敛速度，首次实现了北斗厘米级实时动态和米级差分导航定位，并研制了北斗厘米级 RTK 算法和软件。并基于此建立了我国第一个北斗地基增强示范系统和海外第一个北斗地基增强示范系统，首次实现了北斗厘米级实时动态和米级差分导航定位，由此推动了国家北斗地基增强系统重大项目的立项。

3. 室内外一体化导航

在北斗/GNSS、移动通信、互联网和卫星通信系统等技术的支撑下，北斗逐步走进公众导航与位置服务领域。然而，解决个人移动终端室内外定位依然存在着“最后一公里”的问题。为了实现室内外无缝定位，通过融合广域实时精密定位、室内定位等技术和全息位置地图技术，提出了广域室内外高精度定位导航的羲和系统的总体方案，为实现室内外协同实时精密定位、提高室外卫星导航系统定位精度奠定了基础。

针对现有导航地图服务在室内外一体化表达模型与导航算法方面的不足，建立了语义位置表达模型、基于实景显著性的室内外行人导航模型，提出了一系列针对特殊场景的导航算法，实现了室内外环境中复杂空间语义的统一描述与室内外一体化导航。针对全息位置地图室内外、地上下、全球无缝可视化问题，提出了一种多源多尺度数据的混合索引与管理模式，实现全球与局部、室内与室外、地上与地下空间视觉上的无缝漫游。同时，将不同类型的各种泛在信息与空间位置或实体对象关联，在漫游过程中，主动将关联信息选择性地推送给用户，实现用户对空间位置及关联信息的全方位掌控，有力支撑了室内外一体化导航定位与应用服务。通过编制并发布了《羲和系统技术规范：GNSS 广域实时精密定位数据处理技术规范》等多个行业规范，研制了广域高精度主动安全车联网示范原型系统、羲和米级高精度定位智能手机原型系统、全息位置地图平台原型软件，并在动态警务指挥研判与快出警等公众服务领域得到应用。

4. 星载 GPS 实时自主定轨

高精度实时自主定轨是提高低轨卫星自主运行性能的一项关键技术，不仅可以大大增强低轨卫星的自主操作性能，而且不需要地面测控系统的支持和维护，大幅降低卫星的运行成本。通过与高分辨率对地观测技术相结合，可以实现对地球表面及其自然灾害的实时动态监测。

星载 GPS 实时定轨是指低轨卫星实时在轨处理星载 GPS 接收机的伪距、载波相位观测数据，获取低轨卫星的精确卫星位置、速度和时间等状态参数，并提供给其他星上载荷如姿态控制系统和对地观测数据采集系统，实现低轨卫星的自主运行。经过多年的深入研究和技术攻关，在充分考虑星载 GPS 接收机内部处理器计算性能有限的条件下，结合低轨卫星的轨道动力学模型，推导出高度稳定的自主定轨卡尔曼滤波数学模型，成功研制出星载 GPS 自主定轨软件 SATODS。利用多年的 CHAMP 卫星、GRACE 卫星和 SAC-C 卫星以及我国的资源三号和海洋二号卫星的实测 GPS 数据的自主定轨数据处理，在没有地面 GPS 增强系统或 GPS 精密轨道与钟差的支持下，可以获得亚米级的位置精度和亚毫米/秒的速度精度（3dRMS）。通过与相关航天单位合作，该软件已经移植到我国自主研制的星载 GPS 接收机内，打破了国外对我国星载 GPS 接收机和实时定轨技术的封锁，实现我国低轨卫星的实时高精度自主定轨。

5. 分布式导航卫星自主定轨

导航星座自主定轨是卫星导航系统在没有地面站支持的情况下实现广播星历的自主更新，提高卫星导航系统的抗摧毁能力，增强卫星导航系统的战时生存能力。因此，美国早在 20 世纪 80 年代提出“GPS 卫星自主导航”的概念，通过研究并逐步实现 GPS 卫星的自主导航。在国家“863”计划与北斗专项的资助下，经过深入的理论研究和技术攻关，提出了基于星间测距数据的分布式导航卫星自主定轨理论与方法，成功突破了限制星座整体旋转误差累积和分布式导航卫星自主定轨的参数估计等关键技术，研制了具有自主知识产权的分布式导航卫星自主定轨的软件平台，并应用于北斗卫星的自主导航。2015 年 7 月，我国发射的新一代北斗卫星已成功搭载星间链路载荷，实现卫星间的相互测距与数据通信，并开展自主导航的试验工作。北斗卫星全球系统通过自主导航，有效提高星座运行的自主性能，减少对地面站的依赖，有效降低系统的运行管理成本。

6. 精密动态/静态单点定位

针对传统相对 GPS 高精度定位依赖地面基准站的固有缺陷，围绕 GNSS 精密单点定位（Precise Point Positioning，PPP）理论、技术和方法，突破了静态和动态 GNSS 单机厘米级定位中的数据预处理、快速初始化及非差模糊度固定等系列关键技术，在此基础上，发展了 PPP 整周模糊度解算的理论和方法；提出了利用 CORS 网增强 PPP 的概念和方法，通过引入附加先验大气延迟改正约束信息辅助非差模糊度解算，可单历元固定非差整数模糊度，解决了非差模糊度的快速固定难题，实现了 PPP 模式的 RTK 定位原型系统；在国际上率先向全球 PPP 用户免费发布了与 IGS 精密轨道和钟差产品兼容的宽巷和窄巷相位小数偏差产品，显著提高了 PPP 定位的可靠性、缩短了定位收敛时间，拓展了 PPP 技术的适用性等，率先在我国研制出一套能进行工程化应用的 PPP 综合数据处理软件系统（TriP），软件具有静/动态定位、测速、授时和低轨卫星定轨等功能，形成了从双频到单频，单系统到多系统，静态到动态，事后到实时，浮点解到固定解的一整套精密单点定位的理论方法和技术体系。成果丰富并发展了 GNSS 精密定位的理论和方法，解决了大范围、困难偏远地区精密定位实施难、成本高、效率低的问题，为海、陆、空、天的单机高精度定位提供了有效的技术方法。该成果已应用于格陵兰冰盖航空测量实践中，解决了困扰丹麦空间研究中心多年的技术难题，得到了丹麦空间研究中心的高度评价；应用于“西部测图”国家重大测绘工程、玉树地震救灾及灾后重建工程中，解决了上述项目中缺乏地面控制点的难题；已推广应用于国家地理信息中心、北京四维远见信息技术有限公司、国家海洋局第二海洋研究所、海军海洋测绘研究所等国内外数十家单位工程实践中。其中，利用精密单点定位技术和 TriP 软件获取摄站和地面点像控坐标进行 GPS 辅助空三技术，已经成为了 SWDC 航摄仪的标准作业方式，在大地测量、海洋测绘、航空摄影测量等诸多领域得到了广泛应用，大大推动了相关行业的科技进步。

7. GNSS 高精度定位、测速和测姿

GNSS 技术可提供精确的位置、速度、姿态和时间等信息，在测绘、国土、农业、交通运输等国民经济建设和舰载机的着舰、舰队管理、战场指挥、空中加油、编队飞行、武器装备试验等国防安全领域中具有广阔的应用前景。针对高精度的 GNSS 动态定位、测速和测姿的迫切应用需求，面向我国北斗卫星导航系统（BDS），兼容 GPS、Galileo、GLONASS 多系统兼容并存的趋势，深入研究了多频 GNSS 高精度相对定位的理论方法，突破了动态复杂环境下的周跳探测及修复、多频高维模糊度的快速可靠固定、多卫星导航定位系统组合精密定位模型、动态定位测速和测姿数学模型的精化和质量控制等关键技术，提出了顾及电离层变化的伪距相位组合的三频周跳探测修复方法、基于网格理论的分块 LLL、部分尺度规约的贪心 LLL 和交叉排序等一系列切实可行的规约算法、可靠的多频模糊度的单历元解算方法，建立了多频 GNSS 相对定位的技术体系，并基于算法研究成果及多年的数据处理经验，设计并研制了具有自主知识产权的 GNSS 高精度相对定位、测速和测姿软件 KinPOS，可满足静态或动态定位及实时或事后定位等多方面的应用需求，实现毫米至分米级的高精度定位，已被多家国防和企事业单位成功应用于飞机动态定位、姿态测量、动态目标监控、变形监测等场合。研究成果丰富了卫星导航数据处理理论，为推动北斗系统的在测绘、导航及相关领域的应用奠定了技术基础，也有助于我国逐步摆脱在精密动态定位技术上长期受制于人的被动局面。

8.1.4 航空航天摄影测量

随着卫星影像分辨率的不断提高和倾斜影像等新型传感器的出现，国产卫星影像几何处理精度的不足日益突出、摄影测量三维建模自动化的需求不断增加，国内外差距有不断扩大的趋势。面对硬件能力的提高和处理能力不足的矛盾，张祖勋院士、李德仁院士及他们的研究团队，从基础设施建设，到传感器定标、自动化测图、空中三角测量平差、模型重建和应急应用方面展开了研究，在各方向上均取得了显著进展。

1. 航天摄影测量

过去的十年，我国对地观测领域取得了突飞猛进的发展，一大批国产资源、测绘卫星相继进入太空，在气象、海洋、环境、资源、测绘、地球科学研究等领域发挥着重要作用。国产卫星在实现“从无到有”的飞跃后，又提出了“从有到好”的技术需求，测绘学科当仁不让地积极面向国家重大需求，发挥积极作用。过去十年，李德仁院士及其研究团队通过主持或参与论证“资源三号”卫星和“遥感”系列卫星的设计论证，将测绘学科从卫星产业的最末端应用，提升至卫星制造的最前端，完成了测绘遥感在卫星研制、发射、数据处理与应用的全过程参与。历时八年，在河南嵩山建成了我国首个遥感卫星在轨定标固定式靶标场，为高分辨率航空航天遥感影像的辐射与光谱定标提供了基础设施。通过严密成像模型建立、高精度内外定标、虚拟重成像、大规模影像空三等一系列核心技术的攻关，研制了“资源三号”、“资源一号”02C、“高分一号”、“高分二号”以及“遥感”系列等多种型号国产卫星影像数据处理算法业务系统，形成了系统的测绘遥感卫星数据高精度处理理论，开创了国产光学遥感卫星几何定标的新局面。成果应用于我国资源三号测绘卫星后，可使单景影像无地面控制精度提高到10米，经过无地面控制大区域空三精度优于5米，全面优于法国SPOT5、日本ALOS和印度P5等卫星，居国际同类卫星首位。

高精度光学卫星影像处理理论和方法的研究，突破了测绘卫星总体精度设计的难题，实现了测绘卫星总体技术指标设计的定量化，系统地解决了国产光学卫星定位精度低、配准融合变化检测难、无法用于立体测绘的问题，使我国的立体测绘技术从国内走向国际，实现全球高精度的立体测图，具备全球高精度数字高程模型、数字正射影像和矢量产品生产能力，显著提升了国产卫星数据产品的几何质量，对国产光学卫星数据处理产生了巨大影响。测绘学科在航天摄影测量领域的突破，使我国光学遥感卫星应用从过去显示卫星制造与发射能力到能够满足国内外测图、土地调查、变化监测、国家灾害应急和国防安全等重大应用，卫星影像的国产化从五年前的10%提高到目前的70%以上，为我国光学卫星遥感从“有”到“好”走向商业化、规模化应用作出了重要贡献。

2. 低空与应急摄影测量

近十年来，低空无人机遥感平台及摄影测量数据处理技术获得了极大发展。面对我国在灾害快速监测与预警日趋迫切的需求，利用天空地多传感器，在应急响应的非常规条件下，快速获取数据，并提取摄影测量地形和地物三维信息，成为低空摄影测量领域新的发展方向。灾害应急非常规摄影、多视点摄影和复杂地形地物条件下影像的自动可靠匹配是世界性难题。过去十年，通过发展无人机影像高精度自动空中三角测量理论，攻克稳定特征提取与匹配技术、多机多核加速技术，解决了大倾角影像连接点匹配难题和海量影像并行化处理难题，为困难地区和应急测绘提供了全新的解决方案。张祖勋院士带领其研究团队研制的具有自主知识产权的新一代数字摄影测量网格 DPGrid，可实现大规模航空航天影像的自动化快速处理，成功应用于汶川地震救灾、西部测图、基础地理数据更新等国家重大工程。特别是在汶川地震应急测绘中，解决了常规手段难以完成的不规则三维航迹和明显姿态角变化条件下的大规模影像快速自动处理难题，使原来上百人需要一天时间才能处理完的数据缩短到一个系统 10 个小时内自动完成，在第一时间为应急救灾提供了重要的测绘情报。

3. 倾斜摄影测量

经过多年努力，我国在测绘遥感硬件技术和 4D 产品生产系统研发等方面与国外的差距不断缩小，有些方面已处于世界领先水平；但随着倾斜摄影等新型传感器的出现和普及，我国在全自动化三维建模研究方面与国外的差距越来越大。为了实现技术上的超越，过去十年，测绘学科开展了以倾斜影像为核心的多传感器数据处理和建模的研究，利用影像预纠正技术、多角度匹配点云融合技术，解决了倾斜相机多角度影像空三连接点匹配难和密集匹配噪声大的问题，生成的模型精度和细节优于国外软件 Smart3D Capture 的结果。通过分块处理及缝合技术解决了海量匹配点云的三维构网问题，通过 GPU 加速技术实现了顾及遮挡的三维表面纹理快速映射，为发展我国自主知识产权的倾斜影像三维重建系统、实现大范围城市三维建模与应用奠定了坚实的基础。

针对三维建模单体化难题，自主研发了一套半自动交互式三维模型矢量化建模方法和系统，具有高效率、高精度的特点。通过集成倾斜摄影测量实景三维建模与测图系统，构建多视角三维模型和矢量采集环境，形成严格成像关系下的精密采集，弥补了单一数据源的视角、分辨率、遮挡等局限，集成化的建模环境大幅提升作业精度和效能。通过三维单体化建模方法可有效去除几何变形和纹理拉花，测图系统不用佩戴立体眼镜，自动检索多角度影像，可在任意表面实现推入、拉出等布尔运算进行结构物的快速操作，并达到测图级精度成果。空地结合的三维建模能有效弥补航空影像对于底商、地面等信息的缺失，实现多种传感器无缝集成。该系统在全国 50 多个倾斜摄影三维重建项目中得到广泛应用。

4. 近景摄影测量

数字文化遗产是近景摄影测量与人文社科研究交叉融合的创新性突破。过去十年，为了满足香港志莲净苑监理监测和敦煌莫高窟大规模数字文化遗产等需要，构建了空地多传感器数据集成的三维精细建模方法。利用主动与被动获取的激光扫描数据和光学影像数据，集成多源影像数据高精度定位、三维信息提取与高性能处理等成果，形成了一套光学影像与 LiDAR 技术应用于文化遗产数字化的理论与方法。在激光雷达数据处理与应用领域，通过基于随机三角形的机载点云数据与航空影像自动配准技术，有效解决了纹理贫乏区域点云影像自动配准的关键问题，成功应用于国家大型文物数字化保护工程。为了更好的记录、保存与保护文化遗产与遗迹，攻克了激光扫描仪近场强度异常改正、LiDAR 点云球面投影构网、薄板样条柔性纹理映射等技术，实现了敦煌莫高窟、广西晋王陵等文化遗产的高精度三维数字化存档，解决了敦煌 2.6 亿游客中心项目内容建设核心等难题，并推动了我国不可移动文物数字化标准的建设。

8.1.5 遥感信息处理

随着遥感科学技术的飞速发展，新型的高分辨率、高光谱、高动态遥感卫星传感器大量涌现，源源不断地提供丰富的数据源，实现对地球多尺度、多层次、多角度、多谱段地连续观测。面对如此浩瀚的遥感观测数据，如何有效地处理和解译地物信息是面临的重大科学问题。遥感信息处理技术与数据获取能力之间已经出现了严重的失衡，导致了数据海量、信息缺乏的困局。结合国家对地球空间信息的需求和当前传感器向多平台、多通道、多时相、高分辨率方向发展的趋势，遥感信息处理迫切需要实现智能化，以适应遥感大数据时代的应用需求。过去十年，通过在遥感信息接收、处理、分析与应用领域开展系列研究，测绘学科在智能化多源海量遥感影像大数据解译理论与方法方面得到了长足的发展，为国民经济、社会可持续发展和国防建设提供了高效可靠的服务。

1. 高分辨率遥感影像自动处理

针对高分辨率遥感影像中纹理高度细节化导致的语义不确定性问题，通过研究空间结构、高层语义、对象拓扑等多元特征的解译理论与方法，充分挖掘像素层、对象层和场景层等多尺度语义信息，构建了高分辨率遥感影像高层特征表达与场景理解的理论体系，极大地提高了空间大尺度上的高层次数据解译能力。针对高光谱影像中普遍存在混合像元的难题，发展了混合像元分解、亚像元目标探测、亚像元地物制图的高光谱遥感数据智能化解译理论体系，构建了高光谱遥感影像统一的“分类—分解—探测—定位”精细化影像解译方法体系，高度深化亚像元尺度上的信息提取能力，相关成果有力推动了国产高分辨率遥感数据在我国各行业的广泛应用，并且先后组织多次高光谱技术应用培训，培养技术骨干上千人次，为推广我国高分专项卫星数据储备了雄厚的技术力量。

2. 激光雷达遥感

随着遥感对地观测向多源目标、高精度探测发展，传统的卫星光学遥感在空天地立体化监测中越来越受到局限。激光雷达作为一种主动观测系统，成为高精度遥感对地对空观测体系的有力补充。过去十年，测绘学科致力于发展高精度对地观测设备与技术方法，在激光雷达研制与应用领域取得了突破。大气激光雷达通常存在高、低空难以兼顾的技术难题。近十年来，突破激光雷达的技术瓶颈，创造性地提出了双波长、多视场、双体制信号同时获取的科学构架，研制兼具了大气云、气溶胶、水汽、N_2、CO_2、温度等探测的数台多功能高—低空同时探测的激光雷达软硬件系统，成功应用于地表三维几何信息和专题信息的同时获取。此外，综合星载激光雷达 CALIOP、MODIS、SABER 等主被动遥感平台，开展了大区域空天地立体化大气污染监测、建模和应用研究，为遥感定量建模提供了有力支撑。在对地观测领域，近年来，成功研制了同时具有高空间分辨率与高光谱探测能力的多光谱激光雷达，并在精细农业等领域得到了应用，成为国际上激光雷达技术发展进程中具有阶段意义的研究成果。

3. 微波遥感

作为天基对地观测系统的重要组成部分，星载合成孔径雷达（SAR）遥感的应用领域近年来不断得到拓展，高分辨率、干涉、极化 SAR 数据的处理和信息提取已成为研究热点。由于独特的侧视距离相干成像机理带来的几何畸变、斑点噪声等显著特点，以及大气/地表状态时空变化等环境因素的耦合影响，SAR 数据的解译和处理分析存在着很强的不确定性，导致几何/属性信息的精确提取困难重重。为了突破星载 SAR 重轨干涉高精度地形测量理论与方法，近十年来，通过攻克了时间序列永久散射体 PS-InSAR 的核心技术，提出短时间序列的 PS-InSAR 新方法，极大地降低了数据获取的成本，提高了数据处理的效率，构建了独具特色的星载 SAR/InSAR/PolSAR 数据处理和信息提取的理论与方法体系，取得了米级地形高程测量精度和厘米级滑坡形变探测精度，在国内开创性地将雷达遥感新技术应用于地质灾害业务运行。利用微波遥感领域的技术成果，我们深入揭示了三峡库区滑坡体表面形变与库水位变化之间的密切联系，分析阐明了季节性气温变化引起的冻土冻融过程以及降雨对于东北寒区公路沿线滑坡稳定性的影响，并将该技术推广至我国西部山区滑坡形变监测。

4. 遥感应用

遥感技术具有空间上宏观性和时间上连续性的特点，可以积极地响应陆地、水体和大气环境对不同的时空尺度监测的需求。然而，人们对遥感数据的信息理解和定量应用能力却远远不足，制约了遥感科学与技术在业务化监测和预警应用中发挥有效作用。

我国水资源日益匮乏，水环境、水灾害监测预警需求不断上升，迫切需要发挥遥感在水环境、水灾害、监测预警中的技术优势。然而，定性分析的局限性与定量分析的低精度、低效率一直是困扰水环境、水灾害业务监测与应用的核心矛盾。面对我国大量具有复杂光学特性的高动态、小面积的湖泊河流水体，近十年来，攻克了内陆水体大气校正、水色参数遥感定量反演两大难题，建立了遥感水质分区与定量反演相结合的水环境定性定量遥感信息提取分析模式，发展了一套基于遥感的高动态湖泊水环境水生态参数监测体系。成功地对鄱阳湖水量收支结构变化、水沙动力过程、湖泊人为采砂活动等进行了分析，揭示了湖泊水文情势的多年变化特征与三峡工程建设及其运行调度的可能性关系，从而揭示水体环境事件发生的动力学机制，研究成果为高动态水环境监测预警提供了技术支撑。

植被是陆地生态系统的重要组成部分，在全球变化研究、生态环境保护、农林业经济生产领域都迫切的需要对植被时空动态的分布和变化进行监测。近十年来，以农田和森林为主要实验区域，基于不同平台的遥感数据（包括地面、航空和航天遥感数据），在植被生化物理参数反演的遥感定量模型和植被精细分类、精确估算反映植被长势和健康状况等关键技术上取得了突破，为精准农业，森林变化监测提供了重要的基础信息，成果被广泛地应用于植被时空变化的监测评估。

城市是地表物质能量高度集中的场所，是人类生活的中心，多源遥感数据为城市环境、地表变化、人类活动的监测提供了强大的数据支持和信息分析平台。近十年来，测绘学科致力于开展多尺度城市遥感信息处理与应用研究，提出了大尺度上（0.5~1.0km）自动城市化动态监测与分析方法，采用智能化自学习方法，实现了大尺度城市化的自动监控，为实现我国新型城市化建设提供及时、精确的信息；在中等尺度上（10~30m），提出了基于 Landsat 和 Sentinel-2 卫星的自动分类框系统，实现了城市—植被—水体—土壤等基本要素的精确识别；在小尺度上（0.5~5m），提出了基元指数的城市信息表达方法，实现了高分辨率遥感影像的自动分类框架。多尺度城市遥感信息处理方法已成功应用于高分辨率对地观测计划，地理国情监测等国家重大课题中，也成功应用于分析城市热岛、绿度变化、城市交通、噪声监测、海绵城市等城市环境研究领域。

5. 地理国情监测

地理国情是基本国情的重要组成部分，通过对地理国情进行动态测绘、统计，从地理的角度来综合分析和研究国情，是政府、企业和社会各方面进行决策的重要依据。近十年来，测绘学科开展了地理国情监测实践，将基本地形图测绘、基础地理信息数据库建设、测绘基准体系构建等重要基础性工作与地理国情相结合，开展地理国情普查、标准构建等工作。在传感器网络技术支持下，研究多源多尺度数据的生态环境等地理国情参数定量反演普适性算法，完善地理国情信息服务分类方法和生态环境信息服务元信息描述方案，形成了处理复杂事务、容错性好、运行效率高的地理国情监测与产品生产服务链和执行机制，地理国情动态监测传感网及产品生态、信息服务平台在江西省鄱阳湖流域得到应用。

8.1.6　地图科学

地图作为地学研究的第二语言，在探求地学特征规律、揭示地理过程机理、挖掘空间分布模式方面承担两大功能：一是作为分析表达工具解答地理学中的科学问题；二是作为载体传播工具交流传输地学研究成果。以空间认知表达符号为主要特征的地图，与代表语言的文字符号和代表数量的数字符号一道，成为人们认知世界的三大文化工具，在漫长的研究历史中形成的经典地图学科，不仅具有完善的科学原理、技术和方法，而且具有文化艺术特征，同时涉足科学、技术、艺术三大范畴。过去十年，在数字技术、网络传输、多媒体可视化等新型技术驱动下，地图学科的内涵与外延得到极大的拓宽，地图制图的范畴已从传统的现实世界向虚拟世界、网络空间等泛空间拓展，可视化表达主体正从以地理环境为主向地理与人文环境并重发展，可视化表达内容正从地理环境的静态描述向动态过程化方向发展，可视化与地图制图的产品从面向人类服务朝着同时面向智能机器方向发展。

1. 地图空间认知与建模

地理空间的现象、事物与过程如何被人感知是数字地图建模的首要问题，需要与认知科学、人工智能、地理景观分析等多学科交叉研究。本方向针对数字环境下地理空间认知与地图表达的基础理论开展了多方面的研究，包括空间信息认知与传输、地图语言学理论、多媒体与虚拟现实环境下的地图感受、地理空间本体论。基于虚拟现实系统、眼动仪等空间信息认知工具，结合空间统计、心象地图原理，研究了空间景观的视觉表达模型、室内空间的导航机制与空间景观模式的认知识别。过去十年，在该方向上建立了完善的“地图代数”理论体系，以代数观念阐述了空间表达的理论和方法，超越了传统的欧几里得空间，构建了全新的地图信息度量空间。地图代数理论在国内外产生重要影响，成果论文获得了 ESRI&ASPRS GIS 年度最佳论文奖。

2. 地图综合与多尺度表达

尺度问题是地图表达与应用的基础问题，地图综合完成对复杂空间的抽象概括，从而获得地理空间的本质特征和地学规律。它既是完成从大比例尺地图向小比例尺地图转换的技术方法，也是地图分析挖掘特征规律的重要工具。过去十年，本方向应对泛在网络技术、数字技术环境下空间、时间、语义尺度变换的新挑战，开展了在线式地图综合、泛在网络大数据尺度变换、专题地图综合等问题的研究，完成了一批高效、智能化的地图综合模型与算法，研制的地图综合软件获得了国家科技进步二等奖。同时，将理论研究与实践结合，在国家空间基础设施多比例尺数据库建立及跨比例尺级联式地图更新技术、多级瓦片地图的一致性尺度匹配与高效渐进式传输等技术上开展研究，研制的软件及技术方法在国家1∶5万地图更新工程、国家“二调”多级国土资源数据库建设及地理国情数据的地图综合中发挥重要作用。

3. 地图文化与艺术

地图文化是测绘地理信息软实力的集中体现，如何扩展地图的传播效应、增强地图表达的艺术美、提升基于地图的国情教育水平，是测绘学科过去十年关注的一个重要方面，开展了以地图文化、地图史、地图美学为内容的研究。针对媒体传输、地图服务中地图艺术特色的展示，探求新型可视化技术在地图艺术美表现中认知工效，研究地图文化在大众传媒及新兴自媒体技术中的贡献作用，探讨了地图在不同的层次教育体系中的版权意识、地理国情、爱国情操素质教育中的文化效应。参与完成了国家大型科技基础性工作专项项目“中国近代地图志”的编研，梳理了中国地图史的发展脉络。专门针对色弱、色盲人群开展了特殊地图符号化研究。

4. 国家地图集系统工程

国家大地图集全面、综合、多层面、多视角地记录和反映一个国家的社会、经济、文化、自然的发展变化规律，是地学各领域科学研究成果的结晶。国家大地图集作为国家知识的《百科全书》，是集中反映国家科学技术与文化水平的一个重要标志，同时也是国际学术交流的重要内容和提高国际声誉的一种方式。过去十年，在国家科技基础性工作专项项目“国家大地图集编研”支持下，通过国家经济地图集、国家影像大地图集、国家水文地图集等多部大地图集的编制研究，运用系统工程思想构建了新时期我国国家大地图集工程的体系结构。建立了国家大地图集编制中多源、多类型、多尺度、多时态数据的集成方法。研究了新型IT技术背景下的国家大地图集产品模式，提出了将电子地图技术、多媒体可视化技术、三维动画技术集成，以图形、图像、图表、文字、视频等多种模式全方位展示的新型地图集应用技术。

5. 电子地图与应用工程

过去十年，地图应用以电子地图形式提供LBS与位置导航、空间信息公众服务、电子政务等服务功能，电子地图应用领域不断拓宽。针对电子地图服务的地理信息可视化的理论与技术需求，建立了新型的三维动态地图表达模型与规范体系，实现了移动设备及其他特殊显示设备上电子地图的自适应可视化技术策略，有关成果获得多项国家测绘科技进步奖。为应对电子地图表达从“地理实空间”向“泛在网络虚空间”的扩展，开展了电子地图众源空间信息的挖掘研究，以揭示社会群体空间行为特征、预测空间信息过程趋势、发掘地理现象空域规律。基于网络系统平台研究了网络化电子地图的制作、发布、更新及与其他网络传输信息的集成，研发了泛在网络空间数据智能探测与主动集成，包括：开发基于网络爬虫的数据获取、研究基于自然语言处理和文本挖掘的泛在隐含空间信息发现方法、开发多模态泛在网络空间信息集成Web平台。电子地图应用工程覆盖了工业界、学术界和社会管理众多领域，产生了显著的聚集效益和社会效益。

8.1.7　地理信息系统

随着Web服务、高性能计算等网络化信息基础设施的日趋成熟，以及物联网、传感网技术的快速发展，地理信息的数据来源、服务对象、服务方式均发生了重大变化，智慧城市、智慧地球等概念已经深入人心。地理信息采集从以前单一依赖专业化的集中采集方式，正朝向集中与分散采集、专业化与公众参与等多样化并行方式发展。丰富的地理信息资源对地理信息的处理加工、存储与管理、查询与分析、建模与模拟以及数据挖掘和信息服务方面提出了新的要求和挑战。在网络带宽技术进步的推动下，政府部门、企事业单位和社会大众对地理信息的应用提出了网络化在线共享与集成的新要求。地理信息技术正在从集中式的地理信息系统向分布式网络化地理信息服务发展，正经历一场从体系架构、软件平台、接口标准到应用模式的革命性变化。地理信息服务已经不满足于静态数据服务，迫切需要从静态向动态、从室外向室内外地上下一体化、从在线数据浏览向智能化知识服务方向发展。面对智慧城市建设、应急响应等国家重大应用需求，测绘学科在地理信息科学的内涵中不断衍生，围绕传感网空间信息建模、时空数据组织与管理、空间数据集成与智能服务等方面展开了深入研究。提出了空间信息系统的理念，引领了地理信息学科新的发展方向。龚健雅院士牵头，联合国内外百名学者撰写的我国首个地理信息国际标准《地理信息影像与格网数据的内容模型及编码规则》之第一部分“内容模型”（ISO 19163-1），于2015年7月通过审查，这是我国地理信息领域首个自主提出立项并通过审查的国际标准，标志着中国成为国际地理信息标准化领域的一支重要力量。

1. 空间信息建模

由于空天地传感器在观测模式、成像机理和应用目的等方面的不同，观测系统之间大多是封闭、孤立和自治的，因此多平台多传感器协同是空天地观测一体化的理论与实验难题。为实现地理空间传感网资源的信息共享与时空动态信息接入，提出了事件驱动的空天地一体化协同观测方法，建立了基于服务的分布式异构观测资源统一规划与调度机制，突破了多协议观测信息动态接入以及多维动态实时GIS数据的高效管理关键技术，实现了地球陆表事件驱动的分布式空天地三类观测平台、百颗卫星传感器和万级地面传感器的统一时空管理和协同观测接入，建设了分布式对地观测传感网实验场。建立了地理空间传感网资源信息模型，形成了地理空间传感网资源通用描述框架，提出对地观测即时接入与高效制图方法，研发了支持大规模传感网实时数据接入的时空数据库。

2. 时空数据组织与管理

传统三维地理信息系统主要面向可视化，重点表达几何与外观，局限于特定的专业应用领域，难以满足地上下、室内外复杂空间信息的集成表示与综合分析的需要。在建立了多源、异构、分布式、大规模空间信息的数据表达与组织模型和空间信息网络共享服务模型的基础上，近十年来，为了解决GIS系统只支持静态或离散变化时空地理对象，缺乏长时序动态数据表达能力，难以支撑在线事件检测、时空动态分析与综合过程模拟等应用问题，建立了多维动态实时GIS数据模型，突破了大规模地上下、室外内三维空间数据一体化管理、高效三维空间索引、动态调度与高效可视化等核心技术，支持地上地下室内外一体化的多层次描述和实时传感数据的集成，为构建具有自主知识产权的多维动态地球空间信息智能服务平台提供了理论基础。

基于地理空间数据，构建了以房屋基本单元多时态信息为核心的完备的房屋全生命周期时空协同管理体系，设计了房屋全生命周期动态数据库，采用房管主数据库集成模式和“局部更新、整体还原”增量更新方法，解决了现有的城市房屋管理中各业务系统互不关联、标准不统一、一数多源的难题。

3. 空间数据集成与智能服务

针对对地观测数据应用中“数据丰富”而“分析匮乏”的局面，提出“地理空间服务网”理论，将地理空间数据的共享和互操作上升到地理信息处理功能的共享和互操作，集成网络环境中强大的计算资源和多粒度处理功能，提供弹性处理服务环境，实现更高层次的互联互通。成果被美国科学院院士 Luc Anselin 在其论文中列为网络地理信息处理的前沿研究成果。

面对传统的空间信息服务对空间信息服务的描述停留在语法层次、缺乏语义而不能被计算机所理解、难以实现智能化服务的现状，建立了空间信息服务的语义描述模型，通过本体推理和服务组合将观测资源、数据资源和处理资源动态聚合和按需服务，揭示了语义空间信息智能服务机制。发展了异构地理信息模式语义匹配器，面对空间数据产品追踪溯源这一服务质量评估与服务链优化的需求，建立了支持空间信息服务的空间数据溯源信息共享模型，提出了适应开放式空间信息服务体系的空间数据溯源服务模式，为地理空间服务网质量评估与优化提供了支持。通过对地球空间信息服务的语义注册、发现、匹配、组合、溯源等一系列方法的研究，提高了空间信息共享、处理的自动化、智能化水平。基于云服务的体系结构，将开放式虚拟地球集成共享平台 GeoGlobe 提升为多维动态地球空间信息智能服务平台，支撑了国家地理信息公共服务平台（天地图）的建设。“天地图”的建设与运行，实现了跨地区多尺度地理信息数据资源的集成共享与服务，其权威、准确、统一、丰富的地图服务资源，为各种各样的分布式应用提供了基础；引导与推动了国家、省、市多层次地理信息公共服务平台的建设，使我国成为国际上第二个拥有数字地球系统的国家。通过直接服务于百姓民生，进一步提升了地理信息的公共服务能力。空间信息系统在城管、社管、国土、规划、电力、环保等具体智慧行业应用，有力地推动了我国智慧城市的建设发展。基于多源时空信息和地理信息系统的时空分析能力研究城市的主要致灾类型和风险，综合应用地理信息和其他各种信息来对自然灾害、事故灾害、公共卫生事件、社会安全事件等各种危害公共安全的事件进行评估、预测、管理、分析、处理和指挥决策。

4. 地球空间数据与空间分析

针对空间数据与空间分析这一国际学术前沿研究方向，以不确定性的产生机制、空间分布规律、表达理论模型、传播机理和质量控制理论为主线，全面、系统地研究了该领域的 5 个核心基础理论：位置不确定性、属性不确定性、空间关系不确定性、空间分析不确定性和质量控制。在空间数据方面，发现并证明了使用了近四十年的经典 ε-误差带模型的缺陷，提出了新的误差带理论模型，解决该领域一个国际理论难题，“为现阶段发展奠定了基石”，发现了不规则三角网（TIN）模型的误差分布规律，首次推证了其精度理论公式，实现了从对简单规则 DEM 到复杂不规则 TIN 的精度估计的理论进步。在空间分析方面，系统地建立了空间叠置等空间分析不确定理论，完成了不确定性研究从静态描述到动态分析的理论突破，被认为“对该领域不确定性估计作出了极有价值的贡献”。在质量控制理论方面，提出了基于几何和属性约束的空间数据质量控制理论，实现了不确定性理论研究从描述到控制的重要创新。成果已应用于中国《地址数据检查与评价》标准的制定，欧洲、香港、澳门等地及军事空间数据质量控制。

5. 三维地理信息系统技术

针对地上地下室内外静态刚体目标实体及其空间分布上的多样性，提出了统一的三维 GIS 数据模型，实现了地上下室内外目标的几何、拓扑、语义的统一表示，设计了统一高效的数据结构，顾及几何与纹理的多分辨率发展了地上地下空间实体的多层次语义表示，为地上地下三维空间数据的集成管理与综合应用奠定了理论基础。针对大规模三维空间数据组织管理与可视化分析应用的特点，提出了基于层次消息总线的三维 GIS 体系架构，并制定统一的接口规范，提高了三维 GIS 平台软件的可伸缩性和高可用性，为高效能三维地理信息系统软件平台的研制提供了有效的技术基础。

根据地籍管理对城市土地三维空间规划与管理的发展趋势，探索了土地及产权三维空间的表达形式和方法，研制了统一 2/3 维空间对象管理的三维拓扑数据模型，开发了三维地籍信息系统，并在深圳市地籍管理业务中得到有效的应用；针对三维实体可视化技术，重点研究了三维实体建模技术和基于光线投射的体素可视化方法，突破了三维实体动态几何剖切运算关键技术，实现了对三维建筑物及内部细节的可视化。

6. 地理信息技术的专业化建模及应用

针对全国土地资源评价工程方面的薄弱环节，提出了土地资源评价数据一体化采集和数据自动整合等解决方案，创建了土地资源评价数据自动化处理技术，突破了全数字环境下土地资源评价因子空间定量自动表征核心技术，实现了土地资源评价因子全自动化空间量化；发展了土地资源评价模型和模型库分层结构化构建技术，解决了多用途土地资源评价模型集成难题，拓展了我国智能化土地资源评价模型方法体系；成果应用于全国农用地评价和全国城镇土地评价工程。面向优化国土空间开发格局的重大国家任务需求，针对国土空间优化的非结构化、多目标协同、耦合大量空间知识、处理数据海量、计算密集等难题，通过研究国土空间优化计算、领域知识空间化、并行化、资源化共享与工程化应用等五大关键技术，成果应用于全国土地利用总体规划、全国土地综合整治规划工程和全国城镇化动态监测等重大工程中，促进了我国国土空间规划行业科技进步。成果进一步辐射服务于东盟国家，完成老挝土地利用总体规划修编，取得了良好的国际影响。

8.1.8 3S 集成与多媒体通信

全球卫星导航定位系统（GNSS）、遥感（RS）、地理信息系统（GIS）（简称 3S）集成技术是地理空间信息战略性新型产业的核心支撑，3S 集成技术将时空数据获取与实时处理变为可能，使地理空间信息技术在智能导航、工程建设、环境监测、减灾防灾中发挥了越来越重要的作用。近十年来，时空数据获取的手段与方法已逐步从过去的专业化的获取方式向机动、灵活与公众参与的集成化方式转变，导致了多源时空数据的时间粒度、空间尺度、时空基准等方面存在巨大的差异与冲突，面对时空数据获取滞后、智能化处理水平亟待提高与我国地理空间信息新兴产业大规模飞速发展的矛盾，急需拓展3S与通信技术集成的理论、方法与行业应用。过去十年，测绘学科围绕广义移动测量理论与方法，在多传感器集成与精密定位定姿、实时传输与时空数据处理、多传感器高效融合与自适应表达等关键科学问题与技术上得到了长足的发展，取得了如下进展。

1. 高精度定位定姿测量技术

高精度位置与姿态测量技术是高速动态条件下低空对地观测系统获取高精度时空数据的瓶颈，具有广泛的运用价值，但由于POS所需的惯导属于敏感器件，长期以来受制于国外的技术封锁，严重制约了我国低空高分辨率对地观测技术的发展。过去十年，通过攻克IMU与GNSS精密时空同步与杆臂补偿的难题，突破了北斗GNSS/IMU整周模糊度紧组合解算关键技术，解决了松散/紧密/深耦合的高动态捷联组合测量技术难题，研制了正八点安装方法，实现了POS轻小型优化设计与工程化，打破了发达国家的技术封锁；在无差分GPS条件下，将现有3~5m单点定位精度提高到分米级；实现了定位精度达0.05m、航向精度达0.005°、姿态精度达0.002°，并建立了我国高精度位置与测姿系统的室内外标校场，研制具有自主知识产权的轻小型高精度的水上水下、陆地型和航空型的系列定位与测姿装备。自主研制的高精度位置与姿态系统（POS）与国际上最先进的POS LV610系统精度相当，重量减轻1/3，摆脱了我国对轻小型高精度POS进口产品的依赖，广泛运用于我国低空对地观测系统。

2. 低空地面协同实时数据获取

低空无人机和地面轻小型应急装备在灾害监测与应急响应中的重要性日益体现，但是减灾应急中，复杂的地形条件、多平台、多视角的观测条件，对高分辨率对地观测提出了新的挑战。此外，目前适宜轻小型低空无人机的无线通信与传输设备体积较大、载荷较重、缺乏组网能力、没有形成数据链、通信数率较低，无法满足低空、地面无线高速传输需求。为了突破我国复杂地形条件下低空、地面协同高速通信的技术难题，近十年来突破了轻小型高速无线通信设备研制的难题，研究了传输虚拟化和传输动态优化及保证机制，提出了无线条件海量数据的传输优化算法和任务载荷条件下具有差错复原能力的视频压缩与编码技术，研制了无人机环境宽带无线通信链路任务载荷硬件装备，形成了一套适合于低空无人机的轻小型海量数据无线传输装备原型系统。在国内首次实现了基于轻小型低空无人机的激光点云、高分辨率影像、定位测姿数据的高精度采集与无线传输，飞行任务的规划与自主导航，为远景规划的空、天、地一体化宽带通信服务网络系统的研究提供了关键技术支撑。

针对高分辨率对地观测数据的高精度联合处理方法，通过提出了基于地理底图的自动匹配、联合POS信息的并行空三处理、低重叠度影像快速镶嵌等方法，设计了传输与计算一体化、多（众）核CPU/GPU并行、多粒度高效存储、多任务优化调度等方法，利用软硬一体技术实现了遥感影像的并行处理，大幅提高了海量高分辨率影像和点云数据处理的速度。基于上述理论方法，研制了无人机数据快速获取、高速通信与实时处理系统，集成导航、通信与遥感数据实现了实时回传影像10秒内生成正射影像产品，25秒检测出典型目标，1分钟内实现数据处理与分发服务，成功解决高速飞行状态下无人机影像数据姿态不稳、信息缺失、重叠度低、实时处理困难等难题，为低空多平台联合观测奠定了技术基础。

3. 时空数据自适应表达

实现3S技术智能化、实用化、公众化的服务，其技术瓶颈在于缺少高效的方法对海量时空数据进行低成本快速获取与智能化融合分析，从而难以实现从数据到信息的快速转换。多源、多视角观测数据精配准是填补“数据空洞”和提升空间数据属性丰富度的关键，一直面临两大难题：(1) 不同成像观测数据的准确初始对准；(2) 多源观测数据精配准模型的可靠性优化求解。针对时空数据配准的问题，近十年来发展出基于弹性力学理论的空间曲线相似性度量方法，突破了统一时空基准下的多源、多维、多视角空间数据的高精度稳健配准的难题，完成了多视角空间数据尺度和旋转不变性的高精度配准与融合，实现了多视角数据的优势互补，在上述理论与方法的基础上，解决了无地面控制条件下实现激光点云与影像的配准误差在1个像素内，DEM点位中误差在5cm以内，满足小范围1：500大比例尺测图精度要求。

针对空间数据视角多变、遮挡严重、数据不完整等问题带来的几何要素提取精细度不足与可靠性弱等严重问题，在多源、多视角数据融合的基础上提出了真三维几何要素层次化提取方法，有效克服低空机载、地面车载与固定平台激光点云数据过分割/分割不足的缺陷，高效可靠地提取真三维几何要素，真三维几何要素提取的准确率、正确率方面达95%，效率提高30%，实现了真三维几何要素精度从米级到厘米级的跨越，在高精度导航电子地图生成、大比例尺数字线划图测绘等领域得到应用。

4. 3S集成装备研制与应用

除了理论方法上的突破，近十年来在3S集成装备与应用平台方面，通过研制一系列软、硬件集成的组合定位与测量系统，为铁道、公路测量等行业提供了有效测量方案，促进了测绘与行业应用的融合以及空间信息服务技术的应用和发展。

通过研制国际先进、具有自主知识产权的移动道路测量产品LD2000，并应用于我国国防、测绘、铁路等领域，为打破国外多年技术封锁，实现国防的敏感信息采集发挥了关键作用，集成在铁路机车上的移动测量应用更为世界首创。该系统生产的数据产品是代表当今最新地图科技的高分辨率三维影像地图产品，将彻底改变传统地图概念，推动了地理数据采集与更新技术的发展，实现了按需测量的地理信息服务。

面对我国在路面养护方面急需提高管理的效率和优化养护方式的问题，提出了滚动载荷作用下的路面变形速度激光测量方法，实现了道路弯沉实时、非接触、动态高速测量。研制了适合我国国情，具有完全自主知识产权的我国首台、国际上第二台高速激光无损动态弯沉测量装备，将弯沉测量速度由传统的1~5 km/h提升至15~90 km/h，测量精度达到0.01 mm，填补国内空白，实现了道路弯沉测量技术从静态到动态、从人工到自动的跨越。

以城市空间信息快速获取和信息化应用为研究对象，围绕智慧城市的信息获取、处理、分析、制图和建模等基本立足点，自主研制了国内首款基于激光扫描和全景成像的多源、多模式城市空间信息一体化快速获取系统。建立了车载系统的高精度标定场，并研发具有自主知识产权的车载系统标定软件。研制了具有自主知识产权的面向城市测绘应用的车载激光点云综合处理软件，并首次将车载激光扫描与全景成像城市测量系统应用于城市测绘领域，实现了集三维点云和全景影像于一体的测绘新服务模式，在城市部件采集、城市三维建模、竣工测量等领域进行了大量的生产实践，全面促进了测绘技术变革。

8.1.9 海洋测绘

随着我国“海洋强国战略”、“一带一路战略”和“海上丝绸之路战略”的实施，海洋测绘作为海上活动的“先头兵”在技术、装备等方面遇到了前所未有的机遇和挑战。武汉大学测绘学科在国家大战略需求以及生产和科研单位需求的驱动下，紧跟国际海洋测绘领域的最新进展，在海洋大地测量、高精度高分辨率海底地形地貌信息获取、海洋潮汐和潮流、水下导航和定位、海底（浅表层）底质探测和分类等领域开展了相关研究，具体研究进展如下所述。

1. 海洋大地测量及水下导航定位

开展了全球重力场模型、卫星重力及海洋卫星测高技术的研究，突破了地面重力数据与卫星重力数据最优联合及超大规模快速稳定解算等关键技术，研制了我国首个 720 阶 WDM2001 模型。在中国近海及领海海域构建了 2′×2′的重力异常数值模型，模型精度达到 3~5 mgal；确定了中国近海陆海统一基准数字高程模型，取得了优于 5 cm 精度；确定了全球海域 2′×2′平均海平面高模型序列，精度优于 4 cm；研究了近六十年全球海平面变化特征，量化了海平面变化趋势及其主要贡献因素，反演并构建了全球海底地形数值模型；建立了 15′×15′全球海洋潮汐模型；解决了精密区域大地水准面确定的多项理论和技术难题，实现了“GNSS+大地水准面”的现代高程测量三维一体化技术体系和作业新模式，实现了传统高程基准建立和维持模式的根本性转变，推进了我国现代测绘基准建设进程。

2. 高精度海底地形地貌获取技术

为解决传统潮位减水深的单波束（多波束）作业模式中面临的工作量大、动吃水实时测定精度偏低、风浪和船体操纵等引起的船姿问题、潮位模型误差实际影响难以准确估计等问题以及综上导致的测深成果精度偏低问题。提出了集 GNSS RTK/PPK/PPP、测深、测姿和海洋无缝垂直基准转换等技术于一体的高精度测深技术，以及多信息融合技术的数据处理技术。一体化解决了测深和潮位信息的获取问题，无需顾及动吃水和潮位模型误差，最大限度地削弱了船姿的影响，在航即获得所需坐标系和垂直基准下的测点平面和垂直解。这种一体化高精度测深系统和作业模式，显著提高了测深效率和成果精度，并得到了海事、航道、水文等生产单位的广泛测试和应用，已被写入《水运工程测量规范》。

为了获得高质量的侧扫声呐条带图像，研究了侧扫声呐原始观测数据的解码、Ping 回波强度的转换和编码、瀑布图形成、斜距改正、AVG 改正、各种畸变改正处理和地理编码方法、相邻条带特征及镶嵌方法，形成了较为完备的侧扫声呐条带图像处理方法体系。为了解决测量中因为船速、航向变化等带来的 Ping 间孔隙度较大、传统均值插补方法带来的底质图像分布不均匀等问题，提出基于底质变化一致性的横向和纵向插补方法，实现了侧扫声呐图像像素的合理插补、图像对底质变化的一致性反映以及高质量侧扫声呐条带图像的获取。

3. 潮汐潮流信息获取及处理

针对远距离潮位获取困难和潮位模型误差对测深影响显著、隐蔽且难以消除问题，提出了基于 GNSS 的走航/锚定潮位测量方法、基于潮汐频谱特征的潮位提取方法，走航和锚定潮位提取中截止频率的选取原则，100km 范围内取得了优于±8cm 的潮位精度，克服了传统验潮及潮位模型的不足，为精密测深瞬时起算基准确定提供了全新的解决方案。

为解决大流速、高落差水域水位无法获取的难题，研制了一套基于多传感器集成的浮球漂流水位测量系统，提出了水位最优提取算法，取得了优于 5cm 的测量精度，实现了复杂水文条件下水位的高精度获取。

针对远距离平均海平面/深度基准面确定困难这一难题，提出了基于 GNSS 锚定潮位的平均海平面/深度基准面确定方法，并给出了适合不同情况下的、完备的传递模型。100 km范围内，实现了优于 6. 5 cm 的平均海平面/深度基准面传递精度，为远距离海洋垂直基准的精确确定提供了新的方法。

受外部磁场（或铁质测量船）、底质流动及仪器性能等因素影响，ADCP 设备自身难以为流速测量提供准确的方位和船速基准，从而降低了 ADCP 测量精度并限制了其自身应用。为此，借助外部传感器，通过设备布设、参数计算和替换等研究，给出了一种 ADCP 流速精确测量和数据处理方法，提高了 ADCP 流速测量精度，增强了其应用范围。

针对传统潮流分析方法对感潮河段走航 ADCP 数据实施潮流分离表现出的不足，开展了基于梯度训练法的径向基函数潮流分离方法，解决了传统潮流分析方法要求时序数据长、潮流分离实施复杂问题，以及基于贪婪拟合法的径向基函数潮流分离算法存在的节点数无法确定、过度拟合导致结果不稳定等难题，在徐六泾断面取得了较好的潮流径流分离精度。

4. 海底（浅地层）底质探测及分类

为了获取反映海底底质特征的回波，研究了多波束回波强度的 AVG 改正方法，提出了 AR 曲线建模法和 AR 曲线聚类改正法；研究了样本选取方法，并给出样本寻优法；研究了样本特征挑选原则，给出了基于主成分分析的特征选取方法；开展了分类方法研究，针对传统基于单一分形维数进行底质分类存在近似底质分类可靠性不高的问题，提出了顾及分形维数、空隙特征和多重分形的多特征海底底质分类方法，显著提高了相似底质的识别度，分类可靠性从传统的 80%提高到 90%以上。

针对现有浅地层剖面图像中层界人工划分方法效率低、准确度不高缺陷，提出了基于图像处理技术的层界自动划分和提取方法。根据回波强度时序的变化特点，提出了基于灰度突变的层界粗提取方法和实施原则；然后根据浅地层底质结构变化的渐进性和连续性，提出了基于拓扑理论的层界精提取和追踪方法；最后，实现了层界的自动追踪和准确提取。将该方法应用于实践，实现了层界划分的自动化，取得了与钻孔取芯相同的界层划分精度。

在层界划分的基础上，研究了层界间底质变化与回波强度变化之间的关系模型，结合钻孔数据，借助前述底质监督分类方法，实现了浅表层底质分类以及三维底质分布图的构建。

8.1.10 极地测绘

地球的南北极位于地球两端，是地球系统的重要组成，是全球变化的驱动器和放大器。通过南北极环境的综合研究，可以更好地理解极地与全球变化之间的相互作用和驱动过程，准确地实现全球气候评估与预测。极地科考，测绘先行，测绘技术为极地科学考察及科学研究提供了有效保障和技术支撑。一方面，测绘技术可以为其他学科的科学考察提供适时有效的测绘保障；利用大地测量、航空航天遥感、全球定位系统和地理信息技术等现代化的测量技术，建立了极地地区的测绘基准与测绘系统，包括服务各种功能的基准站、验潮站、地图集、地理信息服务平台等。另一方面，基于空—天—地多源观测手段，开展南极冰雪环境及其变化研究；综合多种测量技术，通过海洋重力调查、内陆冰盖测绘考察、南极环境遥感调查和极地环境资源信息集成与共享服务等，结合非成像类和成像类空间测量技术，从物理和几何角度研究极地冰雪环境动态过程，立体化监测极地冰雪环境动态过程。探索极地冰川、冰盖、冰架运动模式，极地冰雪质量变化、海冰密集度、上层雪覆盖空间区域变化以及季节性变化，开展极区电离层异常响应研究等。

近十年来，随着第四个国际极地年（IPY）计划的实施和南北极环境综合考察专项的推进，我国极地考察的领域和区域有了新的拓展，对重点考察和有国家权益意义的区域的测绘基准建立、地图覆盖和地理信息应用服务提出了新的需求。面向国家需求，武汉大学测绘学科在极地冰雪环境变化监测、空间数据与环境资源数据获取、集成处理、空间信息可视化和应用服务等方面开展了创新技术研究。

1. 极地大地测量研究进展

近十年来，武汉大学测绘学科在南北极中山站、长城站、黄河站分别建立了 3 个常年 GNSS 跟踪站，并实现了数据实时回传，在南极内陆昆仑站、泰山站分别建立了 2 个 GNSS 度夏跟踪站；并在菲尔德斯半岛、拉斯曼丘陵地区和格罗夫山地区建立了区域性 GNSS 监测站。利用 GNSS 观测数据，获取了长城站和中山站 GNSS 跟踪站年均运动量、中山站至 Dome A 沿线的表面冰流速、Dome A 地区冰流速与应变场、Amery 冰架运动特征；利用 GNSS 数据，对长城站、中山站和黄河站可降水量进行了反演，对南北极电离层 TEC 时空分布特性进行了研究；利用堆栈法、主分量分析法和 Karhunen-Loeve 展开法对南极半岛 2010—2014 年 GNSS 时间序列进行空间滤波分析；对南极半岛 GNSS 噪声进行了分析；并对南极冰川均衡模型进行了比较分析。为了满足海平面变化研究的需要，依托第 26 次和第 28 次南极科考队，分别在中山站和长城站建立了永久潮位自动观测站，成为国内率先对南极海域潮汐情况进行实时监测和分析的科研教学单位，为南极海域海平面变化研究提供了宝贵的数据资料。采用南极及其周边地区验潮站数据，采用线性回归方法分析各站点的海平面变化趋势。对各站结果取平均，得到基于这 9 个验潮站的南大洋海平面变化速率为 7. 2mm。

2. 极地遥感应用研究

基于测绘遥感技术的南极冰雪变化监测是一项长期的科学任务，需要充分利用高精度、高分辨率、高时空的空间技术手段，并结合地面连续观测站、机载测绘遥感平台系统，在更大范围更加深入地开展冰雪环境监测研究。近十年来，不断探索利用多源卫星遥感技术手段获取许多地面上无法得到的数据和信息，使人们对南极的了解更加全面和深入。联合利用光学、SAR 和卫星测高数据，为我国南极考察重点区域提供大范围、高精度数字高程模型；在传统雷达干涉测量获取冰流速的基础上，提出多基线联合 InSAR 算法，克服无短基线数据获取高精度冰流速的难题，并综合利用特征跟踪等技术手段高精度获取极地冰盖冰面流速；基于多源遥感数据，开展南极蓝冰、冰裂隙的提取研究，监测全南极冰架和海岸线的变化；利用光学、微波和测高数据，获取并监测极区海冰范围、面积、厚度和密集度；改进冰雪表面温度反演方法，获得高精度的冰雪表面温度反演结果。卫星遥感技术及其应用为极区地理属性信息提取以及研究冰雪环境动态变化过程提供了重要支撑。

3. 极地地理信息服务与数字制图

通过整合极地历史数据和新获取的空间数据，汇交多学科南北极环境综合考察获取的多学科专题数据，研究集成远程数据交换和通信技术、极地数据库管理技术，建立极地动态空间数据集成应用平台；深入开展极地数据挖掘研究，开发二维、三维的可视化表达以及多种类极地专题地图产品和数据服务，为南北极考察和管理提供空间数据支撑和决策支持。

武汉大学测绘学科完成了集考察管理、环境信息服务、环境影响评估一体的中国极地科学考察管理信息系统建设。开展了基于 GIS 的数据共享和环境效应评估，如基于 GIS 的菲尔德斯半岛生态脆弱性评价、基于 GIS 开展格罗夫山自然保护区研究等。充分利用三维仿真的可视化与沉浸感，给人以置身其中的真实感，完成了我国南极长城站、中山站、北极黄河站 3 个站点的站区虚拟现实和虚拟雪龙船建设。完成了基于位置的雪龙船应急管理平台，实现了极地环境信息与航行信息的主动发布，以及船岸互动、船站互动的服务机制，并实现了在移动终端上的极地地图、影像、气象、考察管理、新闻等的发布。

编制出版了覆盖面积近 20 万平方千米的各类基础地图，大中比例尺地图覆盖了南极重点考察区域，地图测绘由冰面拓展到冰下地形，由基础地理图拓展到资源环境专题地图，从模拟地图编制拓展到在线地图发布与地图服务。出版了我国第一本《南北极地图集》，以及《南极洲地名图集》，完成了 359 条中国命名的标准地名，发布了面向南北极资源环境综合考察的标准底图服务。编制了涵盖极地冰川学、海洋学、地质学、生物生态学、大气科学、日地物理学等学科的系列专题地图，《南北极资源环境地图集》正在编制出版中。

4. 极地地球物理研究

随着星、机、地等地球物理观测手段的发展，新型高分辨率的测高卫星大量出现，提供了丰富的多源数据源，实现了对南极海域和北冰洋的连续观测。如何有效对其数据处理与数据融合，反演其高分辨率、高精度的地球物理场，是面临的重大科学问题。结合地球物理学的需求和星、机、地多观测手段的发展趋势，大数据处理需要迫切。过去十年，通过对地球物理数据获取、处理、分析，星、机、地多源数据处理与数据融合等开展了系列研究，测绘学科在多源数据处理、融合、解释等理论与方法得到了长足的发展，为海洋地球物理和两极资料调查等提供了可靠的数据源。

8.1.11　可视化彩色信息再现

真实、客观地获取并处理彩色可视化信息（图形、图像、文字等），并确保在通过一定的介质进行大批量传递和再现的过程中，这些信息的色彩、层次和细节保持一致，一直是控制轻工领域在地图表现、印刷、纺织、印染等领域产品质量的关键和共性技术难题，长期以来被国外技术所垄断。武汉大学印刷与包装系基于颜色科学的理论和应用技术，成功地研发了印前图形图像信息处理方法及颜色再现方法，可实现印前信息的自动化处理和颜色信息的精确传递，并研制了彩色成像及其色彩管理系统，成功应用于生产实践。

1. 彩色激光数字成像技术

数字成像技术是打印机图像输出技术的关键之一。一直被 HP、Cannon、Xerox 等国际跨国集团所垄断。其中，打印机产品的核心成像技术也一直被国外所掌控。为了打破垄断，解决多功能激光打印机在打印过程中存在的图像失真问题，印刷与包装系的研究团队通过大量的实验，发现了墨粉的扩散作用产生的非线性变形对打印机输出质量的影响，通过研制可抑制彩色激光打印机非线性特性的 RIP 成像输出方法，提高了打印质量，并成功研制了打印机网目调成像处理系统、打印机色彩控制系统和多介质喷墨打印系统。已成功应用于我国第一台拥有自主核心技术的多功能激光打印机，还应用于纳米喷墨制版等行业领域。我国已成为全球第四个掌握激光打印机整机自主研发技术的国家。产生经济效益数十亿元。

2. 光栅立体成像技术

光栅立体成像是一种独立、便捷的立体视觉成像输出技术，能够应用于高端防伪、文化娱乐等相关产业。武汉大学研究团队成功研制了基于单镜头光学相机、双目光学相机，以及加载深度传感器的光学相机多视成像技术，能够快速、自动化、程度较高地实现光栅立体印刷图像合成。

3. 多光谱颜色的获取与高保真再现

针对在彩色图像获取和再现的过程中存在同色异谱现象，研制了高光谱分辨率和高空间分辨率的宽带光谱成像系统，通过滤光片的优化组合，实现了彩色图像颜色信息的真实、客观获取，并实现了高光谱图像的高精度重建和色域匹配。基于所研究的光谱颜色真实再现技术及物质的光谱信息，系统地实现了彩绘文物颜色真实数据获取、重建、映射和再现，建立了敦煌等珍贵颜料物质与颜色呈现的关系，为基于可见光谱的彩绘文物颜料物质种类的识别、珍贵壁画颜色的反演，以及在复杂场景条件下的再现提供数据信息。完成了敦煌颜料色卡和数据获取标准色卡的研制，应用于敦煌壁画颜色数据的获取和再现，对于文化遗产的数据信息存储、修复、再现和传承具有重要的意义。

基于颜色预测理论和方法，通过大量的主观人眼颜色感知实验，利用双通道 K-M 理论模型，成功建立了专色颜色配色的正向预测模型和反向预测模型。准确预测了纺织色棉颜色配色比例，解决了色纺生产过程中的传统配色存在的耗时耗资巨大、影响环境、质量难以控制的重大技术难题，建立了全色域纤维混色颜色的预测方法，形成了色纺棉颜色标准色卡。该成果已广泛应用于国内外服装设计和棉纺企业，打破了这一领域技术一直被国外所垄断的历史，创造的效益过亿元。

研究了彩色油墨叠印技术和方法，以图形图像处理为基础，与方正国际合作成功研发了针对印前技术的图形图像信息处理系统，可自动实现图像的陷印、拼大版等复杂的高端印前处理，大大提升了产品质量。该系统已广泛应用于我国运城制版等大型印刷企业及日本、欧美等国际企业；自主研发成功的色彩管理系统，可控制色彩在印刷生产过程中的准确传递，服务于行业企业。为实现该技术的全面国有化奠定了坚实的基础，产生的经济效益超过亿元。

8.1.12　智能包装技术

随着工业4.0时代的到来，产品的供应、制造和销售的信息数据化及智慧化已经成为趋势。传统包装仅能对商品起到定量、保护、隔离、装潢和说明的作用，但不具备自动监测、传感、记录、溯源并感知产品状态等功能。为了满足用户日益高涨的产品功能体验需求，以及应对日趋复杂的流通环境，印刷与包装系通过探讨新型包装材料、新颖包装结构等对商品的质量和流通安全性进行积极干预与保障，利用信息收集、管理、控制与处理等技术完成对运输包装系统的优化管理，在以上各方向均取得了显著进展。

1. 功能材料型智能包装技术

部分材料如智能材料在环境（湿度、温度、应力、pH等）改变时会做出相应的响应，或调整分子间的距离，或改变分子的存在构象，或发生化学反应，进而发生物理、化学变化，改变材料的性能。产品特别是食品在储存、流通过程中环境介质会有不同程度的改变，进行出现产品品质下降的现象，造成大量的废弃与浪费。通过引入相应的智能材料于包装材料之中，就能主动感知环境变化并调整自身结构性能，达到延长食品货架期、提升保护产品的能力。印刷与包装系近十年来致力于智能材料的结构设计、合成技术、应用性能等方面的研究，形成了智能材料化学合成方法及微观物理结构调控技术，开发出了一系列活性包装材料、环境敏感材料（自愈合膜材、pH敏感膜材、智能控温保温材料）、高阻隔薄膜、抗菌保鲜包装材料，成功研发的天然控释抗菌包装材料产品得到了食品企业、包装企业、医用材料生产企业的青睐。

2. 信息型智能包装技术

不破坏包装而且能自动检测并呈现包装内部环境变化，告知产品品质优劣的包装一直是人们期待的包装方式。智能型包装技术主要研究了能自动识别并传递环境介质状况的产品与技术，该技术不仅能记录产品名称、生产批号等出厂时输入的原始信息，而且能自动识别流通过程中的温度、品质、气体环境等感知信息。印刷与包装系经过长期的研究，发现了能响应O_2、CO_2、食品腐败气体（酸碱性）等气体的指示剂的有效成分，揭示了气体指示剂与食品品质间的对应关系，开发出了几种时间温度指示剂（TTI）及温变油墨产品，并结合印刷（丝网、喷墨）技术，以视觉上可感知的物理变化来告知和警示消费者产品安全状态，试制出了相关的指示剂标签与柔性（压力、温度、湿度）传感器、RFID天线、透明电极、薄膜晶体管等产品。相关产品得到了企业界、学术界认可，部分研究成果已在企业试用。

3. 智能包装机械设计制造与在线监控技术

智能制造是实现中国制造走向世界的一项长期的战略，当前我国已是包装大国，但离包装强国还有明显的差距。部分产品如军工易燃易爆产品普遍存在人工包装的低级生产，一方面劳动强度高、生产效率低、环境恶劣；另一方面包装安全性低，存在明显的安全隐患。印刷与包装系根据高能产品的特殊性，多年来探讨了危险化学品的自动包装生产，主要开展了自动包装机械设备工作原理与制造、智能在线控制技术、包装智能制造关键防护技术等研究工作，形成了我国第一条军用基础产品高能材料自动包装示范线，攻克了危险化学品行业包装生产中存在的防静电技术、防尘技术等关键技术，显著提升了包装生产效率及连续化安全程度，突破了发达国家对我国相关行业的技术封锁，为我国高能材料的无人化、智能化先进制造提供了技术保障，目前已在我国火药、炸药、核武器生产单位产生了较大影响。

8.1.13 印刷电子与印刷光电技术

1. 印刷电子技术

印刷电子技术面向国家在节能环保、智能制造、新一代信息技术领域对战略性先进电子材料的迫切需求，支撑“中国制造 2025”、“互联网+”等国家重大战略目标，瞄准全球技术和产业制高点，抓住我国“弯道超车”的历史性发展机遇，以高速印刷、柔性、高效率为核心，围绕我国两大支柱产业印刷包装产业和电子产业的转型升级开展研究。目前，印刷与包装系研究团队主导发展的新型印刷与柔性电子技术已广泛服务于传统印刷包装领域和相关新兴领域，推动其转型升级，产生经济效益逾亿元。

过去的五年，印刷电子技术成功实现了对传统印刷行业的转型升级，使其业务范围从传统的纸包装印刷领域拓展到玩具、PCB、薄型电子产品、新型柔性印刷电子标签等高附加值领域。当前，全球 500 强企业 P&G、创科集团等均与印刷与包装系开展合作，开展印刷电子产品研发，推动传统印刷包装行业的转型升级。印刷与包装系印刷与柔性电子技术研发的炫酷系列文化衫，在江苏工业设计周无锡分会场上成为全场最大亮点。此项智能穿戴技术首次实现了在服装织物上的直接印刷生产制造，并可作为各种智能传感器的系统集成基础，进一步提升智能服装的科技创新含量。

利用印刷电子技术研发的 SERS 芯片以金属油墨为基础，通过高速丝网印刷方式实现 SERS 基底芯片的制造。采用丝网印刷技术，可大面积、快速制造金属 SERS 基底，每个基底的间距、形状、尺寸大小都可以通过丝网印刷版进行控制，对承印物基材无要求，通过对多种应用于不同领域材料的检测表明，其技术非常成熟，通过丝网印刷技术可以实现快速生产制造，并可实现定制产品的批量制造，目前，该产品对大部分材料可实现定性和半定量检测，优势明显。印刷电子技术和相关功能印刷的研发和应用逐渐普及极大促进了我国传统印刷技术的革新与发展。

2. 印刷光电技术

印刷光电技术是近年来在国外发展较快的一项高新制造技术，是近代材料科学、微电子技术、光学、印刷技术和印刷设备技术的集成，是光电产业未来发展的方向。它采用连续印刷工艺制备电子元件和电子器件，特别适用于制备柔性光电器件。国内外都在大力发展印刷电子技术。近几年，印刷光电团队主要研究将印刷辊对棍高效技术与传感器技术、电致发光技术、太阳能薄膜、印制电路板技术等相结合制备高效柔性光电器件，并将其应用到生物医学、柔性电子显示、民生应用等领域。

根据世界卫生组织提出的对低成本快速医学诊断器件：可负担得起（Affordable）、灵敏（Sensitive）、专一（Specific）、便于使用（User-friendly）、快速（Rapid）、不借助大型仪器（Equipment-free）方便运输（Deliverable）的要求，印刷与包装系提出将印刷电子与生物传感相结合，实现家庭云体检。该生物传感器具有无毒、快速检测、操作简单、体积小、便于家庭测量等优点，同时可以进行大面积、柔性印刷制备，且成本极低，满足了世界卫生组织（WHO）对新型低成本快速生物医学检测的要求，具有很大发展前景。

随着电子产品的快速发展，电容式触摸技术得到了越来越多的关注，其应用领域也在不断扩大。其中，在教育领域方面，触摸式电子发声书得到了更多的关注。它是一种基于电子芯片的新型的电子图书，由扬声器和配套的图书构成。印刷与包装系的团队以导电油墨、磁性油墨及其他可印刷材料为载体，以印刷式电子发声器件为核心，整合了印刷电容式触摸传感器、印刷式薄膜扬声器等自主研发印制化元件，设计和制备了触摸式电子发声书产品。当人手触摸印刷式触摸传感器时，物理信号（人指按压）转化为电信号传递到电路板中处理，并驱动薄膜扬声器工作，完成发声。该产品克服了儿童不识字、盲人无法正常阅读的障碍，在教育方面具有重要意义。

电致发光器件属于超薄型发光光源，光线柔和、均匀稳定，最薄可达 0.12mm 左右，占用空间小，施工方便，重量轻，可粘贴，可整体发光。同时可根据物体的不同形状制作成凹形、凸形、弧形、圆柱形、方柱体、椭圆体形、不规则形状等，幅面可大可小。它可连续发光达 25000~30000 小时，维护作业也十分方便。因为即便 EL 发光片产生破损或分成若干小块，只要保留有电极便能照常发光。通过使用凹版印刷技术将不同的发光材料（单一或组合使用）进行大面积制备，实现了对单一色、多色彩发光膜的制备，将其应用到户外广告显示、柔性显示器等方面，具有重要的实用价值。

8.2　科研项目与获奖

8.2.1　科研项目

主持或参与科研项目逾 600 项。

近十年主持或参与的科研项目概况

项目类型	数量（项）
国家“973”计划	37
国家“863”计划	82
国家科技支撑计划	37
国家重大专项	6
国家自然科学基金创新群体	1
国家自然科学基金杰青项目	2
国家自然科学基金优秀青年基金	3
国家自然科学基金其他项目	281
其他省部级主要项目	47
其他横向项目（100 万以上）	135

8.2.2 获奖项目

共计182个科研项目成果获各级科技奖励。

科研项目获奖情况统计列表

奖励名称	获奖数量（项）
国家自然科学奖	1
国家技术发明奖	1
国家科学技术进步奖	19
测绘科技进步奖	66
国防科技进步奖	1
其他奖励	94
合计	182

国家、部分省部级科研项目获奖情况列表

序号	奖励名称	获奖项目名称	获奖年度	获奖等级
1	国家科学技术进步奖	武汉大学对地观测与导航技术创新团队	2014	创新团队
2	国家科学技术进步奖	国防交通地理信息系统建设	2012	一等奖
3	国家科学技术进步奖	国产民用高分辨率立体测图卫星测绘和应用关键技术	2013	一等奖
4	国家科学技术进步奖	国际合作奖	2015	
5	国家自然科学奖	地球空间数据与空间分析的不确定性原理	2007	二等奖
6	国家技术发明奖	道路路面动态检测关键技术及装备	2015	二等奖
7	国家科学技术进步奖	基于3S集成技术的LD2000系列移动道路测量系统及其应用	2007	二等奖
8	国家科学技术进步奖	我国区域精密高程基准面建立的关键技术及推广应用	2008	二等奖
9	国家科学技术进步奖	遥感测图业务平台研制及重大工程应用	2009	二等奖
10	国家科学技术进步奖	开放式虚拟地球集成共享平台及重大工程应用	2010	二等奖
11	国家科学技术进步奖	时空数据挖掘关键技术与应用	2010	二等奖
12	国家科学技术进步奖	特大异型工程精密测量与重构技术研究及应用	2010	二等奖
13	国家科学技术进步奖	测绘基准和空间信息快速获取关键技术及其在灾害应急测绘中的应用	2011	二等奖

续表

序号	奖励名称	获奖项目名称	获奖年度	获奖等级
14	国家科学技术进步奖	全球卫星导航系统精密定轨定位数据处理理论、方法和软件系统	2011	二等奖
15	国家科学技术进步奖	高精度三维工程环境构建理论、方法及公路勘察设计成套技术	2012	二等奖
16	国家科学技术进步奖	天地一体化对地观测数据处理技术创新及在国家应急响应中的应用	2012	二等奖
17	国家科学技术进步奖	全数字化土地资源评价关键技术与工程应用	2012	二等奖
18	国家科学技术进步奖	广域实时精密定位关键技术与应用	2014	二等奖
19	国家科学技术进步奖	国家数字城市地理空间框架技术体系构建与应用	2015	二等奖
20	国家科学技术进步奖	海量数据驱动的水文多要素监测预报关键技术与应用	2015	二等奖
21	测绘科技进步奖	CASM ImageInfo 一体化遥感综合处理平台及工程应用 2	2006	一等奖
22	测绘科技进步奖	测绘发展战略研究	2006	一等奖
23	测绘科技进步奖	我国 1 厘米精度城市大地水准面及高精度三维大地测量基准研究	2007	一等奖
24	测绘科技进步奖	测绘科学数据共享服务体系	2007	一等奖
25	测绘科技进步奖	仿唐木构建筑群现代工程监理与真三维数字建筑信息系统的研制	2008	一等奖
26	测绘科技进步奖	国家基础地理信息系统 1：5 万数据库继承建库	2008	一等奖
27	测绘科技进步奖	空间数据挖掘技术与应用工程	2008	一等奖
28	测绘科技进步奖	多源空间信息网络共享软件平台及工程应用	2009	一等奖
29	测绘科技进步奖	汶川震区精密高程基准确定关键技术及在应急测绘中的应用	2010	一等奖
30	测绘科技进步奖	极地基础测绘与冰雪环境动态过程研究	2010	一等奖
31	测绘科技进步奖	基于多源控制信息的正射影像快速更新研究与应用	2010	一等奖
32	测绘科技进步奖	开放式空间基础信息平台关键技术与数字城市实践	2011	一等奖
33	测绘科技进步奖	资源三号卫星测绘关键技术	2012	一等奖

续表

序号	奖励名称	获奖项目名称	获奖年度	获奖等级
34	测绘科技进步奖	精密单点定位理论方法、软件系统及其推广应用	2012	一等奖
35	测绘科技进步奖	面向服务架构的新一代数字城市共享服务平台及其示范应用	2012	一等奖
36	测绘科技进步奖	数字泰州地理空间框架建设	2012	一等奖
37	测绘科技进步奖	国家1：5万基础地理数据库更新技术体系构建与工程应用	2012	一等奖
38	测绘科技进步奖	视觉测量方法研究及应用	2012	一等奖
39	测绘科技进步奖	基于RPC模型的星载SAR和InSAR数据处理关键技术	2013	一等奖
40	测绘科技进步奖	三维地理信息系统平台软件与示范应用	2013	一等奖
41	测绘科技进步奖	智能路面综合检测装备研发及产业化	2013	一等奖
42	测绘科技进步奖	利用卫星定位系统建立与维持高精度坐标框架的关键技术及推广应用	2013	一等奖
43	测绘科技进步奖	车载激光扫描与全景成像城市测量系统	2013	一等奖
44	测绘科技进步奖	国家地理信息公共服务平台天地图建设与应用	2014	一等奖
45	测绘科技进步奖	重力场数据的多尺度分析技术及其应用	2014	一等奖
46	测绘科技进步奖	省级应急测绘指挥平台构建与研究	2014	一等奖
47	测绘科技进步奖	航空航天遥感影像摄影测量网格处理关键技术与应用	2015	一等奖
48	测绘科技进步奖	海洋无缝垂直基准及其转换模型构建理论、方法与应用	2015	一等奖
49	测绘科技进步奖	全球30米地表覆盖遥感制图关键技术研究与产品研制	2015	一等奖
50	测绘科技进步奖	面向综合决策的电子政务地理信息主动服务关键技术与应用	2015	一等奖
51	大禹水利科学技术奖	水利应急响应遥感智能服务平台	2015	一等奖
52	国土资源科技奖	汶川地震灾区次生地质灾害航天遥感应急调查与综合研究	2012	一等奖
53	教育部自然科学奖	空间信息智能处理、建模和集成分析的理论和方法	2008	一等奖
54	教育部自然科学奖	空间数据网络渐进传输的理论与方法	2009	一等奖
55	教育部自然科学奖	对地观测传感网协同智能服务的理论与方法	2014	一等奖

续表

序号	奖励名称	获奖项目名称	获奖年度	获奖等级
56	教育部科技进步奖	三维复杂空间目标集成建模关键技术与应用	2006	一等奖
57	教育部科技进步奖	车载路面快速检测与测量技术及产业化	2008	一等奖
58	教育部科技进步奖	国产高分辨率光学卫星影像地面处理系统	2011	一等奖
59	湖北省自然科学奖	高分辨率遥感影像信息提取与智能化解译	2011	一等奖
60	湖北省技术发明奖	地物探测多光谱激光雷达	2013	一等奖
61	湖北省科技进步奖	机载激光雷达数据处理技术及软件	2012	一等奖
62	湖北省科技进步奖	地学遥感信息提取分析与共享服务	2013	一等奖
63	湖北省科技进步奖	水利卫星遥感大数据业务化处理与监测关键技术及应用	2013	一等奖
64	湖北省科技进步奖	武汉市地理国情统计分析技术研究与应用	2014	一等奖
65	湖北省科技进步奖	地理国情遥感变化监测与应用研究	2015	一等奖
66	陕西省科学技术奖	基于网络和信息技术的 GPS 新技术及其在西部工程建设和防灾中的应用	2012	一等奖
67	省级科研获奖	南极内陆 GPS 导航及冰流速监测网建设	2015	一等奖

8.2.3 国家级科研获奖简介

1. 基于 3S 集成技术的 LD2000 系列移动道路测量系统（2007 年获国家科学技术进步奖二等奖）

该项目以武汉大学测绘遥感信息工程国家重点实验室关键技术为核心，由武汉立得空间信息技术发展有限公司开发完成，LD2000 移动道路测量系统可在高速移动状态下获取厘米级分辨率三维可视化空间信息，目前已广泛应用于军事测量、城市应急、公用设施普查、智能交通、铁路测量、地理信息服务等领域。

在科学创新方面，该系统研究了基于 3S（GPS、RS、GIS）集成处理的关键技术，包括多传感器高精度同步集成和检校、移动近景影像直接地理参考和解析处理技术；研究了将 3S 集成理论应用于空间地理信息采集、处理、分析、管理和应用的技术规范及标准；解决了陀螺和加速度集成自主定位定姿硬件组合和集成算法问题，打破了发达国家技术封锁，研制出达到国际先进水平、具有自主知识产权 MMS 产品；提出了基于 GPS/INS/MM 组合定位定姿理论及算法，解决了车载复杂环境下地面遥感直接地理参考问题；提出了将相机几何畸变、辐射校正及内、外方位元素一体化解算的检校模型；设计了 MMS 生产体系、技术标准和数据生产技术规范。

在技术经济指标方面，该系统实现了空间定位测量精度优于 1m；影像地面分辨率 2.5cm；采集速度达 160km/h，目前研制的具有完全自主知识产权的移动道路测量系统，并远销韩国、意大利、伊朗、阿联酋，创汇超过 150 万美元，累计销售收入达 14000 万元。推动了地理数据采集与更新技术的发展，实现了按需测量的地理信息服务，促进测绘与行业应用的融合以及空间信息服务技术的应用和发展。

目前，MMS 在我国国防、测绘、铁路等领域迅速推广应用。国防领域的应用成功打破国外多年技术封锁；集成在铁路机车上的移动测量应用为世界首创。MMS 数据产品在交通、铁路、城市普查、数字城市、公安应急等行业信息化部门广泛使用；代表着当今最新地图科技的高分辨率三维影像地图产品将彻底改变传统地图概念，为人们提供更丰富、更直观的地理数据服务。目前已在国内外实现整机销售 20 套，相关数据产品及软件销售 300 余套。

2. 地球空间数据与空间分析的不确定性原理（2007 年国家自然科学奖二等奖）

该奖项针对空间数据与空间分析这一国际学术前沿，以不确定性的产生机制、空间分布规律、表达理论模型、传播机理和质量控制理论为主线，全面、系统地研究了该领域的 5 个核心基础理论：位置不确定性、属性不确定性、空间关系不确定性、空间分析不确定性、质量控制。在空间数据方面，发现并证明了使用了近四十年的经典 ε 误差带模型的缺陷，提出了新的误差带理论模型，解决该领域一个国际理论难题，“为现阶段发展奠定了基石”，发现了不规则三角网（TIN）模型的误差分布规律，首次推证了其精度理论公式，实现了从对简单规则 DEM 到复杂不规则 TIN 的精度估计的理论进步。在空间分析方面，系统地建立了空间叠置等空间分析不确定理论，完成了不确定性研究从静态描述到动态分析的理论突破，被认为“对该领域不确定性估计作出了极有价值的贡献”。在质量控制理论方面，提出了基于几何和属性约束的空间数据质量控制理论，实现了不确定性理论研究从描述到控制的重要创新。成果已应用于中国《地址数据检查与评价》标准的制定，欧洲、香港、澳门等地及军事空间数据质量控制。

3. 我国区域精密高程基准面建立的关键技术及推广应用（2008 年获国家科学技术进步奖二等奖）

GPS 精密定位可以便捷地获得所测点位的平面位置，但由于缺乏一个具有相应精度和高分辨率的似大地水准面模型，致使由大地高至正常高的转换中精度严重损失。随着空间观测技术的飞速发展以及理论研究的深入，局部重力大地水准面的研究和确定正逐步向厘米级精度和高分辨率的方向发展。厘米级似大地水准面是现代测绘，尤其是空间技术和信息化服务所必需的基本条件。随着城市经济的发展，城市原有的测量基准越来越不能满足社会经济发展的要求，必须利用现代大地测量的高新技术手段，在城市原有的平面坐标和空间坐标的基础上，建立集平面、高程、重力场信息于一体的综合性高精度城市三维控制网，为城市经济建设、领导决策、重大建设工程的顺利进行，以及社会的可持续发展提供高精度、多功能的测绘保障，并充分体现行业测绘的服务职能。

我国 1 厘米城市大地水准面及高精度三维大地测量基准研究项目是在城市区域建立一个高精度 GPS 网，同时进行二等水准测量，进而利用市域及毗邻地区的地面和临近海域的重力资料、高分辨率地形数据、卫星测高数据、GPS 水准资料和最新地球重力场模型，最终确定出分辨率为 2 ¢ 302′2 ¢ 302，精度达到 1cm 的高分辨率、高精度的似大地水准面格网数值模型，以便从 GPS 精密定位所获得的大地高分离求解正常高或海拔高，从而满足该地区经济和科学技术发展的迫切需求。

在核心技术攻关的基础上，通过精心设计和认真细致的实施，我国1厘米城市大地水准面及高精度三维大地测量基准研究项目最终得以高质量地完成。本项目提交的成果不但对原有的平面控制网和高程进行了改造，而且还获得了高精度的地心空间坐标和确定了高精度、高分辨率的似大地水准面模型。提交的GPS定位成果和二等水准高程，将在城市测绘工程中作为大地测量控制起主导作用，提交的2¢302′2¢302似大地水准面成果精度优于±1cm，是我国目前最精确的局部大地水准面，也是国际上最精确的局部大地水准面之一。

目前，该奖项成果已在城市日常测量中得到了推广应用。这些成果可解决野外生产中GPS测量得到的大地高向海拔高精确转换问题，可避免进行常规的水准测量或三角高程测量工作，原先需到野外进行的水准测量工作在此大地水准面确定后在室内即可由GPS测得的大地高转换得到，缩短了工期，节约了投资，减轻了劳动强度，并可保证达到足够的精度，可以满足该地区一般工程施工及1：500~1：2000比例尺地形图测量要求。

4. 遥感测图业务平台研制及重大工程应用（2009年获国家科学技术进步奖二等奖）

该项目是国家重大测绘科技专项“我国西部地形困难区域航空航天遥感影像快速测图技术与系统”的核心课题之一。遥感测图业务平台是国内第一套完整和先进的高分辨率遥感影像测图系统，系统全部自主研制。针对西部测图工程大规模使用高分辨率遥感影像进行地形图测绘的实际需求，以现代摄影测量与遥感科学技术理论为基础，融合计算机技术和网络通信技术，实现了高分辨率遥感影像在生产中的实际应用，为西部测图工程的顺利开展奠定了坚实基础。该系统的成功研制将在高分辨率遥感数据处理技术集成的测绘技术保障能力建设方面发挥重大作用，进而为国土资源调查、生态环境监测、灾害监测、水力和生物资源开发、快速响应以及国防安全等提供强有力的基础地理信息保障。

5. 开放式虚拟地球集成共享平台及重大工程应用（2010年获国家科学技术进步奖二等奖）

以高分辨率遥感影像为特征构建的网络三维虚拟地球既是国家地理信息公共服务的基础平台，又是国防军事指挥系统的信息集成平台，是国家地理信息产业发展与国防信息化建设的核心技术。如何管理覆盖全球多尺度PB级海量地理信息，构建三维虚拟地球，并进行高效传输与实时可视化以及与专业GIS的集成是我国空间信息技术面临的巨大挑战。

该项目研究重点突破多源、多尺度、多时相海量地理信息管理、网络传输、共享集成与可视化的理论、方法与关键技术。创立了全球无缝多级格网递归剖分与异构虚拟地球协同服务理论，提出了时空一体化编码方法，首次建立了时空一体化异构虚拟地球数据模型，使之具有全球无缝多源、多尺度、多时相PB级海量空间数据管理能力和多种虚拟地球数据的整合能力，满足国家级大型空间数据库管理与共享服务的要求；提出广域网、局域网、本机缓存一体化索引机制与协同调度方法，突破大规模用户并发访问海量数据高效检索的瓶颈问题，使P2P环境下的空间数据调度效率提高了110倍；发明了矢量与栅格数据自适应渐进传输方法和静动态结合的多细节层次（LOD）三维模型快速可视化方法，漫游帧率为35帧/秒以上，解决了有限网络带宽条件下海量空间信息与三维城市模型高效传输与实时可视化难题；提出语义导航的分布式空间信息及处理服务注册、发现和聚合方法，实现多种虚拟地球信息整合以及与专业GIS的无缝集成，解决了当前虚拟地球和专业

GIS 的信息孤岛问题；研制出了具有自主知识产权的开放式虚拟地球集成共享平台软件 GeoGlobe，使之不仅具有通用虚拟地球高效管理和浏览全球海量空间数据的能力，而且具有多种异构虚拟地球数据共享、与专用 GIS 互操作、与网络服务软件聚合等重要创新特色。GeoGlobe 成功应用于国家、省、市多级地理信息共享服务系统和军事指挥系统。

自 2006 年产品发布以来，GeoGlobe 在国防、测绘、国土和电力等领域得到广泛应用，建立了 100 多个应用系统，实现了产业化，直接与间接经济效益 3 亿多元。基于 GeoGlobe 建立了目前中国数据量最大的两个国家级地理信息系统："国家地理信息公共服务系统"和"全国国土资源二次调查空间数据管理与三维可视化系统"，彻底改变了过去我国国家级地理信息系统必须依赖国外软件的局面；获得了重大社会经济效益和军事效益，为建立我国独立自主的地理信息公共服务体系和军事信息系统奠定了坚实的技术基础。

6. 时空数据挖掘关键技术与应用（2010 年获国家科学技术进步奖二等奖）

时空数据挖掘是解决我国国家信息化进程中面临的数据丰富而知识贫乏的重要关键技术，也是地球空间信息科学研究的热点和难点问题。项目联合多家单位采取产学研相结合方法，集中开展资源环境时空数据同化、整合与挖掘的理论和技术研究及其工程化应用，具有重要的理论和现实意义。

项目围绕时空数据挖掘理论与技术方法开展了创新性研究，是解决国家重大应用工程时空数据挖掘的关键理论方法，发展了时空数据挖掘理论，突破了时空数据同化、整合与挖掘重大关键技术，创建了面向知识提取的时空数据挖掘整合技术体系，提出了面向知识类型的时空数据挖掘技术方法，建立了面向全国资源环境重大应用工程的时空数据挖掘集成技术，研制了资源环境时空数据挖掘系统平台，编制了资源环境数据整合、质量分析与规划系列标准和规范，开展了工程化应用，构建了资源环境时空数据挖掘作业模式和工艺流程。

项目取得了多项创新性研究成果，发展了时空数据挖掘理论和技术方法，发挥了科学研究与工程化应用的优势，成果推广应用效果显著，形成了工程化应用组织管理创新模式，显著提高了时空数据挖掘的实用化和可操作化水平及工作效率，推进了行业科技进步。

7. 特大异型工程精密测量与重构技术研究及应用（2010 年获国家科学技术进步奖二等奖）

该项目针对特大异型工程体量大的问题，提出了基于城市 GPS 连续运行跟踪站（CORS）快速"按需建网"的精密控制测量技术，发明了自动高精度三角高程测量技术。针对特大异型工程实时动态测量精度要求高的问题，研制了基于经纬仪（精度±0.02~0.1mm）、全站仪（精度亚毫米级）以及数码相机（相对精度 1/12 万）为传感器的高精度三维坐标测量系统，打破了国外同类产品的垄断局面。针对特大异型工程质量与安全监控困难的问题，提出了基于地面激光雷达的精密三维重构技术，解决了大型复杂场景多站海量扫描数据重构的国际难题，建模精度优于仪器精度。针对特大异型工程结构复杂的问题，提出了特殊的快速施工放样方法并发明了专用测量装置，突破了特大异型工程施工放样的技术瓶颈，提高作业效率 5 倍以上，精度达到亚毫米级，制定了相关工法和标准。

研究成果已在国家大剧院、鸟巢、水立方、国家体育馆、首都机场新航站楼、CCTV 新址、探月工程 50 米天线、故宫古建筑大修、北京国贸大厦、武广客运专线、全国地铁建设等多项工程中应用，经济效益达到 7 亿多元。本项目的研究成功与应用推动了测绘技术进步和行业发展，为北京奥运会、探月工程和故宫古建筑大修等国家重大工程项目作出了突出贡献。

8. 测绘基准和空间信息快速获取关键技术及其在灾害应急测绘中的应用（2011 年获国家科学技术进步奖二等奖）

该项目提出了现代测绘基准建设的技术方案和实现方法；集成似大地水准面精化、精密单点定位、新一代数字摄影测量等技术，在国内首次建立了不依赖地面控制点的高精度快速摄影测量生产体系；通过汶川和玉树灾区实践，首次在我国建立了应急测绘集成技术体系和测绘信息应急服务系统。成果在全国多个城市、省级现代测绘基准建设中得到广泛应用，并推广用于西部测图、第二次全国土地调查等国家重大专项工程。汶川地震后，利用该项目成果，在不到 1 个月时间内建立起了现代化测绘基准，而用传统技术手段重建至少需要 3 年。在玉树地震后，应急测绘保障急需正射影像图，在短短的不到 10 小时内完成了 220 平方公里、0.2 米分辨率的正射影像制作，应急保障效率较传统作业至少提高了 50 倍以上。在玉树灾区，用不到一个月的时间，完成了 1 万多平方公里范围内各种应急专题地图的制作，生产效率较传统作业至少提高了 3～5 倍以上，满足了灾情评估和重建规划需要。

9. 全球卫星导航系统精密定轨定位数据处理理论、方法和软件系统（2011 年获国家科学技术进步奖二等奖）

高精度定轨定位是提升卫星导航系统性能及其应用水平的核心技术，是我国相关重大专项、重大科学工程及对地观测卫星计划必须解决的瓶颈问题。本项目系统地研究并发展了全球卫星导航系统的精密定轨、定位理论和方法，研制了我国首个自主知识产权的 GNSS 精密定轨定位数据处理软件系统（PANDA），解决了有关多星座、多系统、大规模、大尺度、高动态、高精度以及高时效性 GNSS 定轨定位数据精密处理的难题。技术指标全面达到国外 GIPSY（JPL）、GAMIT（麻省理工学院）、BERNESE（瑞士伯尔尼大学）等著名软件的水平。成果已成功应用于“北斗导航专项”（北斗地基增强系统、北斗性能评估系统）、对地观测卫星计划（我国海洋二号、资源三号卫星）、“陆态网络工程”、中欧伽利略科技合作计划等国家级重大项目，以及十多个省市的精密定位服务系统建设与工程应用，解决了其核心和关键问题。经过不断完善与发展，成为国际 GNSS 服务组织（IGS）数据分析中心五大数据处理软件之一，应用于业务化数据处理与分析，并被美、德、英、加、澳、荷、日等国的知名研究机构引进，作为其科学研究和研究生培养的基础软件平台，显著提升了我国在这一领域的国际影响力。

10. 高精度三维工程环境构建理论、方法及公路勘察设计成套技术（2012 年获国家科学技术进步奖二等奖）

该项目首次将多源激光雷达（LiDAR）技术、“GPS+大地水准面模型”精密测定海拔高程技术、海量数据管理技术、三维可视化技术、三维建模技术等现代高新技术进行集成应用研究，突破了基础数据采集、数字高程基准构建、高精度三维工程环境构建、真三维公路智能设计、三维动态参数化建模等一系列关键技术，首次实现了高精度真三维工程环境构建理论和高精度三维工程环境支持下的公路勘察设计成套技术，填补了多项国内外空白，综合技术性能达到了国际领先水平。项目构建了公路勘察设计及建设领域理论、技术和管理三位一体的创新平台。

11. 国防交通地理信息系统关键技术及应用（获2012年国家科学技术进步奖一等奖）

这一奖项是自2000年武汉大学合校以来，首次获得的国家科学技术进步奖一等奖(李霖教授名列第4位)，也是测绘学科建设地理信息系统国家重点学科的又一重大标志性成果。此项目以基础地理信息为背景，可以快速获取并有效整合整个国家铁路、公路、水路、航空交通专题信息，以及国防交通多级指挥要素、民用运力动员潜力、交通保障队伍军交业务信息，完全从底层研建了国家级国防交通地理信息平台，为国防交通地理信息的应用提供了丰富的信息支撑和应用手段，对保障信息化条件下快速运送兵员和精确投送装备物资具有重要作用，对我军遂行作战、抢险救灾和处突维稳等多样化军事任务具有战略意义。以李霖教授为核心的团队参与此项目的研制，重点研究了从地理数据到地图表达这一地理信息流动与演化的原理和方法，提出了加快地理空间从数据到图形转化的原理和方法，设计并实验相关地图表达等技术，这些为国防交通信息系统的建设提供了重要的支撑技术。创建了国防交通地理信息空间推理和相互关系动态计算的理论体系，为国防交通地理信息的高效处理提供了技术基础。

主要成果和技术创新包括：

（1）提出的地图工作站体系结构，攻克了无级地图、六阶知识模型、智能避让等关键技术难题，实现了大数据高效无级制图，为国防交通地理信息的制图提供了自动化手段。以地图工作站为核心，建立了国防交通图自动化编绘技术体系，使每幅国防交通图的编绘时间成倍缩短，极大地提高了工作效率。为我军后勤指挥保障提供了统一的图形支撑。

（2）创新了地图跨媒介表达方法，为国防交通地理信息在复杂异构环境下的地图跨媒介高保真显示提供了技术基础；

（3）面向后勤指挥保障，研建了军事交通地理信息、卫星影像、军事标图和多级信息管理与决策指挥等业务系统，显著提升了信息化条件下交通战备综合保障能力。

（4）基于党政宽带红网，优化设计并构建了机密增强型“国防交通信息专网”，形成了上下贯通、左右衔接、军民共用的国防交通地理信息专用网络通道，填补了国内空白。

（5）创建了国防交通地理信息空间推理和相互关系动态计算的理论体系，为国防交通地理信息的高效处理提供了技术基础。

12. 全数字化土地资源评价关键技术与工程应用（2012年获国家科学技术进步奖二等奖）

土地资源评价是土地资源管理的核心问题，是实现我国耕地保护与国家粮食安全、土地资源集约利用与可持续发展等国家战略的重要技术保证。全数字化和自动化土地资源评价技术是国土资源信息化建设的中心环节和技术关键。我国土地资源评价技术以定性和人工分析手段为主，数据获取难、周期长，评价处理过程复杂，数字化和自动化程度低是长期困扰我国土地资源评价定量化、规模化、业务化运行的关键技术难题。通过十多年的攻关，成功解决了技术难题，成果广泛应用于全国农用地评价、城镇土地评价、土地适宜性评价、土地退化评价、土地集约利用评价、土地可持续利用评价等土地资源评价重大工程，并在省市县级土地利用总体规划和农村土地整治等方面推广应用。

主要技术创新：

（1）突破了土地资源评价数据一体化快速获取、评价因子空间量化自动表征、自适应建模与系统集成等关键技术，构建了全数字化土地资源评价技术体系。

（2）开发土地评价信息学习系统，实现了计算机技术模拟人工土地资源评价过程，解决了农用地评价、城镇土地评价、土地集约利用评价和土地退化评价等国家重大工程中的关键技术，实现了土地资源评价工作从手工作业模式到全数字化处理模式跨越式发展，促进了土地资源评价行业科技进步。

13. 国产民用高分辨率立体测图卫星测绘和应用关键技术（2013 年获国家科学技术进步奖一等奖）

立足航天摄影测量的技术前沿，这一奖项研究针对国产遥感卫星难以测图的问题，突破了资源三号卫星从大总体指标设计到几何检校以及立体测图等一系列技术难题，结束了我国卫星难以测图的历史：首次建立了卫星辐射和几何一体化仿真平台，实现了卫星总体技术指标设计的定量化；首次建立了高分辨率光学遥感卫星几何检校场，突破了我国光学卫星几何检校技术难题；首次实现了测绘卫星的高精度事后定姿和定轨，建立了国内最高精度的成像几何模型；自主研制了几何辐射一体化的并行数据处理系统，产品质量首次达到国际领先水平。首次建立了 1∶5 万精度、覆盖全国的控制点影像库，正射遥感影像生产效率提高了 5 倍以上。本项目突破了航天摄影测量的一整套核心技术，形成了我国航天光学测绘技术体系，实现了我国 1∶5 万测绘从依赖国外卫星到使用国产卫星的根本性变革，我国一举成为国际上少数几个掌握成套卫星测绘技术的国家。

资源三号卫星测绘的总体精度指标优于法国 SPOT5、日本 ALOS 等国外同类产品，可全面替代国外同类卫星影像产品。本项目实现了国产遥感卫星从难以测图到立体测图的技术跨越，打破了国外对我国的技术垄断和数据垄断。资源三号卫星是测绘强国建设的重要里程碑，卫星测绘关键技术的突破为资源三号卫星工程的顺利实施提供了核心技术，解决了长期困扰我国地理信息获取的瓶颈问题，增强了我国独立获取与处理地理空间信息的能力，开创了我国自主航天测绘的新纪元，是我国测绘行业技术进步的划时代标志。

资源三号卫星的各类产品已经全面应用于测绘、国土、水利、地矿等行业，已分发数据 3500 万平方公里，涉及 400 多家单位，已节省外汇上亿美元，应用单位还在迅猛增加。已向 30 多个国家和地区提供卫星影像产品，国际同行认为资源三号卫星影像质量和精度达到国际同类领先水平。

14. 机载多波段多极化干涉 SAR 测图系统（2013 年获国家科学技术进步奖二等奖）

针对我国部分地区利用光学遥感手段无法测图的问题以及发达国家在雷达测图领域的技术封锁，面向西部测图工程、应急测绘、国防安全等国家重大工程和重大战略的应用需求，研制了我国首套自主知识产权“机载多波段多极化干涉 SAR 测图系统”，建立了 SAR 测图生产的业务化运行机制，形成了我国 SAR 测图技术体系。

该奖项研究的主要技术创新体现在：

(1) 研制了我国首套自主知识产权的机载多波段多极化干涉 SAR 测图数据获取系统，填补了国内空白，整体性能达到国际同类先进水平，打破了发达国家对我国实施的技术封锁。

(2) 研发了我国首套 SAR 测图工作站。它是国内外唯一能够综合利用极化、干涉、立体 SAR 技术实现测图与解译的 SAR 数据处理与分析系统，多项关键技术国际领先，结束了我国该领域长期依赖国外软件的历史。

(3) 提出了全新的 SAR 影像距离——共面几何模型，实现了稀少控制点机/星载 SAR 区域网平差，解决了测绘困难地区控制点获取的难题。

(4) 解决了地形复杂区域高精度 DEM（Digital Elevation Model）提取、立体协同干涉 SAR 测图等方面的 11 项关键技术，促进了我国 SAR 测图技术进步。

(5) 首次制定了 1∶5 万雷达航摄及机/星载 SAR 测图等 3 项行业标准，建立了从 SAR 数据获取、数据处理与分发到测图生产的完整产业链，填补了我国 SAR 遥感测图生产的空白，完善了我国遥感测图作业的生产技术体系。

本项目完善了我国测绘技术体系，支撑了国家重大工程和重大战略的实施，经济效益超亿元，社会效益显著。在西部测图工程中，首次完成了世界级测绘困难区域之一的青藏高原与横断山脉 22 万平方公里的 1∶5 万地形测图；纳入国家基础测绘体系，进行西南地区 1∶1 万地形图测图，填补大比例尺基础测绘区域空白；是 927（海岛礁测绘）工程唯一中标的 SAR 测图系统；在全国建立了 4 大生产基地，装备 SAR 测图工作站 100 余套；及时为玉树地震等重大自然灾害提供了应急保障，获党中央、国务院和中央军委表彰；广泛应用于国内外科研教学。

15. 武汉大学对地观测与导航技术创新团队（2014 年获国家科学技术进步奖创新团队奖）

对地观测与导航技术利用空天地遥感与导航定位手段，实现地球表层自然和人类活动的实时观测，通过数据处理获取有效信息，满足经济建设、国防建设和大众民生的需求。这一奖项是地学领域第一个国家科技进步奖创新团队奖，凝聚了测绘学科老中青三代科学家多年的不懈努力，是测绘学科近十年发展的成果体现。在李德仁、刘经南、龚健雅三位院士带领下，测绘学科不断聚集人才，形成了武汉大学对地观测与导航技术创新团队。团队坚持“国外引进与本土培养相结合，人才培养与人才引进并重；在国家重大基础研究和重大专项研究中培养领军人才；将年轻人放到重大项目攻坚第一线，跨越式培养人才；实行灵活多样的薪酬激励政策和绩效考核方式”的人才成长机制，形成了开放包容、锐意进取、团结协作、追求卓越的团队文化和理论研究、技术创新、产业化应用一体化的团队特色，是地学领域国际最具影响力的团队之一。团队在各方支持下，正通过地球空间信息技术协同创新中心，攻克北斗二代卫星导航定位系统和高分辨率遥感对地观测两个国家重大专项技术难关，服务于智慧中国和智慧城市建设，持续推动我国地球空间信息科学技术发展，努力实现对地观测与导航技术“强军、富国、利民”的目标。作为一个标志性的阶段性成果，武汉大学对地观测与导航技术创新团队获得 2014 年度国家科技进步奖创新团队奖。

16.“龙计划”中欧合作项目（2014 年获国际科学技术合作奖）

测绘遥感信息工程国家重点实验室客座教授、中欧“龙计划”合作项目“地形量测”

主题欧方负责人 Fabio Rocca 教授荣获 2013 年度中华人民共和国国际科学技术合作奖。该奖项也是武汉大学测绘学科获得的第一个国际科学技术合作奖。

Rocca 教授作为雷达遥感领域国际著名学者，其领导的研究小组提出了基于时间序列分析方法的永久散射体雷达干涉测量技术，并引领相关领域的研究至今。2004 年以来，Rocca 教授与测绘遥感信息工程国家重点实验室李德仁院士、廖明生教授的团队一道开展合作研究和人员培训，致力于雷达干涉测量技术在我国对地观测及地球科学领域的应用与推广，并带动了一批欧洲科学家积极参与到中欧对地观测领域的合作计划中来，为促进相关技术在中国的应用推广起到了重要作用。通过这些合作交流，国家重点实验室的研究团队迅速掌握了相关的核心技术，首次成功利用时间序列欧洲资源卫星 SAR 数据获取了上海地区 1992—2000 年毫米级地表沉降速率场。经过持续多年的研究和实地验证后应用于上海市地表沉降监测的业务体系，并在三峡库区滑坡监测和大坝稳定性监测方面均取得了突破性进展，取得了一批国际前沿水平的研究成果。这些成果有力地促进了我国应用星载雷达遥感技术在相关研究领域的深入发展和全面应用，在地形测绘和地质灾害监测等方面均有巨大的社会经济效益。

17. 广域实时精密定位关键技术与应用（2014 年获国家科学技术进步奖二等奖）

大范围实时高精度定位是全球卫星导航系统（GNSS）应用领域的战略发展方向。普通 GNSS 定位精度为 10m 左右，要实现全国范围的广域分米级定位，我国用户还主要依赖于美国和欧洲的增强系统。建立我国自主的高精度卫星导航增强服务系统是国家中长期发展规划中的重要内容，对支撑我国北斗系统应用及位置服务产业发展意义重大、需求迫切。瞄准这一重大需求，实验室创新性地提出了广域与区域（全国/省市）融合、多系统（北斗/GPS/GLONASS）融合、多精度服务（米级/分米级/厘米级）融合的数据处理理论方法，突破了导航实时精密定轨与钟差确定、电离层区域模型精化等难题，建成了覆盖中国区域的广域实时精密定位服务系统，形成了全国范围分米级、重点区域厘米级的定位服务能力，打破了国外垄断，填补了国内空白。项目核心成果被国际卫星导航领域最具权威的学术组织 IGS 评价为国际前三名。

18. 道路路面动态检测关键技术及装备（2015 年获国家技术发明奖二等奖）

我国道路交通已由大规模建设阶段迈向大规模养护阶段，由于高端养护技术和装备的匮乏，道路养管普遍实施以“矫正性”为主、“预防性”为辅的养护策略，导致通行质量差、安全隐患大以及使用寿命短等问题。李清泉教授及其团队开展了道路路面动态检测方法研究和系列重大装备研制，突破了多传感器同步、微弱变形信号提取、裂缝自动识别及车辙高精度测量等关键技术难题，研制了具有完全自主知识产权的系列检测装备，在国家交通事业发展中发挥了重要作用，产生了显著的经济和社会效益。

（1）针对道路弯沉动态检测的世界性难题，发明了滚动载荷作用下的路面变形速度测量技术、基于波动周期的检测数据自适应分段算法、微弱变形信号提取方法和基于变形速度的弯沉反演方法，实现了道路弯沉非接触高速检测。

（2）针对路面使用性能指标检测精度差和数据处理效率低的问题，提出检测载体相对姿态的动态测量方法，解决了平整度检测精度受检测速度变化影响大的技术难题，满足国家最高检测精度标准；发明了一种逐步求精的路面裂缝识别方法，将裂缝识别处理效率提高 20 倍以上。

(3) 针对移动检测高精度时空基准建立与维持的难题，实现了检测载体厘米级绝对定位和毫米级相对定位精度；发明了低成本亚微秒级计时装置和多模式传感器同步控制电路，解决了高动态环境下传感器高频海量采样的时间精确传递难题。

(4) 发明并研制了具有完全自主知识产权的系列道路检测重大装备，获得“国家重点新产品”称号。发明并研制了唯一适合我国道路环境的激光动态弯沉检测装备，检测速度由传统的 1~5 公里/小时提升至 15~90 公里/小时，具有国际领先技术水平，填补国内空白；发明并研制了适合我国各等级公路和市政道路的多种道路综合检测装备，检测速度达到 120 公里/小时，整体技术水平超过国际同类产品。

获授权发明专利 12 项，实用新型专利 5 项，外观专利 4 项，软件著作权 18 项，受理发明专利 7 项，制定国家行业标准 2 项，近三年新增产值 3. 54 亿元，上缴税收 2590 万元，在全国 30 多个省、市、自治区得到广泛应用，检测里程 1000 多万公里，创造间接经济效益 50 多亿元。

19. 国家数字城市地理空间框架技术体系构建与应用（2015 年获国家科学技术进步奖二等奖）

国家数字城市地理空间框架是与国家、省区框架互通，各行业部门专题系统互联的城市信息化基础平台，是数字中国的重要组成。但长期以来，数字城市建设没有突破传统数据型地理空间框架的局限，导致了分建系统孤岛化和空间基底不一，成为信息共享与协同的最大障碍。因此，在国家测绘地理信息局支持下，项目承担单位在 2006 年开展了数字城市地理空间框架建设试点，通过突破理论技术、平台软件和共享服务等一系列难题，形成了一整套理论与技术体系，并在全国范围内开展了数字城市地理空间框架建设推广，支撑了国土、规划、水利、公安等几十个领域的在线应用，取得了显著的社会经济效益。

项目的主要创新如下：

(1) 提出了网络时代地理空间框架公共服务理论，奠定了地理信息在线统一服务的理论基础。

(2) 研制出具有自主知识产权的服务型地理信息基础软件，实现了异构地理信息软件多层次混搭。

(3) 建立了地理信息公共平台建设体系，解决了地理信息的分布存储、逻辑集中和一站服务，实现了分建系统空间基底的统一。

(4) 提出并建立了地理信息公共平台应用体系，解决了不同信息化条件下各种应用的在线统一支撑。

(5) 提出并建立了国家数字城市地理空间框架的标准规范体系，实现了框架横向互联、纵向贯通。

20. 海量数据驱动的水文多要素监测预报关键技术与应用（2015 年获国家科学技术进步奖二等奖）

水文预报在防洪减灾中起着非常重要的作用。由于气候变化和人类活动加剧，水文基本规律发生了深刻的变化，现有水文模型已不能满足社会经济持续发展的需求。径流监测、雷达测雨、DEM 和土壤植被、遥感图像等组成的水文多要素大数据日益丰富，研究多要素大数据驱动的新型水文预报技术已成为解决上述难题的必然途径。武汉大学参与的海量数据驱动的水文多要素监测预报关键技术与应用项目，围绕大数据中水文规律挖掘、产汇流理论方法及云平台下实时高效预报技术率先开展研究，发展完善了变化环境下产汇流模拟理论，提出了洪水特征模式与参数地理规律大数据挖掘方法。建立了精细化水文模型与大数据驱动智能实时预报模型。构建了水利卫星遥感监测模型体系和水文预报云平台。研究成果显著提升了我国水文预报科技水平，已应用到国家防总等 15 个单位，累计减少洪水灾害损失 16 亿元，取得了巨大的防洪减灾效益。

8.3 授权专利

共计 394 项专利发明获得授权。

授权专利情况一览

序号	发明名称	类型	发明人	授权日	专利号
1	一种水性导电油墨及其制备方法	发明专利	钱俊、刘武辉、马立胜	2006/5/26	ZL200610019148.5
2	彩色导电油墨及其制备方法	发明专利	钱俊、黎厚斌、刘武辉、马立胜	2006/7/31	ZL200610019768.9
3	一种视频信息的动态随机置乱加解密方法	发明专利	徐正全、姚晔、李伟、杨志云、徐彦彦、张明、王怡琳	2006/12/13	ZL200410061293.0
4	可量测无缝空间立体模型的生成方法	发明专利	王密、李德仁、龚健雅	2007/4/4	ZL200702147752.3
5	可见光红外吸收透明涂料及其制备方法和用途	发明专利	钱俊、刘武辉、黎厚斌、马立胜	2007/4/12	ZL200710051852.3
6	基于遥感影像和 GIS 数据的面状地物变化检测方法	发明专利	张晓东、李德仁、龚健雅、秦前清	2007/11/28	ZL200510020068.7
7	一种 UV 光油及其制备方法和用途	发明专利	钱俊、刘武辉、马立胜	2008/3/12	ZL200810047042.5
8	一种可擦中性笔墨水及其制备方法	发明专利	钱俊、刘武辉、马立胜	2008/3/12	ZL200810047043.X
9	一种遥感影像的人工免疫监督分类方法	发明专利	钟燕飞、张良培	2008/4/9	ZL200610019506.2
10	基于虚拟机的地理信息系统通用符号系统及其构建方法	发明专利	朱欣焰、苏科华、周春辉、呙维	2008/5/27	ZL200610018873.0

续表

序号	发明名称	类型	发明人	授权日	专利号
11	柔性电击窗式电子纸	发明专利	钱俊、周奕华、马立胜、李志龙、王军、杨兴旺	2008/6/3	ZL200810047910. X
12	柔性电击窗式电子纸的制备方法	发明专利	钱俊、周奕华、马立胜、李志龙、王军、杨兴旺	2008/6/3	ZL200810047909. 7
13	一种水准测量方法	发明专利	叶晓明、黄声享	2008/6/11	ZL200810047974. X
14	一种遥感影像的人工免疫特征选择方法	发明专利	钟燕飞、张良培	2008/9/3	ZL200610019507. 7
15	补偿摄影测量影像畸变的数字畸变模型的生成方法	发明专利	冯文灏、陈大为、商浩亮、侯文广、李欣	2008/10/22	ZL200510018151. 0
16	多重防伪预印膜的制备方法	发明专利	钱俊、马立胜	2008/12/30	ZL200810246312. 5
17	相机定标方法及所用标定设置	发明专利	郑顺义、张剑清、施俊	2009/3/18	ZL200710051485. 7
18	一种接缝线网络的自动生成方法	发明专利	潘俊、王密、李德仁	2009/3/18	ZL200710168639. 0
19	基于有理多项式成像模型的正变换方法	发明专利	张过、刘佳莹、马洪超	2009/4/2	ZL200710052809. 9
20	基于影响分割技术的立体影像行数三维信息提取方法	发明专利	张永军、张剑清、张祖勋	2009/4/22	ZL200510019034. 6
21	一种基于对象存储的地形数据存储方法	发明专利	喻占武、李忠民、郑胜、胡滨、李锐、潘少明	2009/4/22	ZL200710051621. 2
22	一种空间数据集群存储系统及其数据查询方法	发明专利	喻占武、郑胜、李忠民、潘少明、李锐	2009/4/22	ZL200710051866. 5
23	一种遥感影像镶嵌中的拼接缝消除方法	发明专利	张晓东、张煜、姚璜	2009/4/22	ZL200610018969. 7
24	一种 DCT 域变换系数码率分配方法	发明专利	朱海军、吴华意	2009/4/29	ZL200510019933. 6
25	一种 H/264 标准视频信息中残差系数幅值的加解密方法	发明专利	徐正全、李伟、姚晔	2009/6/3	ZL200610166521. X

续表

序号	发明名称	类型	发明人	授权日	专利号
26	遥感影像镶嵌中的基于影像重叠区域的色调调整方法	发明专利	张晓东、张煜、姚璜	2009/6/24	ZL200610018970. X
27	一种视频信息的加解密方法	发明专利	徐正全、李伟、姚晔、杨志云、陈琳、张明	2009/6/24	ZL200410061009. X
28	基于物方投影几何约束的线阵推扫式影像最佳扫描线搜索方法	发明专利	王密、胡芬、王海涛	2009/8/5	ZL200710168761. 8
29	便携式植物叶片色素检测仪	发明专利	龚威、朱忠敏、马盈盈、郝中豫、刘梦雨	2009/9/9	ZL200610018997. 9
30	高分辨率遥感影像的分割和分类及变化监测一体化方法	发明专利	马洪超、杨耘、徐宏根	2009/9/9	ZL200910053383. 9
31	一种二维矢量数据的压缩方法	发明专利	吴华意、朱海军、刘异	2009/9/30	ZL200510019931. 7
32	基于半导体激光器的大气探测激光雷达	发明专利	龚威、朱忠敏	2009/11/18	ZL200610018793. 5
33	一种高效、透明的分布式空间数据库查询方法	发明专利	朱欣焰、李德仁、夏宇、呙维、周春辉、苏科华	2009/12/23	ZL200710052872. 2
34	一种植物归一化指数遥感装置	发明专利	龚威、朱忠敏、宋沙磊、马盈盈、郝中豫、刘梦雨、李俊	2009/12/30	ZL200610124713. 4
35	一种航空影像的水体和居民地变化检测方法	发明专利	潘励、郑宏、王华、刘朋飞	2010/1/1	ZL200710168374. 4
36	一种高还原水醇彩色喷墨的制备方法	发明专利	易尧华、牟笑竹、张倩、高睿遥	2010/1/11	ZL201010028950. 7
37	一种水性可食用喷墨及其制备方法	发明专利	钱俊、马立胜	2010/1/11	ZL201010028951. 1
38	一种石头纸涂料及其制备方法以及利用石头纸涂料制成的石头纸	发明专利	钱俊、马立胜	2010/1/18	ZL201010029008. 2
39	基于 Web 地图服务的 Web 覆盖服务坐标配准方法	发明专利	陈能成、龚健雅、高升、吴德福	2010/4/28	ZL200510020011. 7

续表

序号	发明名称	类型	发明人	授权日	专利号
40	基于 Web 地图服务的 Web 要素服务坐标配准方法	发明专利	陈能成、龚健雅、高升、吴德福	2010/4/28	ZL200510020014.0
41	多功能大气激光雷达	发明专利	龚威、朱忠敏、宋沙磊、刘梦雨、郝中豫、马盈盈、李俊	2010/5/12	ZL200610124878.1
42	多层次知识驱动的全色遥感影像道路变化信息提取方法	发明专利	潘励、郑宏、王华、邱枫、董明	2010/6/2	ZL200810047264.7
43	一种浑浊水体大气校正方法	发明专利	田礼乔、陈晓玲、龚威、陆建忠、陈莉琼、张伟、于之锋	2010/6/2	ZL200810048313.9
44	一种单站地面激光扫描点云的构网方法	发明专利	黄先锋、张帆	2010/6/9	ZL200810047480.1
45	三维曲面全漫射太阳光模拟器	发明专利	万晓霞、刘振、黄新国	2010/7/26	ZL201010239910.7
46	一种低动态范围显示设备再现高动态范围图像的方法	发明专利	万晓霞、谢德红	2010/7/26	ZL201010239590.5
47	一种基于多尺度 DoG 滤波器的高动态范围压缩方法	发明专利	万晓霞、谢德红	2010/7/26	ZL201010239546.4
48	计算机制图中的面状要素配置方法	发明专利	李霖、张晓通、朱海红、王红、应申、舒亚东	2010/7/28	ZL200710168359.X
49	正射影像镶嵌线的自动选择与正射影像无缝镶嵌方法	发明专利	孙明伟、张祖勋、张剑清	2010/7/28	ZL200810048328.5
50	无控制点图像拼接方法	发明专利	李德仁、刘进	2010/8/18	ZL200810237427.8
51	镀铝塑料膜水溶性透明彩色油墨及其制备方法	发明专利	钱俊、马立胜	2010/9/28	ZL201010294972.8
52	一种水溶耐奶油油墨及其制备方法	发明专利	钱俊、马立胜	2010/9/28	ZL201010294960.5

续表

序号	发明名称	类型	发明人	授权日	专利号
53	基于投影准面的卫星立体影像像对近似核线生成方法	发明专利	王密、胡芬、李德仁、金淑英	2010/10/27	ZL200810236714.7
54	一种控温聚乙烯醇包装薄膜及其制备方法和应用	发明专利	黎厚斌、刘艳	2010/11/10	ZL200910063289.0
55	一种合成纸涂料及其制备方法和用途	发明专利	钱俊、马立胜	2010/12/8	ZL200810246310.6
56	基于可量测实景图像的可视化位置服务的实现方法	发明专利	李德仁	2010/12/22	ZL200610124918.2
57	RPC模型参数提取方法和几何纠正方法	发明专利	马洪超、姚春静、邬建伟	2011/2/16	ZL200710169048.5
58	宽输出电流范围低压差线性稳压器	发明专利	江金光、张提升、刘经南	2011/2/16	ZL200810048738.X
59	一种Ⅱ类水体离水辐亮度反演方法	发明专利	田礼乔、陈晓玲、龚威、马盈盈、陆建忠、陈莉琼、张伟、于之锋、朱忠敏	2011/2/16	ZL200810047975.4
60	一种库容监测方法	发明专利	陆建忠、陈晓玲、蔡晓斌、李辉、殷守敬、田礼乔	2011/2/16	ZL200810196840.4
61	一种生物降解缓冲包装材料及其制备方法	发明专利	黎厚斌、张乾、刘娟	2011/2/16	ZL200910063296.0
62	基于F/P标准具选支的原子滤光太阳成像仪	发明专利	龚威、邹照伟、程学武、马盈盈、毛飞跃、杨国韬、邓元勇、杨勇	2011/4/20	ZL200910273413.6
63	基于边长比约束的离散点区域拓扑边界追踪方法	发明专利	黄先锋、程晓光、张帆	2011/4/20	ZL200810237435.2
64	海量点云数据的存储与实时可视化方法	发明专利	杜志强、朱庆、强叶廷、李俏雄	2011/5/11	ZL200910063372.8
65	一种用于工业零件的同心圆检测方法	发明专利	郑顺义、王晓南、左志奇	2011/5/11	ZL200910272647.9
66	胶印油墨溶剂及其制备方法	发明专利	钱俊、马立胜	2011/5/18	ZL200910061354.6
67	一种生物降解塑料及其制备方法	发明专利	黎厚斌、刘娟	2011/5/18	ZL200910063297.5

续表

序号	发明名称	类型	发明人	授权日	专利号
68	植物油型胶版油墨及其制备方法	发明专利	钱俊、马立胜	2011/5/18	ZL200910061353.1
69	基于空间拓扑的二维矢量空间数据数字水印方法	发明专利	王伟、吴柏燕、彭煜玮、余亮、汪传建	2011/6/15	ZL200810236952.8
70	动态模糊度确定方法	发明专利	唐卫明、刘经南、施闯	2011/6/29	ZL200810197508.X
71	一种基于带时间因子偏置矩阵的卫星影像系统误差改正方法	发明专利	王密、金淑英、胡芬	2011/8/17	ZL201010154651.8
72	POS辅助航空影像匹配方法	发明专利	袁修孝、季顺平、吴珍丽	2011/8/24	ZL200810246336.0
73	基于形式概念分析的遥感信息处理服务分类本体构建方法	发明专利	詹勤、眭海刚、张霞、冯媛媛	2011/8/24	ZL200910272459.6
74	用于合成孔径雷达图像的纹理基元特征提取方法	发明专利	何楚、魏喜燕、陶珮、孙洪	2011/9/14	ZL200910062654.6
75	基于分段仿射变换的星载三片非共线TDI CCD影像拼接方法	发明专利	胡芬、王密、金淑英	2011/11/2	ZL201010119968.8
76	基于行频归一化的非共线TDI CCD成像数据内视场拼接方法	发明专利	王密、胡芬、金淑英	2011/11/2	ZL201010154636.3
77	一种多尺度空间投影遥感影像融合方法	发明专利	邵振峰、刘军	2011/11/16	ZL201010266813.7
78	卫星影像各级产品的有理函数成像模型生成方法	发明专利	张过、江万寿、刘斌	2011/12/18	ZL200910062909.9
79	基于波段相关性的遥感影像类内局部拟合恢复方法	发明专利	沈焕锋、曾超	2011/12/28	ZL201010227714.8
80	一种多尺度光谱投影遥感影像融合方法	发明专利	邵振峰、刘军	2011/12/28	ZL201010266592.3
81	一种基于改进的EM算法的激光雷达波形数据分解的方法	发明专利	马洪超、李奇	2012/1/4	ZL200710168907.9
82	复杂建筑物三维模型多分辨率建模方法	发明专利	杜志强、朱庆	2012/1/11	ZL200810048921.X

续表

序号	发明名称	类型	发明人	授权日	专利号
83	基于轮廓线的高大烟囱变形测量方法	发明专利	郑顺义、马电、闫海庆、胡华亮	2012/1/11	ZL201010505578. 4
84	可食用的抗菌油墨	发明专利	黎厚斌、张彦粉	2012/1/11	ZL200910273063. 3
85	一种高光谱遥感影像异常探测方法	发明专利	杜博、钟燕飞、张良培	2012/1/11	ZL201010130302. 2
86	多层次多模态寻径导航方法	发明专利	李渊、朱庆、张叶廷、杜志强	2012/2/1	ZL200910112254. 1
87	一种遥感图像处理 Web 服务动态生成方法	发明专利	陈玉敏、江万寿、祁昆仑、岳春宇、龚健雅	2012/2/15	ZL201010119933. 4
88	一种机载激光雷达点云数据的自动分类方法	发明专利	蒋晶珏、姚春静、马洪超	2012/2/29	ZL200910272643. 0
89	一种土地利用自动分区方法	发明专利	刘耀林、何建华、刘殿锋	2012/2/29	ZL200910272814. X
90	正十二面体地图投影生产方法	发明专利	胡鹏、李云翔、朱福利	2012/2/29	ZL200910062655. 0
91	基于单目结构光的三维建模方法	发明专利	郑顺义、马电、徐轩	2012/3/28	ZL201010518215. 4
92	一种高还原水醇彩色喷墨的制备方法	发明专利	易尧华、牟笑竹、张倩、高睿遥	2012/4/5	ZL201010028950. 7
93	一种基于数据场的自动聚类方法	发明专利	王树良、陈亚森	2012/5/2	ZL201110114487. 2
94	一种均值漂移图像分割算法的并行化方法	发明专利	江万寿、姚璜	2012/5/2	ZL201010241972. 1
95	基于高程基准面的卫星立体影像像对近似核线生成方法及装置	发明专利	江万寿、岳春宇	2012/5/9	ZL201010112158. X
96	基于等高线簇分析的机载激光扫描点云整体滤波方法	发明专利	江万寿、郭大海、张靖、王建超、张晓军、李乐林	2012/5/23	ZL201010262366. 8
97	一种基于四叉树索引的海量激光扫描点云实时绘制方法	发明专利	张靖、郭大海、江万寿、王建超	2012/5/23	ZL201010245137. 5
98	多层道路中车辆定位方法及装置	发明专利	叶嘉安、李清泉、乐阳	2012/5/30	ZL200710164388. 9

续表

序号	发明名称	类型	发明人	授权日	专利号
99	一种自适应变分遥感影像融合方法	发明专利	沈焕锋、张良培	2012/6/13	ZL201010227696. 3
100	基于数据内容的三维空间数据自适应多级缓存系统	发明专利	朱庆、李晓明、杜志强、张叶廷	2012/6/20	ZL200910063371. 3
101	LiDAR 三维立体环境下测图和质量检查方法	发明专利	胡庆武、李清泉、毛庆洲	2012/7/4	ZL200910273474. 2
102	多光谱对地观测激光雷达系统	发明专利	龚威、宋沙磊、祝波、吕丽蕾、张道熙、史硕	2012/7/4	ZL200910266255. 1
103	卫星影像二三级产品的有理函数成像模型生成方法	发明专利	张过、江万寿、刘斌	2012/7/4	ZL200910062910. 1
104	一种保持地形特征的自适应尺度 DEM 建模方法	发明专利	陈玉敏、周启鸣、朱全生、祁昆仑	2012/7/4	ZL201110033539. 3
105	一种航空遥感影像的最小二乘区域网匀色方法	发明专利	孙明伟、张祖勋、张剑清	2012/7/11	ZL201110044025. 8
106	一种基于多尺度 DoG 滤波器的高动态范围压缩方法	发明专利	万晓霞、谢德红	2012/7/11	ZL201010239546. 4
107	自检校 POS 直接对地目标定位方法	发明专利	袁修孝、张雪萍	2012/7/11	ZL201010029010. X
108	具有动态性的空间信息处理服务组合方法	发明专利	乐鹏、龚健雅、狄黎平	2012/7/18	ZL200910272890. 0
109	一种基于视觉关键词的遥感影像语义检索方法	发明专利	邵振峰、朱先强、刘军	2012/7/25	ZL201110054624. 8
110	地理瓦片多金字塔时态数据集生成方法	发明专利	邓跃进、黄俊韬、宋爱红、贺楷锴、卢铁、龙燕军、王琳	2012/8/8	ZL201010254452. 4
111	用户事件模型驱动的网络地图服务方法	发明专利	杜清运、亢孟军、王明军	2012/8/8	ZL201010239500. 2
112	一种光栅基彩虹全息图像色度检测评价方法	发明专利	万晓霞、刘振、黄新国	2012/8/15	ZL201010239548. 3
113	基于凸面模型的对象结构变化检测方法	发明专利	孙开敏、眭海刚、马国锐、刘俊怡、肖志峰	2012/8/22	ZL200910063299. 4
114	牙模三维量测系统及方法	发明专利	郑顺义、周郎明、徐轩、黄荣永、李清、乐凯	2012/8/29	ZL201010029009. 7

续表

序号	发明名称	类型	发明人	授权日	专利号
115	一种高动态范围图像的显示再现方法	发明专利	万晓霞、谢德红	2012/8/29	ZL201010239597.7
116	一种石头纸瓦楞纸板及其制造方法	发明专利	钱俊、马立胜、高峰、赵孝永、谢小军、马炳、刘慧慧、程君、陈凯、文妍、康乐、白迪、薛伊寰、朱茳	2012/8/29	ZL201110069124.1
117	一种页面与数据分离的动态 WAP 网站自动生成方法	发明专利	李锐、沈未名、游修成、张银锋、韩雪	2012/8/29	ZL201110173613.1
118	基于单时相单极化高分辨率 SAR 图像的二次成像方法	发明专利	殷慧、孙洪	2012/9/5	ZL201010505394.8
119	上下文敏感的空间信息服务推送方法	发明专利	杜清运、亢孟军、王少一、陈登	2012/9/5	ZL201010240439.3
120	数字环境下的地图注释性标注自动配置方法	发明专利	李霖、于忠海、张志军、朱海红、贺彪、邱俊武	2012/9/5	ZL201110063554.2
121	一种基于地理时空数据的移动信息搜索及知识发现系统	发明专利	郭迟、王霞仙、李玉、周宇	2012/9/5	ZL201110199082.3
122	一种航空遥感影像的比值匀光方法	发明专利	孙明伟、张祖勋、张剑清	2012/9/26	ZL201110020692.2
123	一种计算机地图制图中的地图注记自动配置方法	发明专利	李霖、张志军、朱海红、于忠海、贺彪、邱俊武	2012/9/26	ZL201110063591.3
124	GPS 双频实时星载数据处理方法	发明专利	赵齐乐、郭靖、施闯、叶世榕	2012/10/10	ZL201010184380.0
125	三维曲面全漫射太阳光模拟器	发明专利	万晓霞、刘振、黄新国	2012/10/10	ZL201110143250.7
126	石头纸蜂窝纸板及其制造方法	发明专利	钱俊、马立胜、高峰、赵孝永、谢小军、马炳、刘慧慧、程君、陈凯、文妍、康乐、白迪、薛伊寰、朱茳	2012/10/10	ZL201110069105.9

续表

序号	发明名称	类型	发明人	授权日	专利号
127	一种低动态范围显示设备再现高动态范围图像的方法	发明专利	万晓霞、谢德红	2012/10/10	ZL201010239590. 5
128	一种基于图像阶调的自适应绿噪声加网方法	发明专利	易尧华	2012/10/10	ZL201110143250. 7
129	一种基于元胞自动机的遥感影像非监督分类方法	发明专利	王海军、何青青、张文婷、贺三维	2012/10/10	ZL201110227460. 4
130	一种基于图像色域的自适应色域匹配方法	发明专利	易尧华	2012/10/31	ZL201110143247. 5
131	一种通用地图的制备方法	发明专利	李霖、贺彪、朱海红、张志军、应申、曹原于、忠海、邱俊武	2012/11/14	ZL200910273511. X
132	一种 GNSS 三频动对动定位方法	发明专利	张小红、于兴旺	2012/12/5	ZL200910272265. 0
133	一种低表面能抗覆冰涂料及其制备方法	发明专利	刘兴海、黄驰、易生平、黎厚斌	2012/12/5	ZL201110123468. 6
134	一种多比例尺 TIN 库耦合存储方法	发明专利	熊汉江、龚健雅、戴雪峰、郑先伟、唐俐敏	2012/12/5	ZL201010107648. 0
135	一种基于 DCOM 技术的地图符号化网络共享服务方法	发明专利	李霖、邱俊武、于忠海、朱海红、贺彪、蒯希	2012/12/5	ZL201110159210. 1
136	一种基于视觉变量的地图注记自动分类配置方法	发明专利	李霖、张志军、朱海红、吕灏、于忠海、兰洪浩	2012/12/5	ZL201110259380. 7
137	一种基于虚拟节点的 TIN/DEM 储存方法	发明专利	熊汉江、龚健雅、戴雪峰、郑先伟、唐俐敏	2012/12/5	ZL201010107646. 1
138	一种融合影像的机载激光雷达数据半监督分类方法	发明专利	邬建伟、钟良、马洪超、彭检贵	2013/1/9	ZL201010568761. 9
139	××××识别方法	发明专利	马国锐、眭海刚、孙向东、刘建华、孙开敏、肖志峰、苏武运	2013/2/1	ZL200910122261. X
140	一种基于模型驱动的地理信息服务组合设计器生成方法	发明专利	王艳东、黄定磊、罗安	2013/2/13	ZL200910272394. 5

续表

序号	发明名称	类型	发明人	授权日	专利号
141	一种射频识别天线用水性油墨及其制备方法	发明专利	钱俊、王君涵、魏安娜	2013/2/13	ZL201010294968.1
142	移动多任务并行处理系统	发明专利	曹辉、徐轩、段延松、张剑清	2013/2/13	ZL201010221473.6
143	一种道路网结构模式的自动识别方法	发明专利	杨必胜、栾学晨	2013/3/6	ZL201110322696.6
144	×××提取方法	发明专利	眭海刚、马国锐、孙向东、刘建华、孙开敏、刘俊怡、苏武运、	2013/3/13	ZL200910122259.2
145	基于变化检测×××提取方法	发明专利	眭海刚、刘俊怡、孙向东、刘建华、马国锐、孙开敏	2013/3/13	ZL200910122260.5
146	卫星实时精密定位产品的播发方法	发明专利	施闯、楼益栋、宋伟伟、杨蜀江、辜声峰	2013/3/13	ZL201010104644.7
147	一种解决 GNSS 伪卫星定位中远-近问题的方法	发明专利	张涛、徐亚明	2013/3/13	ZL201010214028.7
148	基于置乱的多媒体数据主动加密与被动保护结合的方法	发明专利	徐正全、蒋力、徐彦彦	2013/3/20	ZL201010223892.3
149	一种用于精密单点定位方法的估计方法	发明专利	叶世榕、刘炎炎、施闯、赵齐乐、楼益栋、宋伟伟	2013/4/3	ZL201010195100.6
150	一种基于非等权距离的多波段遥感影像模糊监督分类方法	发明专利	王海军、张文婷、贺三维、何青青	2013/4/24	ZL201110227474.6
151	一种基于分级策略的影像直线特征匹配方法	发明专利	邵振峰、陈敏、刘军	2013/4/24	ZL201110416164.9
152	一种三维模型渐进网格数据组织方法	发明专利	陈静、李墨、李华玮	2013/4/24	ZL201110317931.0
153	×××变化检测方法	发明专利	眭海刚、孙向东、刘建华、苏武运、马国锐、孙开敏	2013/5/6	ZL200910122262.4
154	利用 GPS 信号同时确定三维几何位置和重力位的方法及其装置	发明专利	申文斌、冯延明	2013/5/15	ZL201010112150.3

续表

序号	发明名称	类型	发明人	授权日	专利号
155	一种基于云模型元胞自动机的城市扩展预测方法	发明专利	王海军、贺三维、张文、何青青	2013/6/5	ZL201110227421.4
156	一种 TM/ETM+影像大气校正产品质量评价方法	发明专利	刘耀林、赵翔、刘艳芳、刘殿锋、马潇雅、王华、刘中秋	2013/6/19	ZL201110388540.8
157	一种顾及上下文的空间信息服务组合语义匹配方法	发明专利	王艳东、罗安	2013/6/19	ZL201010181403.2
158	一种基于遥感影像的水体制图产品质量评价方法	发明专利	刘耀林、赵翔、刘艳芳、刘殿锋、马潇雅、刘中秋、王华	2013/6/19	ZL201210006523.8
159	一种制备中空二氧化硅微球的方法	发明专利	黎厚斌、顾文娟、黄驰、易生平、刘兴海	2013/6/19	ZL201110327022.5
160	一种顾及地面光谱信息的 SFS 三维重建加密稀疏 DEM 方法	发明专利	孙涛、陈喆、秦前清、陈王丽、瞿永新	2013/7/10	ZL201110148014.4
161	一种基于颜色恒常性的彩色图像增强方法	发明专利	刘军、邵振峰	2013/7/10	ZL201110370695.9
162	一种随机分布型地理要素的多目标协同抽样方案设计方法	发明专利	刘耀林、刘殿锋、刘艳芳、赵翔	2013/7/10	ZL201110449613.X
163	一种嫦娥一号立体相机与激光高度计数据联合平差方法	发明专利	赵双明、付建红、冉晓雅	2013/7/24	ZL201110445440.4
164	一种瓦片地图数据组织方法	发明专利	任福、虞昌彬、杜清运	2013/7/24	ZL201010298816.9
165	一种遥感卫星多星联合逆向定轨定姿方法	发明专利	张永军、郑茂腾、张祖勋、熊金鑫、黄旭	2013/7/24	ZL201110210407.3
166	一种机载激光点云与航空影像的自动配准方法	发明专利	张永军、熊小东、沈翔	2013/8/14	ZL201110212476.8
167	一种基于图像分割的扫描图像去灰尘方法	发明专利	易尧华、刘菊华、苏海、李帅	2013/8/14	ZL201110339255.7
168	一种基于重采样回归分析的亚像素积雪覆盖率提取方法	发明专利	万幼川、徐琪、张乐飞	2013/8/21	ZL201210138959.2

续表

序号	发明名称	类型	发明人	授权日	专利号
169	一种在相同操作域上实现交换密码水印的方法	发明专利	徐正全、蒋力、徐彦彦	2013/8/21	ZL201110103815. 9
170	用于网络空间信息服务系统的空间信息集群缓存预取方法	发明专利	李锐、徐正全、郭锐	2013/8/21	ZL201110242750. 6
171	机载航空影像实时摄影测量处理系统	发明专利	郑顺义、桂力、王晓南、马电、罗迪、张剑哲、徐轩	2013/9/11	ZL201110375086. 2
172	一种基于人类视觉特性的图像亮度调整方法	发明专利	易尧华、苏海、刘菊华、李帅	2013/9/11	ZL201110354378. 8
173	拒乳制品粘附的含氟丙烯酸酯涂料	发明专利	刘兴海、王燕、黄驰、黎厚斌、易生平	2013/9/18	ZL201110174709. X
174	球型聚电解质刷掺杂导电聚合物的制备方法	发明专利	黎厚斌、苏娜、易生平、刘兴海、黄驰	2013/9/18	ZL201110335805. 8
175	一种基于空间三维模板的点云数据树高提取方法	发明专利	邵振峰、刘冲、刘军	2013/9/18	ZL201110416153. 0
176	一种矢量地图在线综合方法及其系统	发明专利	艾廷华、成小强、张翔、李精忠、周启	2013/9/18	ZL201210027976. 9
177	一种旋转摄影测量系统多片整体平差标定方法	发明专利	张永军、胡堃、柯涛、黄山	2013/9/18	ZL201110385815. 2
178	一种××主动服务方法	发明专利	朱欣焰、夏宇、李德仁、张春林	2013/10/2	ZL200910123630. 7
179	基于 GIS 数据的快速地图制图系统	发明专利	蔡忠亮、蒋维杰、翁敏、李雅彦、罗康、解智强	2013/10/23	ZL201110380371. 3
180	基于最短路径的土地资源评价因子作用域划分方法	发明专利	刘耀林、唐旭、赵翔、何建华、焦利民、刘殿锋	2013/10/23	ZL201210087604. 5
181	一种面向侧视中分辨率卫星的几何成像构建方法	发明专利	潘励、何潇	2013/10/23	ZL201110388915. 0
182	一种遥感影像上土地利用地物边界轮廓提取方法	发明专利	张晓东、姚璜、张煜	2013/11/6	ZL201110453473. 3
183	基于面向对象和时序影像的白天陆地辐射雾检测方法	发明专利	李维、杜娟	2013/12/4	ZL201210011489. 3

续表

序号	发明名称	类型	发明人	授权日	专利号
184	一种×××配准方法	发明专利	江万寿、岳春宇	2013/12/11	ZL201010048484.5
185	一种面向用户的××方法	发明专利	朱欣焰、刘斌、刘华、张春林、夏宇	2013/12/11	ZL200910123629.4
186	GNSS的基于天线阵列干扰抑制模块的室内测试系统	发明专利	郭文飞、施闯、牛小骥、班亚龙、张娣	2013/12/18	ZL201310015878.8
187	一种基于三棱柱剖分法的动态三维等值面提取方法	发明专利	邵振峰、姚远、姚明、刘军	2013/12/18	ZL201110377199.6
188	自带中频记录回放功能的GNSS接收机系统	发明专利	张提升、章红平、严昆仑、牛小骥	2013/12/18	ZL201210034124.2
189	一种顾及多重约束条件的水深注记自动选取方法	发明专利	艾廷华、周启、杨敏、张翔、田晶	2014/1/15	ZL201210029857.7
190	一种基于Curvelet变换的红外与可见光影像融合方法	发明专利	邵振峰、刘军	2014/2/5	ZL201210076007.2
191	一种集聚分布型地理要素的自适应空间抽样方案设计方法	发明专利	刘耀林、刘殿锋、何建华、焦利民	2014/2/26	ZL201110449615.9
192	一种机载IMU视准轴误差检校方法	发明专利	付建红	2014/3/25	ZL2012100267386.0
193	一种GNSS/IMU一体化天线	发明专利	牛小骥、班亚龙、张提升、章红平、施闯	2014/4/2	ZL201210040473.5
194	一种带纹理约束的三维模型顶点聚类简化方法	发明专利	陈静、李墨、李华玮	2014/4/2	ZL201110304282.0
195	一种基于粒子系统的三维流体标矢量统一动态表示方法	发明专利	邵振峰、王毓乾、刘军	2014/4/2	ZL201110391542.2
196	基于惯性辅助定位接收机的实时形变监测预警系统及方法	发明专利	施闯、牛小骥、方荣新、张全	2014/4/16	ZL201210090237.4
197	一种并行的土地资源质量评价因子空间量化方法	发明专利	刘耀林、赵翔、刘殿锋、何建华、焦利民、唐旭	2014/4/16	ZL201210151158.X

续表

序号	发明名称	类型	发明人	授权日	专利号
198	一种差分吸收大气 CO_2 激光雷达大气压力增宽修正方法	发明专利	龚威、马昕、马盈盈、林宏、李俊	2014/4/16	ZL201210351492. X
199	一种顾及地理特征的溺谷海岸线化简方法	发明专利	艾廷华、张翔、李精忠、田晶、杨敏	2014/4/16	ZL201210028170. 1
200	多分类器自适应权值融合的影像分类方法及系统	发明专利	万幼川、李刚、刘继琳	2014/4/25	ZL2012100600938. 0
201	扫描近景摄影测量方法	发明专利	张祖勋、柯涛、郑顺义、黄山	2014/4/30	ZL201210031303. 0
202	一种基于 RANSAC 算法的多车道线检测方法	发明专利	肖进胜、宋晓、李清泉、沈三明、易本顺、朱神添、李必军、李明	2014/4/30	ZL201210191697. 6
203	一种基于车车信息交互条件下的车辆换道冲突消解方法	发明专利	李必军、李清泉、毛庆洲、王鑫	2014/4/30	ZL201210306930. 0
204	通过提取 GPS 信号重力频移确定海拔高程的方法及其装置	发明专利	申文斌、田伟、万俊堃、冯晨、侯凯、杨茜、秦晓峰	2014/5/14	ZL201010112146. 7
205	基于模拟电路形式的卡尔曼滤波方法及模拟电路	发明专利	牛小骥、班亚龙、张提升、李冰、杨鑫、郭文飞	2014/5/21	ZL201310112917. 6
206	多分类器自适应权值融合的影像分类方法及系统	发明专利	万幼川、李刚、刘继琳	2014/6/4	ZL201210060093. 8
207	一种因特网与电台协同信息传输的增强定位系统	发明专利	章红平、严昆仑、张提升、徐良春、班亚龙	2014/6/4	ZL201310144725. 3
208	一种基于边缘约束的分形网络演化影像分割方法	发明专利	呙维、胡涛、龚健雅	2014/6/13	ZL201210171079. 5
209	多模多频和阵列处理相结合的抗干扰 GNSS 接收机装置	发明专利	郭文飞、施闯、孙健兴、朱玉建、郑建生	2014/6/18	ZL201310270945. 0
210	开环 GNSS 信号载波跟踪方法和系统	发明专利	严昆仑、郭文飞、章红平、牛小骥	2014/6/18	ZL201310498374. 6
211	一种惯性测量单元的快速温度标定方法	发明专利	牛小骥、李由、王青江、郭忠平	2014/6/18	ZL201310270889. 0

续表

序号	发明名称	类型	发明人	授权日	专利号
212	一种基于车辆通行优先级的换道危险避撞的方法	发明专利	李必军、李清泉、李明、王鑫	2014/6/18	ZL201210306641.0
213	一种基于自适应尺度DEM的流水线拓扑网络动态模拟方法	发明专利	陈玉敏、周启鸣、朱全生、龚健雅、祁昆仑	2014/7/2	ZL201210167885.5
214	智能路测系统	发明专利	李必军、李清泉、陈小宇、崔竞松、郑玲	2014/7/2	ZL201210228684.1
215	基于极化合成孔径雷达的植被下地形方位角估计方法	发明专利	史磊、李平湘、杨杰	2014/7/30	ZL201310025431.9
216	一种附加非线性约束条件的立体像对自动相对定向方法	发明专利	张永军、黄旭、沈翔、熊小东	2014/7/30	ZL201110237095.5
217	一种基于激光传感器的交通信息提取方法	发明专利	李必军、李清泉、肖进胜、朱神添、郑玲	2014/7/30	ZL201210203214.X
218	航空摄影过程中实时自动评定影像色彩质量的方法	发明专利	万幼川、高贤君、郑顺义、李健	2014/8/13	ZL201210072875.3
219	基于多传感器的多源交通数据融合方法	发明专利	郑玲、李必军、李清泉	2014/8/13	ZL201210203214.X
220	一种网络GIS异构集群服务器负载均衡方法	发明专利	李锐、张银锋、张啸	2014/8/13	ZL201210104786.2
221	一种面向地理空间优化的人工免疫智能优化系统	发明专利	刘耀林、赵翔、刘艳芳、刘殿锋、汤弟伟、唐巍	2014/9/3	ZL201210180455.7
222	一种GNSS中频数据与惯性测量数据联合采集器	发明专利	张提升、章红平、严昆仑、牛小骥、刘经南	2014/9/7	ZL201210117657.7
223	双天线A/GNSS接收机系统及方法	发明专利	郭文飞、林涛、牛小骥、章红平、施闯、李冰	2014/9/17	ZL201410024060.7
224	一种基于克隆选择算法的线要素化简方法	发明专利	马潇雅、郭庆胜、赵翔	2014/9/17	ZL201210118142.9
225	一种羟基硅油改性的水性UV油墨及其制备方法	发明专利	刘兴海、杨耀、黄驰、黎厚斌	2014/9/17	ZL201310588755.3

续表

序号	发明名称	类型	发明人	授权日	专利号
226	一种区域地基增强 PPP/RTK 模糊度单历元固定方法	发明专利	邹璇、葛茂荣、施闯、刘经南、唐卫明、楼益栋、宋伟伟	2014/9/17	ZL201310087988. 5
227	一种水性 UV 固化油墨及其制备方法	发明专利	刘兴海、吕彩虹、杨耀、黎厚斌、黄驰、钱俊	2014/9/17	ZL201210522379. 3
228	一种 GNSS 接收机与地震仪的一体化系统	发明专利	张提升、牛小骥、章红平、施闯、刘经南	2014/10/1	ZL201410027100. 3
229	基于 NTRIP 测定任意坐标系成果的 RTD 方法	发明专利	章迪、郭际明、巢佰崇、罗年学	2014/10/22	ZL201310167873. 7
230	一种 GNSS 全球与区域电离层延迟无缝融合表达和改正方法	发明专利	辜声峰、楼益栋、张同、施闯、郑刚	2014/10/22	ZL201310102021. X
231	一种基于北斗卫星导航系统三频信号模糊度的确定方法	发明专利	唐卫明、施闯、邓辰龙、刘经南	2014/10/22	ZL201310131686. 3
232	一种并行的分形网络演化影像分割方法	发明专利	呙维、朱欣焰、胡涛	2014/10/23	ZL201210312528. 3
233	多源多轨长条带卫星遥感影像联合并行匹配方法	发明专利	张永军、熊金鑫、段延松	2014/11/3	ZL2013100217485. 0
234	机载激光扫描点云于光学影像的整体空三方法	发明专利	张靖、江万寿、王盛	2014/11/3	ZL201310116306. 9
235	基于网格分块与移动最小二乘的点云数据全自动滤波方法	发明专利	万幼川、李健、高贤君	2014/11/4	ZL2012100750668. 0
236	一种浮动车数据的地图匹配方法	发明专利	陈碧宇、袁辉、李清泉	2014/11/14	ZL201310034086. 5
237	一种适用于大规模用户的区域增强精密定位服务方法	发明专利	邹璇、施闯、唐卫明、刘经南、楼益栋、李敏	2014/11/19	ZL201310278561. 3
238	用于大型影像的多尺度图像分割结果快速可视化方法	发明专利	呙维、朱欣焰	2014/11/20	ZL201210268070. 6
239	一种 SAR 图像道路提取方法	发明专利	刘俊怡、眭海刚、马国锐、孙开敏	2014/12/3	ZL201210261328. X

续表

序号	发明名称	类型	发明人	授权日	专利号
240	一种疏水疏油 LED/UV 油墨及其制备方法	发明专利	刘兴海、张守华、黄驰、黎厚斌	2014/12/3	ZL201310588798 1.0
241	一种附加非线性约束条件的立体像对自动相对定向方法	发明专利	张永军、黄旭、沈翔、熊小东	2014/12/4	ZL201110237095 5.0
242	适用于 GNSS 接收机的载波频率和相位估计方法及系统	发明专利	郭文飞、施闯、严昆仑、牛小骥、章红平	2014/12/17	ZL201310666879.9
243	一种惯性测量单位的快速标定方法	发明专利	牛小骥、李由、张全、刘川川、章红平、施闯	2014/12/31	ZL201210056759.2
244	一种××下的×××提取方法	发明专利	眭海刚、马国锐、孙开敏、刘俊怡、胡兆兴	2015/1/1	ZL201318003057.3
245	一种基于卡尔曼玻滤的光学卫星影像复原方法	发明专利	王密、李德仁	2015/1/7	ZL201210237148.8
246	多源多时相高分辨率卫星遥感影像自动匹配方法	发明专利	季顺平、张彤、李均力	2015/1/14	ZL201210296081.5
247	一种基于 INS/GNSS 的轨道不平顺检测系统及方法	发明专利	牛小骥、陈起金、张全、章红平、刘经南	2015/1/14	ZL201310312460.3
248	一种基于阴影区域内外检查线匹配的阴影消除方法	发明专利	孙开敏、眭海刚、刘俊怡、马国锐	2015/1/14	ZL201210342195.9
249	一种扫描图像色偏自动检测方法	发明专利	易尧华、刘菊华、苏海、陈聪梅、李帅、袁媛	2015/1/14	ZL201310118929.X
250	一种水色三要素走航式测量装置	发明专利	陈莉琼、陈晓玲、田礼乔、陆建忠	2015/1/14	ZL201310375182.6
251	基于 INS 与全站仪组合的轨道几何状态测量系统及方法	发明专利	牛小骥、章红平、陈起金、郭忠平、旷俭	2015/1/28	ZL201410089658.4
252	一种壁挂式空调辅助进风装置	发明专利	方伟	2015/2/18	ZL201420046050.9
253	一种测定行走步态的智能鞋垫及方法	发明专利	钱俊、郑斌、孙源、农斌、曾怡、郭闽年、汪超琼、王倩、王旭飞、何洪林	2015/2/18	ZL201310105338.9

续表

序号	发明名称	类型	发明人	授权日	专利号
254	一种面向虚拟地球的栅格数据快速建库方法	发明专利	向隆刚、曾珍	2015/2/18	ZL201110366702. 8
255	一种实现喷墨打印色域最大化的墨量限制方法	发明专利	万晓霞、刘强	2015/2/18	ZL201310101880. 7
256	一种沿轨方向侧摆图像畸变矫正方法	发明专利	江碧涛、王密、余晓刚、金淑英、戎太宗、张一鸣、杨瑞云	2015/2/18	ZL201218002946. 3
257	一种沿轨方向侧摆图像畸变矫正系统	发明专利	江碧涛、王密、余晓刚、金淑英、戎太宗、张一鸣、杨瑞云	2015/2/18	ZL201218002947. 8
258	实时获取参心坐标系坐标和正常高的网络 RTK 定位方法	发明专利	郭际明、章迪、罗年学、巢佰崇	2015/3/11	ZL201310166571. 8
259	基于光谱与空间局部相关的遥感影像融合方法	发明专利	王慧贤、江万寿	2015/3/25	ZL201210434852. 2
260	一种地理空间实体构建方法及系统	发明专利	虞昌彬、郭仁忠、李霖、赵志刚、贺彪	2015/3/25	ZL201410309906. 1
261	一种球型聚电解质刷荷载有机导电复合微纳粒子及其制备方法	发明专利	黎厚斌、苏娜、黄瑜、张雄志、刘兴海	2015/3/25	ZL201310037731. 9
262	基于打印机非线性特性的图像半色调阈值矩阵设计方法	发明专利	易尧华、苏海、刘菊华、苗敏婧、李帅、陈聪梅	2015/4/1	ZL201310112936. 9
263	一种基于波形匹配的时间同步方法及系统	发明专利	牛小骥、李青丽、班亚龙、张全、龚琳琳	2015/4/1	ZL201410403983. 3
264	一种基于双 GPS 接收机的土壤湿度实时测量系统及方法	发明专利	严颂华、陈能成、蒲夏静	2015/4/1	ZL201310233810. 7
265	一种立体打印相纸的制备方法	发明专利	钱俊、张文菡、马立胜	2015/4/1	ZL201210232245. 8
266	基于仿射不变特征与单应矩阵的线匹配方法	发明专利	龚健雅、程亮、李满春、胡灵、刘永学、陈振杰、王结臣	2015/4/15	ZL201210342566. 3
267	一种 GNSS 动态测量精度检验系统及方法	发明专利	章迪、郭际明、覃发超、程锋、伍孟琪	2015/4/15	ZL201310365900. 1

续表

序号	发明名称	类型	发明人	授权日	专利号
268	一种多功能一体化打印机扫描图像的图文分离方法	发明专利	易尧华、苏海、刘菊华、刘权、李帅、苗敏婧	2015/4/15	ZL201310159078.3
269	一种基于共线方程的直接法与间接法相结合的几何纠正方法	发明专利	王密、金淑英	2015/4/15	ZL201218002951.4
270	一种基于规则格网面元的波段配准方法	发明专利	潘俊、王密	2015/4/15	ZL201210413124.3
271	基于激光雷达点云与航空影像的真正射影像的制作方法	发明专利	万幼川、陈亚男	2015/4/29	ZL201210472886.0
272	遥感卫星线阵传感器多轨联合在轨几何检校方法	发明专利	张永军、郑茂腾	2015/4/29	ZL201310021263.6
273	一种基于克隆选择算法的土地资源评价因子级别划分方法	发明专利	刘耀林、赵翔、何建华、焦利民、刘殿锋、唐旭	2015/4/29	ZL201210118146.7
274	一种基于探元指向角的光学卫星影像在轨几何定标方法	发明专利	王密、杨博、李德仁、龚健雅	2015/4/29	ZL201210433928.X
275	一种儿童无创给药微电流针剂	发明专利	钱俊、张文菡、何洪林	2015/5/13	ZL201310444541.9
276	一种基于航道水深数据的自动化碍航分析方法及系统	发明专利	蔡忠亮、张玲、高凯春、殷红、范黎明、蒋子捷、刘天云、伍文俊、谢彩云、宋忱忱、陈轩	2015/5/13	ZL201410449240.X
277	一种基于灰度分割自适应矩匹配条带噪声去除方法	发明专利	王密、潘俊、李德仁	2015/5/13	ZL201210237112.X
278	一种基于线特征的数字扫描地图水印方法	发明专利	胡翔云	2015/5/13	ZL201210438187.4
279	一种针对非金属麦拉片位置不良的视觉检测方法及其装置	发明专利	郑顺义、周朗明	2015/5/13	ZL201210083340.6
280	一种自动换水系统	发明专利	刘兴海、余冰娇、张守华	2015/5/13	ZL201310440582.0

续表

序号	发明名称	类型	发明人	授权日	专利号
281	基于红外巡检视频数据的电力设备异常发热检测方法	发明专利	彭向阳、陈驰、麦晓明、邓超怡、王柯、杨必胜、陈锐民、	2015/5/20	ZL201310268035. 9
282	基于光谱特性和拓扑关系的城市遥感影像阴影检测方法	发明专利	孙开敏、眭海刚	2015/5/23	ZL201210283344. 9
283	利用多时相数据去除光学遥感影像大面积厚云的方法	发明专利	沈焕锋、李兴华、张良培、张洪艳	2015/6/10	ZL201210551692. X
284	一种电子地图上移动对象的动态标注方法	发明专利	李霖、蒯希、向竹君、谭永滨、朱海红、于忠海	2015/6/10	ZL201310324246. X
285	一种基于键值结构的空间数据双缓存方法及机制	发明专利	孟令奎、涂振发、张文、黄长青、张东映	2015/6/10	ZL201310037992. 0
286	一种基于遗传算法的土地资源评价因子级别划分方法	发明专利	刘耀林、何建华、赵翔、焦利民、唐旭	2015/6/10	ZL201210060364. X
287	多条带扫描成像模型的设计及定位方法	发明专利	闫利、邓非	2015/6/24	ZL201010291940. 2
288	基于波段相关性的遥感影像类内局部拟合恢复方法	发明专利	曾超、沈焕锋、张良培	2015/6/24	ZL201010227714. 8
289	基于多时相数据的遥感影像加权回归恢复方法	发明专利	曾超、沈焕锋、张良培	2015/6/24	ZL201210551266. 6
290	基于分段校正的遥感影像条带噪声去除方法	发明专利	沈焕锋、姜湾、张良培、袁强强	2015/6/24	ZL201210551279. 3
291	一种基于积分图像的面状注记配置方法	发明专利	郭丙轩、邵振峰、张磊	2015/6/24	ZL201210371618. X
292	纳米 TiO_2 粉体的制备方法及利用其制备氧气指示剂的方法	发明专利	刘兴海、谢思源、周立宝、杨耀、黎厚斌	2015/7/15	ZL201310624716. 4
293	一种合成×××提取方法	发明专利	眭海刚、马国锐、刘俊怡	2015/7/15	ZL201318000310. X
294	用于 TDI CCD 线阵推扫传感器的坐标反算方法	发明专利	金淑英、王密	2015/7/15	ZL201310201971. 8

续表

序号	发明名称	类型	发明人	授权日	专利号
295	一种地物光谱仪观测范围的界定装置和方法	发明专利	田礼乔、陈晓玲、李建	2015/7/29	ZL201310609339.7
296	一种纳米阳离子球型聚电解质刷的制备方法	发明专利	黎厚斌、苏娜、易生平、刘兴海、黄驰	2015/8/5	ZL201110330465.X
297	基于球面全景相机的物体高度测量方法	发明专利	刘进、李德仁、朱庆	2015/8/16	ZL201310411641.1
298	基于大跨度区域提取的接缝线优化方法	发明专利	潘俊、周清华、王密	2015/8/19	ZL201310201378.3
299	一种传感网异构节点元模型的构建方法	发明专利	陈能成、王珂、肖长江	2015/8/19	ZL201310151476.0
300	一种船载走航式水环境参数测量系统及方法	发明专利	陈晓玲、陈莉琼、陆建忠、田礼乔	2015/8/19	ZL201310376049.2
301	一种植被探测多波长对地观测激光雷达系统的合波分波器	发明专利	龚威、祝波、宋沙磊、史硕	2015/8/19	ZL201310088378.7
302	顾及拓扑的三维地理空间实体群的线消隐方法	发明专利	虞昌彬、李霖、赵志刚、贺彪	2015/9/2	ZL201410583209.5
303	一种基于纹理的高分辨率遥感影像建筑区指数计算方法	发明专利	邵振峰、田英洁、沈小乐	2015/9/2	ZL201310220047.4
304	一种基于需求特征关联的遥感影像需求融合方法	发明专利	呙维、朱欣焰	2015/9/2	ZL201210558202.9
305	一种卫星光学传感器动态观测能力的定量评价方法	发明专利	陈能成、张翔、郑重	2015/9/2	ZL201310020925.8
306	一种压力感应式传感器输液报警系统	发明专利	何洪林、钱俊、徐荀、温少强	2015/9/2	ZL201310459158.0
307	自动确定摄影测量中摄影机安装方位的方法及系统	发明专利	曹辉、张祖勋、段延松	2015/9/2	ZL201310393835.3
308	利用单频 GNSS 接收机的实时高精度地震形变监测方法	发明专利	李敏、施闯、李文文、赵齐乐、方荣新	2015/9/6	ZL201310193930.9
309	基于 Retinex 理论的低照度低空遥感影像增强方法	发明专利	邵振峰、白云	2015/9/16	ZL201310235116.9
310	一种地理实体拓扑关系的代数结构表达方法	发明专利	陈江平、史文中、张鹏林	2015/9/16	ZL201210486589.1

续表

序号	发明名称	类型	发明人	授权日	专利号
311	一种基于高斯尺度空间构建遥感影像语义方法	发明专利	邵振峰、周熙然	2015/9/16	ZL201210390177.8
312	一种基于最小显色误差激光打印机模型绿噪声半色调算法	发明专利	易尧华、苏海、袁媛、刘菊华、苗敏婧、陈聪梅、杨慧芳、陈亮、周罗岚、申春辉	2015/9/16	ZL201310626170.6
313	一种任意传感器数量的时空定量遥感融合方法	发明专利	沈焕锋、吴鹏海、艾廷华	2015/9/16	ZL201210551277.4
314	一种有机硅改性的水性UV涂料及其制备方法	发明专利	刘兴海、杨耀、黄驰、黎厚斌	2015/9/16	ZL201310588807.7
315	基于场景×××检测方法	发明专利	眭海刚、孙开敏、马国锐	2015/9/23	ZL201218007936.9
316	一种基于可见光×××提取方法	发明专利	眭海刚、马国锐、孙开敏、刘俊怡	2015/9/23	ZL201318003061.X
317	一种竞走犯规检测鞋垫及方法	发明专利	钱俊、孙源、郑斌、农斌、曾怡、汪超琼、郭闽年、王倩、王旭飞、何洪林	2015/9/30	ZL201310105340.6
318	打印机图像半色调输出算法质量评价方法	发明专利	易尧华、苏海、袁媛、刘菊华、陈聪梅、杨慧芳、陈亮、周罗岚、申春辉、丰立昱	2015/10/21	ZL201310626343.4
319	基于Gist特征学习的复杂海面遥感影像舰船检测方法	发明专利	眭海刚、王煜杰、孙开敏、陈光	2015/10/21	ZL201210339791.1
320	抗字幕干扰的图像无缝自动拼接方法	发明专利	刘进、眭海刚、马国锐、刘俊怡	2015/10/21	ZL201210533814.2
321	一种光学影像和SAR影像一体化分割配准方法	发明专利	眭海刚、徐川、刘俊怡、华风	2015/10/21	ZL201210339791.1
322	一种基于物方定位一致性的卫星多光谱影像配准方法	发明专利	王密、金淑英、李德仁、杨博	2015/10/21	ZL201310236939.3
323	一种基于浮动车数据预测多时段行程时间分布的方法	发明专利	陈碧宇、时朝阳、李清泉	2015/10/27	ZL201410173814.5

续表

序号	发明名称	类型	发明人	授权日	专利号
324	一种基于大虚拟相机的窄视场双相机影像拼接方法	发明专利	金淑英、王密	2015/11/4	ZL201310737819. 1
325	一种在线道路裂缝筛查方法	发明专利	黄玉春、殷文斌、王敬磊	2015/11/4	ZL2013103801683. 5
326	一种室内地图制作方法及室内地图	发明专利	李霖、郭云嫣、朱海红、应申、蒯希、谭永滨	2015/11/11	ZL201310289039. 5
327	一种云环境下海量时序遥感影像的自动缓存构建方法	发明专利	孟令奎、李继园、黄长青、张文、樊志伟	2015/11/11	ZL201310211886. X
328	无人机输电线路走廊作业航迹规划方法	发明专利	裴慧坤、周伟才、江万寿、杨成城等	2015/11/18	ZL201410344787. 3
329	无序激光点云数据中自动提取电力塔方法	发明专利	王柯、陈驰、麦晓明、赵刚、徐晓刚、杨必胜、彭向阳	2015/11/18	ZL201310268380. 2
330	一种光学卫星传感器静态对地观测能力聚类方法	发明专利	陈能成、幸晨杰、张翔	2015/11/18	ZL201310070333. 7
331	多层次多特征约束下的光学和 SAR 影像自动配准方法	发明专利	眭海刚、徐川、刘俊怡、华风	2015/12/2	ZL201310307335. 3
332	一种测量数据通用最小二乘平差方法	发明专利	郑茂腾、张永军	2015/12/9	ZL201310020835. 9
333	一种基于透射率变化的输液报警器	发明专利	钱俊、刘慧慧、温少强、何洪林	2015/12/9	ZL201310423396. 6
334	基于位置签到数据的 POI 更新方法	发明专利	武红宇、曹劲舟、侯晨辉、郭晓旻	2015/12/23	ZL201210584012. 4
335	一种芥末油纳米乳及其制备方法	发明专利	黎厚斌、郑华明、刘成金、李亮	2015/12/23	ZL201310238688. 2
336	基于 CPU 和 GPU 协同处理的遥感影像正摄校正方法	发明专利	王密、方留杨、李德仁、龚健雅	2015/12/24	ZL201210544790. 0
337	球面全景相机摄影测量方法	发明专利	刘进、李德仁、朱庆、龚健雅	2016/1/6	ZL201210004525. 3

续表

序号	发明名称	类型	发明人	授权日	专利号
338	MEMS 陀螺自动标定方法	发明专利	牛小骥、李由、李青丽、张鹏、袁兵、张鹏辉	2016/1/13	ZL201510137166. 2
339	一种支持传感器直接注册的映射方法及系统	发明专利	陈能成、王晓蕾、杨训亮	2016/1/13	ZL201210559824. 3
340	一种改进天平动参数的月球着陆器精密定位方法及系统	发明专利	魏二虎、李智强、刘经南、汤深权、刘建栋、刘凡、李雪川	2016/1/13	ZL201510290688. 6
341	一种基于视觉显著点特征的遥感影像检索方法	发明专利	邵振峰、王星	2016/2/10	ZL201310239255. 9
342	GNSS/INS 深组合中辅助信息延迟影响的评估方法	发明专利	张提升、章红平、张鹏辉、班亚龙、牛小骥	2016/3/16	ZL201510255837. 5
343	一种高光谱图像半监督分类方法及装置	发明专利	邵振峰、张磊	2016/3/30	ZL201310085370. 5
344	云管理平台和虚拟机终端用户间 VNC 隐通道的建立方法	发明专利	郭迟、崔竞松、李秋晨、贺汇林	2016/3/30	ZL201310268539. 0
345	基于自然裸土的极化合成孔径雷达定标方法	发明专利	史磊、李平湘、杨杰	2016/4/13	ZL201410129765. 5
346	一种月球车联合定位方法及系统	发明专利	魏二虎、殷志祥、刘经南、汤深权、刘建栋、刘凡	2016/4/13	ZL201510298598. 1
347	一种环火探测器精密同步定位守时方法及系统	发明专利	魏二虎、张帅、刘经南、刘建栋、李雪川、李智强	2016/9/14	ZL201510306661. 1
348	利用单台非量测数码相机进行钣金件三维量测的方法	发明专利	张永军、张剑清、张祖勋、吴百川	2007/4/4	ZL200410061308. 3
349	一种摄影测量用照明装置	实用新型	张剑清、吴新建、张祖勋、唐敏	2006/3/1	ZL200420111781. 3
350	用于非量测数码相机的二维控制点盘	实用新型	张永军、张祖勋、唐敏、张剑清、吴百川	2006/6/21	ZL200420111797. 4
351	用于工件摄影测量的旋转平台	实用新型	徐轩、张祖勋、唐敏、张剑清	2006/6/21	ZL200420057745. 3

续表

序号	发明名称	类型	发明人	授权日	专利号
352	一种测量植物叶片色素含量的装置	实用新型	龚威、朱忠敏、刘梦雨、郝中豫、马盈盈	2007/7/4	ZL200620096489. 8
353	一种对大气及大气中的微小颗粒进行探测的激光雷达	实用新型	龚威、朱忠敏	2007/7/4	ZL200620096168. 8
354	一种对激光雷达信号动态范围压缩的装置	实用新型	龚威、朱忠敏、刘梦雨、郝中豫、马盈盈	2007/8/29	ZL200620097708. 4
355	多波长扫描激光雷达遥感装置	实用新型	龚威、宋沙磊、祝波、吕丽蕾、张道熙、史硕	2010/9/15	ZL200920352071. 2
356	一种三维立体数字测标	实用新型	胡庆武、李清泉、毛庆洲、林春峰、余飞	2010/9/15	ZL200920289659. 8
357	立体摄影导轨系统	实用新型	钱俊、马立胜、肖克、龚莉、陈龙、张文菡、陆博文	2011/10/5	ZL201120106553. 7
358	一种可用于光栅片材打印的光学定位系统	实用新型	钱俊、马立胜、吉媛婷、龚莉、李亚楠、娄喜刚、王智旸、崔光勋	2011/11/16	ZL201120105469. 3
359	一种高精度可调光自均流技术的 LED 驱动电源电路	实用新型	江金光、李青云、龚旭	2011/12/28	ZL201120173844. X
360	一种高效率直流变换器的 PWM 和 PMS 双模式切换电路	实用新型	江金光、龚旭	2011/12/28	ZL201120113868. 4
361	一种瓶盖防伪装置以及配合该瓶盖防伪装置使用的包装盒	实用新型	钱俊、王芳	2011/12/28	ZL201120095848. 9
362	一种具有电流模式频率补偿装置的降压型 DC/DC 变换器	实用新型	江金光、汪家轲	2012/1/11	ZL201120230219. X
363	一种酒瓶开启装置及专用酒瓶盖	实用新型	钱俊、王芳	2012/1/18	ZL201120095823. 9
364	一种电流模式的 DC/DC 变换器的频率补偿装置	实用新型	江金光、汪家轲	2012/5/30	ZL201120173844. 6
365	一种高精度 LC 正交压振荡器的装置	实用新型	赵静、江金光、刘经南	2012/8/29	ZL201120528646. 9

续表

序号	发明名称	类型	发明人	授权日	专利号
366	一种快递包装袋	实用新型	魏俊	2013/2/13	ZL201220188004.3
367	一种基于光栅板投影的立体显示系统	实用新型	蔡朋杉、吕瑞、刘江飞、陈思颖、黄陶涛、张文菡	2013/4/10	ZL201220605999.9
368	一种车载三维激光与全景影像测量系统	实用新型	陈长军、王刚、刘勇	2013/8/14	ZL201320116036.7
369	一种车载同步控制器	实用新型	陈长军、王刚、陈小宇	2013/8/14	ZL201320116050.7
370	一种全景图像采集装置	实用新型	闫利、陈长军、刘勇	2013/8/14	ZL201320130692.2
371	一种移动测量车顶平台	实用新型	王刚、陈长军、刘勇	2013/8/14	ZL201320130772.8
372	一种电流模式的 DC/DC 变换器的频率补偿装置	实用新型	江金光、汪家轲	2013/9/18	ZL201110139156.4
373	一种撞击式脉冲触发的 INS/GPS 时间同步装置	实用新型	牛小骥、张辉、郭文飞、翟冰、罗国军、王青江	2013/9/18	ZL201320234302.6
374	小型无人机低功耗定位识别装置	实用新型	眭海刚、雷俊锋、孙开敏、马国锐、刘俊怡	2013/10/23	ZL201320294396.9
375	一种高效率同步整流降压型开关变换器	实用新型	江金光、龚旭	2013/10/23	ZL201110096543.4
376	一种无线温湿度采集设备	实用新型	李必军、王敏捷、郑玲、周剑、郭晓旻、高文武	2013/11/20	ZL201320431107.2
377	一种无线二氧化碳采集设备	实用新型	李必军、郑玲、王敏捷、陈诚、周剑、郭晓旻	2013/11/28	ZL201320431457.9
378	一种无线光照度采集设备	实用新型	李必军、王敏捷、郑玲、周剑、郭晓旻、陈诚	2013/12/4	ZL201320431455.X
379	一种环境参数采集管理系统	实用新型	李必军、郑玲、王敏捷、周剑、郭晓旻、高文武	2013/12/8	ZL201320431061.4
380	一种自动报警灭火器	实用新型	张守华、刘兴海、黎厚斌	2014/4/2	ZL201320667252.0
381	用于地物光谱仪的观测范围界定装置	实用新型	田礼乔	2014/4/16	ZL201320757280.1

续表

序号	发明名称	类型	发明人	授权日	专利号
382	一种行人横穿马路交通信号灯系统	实用新型	金钟炜	2014/7/16	ZL201420097538.4
383	一种一纸成型三角固定的餐盘包装盒	实用新型	高智勇、杨玫、杨佳瑶	2014/9/3	ZL201420233149X
384	一种 GPS 授时装置	实用新型	聂桂根、赵静、刘经南、马伟	2015/2/18	ZL201420648044.0
385	一种全印刷贴片式吃药提醒装置	实用新型	付吉灿、钱俊、周奕华	2015/5/13	ZL201420817071.6
386	一种利用北斗直达和反射信号进行土壤湿度反演的装置	实用新型	严颂华、赵芬、裴博宇、向苗、周森、陈能成	2015/6/17	ZL201520081541.1
387	一种浮力可调的浮动水质观测系统	实用新型	陈晓玲、田礼乔、黄锐	2015/7/17	ZL201520153743.2
388	一种血糖测试试纸	实用新型	吴翠娟	2015/9/2	ZL201520297761.8
389	一种观测几何自动调整的水体表观光谱观测装置	实用新型	田礼乔、陈晓玲、黄锐	2015/10/21	ZL201520409365.X
390	一种基于多路复用技术的多通道光谱测量装置	实用新型	田礼乔、陈晓玲、黄锐	2015/10/21	ZL201520410380.6
391	一种水体表观光谱二向性自动测量装置	实用新型	田礼乔、陈晓玲、黄锐	2015/10/21	ZL201520412686.5
392	一种水体表观光谱观测双通道自校验系	实用新型	田礼乔、陈晓玲、黄锐	2015/10/21	ZL201520410443.8
393	一种适用于水面光谱远程实时监测的自动化装置	实用新型	田礼乔、陈晓玲、黄锐	2015/11/11	ZL201520412650.7
394	一种用于球状穹顶裂缝监测的装置	实用新型	张涛、徐亚明	2015/12/23	ZL201520728376.4

8.4 计算机软件著作权

共计登记 510 项计算机软件著作权。

计算机软件著作权登记情况一览

序号	软件名称	完成人员	登记号
1	GPS 多天线阵列变形监测综合数据处理系统 V2.0	王新洲、邹进贵、邱卫宁、花向红、邹双朝、邱蕾	2006SR03372
2	精密动态/静态单点定位软件（TriP）	张小红、刘经南	2006SR03541
3	全数字摄影测量立体采编系统 V1.0	王密、陈克明	2006SR07003
4	测量机器人变形监测自动化软件系统 V1.0［简称：Geo_DAMOS］	张正禄、邓勇、罗长林	2006SR10034
5	局部大地水准面精化软件系统 V1.0	张正禄	2006SR10035
6	影像镶嵌软件 V1.0、ImageStitch	张晓东	2006SR14329
7	CoorTools 大地测量坐标处理工具软件	艾松涛	2007SR01590
8	一体化外业调绘软件 V1.0	王密、艾静波	2007SR07986
9	卫星测高研究与分析软件系统 V1.0	李建成、姜卫平、褚永海、范春波、金涛勇	2007SR07989
10	标准化土地管理信息系统	刘耀林、刘洋、任周桥	2007SR16193
11	省级农用地分等成果管理信息系统	刘耀林、刘洋、任周桥	2007SR16194
12	城镇土地分等与基准地价平衡信息系统	刘耀林、刘洋、焦利民	2007SR16195
13	基于 GIS 的中国极地科学考察管理信息系统	南极中心	2007SR16198
14	远程视频监控定位地理信息系统软件 V1.0	艾松涛	2007SR16199
15	宝威海测软件 V1.0	赵建虎、刘经南、阳凡林、陈孔哲、姚宜斌	2007SR16200
16	卫星遥感影像几何处理系统［简称：RSGP］V1.0	张过	2008SR01059
17	高精度 GPS 动态定位测速软件［简称：KinPos］V1.0	张小红、王甫红、唐卫明、刘万科	2008SR01060
18	施工沉井信息化监测系统	邹进贵	2008SR045423
19	GPS 多天线阵列接收机变形监测与预报系统	邹进贵	2008SR11628
20	色彩品质管理系统	易尧华	2008SR11629
21	擎图遥感软件系统 V1.0［简称：擎图 Image Engine］	张过、秦绪文	2008SR13213
22	地球空间信息服务集成系统［简称：GeoSIS］V1.0	龚健雅、吴华意、陈玉敏、沈盛彧、桂志鹏	2008SR14555
23	虚拟地理环境信息系统软件［简称：VGEGIS］V6.0	朱庆、张叶廷	2008SR14556
24	似大地水准面综合计算软件综合版 V3.53	邓兴升、花向红、邱卫宁	2008SR14557

续表

序号	软件名称	完成人员	登记号
25	全球无缝三维空间信息管理系统［简称：GeoGlobe］V1.0	龚健雅、陈静、向隆刚、王伟、蔡磊、何正伟	2009SR00759
26	基于 GPS 的路基压实质量控制系统软件	黄声享、曾怀恩	2009SR00935
27	1：5 万影像综合判调更新生产软件	王 密、潘 俊	2009SR00936
28	在航 GPS 潮位数据处理软件	赵建虎	2009SR00939
29	区域地磁场建模软件	赵建虎、王胜平、刘辉	2009SR00941
30	网络电子地图发布系统	王明军、杜清运、翁敏、蔡忠亮、邬国锋、任福、江文萍、刘涛	2009SR00945
31	实验室管理系统	万爱萍、胡宝玉、刘平	2009SR00946
32	影像匀光软件 V5.0	王密、潘俊	2009SR00947
33	一体化地理信息采编更新系统 V3.0	王 密、胡 芬、卢卫华	2009SR00949
34	彩色地貌晕渲制作系统	江文萍、杜清运、翁敏、蔡忠亮、任福、王明军、邬国锋、王少一	2009SR00950
35	多媒体电子地图著作系统	蔡忠亮、邬国锋、杜清运、翁敏、江文萍、王明军、任福、李雅彦	2009SR00951
36	港口航道图测绘工作量核算系统	翁敏、杜清运、蔡忠亮、王明军、任福、汪文萍、邬国锋、亢孟军	2009SR00952
37	城市地图综合缩编软件	艾廷华	2009SR02058
38	电子航道图标监控软件	艾廷华	2009SR02059
39	海量多波束水深信息管理与粗差探测系统	眭海刚、张光华、肖志峰	2009SR035801
40	纸质海图质量检测系统	眭海刚、李晓明	2009SR035804
41	三维航道数据处理与可视化系统	眭海刚、赵海涛	2009SR035806
42	基于兴趣域的对等网地形传输共享系统	潘少明、沈未名、李锐	2009SR046962
43	海洋磁力异常测量数据后处理系统	赵建虎、王胜平、王爱学、邵楠、孟宪阔	2009SR046963
44	带缓存的网络地图服务客户端	沈盛彧、吴华意、陈玉敏	2009SR046968
45	万像栅格叠置分析软件	胡鹏、潘鹏、张建博	2009SR046972
46	三维航标配布与仿真系统	眭海刚、华丽、农耘	2009SR046983
47	Gaea Explorer V1.0	王伟、王鹏、陈家赢、漆炜、李欣	2009SR056376
48	基于地价样点的城市基准地价动态监测系统［简称：BPLIS］V1.0	王伟、漆炜、王鹏、陈家赢、李欣	2009SR056381

续表

序号	软件名称	完成人员	登记号
49	1：5 万地形图综合更新软件	艾廷华	2009SR05684
50	电子海图数据生成系统	艾廷华	2009SR05685
51	岛礁地图制图软件	艾廷华	2009SR05686
52	基于三维激光扫描技术的复原重建系统	花向红、邓 非、李剑、邹进贵、向东、邱卫宁	2009SR07102
53	南极中山站气象播报与网络通信综合信息服务系统	艾松涛、鄂栋臣、王泽民	2009SR10474
54	省级基准低价管理信息系统	刘耀林、唐旭、赵翔	2010RS055865
55	导航卫星精密卫星钟差估计软件［简称：PCES］V1.0	张小红	2010SR001325
56	实时精密单点定位系统［简称：RTPPP］V1.0	张小红	2010SR001326
57	在线式地图综合系统	艾廷华	2010SR001328
58	低空数码影像全自动匹配软件	张永军	2010SR001392
59	地磁匹配导航	赵建虎	2010SR001418
60	机载激光雷达数据处理系统——ALDPro	马洪超、徐景中、王宗跃、孙杰、钟良、高广、蒋晶玉、邬建伟、彭检贵、张良、赖旭东、李云帆、杨锋、姚春静、黄先锋	2010SR001420
61	多版本地理空间数据库增量信息提取系统	李霖、应申、万远、朱海红	2010SR003317
62	空间信息服务链可视化建模工具	吴华意、桂志鹏、陈玉敏、张磊、沈盛彧、曹海涛	2010SR004118
63	通用基本地图符号库组件	李霖、朱海红、贺彪、张志军	2010SR004129
64	村镇土地可持续利用空间优化决策支持系统	刘耀林、洪晓峰、夏寅、刘殿锋	2010SR017761
65	土地利用调控预测与演化系统	刘耀林、刘中秋	2010SR017763
66	村镇土地评价因子自动提取和量化系统	刘耀林、赵翔	2010SR017766
67	基于 3S 技术的村镇退化废弃地评价系统	刘耀林、刘殿峰	2010SR019209
68	永久散射体雷达干涉时间序列分析系统	廖明生、张路	2010SR019214
69	雷达极化与极化干涉数据处理系统	廖明生、杨文、张路	2010SR019215
70	星载合成孔径雷达干涉处理系统	廖明生、张路、蒋厚军	2010SR019231
71	多源空间大地测量数据组合软件	姚宜斌	2010SR019260
72	参与式土地利用规划网络发布系统	刘耀林、国红艳	2010SR020170

续表

序号	软件名称	完成人员	登记号
73	卫星星群（实时）大气反演分析软件系统	徐晓华、罗佳	2010SR026908
74	“雪龙在线”网络信息平台	南极中心	2010SR027528
75	换能器瞬时高程确定软件	赵建虎等	2010SR027529
76	海洋深度基准面传递软件	赵建虎等	2010SR027531
77	网络环境下多尺度三维模型的组织与管理系统	陈静、谢秉雄、李墨	2010SR027573
78	国产高分辨率光学卫星影像地面处理软件	王密、潘俊、金淑英	2010SR027622
79	PowerCoor 坐标转换软件	姚宜斌	2010SR028334
80	土地可持续利用规划决策支持系统	刘耀林、夏寅	2010SR028410
81	土地利用参与式规划发布系统	刘耀林、国洪艳	2010SR028416
82	地基 GPS 二维电离层延迟建模软件	章红平、施闯、耿长江	2010SR028421
83	土地可持续利用调控系统	刘耀林、沈晓峰	2010SR028423
84	卫星导航数据综合处理软件——卫星精密定轨	赵齐乐、施闯、耿江辉、葛茂荣、刘经南、李敏、胡志刚、罗佳	2010SR028429
85	面向土地的数据挖掘系统	刘耀林、王华、夏寅、沈晓峰、刘殿峰	2010SR028430
86	卫星定位导航数据综合处理与分析软件系统	施闯、葛茂荣、赵齐乐、刘经南、李敏、楼益栋、耿江辉、罗佳	2010SR028432
87	PANDA-PPP 精密单点定位软件	叶世榕、楼益栋、施闯、李敏、刘经南	2010SR028433
88	航道测量基准转换软件	柯灏、赵建虎、张红梅	2010SR028434
89	村镇土地利用评价信息系统	刘耀林、赵翔	2010SR028438
90	PANDA-导航卫星精密定位软件	施闯、葛茂荣、赵齐乐、刘经南、李敏、楼益栋	2010SR028445
91	卫星导航数据综合处理软件——重力场反演软件	赵齐乐、郭靖、施闯、柳响林、葛茂荣、刘经南	2010SR028446
92	PANDA-组合平差与分析软件系统	施闯、刘经南、赵齐乐、李敏	2010SR030403
93	地球空间信息处理服务系统	乐鹏	2010SR030407
94	卫星定位导航数据综合处理与分析软件系统	施闯、葛茂荣、赵齐乐、刘经南、李敏、楼益栋	2010SR030410
95	广域实时精密定位终端解算与分析软件	施闯、楼益栋、宋伟伟、辜声峰	2010SR030413
96	GPS 接收机嵌入式 PVT 软件包	章红平、施闯	2010SR032542

续表

序号	软件名称	完成人员	登记号
97	地理信息数据版权保护系统	刘建军、张晓东	2010SR035806
98	开发区土地集约利用评价系统	刘耀林、唐旭、赵翔	2010SR044906
99	相机标定软件	詹总谦	2010SR045151
100	水下地形地貌与地磁组合导航系统	赵建虎等	2010SR046160
101	活动断层地震危险性评估系统	许才军、江国焰、王浩、温扬茂	2010SR056240
102	地面控制网综合数据处理与变形分析系统	邹进贵	2010SR057627
103	一体化卫星遥感综合数据处理平台软件	王密、金淑英、潘俊	2010SR057709
104	多基线近景摄影测量系统	徐芳、庞文超	2010SR057716
105	近景/低空摄影测量软件	詹总谦	2010SR057718
106	SAR 图像检索平台	何楚、苏鑫、邓新萍、孙洪、徐新、卢昕	2010SR059676
107	地理数据整合工具软件［简称：GeoBlender］V1.0	杜志强、朱庆、张叶廷	2010SR066832
108	支持地理信息服务质量的注册中心软件	吴华意、沈盛彧、桂志鹏	2010SR066835
109	架空送电线路优化设计系统	张晓东	2010SR069052
110	网络环境下多尺度地形数据的组织与管理系统软件	陈静、陈帆飞、周强	2010SR073459
111	基于 jpeg2000 的压缩遥感影像的快速解压缩软件	李宇光、肖进胜、李明、邱晓筱	2011SR000074
112	一种基于遥感 DEM 数据的快速无损压缩和解压缩软件	李宇光、肖进胜、邱晓筱	2011SR000158
113	导航卫星联合定轨软件	刘万科、王甫红	2011SR000634
114	分布式导航卫星自主定轨软件	王甫红、刘万科	2011SR000635
115	万像格网 DEM 分析与可视化软件	胡鹏、潘鹏、饶铁亮	2011SR001430
116	GORS 基准站数据通信和管理软件	唐卫明、施闯、刘经南	2011SR004580
117	夜间车辆检测监控系统	王文伟、陈炳文、秦前清	2011SR005953
118	三维 GIS 可视化工具软件	周东波、朱庆、张叶廷、杜志强、许伟平、宋成芳	2011SR006868
119	空间信息服务链设计器软件	王艳东、罗安、黄定磊、黎桂成	2011SR007004
120	瓦片地图 Web 快速发布软件	任福、虞昌彬、杜清运、翁敏、蔡忠亮、郛国锋、江文萍、王明军	2011SR007207

续表

序号	软件名称	完成人员	登记号
121	基于互联网运行的 GPS 卫星预报软件	李英冰、陈明	2011SR013154
122	南极“PANDA”地理信息系统软件	南极中心	2011SR014176
123	空间数据库代理与内存文件系统	肖志峰、刘华	2011SR015703
124	GNSS 自动化实时监测软件	李英冰	2011SR016268
125	三维激光雷达数据处理软件	闫利、张毅、谢洪	2011SR016681
126	直接解算形变量的 GNSS 监测软件	李英冰、陈明、熊程波、闫景仙、熊绍龙	2011SR016884
127	CartoTP 一体化地形图制图软件	李霖、贺彪、张志军、于忠海、王红、朱海红、杨勇、梅洋、邱俊武	2011SR017874
128	FlashCarto 应急反应制图系统	李霖、张志军、于忠海、邱俊武、朱海红、应申	2011SR017991
129	VLBI/空间 VLBI 用于空间/深空大地测量的数据处理软件	魏二虎、严韦、周培来、李冠易、慧史青、李雪川	2011SR017997
130	图像半色调加网及其评价系统	易尧华、苏海、刘菊华、王诗僮	2011SR018799
131	流域社会经济水环境系统演化综合模型软件	张万顺、彭虹	2011SR020328
132	地图接边软件	李连营	2011SR023381
133	空间数据的版本管理软件	李连营	2011SR023649
134	土地登记信息公开查询系统	李霖、梁栋栋、于忠海、万远、朱海红、应申、程洋、梅松	2011SR025004
135	基于互联网运行的 GPS 质量检查图形绘制软件	李英冰	2011SR025083
136	SymbolMaker 通用基本地图符号制作软件	李霖、张志军、贺彪、于忠海、朱海红、王红、曹原、邱俊武	2011SR025173
137	数据场系统	王树良、陈亚森	2011SR025459
138	海域动态监视监测移动上报与核实系统软件	张晓东	2011SR027612
139	彩色数码打样系统	易尧华、刘菊华、苏海、王诗僮、高睿遥	2011SR027737
140	标准光源显色性能分析软件	易尧华、刘菊华、苏海、胡月月、袁媛	2011SR027996
141	海域动态监视监测管理系统	张晓东	2011SR029833
142	三维地理信息系统平台软件	朱庆、张叶廷、杜志强、李晓明、许伟平	2011SR030327

续表

序号	软件名称	完成人员	登记号
143	房屋信息自动化入库软件	李英冰、曹娜	2011SR03154
144	比例线法海洋划界系统	胡海、吴艳兰、翟林	2011SR032118
145	OpenRS 开放式遥感数据处理软件平台	江万寿、呙维、龚健雅	2011SR033397
146	新型传感器悬浮泥沙定量分析软件	陈晓玲、陆建忠、冯炼、张鹏、田礼乔、张伟	2011SR033807
147	正射影像自动化并行化处理软件	孙明伟	2011SR034361
148	正射影像产品无缝编辑软件	孙明伟、段延松、张祖勋、张剑清	2011SR034390
149	数字地形建模与分析集成平台	陈玉敏、周启鸣、祁昆仑、朱全生	2011SR035130
150	高清视频车牌识别软件	陈江平、李亮、陈亚男、黄炳坚	2011SR036060
151	全球地表覆盖遥感制图覆盖分类产品质量检查软件	刘耀林、唐旭、赵翔	2011SR036066
152	城镇基准地价更新系统	唐旭、赵翔	2011SR036077
153	宗地地价评估系统	唐旭、赵翔	2011SR036172
154	海域使用动态监控与指挥办公系统软件	张晓东	2011SR036214
155	全球地表覆盖遥感制图影像辐射校正产品质量检查软件	刘耀林、唐旭、赵翔	2011SR036216
156	城市地价动态监测系统	唐旭、赵翔	2011SR036217
157	框幅式航空影像联合区域网平差软件	张永军	2011SR040882
158	海量航空影像摄影测量网格处理系统	张祖勋、张永军、张剑清、曹辉、段延松、柯涛、孙明伟、张勇、郑顺义、季铮	2011SR040887
159	航道生产设施信息管理系统	蔡忠亮、杨品福、翁敏、张磊	2011SR040982
160	Spatiotemporal Geostatistics 时空数据统计分析软件	舒红、徐爱萍、许家琦、董林、李颜伶	2011SR041746
161	多视影像的基元量测与几何体建模软件	季铮	2011SR041899
162	DLG 地图数据快速转换系统	蔡忠亮、翁敏、蒋维杰、陈洪建、钟珊、陈路	2011SR042029
163	POS 三维可视化与航带快速构建软件	季铮、张祖勋、张剑清	2011SR042459
164	GNSS 高精度长距离快速静态定位处理软件	唐卫明、施闯、刘经南、叶世榕、章红平、楼益栋	2011SR042643
165	机载三线阵影像联合区域网平差软件	张永军	2011SR045719

续表

序号	软件名称	完成人员	登记号
166	近海高分辨率 SAR 影像舰船检测分析系统	杨文、涂尚坦、苏鑫、孙洪	2011SR045795
167	数字摄影测量网格之 ADS 处理软件	段延松、张祖勋、张剑清、张永军、张勇	2011SR045850
168	LiDAR 立体测图软件	胡庆武、李清泉、毛庆洲、余飞、林春峰	2011SR046566
169	VirtualWorld 三维可视化系统	熊汉江、戴雪峰、郑先伟、彭海斌、李浩、杜凯、费聪聪、郑书磊、	2011SR048396
170	遥感影像自动匀光处理软件	胡庆武、李清泉、毛庆洲、林春峰、袁辉	2011SR051838
171	低空无人机遥感影像处理软件	胡庆武、艾明耀、林春峰、袁辉	2011SR052405
172	星载重力梯度数据处理软件系统	罗志才、钟波	2011SR053006
173	多闸坝控制区域水量水质水生态模型软件	张万顺、彭虹	2011SR053123
174	三维地籍管理系统	李霖、应申、贺彪、赵志刚、万远、夏俊、邱俊武、黄童	2011SR056601
175	土地空间使用权证书附图制作系统	李霖、应申、贺彪、赵志刚、万远、夏俊、邱俊武、黄童	2011SR056602
176	彩色数字打样色彩管理系统	易尧华、刘菊华、苏海、	2011SR068776
177	彩色数字打样专色管理系统	易尧华、刘菊华、苏海、胡月月	2011SR070209
178	序列视差图像立体处理系统	李治江、曹文冬	2011SR071499
179	国家重点实验室管理信息系统	张晓东	2011SR084040
180	插件式遥感图像处理桌面系统	眭海刚、孙开敏、马国锐、刘俊怡、肖志峰、刘华	2011SR086765
181	高分辨率 SAR 遥感信息处理与提取平台	刘俊怡、眭海刚、孙开敏、马国锐、肖志峰	2011SR087058
182	基于 ΔDOR 观测量的月球探测器奔月段数据处理软件	魏二虎、严韦、易慧、史青、李雪川	2011SR095693
183	高精度海岛（礁）定位与分析软件	施闯、葛茂荣、赵齐乐、叶世榕、李敏	2011SR095716
184	冰裂隙和蓝冰监测软件	南极中心	2011SR098491
185	Kin_P3 动态精密单点定位软件	叶世榕、刘经南、施闯、楼益栋	2011SR102758
186	GPS 跨河水准测量数据处理系统［简称：GPS RCLS］V1.0	花向红	2011SR103166

续表

序号	软件名称	完成人员	登记号
187	基于互联网的房屋信息智能感知软件［简称：HouseSense］V1.0	李英冰、俞荐中	2011SR2583
188	成像光谱仪姿态控制及数据获取处理软件	田礼乔	2012SR000199
189	红外目标检测监控系统	王文伟、陈炳文、秦前清	2012SR004066
190	遥感影像管理系统	郭庆胜、马潇雅、赵翔	2012SR004069
191	新型面向对象影像分类与变化检测系统	黄昕、张洪艳、钟燕飞、张良培	2012SR004625
192	广西土地整治项目管理信息系统	刘耀林、王华、刘中秋、唐旭、刘艳芳、姬盈利、赵翔	2012SR011976
193	广西土地整治项目评审专家管理信息软件	刘耀林、王华、刘中秋、刘艳芳、姬盈利、赵翔	2012SR011981
194	广西土地整治项目远程信息报备系统	刘耀林、刘中秋、王华、刘艳芳、郭阳洁、赵翔	2012SR012679
195	开发区土地调查省级数据库管理系统	刘耀林、赵翔、刘艳芳、马潇雅、刘中秋、王华	2012SR012699
196	三维航道仿真与分析系统	江文萍	2012SR013393
197	海岛礁复杂地理环境三维可视化软件	邵振峰、姚远、田英洁、石芸、卢方洲、姚明	2012SR013404
198	海底管线三维可视化系统	江文萍	2012SR013405
199	城区规划与建设过程三维动态仿真系统	江文萍	2012SR013436
200	南北极海冰分布影像地图投影转换与瓦片切割发布软件	南极中心	2012SR013505
201	月球三线阵影像平差处理软件	赵双明	2012SR013507
202	港口与航道数据管理系统	江文萍	2012SR013508
203	广西桂中农村土地整治重大工程信息管理系统	刘耀林、刘中秋、王华、刘艳芳、郭阳洁、赵翔	2012SR013515
204	岛礁数据可视化与制图综合软件	艾廷华、张翔、黄亚锋、李精忠、田晶	2012SR019955
205	遥感大雾检测系统	李维、刘敏、杜娟、王文亮、范登科、文雄、曾玲琳	2012SR020056
206	航空遥感飞行计划设计软件	付建红	2012SR020157
207	网络三维地形图浏览系统	郭庆胜、马潇雅、杨乃、沈大勇、林勇军、何平、熊德荣、翁杰	2012SR020376

续表

序号	软件名称	完成人员	登记号
208	公共卫生 GIS 空间统计分析软件	陈江平、黄炳坚、张兰兰、余远剑、张瑶	2012SR022276
209	网络地球空间信息处理任务管理器系统	乐鹏、孙子恒	2012SR024714
210	地理信息网络发布与共享软件［简称：SmartServer］	邵振峰、沈小乐、王星、王艳军、刘立坤、杨小敏、刘军、姚远	2012SR031927
211	智慧城市共享服务软件［简称：SmartMap］	邵振峰、沈小乐、王星、杨小敏	2012SR031990
212	海域大地水准面确定与应用软件	褚永海、李建成、金涛勇	2012SR032169
213	影像城市共享服务平台［简称 ImageCity］V1.0	李德仁、邵振峰、沈小乐	2012SR040489
214	GNSS 数据分析处理工作站软件［简称：PASSION］V1.0	姚宜斌	2012SR042522
215	航空遥感影像阴影检测与补偿系统软件	万幼川、高贤君、李健	2012SR050948
216	土地级别与基准地价成果网络发布系统软件	刘耀林、赵翔、刘艳芳、马潇雅	2012SR050955
217	灾害异常信息遥感分析软件	陈晓玲、李建、田礼乔、李熙	2012SR057097
218	沙尘暴遥感监测分析软件	陈晓玲、刘海、田礼乔、宋珍、王飞、李建	2012SR057166
219	雪灾遥感监测分析软件	陈晓玲、李建、叶文韬、李熙、田礼乔	2012SR057172
220	灾害特征参数遥感时空分析软件	陈晓玲、李建、田礼乔、李熙	2012SR057174
221	多波束与侧扫声呐测量信息融合软件系统	赵建虎	2012SR057206
222	病虫害遥感监测分析软件	陈晓玲、李建、田礼乔、王高强、刘子潇	2012SR057211
223	洪涝遥感监测分析软件	陈晓玲、冯炼、於少平、李建、田礼乔	2012SR057245
224	建筑物变形监测数据处理系统	花向红、赵言	2012SR059389
225	面向地理空间优化的人工免疫智能计算系统	刘耀林、赵翔、刘殿锋、汤弟伟、唐巍	2012SR065549
226	地理空间分析与智能处理系统	秦昆、詹勇、陈一祥、程方远、王婷婷	2012SR067973
227	车载激光点云与全景图像自动融合与量测软件	杨必胜、陈驰、唐涛、邓超怡、张泊宇	2012SR068323
228	基于基元物理模型的地图要素空间冲突检测软件	吕秀琴、张毅	2012SR068439

续表

序号	软件名称	完成人员	登记号
229	多源海量遥感影像数据域矢量数据管理系统软件	万幼川、李健	2012SR068854
230	水环境遥感数据库管理系统软件	刘良明、叶沅鑫、唐雄飞、杜娟、范登科、王玉龙	2012SR071273
231	三维地图网络浏览系统	郭庆胜、马潇雅	2012SR072291
232	基于 Kalman 滤波的月面目标行进轨迹实时相对测定软件	魏二虎、谷洪业、郭际明等	2012SR072979
233	基于 X 射线脉冲星的环火探测器自主导航定位软件	魏二虎、刘经南、李征航、郭际明	2012SR072982
234	水环境遥感可视化系统	刘良明、叶沅鑫、秦昆、杜娟、望志方、陈楠、刘乐、赵龙	2012SR077122
235	GNSS 数据产品智能化批量下载软件	张小红、任晓东	2012SR077864
236	多波束异常测深数据处理软件系统	赵建虎	2012SR080137
237	多源测深数据融合系统	赵建虎	2012SR080255
238	基础摄影测量/空三像点量测软件	季铮	2012SR082909
239	基于安卓平台的移动地图服务软件系统	陈静、高雅、龚健雅	2012SR084441
240	绝缘子尺寸摄影测量软件	刘亚文、王建国、季铮、赵灵、江健武、唐敏、王伟坚	2012SR084547
241	世界探索者虚拟地球仪软件	樊红、冯浩、赵锐、李攀	2012SR087892
242	伪卫星定位系统时间频率统一软件	张涛	2012SR094245
243	资源三号卫星实时三维地形生成软件	段延松、张祖勋、张永军、张勇	2012SR094338
244	三线阵卫星影像核线立体生成软件	段延松、张祖勋、张永军、张勇	2012SR094340
245	卫星影像标准图幅正射产品制作软件	孙明伟、陈奇	2012SR094352
246	卫星影像标准景正射产品制作软件	孙明伟、陈奇、张永军、张勇	2012SR094471
247	卫星三线阵 CCD 影像多轨道联合匹配软件	张永军、熊金鑫、段延松、黄旭、王博	2012SR094485
248	卫星影像快速更新软件	张勇、鲁路平、陶鹏杰	2012SR094488
249	地理信息共享服务平台 CAD 客户端软件	胡庆武、史蕾	2012SR095418
250	三维激光扫描点云三维重建插件软件	张毅、闫利	2012SR095478
251	数字公路二三维实景地理信息系统	胡庆武、汤武、吴玄、张坤	2012SR095864
252	航空影像实时拼接软件	郑顺义、桂力、马电、王晓南	2012SR109306
253	卫星线阵影像联合区域网平差软件	张永军、郑茂腾	2012SR111395

序号	软件名称	完成人员	登记号
254	激光点云 DEM 生成软件	杨必胜、唐涛、董震、曹成、赵刚	2012SR112553
255	基于语义的遥感影像自然语言需求推理系统	朱欣焰、呙维、李铭、水淼	2012SR115739
256	生态环境敏感度评价系统	蔡忠亮、翁敏、张新建、雷明军、杜清运、蔡青、孙晓玮	2012SR116289
257	海测数据综合管理与三维可视化信息系统	江文萍	2013R11L216457
258	多尺度地图数据匹配软件	李精忠、江文萍、张通滨、郦春峰	2013R11L262562
259	泛在空间 POI 可视化与制图系统	艾廷华、李精忠、卢威、沈意浪	2013R11L262669
260	CORS 综合管理服务系统	姚宜斌、许超钤、张豹	2013SR009284
261	高分栅格数据组织与高效检索组件软件	黄亮、朱欣焰、呙维	2013SR009512
262	星载 InSAR 严密几何模型替代软件［简称：InSAR/RPC］V1.0	张过、费文波	2013SR010386
263	星载 SAR 影像 RPC 解算软件［简称：SAR/RPC］V1.0	张过、祝小勇、江万寿	2013SR010389
264	星载 SAR 正射纠正软件［简称：SAR/Ortho］V1.0	张过、祝小勇、墙强、江万寿	2013SR010393
265	国产 SAR 几何定标软件［简称：SAR/CALIBRATION］V1.0	张过、蒋永华	2013SR010612
266	星载立体 SAR 定向平差软件［简称：IATmain］V1.0	张过、李贞、潘红播	2013SR010614
267	星载 InSAR 数据制作 DEM 软件［简称：InSAR/DEM］V1.0	张过、费文波	2013SR010615
268	双目立体照片集成系统	李治江	2014SR047594
269	Kinect 手势识别与控制软件	吕瑞、张硕、刘江飞、汪明阔、刘续乐、陈思颖、蔡鹏杉、雷跳	2013SR012118
270	图像质量评价系统	李治江	2013SR012143
271	在线空间数据集成展示系统	朱欣焰、佘冰、呙维	2013SR012396
272	地图自动综合系统	马潇雅、赵翔	2013SR012454
273	多重遥感影像需求融合系统软件	呙维、朱欣焰、范利伟	2013SR014662
274	城市区域分析系统 V1.0	朱欣焰、呙维、佘冰	2013SR022643
275	面向对象的高分矿产资源分类与信息提取系统	刘异、呙维、黄亮、樊亚新	2013SR025341

续表

序号	软件名称	完成人员	登记号
276	电网雷害风险评估系统软件	赵前胜	2013SR025735
277	核聚类改进的 RBF 神经网络分类系统	万幼川、李刚、王梦秋	2013SR028587
278	航空遥感影像几何质量实时评定软件 V1.0	郑顺义	2013SR032340
279	基于三维激光扫描的电缆隧道分析系统	花向红、孟泱、金银龙、陈西江	2013SR038895
280	城市电缆隧道施工监测控制测量三维可视一体化系统	花向红、孟泱、金银龙、赵言、陈西江	2013SR038898
281	城市暴雨-内涝模拟系统	罗年学、黄华兵、孙海燕、赵前胜、巢佰崇	2013SR039214
282	城市灾害链风险评估系统	赵前胜、罗年学、孙海燕、巢佰崇	2013SR039542
283	地理国情监测综合分析软件	陈江平、史文中、张鹏林、程湉湉、韩青	2013SR039597
284	遥感卫星数据格式转换软件	王密	2013SR039731
285	遥感影像元数据管理工具软件	邓跃进、高文秀	2013SR040094
286	四波长反射激光雷达系统控制软件	龚威、史硕、祝波、宋沙磊、杜霖	2013SR045018
287	金球地图修测系统	李军	2013SR052993
288	车载激光点云重建软件	陈长军、刘勇、刘华	2013SR054380
289	车载数据采集软件	闫利、陈长军、刘华	2013SR054381
290	车载移动测量系统标定软件	刘勇、陈长军、刘华	2013SR054383
291	点云综合数据处理软件	谢洪、闫利、陈长军、徐狄军、林昀、文学东	2013SR055978
292	车载数字地形测量软件	谢洪、陈长军、闫利、曹学礼、李丹农、李俊峰	2013SR056010
293	车载城市部件采集软件	陈长军、闫利、胡晓斌、文学东、林昀、李俊峰	2013SR056013
294	车载道路竣工测量软件	闫利、陈长军、谢洪、林昀、聂倩、朱元彪	2013SR056802
295	车载建筑竣工测量软件	聂倩、李丹农、汪帆、陈长军、闫利、谢洪	2013SR056820
296	城市三维建模软件	吴敦、聂倩、文学东、胡晓斌、闫利、陈长军	2013SR056826

续表

序号	软件名称	完成人员	登记号
297	导航卫星精密定位软件	辜声峰、张同、楼益栋、施闯、郑刚	2013SR066600
298	遥感森林扰动信息提取软件	李熙、陆建忠、陈晓玲、叶文韬、王飒	2013SR067556
299	高分遥感路域信息提取系统	崔卫红、余洋、黄玉春、胡翔云、秦昆、单杰、李怡静、王玉龙、李向辉、吴岘、史铮铮、黄长青、贾涛、冯霞、赵鹏祥	2013SR070975
300	莆田市地质灾害气象预警信息系统软件	陈晓玲、陆建忠、冯炼、宋珍、於少平	2013SR075119
301	语义服务可视化流程建模平台系统	樊红、杜武	2013SR075420
302	面向空间优化决策问题的并行蚁群优化算法软件	刘耀林、汤弟伟、刘殿锋	2013SR077148
303	基于并行遗传算法的空间优化通用计算系统	刘耀林、唐巍、刘殿锋、赵翔	2013SR077308
304	面向地理空间分类的并行决策树学习系统	刘耀林、袁满、赵翔	2013SR077464
305	并行粒子群地理空间优化与模拟中间件	刘耀林、彭金金、何建华	2013SR078169
306	加速度法恢复地球重力场计算软件	钟波、罗志才、汪海洪、周浩	2013SR079160
307	遥感影像拼接系统	李治江、曹文冬	2013SR097032
308	基于特征的街景影像匹配系统软件	万幼川、何培培、高贤君、秦家鑫	2013SR112387
309	山区烟叶生产“3S”系统	樊红、冯浩	2013SR114160
310	POS辅助中低空数码影像全自动测区恢复软件	张永军	2013SR124853
311	全景精密坐标测量系统	梅文胜、徐芳、胡帅朋	2013SR124872
312	土地利用变化遥感监测与土壤有机碳效应预测系统	刘耀林、李海江、刘艳芳、何建华、赵翔	2013SR124882
313	中低空数码影像全自动测区恢复软件	张永军	2013SR124931
314	IOS室内地图增强现实导航软件系统	方志祥	2013SR124942
315	基于GSM、Modem的位置服务平台	李连营、钱小敏、陈斌、郭霞、李博文	2014R11L013912
316	基于百度API的HUD汽车导航软件	李连营、张泊宇、侯娇娇、杨路冰	2014R11L013943

续表

序号	软件名称	完成人员	登记号
317	融合分布式数据的导航电子地图母库自动更新软件	李连营、董健、李玉坤、许小兰	2014R11L013994
318	1∶1 万规范性制图知识库管理系统	李霖、朱海红、王红、应申、谭永滨	2014R11L067240
319	1∶5 万规范性制图知识库管理系统	朱海红、李霖、于忠海、尹章才、张航	2014R11L067302
320	1∶25 万规范性制图知识库管理系统	李霖、于忠海、朱海红、胡炜、张航	2014R11L067351
321	电子地图快速出图系统	朱海红、于忠海、李霖、蒯希、谭永滨	2014R11L068114
322	统计专题制图系统	李霖、朱海红、于忠海、谭永滨、蒯希	2014R11L068136
323	地形图制图软件	朱海红、李霖、于忠海、尹章才、张航	2014R11L068188
324	地理国情统计分析系统	刘耀林、彭金金、赵翔、何力	2014R11L096702
325	长江航道分析系统	蔡忠亮、张玲、殷红、刘天云、伍文俊、高凯春、范黎明、蒋子捷、翁敏、杜清运	2014R11L178975
326	嵌入式三维数字地图软件	林志勇、王楠、闫钊、徐志敏、罗飞	2014R11S197085
327	嵌入式飞行地面三维数据处理软件	林志勇、闫钊、王楠、徐志敏、罗飞	2014R11S197088
328	机载激光雷达建筑物自动提取建模软件	马洪超、高广	2014R11S214757
329	点云预处理与三维可视化系统	万幼川、王思颖、陈茂霖、卢维欣、秦家鑫、何培培	2014R11S220493
330	地理空间传感网传感器信息注册服务软件	陈能成、杨训亮	2014SR011130
331	多功能激光打印机图像处理系统	刘菊华、苏海、易尧华、陈聪梅、李帅	2014SR011132
332	地理空间传感网节点管理软件	陈能成、王珂	2014SR011157
333	地球重力场反演的动力积分法计算软件	罗志才、周浩、钟波、李琼	2014SR011183
334	遥感影像与 MMS 数据融合处理系统	眭海刚、刘俊怡、马国锐	2014SR020853
335	水环境监测与预警系统	秦昆、田思忆、余洋、王玉龙、黄盼盼、高琦丽	2014SR020854

续表

序号	软件名称	完成人员	登记号
336	纳米喷墨印版质量检测与分析系统	易尧华、李聪、苏海、杨慧芳、申春辉、苗敏婧、陈聪梅、蔡华飞、周罗岚、李帅	2014SR024921
337	多尺度地图数据匹配软件	艾廷华	2014SR036739
338	光学卫星在轨几何定标软件	王密、常学立、杨博、江万寿	2014SR036875
339	泛在空间 POI 可视化与制图系统	艾廷华、李精忠、卢威、沈意浪	2014SR036893
340	地理空间传感网资源集成管理软件	陈能成、李佳	2014SR054757
341	地理空间传感网信息公共服务平台	陈能成、王晓蕾	2014SR063112
342	波谱库管理工具	朱庆、张叶廷、杜志强	2014SR063140
343	GNSS 跨河水准测量软件	花向红、杨克明、邱卫宁	2014SR064153
344	倾斜影像数据管理工具软件	杜志强、黄敏儿、胡翰	2014SR072512
345	地理国情变化检测与核查系统	张鹏林、史文中、庞宇、吴小语	2014SR077648
346	房屋道路损毁评估软件	杜志强、范一大、何美章、王薇、林月冠、何锐、黄敏儿	2014SR079550
347	房地产整体估价与测算系统软件	邱卫宁、张伟、田茂、王刘准、花向红	2014SR092351
348	电子地图快速出图系统	朱海红、于忠海、李霖、蒯希、谭永滨	2014SR092490
349	统计专题制图系统	李霖、朱海红、于忠海、谭永滨、蒯希	2014SR092493
350	地形图制图软件	朱海红、李霖、于忠海、尹章才、张航	2014SR092534
351	基于机载激光遥感数据的 DEM 及等高线制作软件	徐景中	2014SR104842
352	星载光学几何检校软件	张过、李德仁、蒋永华	2014SR105465
353	条带约束区域网平差软件	张过、李德仁、潘红播	2014SR105472
354	星载带轨道约束条件立体平差软件	张过、李德仁、汪韬阳	2014SR105476
355	星载卫星同轨分景影像拼接软件	张过、李德仁、邱双双	2014SR105479
356	卫星影像平面区域网平差软件	张过、李德仁、汪韬阳	2014SR105480
357	星载光学几何辐射仿真软件	张过、李德仁、黄文超、薛博	2014SR105545
358	星载光学标准产品制作软件	张过、李德仁、潘红播、蒋永华、黄文超、李立涛、方辰、陈振炜	2014SR105550
359	地理国情统计分析系统	刘耀林、彭金金、赵翔、何力	2014SR107001

续表

序号	软件名称	完成人员	登记号
360	1∶1 万规范性制图知识库管理系统	李霖、朱海红、王红、应申、谭永滨	2014SR113061
361	1∶5 万规范性制图知识库管理系统	朱海红、李霖、于忠海、尹章才、张航	2014SR113099
362	1∶25 万规范性制图知识库管理系统	李霖、于忠海、朱海红、胡炜、张航	2014SR113105
363	实时地理信息系统数据库监控管理系统	吴华意、关雪峰、成波	2014SR113897
364	基于地面跟踪观测和动力学的月球探测器精密定轨定位软件	魏二虎、李雪川、李智强、刘建栋、刘经南、张帅	2014SR114319
365	数字灰度图像空间域滤波可视化系统	李言顺、黄玉春	2014SR120251
366	长江航道分析系统	蔡忠亮、张玲、殷红、刘天云、伍文俊、高凯春、范黎明、蒋子捷、翁敏、杜清运	2014SR131104
367	地理空间传感网 Android 终端软件	陈能成、陈雨然	2014SR139531
368	智能导航搜救终端景区应用示范位置服务平台软件	朱敦尧	2014SR142329
369	三维激光扫描点云质量评价分析系统	花向红、陈西江	2014SR166105
370	北斗宇通软件	高康、艾明	2014SR174062
371	基于 GNSS 接收机的室内外定位服务平台	花向红、贺小星	2014SR174142
372	基于 ArcGIS Engine 控制点查询管理系统	花向红、吴帮、蔡建民、岳海斌、何玉剑	2014SR179215
373	快速结构光扫描软件	郑顺义、桂力、王晓南	2014SR179414
374	LiDAR 数据处理与 DEM 生成系统	张靖、江万寿	2014SR179454
375	基于实景三维的城市综合管理和位置服务系统	邵振峰、侯继虎、张磊、王妍程、蒋嫚嫚、朱云集、杨如红、李从敏、陶峰	2014SR195166
376	地理空间传感网传感器观测服务软件	陈能成、张伟杰	2014SR203748
377	智慧城市决策信息聚焦服务软件	陈能成、肖长江	2014SR204406
378	基于点云影像的点云拼接系统软件	万幼川、陈茂霖、秦家鑫、何培培、王思颖、卢维欣	2014SR204484
379	智慧城市决策数据接入与耦合软件	陈能成、李佳、周连杰、刘迎冰	2014SR209595
380	GNSS 大地高转换正常高软件系统	郭际明、吴迪军、刘斌、熊伟、章迪、曹诗荣、高康	2014SR209913

续表

序号	软件名称	完成人员	登记号
381	室内外一体化导航软件	朱欣焰、苏科华、呙维、黄珺、李灿、杨龙龙	2014SR213177
382	倾斜摄影测量遥感影像三维场景重建软件[简称：obliqueImage3D]	邵振峰、朱云集、张磊、周维勋、侯继虎、王妍程、蒋嫚嫚、杨如红、李从敏、陶峰	2014SR145155
383	地理国情信息多级网格编码与统计软件[简称：GridMap]	邵振峰、李德仁、丁霖、侯继虎、王妍程、张磊、蒋嫚嫚、李从敏、陶峰	2014SR166299
384	街景检测系统	邵振峰、吕瑞、张磊、张邻晶、周维勋	2014SR189826
385	多源高分辨率遥感影像融合系统	邵振峰、杨如红、朱云集、张磊、周维勋、侯继虎、王妍程、蒋嫚嫚、李从敏、陶峰	2014SR195160
386	移动互联网时代的人身安全防护应用软件	祁艳琳、秦思聪、张敏、孟凡泽、王牧阳、秦昆	2015R11S046747
387	眼动仪数据采集分析软件	陈震中、王英彬	2015R11S076905
388	基于特征和分类的遥感影像变化检测系统软件	万幼川、姜莹、史蕾、鲁宇航	2015R11S103409
389	国产激光雷达高精度点云解算及辅助软件	杨蒙蒙、万幼川、徐景中、李军杰、李志杰	2015R11S103424
390	室内控制场相机自动检校软件	刘迪、李欣、祁艳琳、肖聆元、皮英冬、唐文莉	2015R11S148643
391	卫星遥感影像像素级融合软件	张永军、余磊	2015R11S152724
392	遥感影像对象级变化检测软件	张永军、冯文卿	2015R11S152725
393	三线阵卫星地理信息产品准实时处理平台	张永军、王博、董忠亮	2015R11S152726
394	测绘遥感卫星影像地理信息产品自动化处理系统	张永军、凌霄、董忠亮	2015R11S152727
395	多源卫星影像全自动匹配软件	张永军、凌霄、董忠亮	2015R11S152729
396	卫星影像与正射底图自动匹配软件	张永军、凌霄、董忠亮	2015R11S152731
397	光学卫星影像 RFM 区域网平差与可视化分析软件	张永军、刘欣怡、万一	2015R11S152744
398	卫星影像云区水域信息提取交互编辑软件	张永军、谭凯、张毅、孙明伟、康一飞	2015R11S152745
399	卫星影像区域网空中三角测量交互编辑软件	张永军、彭代锋	2015R11S152746

续表

序号	软件名称	完成人员	登记号
400	卫星影像通用几何成像模型校正软件	张永军、彭代锋	2015R11S152747
401	遥感影像多核并行正射纠正软件	张永军、胡旭东、康一飞	2015R11S152749
402	低空倾斜影像自动定向软件	张永军、谢勋伟	2015R11S152750
403	国产高分辨率卫星数据快速检索整理软件	张永军、王祥	2015R11S152751
404	基于标准参考的卫星影像匀光匀色软件	张永军、余磊	2015R11S152754
405	全景影像拼接软件	姚剑、董颖青、李礼、任静、贺通、鲁猛胜、夏孟涵	2015R11S199703
406	全景影像后处理软件	姚剑、张考、贺通、李礼、刘媛、李寅暄、鲁猛胜、涂金戈	2015R11S199708
407	室内全景漫游系统	姚剑、涂金戈、鲁猛胜、唐志雄、徐瑶、项彬彬、刘媛	2015R11S199714
408	派出所警务动态地理信息指挥研判系统	朱欣焰、樊亚新、呙维	2015RS037678
409	空间信息和地学知识共享平台［简称：GeoSquare］V1.0	吴华意、桂志鹏、游兰、高双、沈平	2015SR001783
410	地理信息处理服务代理软件［简称：WPSAgent］V1.0	吴华意、游兰、桂志鹏、代伟、沈盛彧	2015SR003348
411	实时 GIS 数据库系统	向隆刚、关雪峰、成波、陶强强、白义超	2015SR003435
412	多尺度人文国情要素监测和分析系统	刘耀林、何青松、谭荣辉、陈昌黎、焦利民、危小建、李海江	2015SR003441
413	智慧城市事件上报与决策可视化 Android 终端软件	陈能成、陈雨然	2015SR003933
414	智慧城市决策事件建模软件	陈能成、宋凡、杜文英	2015SR004150
415	空间信息服务链可视化建模平台［简称：GeoChaining］V2.0	吴华意、游兰、桂志鹏、高双、沈平	2015SR008191
416	面向对象的极化合成孔径雷达影像解译系统	杨杰、李平湘、史磊、赵伶俐、黎旻懿、孙维东、赵惊奇	2015SR013085
417	多源地图数据在线集成与尺度变换软件	李精忠、谢天、李冬琳、范仲鸣、方文江	2015SR017429
418	泛在网络空间数据在线自适应制图系统	李精忠、李冬琳、郦春峰、方文江、谢天	2015SR017471
419	室内地图数据采集系统	应申、谭永滨、杨杰、王凯、朱利平	2015SR018131

续表

序号	软件名称	完成人员	登记号
420	多尺度地图数据匹配软件	李精忠、郦春峰、刘雅文、李冬琳、谢天	2015SR018135
421	室内导航电子地图增量式更新系统	应申、于忠海、李程鹏、靳凤攒、杨杰	2015SR018148
422	智慧城市决策模型建模软件	王伟、陈能成、曹卫川、李鹏飞	2015SR018172
423	智慧城市信息决策可视化与仿真软件	王伟、陈能成、胡传博	2015SR018368
424	高分辨率光学遥感卫星综合处理软件	王密、张致齐、常学立	2015SR023647
425	高分辨率光学遥感卫星区域网平差软件	王密、张致齐、杨博、常学立	2015SR023652
426	三维可视化输电线路仿真地理信息系统	尹晖、王艳涛、张晓鸣	2015SR029617
427	草原遥感监测系统	邵振峰、彭浩、田英洁、王妍程、陶峰	2015SR051072
428	光学成像卫星定位精度分析与仿真验证软件	王密、田原、李德仁	2015SR060278
429	一体化光学遥感卫星快速处理软件	王密、方留杨、李德仁	2015SR060292
430	地图集网络信息平台	田晶、周梦杰、熊富全、刘耀林、艾廷华	2015SR063280
431	高光谱影像成像光谱分析软件	张良培、罗旭东、钟燕飞、张洪艳	2015SR071825
432	跨区域路网应急疏散辅助决策支持系统	唐炉亮、杨雪、刘章、阚子涵、王雪浩	2015SR078001
433	可见光小卫星任务分析工具软件	王密、田原、李德仁	2015SR079856
434	椭球变换法建立地方独立坐标系软件	尹晖、李小祥	2015SR082644
435	基于钟差模型和AEKF的环火探测器X射线脉冲星自主定位软件	魏二虎、张帅、刘经南等	2015SR083062
436	激光扫描点云自动化三维建模软件	杨必胜、董震、赵刚、熊伟成、刘缘	2015SR087135
437	MATLAB地图综合算法软件	田晶、王一恒、熊富全、武晓环、方华强、任畅、余梦婷、赵风	2015SR096220
438	户外移动增强现实系统	李霖、邢小雨	2015SR098914
439	隧道监控量测信息管理系统	郭际明、石传基	2015SR098978
440	核燃料换料机伸缩套筒检测软件	徐亚明、赵尘衍	2015SR125876
441	传感器信息实时接入与加载软件平台	眭海刚、孙开敏、张叶廷、张锡宁、卜方玲、关雪峰、呙维	2015SR135890
442	地理视频数据管理工具软件	张叶廷、朱庆、杜志强	2015SR136741

续表

序号	软件名称	完成人员	登记号
443	GRACE 数据批量处理软件［简称：BatProGRACE］V1.0	罗志才、周浩、钟波	2015SR136745
444	三维地籍信息管理系统	李霖、赵志刚、罗丰、钱文伟、贺彪、蒯希	2015SR143463
445	实时轨迹纠正与交通状态分析系统	呙维、朱欣焰	2015SR149913
446	矢量数据景观指数计算软件	田晶、熊富全、余梦婷、任畅、方华强	2015SR155953
447	VLBI 用于月球着陆器精密定位与月球天平动参数改进软件	魏二虎、李智强、刘经南	2015SR165170
448	基于 X 射线脉冲星的环火探测器自主定位和守时软件	魏二虎、张帅、刘经南	2015SR165220
449	基于安卓平台的点之记管理系统	花向红、王东阁、姚周祥、黎洋、袁达	2015SR165239
450	VLBI 辅助天文导航技术用于月球车定位的软件	魏二虎、殷志祥、刘经南	2015SR165285
451	基础地理信息概念本体语义相似度计算系统	李霖、夏辉、谭永滨	2015SR178994
452	三维地籍数据生产系统	李霖、赵志刚、罗丰、钱文伟、贺彪、蒯希	2015SR179000
453	多源遥感数据几何归一化软件	江万寿、贾益	2015SR182266
454	污染物入库通量监测预警信息平台	胡珊、孙炎	2015SR189368
455	村镇综合评价因子量化系统	刘耀林、陈晓慧、赵翔、孔雪松、王山海	2015SR189386
456	村镇区域社会经济功能网络分析系统	刘耀林、王好峰、刘艳芳、赵翔、孔雪松、田雅丝	2015SR189815
457	村镇建设用地适宜性评价与配置系统	刘耀林、傅征博、赵翔、唐巍、陈晓慧	2015SR192100
458	基于粮食安全的农用地质量评价系统	刘耀林、刘以、刘艳芳、赵翔	2015SR192239
459	地理要素实例本体库管理系统	李霖、谭永滨、张航	2015SR206332
460	遥感影像缺失信息重建软件	沈焕锋、曾超、吴崎、付文轩、张良培	2015SR207195
461	真彩色高分辨率遥感影像稀疏植被提取系统	徐芳、黄昌狄、江维薇	2015SR207198
462	土地利用变化快速发现与提取软件［简称：ICCD］V1.0	闫利、赵展、夏旺	2015SR210347

续表

序号	软件名称	完成人员	登记号
463	安全壳打压裂缝监测系统［简称：RCBM］V1.0	徐亚明、黎建洲	2015SR215137
464	INS 行人轨迹追踪系统	花向红、张伟、邱卫宁、宣伟、刘少伟	2015SR215766
465	地理视频数据管理引擎软件	张叶廷、朱庆、杜志强	2015SR216774
466	点云三维场景重建系统	张强、花向红、汪源	2015SR217120
467	测量平差仿真辅助教学系统	邱卫宁	2015SR217216
468	WIFI 定位系统	花向红、张伟、邱卫宁、宣伟、刘少伟	2015SR217779
469	GPS 坐标序列分析辅助软件	花向红、舒颖、马飞虎、贺小星、龚国栋、孙翠羽、王中华、邱卫宁	2015SR217851
470	地理国情时空数据关联规则挖掘系统	刘耀林、解鹏、刘殿峰、赵翔、何力、何青松、王晓密	2015SR226563
471	地理国情时空过程与演变机理挖掘系统	刘耀林、何青松、刘殿锋、赵翔、解鹏、何力、王晓密	2015SR226947
472	地理国情聚类模式挖掘系统	刘耀林、王晓密、刘殿峰、赵翔、解鹏、何青松、何力	2015SR229430
473	自由落体式绝对重力仪观测数据处理软件	罗志才、宛家宽、赵珞成	2015SR230121
474	众源空间数据采集系统	王艳东	2015SR230123
475	地理国情空间格局知识挖掘系统	刘耀林、何力、赵翔、解鹏、何青松、王晓密	2015SR230248
476	沉降监测分析管理系统	花向红、蔡建民、刘少伟、丁凌航、龚国栋、吴帮、舒颖	2015SR230279
477	面向教学平台的遥感影像的判读系统	眭海刚	2015SR231260
478	地面三维激光立面测量数据处理系统	花向红、陶友海、袁达、田茂、刘闯、王东阁	2015SR232623
479	CPIII 数据采集软件［简称：MSCPIII］V1.0	刘冠兰	2015SR233570
480	核电站变形监测管理系统［简称：NPSYS］V1.0	徐亚明	2015SR233574
481	精密导线测量软件［简称：MSTraver］V1.0	刘冠兰	2015SR234171
482	全站仪数据自动采集系统［简称：GMAMS］V1.0	徐亚明	2015SR234196

续表

序号	软件名称	完成人员	登记号
483	高精度 GNSS 动态定位测速与定姿软件［简称：KinPOS］V2.0	张小红、刘万科	2015SR238039
484	SVG 专题地图制图软件	田晶、方华强、王一恒、熊富全、周梦杰、任畅、王睿	2015SR244564
485	球面点云图像匹配软件	张毅	2015SR248292
486	月球重力场解算与分析系统	叶茂、李斐、鄢建国	2015SR251298
487	水务智能巡检系统	陈能成、李丹丹、肖长江	2016SR023944
488	车载移动环境监测系统	邵振峰	2016SR063513
489	交互式杆塔建模软件	江万寿	软著登字 1109202
490	输电线路可量测三维实景地理信息平台 TranGIS	江万寿、杨成城、姜三、黄伟等	软著登字 1109205
491	输电线路无人机巡检路径规划系统	江万寿、杨成城等	软著登字 1109209
492	基于街景的影像匹配软件系统	万幼川	
493	面向对象多尺度多层次影像分割软件	崔卫红	
494	电力故障数据挖掘系统	陈江平、吕伟源、谭波、付明花	
495	顾及云影响的高分辨率遥感影像融合软件	贾永红、祝梦花	
496	交通标志检测与识别系统	贾永红、胡志雄	
497	户外停车服务系统	陈江平、包文韬、刘亚奇、刘雪静、徐静	
498	数字微校园平台	张志彬、张文、尹燕旻、马明清、邱登城	
499	分布式地理信息处理流程的仿真与评估系统	项彬彬、李旭、张敏、路丽菲、栗法、赵彬如、桂志鹏	
500	地理信息服务质量监测与分析系统	张敏、吴胜、曹军、黄俏佳、张艳楠、万成、桂志鹏	
501	群体 MODIS 图像播放软件	陈震中、王英彬	
502	多功能视频播放软件	陈震中、柳费洋、李一鸣	
503	三维建模数据管理系统	余洋、王震、沈向前、袁野	
504	机载激光雷达数据处理系统-ALDPro	马洪超、徐景中、王宗跃、孙杰、钟良、高广、蒋晶玉、邬建伟、彭检贵、张良、赖旭东、李云帆、杨锋、姚春静、黄先锋	2010SR001420
505	基于新旧正射影像的变化图斑检测系统	潘励、刘明飞、王华	2010SR017128

续表

序号	软件名称	完成人员	登记号
506	连接器全自动质量检测软件 ProDet	郑顺义、周郎明、周漾、王晓南	2010SR030764
507	低空数码影像全自动匹配软件	张永军	2010SR001392
508	云图象分割系统（Cloud Image Segmentation）	秦昆、李德毅、杜鹢、王树良、许凯、骆亮	2010SR001327
509	SynView 遥感影像自动系统	刘良明	
510	GeoConv 地理数据格式转换系统	刘良明	

8.5 出版专著

共出版专著 186 部。

出版专著一览

序号	著作名称	作者	出版社	类型	出版时间
1	印刷企业 ERP	钱俊、赵建君	印刷工业出版社	编著	2007
2	ACROBAT 从基础到应用	易尧华	印刷工业出版社	编著	2008
3	Dynamic and Mobile GIS: Investigating Changes in Space and Time (Chapter 2: Opportunities in Mobile GIS)	Qingquan Li	CRC Press (Taylor & Francis Group)	编著	2006
4	数字工程的原理与方法	边馥苓	测绘出版社	编著	2006
5	常用设计标准色谱	刘武辉	化学工业出版社	编著	2006
6	电脑图文设计	刘武辉	山西人民出版社	编著	2006
7	可撕式设计配色色谱（上、下）	刘武辉	化学工业出版社	编著	2006
8	图像复制原理	刘全香	武汉大学出版社	编著	2006
9	数字印刷技术及应用	刘全香	印刷工业出版社	编著	2006
10	Development of geosptatial ecological indicators in Jiangxi Province, China. In: Wetland and Water Resource Modeling and Assessment: A Watershed Perspective	Peng Guo, Xiaoling Chen	CRC Press (Taylor & Francis Group)	编著	2007

续表

序号	著作名称	作者	出版社	类型	出版时间
11	Geospatial Information Technology for Emergency Response (Multidimensional and dynamic vehicle emergency routing algorithm based on 3D GIS)	Q. Zhu, Y. Li (Sisi Zlatanova and Jonathan Li)	CRC Press (Taylor & Francis Group)	编著	2007
12	地震数据压缩方法与应用	武文波、胡福祥、徐凌、秦前清	石油工业出版社	编著	2007
13	对地观测数据处理与分析研究进展	龚健雅、吴华意	武汉大学出版社	编著	2007
14	三维空间信息系统模型与算法	史文中、吴立新、李清泉	电子工业出版社	编著	2007
15	遥感图像解译	关泽群、刘继琳	科学出版社	编著	2007
16	空间数据挖掘理论与应用	李德仁、王树良、李德毅	科学出版社	编著	2008
17	不停歇的思索	李德仁	武汉大学出版社	编著	2008
18	Geospatial Technologies for Earth Observation (Optimal Composition Algorithm Concerned with Response Time for Remotely Sensed Image Processing Services: 381-396)	Qing Zhu, Xiaoxia Yang, Haifeng Li	CRC Press (Taylor & Francis Group)	编著	2009
19	城市遥感	邵振峰	武汉大学出版社	编著	2009
20	地理信息共享技术与标准	龚健雅、杜道生、高文秀、徐枫、周旭	科学出版社	编著	2009
21	南北极地图集	鄂栋臣、庞小平、王泽民	中国地图出版社	编著	2009
22	资深院士王之卓	李德仁	武汉大学出版社	编著	2009
23	地理信息系统与科学	张景雄	武汉大学出版社	编著	2010
24	基于 Markov 随机场的小波域图像建模及分割——Matlab 环境	刘国英、马国锐、王雷光、秦前清	科学出版社	编著	2010
25	面向任务的遥感信息聚焦服务	李德仁、朱庆、朱欣焰、眭海刚	科学出版社	编著	2010
26	地理国情监测理论与技术	史文中、舒红	科学出版社	编著	2013

续表

序号	著作名称	作者	出版社	类型	出版时间
27	数字城市三维建模技术与实践	宁振伟、朱庆、夏玉平	测绘出版社	编著	2013
28	测绘科技论文中英文写作	张小红、鄢子萍	武汉大学出版社	编著	2014
29	Monitoring Landslide Activities in the Three Gorges Area with Multi-frequency Satellite SAR Data Sets	Lu Zhang, Mingsheng Liao, Timo Balz, Xuguo Shi and Yanan Jiang	Springer	编著	2015
30	测量数据建模与半参数补偿最小二乘估计	丁士俊、邹进贵	测绘出版社	编著	2015
31	地球物理大地测量反演理论与应用	许才军、陈庭、张丽琴、温扬茂、汪建军、刘洋	武汉大学出版社	编著	2015
32	全球导航卫星系统及其应用	刘基余	测绘出版社	编著	2015
33	最优估计与检验理论及其在GNSS中的应用	吴云	科学出版社	编著	2015
34	现代印刷材料	刘武辉	印刷工业出版社	编著	2007
35	环境遥感模型与应用	陈晓玲、赵红梅、田礼乔	武汉大学出版社	编著	2008
36	英汉汉英测绘专业词汇手册	尹晖、张小红、赵建虎、徐芳、乔俊军、胡春春	武汉大学出版社	编著	2008
37	网络地理信息系统和服务	乐鹏	武汉大学出版社	编著	2011
38	印刷色彩管理	张霞	中国轻工业出版社	编著	2011
39	国家标准：地理空间数据交换格式	龚健雅、邓跃进、黄俊韬、肖学年、张坤	中国标准出版社	标准	2007
40	地理信息地理标记语言(GML)	龚健雅、邓跃进、张书亮、高文秀、杜道生	中国标准出版社	标准	2009
41	地理信息元数据 XML 模式实现	徐枫、宦茂盛、石雯雯、李媛、常娜、王子亮、李小林、周旭、邓跃进	中国标准出版社	标准	2009
42	国家标准：地理信息空间模式	李青元、王涛、石丽红、刘纪平、邓跃进、杜道生、龚健雅	中国标准出版社	标准	2009

续表

序号	著作名称	作者	出版社	类型	出版时间
43	国家标准：地理信息万维网地图服务接口	龚健雅、杜道生、高文秀、贾文珏、陈玉敏、邓跃进	中国标准出版社	标准	2010
44	地理信息定位服务	杜道生、高文秀、章红平、邓跃进、邹蓉	中国标准出版社	标准	2012
45	地理信息基于网络的要素服务	龚健雅、高文秀、宦茂盛、朱欣焰、吴华意、邓跃进、石雯雯	中国标准出版社	标准	2014
46	卫星遥感影像植被指数产品规范	巫兆聪、江万寿、仲波、陈星、张晔萍、杨健、张翔、颜源	中国标准出版社	标准	2014
47	地理信息影像与格网数据的内容模型及编码规则第一部分：内容模型	龚健雅、TIMO	国际标准化组织	标准	2015
48	包装概论	马桃林	化学工业出版社	教材	2006
49	地理信息系统原理	李建松	武汉大学出版社	教材	2006
50	地图代数（第二版）	胡鹏、游涟、杨传勇、吴艳兰	武汉大学出版社	教材	2006
51	由2维影像建立3维模型	徐刚（著）、郑顺义（译）	武汉大学出版社	教材	2006
52	平印制版技术	李治江、刘全香	印刷工业出版社	教材	2007
53	摄影测量与遥感概论	李德仁、王树根、周月琴	测绘出版社	教材	2008
54	摄影与空中摄影学	乔瑞亭、孙和利、李欣	武汉大学出版社	教材	2008
55	数字图像处理	贾永红	武汉大学出版社	教材	2009
56	摄影测量学（第二版）	张剑清、潘励、王树根	武汉大学出版社	教材	2009
57	摄影测量原理与应用	王树根	武汉大学出版社	教材	2009
58	地理信息系统导论	余明、艾廷华	清华大学出版社	教材	2009
59	智能空间信息处理	秦昆	武汉大学出版社	教材	2009
60	GIS空间分析理论与方法（第二版）	秦昆	武汉大学出版社	教材	2010
61	地理信息系统与科学	张景雄	武汉大学出版社	教材	2010

续表

序号	著作名称	作者	出版社	类型	出版时间
62	机载激光雷达基础原理与应用	赖旭东	电子工业出版社	教材	2010
63	数字图像处理（第二版）	贾永红	武汉大学出版社	教材	2010
64	网络地理信息系统原理与技术（第二版）	孟令奎、史文中、张鹏林、黄长青	科学出版社	教材	2010
65	地图设计与编绘（第二版）	祝国瑞、郭礼珍、尹贡白、徐永利	武汉大学出版社	教材	2010
66	土地信息系统（第二版）	刘耀林	中国农业出版社	教材	2011
67	地籍测量学	詹长根、唐祥云、刘丽	测绘出版社	教材	2012
68	遥感原理与应用实验教程	陈晓玲	科学出版社	教材	2013
69	地理信息系统导论（第 2 版）	余明、艾廷华	清华大学出版社	教材	2015
70	地理信息系统工程	张新长、任伏虎、郭庆胜、曾文、王海鹰	测绘出版社	教材	2015
71	空间云计算——应用与实践	李锐、黄蔚、金宝轩	高等教育出版社	教材	2015
72	普通地图编制	何宗宜、宋鹰	武汉大学出版社	教材	2015
73	分色原理与方法	刘全香、李治江	印刷工业出版社	教材	2007
74	制印化学基础	黎厚斌	武汉大学出版社	教材	2008
75	动画概论	钱俊	武汉大学出版社	教材	2011
76	动漫角色设计	黄山、饶鉴	北京大学出版社	教材	2011
77	数字印刷技术及应用	刘全香	印刷工业出版社	教材	2011
78	土建力学及结构基础（第 2 版）	王玉龙	武汉大学出版社	教材	2011
79	包装应用化学	黎厚斌	印刷工业出版社	教材	2014
80	印前制版系列丛书	王强	印刷工业出版社	译著	2006
81	印刷色彩控制手册	易尧华	印刷工业出版社	译著	2006
82	地理标志语言——Geo-Web 基础	张书亮、闾国年、龚健雅、干嘉彦等	科学出版社	译著	2008
83	Oracle Spatial 空间信息管理	管会生、刘刚、安宁、樊红	清华大学出版社	译著	2009
84	空间数据分析理论与实践	李建松、秦昆	武汉大学出版社	译著	2009
85	深入 Ajac 构架与最佳实践	张过、宋会敏	人民邮电出版社	译著	2009

续表

序号	著作名称	作者	出版社	类型	出版时间
86	全球卫星导航系统 GPS，GLONASS，Galileo 及其他系统	程鹏飞、蔡艳辉、文汉江、王解先、姚宜斌、王华	测绘出版社	译著	2009
87	空间数据分析与 R 语言实践	徐爱萍、舒红	清华大学出版社	译著	2013
88	投资计算机直接制版实战指南	王强	印刷工业出版社	译著	2006
89	深入 Ajax 构架与最佳实践	张过、宋会敏	人民邮电出版社	译著	2009
90	变形监测数据处理	黄声享、尹晖、蒋征	武汉大学出版社	专著	2003
91	Inter Visual Fortran 应用程序开发	徐进军、周振红、毕苏萍、苗丽、王宗敏	黄河水利出版社	专著	2006
92	MapInfo 操作与应用	程雄、王振峰、刘靖球	哈尔滨地图出版社	专著	2006
93	MAPINFO 基础教程	费立凡、颜辉武、马晨燕、霍亮	测绘出版社	专著	2006
94	地理空间推理	郭庆胜、杜初晓、闫卫阳	科学出版社	专著	2006
95	地球信息理论和零初始化问题	胡鹏、李圣全、胡海	测绘出版社	专著	2006
96	现代大地测量理论与技术	宁津生、李建成、罗志才、刘经南、李征航、郭际明、陈俊勇、申文斌、姚宜斌、陶本藻、王新洲、许才军	武汉大学出版社	专著	2006
97	资源环境与可持续发展	林爱文、胡将军、章玲、张滨	武汉大学出版社	专著	2006
98	测量数据处理的统计理论和方法	陶本藻	测绘出版社	专著	2007
99	地下管线探测技术和管网信息系统	张正禄、司少先、李学军、张昆	测绘出版社	专著	2007
100	工程的变形监测分析与预报	张正禄、黄全义、文鸿雁、邓跃进	测绘出版社	专著	2007
101	机载激光雷达测量技术理论与方法	张小红	武汉大学出版社	专著	2007
102	空间数据多尺度表达模型及可视化	李霖、吴凡	科学出版社	专著	2007

续表

序号	著作名称	作者	出版社	类型	出版时间
103	空间推理与渐进式地图综合	郭庆胜、黄远林、郑春燕、蔡永香	武汉大学出版社	专著	2007
104	农村土地产权制度与有序流转研究	康雄华、张建仁、王世新、张安录、刘武	中国农业出版社	专著	2007
105	土地信息学	刘耀林、何建华	科学出版社	专著	2007
106	新数字高程模型理论、方法、标准和应用	胡鹏、杨传勇、吴艳兰、胡海	科学出版社	专著	2007
107	遥感数字影像处理导论中文导读	陈晓玲、田礼乔、吴忠宜、李辉、府伟娟	科学出版社	专著	2007
108	卫星军事应用技术	李德仁、眭海刚	国防工业出版社	专著	2007
109	A Data-Driven Method for Modeling 3D Building Objects Using a Binary Space Partitioning Tree	Gunho Sohn、Xiafeng Huang	CRC Press（Taylor & Francis Group）	专著	2008
110	ArcObjects 二次开发教程	付仲良	测绘出版社	专著	2008
111	Contourlet 变换——影像处理应用	林立宇、张友焱、孙涛、秦前清	科学出版社	专著	2008
112	GPS 精密定位定轨后处理	姚宜斌	测绘出版社	专著	2008
113	地理计算原理与方法	李霖、应申、朱海红	测绘出版社	专著	2008
114	地图代数概论	胡鹏、游涟、胡海	测绘出版社	专著	2008
115	地图代数概论	胡鹏、游涟、胡海	武汉大学出版社	专著	2008
116	多波束测深及图像数据处理（国家十一五重点图书）	赵建虎、刘经南	武汉大学出版社	专著	2008
117	工程变形监测分析预报的理论与实践	张正禄	中国水利水电出版社	专著	2008
118	基于序列图像的视觉监测理论与方法	张永军	武汉大学出版社	专著	2008
119	计算机地图制图	何宗宜	测绘出版社	专著	2008
120	空间信息的尺度、不确定性与融合	张景雄	武汉大学出版社	专著	2008
121	摄影测量学课件	袁修孝、潘励	华中科技大学音像出版社	专著	2008

续表

序号	著作名称	作者	出版社	类型	出版时间
122	水利地理空间信息元数据标准	孟令奎、周新忠、胡春春、成建国、陶亮、徐沛、娄书荣、林菁	中国水利水电出版社	专著	2008
123	土地评价理论、方法与系统开发	刘耀林、焦利民	科学出版社	专著	2008
124	小浪底水利枢纽外部变形规律研究	黄声享	测绘出版社	专著	2008
125	自然地理学	林爱文	武汉大学出版社	专著	2008
126	ENVI 遥感影像处理方法	沈焕锋、钟燕飞、王毅、金淑英、曹丽琴、田馨、袁强强、金银龙	武汉大学出版社	专著	2009
127	Geospatial Technology for Earth Obervation	Deren Li, Jie Shan, Jianya Gong	Springer	专著	2009
128	电子政务信息资源目录体系建设及案例	李霖、郭仁忠、桂胜	科学出版社	专著	2009
129	数字摄影测量学	郑顺义、苏国中	武汉大学出版社	专著	2009
130	卫星导航定位新技术及高精度数据处理方法	李正航、张小红	武汉大学出版社	专著	2009
131	汶川地震灾区航天遥感应急调查	秦绪文、杨金中、张志、黄洁、余德清、陈有明、张过、谷延群	科学出版社	专著	2009
132	高等学校双语教学的现状研究和实践探索	吴平、王树根	高等教育出版社	专著	2010
133	Time Series InSAR Analysis over Three Gorges Region	Teng Wang, Mingsheng Liao, Fabio Rocca	德国 VDM Verglag	专著	2010
134	Urban Land Economic Evaluation Based on The Cloud Model	胡石元	Science Publishers. Inc	专著	2010
135	Video Encryption Technology and Application (Media and Communications- Technologies、Policies and Challenges)	Zhengquan Xu, Jing Sun	Nova Science Publishers	专著	2010

续表

序号	著作名称	作者	出版社	类型	出版时间
136	城市土地利用演化预警及政策仿真	罗平、李全	科学出版社	专著	2010
137	中国性别平等与妇女发展地图集	于冬梅、黄仁涛、杜清运、俞连笙	中国地图出版社	专著	2010
138	Web 2.0 GIS 原理与方法教程	尹章才、李霖	武汉理工大学出版社	专著	2011
139	测量机器人开发与应用	梅文胜、杨红	武汉大学出版社	专著	2011
140	超高阶地球重力位模型确定的理论与方法	王正涛、党亚民、晁定波	测绘出版社	专著	2011
141	地理信息服务质量的理论与方法	吴华意、章汉武、桂志鹏、沈盛彧	武汉大学出版社	专著	2011
142	国家基础地理信息本体关键问题研究	王红、李霖、朱海红	科学出版社	专著	2011
143	鄱阳湖流域气候变化影响评估报告	殷剑敏、苏布达、陈晓玲、王怀清、郑林	气象出版社	专著	2011
144	三峡库区崩塌滑坡监测工程实践预警与实践	王尚庆、路付民、徐进军	科学出版社	专著	2011
145	土地登记与地籍系统	詹长根、黄伟	测绘出版社	专著	2011
146	卫星跟踪卫星测量确定地球重力场的理论和方法	王正涛、姜卫平、晁定波	武汉大学出版社	专著	2011
147	GIS 与地图信息综合基本模型与算法	毋河海	武汉大学出版社	专著	2012
148	城乡一体化土地调查	姜栋、张炳智、黄亮、詹长根、杨祝晖、李钢	中国大地出版社	专著	2012
149	大坝变形观测	潘正风、张培基、尹晖、叶青	西安地图出版社	专著	2012
150	高分辨率 SAR 卫星标准产品分级体系	张过、李贞、王霞、王兴玲	测绘出版社	专著	2012
151	光学遥感影像复原与超分辨率重建	孙涛、林立宇、孙夫雄、秦前清	国防工业出版社	专著	2012
152	交通地理信息系统技术与前沿发展	李清泉、萧世伦、方志祥、杨必胜	科学出版社	专著	2012
153	可视媒体信息安全	徐正全、徐彦彦	高等教育出版社	专著	2012
154	空间信息智能服务理论与方法	王艳东、龚健雅	科学出版社	专著	2012

续表

序号	著作名称	作者	出版社	类型	出版时间
155	鄱阳湖区域生态经济发展模式研究	黄新建、陈晓玲	科学出版社	专著	2012
156	图像超分辨率重建	张良培、沈焕锋、张洪艳、袁强强	科学出版社	专著	2012
157	卫星遥感××效果评估	孙向东、眭海刚	国防工业出版社	专著	2012
158	误差处理与可靠性理论（第二版）	李德仁、袁修孝	武汉大学出版社	专著	2012
159	遥感原理及遥感信息分析基础	刘吉平、郑永宏、周伟	武汉大学出版社	专著	2012
160	Modelling the Response of Lizards to Thermal Landscape	Teng Fei（费腾）	University of Twente	专著	2013
161	Semantic Web-based Intelligent Geospatial Web Services	乐鹏	Springer	专著	2013
162	Web2.0 地图学	尹章才、李霖	科学出版社	专著	2013
163	对地观测传感网信息服务的模型与方法	陈能成、陈泽强、何杰、闵敏	武汉大学出版社	专著	2013
164	分布式空间数据集成与查询优化技术	朱欣焰、陈静、向隆刚、周春辉、陈迪	测绘出版社	专著	2013
165	高分辨率光学卫星标准产品分级体系研究	张过、秦绪文、潘红播、王兴玲	测绘出版社	专著	2013
166	高分辨率卫星遥感精确对地目标定位理论与方法	袁修孝、曹金山、汪韬阳、王密等	科学出版社	专著	2013
167	基于 PRC 模型的星载 SAR 和 InSAR 数据处理技术	张过、秦绪文	测绘出版社	专著	2013
168	数字测图与制图	汤青慧、于水、唐旭、艾波	清华大学出版社	专著	2013
169	土地利用分形模拟的空间尺度效应研究	吴浩、陈晓玲、赵红梅	科学出版社	专著	2013
170	Scale in Spatial Information and Analysis	张景雄	CRC Press	专著	2014
171	对地观测传感网资源集成管理的模型与方法	陈能成、胡楚丽、王晓蕾	科学出版社	专著	2014
172	高光谱遥感影像处理	张良培、杜博、张乐飞	科学出版社	专著	2014

续表

序号	著作名称	作者	出版社	类型	出版时间
173	工程测量学习题集与实习课程设计指导书	张正禄	武汉大学出版社	专著	2014
174	计算机地图制图原理与应用	王红、李霖	科学出版社	专著	2014
175	简明工程测量学	张正禄、文鸿雁、葛永慧、王宝山、薛雁明	测绘出版社	专著	2014
176	三维地籍	应申、郭仁忠、李霖	科学出版社	专著	2014
177	时间序列 InSAR 技术与应用	廖明生、王腾	科学出版社	专著	2014
178	概率时间地理学原理	尹章才、李霖、张志军	科学出版社	专著	2015
179	广义 DEM 与地貌水系一体化综合	黄丽娜	知识产权出版社	专著	2015
180	卫星重力梯度测量确定地球重力场的理论与方法	罗志才、钟波、宁津生、吴云龙	武汉大学出版社	专著	2015
181	遥感影像变化检测	张晓东	武汉大学出版社	专著	2015
182	智慧城市	熊璋（主编）、陈能成（第一编委）	科学出版社	专著	2015
183	智慧城市综合管理	陈能成、王伟、王超、陈泽强、胡楚丽	科学出版社	专著	2015
184	Processing of Multitemporal Data and Change Detection（Advances in Photogrammetry, Remote Sensing and Spatial Information Sciences	Jianya Gong, Qiming Zhou, Guorui Ma and Haigang Sui	2008 ISPRS Congress Book	专著	2008
185	印前图文处理技术	李治江	上海交通大学出版社	专著	2008
186	环境遥感——地球资源视角中文导读	陈晓玲、黄珏、李建、刘唯哲	科学出版社	专著	2011

8.6 社会服务

武汉大学测绘学科积极推进科技成果转化与应用，服务于国家需求和大众民生。

依托国家对地观测重大专项，通过主持论证资源三号卫星系统参数及误差处理方案，测绘学科研究并开发了光学遥感卫星地面处理系统，在我国十多颗卫星系统中广泛应用，经过 10 多年的发展，已经完全实现了光学遥感卫星地面处理系统的国产化。张祖勋教授带领团队自主研发了新一代数字摄影测量系统 DPGrid，已经广泛应用于我国民用领域和军事测绘部门，使我国的数字摄影测量系统的国产化率达到 90% 以上，特别是在资源三号卫星、天绘一号卫星等立体测图数据处理方面发挥了独特作用，使我国 1∶5 万数字地图的更新由原来的 10 年或 20 年更新一次发展为每年更新一次，并使我国具备开展全球高精度测图的能力。卫星遥感数据的国产化率由 10% 提高到 70% 以上。DPGrid 软件系统在应急响应、精准农业耕作以及世界或全国范围的地图绘制等领域优越的应用性能，得到了国际市场的认可。2015 年，国际地理信息技术巨头 Esri 公司宣布把这项先进的技术与 ArcGIS 平台进行集成，并向全球的用户推广使用。

在地理信息网络服务领域，科研人员提出并建立了全球无缝多源、多尺度、多时相空间数据模型和网络服务模型，主持研制了系列地理信息网络服务标准，包括了一项国际标准；通过与成果转化企业吉奥公司和立得公司合作，该领域最新的科研进展被用于研发多源空间信息网络共享平台 GeoGlobe 和街景影像服务软件，实现了分布式海量异构空间数据的网络在线集成与服务，大幅地提高了地理空间信息的服务能力和应用水平。这些标准和软件不仅用于国家国家地理信息公共服务平台——天地图，而且用于各省、市地理信息公共服务系统和各种应用系统的开发，使我国基本实现了从地理信息系统向地理信息服务的技术变革，并引领了我国地理信息服务技术与产业的发展，使我国成为继美国之后第二个能提供数字地球系统服务的国家。以“天地图”为基础构建了覆盖全国的地理信息服务网络，开发了大量地球空间信息应用系统，大力推动了我国数字城市、数字中国和数字地球的发展。

面向北斗第二代导航系统和陆太网络建设重大需求，武汉大学测绘学科成功实现建立 1 厘米精度城市和 5 厘米精度省级似大地水准面，实现了传统高程基准建立和维持模式的根本性转变，引领了我国现代基准建设。继率先在深圳建立了 GPS 区域增强系统后，建立了全国 GPS 广域增强系统数据处理中心，实现了全国联网，为全国提供精密测绘与导航服务。研究开发的卫星精密定轨定位软件 PANDA，是当今世界上唯一能同时处理 GPS、GLONASS、北斗和伽利略导航 4 种 GNSS 卫星和低轨卫星定轨数据的软件，将卫星定轨精度提高到 2~3 厘米，达到美国 JPL 相同的精度。该软件已应用于我国海洋二号卫星和资源三号卫星的设计与研制，突破了国外技术封锁，目前被国外 10 余家、国内 60 余家著名科研机构和高等院校所引进并开展研究和业务活动。依托国家卫星导航工程研究中心，测绘学科牵头成立了高精度室内外导航技术联盟——羲和系统位置服务产业技术创新联盟，将在未来引领北斗和高精度室内外导航技术的发展。

在地图综合领域，突破性实现了国家空间基础设施多比例尺数据库的建立及跨比例尺级联式地图更新技术、多级瓦片地图的一致性尺度匹配与高效渐进式传输等技术，研制的软件及技术方法被应用于国家 1∶5 万地图更新工程、国家“二调”多级国土资源数据库建设及地理国情数据的地图综合。

在移动测图方向，打破了发达国家技术封锁，研制出具有国际先进水平的自主知识产权移动测图系统 LD2000 智能路面检测系统，制订了 MMS 生产体系、技术标准和数据生产技术规范，产品远销韩国、意大利等国家和地区。与立得公司合作研发了高精度定位定姿系统（POS），广泛服务于大面阵 CCD 相机、高光谱相机、合成孔径雷达、激光雷达、航空磁力仪等航空遥感载荷设备，拉动 Trimble、IGI 等公司同类仪器单台售价由 230 万元降低到 150 万元，降幅超过 25%。大幅度提高了我国对地观测与导航技术自主创新能力，保证了国家空间信息安全。与卓越公司合作研制了激光扫描仪/CCD 相机/结构光扫描的同步控制硬件装置，高效地解决了多源时空数据的同步获取问题；研发了 GPS/陀螺/加速度计/MM（车轮编码器）的高精度组合定位/定姿算法，动态定位精度达到厘米级，解决了车载环境下地面遥感信息直接定位问题。

在推动成果转化与应用的同时，武汉大学测绘学科“产—学—研—用”的良性发展模式，也促进着区域和行业经济发展。2008 年年底，依托武汉大学测绘学科在武汉地理信息产业的辐射作用，武汉市获批成立了地理信息技术领域唯一的国家地球空间信息产业化基地，2011 年升级为国家现代服务业地球空间信息产业化基地。2012 年和 2013 年，武汉大学与武汉市人民政府相继联合成立了武汉导航与位置服务工业技术研究和武汉遥感与空间信息工业技术研究院，进一步推动武汉大学测绘学科科技成果的转化和武汉地理信息产业的发展。武汉大学测绘学科人才培养和科学研究成果，有力地支持和促进了我国测绘地理信息产业的迅猛发展。测绘地理信息产业已经成为关系到国防建设和国民经济与社会发展的战略性新兴产业。

第九章 国际学术交流

9.1 概述

武汉大学测绘学科十分重视国际学术交流。近十年来，通过国际化师资队伍建设、国际化人才培养、国际科学研究合作、成立联合实验室（研究中心）和系列常态化的国际交流等举措，积极探索新型国际化合作机制，全面、系统、可持续地推进学科的国际交流与合作，促进了学科的人才培养和科学研究，显著提升了学科的核心竞争力。

近十年来，武汉大学测绘学科的国际影响力与日俱增。2008 年 7 月，在第 21 届国际摄影测量与遥感学会大会上，国际摄影测量与遥感学会主席伊恩·道曼评价："中国的武汉大学，在这个专业方面很强。武汉大学开发的 VirtuoZo 软件在世界上已被广泛使用……在传感器技术方面居于领先地位。" 2008 年 11 月，瑞士苏黎世联邦理工大学在其官方网站评价"武汉大学是当今世界上地球空间信息领域最著名的研究机构"。李德仁院士 2008 年获瑞士苏黎世联邦理工大学"荣誉博士"称号，分别于 2010 年、2012 年获得国际摄影测量与遥感学会"Fellow"和"名誉会员"称号("名誉会员"是国际摄影测量与遥感学会最高荣誉称号，仅授予全球在世的 10 位杰出科学家，李德仁是目前国际上唯一同时获得国际摄影测量与遥感学会这两个名誉称号的学者)；2012 年，武汉大学获得由国际地球空间信息科学大会颁发的地球空间信息基础研究与能力提升 World Leadership（全球领袖）奖。

武汉大学测绘学科开展国际交流与合作情况主要体现在以下方面：

9.1.1 国际化师资队伍建设

在国家"千人计划"、"青年千人计划"、"引智计划"和"协同创新计划"等政策和项目支持下，引进一批国际知名学者担任千人计划学者、青年千人计划学者、讲座教授、客座教授等，全职、短期或不定期来校开展人才培养和科学研究工作，教师资源国际化占比不断提升。

有计划地派送青年教师前往国（境）外知名大学和研究机构开展合作研究，从事访问学者交流。特别是近年来，武汉大学对青年教师晋升高一级职务提出了原则上应有海外一年访问学者经历的要求，测绘学科青年教师出国（境）进修积极性有了很大提高。一大批青年教师出国（境）进修，开阔了学术视野，加强了与国际同行的交流与合作。

经测绘学科推荐，7 位国际知名专家学者被授予武汉大学名誉教授称号，分别是：泰国诗琳通公主、德国汉诺威莱布尼兹大学 Gottfried Konecny 教授、澳大利亚新南威尔士大学 John Trinder 教授、美国加州大学圣巴巴拉分校 Michael Goodchild 教授、瑞士苏黎世联邦理工学院 Armin Gruen 教授、美国马里兰大学 John Townshend 教授以及德国斯图加特大学 Dieter Fritsch 教授。名誉教授以各种形式对学科建设和发展给予有力支持。

9.1.2 国际化人才培养

积极支持本科生和研究生出国（境）访学或进行联合培养，吸引国（境）外本科生和研究生来校学习和交流，形成了双向交流、合作共赢的良好态势。

武汉大学与国（境）外一大批著名高校签订了校际合作协议，为测绘学科学生访学交流提供了良好条件。武汉大学测绘学科优秀本科生和研究生可申请去国（境）外大学进行为期不超过 2 年的访学交流，国（境）外大学本科生和研究生同时可以到武汉大学进行访学交流。其中，经与德国慕尼黑工业大学等进行商议，双方还建立了学分互认、研究生可同时获得两所大学双硕士学位的培养机制。根据国家留学基金委的有关政策，武汉大学测绘学科积极支持优秀本科毕业生、硕士毕业生申请国外大学公派留学资格，攻读硕士和博士学位。一批优秀学子获得相关支持去国外深造。

武汉大学测绘学科积极推动地球空间信息科学国际学院建设，吸引外国留学生来校学习和深造，为国际化人才培养创造良好条件，促进了留学生教育。

武汉大学测绘学科还推出了一系列国际化人才培养措施：邀请海外知名学者来校为研究生进行全英文学分课程讲授；通过科学研究国际合作项目，支持双方博士生的双向交流培养；开展地球空间信息科学国际暑期学校等培训项目，吸引大批外国学生来校学习和交流；与莫斯科国立测绘大学、新西伯利亚测绘大学建立了研究生“3S 暑期交流活动”；支持研究生积极开展国际学术交流，出国（境）参加国际会议或短期访问等，有力促进了国际化人才培养。

近十年来，共有近 200 名研究生、本科生前往德国、加拿大、美国、法国、英国、意大利、荷兰、日本、中国香港等国家和地区高校进行访学或攻读学位；有近 100 名国（境）外学生来校学习深造；共派出研究生近 1000 人次出国（境）参加国际学术会议或做口头报告。

武汉大学测绘学科形成了一批有特色的国际化人才培养项目，主要有：

1. 地球空间信息科学国际学院

地球空间信息科学国际学院是武汉大学测绘学科为开展外国留学生教育建立的一个重要平台和机制，主要为国外来华留学生提供高层次地球空间信息科学学历教育。

目前，该学院不是一个实体单位，主要由武汉大学留学生教育学院和测绘学科相关单位共同支撑。留学生事务管理由武汉大学留学生教育学院负责，课程教学等培养工作由测绘学科相关单位共同承担，教学管理和日常运行由测绘遥感信息工程国家重点实验室主要负责。国际学院按照一流教育理念和课程体系，提供测绘科学与技术专业的硕士和博士学位教育，硕士与博士项目均下设大地测量学与测绘工程、摄影测量与遥感、地图制图学与地理信息工程三个方向。师资由外聘国际知名学者和武汉大学测绘学科优秀教师共同组成。国际学院注重办学拓展，计划成为拟成立的联合国全球地理信息管理委员会科研与教学网络核心单位。

地球空间信息科学国际学院利用多种资源，包括：中国政府奖学金、中国和相关国家合作项目、地球空间信息技术协同创新中心经费和武汉大学“双一流”建设经费等，为外国留学生提供奖学金，支持其来校学习深造。

近年来，地球空间信息科学国际学院留学生培养工作稳步推进，成效明显。例如，中国长城工业集团与阿尔及利亚航天局在航天高科技领域有着深入的合作，在此基础上，阿尔及利亚航天局于 2015 年 3 月至 2016 年 6 月派出 16 名工程师前来攻读硕士、博士学位。

2. 武汉大学-加拿大约克大学测绘学科本科生交流项目

武汉大学与约克大学已有 13 年的教学科研合作。自 2002 年起，我校测绘学院和测绘遥感信息工程国家重点实验室曾先后选派多名教授学者赴约克大学访问和从事研究。2007 年该校 S. Pagiatakis 教授到我校测绘学院开展教学科研合作，并为测绘工程专业讲授两门全英文专业课程。为促进两校教学、科研和国际化，为两校学生提供包含有海外学习经历的课程体系，共享两校优质教学资源，武汉大学与加拿大约克大学在长期友好合作的基础上，签署了“中国武汉大学与加拿大约克大学学生交流协议”。从 2015 年开始，双方选派本科生到对方学习交流。

该项目积极探索与实践国际化办学模式，培养有国际化视野的创新人才，推进我校测绘工程专业的人才培养模式改革与创新。约克大学开设的课程与测绘学院可以对接。我校测绘学院本科生到约克大学交流学习，可以按照实际需要选修相关课程。同一课程或相近课程的学分，双方实行互认制度，满足学生学习和毕业要求。

3. 武汉大学-香港知专设计学院印刷专业学生互换项目

自 2004 年开始至今，武汉大学应香港政府的要求，与香港职业训练局下属的香港专业教育学院观塘分院（该专业现在迁至香港知专设计学院）开展学生互换项目。每年武汉大学接受香港专业教育学院的 50～60 名学生来武汉大学进行文化交流并学习专业课 2 门。同时，香港专业教育学院也接受武汉大学的学生赴香港开展文化交流并参加专业实习课学习 2 周，双方互勉学费。该项目多次受到教育部的资助和香港政府的资助。

4. 武汉大学-英国利兹大学本科生交流项目

利兹大学（University of Leeds）是具有百年历史的英国顶尖大学之一，世界百强名校。武汉大学印刷与包装系与英国利兹大学于 2015 年签订学生联合培养协议，遴选本科生参加“3+1+1”联合培养项目。目前武汉大学已有多名本科生赴英研修硕士学位，毕业后继续攻读博士学位。

5. 香港知专设计学院插班生项目

自 2005 年开始至今，武汉大学印刷与包装系每年面向香港招收插班生，目前已累积培养 50 余名香港学生。学生均受到香港印刷商会的青睐和资助。

6. 武汉大学-慕尼黑工业大学“ESPACE”联合培养项目

德国慕尼黑工业大学是德国最古老的工业大学之一，始建于 1868 年，其历史悠久、学风严谨、实力很强，在世界著名机构以及杂志的各类排名中，常年排名德国第一。2009 年 5 月 31 日，德国慕尼黑工业大学第一副校长孟立秋教授访问我校，时任校长顾海良会见了孟校长，我校李德仁院士、刘经南院士、常务副校长李清泉和副校长周创兵等参加了会见。基于两校在测绘遥感领域开展的长期友好交流与合作，双方就在 ESPACE（地球空间科学技术）领域开展全英文双硕士项目达成一致意见，于 2010 年 3 月签署了该项目合作协议。根据合作协议要求，武汉大学于 2011 年 9 月开始执行两校在 ESPACE 领域的全英文双硕士项目。

该项目自 2011 年 9 月起正式招生，至今共录取了 45 名学生，相关工作推进顺利。2015 年 3 月，武汉大学与慕尼黑工业大学双方项目执行团队经过讨论，对项目协议进行了补充和修订，明确了招生条件，进一步完善培养方案，实现优势互补。双方明确了学生培养过程的各环节监管责任，建立了学生、导师、培养单位之间常态化沟通机制。

武汉大学方面制定了《关于 ESPACE 双硕士学位项目的管理规定》，对学生的选拔、培养、派出、答辩、回国评估等环节作了明确要求和规定，加强了学生在国内外学习的过程管理。项目中多门专业课课程受到“武汉大学研究生全英文课程建设项目”资助。

7. 武汉大学-德国伍珀塔尔大学中德印刷与媒体技术专业硕士研究生联合培养项目

德国伍珀塔尔大学是德国优秀的国立综合性研究型大学，它于 1972 年由 5 所大学及研究所合并而成，许多专业院系的历史可以追溯到 19 世纪，部分专业在德国乃至国际上都名列前茅，其中印刷专业是德国第一。2005 年，武汉大学与伍珀塔尔大学签署硕士研究生合作培养项目（2+1）协议，联合进行印刷工程与媒体技术专业硕士研究生培养。

自 2006 年以来，该计划共支持了 52 名硕士研究生的培养，在中国和德国都获得了良好的反响，其中王磊玲同学还获得了 DAAD（德意志学术交流中心）奖学金，德国主流新闻媒体对此作了报道，引起了积极反响。

8. 地球空间信息科学国际暑期学校

地球空间信息科学国际暑期学校旨在通过聘请包括本校教师在内的高水平国内外专家讲学，对国内外优秀青年学生提供短期培训，增进国内外青年学生之间的学术与文化交流，扩大武汉大学测绘学科的国际影响，同时吸引优秀国外学生前来留学。

地球空间信息科学国际暑期学校于 2011 年、2013 年、2014 年、2015 年、2016 年成功举办了五届。每年的主题各有侧重，时间平均为两周，选拔学员 200 余人，邀请来自测绘和地理信息科学领域海内外知名专家、学者授课。暑期学校精心设置课程、设计授课方案，每门课程中包括 2~3 次的上机实践课，指导学员在专业应用软件中实现对理论知识的运用，并通过对实例的研究获得科学的分析数据和研究结论，充分保证课程效果。除了课程学习，暑期学校着力促进文化交流，增进来自不同国家、不同学校学生之间的感情与友谊，为学员准备了丰富多彩的课余活动，带领学员游览三峡、湖北省博物馆、楚河汉街、武汉大学校史馆和博物馆等特色文化景点。除此之外，国际学生联欢会、球类友谊赛等文体活动也为暑期学校增添一份精彩。

受武汉大学研究生院和地球空间信息技术协同创新中心的经费支持，暑期学校为全体学员提供免费的食宿，为来自欧美、中国周边国家、中国西部偏远地区的学员提供相应的交通资助。

暑期学校影响日益增强。2016 年暑期学校网站在申请阶段获得了来自 65 个国家的 22000 余次浏览，共收到 200 余份申请，共计录取 70 名学员。在活动结束时，评选出 18

名优秀学员，给予“优秀学员奖学金”。

9. 武汉大学-同济大学-莫斯科国立测绘大学-新西伯利亚测绘大学“3S学生暑期研讨会”

“3S学生暑期研讨会”（Student Summer Seminar，3S）由武汉大学、莫斯科国立测绘大学、新西伯利亚测绘大学于2010年联合发起，2015年同济大学加入，在国际摄影测量与遥感学会教育与国际合作委员会指导下，每年暑假期间举办一次国际学生暑期研讨会，旨在促进四所测绘教育知名学府研究生之间的学术和文化交流，开阔视野，增进友谊。“3S”活动丰富多彩，包括知名专家讲座，学生演讲、实验、交流、联欢。2011—2016年，“3S”活动举办了6届，分别由武汉大学、俄罗斯新西伯利亚测绘学院、莫斯科国立测量制图大学和同济大学四校循环承办。20多个国家的300多名研究生参加了交流活动。

10. 武汉大学-德国学术交流中心-德国伍珀塔尔大学印刷媒体暑期班

自2008年开始，武汉大学联合德国伍珀塔尔大学，连续6年获得德国学术交流中心（DAAD）的暑期班资助，面向全亚洲开办“印刷媒体技术暑期班”（DAAD Summer School），每年资助来自于德国伍珀塔尔大学的7名教授赴武汉大学授课，资助来自于中国内地20余所高校，香港、台湾地区以及泰国、日本、印度等国外印刷专业相关高校的学生来武汉大学学习三周，形成了面向全亚洲的开放式办学和持续影响力。

9.1.3 国际（地区）科学研究合作

积极寻求各种国际（地区）合作渠道，开展双边、多边实质性合作研究。国际（地区）合作主要研究项目有17项：

1. 中欧“龙计划”

中国国家科技部与欧洲空间局（ESA）合作的“龙计划”（Dragon Program）是目前我国在对地观测领域规模最大的国际合作项目。合作内容主要是围绕欧洲环境卫星（ERS和ENVISAT）数据在农业、林业、水利、灾害、测绘、大气、海洋等领域的应用开展合作研究，促进双方卫星遥感技术水平的共同提高。武汉大学测绘学科参与“龙计划”合作项目“地形制图”专题研究。我校李德仁院士为中方负责人，意大利米兰理工大学Fabio Rocca教授为欧方负责人，我校廖明生教授和意大利Danile Perissin博士具体组织和协调双方的合作研究。已经完成一期（2004—2008年）、二期（2008—2012年）、三期（2012—2016年）的合作研究计划，并于2016年6月启动第四期计划。双方研究团队紧密合作，首次利用时间序列SAR数据提取了上海地区的地表沉降速率场，获得地表毫米级精度的微小形变，实现了雷达遥感领域的重大突破，并将研究成果应用于地质调查部门，推广到国内诸多城市。合作团队联合培养博士生，共同发表了系列学术论文和专著，获得2012年度IEEE地学与遥感学会最具贡献论文奖。合作研究成果获得教育部自然科学一等奖，欧方合作伙伴Fabio Rocca教授荣获2013年度中国国际科学技术合作奖。

2016年7月，科技部与欧洲空间局签署了四期合作协议，并在武汉大学举办了“龙计划”四期启动会。测绘遥感信息工程国家重点实验室陈晓玲教授作为中方负责人将领衔“龙计划”四期“长江流域湖泊湿地水资源与水质监测中的对地观测新技术”项目，这是继龙计划三期项目，武汉大学与法国斯特拉斯堡大学Hervé Yesou教授合作，利用

MERIS 影像开展高原湖泊洱海卫星遥感应用研究后，第二次合作进行“龙计划”水环境监测专题的研究。

2. 国际合作项目“瑞士城市三维建模”

2005—2008 年，武汉大学与瑞士苏黎世联邦理工大学下属的 CyberCity AG 公司合作，对该公司提供的城市测区资料进行三维建模。本项目旨在通过专业教师的指导，帮助研究生了解国际数字摄影测量生产现状，巩固所学知识，培养动手能力。

2005 年以来，与 CyberCity AG 公司先后签订了 21 个项目合同，合同总经费为 273704.5 美元（约合人民币 200 万元）。主要测量城市有苏黎世、伯尔尼、楚格、汉堡、日内瓦、洛杉矶、拉斯维加斯、圣迭戈、巴黎、伦敦等。瑞士 CyberCity AG 公司提供瑞士、美国、法国、加拿大、瑞典、丹麦、德国等国家的部分城市航空影像、摄影机参数、测图软件和作业规范，项目实现由二维到三维城市立体地图的数据采集测量、建模、编辑和存档工作。

在项目实施过程中，通过使用 VirtuoZo、CC-Modeier4.5、CC-Edit、Oracle9i 和 ADS40 测图软件和作业规范，进行数据转换、加密计算、测绘编辑，建立三维城市模型，解决了一些技术难点，提高了工作效率和质量，取得了满意的成果。

3. 中国-爱尔兰科技合作研究基金项目“面向对象的高分辨率遥感卫星影像的城市目标识别”

该项目是 2002 年建立“中爱科技合作研究基金”后的第三轮（2006—2007 年）中爱科技合作研究基金项目。合作外方负责人为爱尔兰梅努斯国立大学国家地理计算中心主任 Prof. A. Stewart Fotheringham，他在空间交互建模、地理空间权重回归等最新的空间统计学领域具有较深的造诣。中方负责人为我校陈晓玲教授。合作期间的主要活动与成果如下：

重点针对高分辨率卫星影像上的城市地物目标，进行面向对象的城市目标识别。取得的创新性成果主要体现在三个方面：（1）提出了一种基于形态重构的图像去噪算法，在去除噪声的同时能够更好地保持边缘和细节，使结果具有更高的信噪比；（2）采用形态重构开闭算子构造多尺度目标提取和分割算法，既不改变影像目标边缘的位置，也不会产生新边缘和虚假极值；（3）提出了一种有效克服分水岭变换过分割问题的算法，可以得到比较理想的分割结果。

双方分别进行了年度学术互访，2007 年 9 月中方项目组成员赴爱尔兰访问期间，在爱尔兰方举行的国际学术会议“GeoComputation”上分别作了 3 个口头报告。

4. 国家自然科学基金国际（地区）合作与交流项目“GIS 三维数据建模与更新研究——以城市为例”

2007 年 1 月至 2009 年 12 月，武汉大学作为中方主要单位和德国慕尼黑工业大学等单位就城市三维建模的基本问题开展了为期 3 年的联合研究。中方研究得到了国家自然科学基金委重点国际合作研究项目的资助（总经费 92 万元）。德国同行在德国申请得到自然科学基金资助。在中德两国分别举行了 3 次专题研讨会，张祖勋院士、龚健雅教授和朱庆教授参加了课题研究。张叶廷和赵君峤两位博士生应邀赴德国慕尼黑工业大学、波恩大学和汉诺威大学进行了为期三个月的学术交流与合作研究，德国慕尼黑工业大学和波恩大学的研究生也来我校进行了短期访问和交流，双方还共同发表了学术论文。

5. 国际摄影测量与遥感学会科学研究项目“集成虚拟地球和网络服务技术服务于国际摄影测量与遥感教育和科研”

2009 年 3 月，国际摄影测量与遥感学会（ISPRS）批准了 2009 ISPRS 科学研究项目 3 项，由国际摄影测量与遥感学会“虚拟地球”工作组提交、龚健雅教授担任项目负责人的“集成虚拟地球和网络服务技术服务于国际摄影测量与遥感教育和科研”（Integrating Virtual Globes and Web Service Technologies for ISPRS Higher Education Teaching and Research）是其中之一。该项目旨在利用虚拟地球和网络服务技术提供一个服务平台，为高等教育科研中师生利用虚拟地球感知和探索地学现象提供技术手段，服务于摄影测量与遥感教育和科研。同时，利用该项目促进国际摄影测量与遥感协会“虚拟地球”工作组的活动，组织协调各国学者在虚拟地球方面的技术和应用研究。该项目亦有助于进一步扩大本学科研发的虚拟地球软件 GeoGlobe 在国际上的影响。在国际摄影测量与遥感学会“虚拟地球”工作组中，龚健雅教授担任工作组组长，乐鹏副教授担任工作组学术秘书。项目执行时间为一年（2009 年 3 月至 2010 年 2 月），国际摄影测量与遥感学会提供启动经费 10000 瑞士法朗，中方提供研究经费 20 万元人民币。

6. “中美空间智能分析研究”国际合作项目

2009 年 4 月，武汉大学与美国密歇根大学达成关于空间数据分析与服务的学术交流合作协议。在该合作协议的推动下，与密歇根大学中国信息研究中心在 2009 年 9 月合作成立了空间智能分析研究国际合作项目研究组。该项目以武汉大学和密歇根大学为核心，本着互惠互利的原则，邀请了相关合作组织和单位加盟，构建国际化的开发、服务、教育、推广网络。项目参与人员在数据加工、技术拓新、服务推广、领域应用等方面积累了丰富经验和深厚基础。

7. 与微软亚洲研究院开展空间信息、交通与计算机领域的国际合作研究

计算机领域内的互联网搜索和广告业务均涉及与空间信息相关的技术。微软亚洲研究院 2009 年 Internet Services Theme 研究资助奖中设立了基于位置的服务（LBS）主题。李清泉教授、乐阳副教授等研究人员组成的研究小组获得微软亚洲研究院 2009 年度的研究资助奖。该研究计划以 GIS 的研究方法分析车辆运动轨迹，不仅推动了本学科与微软亚洲研究院学术上的交流和合作，还开启了双方多种形式的合作以及多个相关领域学者之间的交流和互访。

在前期交流合作的基础上，武汉大学与微软亚洲研究院共同倡导成立 ACM SIGSPATIAL 中国分会。李清泉教授、微软亚洲研究院谢幸研究员以及乐阳副教授组织创会，其他成员包括来自武汉大学、中国科技大学、人民大学等空间信息与计算领域的专家。此分会是一个多学科交叉的学术组织，包括计算机科学家、GIS 专家和地理学家等，共同兴趣不仅局限于 GIS 领域，还致力于解决与空间信息获取、处理和管理等相关的问题。在中国分会成功运行基础上，ACM SIGSPATIAL 成立了澳洲分会。

该组织以中国计算机学会青年计算机科技论坛为平台，于 2009 年 12 月在北京举办了“基于位置的服务学术报告会”。报告会邀请了该领域国内外的 5 位著名学者，对位置服务的未来趋势进行了深入探讨。报告会吸引了 130 多名来自学术界和企业界的人士参加，

其中有来自微软、四维图新、因特尔、诺基亚和 NEC 等公司研究院，还有不少来自武汉大学、天津大学、中国科技大学等院校的学生和研究人员，产生了较大影响。

8. 欧盟资助 ERASMUS MUNDUS+多边合作计划

欧盟 ERASMUS MUNDUS+是一个由欧盟资助面向国际间多个高校（多边）合作计划。2009—2012 年，武汉大学（资源与环境科学学院）承担了“人员、人才交流与能力培养”项目，多名教师通过此项目的积极参与与交流，提升了学科在国际上的认知水平，资助经费为 25 万欧元。2015—2018 年，武汉大学继续承担地理信息学科研究生的国际联合教育项目 GeoServices-4-Sustainability，此项目由 6 个国家的 10 个院校组成项目组实施，以培养具有先进专业知识和技术能力的国际型专业人才为目标。为适应社会及就业市场快速变化的需求，项目以地理空间数据、技术及应用为驱动力，采用 Add-on 和 Plug-in 方式设计和开发 20 个相对独立且不需要预备知识的课程模块，课程模块面向硕士生，学生可根据自身情况及市场需求自由灵活的选择课程。课程模块采用基于问题的教学和基于案例研究的学习相结合的方法，以及倒转课堂与主动学习的方式，课程模块的设计便于学生掌握专业前沿知识和技术能力。

9. 国家自然科学基金国际（地区）合作与交流项目“多尺度遥感影像信息提取与解译”

在国家自然基金委国际合作项目“多尺度遥感影像信息提取与解译”（2011—2014 年）的支持下，我校张良培教授和法国格勒诺贝尔理工大学 Chanussot Jocelyn 教授，合作开展了遥感影像特征提取和分类方法的研究，取得了如下进展：

（1）特征提取：提出了一种原创的多尺度城市复杂指数，建立了基于张量的特征提取和影像解译框架，比传统基于矢量的特征提取模式更精确有效；

（2）特征融合：通过流形学习的方式，有效融合不同尺度的地物特征，在保持特征空间可区分性的前提下，可显著减少特征的维数，降低计算复杂度；

（3）特征分类：提出了距离加权的马尔可夫分类器和一种像素-结构-对象的多层多尺度特征分类方法，在像素层、结构层和对象层分别利用光谱、结构和形状语义特征进行分类，有效整合了多尺度多层影像特征。

研究成果有效地应用于遥感影像的信息提取和变化检测，发表 SCI 期刊论文 8 篇，2 名博士生到合作方格勒诺贝尔理工学院进行了访学，推进了中法双方在项目支撑下的合作。

10. 国家自然科学基金国际（地区）合作与交流项目

武汉大学申文斌教授与台湾交通大学黄金维教授联合申请了国家自然基金海外联合基金项目（2012. 1—2013. 12，No. 41128003）以及延续项目（2015. 1—2018. 12，No. 41429401）。该项目主要围绕青藏高原地区物质迁移及其机理问题，系统研究该区域时变重力场变化，定量估计青藏高原地区地壳升降、冰川消融、湖水位变化，研究水储量循环与亚太地区气候变迁的关系。

项目实施期间，项目组成员经常组织学术讨论及研讨；申文斌和黄金维成功举办了 6 届“TibXS 国际性学术研讨会”（International Workshop on Multi-observations and Interpretations of Tibet, Xinjiang and Siberia），也经常是 EGU、AGU、IUGG 等重要国际会议中的 Session 召

集人，吸引了一批学者讨论共同关注的相关科学及学术问题，在国内外产生了影响。

11. 地理信息国际标准合作研究

国际标准化组织地理信息技术委员会（ISO/TC211）是负责研究制定地理信息国际标准的国际组织。作为创始成员国，我国参与了多个地理信息国际标准的制定，但一直没有主持过地理信息国际标准的制定。2012 年 8 月，由龚健雅院士牵头，美国、德国、法国、加拿大、澳大利亚等多国专家参加，向 ISO/TC211 提交了国际标准“地理信息影像与格网数据内容模型与编码规则”立项申请，并于当年 12 月获得批准。经过各国专家几年的共同努力，该标准于 2016 年 1 月正式发布，标准号为 ISO 19163。该标准是我国在地理信息领域主持制定的第一个国际标准，具有开创性的重要意义。

12. 国家自然科学基金国际（地区）合作与交流项目“地球重力场精细结构和时变效应及其在国家高程基准现代化中的研究（I2-MARS）”

在国家自然科学基金委重大国际（地区）合作研究项目的资助下，我校李建成院士和德国斯图加特大学 Sneeuw 教授、美国国家测量局王艳明博士、加拿大自然资源部遥感中心大地测量部黄建梁博士合作开展了“地球重力场精细结构和时变效应及其在国家高程基准现代化中的研究”（41210006）项目研究。

项目主要研究内容是以 EGM08 为基础，加入 GOCE、GRACE 和 SWARM 数据，建立一个改进的 2160 阶模型。以此模型为参考，重点研究提高中国西部山区似大地水准面的精度，采用确定区域大地水准面的 Stokes-Helmert 方法，建立厘米级精度 $2'\times2'$ 中国似大地水准面格网模型，实现高程基准的数字化，以期满足我国高程基准建设和相关地学应用对大地水准面成果的迫切需求，特别是支持中国西部开发的大地测量和测绘服务保障及资源开发。

项目组于 2014 年 4 月和 2015 年 7 月分别在武汉和布拉格开展了两次专题学术研讨会，对项目进度和进一步深入合作进行了深入交流；同时，在项目的资助下，邀请了多位国际知名学者来华讲学交流，多名课题组成员出国进行学术交流，并资助在读博士研究生王彬和畅鑫去斯图加特大学大地测量研究所进行为期 1 年的访学交流。

13. 国家自然科学基金国际（地区）合作与交流项目“基于多源遥感图像的火星地表场景认知与检索技术研究（I2-MARS）”

在国家自然科学基金委与法国科研署（NSFC-ANR）联合支持下，我校罗斌教授和格勒诺贝尔行星天文实验室 Sylvain Doute 研究员合作开展了“基于多源遥感图像的火星地表场景认知与检索技术研究（I2-MARS）”（2013—2016 年）的项目研究。

针对火星遥感探测现存的图像解译认知效率低下、多源遥感图像提供的互补信息未得到充分利用、现有研究集中在少数热点区域等问题，项目选取位于火星南极附近具有典型季节变化特征的 Russell 沙丘为实验区域，开展了多源遥感图像的火星地表场景认知与检索技术研究，目前已合作完成 Russell 沙丘遥感图像纹理、几何特征提取及黑斑分类和高光谱数据解混及冰层变化分析。

2013 年 12 月，项目组在法国格勒诺贝尔召开了第一届中法 I2-MARS 项目研讨会。2014 年 10 月，法方负责人 Sylvain Doute 研究员及项目组成员 Ruben Marrero 博士来武汉大学进行了 3 周的合作交流。依托该项目，中法双方成功申请到了 2013 年中法蔡元培交流基金，支持博士生武辰、郭贤赴合作单位交流。

14.“现代空间大地测量技术监测全球变化”国际合作项目

该项目属于德意志学术交流中心 DAAD 的战略合作伙伴与专题研究合作网络项目计划，由斯图加特大学牵头，武汉大学作为主要合作方，联合同济大学和中国测绘科学研究院及欧洲几所大学和研究机构共同申报，于 2015 年年初通过评审并获得资助，项目周期为 2015.01—2018.12，总经费 100 万欧元。德国斯图加特大学 Sneeuw 教授任项目首席科学家，李建成院士任项目的联合首席科学家。DAAD 主席 Wintermantel 教授把该项目称为德国“新一代”资助计划，它将“强化德国高校与外国精英高校的合作网络建设，促进德国高校的国际化”。

项目致力于利用现有的大地测量观测技术（包括甚长基线干涉测量、人卫激光测距、全球导航卫星系统、卫星遥感、卫星测高、合成孔径雷达干涉测量、卫星重力测量等）探测大气圈、水圈、冰冻圈、岩石圈等地球系统主要组成部分的变化。此外，资助合作单位之间开展多层次学者学生互访、联合举办专题学术研讨；加强科研合作，提升教学科研水平，为推进国际化办学以及合作申报新的国际合作科研项目提供平台支撑。

15. 欧洲 FP6 计划，GGSP 伽利略大地测量基准项目

武汉大学参与了欧盟 FP6 项目伽利略大地测量服务原型（Galileo Geodetic Service Provider，GGSP）。GGSP 项目的主要任务是研究 Galileo 地球参考框架的定义、建立、维持与精化，并制定系统的相关标准。该项目涉及欧洲 Galileo 卫星导航系统研究与开发领域的关键环节与核心技术，参与单位包括 GFZ、ESA、BKG、AIUB 和 BKG。参与这一项目，有机会在伽利略合作中介入核心技术的研究，对于建设我国自主研发的北斗二代卫星导航系统中相关的参考框架和服务系统（即全球时空基准）具有非常重要的价值。基于该项目的合作，已经在武汉大学建立了 Galileo 卫星连续跟踪站，该跟踪站是我国唯一的 Galileo 系统跟踪站，在全球共 13 个。该跟踪站已经连续多年为 Galileo 系统的测试和验证提供观测数据。武汉大学也已经完成了首颗试验卫星的 Galileo 卫星星座精密定轨软件的研制工作，得到了首颗试验卫星的精密定轨和时间同步的结果。

16. IGS 合作计划

国际 GNSS 服务组织（International GNSS Service，IGS）成立于 1993 年，其成立 20 年来为全球卫星导航科技进步与合作发挥了巨大的推动作用，其成员均为全球卫星导航一流研究机构，包括美国喷气动力实验室 JPL、欧洲定轨中心 CODE、德国地学研究中心 GFZ、欧洲空间局 ESA 等。武汉大学卫星导航研究团队于 1992 年建成了 IGS 跟踪站（WUHN），该站为全球首批 IGS 跟踪站之一，并成为 IGS 核心站。团队于 2012 年 8 月建成首个非欧美地区的 IGS 分析中心，该分析中心计算生成 GNSS 卫星厘米级超快速精密轨道与钟差产品，并提供给 IGS 组合生成官方产品。2013 年 IGS 年度报告指出，武汉大学超快速轨道产品精度位居所有 9 个分析中心的前三名，并于 2016 年通过 IGS 年会答辩，成为新的 IGS 电离层分析中心。

2014 年 12 月，IGS 主席正式通知武汉大学卫星导航定位技术研究中心建设 IGS 数据中心，该数据中心向全球卫星导航定位用户免费提供国际 IGS 基准站观测数据、GNSS 卫星精密轨道和精密钟差、地球自转参数等数据服务。武汉大学 IGS 数据中心的建设，改变

了我国卫星导航用户完全依赖于国外数据中心的现状，使我国用户下载 GNSS 数据的速度从过去数十 kB 每秒提升至数 MB 每秒。至此，武汉大学成为全球仅有的 3 个同时承担 IGS 分析中心和 IGS 数据中心任务的研究机构之一，将在国际高精度 GNSS 研究领域发挥着重要作用，作出更多贡献。

17. 武汉大学全球北斗观测试验网

截至 2015 年年底，武汉大学北斗试验跟踪网联系了泰国、斐济、芬兰、英国、埃及、澳大利亚 6 个国家，开展了海外建设北斗 GNSS 基准站的工作。2015 年 5 月赵齐乐教授访问澳大利亚昆士兰科技大学，建立了一个北斗基准站；2015 年 8 月唐卫明教授访问泰国，建立了两个北斗基准站；2015 年 9 月李陶教授访问斐济，分别到访斐济大学和南太平洋大学，建立了两个北斗 GNSS 基准站；在芬兰访学的唐健教授联系芬兰大地测量所，建立了北斗参考站，由武汉大学完成了参考站的测试和分析工作；牛小骥教授联系了埃及扎加齐格大学，建立了埃及的北斗基准站；李陶教授联系英国诺丁汉大学，建立了诺丁汉大学北斗 GNSS 连续运行参考站。

9.1.4　推进广泛的国际（地区）学术交流

1. 研究人员在国际（地区）学术组织和学术期刊任职

武汉大学测绘学科学者活跃在国内外学术舞台，目前有 64 人次在国际重要的学术机构任职。其中，李德仁院士任亚洲 GIS 学会创会主席，刘耀林教授任国际制图学会副主席，龚健雅院士任国际摄影测量与遥感学会第六委员会主席，李建成院士担任国际大地测量协会（IAG）卫星重力理论专题研究组、国际大地测量协会（IAG）地球重力场模型测评组成员，李斐教授任国际南极研究科学委员会（SCAR）下属地球科学工作组（SSG-GS）和地理信息工作组（SCAGI）中国代表，杜清运教授任国际制图协会理论制图学专业委员会主席。此外，还有 56 人次任国际摄影测量与遥感学会及其他国际学术组织的工作组组长、副组长、秘书或者同级别的职务，是全球同类学科中在国际学术机构中任职最多的单位之一。武汉大学测绘学科不仅积极争取在国际学术机构中发挥作用，而且也积极开拓和主导区域学术的发展。本学科是亚洲地理信息系统协会的创会单位，李德仁院士曾担任亚洲地理信息系统协会创会会长，龚健雅院士是现任亚洲地理信息系统协会的秘书长，联合亚洲研究单位和学者推动区域地理信息技术的发展。

武汉大学测绘学科学者有 53 人次在国际学术期刊任职，其中刘耀林教授、张良培教授、单杰教授、黄昕教授、Timo Balz 教授、钟燕飞教授、吴伟副研究员等担任本领域 9 个国际知名学术期刊副主编。

为了扩大武汉大学测绘学科在本领域的国际影响，本学科积极推动英文期刊 *Geo-Spatial Information Science* 的国际化，李德仁院士任主编，30 多位国际知名学者组成编委会。该期刊从 2012 年开始由 Taylor & Francis 出版。2014 年，期刊获得中国科技期刊国际影响力提升计划支持。2014 年度出版的文章，65%以上是国（境）外作者或与国（境）外作者合作的文章。

2. 主办、承办、协办各类国内、国际会议及相关学术活动

近十年来，武汉大学测绘学科主办、承办、协办各类国内、国际会议及相关学术活动

41 次，具体如下：

2006 年：第一届图像传播国际学术研讨会（2006.05，武汉）、第六届 Hotine-Marussi 理论和计算大地测量国际研讨会（2006.05，武汉）、国际理论地图学与地理信息科学国际学术讨论会（2006.10，武汉）。

2007 年：OGC-中国武汉研讨会（2007.10，武汉）。

2008 年：GNSS 海内外华人学者珞珈高级学术论坛（2008.01，武汉）、第二届图像传播国际学术研讨会（2008.12，武汉）、对地观测数据处理与分析国际会议（2008.12，武汉）。

2009 年：德中同行系列活动之"城市遥感与测绘国际研讨会"（2009.09，武汉），国际摄影测量与遥感学会白象俱乐部活动（2009.10，武汉），虚拟地球可视化、变化检测与分析国际研讨会（2009.10，武汉），国际交通地理信息系统研讨会（2009.12，武汉），地学计算与分析国际研讨会（2009.12，武汉）。

2010 年：国际华人地理信息科学协会青年学者暑期论坛（2010.06，武汉）、空间统计与智能分析高级研讨会（2010.06，武汉）。

2011 年：三维城市建模与应用暨三维地理信息国际研讨会（2011.06，武汉）、三维数字文化遗产建模国际研讨会（2011.09，敦煌）、2011 年国际地理信息科学学生夏季研讨会（2011.10，武汉）、地球空间信息科学国际刊物编委会第一次会议（2011.12，武汉）、地学计算与分析国际联合研究中心顾问委员会第一次会议（2011.12，武汉）、第三届图像传播国际学术研讨会（2011.12，武汉）。

2012 年：RICS 国际测绘会议（2012.12，武汉）、第三届三维地籍国际会议（2012.10，深圳）。

2013 年：国际地图制图协会执委会（2013.02，武汉）、地球空间信息和智慧城市高峰论坛（2013.05，武汉）、第 12 届地学计算国际会议（2013.05，武汉）、CSNC 第五届卫星导航学术年会（2013.05，武汉）、室内定位与导航专题研讨会（2013.09，武汉）、第四届图像传播国际学术研讨会（2013.11，武汉）、地图与地理信息在预警与灾害管理中的应用国际研讨会（2013.12，武汉）。

2014 年：国际摄影测量与遥感学会第六委员会中期会议（2014.05，武汉）、北斗技术与应用国际培训班（2014.07，武汉）、国际理论地图学与地理信息科学学术讨论会（2014.10，北京）、极地测绘遥感与全球环境变化国际学术研讨会（2014.11，武汉）。

2015 年：地球行星数据应用与解释（Earth and Planetary Data Applications and Interpretations）国际研讨会（2015.05，武汉）、第四届大气光散射和遥测技术国际学术会议（2015.06，武汉）、2015"泛在测绘与位置大数据应用"国际工程论坛（2015.11，武汉）。

2016 年：GNSS 精密产品——现状及展望国际学术研讨会（2016.05，武汉）、地球物理前沿国际研讨会暨中国科学促进会 2016 年会（IPACES）（2016.06，武汉）、2016 年全球华人导航定位协会（CPGPS）暑期学校（2016.07，武汉）、地球自转国际联合研讨会（2016.07，武汉）、中欧科技合作"龙计划"三期总结研讨会暨四期启动会（2016.07，武汉）。

3. 学者出访或参加学术会议

近十年来，武汉大学测绘学科共派出教师1000余人次出国（境）访问、讲学、进修、参加国际学术会议或双边学术会议交流；近200人次应邀在国际学术研讨会上做特邀、主题报告。

4. 邀请国内外知名专家来校讲学

近十年来，武汉大学测绘学科共邀请国内外知名专家学者近1000人次前来访问和讲学，其中不少国际学术大家和知名专家来校讲学和交流。

Gottfried Konecny 教授是德国汉诺威大学教授，曾任 ISPRS 主席（1980—1984年），现为 ISPRS 白象俱乐部名誉主席，为推动中国同行进入 ISPRS 作出了重要贡献。2006年7月，应邀参加由武汉大学主办的“中国西部测图先进技术 VIP 专题报告会”，作学术报告；应邀参加由国家测绘局、四川测绘局和武汉大学共同主办的“西部测图技术与方法国际研讨会”，作特邀报告。2008年7月，应邀参加由武汉大学协办的“首届武汉国际地球空间信息技术与产业发展论坛”，作特邀报告。2009年10月，参加由武汉大学承办的“ISPRS 白象俱乐部系列活动”，为师生授课。2014年5月，应邀来汉参加国际摄影测量与遥感学会第六委员会中期会议，作相关指导工作。

John Trinder 教授是澳大利亚新南威尔士大学教授，曾任 ISPRS 主席（2000—2004年），ISPRS 第一副主席（2004—2008年）。2006年7月，应邀参加由武汉大学主办的“中国西部测图先进技术 VIP 专题报告会”，作学术报告。应邀参加由国家测绘局、四川测绘局和武汉大学共同主办的“西部测图技术与方法国际研讨会”，作特邀报告。2008年7月，应邀参加由武汉大学协办的“首届武汉国际地球空间信息技术与产业发展论坛”，作特邀报告。2013年5月，应邀来汉参加“地球空间信息和智慧城市高峰论坛”，作专题报告。2014年5月，应邀来汉参加“国际摄影测量与遥感学会第六委员会中期会议”，做相关指导工作。2015年12月，应邀来汉讲学，作“利用机器学习从影响和机载激光雷达中提取信息的有关实验”学术前沿讲座。目前，作为地球空间信息技术协同创新中心兼职教授，他每年定期来实验室讲授《摄影测量原理》全英文课程，为期一个月左右。

Michael Goodchild 教授是美国科学院唯一的地理信息科学领域的院士，是全球地理信息科学界的领袖人物，在国际上享有很高的学术地位。他长期从事地理信息科学研究，主要研究领域包括：地理信息科学、空间分析、地理数据的不确定性。2003年被聘为武汉大学名誉教授，是测绘遥感信息工程国家重点实验室第四届学术委员会外籍委员、第五届学术委员会外籍顾问。作为天空地一体化地球空间信息智能处理引智基地的海外学术大师，Michael Goodchild 教授积极推动与武汉大学测绘学科的国际学术交流。2008年两次到武汉大学讲学，分别作了题为“Fundamental Spatial Concepts”和“GIS Research and Technology”的学术报告，讲授了 GIS 技术的最新研究进展和发展趋势。2013年5月，应邀来校参加“地球空间信息和智慧城市高峰论坛”和“第十二届地学计算国际会议”，作专题报告。2016年1月18日，应邀来校讲学，作了题为“Space Place and GIS”的学术前沿报告。作为 GSIS 刊物的编委，也积极参加编委会会议，为刊物的发展出谋划策。

Armin Gruen 教授是瑞士皇家科学院院士，曾任国际摄影测量与遥感学会（ISPRS）

第五委员会主席，ISPRS 理事（第二副主席），国际测量和制图联盟理事，ISPRS 财政委员会主席，ISPRS 国际科学顾问委员会主席，瑞士摄影测量、影像分析和遥感学会主席。2007 年被聘为武汉大学名誉教授，是测绘遥感信息工程国家重点实验室第四届学术委员会外籍委员、第五届学术委员会外籍顾问。2006 年以来，Armin Gruen 教授先后 10 余次应邀来武汉大学讲学，是前来访问和讲学次数最多的专家之一。2012 年 1 月至 2015 年 12 月，受聘为 *Geospatial Information Science*（GSIS）英文刊物副主编，负责每年一期的邀稿和自由投稿、组织审稿和再审、审稿意见处理等工作，参加编委会会议，积极推动 GSIS 刊物的发展与提升。在“数字摄影测量用于文物保护”、“三维建模”等研究方向上，合作指导实验室若干名博士研究生；顾问指导数字摄影测量工作站 VirtuoZo、移动测图系统 LD2000 和数码城市 GIS 软件 VGEGIS 等产品的研发与推广应用，提升了相关产品的研发质量，特别是推进了其国际化推广应用的潜力。

Kim Johan Holmén 研究员是瑞典皇家科学院院士，挪威极地研究所副所长。长期从事气象科学和大气水文环境研究。他是多个国际会议的召集人和组织者，多个学术期刊的审稿人。2013 年 6 月，应邀来武汉大学珞珈讲坛作了题为“Climate Change and the Arctic, the Importance of Research in Svalbard to Understand the Ongoing Changes”的学术报告。2014 年 11 月，应邀担任“极地测绘遥感与全球环境变化国际研讨会”联合主席，并作特邀报告。

John Townshend 教授现为美国马里兰大学社会与人文学院院长，曾获美国地理协会杰出成就奖。2007 年被聘为武汉大学名誉教授，是测绘遥感信息工程国家重点实验室第四届学术委员会外籍委员。2006 年 10 月，参加实验室第四届学术委员会第一次会议。2008 年 7 月，参加实验室第四届学术委员会第三次会议。2009 年 10 月，应邀参加由武汉大学承办的“ISPRS 2009 虚拟地球可视化、变化检测与分析国际研讨会”，作特邀报告。

Wolfgang Kainz 教授是国际著名地理信息系统专家，维也纳大学地理及地域研究系主任，曾任国际摄影测量与遥感学会空间信息理论与方法委员会主席，现任奥地利地图制图协会主席，ISPRS 国际地理信息系统杂志的主编。他的研究兴趣主要包括地理信息系统的数学理论、空间数据处理、模糊逻辑、地图制图学等。Wolfgang Kainz 教授于 2014 年 1 月 1 日至 2017 年 12 月 31 日受聘为地球空间信息技术协同创新中心访问教授，每年来武汉大学工作时间不少于三个月。

2016 年 7 月，国际大地测量（IAG）主席 Harald Schuh 等 9 位著名大地测量和地球物理学家应邀参加由武汉大学主办的“地球自转国际联合研讨会”，他们分别作了学术报告和学术讲座。现任 IAG 主席德国地球科学研究中心（GFZ）Harald Schuh 教授作了 VLBI 监测所有地球定向参数的讲座；比利时皇家天文台 Veronique Dehant 教授作了地球和行星自转的观测及其对行星内部的探究的讲座；卢森堡大学 Oliver Francis 教授作了地表负载方面的讲座；美国喷气推进实验室（JPL）Richard Gross 教授作了利用卡尔曼滤波对地球定向参数进行预测的讲座；美国国家海洋与大气管理局（NOAA）Jim Ray 教授作了 IGS 在地球定向观测方面的讲座；西班牙阿利坎特大学 Jose Ferrándiz 教授作了地球自转的哈密顿理论方面的讲座；波兰空间研究中心 Aleksander Brzeziński 教授作了地球自转高频信号建模方面的讲座；台湾中央大学赵丰教授作了旋转简正模机制—共振、激发、卷积和去卷积方面的讲座。

Konecny Milan 教授，捷克马萨里克大学教授，国际地图制图协会前主席，国际制图协会危机管理与预警地图制图专业委员会主席，国际数字地球学会（ISDE）副主席，国际欧亚科学院（IEAS）欧洲区主席。2011 年 6 月来武汉大学校作了题为“Early Warning &Crisis Mangement：Geoinformation Reseurch Agenda”的学术讲座；2013 年 6 月应邀来校作了题为“The potentials of Cartography for Early Warning and Crisis Management”的学术讲座；2015 年 4 月应邀来校作了题为“Cartography and Geoinformatics for EW&CM：Challenges in the Advent of Big Data Era”的学术讲座。

Fraser Taylor 教授是加拿大 CARLINTON 大学教授，著名地图学家，国际制图协会前主席，联合国地理空间信息专家组成员，2012 年 10 月应邀来校作了题为“联合国框架下的地理空间信息合作与发展计划”的系列讲座。

James P. LeSage 教授是美国得克萨斯州州立大学教授，国际著名空间经济学家，美国南方区域科学协会执委，前北美区域科学协会主席，2012 年 9 月 12 日—13 日，应邀来校作了题为“空间数据分析与空间回归”系列讲座，2013 年 6 月应邀来校作了题为“Interpreting Spatial Econometric Origin-Destination Flow Models”的专题讲座。

G. P. Patil 教授是宾夕法尼亚州立大学统计系杰出教授，该校统计生态学与环境统计中心创始人兼主任，国际杂志 *Environmental and Ecological Statistics* 创始人兼主编，并曾兼任哈佛大学公共卫生学院客座教授。长期担任联合国环境规划署、美国农业部（USDA）、美国国立卫生研究院（NIH）、美国国家环保局（EPA）等机构的顾问。2012 年 5 月应邀来武汉大学作了题为“地理信息热点监测与预警技术及其在资源环境领域的应用”的学术讲座。

Bengt Rystedt 教授是国际制图协会前主席，著名地图学家，2012 年 4 月应邀来校作了题为“GAEVLE 大学国际制图协会研究日程及瑞典地图学与 GIS 发展”的学术讲座。

Ferjan Ormeling 教授是荷兰 UTRECHT 大学教授，国际制图协会前秘书长，著名地图学家，2012 年 4 月应邀来校作了题为“国际制图协会发展回顾及荷兰地图学与 GIS 发展”的学术讲座。

William Cartwright 教授，拥有澳大利亚骑士勋章头衔，活跃于地理信息科学和制图学的教学科研第一线，担任苏黎世联邦理工大学（ETH）、维也纳技术大学、马德里理工大学的客座教授，现担任澳大利亚制图科学研究所执行主席，国际制图学协会（ICA）前主席，ISPRS 第五工作组前主席，英国皇家地理学会会员，英国制图学会会员，澳大利亚测量与空间科学研究所荣誉会员，新西兰制图学会荣誉会员等。2015 年 11 月应邀来校分别作了题为“Art and Cartography”、“Web 2.0 and Mapping”和“Publishing and the International Journal of Cartography”3 个专题讲座。

李凌霄教授是加州州立大学洛杉机分校（CSLA）工学院教授，美国工业技术协会图像传播分会候任会长、全美协会执行委员、南加州印刷工业协会评委。2005 年至今，以客座教授身份在武汉大学印刷与包装系开展“图像传播工程”等多门课程的全英文授课，指导硕士研究生，协助参与组织武汉大学印刷与包装系主办的“图像传播国际学术研讨会”并作特邀报告，连续多年进行了密切的合作。

Regis J. Delmontagne 博士，曾任全美印刷、出版和纸品加工技术供应商协会（NPES）前总裁，GASC（美国印艺展览公司）总裁、GAERF（印刷教育研究基金会）总裁、美国制造商协会理事及该协会理事会主席。自 2005 年开始至 2015 年，连续多年在武汉大学印刷与包装系开展专题报告、专业英语课程等全英文授课。

9.1.5 成立联合实验室（研究中心）并建立新型国际化合作机制

武汉大学测绘学科与国（境）外相关机构和企业联合成立了 7 个国际联合研究中心，分别是：诗琳通地球空间信息科学国际研究中心（2007 年）、武汉大学-徕卡摄影测量与遥感联合研究中心（2007 年）、武汉大学-Oracle 空间数据库创新研究中心（2008 年）、武汉大学地学计算与分析国际联合研究中心（2009 年）、武汉大学-代尔夫特理工大学地球空间信息科学联合研究中心（2012 年）、武汉大学-印刷科技联合研究中心（2012 年）、中新环境智能计算技术研究中心（2015 年）。与国际开放地理信息系统联合会（The Open Geospatial Consortium，Inc.，OGC）签署合作协议，成立了 OGC 中国论坛筹划指导委员会。

武汉大学测绘学科依托武汉大学测绘学科相关单位、地球空间信息技术协同创新中心、天空地一体化地球空间信息智能处理引智基地以及荷兰代尔夫特理工大学，成立了地球空间信息科学国际合作联合实验室，于 2015 年 10 月 16 日通过由教育部组织的立项建设论证。

1. 国际联合研究中心

（1）诗琳通地球空间信息科学国际研究中心。泰国诗琳通公主曾在中国学习，对中国怀有深厚的感情，并曾经获得地球空间信息相关的硕士学位。为了推动中国与泰国在地球空间信息领域的合作，由诗琳通公主倡议，泰国科技部与武汉大学签署协议，在武汉大学建立诗琳通地球空间信息科学国际研究中心，就人才培养和科学研究开展合作。中心成立了顾问委员会和理事会。顾问委员会由诗琳通公主亲自担任主任委员，中心主任由泰国航空航天局局长和测绘遥感信息工程国家重点实验室主任共同担任。中心成立以来，每年举行一次理事会，已经开展了一系列教学与科研合作。多位泰国学生到武汉大学攻读硕士或博士学位，武汉大学多名教授到泰国进行讲学和交流。目前正在就高分辨率卫星影像测图、基于 SAR 卫星数据的洪水监测以及泰国高分辨率遥感卫星数据接收处理等项目开展合作。

（2）武汉大学-徕卡摄影测量与遥感联合研究中心。徕卡公司是世界上最著名的摄影测量仪器与软件企业，2007 年与我校签署了“武汉大学-徕卡摄影测量与遥感联合研究中心”的合作协议。徕卡公司提供摄影测量仪器与最新软件，为武汉大学测绘学科提供一定的经费和免费技术培训，支持进行教学与研究开发，促进了本学科相关方向的教学和科研工作的开展。

（3）武汉大学-Oracle 空间数据库创新研究中心。Oracle 公司是全球最著名的数据库公司，2007 年与我校签署了“武汉大学-Oracle 空间数据库创新研究中心”合作协议，开展空间数据库的基础理论、空间数据管理与索引方法、空间数据库操作函数与 GIS 的接口等方面的研究。中心成立以来，已经签订了两个项目合作协议，由 Oracle 公司提供研究经费开展栅格数据管理、点云数据管理、空间分析、空间本体与语义等方面的研究。

（4）武汉大学地学计算与分析国际联合研究中心。2009 年 12 月，“武汉大学地学计算与分析国际联合研究中心”成立。该中心以武汉大学为主，联合国内外地学计算与分析的科研力量，通过广泛交流与合作研究，提升国际上地学计算、空间分析和地学模拟的理论研究水平。同时，基于网络服务技术建立一个开放式的地球空间数据与地学分析模型和方法共享服务基础平台，通过标准协议，整合来自不同学科和研究单位的地学空间分析和地学模拟的理论研究成果。最终将该中心建设成为一个集地学计算和空间分析方法和模型研究、地学空间分析工具开发、地学空间分析应用于一体的研究基地。2010—2014 年，依托联合研究中心建立的学术网络，开展了多种形式的学术活动，分别在 2011 年、2013 年召开了第二次和第三次国际指导委员会会议。同时，依托中心于 2013 年 5 月举办了“第十二届地学计算国际会议”，吸引了 117 位注册参会代表，其中欧美 11 个国家的 47 位学者与会交流。

（5）武汉大学-代尔夫特理工大学地球空间信息科学联合研究中心。2012 年 11 月，“武汉大学-代尔夫特理工大学地球空间信息科学联合研究中心”成立。荷兰代尔夫特理工大学校长 Dirk Jan van den Berg 先生率领十几位相关领域教授组成的代表团访问武汉大学，为中心揭牌。2013 年 1 月 23 日，中心在武汉成立顾问委员会。2014 年 8 月 19 日至 20 日，李德仁院士、龚健雅院士率 12 人代表团访问荷兰代尔夫特理工大学，双方在荷兰代尔夫特理工大学举办了第三次地球空间信息科学双边学术研讨会，并同时就研究生培养、国际合作和交流进行磋商。中心成立以来，已经在科学研究、学生培养、学者互访等多个方面开展了卓有成效的工作。2015 年 3 月 11 日，武汉大学-代尔夫特理工大学地球空间信息联合科学联合研究中心中期评估报告会顺利举行。会上，两校签署了双学位博士联合培养协议。

（6）武汉大学-香港印刷科技联合研究中心。2012 年，“武汉大学 APTEC（香港印刷科技研究中心）联合研究中心”成立。该中心在香港印刷业商会的支持下，以印刷标准化认证和服务为主要工作目标，立足华中地区，辐射全国。先后在湖北省新闻出版广电局的支持下，完成了湖北省十余家大中型印刷企业的行 G7 培训和认证，以及长三角、珠三角地区多家大中型印刷企业的行 G7 培训和认证。为加强我国印刷包装企业经营管理及印刷标准化水平，提高国内行业技术创新发展能力起到了积极的促进作用。

（7）中新环境智能计算技术研究中心。中新环境智能计算技术研究中心由武汉大学与新西兰国立理工学院、新西兰皇家科学院水与大气研究所、武汉珞珈得毅科技发展有限公司共同组建，于 2015 组建成立，并于 2016 年正式挂牌运行。中心充分利用四个参与单位优势，通过人才培养、联合攻关、产学研合作等多种形式开展广泛深入的科研合作，促进中国和新西兰在计算智能和环境领域内的交流合作。

2. 地球空间信息科学国际合作联合实验室

为了推动地球空间信息科学的发展，促进我国与世界知名大学和学者在地球空间信息科学领域的交流与合作，增强我国学者在地球空间信息科学领域的学术实力和学术影响力，武汉大学与荷兰代尔夫特理工大学于 2012 年合作成立了“武汉大学-代尔夫特理工大学地球空间信息科学联合研究中心”（WHU-TUD JRC）。在教育部推出国际合作联合实验室计划后，武汉大学又在与代尔夫特理工大学联合研究中心的基础上，整合与扩展了与其他国外机构的合作，培育和组建了地球空间信息科学国际合作联合实验室（以下简称“联合实验室”），并开展了卓有成效的合作。该实验室于 2015 年 10 月 16 日顺利通过国家教育部认证，正式进行立项建设。

联合实验室旨在建立一个开放的、自由的研究环境，以武汉大学为研究基地，聚集武汉大学在地球空间信息科学的优势力量，联合荷兰代尔夫特理工大学等国际本领域的科研力量，构建虚拟联合体，通过广泛交流与合作研究，提高本学科在该领域的国际影响力，并引领本领域的国际发展。

9.2 国际学术机构和国际学术刊物任职

9.2.1 国际学术机构任职

共计 64 人次在国际学术机构任职。

国际学术机构任职情况一览

序号	人员姓名	学术组织名称	职务	起始时间	结束时间
1	李建成	国际大地测量协会（IAG）卫星重力理论专题研究组	成员	2003-07-01	至今
2	李建成	国际大地测量协会（IAG）地球重力场模型测评组	成员	2004-05-01	至今
3	张小红	国际大地测量协会（IAG）非差模糊度解算及 PPP-RTK 工作组	组长	2011-12-01	至今
4	杨必胜	国际大地测量协会（IAG）第四委员会第四分会第五工作组	组长	2012-01-01	2016-12-31
5	许才军	国际大地测量协会（IAG）星载和机载成像系统应用组	成员	2011	2015
6	姜卫平	国际大地测量协会（IAG）卫星测高组	成员	2007-07-01	2011-06-31
7	姜卫平	国际大地测量协会（IAG）	成员	2003-07-01	至今
8	刘经南	国际 GNSS 服务组织（IGS）	成员	1998-06-01	
9	施闯	国际 GNSS 服务组织（IGS）	成员、武汉大学分析中心负责人	2012-08-01	

续表

序号	人员姓名	学术组织名称	职务	起始时间	结束时间
10	李敏	国际 GNSS 服务组织（IGS）	成员、武汉大学分析中心负责人	2012-08-01	
11	赵齐乐	国际 GNSS 服务组织（IGS）MGEX 工作组	成员、北斗负责人	2013-01-01	2017-12-31
12	赵齐乐	国际 GNSS 服务组织（IGS）2016 年会科学组织委员会	委员	2015-05-01	2016-02-29
13	赵齐乐	国际 GNSS 服务组织（IGS）多 GNSS 系统工作组	BDS 产品负责人	2014-05-01	2016-05-31
14	刘经南	CPGPS 全球华人导航定位协会	顾问委员会主席	2015-01-01	2015-12-31
15	施闯	CPGPS 全球华人导航定位协会	教育和外联委员会主席	2015-01-01	2015-12-31
16	章红平	CPGPS 全球华人导航定位协会	执行委员会秘书长	2009-01-01	
17	张小红	CPGPS 全球华人导航定位协会	执行委员委员	2011-01-01	
18	龚健雅	国际摄影测量与遥感学会第六委员会	主席	2012-09-01	2016-08-31
19	乐鹏	国际摄影测量与遥感学会第六委员会	秘书长	2012-09-01	2016-08-31
20	李德仁	国际摄影测量与遥感学会第六委员会第六工作组（WG VI/6）	联合组长	2012-09-01	2016-08-31
21	单杰	国际摄影测量与遥感学会遥感模式识别工作组	联合组长		
22	龚健雅	国际摄影测量与遥感学会第四委员会第四工作组	组长	2008-06-01	2012-12-31
23	史文中	国际摄影测量与遥感学会第二委员会第一工作组（WG II/1）	组长	2012-09-01	2016-08-31
24	刘耀林	国际摄影测量与遥感学会第二委员会第三工作组（WG II/3）	组长	2012-09-01	2016-08-31
25	吴华意	国际摄影测量与遥感学会第六委员会第一工作组（WG VI/1）	组长	2012-09-01	2016-08-31
26	萧世伦	国际摄影测量与遥感学会第二委员会第七工作组（WG II/7）	副组长	2012-09-01	2016-08-31
27	龚威	国际摄影测量与遥感学会第六委员会第四工作组（WG VI/4）	副组长	2012-09-01	2016-08-31

续表

序号	人员姓名	学术组织名称	职务	起始时间	结束时间
28	单杰	国际摄影测量与遥感学会第三与第七委员会联合工作组	副组长	2012-09-01	2016-08-31
29	眭海刚	国际摄影测量与遥感学会第七委员会第五工作组（WG VII/5）	副组长	2012-09-01	2016-08-31
30	李清泉	国际摄影测量与遥感学会第五委员会第四工作组（WG V/1）	副组长	2008-07-01	
31	朱庆	国际摄影测量与遥感学会第五委员会第七工作组（WG V/4）	副组长	2008-12-01	2012-12-31
32	单杰	国际摄影测量与遥感学会国际科学顾问委员会	委员	2012-09-01	2016-08-31
33	史文中	国际摄影测量与遥感学会国际科学顾问委员会	委员	2012-09-01	2016-08-31
34	史文中	国际摄影测量与遥感学会委员评选委员会	委员	2012	
35	Timo Balz	国际摄影测量与遥感学会第一委员会第二工作组（WG I/2）	关键支撑协调员	2012-09-01	2016-08-31
36	王密	国际摄影测量与遥感学会第一委员会第五工作组（WG I/5）	秘书	2012-09-01	2016-08-31
37	邵振峰	国际摄影测量与遥感学会第六委员会第三工作组（WG VI/3 ）	秘书	2012-09-01	2016-08-31
38	李锐	国际摄影测量与遥感学会第四委员会和第二委员会联合工作组（ICWG IV/II）	秘书	2012-09-01	2016-08-31
39	刘耀林	国际制图协会	副主席	2011-08-01	2019-07-31
40	杜清运	国际制图协会理论地图学委员会	主席	2011-08-01	2015-07-31
41	李德仁	亚洲地理信息系统协会	创会会长	2006-01-01	2008-12-31
42	龚健雅	亚洲地理信息系统协会	秘书长	2011-07-01	2015-06-30
43	赵齐乐	欧洲地学联盟（EGU）	会员		
44	姜卫平	欧洲地学联盟（EGU）	成员	2007-01	
45	乐鹏	IEEE 地球科学与遥感协会地球信息科学委员会	联合主席	2013-07-01	2015-06-30
46	龚威	IEEE 武汉分会	成员发展主席	2007-11-01	2016-10-31
47	陈震中	IEEE 多媒体通信技术委员会多媒体通信网络技术工作组	IG 联席主席	2014-01-01	2016-12-31

续表

序号	人员姓名	学术组织名称	职务	起始时间	结束时间
48	陈震中	IEEE 多媒体系统与应用技术委员会	委员	2013-01-01	2017-12-31
49	陈震中	IEEE 物联网工作组	成员	2014	
50	鄂栋臣	国际南极研究科学委员会（SCAR）地球科学组	中国常任代表	2002-08-01	2012-07-31
51	李斐	国际南极研究科学委员会（SCAR）地球科学组	中国常任代表	2012-07	
52	李斐	国际南极研究科学委员会（SCAR）地理信息工作组	中国常任代表	2012-07	
53	陈震中	国际电信联盟视频沉浸媒体工作组	联合主席	2016	
54	陈震中	国际电信联盟视频质量专家组	组员	2016	
55	耿江辉	美国大地测量与地球科学联盟（UNAVCO）	武汉大学代表	2015-01-01	
56	刘晖	国际海事无线电技术委员会第 104 专业委员会北斗工作组	副主席		
57	刘耀林	国际科学联合会中国委员会	副主席	2014	2017
58	史文中	华裔地理信息系统学者联盟	委员、学术发展委员会主席	1997	
59	赵齐乐	TransNav 2015 国际会议科学委员会	委员		
60	张景雄	国际空间精度研究学会指导委员会（International Spatial Accuracy Research Association）	委员	2008-01-01	2014-12-31
61	陈震中	ISO/IEC JTC1 SC29 WG11 国际标准专家组	成员	2012	
62	应申	国际测量师协会（FIG）三维地籍（3D cadastre）工作组	成员	2012	2016
63	应申	国际地图制图协会（ICA）LBS 工作组成员	成员	2015	2019
64	万晓霞	ISO/TC 130/WG 7	成员	2012	

9.2.2 国际学术刊物任职

共计 53 人次在国际刊物编委会任职。

国际学术刊物任职情况一览

序号	人员姓名	期刊名称	职务	起始时间	结束时间

续表

序号	人员姓名	期刊名称	职务	起始时间	结束时间
1	李德仁	Geo-Spatial Information Science	主编	2012-01-01	2016-12-31
2	吴华意	Geo-Spatial Information Science	主编助理	2012-01-01	2016-12-31
3	刘经南	Journal of Global Positioning Systems	顾问	2002-01-01	2009-12-31
4	李建成	Journal of Global Positioning Systems	编委	2002-01-01	2009-12-31
5	许才军	Journal of Global Positioning Systems	编委	2002-01-01	2009-12-31
6	许才军	Journal of Applied Geodesy	编委	2005-06-01	
7	张小红	Scientific Reports	编委	2015-05-01	
8	余科根	EURASIP Journal on Advances in Signal Processing	编委		
9	余科根	IEEE Transactions on Aerospace and Electronic Systems	编委		
10	余科根	IEEE Transactions on Vehicular Technology	编委		
11	王树良	International Journal of Granular Computing, Rough Sets and Intelligent Systems	编委	2005-06-01	
12	王树良	iBusiness	编委	2005-07-01	
13	张良培	IEEE Transactions on Geoscience and Remote Sensing	副主编	2013-01-01	2016-12-31
14	张良培	International Journal of Ambient Computing and Intelligence	副主编	2011-01-01	2015-12-31
15	张良培	International Journal of Image and Graphics	副主编	2010-01-01	2015-12-31
16	单杰	IEEE Transactions on Geoscience and Remote Sensing	副主编	2008-01-01	2015-12-31
17	单杰	Photogrammetry Engineering and Remote Sensing	助理主编	2008-01-01	2015-12-31
18	单杰	International Journal of Data and Image Fusion	编委	2008	
19	单杰	Journal of Geo-spatial Information Science	编委	2012	
20	Timo Balz	IEEE Geoscience and Remote Sensing Letters	副主编	2012-01-01	2016-12-31
21	黄昕	IEEE Geoscience and Remote Sensing Letters	副主编	2014-01-01	2018-12-31
22	黄昕	IEEE Journal of Selected Topics in Applied Earth Observations and Remote Sensing	特邀编委	2015-05-01	2015-05-01

续表

序号	人员姓名	期刊名称	职务	起始时间	结束时间
23	钟燕飞	IEEE Journal of Selected Topics in Applied Earth Observations and RemoteSensing	副主编	2015-11-08	2018-12-31
24	钟燕飞	Journal of Statistics and Mathematical Sciences	编委	2015-10-15	2018-12-31
25	史文中	Journal of Geospatial Engineering	编委	2000	
26	史文中	International Journal of Applied Earth Observation and Geoinformation	编委	2003	
27	史文中	Annals of GIS	编委	2007	
28	史文中	Journal of Spatial Information Science	编委	2008	
29	史文中	International Journal of Geographic Information Science	编委	2010-01-01	2015-12-31
30	史文中	Spatial Statistics	编委	2011-01-01	2015-12-31
31	史文中	ISPRS International Journal of Geo-Information	编委	2011	
32	龚健雅	International Journal of Health Geographics	编委	2015-01-01	2019-12-31
33	龚健雅	Transactions in GIS	编委	2009-01-01	2015-12-31
34	刘耀林	International Journal of Applied Earth Observation and Geoinformation	副主编	2010-01-01	2014-12-31
35	刘耀林	International Journal of Applied Earth Observation and Geoinformation	编委	2015-01-01	2019-12-31
36	刘耀林	International Journal of Cartography	编委	2015-01-01	2019-12-31
37	萧世伦	Journal of Transport Geography	编委	2000-01-01	2016-12-31
38	萧世伦	Journal of Geographic Information System	编委	2015-01-01	2019-12-31
39	张景雄	Geographical Analysis	编委	2008-01-01	2015-12-31
40	张景雄	Journal of Spatial Information Science	编委	2009-08-01	2015-07-31
41	陈震中	The Journal of Visual Communication and Image Representation	编委	2015-01-01	2019-12-31
42	陈震中	IEEE IoT Newsletter	编委	2014-01-01	2018-12-31
43	沈焕锋	Journal of Applied Remote Sensing	编委	2015	2018
44	艾廷华	Computers, Environment and Urban Systems	编委	2015-01-01	2018-01-01
45	方志祥	Open Journal of Transportation Technologies	编委	2012-01-01	2016-12-31
46	陈碧宇	Journal of Business and Management	编委	2013-01-01	2017-12-31
47	杨必胜	Infrastructures	编委	2015-12-01	2020-11-30

续表

序号	人员姓名	期刊名称	职务	起始时间	结束时间
48	姜卫平	Geodesy and Geodynamics	编委		
49	刘晖	GPS Solution	编委		
50	吴伟	Journal of Nanoscience Letters	副主编	2014	
51	吴伟	Advanced Science, Engineering and Medicine	编委	2013	
52	吴伟	Journal of Green Science and Technology	编委	2013	
53	张帆	Enterprise Information Systems Special Issue on IoT in Enterprise Computing	编委		

9.3 举办国际学术会议

1. 第一届图像传播国际学术研讨会

2006 年 5 月 26—29 日，第一届图像传播国际学术研讨会在武汉大学举行。会议由武汉大学印刷与包装系主办，美国电子文档基金会、测绘遥感信息工程国家重点实验室、中国文化大学资讯传播学系协办。武汉大学学术委员会主任李德仁院士担任本届会议的执行主席，美国 RIT 的 Mitchell ROSEN 博士担任本届会议的国际委员会主席。李德仁院士等 10 位来自全国各地的知名专家学者作了大会特邀报告。来自美国、日本、瑞典、中国香港、中国台湾等 10 多个国家和地区的 30 余位代表和国内 30 余所高校的 100 余名代表参加了会议。研讨会还吸引了国内外知名企业进行技术报告和产品展示，以及中国印刷技术协会、印刷工业出版社、武汉市印刷技术协会等行业相关机构的代表进行学术交流，共同探讨了图像传播工程的技术发展方向。

2. 第六届 Hotine-Marussi 理论和计算大地测量国际研讨会

2006 年 5 月 29 日—6 月 2 日，第六届 Hotine-Marussi 理论和计算大地测量国际研讨会在武汉大学国际学术交流中心召开。来自德国、美国、希腊、法国、意大利、荷兰、日本、中国香港、中国台湾等 20 多个国家和地区的近 70 位代表和来自中国大陆的 100 多位代表参加了会议。

3. 国际理论地图学与地理信息科学国际学术讨论会

2006 年 10 月 28—29 日，国际理论地图学与地理信息科学国际学术讨论会在武汉大学举行。会议由武汉大学与国际制图学会（ICA）联合举办。国际制图协会 ICA 主席 Konecny M.、副主席 Cartwright W.、理论地图学委员会主席 Wolodtschenko A.、因特网与制图委员会主席 Peterson M.、时任武汉大学副校长李清泉等出席会议并致辞，来自美国、加拿大、德国、澳大利亚、捷克、意大利、俄罗斯七国的 12 位外国代表和国内武汉大学、中科院地理所、解放军信息工程大学和中国测绘科学研究院的地图学与地理信息系统领域约 70 位代表参加了会议。会议共安排了 18 篇大会报告和 8 篇张贴报告，内容涵盖了地图符号学、地理信息科学、地图的历史艺术与社会观、移动制图和空间信息处理等研究领域。会议就现代社会中地图学理论的发展及其与信息社会的融合问题展开了讨论。

4. OGC-中国武汉研讨会

2007 年 10 月 25—27 日，由 OGC（Open Geospatial Consortium）和测绘遥感信息工程国家重点实验室联合主办的 OGC-中国武汉研讨会在武汉举行。国家测绘局副局长李维森出席会议开幕式并致辞。出席会议开幕式并致辞的领导和专家还有武汉大学学术委员会主任李德仁院士、OGC 主席、执委会成员、PCI Geomatics 主席兼首席执行官 Robert Moses 博士。本次会议的议题为：OGC 标准的进程及相关基础设施，OGC 标准的科研及商业环境，OGC 标准架构纵览-商业趋势，OGC 标准架构纵览-发展趋势，OGC 标准的应用，GML 的发展，位置服务、传感器网络、时空应用等的 OGC 标准，OGC 技术及产业发展的未来方向。

5. GNSS 海内外华人学者珞珈高级学术论坛

2008 年 1 月 9—11 日，GNSS 海内外华人学者珞珈高级学术论坛在武汉大学举行，邀请高扬等多名海外 GNSS 领域知名专家学者聚集珞珈，共同研讨 GNSS 的新进展、新技术、新方法及其未来发展。

6. 第二届图像传播国际学术研讨会

2008 年 12 月 19—21 日，第二届图像传播国际学术会议在武汉大学举行。会议由武汉大学印刷与包装系主办，测绘遥感信息工程国家重点实验室协办。武汉大学学术委员会主任李德仁院士担任本届会议的荣誉主席，测绘遥感信息工程国家重点实验室主任龚健雅教授担任本届会议的程序委员会主席。

大会共邀请了来自中国文化大学、美国 RIT、美国加州大学洛杉矶分校等高校的 7 位学者作特邀报告。其中，李德仁院士作了题为“Digital Culture Heritage：From Mogao Caves to ChiLin Nunnery”的特邀报告。来自国内 30 余所高校的 100 余位学者，美国、德国、日本及中国台湾、香港地区的 50 余位代表与会，就图像处理、颜色科学与技术、数字媒体技术、信息材料四个议题，进行了热烈的交流。

7. 对地观测数据处理与分析国际会议

2008 年 12 月 28—29 日，对地观测数据处理与分析国际会议在武汉召开，共有来自中国、美国、瑞士、英国、澳大利亚等国家和地区的 400 多名代表参加了会议。

会议开幕式于 12 月 28 日上午在海怡锦江大酒店举行。测绘遥感信息工程国家重点实验室主任龚健雅教授主持开幕式。国家测绘局李维森副局长、国家科技部基础研究司廖小罕副司长、武汉大学周创兵副校长分别致辞。国家基础地理信息中心主任、ISPRS 秘书长陈军教授代表 ISPRS 向大会致辞。之后，武汉大学李德仁院士、瑞士苏黎世联邦理工大学 Armin Gruen 教授、美国 KEYSTONE 公司吴学超博士、美国普渡大学单杰博士分别作大会特邀报告。

本次会议的议题为：对地观测系统时间基准，对地观测传感器定轨定姿，对地观测遥感成像机理与成像模型，遥感影像高精度定位与处理，新型传感器遥感影像处理与信息提取，海量遥感信息高性能并行处理技术，多源空间信息集成与融合，空间数据挖掘与知识发现，空间信息网络与网格智能化服务，对地观测数据的分析与应用等。

8. 2009“德中同行”系列活动之“城市遥感与测绘国际研讨会”

2009年9月22—24日，2009“德中同行”系列活动之“城市遥感与测绘国际研讨会”（Sino-German Workshop Urban Remote Sensing and Surveying）在武汉大学举行。“德中同行”是一个历时三年的德中友好合作活动，由德中双方共同发起。德国总统霍斯特·克勒与中国国家主席胡锦涛共同担任活动的监护人。本次活动以“可持续发展的城市化进程”为主题，两国企业界和学术界就城市规划、节能环保、交通运输等问题进行了深入探讨。

9月22日上午举行开幕式，会议由测绘遥感信息工程国家重点实验室廖明生教授主持。中方代表李德仁院士致开幕词，回顾了中德同行在遥感领域学术交流合作的发展历程，鼓励并希望遥感领域的青年学者抓住国际遥感科技快速变化和发展的良好契机，努力攻克遥感领域热点和难点问题，推动中德遥感领域的合作和交流，为国际遥感的发展作出贡献。德方German Academic Exchange Service代表Judith Poppitz女士致辞，对本次德中会议的顺利召开和实验室所做的工作表示赞赏和感谢，德中遥感研讨会系列活动为德中两国遥感领域专家学者提供了良好的交流平台，德方学者十分愿意与中国同仁们在这个轻松愉快的平台上针对相关研究领域进行交流，从中获得灵感，促进城市遥感技术的发展。会议期间，中德两国学者针对城市遥感领域的问题以口头报告、小组讨论和技术参观等形式作了广泛交流。

9. 国际摄影测量与遥感学会白象俱乐部活动

2009年10月25日，国际摄影测量与遥感学会（ISPRS）白象俱乐部会议在武汉大学举行。会议由测绘遥感信息工程国家重点实验室承办。会议开幕式由李德仁院士主持，武汉大学副校长李斐教授和李德仁院士分别致欢迎辞。

会议主要由三个部分组成。第一部分是学术报告，由Gottfried Konecny教授主持。会上Stephen Briggs博士介绍了气候变化问题以及欧空局对地观测方案；Clive S. Fraser教授介绍了VHRS成像的地理参考；Armin Gruen教授介绍了无人摄影技术；Shunji Murai教授讲述了GPS观测用于地震预测问题。第二部分是庆祝ISPRS荣誉会员、著名学者Ackermann教授80大寿，由Armin Gruen教授主持。会上Gottfried Konecny教授介绍了Ackermann教授对摄影测量发展作出的贡献；李德仁院士作了题为“向Ackermann教授学习”的报告。Ackermann教授就如何教育和培训测量师提出了几点意见。第三部分是“学生如何撰写学术论文”报告，由李德仁院士主持。各位嘉宾就怎样写提议、作报告，怎样写论文以及如何从事编辑和审阅文章作了报告。

国际摄影测量与遥感学会白象俱乐部是该学会资深科学家组成的以扶持青年学者为己任的顾问组织，一直关注和支持武汉大学测绘学科的发展，并为此作出重要贡献。

10. 虚拟地球可视化、变化检测与分析国际研讨会

2009年10月27—28日，虚拟地球可视化、变化检测与分析国际研讨会（ISPRS Wuhan Workshop 2009“Virtual Changing Globe for Visualisation and Analysis”）在武汉大学举行。会议由ISPRS第四委员会第四工作组（组长：龚健雅，秘书：乐鹏）和第七委员会第五工作组（组长：周启鸣，秘书：眭海刚）主办，测绘遥感信息工程国家重点实验室承办。

10 月 27 日上午举行开幕式，武汉大学副校长周创兵教授、李德仁院士，国际摄影测量与遥感学会第二副主席 Ammatzia PELED 教授和第四技术委员会的主席 Marguerite Madden 教授分别致辞。

专题讨论会分为虚拟地球、可视化与分析、虚拟地球专题研究、空间时间处理模型和变化检测方法四个部分。来自中国、美国、英国等国家的专家学者作了 4 个主题报告和 18 个口头报告。

11. 国际交通地理信息系统研讨会

2009 年 12 月 4—6 日，2009 年交通地理信息系统国际研讨会（2009 International Workshop on GIS for Transportation，GIS-T 2009）在武汉大学举行。会议测绘遥感信息工程国家重点实验室、武汉大学交通研究中心和中国科学院地理科学与资源研究所联合主办，国际摄影测量与遥感大会（ISPRS）第五工作组协办。

李德仁院士、美国田纳西地理系主任萧世伦教授、李清泉教授、美国犹他大学 Harry Miller 教授、美国北卡罗来纳州立大学夏洛特分校 Jean-Claude Thill 教授、美国乔治梅森大学地理系 Nigel Waters 教授、新西兰屯特大学 Martin Van Maarseveen 教授、美国华盛顿大学 Timothy Nyerges 教授、中国香港大学叶嘉安院士和英国伦敦大学 Paul Longley 教授分别在大会上作特邀报告。

会议分组报告和讨论的主题包括：交通数据分析、交通仿真和预测，交通数据集成和知识发现，交通中的 GIS 算法，路径规划，先进的交通系统，基于交通活动的出行理论和分析，GIS-T 技术和 GIS-T 服务等，共 44 个口头报告。国内外学者就如何借助空间信息科学平台和分析方法解决现实中的交通问题提出自己的见解和解决办法。

12. 2009 年地学计算与分析国际研讨会

2009 年 12 月 9—10 日，2009 年地学计算与分析国际研讨会（2009 International Symposium on Geo-computation and Analysis，ISGA 2009）暨武汉大学地学计算与分析国际联合研究中心（ICCGS）成立大会在武汉大学举行。武汉大学校长顾海良、副校长周创兵、测绘遥感信息工程国家重点实验室主任龚健雅教授，以及来自美国布法罗大学、德州大学达拉斯分校、南加州大学、印第安那大学、中密歇根大学、香港中文大学、香港理工大学、香港浸会大学等海内外知名学者 20 多人参加会议。顾海良校长致欢迎辞并向中心主任龚健雅教授（兼）、中心副主任李斌教授、周启鸣教授和李志林教授颁发了聘书，龚健雅主任向美国布法罗大学的 David Mark 教授、德州大学达拉斯分校的 Daniel Griffith 教授、南加州大学的 John P. Wilson 教授、印第安那大学的 Geoffrey Fox 教授颁发了顾问聘书。之后，David Mark 教授、Daniel Griffith 教授、John P. Wilson 教授、Geoffrey Fox 教授、龚健雅教授、李斌教授、周启鸣教授、李志林教授、林珲教授分别作了专题报告。

13. 国际华人地理信息科学协会青年学者暑期论坛

2010 年 6 月 15—16 日，国际华人地理信息科学协会青年学者暑期论坛（CPGIS 2010 Young Scholar Summer Workshop）在武汉大学举行。本次会议由测绘遥感信息工程国家重点实验室承办，会议召集人为陈能成教授，大会主题为“地理信息服务科学及前沿技术”，内容涉及数字基础设施、对地观测传感网、地理空间语义网、地理空间智能计算、虚拟地球和位置服务等。来自美国乔治梅森大学、亚历桑那大学、中科院地理所、中科院对地观测与数字地球科学中心、中山大学、华中科技大学和武汉大学的10多位青年学者参加了研讨会并作了11场报告。

14. 空间统计与智能分析高级研讨会

2010年6月22—23日，空间统计与智能分析高级研讨会在武汉大学举行。会议由测绘遥感信息工程国家重点实验室主办，武汉大学地学计算与分析国际联合研究中心、江西师范大学鄱阳湖湿地与流域研究教育部重点实验室、北京大学科学与工程计算中心、亚历桑那州立大学GeoDa研究中心、密歇根大学中国信息研究中心、中密歇根大学应用研究中心等单位协办。美国科学院院士、亚利桑那州立大学Luc Anselin教授，美国密歇根大学鲍曙明教授，美国中密歇根大学李斌教授等出席会议。大会上Luc Anselin教授被聘任为实验室客座教授。

会议的主要议题包括：空间统计，模型与智能分析领域的最新进展（包括GeoDa, Alteryx, StatGL, China Geo-Explorer等软件系统介绍），空间理论、方法和技术在环境、人口、经济、健康、区域发展以及人文研究等领域的应用。与会者还讨论了在空间统计和空间智能研究领域的合作前景、研究合作与交流计划。

15. 三维城市建模与应用暨三维地理信息国际研讨会（2011.06，武汉）

2011年6月26—28日，三维城市建模与应用暨三维地理信息国际研讨会在武汉大学举行。会议由测绘遥感信息工程国家重点实验室、武汉市城市规划信息中心和国际摄影测量与遥感学会（ISPRS）五个工作组（V/4、Ⅲ/2，Ⅲ/4，Ⅳ/4，Ⅳ/8）联合举办。来自中国、德国、英国、荷兰、加拿大、日本、韩国、西班牙、瑞典、土耳其、芬兰、马来西亚等国家和地区的120多名专家学者参加了本次会议。ISPRS秘书长、国家基础地理信息中心总工陈军教授，ISPRS第5委员会主席、英国纽卡斯尔大学Jon Mills教授以及武汉大学龚健雅教授出席了开幕式并致辞。会议的主题包括三维模型的重建、更新，三维模型的语义建模，三维空间数据管理，三维模型可视化探索，三维地理空间分析等。会议共收到34篇论文，经过严格评审，12篇论文在*Geo-spatial Information Science*杂志上发表。

16. 三维数字文化遗产建模国际研讨会（2011.09，敦煌）

2011年9月25—29日，三维数字文化遗产建模国际研讨会在敦煌举行。会议由武汉大学、瑞士ETH、敦煌研究院、甘肃省测绘局等联合举办。来自中国、泰国、叙利亚、瑞士、德国、意大利、法国、美国、澳大利亚、南非10个国家的70余人参加了会议，包括测量、计算机、考古、博物馆等多个领域的专家。

开幕式由武汉大学李德仁院士主持。武汉大学科学技术发展研究院侯祚勇副院长、敦煌研究院院长樊锦诗院长、瑞士苏黎世ETH保护与建筑研究所Armin Gruen教授、联合国教科文组织国际自然与文化遗产空间技术中心洪天华高级工程师以及甘肃省测绘局金宝处长在开幕式上致辞。

大会共设置6个报告专题，总计20个口头报告，其中7个主题报告，13个特邀报告。参会人员就世界各地的文化遗产保护项目进行了交流，涉及欧洲、亚洲、南美洲、非洲等多个著名文化遗址。其中，武汉大学李德仁院士、张祖勋院士、朱宜萱教授、张永军教授、黄先锋副教授、张帆博士在会上作了报告，全面介绍了武汉大学对敦煌莫高窟、香港志莲净苑、北京故宫等多处文化遗址所做的数字化工作。

Armin Gruen 教授主持大会闭幕式，Markus Reindel 教授和李德仁院士在闭幕式上总结了大会成果。

17. 2011 年国际地理信息科学学生夏季研讨会

2011 年 10 月 9—15 日，2011 年国际地理信息科学学生夏季研讨会在武汉大学举行。研讨会由李德仁院士倡议召集，国际摄影测量与遥感学会（ISPRS）主办，武汉大学测绘遥感信息工程国家重点实验室、测绘学院、遥感信息工程学院和资源与环境科学学院等单位共同承办。与会人员包括：ISPRS 第二副主席 Ammatzia Peled 教授，来自俄罗斯新西伯利亚大学、德国宇航中心、蒙古科学技术大学、维也纳大学等高校和研究机构的国外学者和师生共 19 人，武汉大学测绘学科 23 名优秀博士、硕士研究生。

10 月 9 日上午，欢迎仪式暨开幕式在遥感学院报告厅举行，武汉大学副校长李斐教授、俄罗斯新西伯利亚测绘学院 Igor Musikhin 教授、国际摄影测量与遥感学会第二副主席 Ammatzia Peled 教授分别致辞。武汉大学朱庆教授介绍了测绘遥感信息工程国家重点实验室概况及科研成果、胡翔云教授作了题为“Imaging the future of photogrammetry”的主题报告。之后，中外研究生在老师指导下共同开展了为期一个星期的课程学习、实验设计、交流讨论和相关的文化交流活动。

18. 地球空间信息科学英文期刊编委会第一次会议

2011 年 12 月 18 日，地球空间信息科学英文期刊 GSIS（*Geo-spatial Information Science*）国际编委会在武汉大学举行。GSIS 由武汉大学主办，主编李德仁院士、副主编周启鸣教授、Armin Gruen、Christopher Gold、Washington Y. Ochieng 以及来自世界各国遥感、地理信息和全球定位系统的专家编委 20 余人参加了会议。

会议讨论确定了 GSIS 的发展计划。围绕将 GSIS 尽快办成 SCI 检索源刊目标，各编委会成员对期刊主题、编委会运作方式、评审方式进行了热烈讨论，同时分别对大地测量与全球导航卫星系统、摄影测量、遥感以及地理信息系统等专题进行了深入讨论，提出了期刊近期主要选题。

19. 地学计算与分析国际联合研究中心顾问委员会第一次会议

2011 年 12 月 19 日，地学计算与分析国际研究中心顾问委员会暨系列学术报告会在武汉大学举行。会议由测绘遥感信息工程国家重点实验室和国际地学计算与分析研究中心（ICCGS）联合主办。会上，来自各国的专家学者就自己近年的研究成果作了报告，内容涉及地学计算与分析的相关方面，包括密集数据应用和云计算、地理加权回归的最新发展、多尺度的地形模型以及其应用、地学计算和地理人口统计等。

20. 第三届图像传播国际学术研讨会

2011 年 12 月 16—18 日，第三届图像传播国际学术研讨会在武汉大学举行。本次会议由武汉大学印刷与包装系主办。会议主题涵盖了图像复制、色彩科学与技术、数字媒体技术、数字出版、印刷包装材料及其应用等五个领域，来自大陆及港台地区的近百名专学者与会。

21. 第三届三维地籍国际会议

2012 年 10 月，第三届三维地籍国际会议——“三维地籍的发展与实践”在深圳市顺利召开。会议由武汉大学、深圳规划国土资源委员会及 FIG（国际测量师协会）联合主办。研讨会围绕三维地籍的“进展与实践”这一主题，从法律、系统与应用、建模、组织管理、可视化、技术6个专题开展为期两天的学术交流与探讨，来自荷兰、美国、瑞典、澳大利亚、新加坡、韩国、中国大陆以及港澳台10余个国家和地区的21名专家分别就上述专题作了精彩的报告，有160多名同行参与、旁听和进行讨论。长春市国土资源局、深圳市规划和国土资源委员会代表中国特色城市进行了成果展示。最后，会议组织参观了深圳湾大桥、丰盛町地下商业街等几处深圳市土地立体化利用的典型实例。

本次研讨会为各国从事三维地籍研究和土地管理的专家学者及管理人员提供了一个理想的交流平台，有助于大家了解当今国际社会在三维地籍领域的研究方向、前沿热点、发展趋势以及各个国家和地区的特色成果与实践经验，加深了相互间的沟通交流，为未来在三维地籍领域中开展广泛的交流与合作奠定了基础。

22. 2012RICS 国际测绘会议

2012年12月12日，2012RICS国际测绘会议在武汉大学举行。会议由武汉大学测绘学院、英国皇家特许测量师学会、湖北省测绘学会、中国测绘学会、国际测量师联合会、香港理工大学共同举办。

23. 2013年国际地图制图协会执委会

2013年2月26—28日，国际地图制图协会（ICA）执委会在武汉举行。ICA主席George Gartner与其他执委会成员参加了此次会议。ICA成员一行在执委会召开前专程访问了国家测绘地理信息局、中国测绘学会并参观了国家地理信息中心、中国测绘研究院与国家测绘地理信息局卫星遥感信息中心。

24. 地球空间信息和智慧城市高峰论坛

2013年5月15—16日，地球空间信息和智慧城市高峰论坛（Geospatial Information for Smart City and the Future of Geoinformatics）在武汉大学举行。会议由测绘遥感信息工程国家重点实验室主办。

随着物联网、云计算、无线宽带、传感网等技术的飞速发展，智慧城市作为未来城市信息化的表现形式，逐步从概念走向开发和应用，世界范围的新技术革命和知识经济的浪潮持续地推动着信息化、网络化、数字化、智能化的蓬勃发展，这既是地球空间信息科学发展的新的机遇，也对地球空间信息技术的发展提出了新的挑战。本次会议旨在通过对相关问题的研讨，推动地球空间信息技术在智慧城市中的应用。

美国科学院院士Michael Goodchild教授、瑞士皇家科学院院士Armin Gruen教授、国际摄影测量与遥感学会第一副主席Orhan Altan教授、国际摄影测量与遥感学会前主席John Trinder教授、李德仁院士、叶嘉安院士、郭华东院士、龚健雅院士，以及张良培教授、单杰教授、萧世伦教授、李志林教授、刘耀林教授等作了专题报告。

25. 2013年CSNC第四届中国卫星导航学术年会（CSNC2013）

2013年5月15—17日，第四届中国卫星导航学术年会在武汉国际会展中心拉开帷幕。年会以“北斗应用——机遇与挑战”为主题，会期3天。来自国内外的知名专家学者以及企业家，集中展示最新成果，探讨卫星导航应用服务模式，谋划产业未来发展。中国卫星导航系统委员会副主席刘国治，北斗卫星导航系统副总设计师杨长风，北斗卫星导航系统工程总设计师、国家最高科技奖获得者、两弹一星功勋科学家、中国卫星导航学术年会科学委员会主席孙家栋院士，武汉市市长唐良智，武汉大学党委书记韩进、副校长李斐，中国工程院院士宁津生、刘经南、李建成以及来自政府、科研院所、企业等领域的代表2000余人参与了此次盛会。

年会期间，中、美、俄、欧等国家和地区卫星导航系统主管部门官员、国际知名专家学者就卫星导航新进展及发展趋势作了特邀报告。与会代表聚焦中国自主发展、独立运行的北斗全球卫星导航系统，就卫星导航系统的计划、发展、应用和政策等作了深入交流研讨。同时，武汉大学还与中国卫星导航协会、中国科协、武汉市人民政府共同主办了"北斗科技周"科普讲座系列活动。

26. 第十二届地学计算国际会议

2013年5月23—25日，第十二届地学计算国际会议（Twelfth International Conference on GeoComputation）在武汉大学举行。地学计算国际会议每两年举行一次，与GIScience国际会议同为国际地理信息科学领域的顶级国际会议。本次会议由测绘遥感信息工程国家重点实验室承办。李德仁院士、Michael Goodchild、Daniel Griffith等多名国际知名专家出席了会议。

来自中国、美国、英国、爱尔兰、新加坡等国家的100余名专家学者带来了5个主题报告、60余场口头报告以及40余篇海报展示。专题讨论会包括高性能地学计算、地学空间统计、时空数据分析、地学可视分析、交通GIS等17个分会场。

5月25日上午，大会还举行了"大数据时代的地学计算"研讨会，李德仁院士、Christopher Gold、Daniel Griffith、Harvey Miller、Shih-Lung Shaw、Bin Li和Matt Duckham共7名专家作了口头演讲和讨论。李院士作了第一个主题演讲——"智慧城市与大数据处理"，指出大数据处理的重要性和关键问题，强调智慧城市与大数据密不可分的关系。

研讨会后龚健雅院士为本次大会作了总结报告，并宣布下一届地学计算国际会议于2015年在美国达拉斯举行。

27. 室内定位与导航专题国际研讨会

2013年9月26日，室内定位与导航专题国际研讨会在武汉大学召开。本次会议由测绘遥感信息工程国家重点实验室朱庆教授主持的"室内多维位置信息标识语言"国家标准课题和朱欣焰教授主持的"位置传感网与全息位置地图关键技术及其应用"国家支撑计划课题联合支持举办。来自武汉大学、荷兰代尔夫特理工大学、香港理工大学、南京师范大学、西南交通大学、中国测绘科学研究院、国家基础地理信息中心、合众思壮科技股份有限公司、天地图有限公司和高德软件有限公司等单位的31位专家参会。与会人员就室内定位与导航的技术标准和轻量化应用等问题进行了讨论，实地考察了在重点实验室初步建成的室内定位与导航实验系统。

28. 第四届图像传播国际学术研讨会

2013年11月16—17日，第四届图像传播国际学术研讨会在武汉大学举行。会议由武汉大学印刷与包装系主办。来自美国国际数码企业联盟/ISO TC130、台湾艺术大学、台湾科技大学、香港印刷科技研究中心、北京大学等海内外的30余所高校、科研机构、业界的120余名代表共聚一堂，开展了热烈的学术研讨。本次研讨会上，重点结合当前图像传播领域的研究热点，就打印机及安全打印、裸眼立体显示、印刷电子材料、视觉检测技术以及印刷科技发展等主题组织了多场专题报告，邀请国内外的同行专家就当前图像传播领域的若干前沿进行了系统、充分的研讨，较大地推进了图像传播理论及技术的发展，促进了国内外图像传播的学术交流。

29. 地图与地理信息在预警与灾害管理中的应用国际研讨会

2013 年 12 月 3—5 日，地图与地理信息在预警与灾害管理中的应用国际研讨会在武汉召开。本次会议由武汉大学资源与环境科学学院承办，来自国际地图制图协会、国际应急管理学会、国际灾害管理协会、国际数字地球协会等多个国际学术组织和中国民政部国家减灾中心、国土资源部重点实验室、中科院遥感所、北京大学、北京师范大学、信息工程大学、中国矿业大学、中国农业大学、河海大学以及瑞士、捷克、奥地利等多个国家高校和研究机构共 100 多名代表参加了会议。武汉大学常务副校长冯友梅出席了会议并致开幕词，资源与环境科学学院院长刘耀林主持了会议。参会代表围绕地图与地理信息在预警、灾害应急管理与决策等相关领域的应用展开了学术交流。

30. 国际摄影测量与遥感学会第六委员会中期会议

2014 年 5 月 19—21 日，国际摄影测量与遥感学会（ISPRS）第六委员会中期会议在武汉大学举行。会议由 ISPRS 第六委员会和武汉大学联合主办，该委员会是学会负责教育和国际交流的专门委员会，龚健雅院士担任该委员会主席。此次会议的主题为“数据、信息和知识共享的地理信息教育”，来自美国、德国、加拿大、澳大利亚、印度、菲律宾、俄罗斯等 22 个国家共 300 余名中外学者及地球空间信息科学暑期学校学员参会，就共同推进地理信息教育的数据、信息和知识共享等议题展开交流和讨论。

会议邀请到全球荣获 ISPRS 最高荣誉称号“荣誉会员”的 5 位杰出科学家出席会议，他们分别是武汉大学李德仁院士、德国汉诺威大学 Gottfried Konecny 教授、瑞士苏黎世联邦理工学院 Armin Gruen 教授、澳大利亚新南威尔士大学 John Trinder 教授和英国伦敦大学学院 Ian Dowman 教授。会议包括 4 个主题报告、40 余场口头报告和近 20 篇海报展示，还设有 8 个并行分会，包括技术转移与能力发展、ICA 教育、网络资源共享和教育传递服务、国际合作教育项目、青年专业技能提升、第六委员会工作会议和学生讲座会议。

31. 国际理论地图学与地理信息科学学术讨论会

2014 年 10 月 18 日，国际理论地图学与地理信息科学学术讨论会在北京召开。ICA 理论地图学委员会主席、武汉大学的杜清运教授，地图集委员会主席、奥地利科学院的 Peter Jordan 及副主席中科院地理所的齐清文研究员共同发起组织了这次学术讨论会。来自奥地利、捷克、印度、哥伦比亚、中国香港和内地的 30 位学者参加了会议，共有 13 位学者就民族制图、国家地图集、地图语言学、智慧空间计算、认知及应急制图等问题作了学术报告，国际制图协会副主席、武汉大学资源与环境科学学院院长刘耀林教授到会祝贺并作了在线地图集的学术报告。

32. 2014 北斗技术与应用国际培训班

2014 年 7 月 26 日，2014 北斗技术与应用国际培训班在武汉大学举行。该班由科技部国家遥感中心主办、武汉大学协办。培训班为期 20 天，共有来自 7 个国家（巴基斯坦、朝鲜、柬埔寨、老挝、马来西亚、泰国、文莱）的 20 名学员参加培训。

刘经南院士、杨元喜院士等专家为学员讲授了全球卫星导航系统的发展及北斗系统的关键技术。北京航空航天大学、上海交通大学等院校的11位教授，上海华测导航技术有限公司、超图软件股份有限公司等国内企业的4位企业家，中国资源卫星应用中心等的10余位博士及高级工程师，为学员介绍了北斗系统的具体应用、利用北斗系统开发的羲和系统及应用等内容以及中国各个相关企业的应用产品。学员还参观了武汉卫星导航相关企业。此次培训班的举办，为东盟地区同行提供了深入了解中国北斗及其应用科技的机会，促进了中国与东盟各国在北斗技术与应用方面的交流，为今后中国与东盟地区开展相关合作建立了沟通的桥梁。

33. 极地测绘遥感与全球环境变化国际学术研讨会

2014年11月10—12日，极地测绘遥感与全球环境变化国际学术研讨会在武汉召开。会议由武汉大学和国家海洋局极地考察办公室共同主办，来自挪威、澳大利亚、美国、德国和两岸三地的极地研究专家学者共110余人参加会议。会议设立了极地测绘遥感、极区生物生态、海洋环境、极地冰川等多个专题。瑞典皇家科学院院士 Kim Johan Holmen、澳大利亚南极局首席科学家 Nick Gales、德国耶拿大学 Hans Ulrich Peter 教授、国家海洋局陈立奇研究员等分别作了北极与全球变化、澳大利亚南极科学研究计划、南极相关鸟类生存环境研究、两极在全球环境变化中的作用等主题报告。其他参会人员在不同专题作了共40多个口头报告，展示和交流了他们的最新研究成果。

34. 地球行星数据应用与解释国际研讨会

2015年5月13日，地球行星数据应用与解释（Earth and Planetary Data Applications and Interpretations）国际研讨会在武汉大学举行。来自捷克西波西米亚大学的 Pavel Novák 教授，中国科学院测量与地球物理所的闫昊明教授，中国地质大学（武汉）行星科学研究所肖龙教授，武汉大学申文斌教授、余科根教授、Robert Tenzer 教授分别作了学术报告。本次学术研讨会重点针对我国对月观测的最新研究进展、地球内部结构、尼泊尔地震机理解释、全球日长变化等方面进行了深入讨论，以促进地球和行星科学研究。

35. 第四届大气光散射和遥测技术国际学术会议

2015年6月1—3日，第四届大气光散射和遥测技术国际学术会议（ISALSaRS 2015）在武汉召开，来自美国、日本、德国、斯洛文尼亚及中国近20家单位的150多名专家学者出席。大会由武汉大学与湖北省科学技术协会共同主办。大会名誉主席、两院院士李德仁，大会主席、测绘遥感信息工程国家重点实验室副主任龚威教授，大会学术委员会主席、美国航空航天局（NASA）华裔科学家 Wenbo Sun 教授分别致辞。全球气候变化是当今世界共同面临的重大问题，事关国民经济和社会可持续发展的各个领域，受到了各国政府的高度关注和重视。大气光散射及遥感观测技术是大气科学研究的基础之一，在全球气候变化研究领域获得了广泛应用。大会为期3天，专家学者围绕大气遥感探测领域作了近60场报告。3位优秀口头报告和2位海报参会者获得“优秀青年科研人员”奖励证书。

36. 第三届“空间信息、资源管理与可持续生态”国际会议

2015年10月16—17日，由武汉大学与美国东密歇根大学联合举办的第三届“空间信息、资源管理与可持续生态”国际会议（2015 International Conference on Geo-Informatics in Resource Management & Sustainable Ecosystem，GRMSE 2015）在武汉召开，来自国内外30多所高校的近200名教师和学生参加了会议。国际软件学院院长崔晓晖教授、美国东

密歇根大学文理学院院长 Tom Venner 教授分别致开幕词。边馥苓教授为会议最佳论文颁奖。龚健雅院士、中科院遥感所所长顾行发教授、香港中文大学林晖教授、美国 San Diego State University 的 George Christakos 教授做了大会特邀报告。本次会议所有收录文章由 Springer 出版社出版至 *Communications in Computer and Information Science* （CCIS） series 上，并提交 EI 和 ISTP 检索。会议接受的优秀论文被推荐到 SCI 期刊 *Sustainability* 上出版。

37. “泛在测绘与位置大数据应用”国际工程论坛

2015 年 11 月 7—8 日，“泛在测绘与位置大数据应用”国际工程论坛在武汉举行。会议由中国工程院主办，国家卫星定位系统工程技术中心和地球空间信息技术协同创新中心共同承办。来自美国、英国、澳大利亚、加拿大、中国内地和香港等多个国家（地区）的测绘及信息技术领域的专家学者参加了会议。武汉大学刘经南院士担任大会主席，武汉大学副校长李斐教授致欢迎辞。李德仁院士、龚健雅院士、李德毅院士、王家耀院士、郭仁忠院士、欧洲开放地理空间协会主席 Mike Jackson、美国杜克大学 David J. Brady 教授、英国国家测量局首席科学家 Pouria Amirian、中科院计算所程学旗研究员、中国人民大学孟小峰教授分别作大会主题报告，来自英国诺丁汉大学、澳大利亚皇家墨尔本大学、宁波诺丁汉大学、香港理工大学等多位专家分别作了专题报告。

38. GNSS 精密产品——现状及展望国际学术研讨会

2016 年 5 月 16 日，GNSS 精密产品——现状及展望国际学术研讨会在武汉大学举行。本次会议的主题为“International Workshop on Precision Products for PPP：current status and future perspective”，吸引了来自中国、美国、加拿大、日本、澳大利亚、荷兰、波兰等国内外众多 GNSS 领域的专家学者。

会议由加拿大卡尔加里大学教授、武汉大学长江学者讲座教授高扬主持，武汉大学测绘学院院长姚宜斌教授致欢迎词。本次会议重点围绕 GNSS 精密产品的发展现状与趋势展开交流和研讨。波兰弗罗茨瓦夫大学 Pawel Wielgosz 教授作了 GNSS 精密电离层产品方面的报告；德国地学研究中心李星星博士作了 GNSS 偏差产品方面的报告；Jaroslaw Bosy 教授作了 GNSS 对流层产品方面的报告；葛茂荣教授作了精密轨道和钟差产品方面的报告。4 位专家详细介绍了当前各 GNSS 精密产品的生成与发布情况，对精密产品的性能进行了全面综合的评估，通过具体实际应用分析了精密产品的质量，并对当前存在的问题以及发展方向提出了建议。武汉大学测绘学院张小红教授、高扬教授，同济大学李博峰教授，武汉大学 GNSS 研究中心赵齐乐教授先后主持了相关专题讨论交流环节。

39. 地球物理前沿国际研讨会暨中国科学促进会 2016 年会

2016 年 6 月 18—19 日，地球物理前沿国际研讨会暨中国科学促进会 2016 年会（IPACES）在武汉大学举行。中国科学促进会组织委员会主席、武汉大学副校长李建成院士，千人计划学者宋晓东教授，IPACES 委员朱露培等教授，武汉大学测绘学院院长姚宜斌教授、副院长许才军教授，地理物理系主任申文斌教授、张双喜教授以及国内外地球物理学专家学者和地球物理专业研究生等参加会议。

宋晓东教授作了开幕式上致辞，姚宜斌教授介绍了测绘学院地球物理系的发展和近年来取得的研究成果。王克林、包会明、周华伟等教授作了学术演讲。与会研究生代表介绍了各自的研究工作并回答教授们的提问。教授们还对研究生如何撰写学术论文、如何投稿以及注重学术规范等问题作了演讲和指导，对研究生所作的展板进行了打分。与会人员进行热烈讨论和互动交流。大会还颁发了优秀学生论文奖。

40. 2016 年全球华人导航定位协会（CPGPS）暑期学校

2016 年 7 月 3—9 日，2016 年全球华人导航定位协会（CPGPS）暑期学校在武汉大学举行。中科院院士杨元喜教授，澳大利亚昆士兰科技大学冯延明教授德国地学研究中心葛茂荣研究员、邓志国博士，现任 CPGPS 主席、中科院上海天文台金双根研究员，武汉导航与位置服务工业技术研究院韩绍伟教授，武汉大学研究生院培养处副处长周伟、测绘学院院长姚宜斌、党委书记孙萍、导航工程系主任张小红，卫星导航定位技术研究中心副主任姜卫平等出席开幕式。

暑期学校由全球华人导航定位协会主办，武汉大学测绘学院承办，重点围绕“北斗/GNSS 多频多系统导航定位及应用的机会与挑战”主题，邀了该领域的 14 名境内外知名专家为学员授课，吸引了来自国内外 30 余所高校和科研机构 100 余名学生和在职人员前来参加。杨元喜院士讲授了题为“特色北斗，特色研究方向”的第一堂课。随后的 5 天时间里，授课老师围绕多系统 GNSS 轨道确定、偏差处理、模糊度解算、地基增强、网络 RTK、精密单点定位、基础程序设计、大气建模及应用等专题作了讲授。学员与授课老师进行了深入交流与互动。

本届 CPGPS 暑期学校新增设了“GNSS 创新设计竞赛”活动，旨在促进学员的科研兴趣，增强学员之间的协作精神。经过现场答辩，最终遴选出一等奖 2 名，二等奖 4 名，优秀奖 15 名。

41. 中欧科技合作“龙计划”三期总结研讨会暨四期启动会

2016 年 7 月 4—8 日，由中国科技部和欧洲空间局共同主办，科技部国家遥感中心、欧洲空间局对地观测部和武汉大学共同承办的“龙计划”三期总结研讨会暨四期启动会在武汉召开。来自中国及欧洲各国科学家共 300 余人参加了本次会议，作了近 100 个学术报告，对“龙计划”三期取得的成果和四期工作计划进行全面深入的交流与研讨。期间，大会对“龙计划”三期作出突出贡献的中欧科学家及优秀青年论文获奖者进行了表彰。

“龙计划”是目前我国在地球观测领域的大型国际科技合作项目，旨在建立面向地球观测数据应用研究的中欧联合研究队伍，促进双方卫星遥感技术水平的共同提高。中欧合作“龙计划”项目从 2004 年至今已执行 12 年，圆满完成第一、二、三期的合作任务，逐步探索出一套“政府搭台，自主参与，自选合作主题”的国际科技合作新机制，开展了广泛深入的数据共享、技术培训、学术交流、合作研究等工作，建立起一支地球观测中欧联合研究队伍，取得了一大批具有国际先进水平的研究成果，有效促进了中欧双方地球观测技术水平的提高，被誉为中欧科技合作的典范。

“龙计划”四期将涵盖大气、农业、城市化等 8 个领域框架下的 27 个合作项目，为期 4 年。双方将在前三期合作的成果上，将合作内容扩展至全球森林监测、二氧化碳监测、遥感定标和防灾减灾等方面的应用研究，重点面向欧洲和中国最新发射和将要发射的卫星数据继续开展深入合作。

“龙计划”四期项目合作的正式实施，标志着中欧地球观测科技合作进入了一个全新的阶段，必将推动中国和欧洲在地球观测领域的技术合作再上新台阶。

42. 地球自转国际联合研讨会

2016年7月19—23日，地球自转国际联合研讨会在武汉大学举行。会议由武汉大学测绘学院、中国科学院上海天文台主办，IAU、IAG、IERS、国家自然科学基金委联合组织赞助。会议围绕"Geodesy, Astronomy and Geophysics in Earth Rotation"主题展开，吸引了来自中国、美国、德国、俄罗斯、波兰、法国、比利时、西班牙、韩国等国内外20余名专家学者参会。开幕式上，武汉大学李斐副校长致欢迎辞，Richard Gross教授介绍会议相关情况，武汉大学测绘学院院长姚宜斌教授介绍了学院概况，地球物理系主任申文斌教授介绍了地球物理学研究进展。开幕式由导航工程系主任、院长助理张小红教授主持。

会议为期6天，包括学术报告和专家讲座两部分。Nastula Jolanta、Christian Bizouard、Leonid Zotov、陈剑利、申文斌、陈巍等多名国内外专家学者作了学术报告，涵盖地球自转的理论建模、观测、分析、预测，地球自转变化的地球物理激发，基于地球自转观测探究地球系统的物理和动力学性质等方面内容。邀请了多位专家作专题讲座，分别如下：比利时皇家天文台Veronique Dehant教授：地球和行星自转的观测及其对行星内部的探究；卢森堡大学Oliver Francis教授：地表负载；美国喷气推进实验室（JPL）Richard Gross教授：利用卡尔曼滤波对地球定向参数进行预测；德国地球科学研究中心（GFZ）Harald Schuh教授：VLBI监测所有地球定向参数；美国国家海洋与大气管理局（NOAA）Jim Ray教授：IGS地球定向观测；西班牙阿利坎特大学Jose Ferrándiz教授：地球自转的哈密顿理论；波兰空间研究中心Aleksander Brzeziński教授：地球自转高频信号建模；我国台湾中央大学赵丰教授：旋转简正模机制——共振、激发、卷积和去卷积；上海天文台黄乘利教授：地球内部形状的广义理论及其应用。

9.4 国内外重要会议特邀、主题报告

共计173人次受邀在国内外重要学术会议上作特邀或主题报告。

受邀在国内外重要会议上作特邀、主题报告情况一览

报告名称	报告人	会议名称	会议地址	会议时间
What Can Vision Cruiser^{TM} Do for You?	李德仁	IEEE Wuhan Section Inauguration（IEEE武汉分会筹备会议）	武汉	2007.09
Topographic Measurement with ERS and ENVISAT Data	李德仁	Mapping without the Sun-Techniques and Applications of Optical and SAR Imagery Fusion	成都	2007.09
What can Vision Cruiser do for you?	李德仁	智能信息处理与通信系统国际研讨会（ISPACS 2007）	厦门	2007.11
论广义空间信息网格和狭义空间信息网格	李德仁	两岸三地数位地球论坛	台湾	2007.03
移动测量技术及其应用	李德仁	第五届海峡两岸测绘发展研讨会	台湾	2007.11

续表

报告名称	报告人	会议名称	会议地址	会议时间
Monitoring Crustal Movement in the Qinghai-Tibetan Plateau Using GPS Measurements from 1993 to 2002	姜卫平	IUGG	意大利	2007. 07
中国对地观测卫星及其应用	李德仁	2007 中国科协年会	武汉	2007. 09
基于可量测实景影像的 LBS	李德仁	2007 中国科协年会通信与信息发展高层论坛	武汉	2007. 09
数码城市 GIS：沟通 BIM/CAD/GIS 的桥梁	朱庆	第三届中国国际数字城市大会	深圳	2007. 09
数码城市 GIS 与城市设计	朱庆	第四届中国城市规划学科发展论坛暨《城市规划学刊》创刊 50 周年庆典	上海	2007. 10
三维自适应可视化关键技术及其在数码城市 GIS 软件中的应用	朱庆	中国 GIS 协会第四次会员代表大会暨第十一届年会	北京	2007. 11
数字城市及其典型应用	李德仁	2007 年中国城市规划信息化年会暨规划新技术运用 20 年回顾与展望	昆明	2007. 11
数码城市 GIS 在城市规划中的应用	朱庆	2007 年中国城市规划信息化年会暨规划新技术运用 20 年回顾与展望	昆明	2007. 11
数字城市及在典型地区的应用	李德仁	中国地理信息系统协会 GIS 理论与方法专业委员会 2007 年学术研讨会暨第二届地理元胞自动机和应用研讨会	广州	2007. 11
基于可量测图像的空间信息服务	李德仁	第四届数字中国发展高层论坛暨信息主管峰会 2007 数字中国成果及数字化技术展览会	北京	2007. 12
China's EO Missions	李德仁	Dragon 1 Final Results and Dragon 2 Kick off Symposium	北京	2008. 04
Grid GIS and Its Application	李德仁	第 16 届国际地理信息科学与技术大会暨 GIS 与城市环境会议（The 16th International Conference on Geoinformatics and Joint Conference on GIS and Built Environment）	广州	2008. 06

续表

报告名称	报告人	会议名称	会议地址	会议时间
Uncertainty in Spatial Information, Analysis, and Applications: Chinese Perspectives	李德仁	第八届自然资源与环境科学空间信息精度评估国际研讨会（The 8th International Symposium on Spatial Accuracy Assessment in Natural Resources and Environmental Sciences）	上海	2008. 06
Monitoring Urban Subsidence with Persistent Scatterer InSAR Technique	廖明生	亚洲-大洋洲地区地球科学学会 2008 年会	韩国	2008. 06
Rapid Response System of Photogrammetry and Remote Sensing for Wenchuan Earthquake	李德仁	第 21 届国际摄影测量与遥感大会（ISPRS Congress）	北京	2008. 07
DMI Supported LBS	李德仁	首届武汉国际地球空间信息技术与产业发展论坛（International Forum on Industrialization of Geoinformatics）	武汉	2008. 07
Acquisition, Processing & Application of Traffic Information in China	杨必胜	第九届亚太 ITS 论坛（The 9th Intelligent Transport Systems Asia-Pacific Forum）	新加坡	2008. 07
Signal Processing of Interferometric SAR and Its Applications	李德仁	The 9th International Conference on Signal Processing（ICSP'08）	北京	2008. 10
大学与企业合作共赢，促进社会经济发展	李清泉	第四届环黄海产学官大学校长论坛	韩国	2008. 10
Role of Geospatial Technology in Wenchuan Earthquake	李德仁	Digital Earth Summit on Geoinformatics: Tools for Global Change Research	波兹坦	2008. 11
On Geographic Information New Era	李德仁	International Conference on Earth Observation Data Processing and Analysis（ICEODPA）	武汉	2008. 12
数码城市（CyberCity）的概念、技术支撑和典型应用	李德仁	首届三维数字城市建设论坛暨第三届虚拟地理环境学术研讨会	武汉	2008. 05
Internet Based Measurable Image Service	李德仁	第三届全国地理信息系统博士生学术论坛	南京	2008. 06
地球空间服务网络的体系结构与关键技术	龚健雅	第三届全国地理信息系统博士生学术论坛	南京	2008. 06

续表

报告名称	报告人	会议名称	会议地址	会议时间
三维城市建模的研究与实践	朱庆	第八届全国虚拟现实与可视化学术会议（CCVRV'08）	福州	2008. 09
真三维 GIS 及其应用	朱庆	第五届数字中国发展高层论坛暨信息主管峰会："数字中国"/"数字地球"平台与服务模式创新专题论坛	北京	2008. 12
Chinese Experience in Environmental and Disaster Management through Geo-informatics Technology	陈晓玲	National Conference on Space Technology & Geo-Informatics 2009	泰国	2009. 01
RS&GIS for Disaster Management	李德仁	Symposium on Disaster Management	香港	2009. 05
Great Potential of 3D Geospatial Information System in Advanced Construction	朱庆	Construction Technologies & Sustainable Building Materials Conference	新加坡	2009. 05
Towards a Geospatial Service Web	李德仁	The 6th International Symposium on Digital Earth	北京	2009. 09
Surveying and Mapping Support for Earthquake Relief Work	李德仁	International Conference on Geospatial Solutions for Emergency Management	北京	2009. 09
A Study on RPC model in Spaceborne SAR and InSAR	李德仁	International Workshop on High-resolution 3D Earth Image Analysis for Remote Area Applications	内蒙古	2009. 09
New Algorithm for Multi-temporal Remote Sensing Data Change Detection	龚健雅	International Workshop on High-resolution 3D Earth Image Analysis for Remote Area Applications	内蒙古	2009. 09
SAR Data Processing and Its Application in Geomatics	李德仁	The 30th Asian Conference on Remote Sensing	北京	2009. 10
Towards a Geospatial Service Web	李德仁	ISPRS Wuhan 2009 Workshop - Virtual Changing Globe for Visualisation and Analysis	武汉	2009. 10
R&D of Full 3D GIS at LIESMARS	朱庆	Underground Technology and Rock Engineering（UTRE）Workshop	新加坡	2009. 11
Digital Culture Heritage in China（数位敦煌）	李德仁	International Conference of Graphic Communication Arts and Sciences	台湾	2009. 11
Street Image Based Navigation and LBS	李德仁	2009 International Workshop on GIS for Transportation	武汉	2009. 12

续表

报告名称	报告人	会议名称	会议地址	会议时间
Digital Cultural Heritage in China	李德仁	Sino-German Workshop on "Dynamic Maps"	武汉	2009. 12
The Full Three-dimensional GIS and Great Potential in Harbor City	朱庆	2009 China Europa, Workshop: Harbour Cities & Reclaiming Available Space: Feedback	法国	2009. 12
论 GIS 三维可视化	李德仁	第二届三维数字城市建设论坛暨《城市三维建模技术规范》全国专家研讨会	武汉	2009. 07
论地理信息新时代	李德仁	2009 中国科学院地理信息技术自主创新论坛暨 SuperMap GIS 技术大会	北京	2009. 09
从数字地球到智慧地球	李德仁	九寨沟可持续发展国际论坛	九寨沟	2010. 01
Chinese EO Missions and Future Programmes	李德仁	中国科技部-欧洲空间合作"龙计划"二期 2010 年中期成果学术研讨会	桂林	2010. 05
The New Era for Geo-Information	李德仁	Joint International Conference on Theory, Data Handling and Modelling in Geospatial Information Science	香港	2010. 05
数字园林与智慧园林	李德仁	国际风景园林师联合会第 47 届大会	苏州	2010. 05
From Digital Earth to Smart Earth	李德仁	The 3rd ISDE Digital Earth Summit - Digital Earth in the Service of Society: Sharing Information, Building Knowledge	保加利亚	2010. 06
On New Era of Geo-information	李德仁	The 18th International Conference on Geoinformatics	北京	2010. 06
论地理信息新时代	李德仁	2010 年中国海外地理信息科学协会青年学者夏季研讨会	武汉	2010. 06
从数字地球到智慧地球	李德仁	高速铁路精密测量理论及测绘新技术应用国际研讨会	成都	2010. 08
Effects of the inhomogenous Co doping on the magnetoresistance of Zn1-xCoxO epitaxial films	叶双莉	11th IUMRS International Conference in Asia (IUMRS-ICA)	青岛	2010. 09

续表

报告名称	报告人	会议名称	会议地址	会议时间
地理空间信息新时代	李德仁	2010 年两岸四地 GIS 与应用遥感研讨会	高雄	2010. 11
An Object-level Change Detection Algorithm based on Multi-scale Segmentation	眭海刚	Workshop on Remote Sensing Methods for Change Detection and Process Modelling	德国	2010. 11
智慧城市时空信息即时服务的机遇与挑战	陈能成	第一届中法信息技术（智慧城市）学术研讨会	北京	2010. 12
论天地一体化对地观测网	李德仁	第 46 期《双清论坛》学术研讨会	北京	2010. 03
基于可量测实景影像	李德仁	2010 中国苏州 GIS、RS 高新技术应用研讨会	苏州	2010. 05
LIDAR 技术及其应用	李德仁	第 17 届中国遥感大会	杭州	2010. 08
从数字地球到智慧地球	李德仁	中国地理信息系统协会理论与方法专业委员会 2010 年学术研讨会	上海	2010. 09
空间信息网络服务与发展	龚健雅	中国地理信息系统协会理论与方法专业委员会 2010 年学术研讨会	上海	2010. 09
三维 GIS 关键技术	朱庆	中国地理信息系统协会理论与方法专业委员会 2010 年学术研讨会	上海	2010. 09
真三维 GIS 关键技术	朱庆	第十届中国虚拟现实大会	上海	2010. 10
空天地一体化对地观测技术	李德仁	“现代测绘科学技术与信息化社会的可持续发展”工程科技论坛	武汉	2010. 11
三维 GIS 技术进展	朱庆	第五届中国数字城市建设研讨会暨设备博览会之城市三维技术应用论坛	北京	2010. 11
Spin-dependent transport in ferromagnetic nanocluster/paramagnetic semiconductor hybrids	叶双莉	International Conference on Surface & Interface Science and Engineering	深圳	2011. 04
Geometric Information Extraction from SAR and LIDAR	李德仁	“激光雷达与合成孔径雷达测图技术与应用”国际研讨会	南京	2011. 05
Dynamic Mapping with Mobile LIDAR	杨必胜	“激光雷达与合成孔径雷达测图技术与应用”国际研讨会	南京	2011. 05
建立国家减灾防灾系统的系统	李德仁	2011 减灾防灾国际会议	土耳其	2011. 05
论中国减灾系统的系统	李德仁	2011 地球空间信息技术与防灾减灾国际学术论坛	成都	2011. 05

续表

报告名称	报告人	会议名称	会议地址	会议时间
建立中国多模增强服务系统（MASS）研究与验证	施闯	2011 年中国卫星导航学术年会	上海	2011.05
Real-time PANDA and Application to the Wide Differential Prototype System in China	施闯	XXV IUGG General Assembly	澳大利亚	2011.06
Digital Dunhuang	李德仁	海克斯康 2011 国际用户大会	美国	2011.06
On Data Fusion and Image Fusion	李德仁	2011 影像和数据融合国际研讨会	腾冲	2011.08
From Digital Earth to Smart Earth	李德仁	第七届数字地球国际会议	澳大利亚	2011.08
Digital Dunhuang	李德仁	2011 International Workshop on 3D Digital Cultural Heritage Modeling	敦煌	2011.09
CyberInfrastructure for Service-Oriented Geospatial Science and Technology	龚健雅	PNC2011 Annual Conference and Joint Meetings——“Managing Climate Change：From Science to Digital Humanities and Sustainability”	泰国	2011.10
On Three-Dimensional Visualization of Geospatial Information：Graphic Based or Image Based?	李德仁	国际摄影测量与遥感学会多维动态地理信息国际研讨会	上海	2011.10
Real-time GIS and Spatio-temporal Data Modeling	朱庆	国际摄影测量与遥感学会多维动态地理信息国际研讨会	上海	2011.10
On Geospatial Service Web	李德仁	“空间数据基础设施：从数据获取与更新到智慧服务”国际学术研讨会	桂林	2011.10
On Change Detection and Map Update Based on Imagery	李德仁	International Symposium on Remote Sensing and GIS Methods for Change Detection and Spatio-temporal Modeing	香港	2011.12
从成像雷达数据中提取几何信息	李德仁	2011 成像雷达对地观测高级学术研讨会	北京	2011.04
移动测量系统及其应用	李德仁	移动测量系统在数字城市建设中的应用研讨会	北京	2011.04
数字地球与智慧地球	李德仁	数字矿山与现代矿山测量研讨会	沈阳	2011.05
从数字城市到智慧城市	龚健雅	中国智慧城市发展战略咨询会	扬州	2011.05
空间信息网络及其应用	李德仁	第 63 期《双清论坛》学术研讨会	宜昌	2011.06
空间信息技术与数字文化遗产	李德仁	世界遗产空间观测学术报告会	北京	2011.06

续表

报告名称	报告人	会议名称	会议地址	会议时间
数字城市与智慧城市	李德仁	2011年中国城市规划信息化年会	常州	2011.07
论遥感对地观测平台建设	李德仁	第二届中国测绘学科院长论坛	徐州	2011.07
计算机视觉的困惑与现状	李德仁	第二届全国遥感与地理信息科学研究生论坛	北京	2011.09
从数字地球到智慧地球	李德仁	“感知智慧地球，共建和谐社会”高端研讨会	北京	2011.10
论高分辨率对地观测系统	李德仁	第一届全国高分辨率遥感数据处理与应用研讨会	西安	2011.10
论地理信息技术及其产业化	李德仁	中国地理信息产业协会成立大会	北京	2011.10
实时GIS与时空数据建模	朱庆	中国地理信息产业协会成立大会：数字城市分论坛	北京	2011.10
高分辨率遥感对地观测若干学科前沿问题	李德仁	中国科学院地学部对地观测与导航学术前沿会议	北京	2011.11
面向学科前沿和国家需求培养创新人才	李德仁	军事测绘导航人才培养战略论坛	郑州	2011.12
Real-time PANDA and Application to the Wide Differential Prototype Systemin China	施闯	XXV IUGG General Assembly	澳大利亚	2011.06
Prototype of Multi-Constellation Augmentation Service System in China	施闯	PPP-RTK Symposium	德国	2012.03
Full 3D GIS and Applications	朱庆	第15届国际地理信息科学会议	法国	2012.04
Conceptualizing the Chinese National Disaster	李德仁	第四届地图制图与地理信息系统国际会议	保加利亚	2012.06
Geospatial Service Web：Towards Integrated Cyberinfrastructure for GIScience	龚健雅	2012对地观测与社会影响国际研讨会	台湾	2012.06
Virtual Reality and Digital Cultural Heritage——From Mogao Caves to Chi Lin Nunnery	李德仁	文化与计算国际会议	杭州	2012.10
Digital Documenting for Dunhuang Mogao Grottoes	李德仁	第四届国际遥感考古会议	北京	2012.10
论中国国家灾害应急系统的系统	李德仁	“联合国灾害管理天基技术——全球气候变化背景下风险评估”国际会议	北京	2012.11

续表

报告名称	报告人	会议名称	会议地址	会议时间
Virtual Reality and Digital Cultural Heritage——From Mogao Caves to Chi Lin Nunnery	李德仁	太平洋邻里协会 2012 年会	美国	2012.12
广域实时精密定位技术及北斗地基增强系统研究	施闯	2012 年中国卫星导航学术年会	广州	2012.05
多光谱对地观测激光雷达	龚威	第十届全国光电技术学术交流会	北京	2012.06
WHU's Development for the GPS Ultra-Rapid Products and the COMPASS Precise Products	施闯	IGS Workshop 2012	波兰	2012.07
地理空间信息服务网关键技术	龚健雅	第一届农业地理信息工程国际学术研讨会	上海	2012.08
Positioning Performance of BeiDou Navigation Satellite System	赵齐乐	ICG-7 国际 GNSS 委员会	北京	2012. 11
地理信息网络服务技术及其在数字城市中的应用	龚健雅	第七届全国地图学与地理信息系统大会	广州	2012.12
视频技术在智慧城市中的应用	李德仁	"智慧城市中的视频分析与评测"论坛	深圳	2013.03
智慧城市：概念、支撑技术及应用	李德仁	第 156 次中国工程科技论坛暨第一届智慧城市与智能系统国际论坛	香港	2013.03
中国减灾系统的系统框架设计	李德仁	第三十五届国际环境遥感大会	北京	2013.04
北斗地基增强系统关键技术与应用研究	施闯	2013 年中国卫星导航学术年会	武汉	2013.05
中国对地观测卫星计划	李德仁	2013 Dragon Symposium	意大利	2013.06
智慧城市	李德仁	中国智慧城市论坛：助力新型城镇化-智慧城市全国行	成都	2013.06
Positioning Performance of BeiDou Navigation Satellite System	赵齐乐	IGNSS 2013 Symposium	澳大利亚	2013.07
论智慧城市	李德仁	第八届数字地球国际会议	马来西亚	2013.08
时间序列 SAR 数据分析与地质灾害监测	廖明生	2013 年全国遥感遥测遥控学术年会	宜昌	2013.08
对地观测卫星用于灾害管理	李德仁	第十届中国-东盟博览会：北斗卫星导航国际合作和投资论坛	南宁	2013.09

续表

报告名称	报告人	会议名称	会议地址	会议时间
GIS 的发展：从系统到服务从静态到动态	龚健雅	2013 中国地理信息产业大会	潍坊	2013.09
对地观测卫星及其在中国的应用	李德仁	第 34 届亚洲遥感大会	印度尼西亚	2013.10
传感网与实时 GIS 关键技术	龚健雅	第七届传感器网络学术会议	青岛	2013.10
永久散射体干涉测量技术在三峡库区滑坡监测中的应用	廖明生	中国地球物理学会 2013 年学术年会	昆明	2013.10
车载激光点云的目标特征感知与重建	杨必胜	第二届全国激光雷达大会	北京	2013.10
Differential BDS in China and the Research of DBDS standard in the Framework of RTCM	刘晖	ICG 8 WG-B Meeting（International Committee on Global Navigation Satellite Systems）GNSS Service Performance Enhancement and Applications（全球卫星导航系统国际委员会）	迪拜	2013.11
超高光谱分辨率太阳速度场成像方法与技术	龚威	大气光学及自适应光学技术发展研讨会	合肥	2013.11
Multi-orbit PS-InSAR for Landslide Monitoring in Three Gorges Area	廖明生	美国地球物理学会 2013 年秋季大会	美国	2013.12
How far away from automatic and accurate change detection?	眭海刚	The International Workshop on Change Detection Based Satellite Images Program	武汉	2013.12
Design and Implementation of Online National Atlas of the People's Republic of China	刘耀林	CARTOCON 2014 学术会议	捷克	2014.03
智慧城市中的大数据（1）	李德仁	第二届智慧城市与智能系统国际论坛	香港	2014.03
Current Status of the Chinese BeiDou System and the developments at the GNSS Research Center in Wuhan	赵齐乐	ENC-GNSS 2014 欧洲导航会议	荷兰	2014.04
High-Precise on GNSS Algorithms and Applications in Geosciences	赵齐乐	European Geosciences Union General Assembly 2014（EGU）	奥地利	2014.04
智慧城市中的大数据 On Big Data in Smart City	李德仁	香港工程师学会卓越工程讲座 The Hong Kong Institution of Engineers Distinguished Lectures：Urban Planning and Development	香港	2014.05

续表

报告名称	报告人	会议名称	会议地址	会议时间
Street Image Based LBS	李德仁	ISPRS Technical Commission IV Symposium（on GeoSpatial Databases and Location Based Services）	苏州	2014.05
Integrating time geography and space-time GIS for human dynamics research	萧世伦	The International Time-Geography Days	瑞典	2014.05
Geoinformatics Education in China	李德仁	ISPRS Technical Commission VI Symposium（on Education, Technology Transfer and Capacity Development）	武汉	2014.05
The Concept, Key Technologies and Applications of Smart City	李德仁	The Third International Workshop on Earth Observation and Remote Sensing Applications（EORSA2014）	长沙	2014.06
Smart GIS	龚健雅	The 10th International Conference on Asia GIS	泰国	2014.06
Big Data, Human Dynamics, and Space-Time GIS（1）	萧世伦	International Conference on Geoinformatics	台湾	2014.06
视觉注意及其应用	陈震中	图形图像融合与人机交互高层（国际）论坛	杭州	2014.07
Chinese Earth Observation Satellite for Disaster Management（1）	李德仁	The Third International Conference on Agro-Geoinformatics （Agro-Geoinformatics 2014）	北京	2014.08
智慧城市中的时空大数据	李德仁	2014 未来计算论坛（FFC2014）	武汉	2014.08
Chinese Earth Observation Satellite for Disaster Management（2）	李德仁	ISPRS TC VII Mid-term Symposium 2014	土耳其	2014.09
Geospatial Service Web and Its Application	龚健雅	2nd Annual International Conference on Geo-Informatics in Resource Management & Sustainable Ecosystem	美国	2014.10
Big Data in Smart City（1）	李德仁	Big Data Forum: Development, Analysis and Utilization	香港	2014.10
For Time-critical Geospatial Decision Making, Real-time GIS and More...	吴华意	联合国第三次全球地理信息管理高层论坛	北京	2014.10
Big Data and Smart City（2）	李德仁	Asian Conference on Remote Sensing 2014	缅甸	2014.10

续表

报告名称	报告人	会议名称	会议地址	会议时间
Integrating system dynamics with ant colony optimization for regional land-use allocation	刘耀林	ISPRS 与 IGU 联合国际学术会议	加拿大	2014.10
A time-constrained network Voronoi construction and accessibility analysis in location-based service technology	艾廷华	ISPRS 与 IGU 联合国际学术会议	加拿大	2014.10
How to model roads in OpenStreetMap? A method for evaluating the fitness-for-use of the network for navigation	张翔	ISPRS 与 IGU 联合国际学术会议	加拿大	2014.10
Status and Issues for DBDS	刘晖	Stanford's 2014 PNT Challenges and Opportunities Symposium - 'R13'	美国	2014.10
Cloud-Based Web Service Technology for Geospatial Modeling and Knowledge Sharing	龚健雅	International Conference of Geo-Process Modeling in VGE: Managing and Sharing Geographic Knowledge	香港	2014.11
Spatial variability of soil properties: two case studies from China	陈奕云	剑桥大学地理信息科学论坛	英国	2014.12
Smart City and Related Core Techniques	龚健雅	The 2nd International Conference on Sustainable Urbanization	香港	2015.01
Updates on the BeiDou system/GNSS/INS for Mobile Mapping — Position and Orientation System (POS)	牛小骥	Seminar on BeiDou-enhanced navigation in Finland	芬兰	2015.03
Smart Cities and Big Data	李德仁	International Workshop on "Early Warning and Crises Management in the Big Data Era"	俄罗斯	2015.04
FE with Geo-Condition Information	刘耀林	International Workshop on Supporting Future Earth with Global Geo-information	北京	2015.06
China EO Missions' Presentation	李德仁	2015 Dragon Symposium	瑞士	2015.06
Structural and magnetic properties of single graphene film with magnetic Co	詹敏、叶双莉	2015 Advances in Functional Materials conference	美国	2015.06

续表

报告名称	报告人	会议名称	会议地址	会议时间
Application of random sets in the uncertainty modeling of sea ice in Antarctic	赵羲	Spatial Statistics：Emerging Patterns	法国	2015-6
Spin-dependent transport in ferromagnetic nanocluster/paramagnetic semiconductor hybirds	叶双莉	2015 energy materials Nanotech-nology conference	土耳其	2015. 07
Multi-spectral Canopy LiDAR for Remote Sensing of Vegetation	龚威	International Workshop on Outbreaks of Asian Dust and Environmental Regime Shift	日本	2015. 08
Big Data in Smart City	李德仁	The 8th International Conference on Imageand Graphics	天津	2015. 08
Research on Chinese Natural Disaster Reduction System of Systems (CNDRSS)	李德仁	United Nations International Conference on Space-based Technologies for Disaster Management	北京	2015. 09
China EO Satellites	李德仁	The International Seminar on Geo-information Technology of Central Asia	乌鲁木齐	2015. 09
Big Data in Smart City	李德仁	International Symposium on Digital Earth	加拿大	2015. 10
Time-space Big Data in Smart Cities	李德仁	The 2015 International CAE Symposium on Ubiquitous Surveying, Mapping and Big Data of Location	武汉	2015. 11
Research on Time-space Management Analysis of Big Data	龚健雅	The 2015 International CAE Symposium on Ubiquitous Surveying, Mapping and Big Data of Location	武汉	2015. 11

第三篇　武汉大学测绘学科六十年纪事

（1955. 01—2016. 07）

第十章　武汉测量制图学院（1955.01—1958.12）

1955年

【1月下旬至2月初】高等教育部委托同济大学主持召开全国高等工业学校土建、水利类共同课程统一教学大纲审定会议。在此次会议期间，夏坚白发起并主持召开了“全国高等测绘教育经验交流座谈会”。他回顾我国高等测绘教育的艰难历程和新中国成立后的蓬勃发展，指出有必要集中全国高校测绘专业，建立一所完整的民用测绘学院，加速培养高质量的高级测绘人才。他的倡议得到与会学者的拥护，一致赞同给党和人民政府写建议信呈送高等教育部。

【6月】国务院决定在内地新建一批高等学校（包括工科院校7所，综合大学1所，医药院校3所），武汉测量制图学院是其中之一。（参见《人民日报》1955.6.23，社论《正确贯彻当前文教工作的方针政策，及《人民日报》1955.9.4第3版）。

【6月11—14日】高等教育部在京举行武汉测量制图学院筹备委员会第一次会议，宣布“武汉测量制图学院筹建方案”：将同济大学测量系，青岛工学院、天津大学、南京工学院、华南工学院的工程测量专业调整出来，以青岛工学院的公共课、基础课、基础技术课的师资及党政干部为基础成立武汉测量制图学院（以下简称武测）。

成立武测筹备委员会，唐守愚任主任委员，夏坚白、金通尹、陈永龄任副主任委员，刘宿贤为秘书长，王之卓、叶雪安、陈健、黄继美为委员。

通过《教学及行政组织草案》：成立天文大地测量、航测与制图、工程测量三个系，设天文大地测量、航空摄影测量、制图学、工程测量四个专业，行政机构：办公室、教务处、人事处、总务处。建议1955—1957年的招生人数，确定1955年招生和新生教学由各组建校负责，并为武测代为培养一年。

【6月18日】陈永龄、刘宿贤、张文彬、侯家泽到武汉，连续勘察4天，选定珞珈山南麓一带为校址。

【7月16日】高等教育部批准武测筹委会基建计划，武测筹委会即进行购地、迁坟、地形测量、地质钻探、总体布置等工作。

【10月20日】武测建校基建工程破土动工。武测筹委会第四次会议确定这一天为校庆日。

【11月7—9日】武测筹委会在高教部举行了第二次会议，通过了1955—1956年“基

建计划”和“经费预算”；会议确定李庆海、纪增觉为工程测量系的筹备人，王之卓、刘葆梁为航测与制图系的筹备人，叶雪安、陈健为天文大地系的筹备人，周汶源为马列主义教研组的筹备人；确定了各系所属的教研组、实验室的筹备人；要求9月1日在新建的学院开学。

【11月】参加组建武测的五所院校相继成立“院系调整委员会”。

1956年

【4月2—4日】武测筹委会在北京举行第三次会议，听取了“筹委会工作报告”，讨论“1956—1957年度的招生人数”、“1956—1957学年教学机构的划分”、搬迁计划、教师干部配备与任务分配、家属安排、房屋及福利设施等事项，决定按1956年招生计划安排教育部所拨教学设备费。

【6月至7月】武测筹委会副主任委员、中国科学院学部委员夏坚白参与制订我国科技12年发展规划（1956—1967），经过夏坚白的争取，测绘学被确定为我国一门独立的学科，确定“测量制图新技术的研究和中国基本地图的绘制”为规划的57项中心课题中的第2项。同日，夏坚白特请中国科学院院长、全国人大常委会副委员长郭沫若为新“武汉测量制图学院”题写了校名。

【7月5日】中国测量制图学会筹委会在京成立，夏坚白为筹委会主任。王之卓为副主任，代表该学会出席在瑞典召开的国际摄影测量会议。

【7—8月】参与组建武测各相关学校，有180余万元设备仪器和7.9万余册中外文书刊运达武测。各相关学校师生员工陆续到武测2286人（教师162人，学生1766人，职员156人，教辅72人，工人130人），集中了全国高等测绘教育大部分精英，教授、副教授共31名，其中一级教授5名，二级教授1名，三级教授7名；聘请前苏联测绘专家2名。

【8月下旬】湖北省委获批准成立武测临时党委会，党委书记：刘宿贤，副书记张肇翼、周汶源，委员共12人。

【8月25日】武测筹委会在新建学校举行筹委会第四次会议，通过了筹委会工作总结报告，成立了第一届院务委员会，由夏坚白、陈永龄、金通尹、刘宿贤、王之卓、纪增觉、叶雪安等41人组成。决定了专业设置，组成了新教学行政机构，任命了各级负责人。讨论了教学行政及开学典礼等工作。有3个系：航空摄影测量与制图学系，系主任：王之卓；天文大地测量系，系主任：叶雪安；工程测量系，系主任：李庆海；4个专业：航空摄影测量、制图学、天文大地测量、工程测量。学制本科五年。招收外国留学生。刘宿贤代表院党委提出“艰苦奋斗、团结建校”的方针。

【9月1日】武测举行首次开学典礼，筹委会副主任夏坚白作报告说，由于社会主义建设飞速发展，需要大量的高级测量人才，因此，国家决定把全国大部分测量制图专家和师资集中在一个学校，更好地培养合格的测量制图专门工程师。要求全校师生员工响应院临时党委的号召，艰苦奋斗，团结建校，完成历史使命。

【9月17日】校刊《武汉测量制图学院》创刊，发表了“艰苦奋斗，团结建校”的“代发刊词”，著名测绘学者王之卓、叶雪安、李庆海、陈健等均在创刊号上著文，祝贺

我国第一所民用高等测绘学府的诞生。

【9月22日】第一次院务委员会议，筹委会副主任陈永龄就学院《1956—1957工作纲要和教学科研工作计划》作了说明。会后，迅速建立起正常的教学秩序。

【9月】夏坚白代表我国出席有8个国家参加的匈牙利科学测量学会议，会后考察了前苏联莫斯科测量制图学院。王之卓代表中国测量学会赴捷克斯洛伐克布拉格参加社会主义国家测量会议。

【9月】武测召开第一次面向全国招收副博士研究生，指导教师为：夏坚白、陈永龄、王之卓、叶雪安、李庆海等5名教授。同时继续培养从同济大学测量系调整来校的研究生。

【10月28日】武测隆重举行建校典礼，国家测绘总局、中共湖北省委、中共武汉市委、驻汉部的负责人以及武汉市各大专学院代表出席了典礼仪式，夏坚白介绍了建校情况和将来的发展规划。国家测绘总局副局长白敏、中共湖北省委文教部部长孟夫唐、武汉大学校长李达等致贺词。高等教育部部长杨秀峰、国家测绘总局、中央林业部调查设计局、测绘出版社等发来贺电；中央新闻电影制片厂专程拍摄了新闻纪录片。

【11月16日】国务院全体会议第40次会议通过，任命夏坚白、金通尹、陈永龄、刘宿贤为武测副院长，由夏坚白负责学院的全面工作。

【11月17日】夏坚白副院长向全校学生作“全面发展、因材施教”的报告：学校任务“一、适应祖国的需要，培养大批合格的测绘工程师；二、展开科学研究，赶上国际水平”。

【12月】中国测量制图学会武汉分会筹委会成立，武测陈永龄副院长为主任委员，叶雪安教授为副主任委员，分会设在武测校内。

1957年

【2月6日】武测院党委召开扩大会议，教务处负责人纪增觉代表院党委提出了“在搞好工作（教学）的基础上向科学进军”的要求。

【2月14日】院党委邀请民主党派负责人共商提高教学质量，提出注意教学法研究、培养学生独立思考能力，总结指导学生自学和上习题课的经验。

【4月29日至6月4日】武测举行不脱产研究生预试，陈永龄为考试委员会主席，苏联专家伊里英斯基和阿格罗斯金为顾问。

【5月11日、18日】武测召开第一次“学生科学讨论会”。第一次召开“教师科学讨论会”，共20篇科学论文。其中，叶雪安教授的论文《补助点设在任意点的位置，从高斯投影带到邻带及从蓝索代割圆锥投影到高斯投影的坐标变换公式》受到苏联专家雷修克等人的赞誉，并建议译成俄文以供广大苏联测量工作者阅读。

【5月下旬至6月上旬】在武测工作的前苏联专家伊里英斯基和阿格罗斯金先后回国。

【6月】高教部批准我院成立函授部，暂设天文大地测量和航空摄影测量两个函授专业。

【6月】根据武测《研究生及不脱产研究生预试暂行办法》及《培养不脱产研究生暂

行办法（草案）》，经专业课预试，孙护、刘葆梁、於宗俦、李青岳为武测第一批不脱产研究生。

【8月中旬至9月】武测第一次较大规模的“教学生产实习”：学生1375人、教师72人、职工42人组成“测量队”，分别到北京、武汉、河南、安徽、贵州等省市实习。

【8月13日】武测首届本科毕业生87名学生毕业。

【8月28日】高教部批准武测将“航测与制图系”分成两个系，航测系主任为王之卓、制图系副主任为万迁贤。

【9月初】武测招收1957级新生590余名。

【9月17日】武测加强图书情报工作，由院长直接领导，图书馆下设采编部和流通管理部。

【9月17日】武测聘苏联制图学专家波赫瓦林斯基、重力测量专家布洛瓦尔来校工作。

【10月16日】中共湖北省委文教部通知，中共中央决定毛远耀同志任中共武汉测量制图学院委员会第一书记。

【10月】夏坚白任中国科学技术代表团测量制图顾问访问前苏联。

【11月25日】《武汉测量制图学院学报》创刊。

【11月27日】苏联“莫斯科测量制图学院”院长萨卢托夫来参观访问。

【11月至12月】夏坚白代表武测和中国测量制图学会参加筹备了11月在北京召开的中苏朝蒙越五国测绘科教会议，武测向此次国际会议提交了五篇学术论文。会后，夏坚白邀请各国代表团于12月访问参观武测。

【1957年度】武测陈永龄副院长参加了我国大地测量法式（草案）的制定工作，由他倡导主持制定的“我国大地测量法式（草案）”经国务院批准试行，成为我国第一部立法性大地测量技术法规。下半年，陈永龄副院长参加我国“高教访问团工科组”访问了前苏联，着重考察了苏联的高等测绘教育，其间访问了莫斯科测量制图学院。

武测在武昌县山坡和土地堂建立了两个生产实习场地。

本年度武测承担科研项目45项，完成11项。

1958年

【2月16日】武测第一届函授生开学，招收函授学员127人。

【2月26日】第11次武测院务会议决定筹设测量仪器专业。

【4月2日】武测院务扩大会议，根据国务院科学规划委员会测量制图组的远景规划，制定了武测1958年科学研究工作的要求和指标。提出“三年内掌握物理测距、雷达航测、电子计算机及其应用等技术”，即所谓光、机、电、测发展方向。

【4月6日】毛泽东主席在武汉接见科技人员时，与武测首任院长夏坚白教授亲切握手交谈。

【4月15日】武测与苏联莫斯科测量制图学院正式建立校际联系。

【5月至10月】武测接受农垦部北大荒测量任务，派出师生约270人到北大荒15000

平方公里艰苦工作150多天，测图178幅。

【5月】67岁高龄的著名教育家、一级教授、武测副院长金通尹同志加入中国共产党。

【7月5日】国务院任命夏坚白为武汉测量制图学院院长。

【7月9日】湖北省教育厅转发教育部通知，批准武测增设“测量仪器制造”专业。

【7月】武测设立中技科（后改称中专部），设航空摄影测量、制图两个专业。

【8月】武测决定纪增觉教授为测量仪器制造系系主任。

【8月】国家教育部通知，武测划归国家测绘总局领导。

【8月】武测1958届毕业本科生154名。

【9月】武测1958年度招收新生793人，其中：测量仪器制造系招收第一批学生59名。

【10月5—19日】王之卓教授作为“中国测绘工作代表团”成员之一，出席了在匈牙利布达佩斯召开的“社会主义阵营国际测绘会议”。

【11月21日】学生王平代表武测北大荒测量队，出席全国社会主义建设积极分子代表大会。

【11月22—28日】国家测绘总局陈外欧局长、白敏副局长和总局前苏联顾问雷修克、总局前苏联航测专家吉宁视察武测。

【12月10日】教育部副部长黄松龄视察武测。

第十一章　武汉测绘学院（1958.12—1985.09）

1958 年

【12 月 20 日】经国家测绘总局批准，武测校名“武汉测量制图学院”改为“武汉测绘学院”。

【12 月 24—30 日】“中国共产党武测首次党员代表大会”召开，出席会议的代表有 78 人，列席会议的有 36 人，大会通过民主选举产生了新的武测党委会，共有党委委员 19 人，其中常委委员 7 人。党委会第一书记毛远耀，第二书记刘宿贤，副书记张肇翼、周汶源。

【1958 年】国家测绘总局组织以天文重力水准为目的的加密重力测量，武测管泽霖、宁津生、方瑞首参加，承担了从总体设计到具体施测的科研及生产任务，圆满完成任务。

【1958 年】武测本年度承担科研项目 60 项（其中国家项目 6 项），完成 11 项（其中国家项目 4 项）。

1959 年

【1 月 16—18 日】武测召开第一次师生员工代表大会，夏坚白作《建校以来的工作报告》，毛远耀代表党委提出《一九五九年的教学、生产、科学研究规划》，刘宿贤作大会总结，大会选举产生了由 35 名委员组成的院务委员会。

【1 月 23 日】公布《1959 年教学、生产、科学研究工作规划》，1 月 31 日院务委员会议通过。

【1 月 17—24 日】三次斯大林奖金获得者、苏联杰出光学专家露西诺夫教授应邀来讲学。

【2 月 13—22 日】“全国测绘科学技术经验交流会议”及“全国测绘科学技术革新展览会”在武汉举行，展览会设在武测，来自全国各地的参观者达 3.5 万多人，历时一个多月。

【2 月 19 日】中国测绘学会成立第一届理事会，理事 36 人，其中有武测夏坚白、陈永龄、刘宿贤、王之卓、叶雪安、纪增觉、李庆海。夏坚白为副理事长，纪增觉为副秘书长。

【3月中旬至5月下旬】武测工程测量系二年级142名学生和5名教师组成的“湛江盐田测量队”，经70多天苦战，完成了130平方公里的1：2000的测图任务。

【3月21日】“湖北省测绘学会”成立。武测陈永龄任主任委员，周汶源任副主任委员，纪增觉任秘书长。

【4月上旬】为参加国家测绘总局重力队生产任务，武测组成以天文重力测量教研组教师为骨干，天文大地系部分学生参加的重力测量队，先后到江西、湖北、福建、浙江、江苏、上海等省市实地测量5个多月，共完成20多个天文点加密图，20多个天文坐标和500多个重力点，测定了所有重力点的高程。

【6月10日】武测建成我国第一座基线尺检定室，通过了国家验收。

【9月】本年度招收新生800人，在校生人数达3336人，中技科招生153人。

【11月】王之卓教授被选为特邀代表，列席全国工交财贸战线社会主义建设先进集体和先进生产者代表大会（时称“全国群英会”）。

【11月13日】苏联“中央测绘科学研究所”所长塔捷维扬来武测参观访问。

【11月30日】武测航测系332名师生组成的“测量队”，10个月内完成海南岛测量任务，测区面积7800平方公里（约占海南岛面积四分之一），共测出1：10000比例尺国家基本图262幅。

【12月5日】苏联制图专家加雷耶英斯卡娅来武测讲学——特种地图编制；为期3周。

【12月】国家测绘总局批准武测增设无线电与制造、电子计算机、物理三个专业。

【1959年】夏坚白当选为第二届全国人大代表，金通尹当选为第三届全国政协委员；陈永龄、金通尹、王之卓当选为第二届湖北省人大代表，金通尹为省人民委员，陈永龄、李庆海、崔希璋当选为第二届省政协委员，陈永龄为省政协主席团成员；夏坚白、叶雪安当选为武汉市第二届人大代表，夏坚白为市人民委员。

1960年

【2月】王之卓教授参加中国代表团，赴苏联莫斯科参加青藏测图问题的中苏会谈。

【4月中旬】武测院刊暂时停刊。

【5月】武测陈永龄副院长调任国家测绘总局总工程师。

【8月】1955年武测招收的五年制本科生毕业，共446名。

【9月】武测招收1960级本科生817人，研究生14人，中技科生88人，在校生共3418人。

【9月18日—10月1日】纪增觉教授参加中国测绘代表团，出席在前民主德国德累斯顿召开的社会主义国家测绘勘务会议。

【1960年】武测全年承担科研项目53项，完成31项。

【1960年】武测马文元教授被选为1960年湖北省文教群英会代表和全国文教群英会代表。

1961 年

【3 月 15 日】武测院务会议贯彻中央“调整、巩固、充实、提高”八字方针及“一主二辅三结合”（即教学为主、科研生产为辅、三者结合）、“抓生活、保健康、贯彻劳逸结合”、“勤俭办学”等政策，作出安排。

【4 月】国家测绘总局决定，武测天文大地测量、航空摄影测量、工程测量、地图制图 4 个专业对社会主义国家留学生开放。

【5 月 11—31 日】中共武测第二次党代会召开，出席代表 92 人，列席代表 59 人；选举产生中共武测第二届党委会，委员 21 人，其中常委 7 名。毛远耀为党委第一书记，刘宿贤为党委第二书记，张肇翼、周汶源为党委副书记。会议确认学校工作首要任务是提高教学质量。

【6 月】武测全面检查 1958 年“教育革命”以来的教学情况。科研工作开始贯彻党中央“科学工作十四条”。

【7 月 22—26 日】越南国家测绘局局长阮延卿率测绘考察团一行 4 人，在国家测绘总局鲁突副局长陪同下参观武测。

【8 月】武测 1961 届本科生 756 名、中专生 34 名、研究生 1 名毕业。招收 1961 年度本科生 505 人、研究生 7 人、中专部 72 人，在校生达 3069 人。

【9 月】武测接收留学生：越南 17 名、进修教师 2 名，喀麦隆 1 名，朝鲜 1 名。

【9 月 4—16 日】纪增觉教授出席在前民主德国耶纳举行的“社会主义国家航测仪器技术要求讨论会”，作“中华人民共和国航空摄影测量工作概况”的学术报告。

【12 月】武测图书馆落成，建筑面积 6351 平方米，总书库可藏书 60 余万册，有 350 平方米大阅览室 6 个，188 平方米阅览室 2 个，都有辅助书库相连。截至 1961 年，共有中外文书刊 205000 册，1962 年 2 月开馆。

【12 月 19—26 日】中国测绘学会成立天文大地网平差和航测地形两个专业委员会，武测王之卓被选为航测地形专业委员会主任委员，叶雪安被选为大地测量专业委员会副主任委员。

【1961 年】武测 1961 年承担科研项目 36 项，完成 4 项，其中王之卓推导出“利用电子计算机解算空中三角测量的基本公式”，开拓了我国航测领域应用电子计算机之路，在我国电算加密中被普遍应用。

1962 年

【2 月】根据“高教六十条”，武测提出“关于我院专业本科、中等技术科发展规模和专业调整情况的报告”，经国家测绘总局转呈国务院。

【6 月 11 日】中国测绘学会常务理事会批准：武测刘宿贤为工程测量专业委员会筹委会主任，李庆海为该筹委会副主任之一；纪增觉为测绘仪器专业委员会筹委会主任。

【7 月 10 日】武测公布“1962 年下半年主要工作安排和要求”：一、继续贯彻“调

整、巩固、充实、提高”；二、继续贯彻“高等学校60条”；三、进一步稳定教学秩序；四、有步骤提高教学质量；五、抓好生活；六、精兵简政。

【8月】武测1962年毕业本科生480名，毕业研究生1名，毕业中专生54名。

【9月】1962年武测招收本科生500名，招收研究生1人。在校学生2967人。

【12月22日】武测纪增觉出席了国家测绘总局在西安召开的“物理测距技术会议”。

【1962年】武测院长夏坚白赴京参加制定了我国《1963年至1972年测量与制图技术发展规划》，内容包括大地测量、航空摄影测量、地图制图、工程测量和仪器等专业16个中心问题、66个重要项目。武测1962年承担科研项目32项，完成了21项。

1963年

【1月14日】武测发布“1963年上半年主要工作安排和要求”：在教学秩序基本稳定的基础上，进一步采取措施，促进教学质量不断提高，以教学为中心改进各方面工作，提高效率。

【5月20日】经国务院131次全体会议通过，任命王之卓为武测副院长。

【8月】武测1963届本科毕业535名，中专制图专业毕业100名，函授本科毕业29名。

【9月】武测1963年招收本科生410人、研究生3人、中专部134人，在校生人数2801人。

【9月16—21日】武测纪增觉、刘葆梁参加在民主德国德累斯顿举行的国际航空摄影测量学术会议。

【11月12日】中共湖北省委宣传部通知：中共中央批准，刘宿贤任武汉大学党委第二书记、第一副校长，免去武测党委第二书记、副院长职务。1964年1月，刘宿贤离开武测到武大任职。

【11月27日】根据国家测绘总局指示，武测成立“教材编审委员会”，由夏坚白等10人组成，年底即向测绘出版社推荐武测编教材7本，其中修订3本，新编4本。

1964年

【4月26日】英国伦敦大学测量与摄影测量系系主任汤普生教授来武测参观访问。

【6月13—16日】中共武测第三次党代会召开，代表72名，列席65名。大会选举产生中共武测第三届党委会，党委委员23名，常委9名，毛远耀为党委书记，周汶源为第一副书记，张肇翼为副书记。选举产生武测党委监查委员会，委员7名，张肇翼任监委书记，崔敬让任副书记。

此次党代会强调继续贯彻“八字方针”和“高教60条”，重视教学，提倡“少而精”原则。院长夏坚白作为列席代表发言：“我们高等学校的任务是传授知识，搞好科研。要提高教学质量，必须把最好的教师放在教学第一线，教师上课应把书讲通讲活”。

【6月13日】国家测绘总局批准武测“关于培养研究生的方案”。

【8月】武测1964届毕业本科生653名，研究生7名，中专生60名，函授本科生81名。

【8月6日】武测院长夏坚白当选为中国测绘学会第二届理事会副理事长，副院长王之卓为常务理事兼航空摄影测量专业委员会主任，叶雪安为理事兼大地测量专业委员会副主任，李庆海为理事兼工程测量专业委员会主任，纪增觉为理事兼测绘仪器专业委员会主任，刘葆梁为测绘仪器专业委员会副主任；王之卓、纪增觉、李庆海还担任《测绘学报》编委会副主任。

【9月】武测1964年招本科生400人、研究生1人、中专生190人，共有在校生2485人。

【10月24—26日】武测召开第二次教师科学讨论会，叶雪安、何坚若、李青岳、纪增觉、王之卓、陈健、陈适等发表了科研论文。

【11月15日】武测副院长，第二、三届全国政协委员金通尹同志因病逝世，享年73岁。

【11月】阿富汗制图局局长来武测参观访问。

【1964年】武测1964年承担科研项目58项，完成41项，其中3项成果被国家科委登记。

【1964年】夏坚白、王之卓当选为第三届全国人大代表，叶雪安当选为第四届全国政协委员；李庆海、马文元当选为第三届湖北省人大代表，崔希璋、顾葆康当选为第三届湖北省政协委员。

1965年

【7月29日】中共湖北省委宣传部通知，经中共中央中南局批准，张益堂任武测党委副书记。

【8月】武测1965届本科生680名、中专生57名、函授本科生75名毕业。

【9月】武测招收1965级本科生388人，研究生2人，中专生206人；在校本科生2188人，中专生523人，研究生6人。招收函授生178人，在校函授生895人。

【10月20日】武测召开院务扩大会议，讨论编制“1966—1970年教材工作规划”及“校庆10周年”的筹备事宜。

【1965年】武测第三个野外实习场地在湖北省崇阳县建立，占地40亩。

【1965年】根据国家测绘总局要求，武测进行了“按条件观测平差法进行我国天文大地网平差”的研究，使我国天文大地网的总体设计方案得到提高。同年研制成功地形测绘仪——Ⅱ型，较苏制同类仪器在高程测量上精度提高1/3，在等高线描绘上精度提高1/5，参加“全国仪器仪表新产品展览会”展出受到专家们的赞扬。全年共完成科研项目12个。

【1965年】王之卓教授研究分析美国利用人造卫星测绘月球表面的消息，在中国率先预见到航空摄影测量向遥感发展、两者相互融为一体、为环境科学服务等问题；王之卓因此而成为我国学术界对遥感的先知者之一。

1966年

【1966年初】武测招1966年级函授生274人。

【2月4日】国务院第160次全体会议通过，任命纪增觉为武测副院长。

【2月18日】武测呈请湖北省高教厅批准，将大地系的数学教研组、工测系的外文教研组、航测系的体育教研组、仪制系的物理教研组等合并，成立基础课部。

【2月】武测科研成果地形测绘仪——Ⅱ型和电子印象机，被中南局科委收入《中南区重要科研成果汇编》。

【5月9日】中共湖北省委宣传部同意武测“校刊”复刊，该刊因“文化大革命”被迫停刊。

【6月】全国“文化大革命”，武测被迫停课。

【6月11日】中共湖北省委工作队进驻。

【8月中旬】省委工作队奉命撤离。撤离前成立了以学生为主体的“院文化大革命委员会”。

【10月】根据中央决定，武测全体越南留学生停学回国。

1967—1970年

【1967年10月初】周恩来总理莅临视察武测。

【1968年9月23日】工宣队进武测。

【1969年11月】武测全校师生员工赴湖北省崇阳县白霓桥搞“斗批改”。

【1970年春】武测工宣队传达1969年11月10日撤销武测的命令；年底武测人员被调遣，测绘专业人员大多数被迫改行；校舍、设备移交有关部队。

“文化大革命”中，武测被迫害致死10人，其中著名教授2人，党委副书记1人。

“文化大革命”中毕业生：1966届本科生523人，研究生8人；1967届本科生491人；1968届本科生414人；1969届本科生380人；1970届本科生416人；其中1966、1967、1969三届均延长一年分配工作。中专生1966、1967两届于1968年分配，三届合计毕业181人；1969、1970两届于1970年分配合计284人。函授生毕业1966届本科346人，专科130人。

1971—1972年

【1971—1973年7月】武测被撤销后设留守组处理善后事项，留守组组长张益堂。

【1972年】中共湖北省委召开部分高级知识分子座谈会，夏坚白在会上大胆陈述恢复武测的意见，得到武测前副院长纪增觉（华中工学院代表）等与会代表的赞同。

【1972年夏】夏坚白出面组织原武测的宁津生、管泽霖、宋成骅、高时浏等教师，利用业余时间研究卫星大地测量，编译两部国外最新卫星大地测量文献。

【1972 年冬】夏坚白在原武测纪增觉、张肇翼等支持下写信给周恩来总理，建议恢复武测，恢复两个测绘科学所，恢复国家测绘总局；还给郭沫若副委员长写内容相同的信，请郭老转呈周总理；写信给北京大学周培源教授，请他在中央召开的部分高等院校座谈会上呼吁恢复武测……

1973 年

【1973 年初】春节刚过，夏坚白利用出差北京的机会，约见中国科学院副院长竺可桢、周培源、吴有训等学者，陈述了恢复测绘科学教育事业意见，请他们将自己的信件转呈周恩来总理。

【3 月 6 日】周恩来总理代表中央作了调整测绘部门体制问题的批示（见《当代中国的测绘事业》第 29 页第 16 行）。

【5 月 23 日】国务院、中央军委下达［1973］62 号《关于调整测绘部门体制的通知》，其中第七条宣布："重建武汉测绘学院，实行湖北省和国家测绘总局双重领导，其筹建工作由湖北省负责"。

【8 月】国家测绘总局重建小组副组长鲁突在武昌饭店召开了重建武测筹备会议，湖北省革委会决定成立武测筹建领导小组。方俊夫、纪增觉、张益堂、蒋浩、杨宏毅为领导小组成员，方俊夫为组长，纪增觉为副组长。

【9 月 11—22 日】武测筹建领导小组方俊夫、纪增觉、张益堂出席了国家测绘总局在北京召开的"全国测绘工作会议"，汇报了重建武测初步设想，提出 1974 年招生。

【10 月】武测筹建领导小组成立"接收工作组"，开始从有关部门接收原武测的房屋、设备、图书等。根据湖北省委通知，遣散在武汉 27 个单位的原武测教职工陆续回校。

武测"关于重建后专业设置的报告"提出："重建后的武汉测绘学院，设立天文大地测量、航空摄影测量、工程测量、地图制图、测量仪器制造、无线电技术、计算技术等七个专业"；经国家测绘总局上报国家建委和国务院科教组。

1974 年

【上半年】国家测绘总局重建不久，急需解决全国 1∶1 万测图的技术方案及总体规划。王之卓及时提出"关于发展我国 1∶1 万测图技术的一些意见"的报告，研究出大幅度缩短航测成图周期，提高生产效率的重大技术，一张摄像片做一整幅 1∶1 万地形图，很快应用于生产。

【8 月 13 日】武测重建领导小组根据国家测绘总局"1∶1 万比例尺测图技术座谈会"精神，提出武测 1974—1975 年科研计划为：一、研制测绘专用电子计算机；二、研制复照镜头；三、研制数控坐标展点仪；四、研制投影测图仪；五、研制自动记录立体坐标量测仪。

【8 月】重建武测即将开学，但收回校舍仅占原有的百分之五十一，为保证教学，院重建领导小组决定购置部分活动木板房办公，发扬延安传统和建校初"艰苦奋斗，团结

建校”精神重建武测。

【9月16日】湖北省委批准成立中共武测临时委员会，由十一人组成。党委书记：方俊夫；副书记：纪增觉、张益堂。

【9月21日】根据国家测绘总局“编制测绘工作长远计划”精神，武测编制了“1975至1985年规划”。

【9月】重建不久，根据某国防工程急需解决6公里导轨的平直度问题，由武测7人、湖北省勘察院2人组成联合攻关小组，开始进行“激光准直系统”的研究。

【10月上旬】武测招收第一批工农兵学员327人。

【10月11日】举行重建后的第一次开学典礼，国家测绘总局局长李人林和院临时党委书记方俊夫在会上讲话。

【11月中旬】航测、制图、大地三个系首届工农兵学员约260人和教师、工人65人，到广西北海市、湖北荆门县等地“开门办学”。

【1974年】武测编印《武汉测绘学院资料》期刊，每季一期，主要发表学术论文，供测绘系统内部交流。

1975年

【6月24日】中共湖北省委［1975］31号文件通知，陆济民任武测临时党委委员、院“革委会”副主任。

【8月15日】经批准武测将测绘仪器制造系分为光学测绘仪器系和电子测绘仪器系。

【9月】招收第二届工农兵学员204人。

【9月22日】武测上报国家测绘总局和湖北省教育局，要求测量仪器制造专业改称光学测绘仪器专业，无线电技术专业改称电子测绘仪器专业，制图专业改称地图制图专业，天文大地测量专业改称大地测量专业。

【1975年】应国家地震局要求，武测在大地测量专业内增设地震班。

1976年

【1月8日】周恩来总理在北京逝世，在极其沉痛的日子里，武测广大干部、教师、学生、工人，举行了隆重的悼念活动。

【3月】湖北省委任命戴丕凯为武测临时党委副书记。

【4月4日】武测全体师生员工清明节在大操场举行怀念周总理诗歌朗诵会，院党委书记方俊夫带头写诗缅怀周总理的业绩，师生员工纷纷吟诗，寄托哀思。

【5—6月】武测与湖北省综合勘察院联合攻关小组研制成激光准直系统（样机），试验取得预期效果。

【7月】武测与有关驻我校部队的交接工作结束。

【9月】武测招收第三届工农兵学员391人。

【9月9日】毛泽东主席在北京逝世，全院师生员工极其沉痛，举行了隆重的追悼

仪式。

【1976年秋】武测对外学术交流开始恢复，派出张祖勋等2人赴瑞士威特仪器厂学习仪器的安装与调试，派出3人赴加拿大考察学习卫星多普勒技术。

【10月19—20日】国际大地测量协会主席、奥地利格拉茨工科大学林纳教授夫妇来武测参观访问，并作了学术报告。

【1975—1976年】武测完成国家测绘总局项目《航带法区域网电算加密》研究，编制"航带法区域网平差程序"，大大节省了航测外业控制点，提高了精度；迅即培训推广，使之成为我国航测生产单位的主要方法。

1977年

【年初】武测整顿纪律，重申《武测学生学习纪律的暂行规定》等19项制度，学校教学秩序得到恢复。

【3—4月】为解决教师由于"文化大革命"荒废专业，跟不上教学科研需要的问题，制订了师资培训规划，举办各类讲习班、读书组，组织自学、派出进修，至年底参加各类讲习教师200多人次。

【6月】派教师刘基余参加中国成套设备出口公司中国测绘专家组，受联合国派遣援助老挝。

【8月18日】武测成立"参加全国科学大会筹备工作领导小组"，纪增觉任组长。

【8月】武测1977届毕业327名（其中工程测量64名，航空摄影测量125名，大地测量73名，地图制图65名）。

【9月】武测对在校1975级、1976级612名学生系统调查——基础知识相差悬殊，平均起点较低，1976级405人中：不到小学毕业占11%，小学毕业占55%，初中毕业以上占34%。为此，采取多种形式补救措施，修订不同教学计划编班教学，使之学好必需的基础和专业技术基础课。

【9月22日】为迎接科学的春天，武测提出《科学研究3年、8年规划和23年设想（草案）》，目标是："缩短我国测绘科学与世界先进水平的差距，解决成图周期长、依赖手工多的问题，使测绘技术在国民经济各部门得到充分的应用和发展。"主攻方向："一、航测成图和地图编制过程的数字化、自动化，测绘计算的电子化；二、测绘技术在若干生产建设部门的应用；三、对常规测绘仪器、材料和工艺进行必需的研究。"

【10月27日】武测首任院长，第二、三届全国人大代表，中国科学院学部委员，九三学社中央科学文教委员会委员兼武汉市第一、二届副主委夏坚白教授，因患癌症逝世，终年74岁。

【11月24—26日】国际著名重力测量学家、意大利大地测量委员会主席马露西教授访问武测。

【12月28日】武测成立基础课部，下设数学、物理、化学、外文四个教研组。

1978 年

【2 月 27 日】教育部确定武测为全国重点高等学校。

【3 月】恢复招生考试制度，武测招收的 1977 级本科生入学，共 439 人。

【3 月 13—31 日】全国科学大会在京召开，武测的“波带板激光准直系统”和“测绘专用台式电子计算机”两项科研成果获“全国科技大会奖”。

【5 月 19—28 日】武测纪增觉等 12 人出席了“湖北省科学大会”。武测的复照仪镜头、激光准直系统、航带法区域网电算加密程序、用电算加密进行高压线路的终勘定位、短程红外测距仪、自动冲电机、测量大坝水位平移的激光准直系统、测绘用台式电子计算机等科研成果获“湖北省科学大会奖”。

【5 月起】根据教育部《关于 1978 年选拔科技生问题的通知》和《关于增选出国留学生的通知》，武测开始选派教师出国进修。

【5 月】武测科学研究成果“短程红外测距仪-1 型”获 1978 年江苏省科学大会奖。

【6 月】武测成立测绘科学研究所，王之卓任所长、侯家泽任副所长（兼）。

【6 月 21 日】武测恢复专业技术职务评聘工作，经上级批准，11 位中年教师晋升副教授。

【8 月 7 日】“文化大革命”后武测第一次向教育部和国家测绘总局报送《申请邀请外籍科学家来华讲学计划》。

【8 月】武测 1978 届毕业学生 204 名。

【9 月】招收 1978 级本科生 463 人，恢复招收首届硕士研究生 12 人，在校学生 1279 人。

【9 月】根据全国重点高等院校发展规划座谈会精神及国家测绘总局、湖北省教育局的指示，武测制订《1978—1985 年发展规划》（草案）。

【9 月 11 日】武测恢复评定教师专业技术职称，126 名助教首批晋升为讲师。

【11—12 月】武测为“文化大革命”中含冤逝世的叶雪安、顾葆康、周汶源等 10 位同志举行了追悼会。

【11—12 月】武测大地测量研究室副主任鄂栋臣参加中国测绘学会考察团赴联邦德国考察卫星测地；归来后负责组建卫星大地测量实验室，并加强大地测量研究室工作。

【11 月 31 日】中国测绘学会恢复活动，并在国家测绘局召开第一次常务理事会议，武测王之卓增补为第二届副理事长。

【12 月】武测根据中共中央［1978］55 号文件，成立“落实政策办公室”，开始系统复查建校以来历次政治运动的冤假错案，对被错划为“右派”的 106 人进行了复查改正，落实了政策。

【12 月】武测召开第三届科学报告会。王之卓教授提出“全数字化自动测图系统的研究方案”，国际上尚无成功先例、难度极大、方向性极强，被列为武测重大科研项目。

【1978 年】王之卓教授先后当选为第四届湖北省政协副主席、第五届湖北省人大常委、第五届全国人大代表，李庆海、崔希璋、刘葆梁、周安邦当选为第五届湖北省人大代

表，崔希璋当选为第五届省人大常委、第四届省政协委员。

1979 年

【2 月 25 日】武测党委传达贯彻十一届三中全会决议，确定武测 1979 年工作纲要。

【3 月 5 日】武测党委总结两年来落实各项政策、平反冤假错案方面的工作，肯定了武测在“文化大革命”前十年的工作成绩是主要的，决定将工作重点转移到教学科研方面来，尽一切可能保证教师 5/6 的业务时间，生活上解除其后顾之忧，鼓励理直气壮从事教学科研，著书立说。

【3 月 22 日】经上级批准，68 岁国家二级教授、我国著名的工程测量、大地测量学者李庆海加入中国共产党。

【3 月】国际摄影测量与遥感学会秘书长、联邦德国汉诺威大学康乃斯内教授夫妇应邀访问武测。

【4—6 月】武测王之卓教授参加中国测绘考察团赴英国、法国、联邦德国，其间他应邀作题为“中国的航测”的报告，在国际测绘界引起强烈反响。在考察西欧测绘事业同时，他着重考察了未列入考察项目的遥感课题，回国后立即提出“在武测增设遥感专业”，呼吁发展我国的遥感事业，指出航空摄影测量应看作是遥感技术一个分支，这在我国测绘部门产生了很大影响，为测绘界推动遥感技术的发展起到了不可低估的作用。

【上半年】武测制定 1979 级教学计划，规定每个专业必须开设“电子计算机原理及应用”课程。

【7 月 8 日】武测王之卓教授当选为中国测绘学会第三届副理事长兼航空摄影测量专业委员会主任，纪增觉为第三届常务理事兼测绘仪器专业委员会主任，万遇贤为理事兼制图专业委员会副主任，李青岳为理事兼工程测量专业委员会副主任，刘葆梁为理事兼测绘仪器专业委员会副主任，李庆海为理事兼测绘学报编委会副主任，测绘学报编委会副主任有王之卓、李青岳、刘葆梁等，龚谨为测绘仪器专业委员会副主任。

【8 月】1979 届学生 389 名毕业。

【9 月】1979 年招生 558 人，在校生人数达 1836 人，招收研究生 13 人。

【10 月】王之卓教授《摄影测量原理》由测绘出版社出版，这是一部代表我国摄影测量科学水平的理论著作，在国内外产生了重大影响。

【11 月】武测纪增觉等 4 人参加我国测绘科教考察团赴荷兰，其间与荷兰国际航天测量与地学学院（ITC）签订了校际合作协议。

【12 月 2—15 日】武测李庆海教授参加中国测绘学会代表团，出席了在澳大利亚堪培拉举行的第十七届国际大地测量与地球物理联合会，提交“水平角观测的偶然和系统中的误差”之论文。

【12 月 25 日】武测学术委员会成立，委员 25 名；主任委员纪增觉，副主任王之卓、戴丕凯、李庆海。

【1979 年】武测本年度承担科研项目 14 项，完成了 9 项。

【1979 年】武测参与《中国大百科全书》测绘学部分 46 个条目撰写工作，纪增觉、

王之卓、李庆海、李青岳为编委，共有 26 名教师参加。

1980 年

【2 月】武测研制的“炮瞄雷达光学式光轴校准仪”获 1980 年度中国人民解放军总后勤部科研成果二等奖。

【3 月 15 日】武测党委 1980 年工作要点：切实使各项工作转到为四化建设，培养人才这个总目标上来。

【5 月 23—24 日】武测“全数学化自动测图系统”研制方案通过了国家科委审定，被列为国家“六·五”重大科研攻关项目。

【7 月】武测王之卓教授任中国测绘学会代表团副团长出席在联邦德国汉堡举行的第 14 届国际摄影测量大会，武测向大会提交论文 3 篇。此次会上我国被接纳为该学会正式会员。

【8 月 7 日】经国家测绘总局批准，《武汉测绘学院学报》复刊。《学报》编辑委员会由 27 人组成。王之卓任主任委员，李庆海、杨宏毅任副主任委员。

【9 月】招收本科生 427 人，研究生 4 人，在校生 1857 人。

【9 月 1 日】经湖北省委组织部批准，武测成立临时党委纪律检查委员会，由 7 人组成，张益堂任书记，戴丕凯任副书记。

【9 月 15 日】国家测绘总局第一期测绘领导干部学习班在武测开学，学员为各省市自治区测绘局干部 29 人。

【9 月】武测地图制图系胡毓钜副教授任中国测绘代表团团员兼翻译去日本参加国际制图协会第 8 次代表大会，发表《现代中国地图制图高等教育概况》一文，引起国际同行的关注。

【9 月 17 日—26 日】香港理工学院高级讲师 C. 希思考特先生应邀来武测学术交流，对双方合作科研交换意见，回港后就安排该校学生来武测学习，促成两校合作。

【9 月 24 日】武测潘正风等出席了在瑞士苏黎世举行的“第八届国际工程测量讲习班”，并发表了论文《波带板激光准直测定大坝水下水平位移》。

【9 月 17 日—10 月 9 日】国际摄影测量与遥感学会第 14 届秘书长、联邦德国汉诺威大学康乃斯内教授应邀来武测讲学 13 次，座谈 2 次，内容为摄影测量与遥感技术。

【10 月 1—4 日】由塞琴格博士率领的联邦德国测绘代表团一行 11 人参观访问了武测，作了 4 次学术报告。

【10 月 18 日】经中央组织部批准：方俊夫任武测党委书记，纪增觉、张益堂、戴丕凯任党委副书记。纪增觉任武测院长，王之卓、陆济民、吴时光任副院长。

【11 月 13 日】《武汉测绘学院院刊》复刊。

【11 月】经国务院批准，中国科学院增补武测王之卓教授为地学部学部委员。

【11 月 7—13 日】武测副院长、中国测绘学会副理事长王之卓主持摄影测量与遥感专业委员会在杭州召开“解析空中三角测量学术讨论会”，作“参加西德汉堡第 14 届国际摄影测量会议情况”的报告。

【11月29日—12月6日】国际大地测量协会主席、奥地利格拉茨工业大学教授、著名的物理大地测量学家H. 毛里茨博士应邀来武测讲学。主要内容是"最小二乘配置及其在物理大地测量中的应用"和"大地参考系统的确定"。

【12月3—9日】武测院长、中国测绘学会测量仪器专业委员会主任纪增觉教授主持了在广州举行的该学会"新技术在测绘仪器中的应用学术讨论会"，武测共提交论文、科技动态11篇，其中有8篇在大会和分组会上作了报告。

【12月11—14日】美国国防制图局以欧文·威廉斯副局长为代表团团长一行3人访问武测。

【5—12月】武测晋升教授8名、副教授31名、讲师117名。

【1980年】武测与湖北省化学研究所合作研制成"压敏转印材料"。此材料的研制成功，填补了我国在制图方面的一个空白。下半年武测恢复了函授部。

1981年

【3月7—4月10日】李庆海教授参加国家科委大地测量考察团，赴联邦德国和美国考察激光测距仪器和人造卫星观测事宜。

【3月16日】国家测绘总局第二期测绘领导干部学习班在武测开学，学员为来自23个省市测绘局领导干部35名。

【3月30日—4月6日】中国地理学会环境遥感专业委员会成立环境遥感分会，选出理事65名，王之卓被推举为名誉理事长。

【5月3日】武测向国家测绘总局报送"1981年科研项目计划表"：一、全数字化自动测图系统的研究；二、自动解析测图仪研制；三、地图内容主要要素自动化综合的研究；四、精密地面立体摄影测量在工程建筑物变形观测中的应用；五、全国控制网的半短弧法平差。

【5月22—26日】以嘉多为团长的法国国家地理院代表团一行3人访问武测。

【6月】武测决定本年招收硕士研究生10名和出国预备研究生3名。

【上半年】武测增设"工程数学"课程，确定"物理实验"为一门独立课程。

【7月11—18日】联合国世界制图顾问、联合国粮农组织航天与航空摄影顾问、国际摄影测量与遥感协会（ISPRS）第VI专业委员会第一工作组主席、加拿大拉瓦尔大学航测教授布兰登堡博士参观访问武测。

【7月】武测研制出新型制图材料CH型压敏转印片，填补我国空白，获1981年度湖北省科技成果二等奖。

【8月9—18日】武测李青岳教授参加中国测绘学会代表团，赴瑞士出席国际测量师联合会（FIG）第16次大会。此次大会接纳中国测绘学会为FIG会员国。

【9月】武测招收1981级本科新生419人，其中少数民族学生11人，招收研究生2人，在校生1840人。

【9月9日】应美国国防部制图局邀请，武测副院长王之卓教授参加中国测绘代表团回访，考察了该局及其所属单位，商谈中美测绘合作事宜，扩大了与美国测绘界的联系。

【9月16日】国家测绘总局第三期测绘领导干部学习班在武测开学，学员为来自各省市区测绘局的干部共37人。

【9月17日—10月8日】美国海拉瓦公司主席海拉瓦博士应邀来我校，围绕解析测图仪、数字影像处理、数字相关技术3个专题讲学。

【9月18—23日】意大利国家计量研究所技术专家塞鲁梯、德索戈斯和中国国家测绘研究所科技人员联合测量组，在武测重力实验室完成激光重力测量任务。

【10月3日】国务院学位委员会批准武测为我国首批博士和硕士学位授予单位之一，博士点2个、硕士点5个，王之卓、李庆海、崔希璋等3教授为博士生导师。航空摄影测量、大地测量被列为国家重点学科。

【10月19日】"国际地图制图协会武汉机助地图制图讲习班"在武测开学，该协会主席、荷兰国际航测与地球科学学院地图制图系主任奥美林教授为首的讲学团一行8人和来自21省市区54个单位的学员140余人，出席了开学仪式。

【10月23日】武测《在航空摄影测量专业设遥感专业的报告》上报国家测绘总局；11月23日，遥感技术教研组正式成立，隶属于航测系。

【11月4—11日】奥地利格拉茨工业大学林纳教授应邀再度访问武测，正式签订了两校《学术协作备忘录》。林纳教授还应邀作了三次学术讲演："三维大地测量"、"惯性大地测量"、"海洋大地测量"。

【11月9日】经外交部和教育部批准，武测与奥地利共和国格拉茨工业大学正式建立学术协作关系：一、互换教材和科学论文；二、互换教师参与对方教育和科研工作；三、协助对方与本国的其他测绘教育和科研机构建立接触。

【11月26日】作为中国代表，武测张克权、胡毓钜赴联邦德国法兰克福参加国际制图协会（ICA）教育委员会会议，提交了报告《在中国培养地图制图工作者的一些经验》。

【12月28日】武测召开1977级学生毕业大会，这是改革招生制度后的第一届本科毕业生。

【1981年】武测院长纪增觉教授参加湖北省代表团，赴美国考察访问了美国俄亥俄州。

【1981年】武测本年度承担科研项目34项。完成23项，其中包括湖北省测绘局要求的"1818立体坐标仪改装为2323立体坐标仪"。

【1981年】武测举办了3门课程单科函授教育。

1982年

【1月】1977级本科生毕业408名。国务院批准武测为首批授予学士学位的高等学校之一。

【2月10日】武测公布"1982年上半年教学、科研工作要点"，把提高教学质量放在首位，加强实践环节，以少而精为教学原则，做好招收硕士研究生、出国预备研究生和授予应届本科毕业生学士学位等各项工作。

【2月】国家测绘总局批准武测成立学位评定委员会，委员16位，主席：纪增觉，副

主席：王之卓，秘书长：甘宏度。

【2月17日】武测副院长王之卓教授编著的《摄影测量原理》一书，荣获中国出版局颁发的“1977—1981年度全国优秀科技图书一等奖”。该书还曾获“湖北省高等院校重大科研成果奖。

【3月3日】武测学位评定委员会第一次会议决定：授予李德仁等13名1981届毕业研究生硕士学位，核准授予学士学位专业名单，确定各专业本科毕业生授予学士学位的标准。

【3月6日】国家测绘总局第4期测绘领导干部学习班开学。

【4月4日】香港理工学院土木与结构工程系三年级师生70多人，在高级讲师希思考特先生率领下来武测实习半个月。

【6月中旬】院党委对落实知识分子政策工作进行了全面检查。

【8月】1978级本科生毕业452名，毕业研究生11人。

【9月6日】国家测绘总局第五期测绘领导干部学习班在武测开学，学员26人。

【9月】武测在27个省、市、自治区招收1982级新生430名（七个专业和一个代培班，学制均为四年）。招收研究生8名。在校学生为1844人。

【9月】武测在1977、1978级本科毕业生中授予853人工学学士学位。

【9月】国家测绘总局改称国家测绘局。

【10月4—10日】荷兰国际航测与地球科学学院（ITC）阿梅尔博士来武测讲学：“人机对话数据库管理系统”、“卫星遥感数据在中、小比例尺测图中应用的可能性”和“空中三角测量中质量控制问题。”

【10月30日—11月8日】由武测主编的《德汉测绘词汇》在武昌召开定稿会，收集正文及附录4万余词条。

【11月1—5日】湖北省高等教育研究会成立，武测纪增觉院长为首届副理事长。

【11月6日】香港理工学院土木与结构工程系三年级学生及教师共91人，来武测测量实习。

【11月19日】武测与香港理工学院签订交流协议。

【12月14—20日】武测第四次科学报告会。本校及30多个校外代表共315人出席了会议。发表自然科学论文78篇，社会科学论文5篇。

【12月29日】武测学位评定委员会第二次会议，授予8名毕业研究生硕士学位。

【1982年】武测本年度承担科研项目47个，完成33项。科研成果《GDM—1型光电面积量测仪》获1982年度湖北省科技成果二等奖。

1983年

【1月10—13日】澳大利亚新南威尔士大学遥感中心主任福斯特博士来访，作两次学术报告，并与航测教研组教师座谈。

【1月12—15日】武测潘正风等和湖北省电力工程公司联合研制成“用于大型汽轮机组安装的波带板源程序激光准直系统”通过技术鉴定，来自全国37个单位70多位专家教

授一致认为属国内首创，填补了我国激光技术应用一项空白，达到国内先进水平。

【1月28—31日】武测研究制定了《1982—1983年第二学期开展教学改革的若干意见》。

【1—2月】武测对50岁以上讲师以及中年知识分子104人进行全面体检。

【3月3日】武测学位评定委员会决定授予13名毕业研究生以硕士学位，确定武测本科各专业均为学士学位授予点，制定了学士学位获得者的标准。

【3月】制图系研制的CH-1型压敏转印片获湖北省1982年度科技成果二等奖。

【4月10—20日】中国大百科全书测绘分册编委扩大会议在武昌召开，武测纪增觉、李庆海、万迁贤、黄世德、李裕忠、宁津生等参加会议。

【5月9日】在加拿大新不伦瑞克大学进修“形变测量理论”的武测工测系讲师陈永奇，获得博士学位后回校。

【5月15—16日】武测函授工程测量、航空摄影测量、大地测量、地图制图四个本科专业，在全国15个省市区设考场招生。

【5月上旬】武测王之卓、李庆海、崔希璋、谭定九当选为湖北省第六届人大代表，王之卓、李青岳、沈国键当选为第五届省政协委员。王之卓当选为省第六届人大常委会副主任、第六届全国人大代表。崔希璋当选为省第六届人大常委。朱光世、高时浏当选为武汉市第六届政协委员。

【5月13日】为执行武测与香港理工学院校际交流合作协议，武测派大地系於宗俦副教授前往香港理工学院讲学一个月。

【5月15日】武测副院长王之卓教授和杨凯讲师，出席在马来西亚吉隆坡举行的东南亚地区摄影测量及遥感教育会议。

【5月18—23日】武测李庆海、宋成骅、宁津生、施品浩等出席了中国测绘学会大地测量专业委员会在武昌举行的我国第一次空间大地测量学术讨论会，向会议提交7篇论文。

【5月22日】国际测量师联合会形变观测分析专门委员会主席、加拿大新不伦瑞克大学契尔诺夫斯教授来武测访问讲学。

【6月】武测决定招收在读博士学位研究生，这是自1956年以来，武测首次招收博士研究生。

【8月】武测1979级本科毕业541名，其中497人获学士学位。

【8月】武测宁津生教授参加中国测绘学会代表团出席在联邦德国汉堡召开的国际大地测量与地球物理联合会第18届大会和国际大地测量协会大会。

【9月】武测在29个省市自治区招收1983级本科新生423名，其中有9个少数民族的17名学生；招收攻读硕士学位的研究生17名，其中出国预备生5名。

【8—9月】武测李庆海、陶本藻编著的《概率统计原理和在测量中的应用》一书获1982年度全国优秀科技图书二等奖。

【9月】武测胡毓钜任中国代表，参加了在匈牙利召开的国际制图协会教育委员会会议。

【9月6—8日】联邦德国测绘代表团一行6人来武测访问；就土地整理和地籍测量作

两次学术报告；还就“中国西德测绘科技合作协议 1983—1984 年执行项目会谈纪要”若干问题，交换了意见。

【10—11 月 15 日】武测胡毓钜教授参加国家测绘局测绘生产技术考察组赴加拿大考察。

【11 月 23 日】武测第二次实验室工作会议，公布《武测实验室人员职责》、《武测实习考核暂行办法》（草案）和《武测实验室检查、评比暂行条件》。

【12 月】武测与加拿大新布伦瑞克大学签订校际合作协议。

【12 月 30—31 日】武测召开高教研究及教学经验交流会，酝酿成立院高教研究组织，院长纪增觉作了题为“注意总结经验加强学生智能培养”的报告。

【1983 年】武测成立贷款办公室，开始教育部引进世界银行第二个大学发展项目贷款的工作。

【1983 年】武测在地图制图专业内增设本科四年制印刷工艺班。函授部面向全国招收 4 个专业的本科函授生，学制五年半。

1984 年

【2 月 26—28 日】国际摄影测量与遥感学会（ISPRS）第六专业委员会主席霍特默教授访问武测，作“测绘文献检索系统”学术报告。

【2 月】武测与美国华盛顿州立大学签订校际合作协议。武测在天文台内，承建国家测绘局“新国家天文经度基本点网武汉天文基本点”。

【3 月 8—26 日】根据中国、联邦德国测绘科技合作协议，柏林高等工业专科大学费·克里斯特教授来武测讲学，题目是“现代化地图编制技术与制图自动化”

【3 月 20 日—4 月 8 日】英国东北伦敦理工学院克罗斯博士来武测讲学，内容为：现代最小二乘法在大地定位中的应用、近代大地测量技术在陆地及海上定位中的应用。

【4 月 17—22 日】根据武测与香港理工学院校际协议，该院美籍教师黑格森来武测，系统讲演“大学计算中心建立、管理和维护”。

【4 月】武测学位评定委员会印发“本科毕业生授予学士学位标准”。武测讲师鄂栋臣入选我国首次南极考察队，任考察队党支部副书记、测绘班班长。

【5 月】武测举办留学人员科技成果展览：1978—1984 年武测先后派出 25 名中青年教师分赴发达国家进修；此次展出 14 位已学成回国教师的科技成果。同月，武测十多项科研成果在北京“全国传感器及其应用展览会”上展出。

【6 月 17—29 日】武测副院长王之卓率中国测绘学会代表团，参加在巴西里约热内卢召开的“第十五届国际摄影测量与遥感大会”，在第 6 专业委员会作《东南亚摄影测量与遥感教育状况》主题报告。

【7 月】武测与美国北达科他州立大学签订了校际合作协议。

【8 月 4—13 日】武测胡毓钜任中国测绘代表团团长率团参加“国际地图制图协会第七届大会及十二届学术讨论会”，当选为该协会第七届执委会副主席。

【8 月】武测毕业 1980 级本科生 420 名。

【8 月 21 日】中共城乡建设环境保护部党组下达《关于调整武汉测绘学院领导班子的通知》：经商得湖北省委同意，任命周忠谟为武测院长，张世汶任党委副书记，宁津生、甘宏度、仇肇悦任副院长，王之卓任名誉院长，戴丕凯任纪律检查委员会书记，院党委常委由周忠谟、张世汶、甘宏度、仇肇悦、戴丕凯组成。

【8 月 21 日—9 月 4 日】武测宁津生副院长在由中国测绘学会首次举办的“局部重力场逼近技术国际暑期学校”讲学，题目是《用最小二乘配置确定相对大地水准面高》。

【8 月 21 日】国际地图制图协会教育委员会主席曼纳博士应邀来武测作三次学术报告、两次学术讨论。

【9 月 8 日】1984 级新生开学典礼。录取 1984 级本科生 420 名（其中少数民族学生 10 名）、专科生 125 名、攻读硕士学位的研究生 37 名。

【9 月 9—15 日】联邦德国格罗腾教授来武测讲学“地球重力和地球力学“。

【9 月 11—14 日】武测与日本测机舍在北京洽谈技术合作具体事项。

【10 月 10 日】国家测绘局批准武测增设“工业与民用建筑工程”专科专业，学制二年，1985 年开始招生。

【10 月 16 日】荷兰 ITC 尤佩拉兹教授等应邀来武测讲学，并初步商谈资助武测建立“城市航空摄影测量与遥感中心”合作项目，为正式会谈作准备。

【11 月 14 日】武测召开教职工大会，周忠谟院长作《振兴武测，为发展我国测绘事业作贡献》的动员报告。张世汶副书记宣读了《部、处、系级机构设置及干部调整的通知》。

【11 月中下旬】武测王之卓名誉院长和郑肇葆副教授赴尼泊尔首都加德满都参加“第五届亚洲遥感会议”，作题为“中国遥感活动情况”的报告。

【11 月】受中国科协普及工作部、中央电视台委托，武测电教中心摄制出版《微型计算机的原理及其运用》系列电教片，12 月起由中央电视台每周三次播出。

【12 月 4 日】湖北省遥感中心成立，推选武测名誉院长王之卓为主任委员；他作了《国内外遥感技术》主题报告。

【1984 年】武测科研成果：“遥感数字图像处理技术在洪湖水生植物分布调查中的应用”、“近景摄影测量在脑立体定位导向术中的应用”、“普通照相机应用于近景摄影测量的研究和古文物等值线图的试测”、“武汉地区卫星多普勒网数据处理的研究”、“GDM-1 型光电面积量测仪”、“数字测微密度计”、“晶体管直流参数综合测试仪”、“激光铅直仪”等 8 项，分别获得 1984 年度国家测绘科研成果三等奖。“适用于大型汽轮机机组安装的波带板激光准直仪”相继获得 1984 年度水电部科技成果三等奖、国家测绘局科研成果二等奖。

【1984 年】经教育部批准，武测增设印刷技术本科专业。航空摄影测量专业发展为摄影测量与遥感专业，增设了工程测量、航测外业和光学仪器检修 3 个专科（两年制），光学测绘仪器系易名为光学仪器系，将政治理论教研室扩为政治理论课部。

1985 年 1 月至 9 月

【1 月 25 日】武测隆重纪念叶雪安教授诞辰八十周年，叶雪安的女儿叶德丰将其父生前存款捐给武测，周忠谟院长宣布设立“叶雪安大地测量奖学金”及建立基金委员会。

【2 月 6 日】武测航测系讲师李德仁以优异成绩获得联邦德国斯图加特大学工学博士学位。博士论文是《摄影测量点测定中控制点粗差和像片系统误差的区分可能性理论和试验研究》。国际著名理论大地测量学家格拉法伦特教授认为该论文“解决了测量学上一个一百多年来的问题”，他的导师、前欧洲摄影测量试验研究组织主席、斯图加特大学摄影测量研究所所长阿克曼教授称赞他“完全是现代国际水平”、“杰出的摄影测量学家和科学家。”我院名誉院长王之卓写信祝贺他的成功：“希望回国后能带动更多的人形成一个集体，在区域网的理论与实践方面达到国际水平，”2 月 28 日，李德仁学成归国回武测。

【3 月 1 日】国家测绘局决定：授予由鄂栋臣、刘永诺、国晓港测绘班“南极考察测绘成果科技进步一等奖”。

【4 月 18 日】武测举行鄂栋臣参加我国首次南极考察凯旋庆功大会，授予鄂栋臣“优秀共产党员”和“先进工作者”称号，院党委决定开展“向鄂栋臣同志学习”活动。

【4 月 21—26 日】日本测机舍常务董事饭冢正一行来武测交流；双方签署了合作意向书。

【5 月上旬】大地系讲师鄂栋臣先后参加国家测绘局庆功大会和我国首次南极考察庆功授奖大会，荣获国家南极考察委员会授予的二等功。

【5 月 18 日】名誉院长王之卓，在中国测绘学会第四届全国大会上当选为理事长。

【5 月】我国第一种地图制图技术性刊物——《地图》杂志季刊由武测地图制图系与中国地图出版社合编出版，国内外公开发行，武测胡毓钜任编委会副主任兼主编，编辑部设在地图制图系。

【6 月 18—21 日】陶本藻副教授出席在波兰举行的第七届国际大地测量计算科学讨论会，被指定为第七次会议的副主席，武测向大会提交论文 4 篇。

【6 月】教育部通知：武测分配到世界银行贷款 380 万美元（后经争取改为 380 万特别提款权），用以购进存储量较大的计算机系统、解析测图系统、正射投影系统、图像处理系统、卫星干涉测量系统，计划 1984—1989 年完成这一项目。

【7 月】国家科委批复：《武汉测绘学院学报》为国内外公开发行刊物，《武测科技》和《武测译文》为国内发行刊物。

【7 月 17 日】武测 1985 届学生毕业典礼，毕业生 404 名，其中有 13 名优秀毕业生，30 名加入中国共产党，351 名获学士学位，38 名考取硕士研究生。

【8 月】武测招收 1985 级本科生 465 名、专科生 222 名、干部专修科 80 名。

【9 月 20—27 日】美国国防制图局副局长艾文斯、安德逊等参访武测，两国同行查看研究分辨率达到 10 米大像幅航摄像片，及美国数字地面模型大量使用数字相关情况，武测名誉院长王之卓教授款待艾文斯等一行。

【9月27日】国家测绘局与联邦德国国际发展基金会“地籍测量与土地整理讲习班”在武测开学，全国各有关单位60名学员参加学习。

【9月】武测教师鄂栋臣参加中国第二次南极考察队，任考察队副队长。

第十二章　武汉测绘科技大学（1985.10—2000.07）

1985年10月至12月

【10月12日】国家测绘局批准“武汉测绘学院”更名为“武汉测绘科技大学”，简称“测绘科大”。

【10月23日】测绘科大第五次科学报告会，交流论文11篇，评选出35项应用成果和17篇优秀论文获奖。

【10月24日】测绘科大编制的《中华人民共和国老年人口地图集》出版。

【10月30日—11月1日】巴基斯坦测绘代表团访问测绘科大，表达派留学生来的愿望。

【10月】测绘科大发布《七五（1986—1990年）教育事业发展规划》。

【11月3—13日】荷兰国际航天测量与地学学院尤佩拉兹教授和荷兰两位工程师应邀来测绘科大讲学演示“机助城市规划系统”，就该系统在中国城市可行性合作研究签订了备忘录。7日测绘科大祝贺尤佩拉兹教授60寿辰，尤佩拉兹在测绘科大栽树留念。

【11月13—22日】国家测绘局第二次出国留学人员报告会在测绘科大举行，名誉校长王之卓教授作《国内外测绘科技面貌》主题报告。全国54个单位124人参会，有23人介绍多国测绘发展概况，有专题报告和研究成果展览，测绘科大21人参展。

【11月17日】全国人大常委会副委员长许德珩，应邀题写了“武汉测绘科技大学”校名。

【11月29日】湖北省人大第五、六届常委会委员、71岁崔希璋教授加入中国共产党。

【12月1—6日】全国测绘教育改革研讨会在我校举行；收到论文72篇；成立了中国测绘学会测绘教育委员会。

【12月2—5日】荷兰外交部国际教育与大学合作处沃尔斯博士应邀来访，就测绘科大与荷兰国际航天与地学学院合作在测绘科大建立“人类居住地测量与分析培训中心”等两个中荷教育合作项目进行实地考察。

【12月10日】测绘科大成立《函授通迅》编辑委员会，宁津生副校长任主任委员。

【12月16—17日】国家科委重点科研项目“全数字化自动测图系统软件包”评审会议召开。该课题在名誉校长王之卓教授指导下，由张祖勋副教授主持完成；审议认为：该

系统国内首创，达到20世纪80年代世界先进水平。

【1985年】测绘科大航空摄影测量系发展为航测与遥感系；电子测绘仪器系发展为计算机与无线电工程系；成立了研究生部；增设了计算机及应用、工业与民用建筑、测绘等3个两年制专科专业，国家教委批准可接受国内访问学者。

1986年

【1月22日】测绘科大成立图书馆委员会，主任宁津生、副主任陆锴书、丁窘辆，委员12名。

【3月26日—4月2日】国际地图制图协会副主席、测绘科大胡毓钜和黄仁涛赴日本东京出席“城市制图第五次国际学术会议”。

【3月28日】校党委概括测绘科大校风为“严谨、求实、团结、奋进”。

【3月】测绘科大6项科研成果：地图数据库软件系统、应用遥感技术调查咸宁市土地利用状况、光学假彩色编码技术的应用、数字长度面积量测仪、测量平差程序WCP-1、三机型多功能空间光线追迹程序，分别获1985年度国家测绘科技进步三等奖。

【4月28日—5月9日】测绘科大举办“国际地图制图教育与培训高级讲习班”；由7个国家8位专家和11位中国专家组成讲师团，学员来自全国各地约130余人。

【4月29日】测绘科大鄂栋臣获全国总工会颁发的“五一劳动奖章”。

【5月】测绘科大开发公司与日本测机舍正式签订技术合作协议。

【7月11日】中共建设部党组批准鄂栋臣任中共测绘科大委员会副书记。

【8月25日】国务院学位委员会增补测绘科大张祖勋、宁津生、於宗俦为博士生指导教师。

【8月25日—9月6日】宁津生副校长应邀访问奥地利格拉茨技术大学。

【9月】测绘科大学报获得中国国家中心首批分配的国际标准刊号（ISSN）。

【9月23—25日】以内政部长代表格罗什博士为团长，联邦德国7人测绘代表团访问测绘科大。

【8—9月】测绘科大毕业本科生408人、专科生99人、研究生12人。招收本科生479人、专科生238人。

【10月20日】测绘科大举行隆重庆祝大会，庆祝建校三十周年。举行了“建校三十周年暨纪念夏坚白教授”学术报告会。举办了建校三十周年展览会和国内外测绘仪器展览。授予联邦德国康乃斯内教授和加拿大萨诺夫斯基教授为测绘科大名誉教授。

【10月23日】中共建设部党组织批准，张世汶任测绘科大党委书记。同日，航测与遥感系王升定和大地系徐绍铨参加我国第三次南极考察。

【10月】测绘科大校友、叶雪安教授的研究生、香港韦梓辉担任叶雪安大地测量奖学金基金委员会副主任。

【10月28日】测绘科大受国家测绘局委托举办的“全国测绘系统局长研讨班”开学。

【12月7日】省人大代表、著名工程测量和大地测量学家李庆海教授因病逝世，享年

76 岁。

【12 月 9 日】测绘科大与荷兰航天测量与地学学院合作在测绘科大建立“城乡测量与规划管理教育中心”获中、荷两国政府批准。该项目荷方无偿资助 388 万荷兰盾（约合人民币 630 万元）。

【1986 年】测绘科大经国家教委批准增设计算机软件本科专业，经国家测绘局批准增设了机械设计与制造、土地管理与地籍测量、地图制图等 3 个本科专业。

【1986 年】测绘科大科研成果：地图数据库软件系统获 1985 年度国家科技进步三等奖和湖北省测绘科技进步一等奖，有 6 项成果获 1985 年度国家测绘科技进步三等奖、1 项获得一等奖，1 项获国家地震局 1986 年科技专项二等奖，1 项获 1985 年度湖北省测绘科技进步三等奖。

【1986 年】测绘科大潘正风、陈军获 1986 年度国家级有突出贡献的中青年专家称号。胡毓钜荣获国家测绘局系统劳动模范称号。

1987 年

【2 月】航测与遥感系青年教师陈军，获中国科学院 1986 年度“青年奖励研究基金”奖励，获此奖全国仅 100 名。

【3 月 11—22 日】测绘科大名誉教授、国际摄影测量与遥感学会主席、联邦德国康乃斯内来校讲学，主题是“遥感制图与土地信息系统”。

【3 月 26 日】由中荷两国政府批准、测绘科大与荷兰国际航测与地学学院（ITC）合办的“测绘科大城乡测量、规划与管理教育中心”大楼奠基仪式。周忠谟校长、尤佩拉兹教授等为奠基石培土。该中心大楼基建投资 200 万元，建筑面积为 3500 平方米。

【3 月 28—31 日】国家教委贷办第二个大学项目院校贷办负责人会议，确认测绘科大第二次采购项目 32 种。

【4 月 3—24 日】联邦德国工程测量委员会主席、汉诺威大学土木工程与测量系主任佩尔策教授应邀来校讲学，主题是“大地和工程测量控制网”。

【4 月 16 日】测绘科大利用世界银行贷款为校计算中心引进的联邦德国“西门子 7570-c 计算机系统”（价值 166.3 余万美元）的全套设备，安全运抵学校。

【4 月 29 日】测绘科大成立计算中心，为系级单位。

【4 月 20 日—5 月 8 日】测绘科大召开首次教职工暨第九次工会会员代表大会。讨论了《“七五”教育事业发展规划》、《“七五”精神文明发展规划》等文件，选举产生了校第九届工会委员会。

【5 月 4—9 日】国家测绘局在武汉召开由我校承担该局 6 个“七五”攻关科研项目论证会（占该局“七五”攻关项目的 60%，科研经费的 50.3%）；我校还承担 1987 年国家测绘科技发展基金新上项目 7 项，占批准基金项目数的 77.8%。

【5 月上旬】我校评定 1986—1987 学年第一学期校教学质量优秀奖，44 名教师获奖，其中副教授 6 名、讲师 27 名、助教 11 名。

【5 月 13 日】测绘科大仪器设备技术服务中心测机舍服务部正式营业。

【5月23日】科研成果“地图数据库软件系统”和“测量程序WCP—l”分别荣获湖北省人民政府颁发的湖北省“六五”期间“计算机优秀软件”二等奖和三等奖。

【6月17日】测绘科大7个项目获1986年度国家测绘科技进步奖：“卫星网与地面网的联合平差以及在西北卫星网中的应用”获二等奖。“DPG型数字测图仪”、“绒织物艺术品及其丝网印刷方法”、“PR通用接口”、“航带法区域网平差程序汉字化”、“近景摄影测量程序集”、“COMMTOOL 1-2-3微机通讯系统”等6项分别获得三等奖。

【6月26日】校风雨实习场通过验收，总造价190.7万元，建筑面积4167.36平方米。

【7月4日】1987届毕业生毕业典礼，1987年共培养出各类毕业生930名，其中计划内统一分配本科生574名（本科毕业428名，专科毕业146名），研究生35名，函授专科128名，短期进修学员193名。1987届优秀毕业生有19名。

【7月】测绘科大获“1976—1985年度全国优秀测绘教材奖”一等奖2个：《摄影测量原理》（王之卓著）、《概率统计原理和在测量中的应用》（李庆海、陶本藻著）；二等奖4个：《地球形状及外部重力场》（管泽林、宁津生著）、《工程测量学》（李青岳著）、《测量平差基础》（於宗俦、鲁林成著）、《地图投影》（胡毓钜、龚剑文著）。

【8月31日】校计算中心引进联邦德国西门子公司7570-C计算机系统验收工作结束，联邦德国西门子公司驻北京的中国第二个大学项目经理沙夫里兹夫妇专程来校参加验收移交仪式。

【8月】测绘科大共招收1987级本科生472名、专科生208名。

【9月1日】测绘科大在1987级本科生中，选拔品学兼优20名学生试办“测绘类专业综合班”，因材施教、探索拓宽专业口径、增强毕业后适应工作能力。

【9月7—27日】联邦德国汉诺威大学里希特纳教授应邀来举办“计算机制图讲习班”，全国30个单位派人来学习。

【9月19日】校党委副书记兼极地测绘研究室主任鄂栋臣获“湖北省劳动模范”称号。

【10月6—7日】测绘科大召开第四次党员代表大会，正式代表136人，特邀代表18人，列席代表10人，组成了12个代表团，代表全校686名党员。选出校第四届党委会和第二届纪律检查委员会，通过《“七五”教育事业发展规划》和《“七五”精神文明建设规划》。

【10月9—22日】测绘科大胡毓钜教授任中国测绘学会代表团团长，率团参加在墨西哥召开的国际地图制图协会第八次代表大会和第十次学术讨论会，再次当选为该协会副主席。

【10月16日】国家教委批准测绘科大增设“信息工程”和“电子仪器及测量技术”2个本科专业，分别设在航测与遥感系和计算机与无线电工程系，1988年秋季开始招生。国家测绘局批准测绘科大增设“城镇建设”专科专业，设在工程测量系，1988年秋开始招生。

【10月23日】测绘科大工程测量系教师张松波参加我国第4次南极考察。

【10月下旬】测绘科大与石油部门联合研制的《中国西北地区卫星定位网联测定位及

联合平差》，相继荣获1986年国家测绘科技进步二等奖和1986年度石油工业部科技进步一等奖。

【10月】测绘科大颁发首批聘书，聘用教授18名、副教授124名、研究馆员1名、高级工程师8名、高级实验师4名、副编审1名。

【11月2日】测绘科大授予荷兰ITC学院院长贝克教授、城市测量和人类居住地分析系系主任尤佩拉兹教授为测绘科大名誉教授。

【12月9日】测绘科大学位委员会授予35名研究生工学硕士学位。

【12月21日】测绘科大1981年恢复函授招生后首届函授专科生毕业典礼；实际毕业342人，占原录取人数的84%。

【12月22日】航测与遥感系所承担的国家测绘局1984年测绘科技发展基金项目——《近景摄影测量在文物、建筑、水轮机叶片、奶牛形体测绘和公安痕迹检验中的应用》，通过由国家测绘局新成果技术鉴定，达到国内先进水平。

【12月25—29日】以潘正风副教授为首的课题组出色完成了国家重大技术装备项目——“北京正负电子对撞机”子课题——202米直线加速器安装测量。在国家表彰大会上，测绘科大得到国务院重大技术装备领导小组表彰，并被授予“国家嘉奖”和李鹏代总理签发的荣誉证书。

1988年

【1月5日】经国家科委及国家新闻出版署批准，测绘科大学报编辑部两种刊物——《武测科技》、《武测译文》由限国内发行改为国内外公开发行。

【2月2日】国家测绘局局长陈俊勇，在测绘科大干部大会宣布“关于测绘科大行政领导变动的决定”：宁津生任校长，增补张祖勋、杨长庚任副校长，周忠谟调任国家测绘局测绘科学研究所所长。

【3月17日】测绘科大将政治理论课部改名为社会科学部，撤销计算机与无线电工程系，成立电子工程系和计算机科学与工程系。

【3月17日】测绘科大热烈庆祝名誉校长、中国科学院学部委员王之卓教授的著作《摄影测量原理》荣获全国高校优秀教材特等奖。此前，李鹏代总理会见了王之卓等特等奖获得者并合影留念，国家测绘局、测绘出版社先后为王之卓教授举办了小型庆功会；王之卓教授将所获特等奖奖金，全部捐赠给了测绘科大。

【3月下旬】我国首次“地籍整理试点技术成果鉴定会”在上海召开，测绘科大大地测量系高时浏教授当选为该鉴定会主任委员。

【4月14日—5月1日】测绘科大名誉教授尤佩拉兹博士再次来校工作：会见访问测绘科大的荷兰房建、城市规划和环境保护代表团；前往沈阳滑翔机厂，审查飞机改进及指导安装导航镜；研讨合组海外技术服务公司事宜；和测绘科大专家一起应邀访问海南省海口市。

【5月5—8日】国家测绘局科技工作及科技进步奖评审会议在测绘科大举行。会议评选出1987年度国家测绘科技进步奖项目，测绘科大有8项成果获奖，其中二等奖1项，

三等奖7项。

【5月10—12日】测绘科大举办“大地测量发展与对策研讨会”，全国24个单位58名大地测量专家出席、研讨。

【5月13日】航测与遥感系系主任李德仁教授的论文《光束法区域网平差中控制点粗差与像片系统误差的区分可能性》获联邦德国1988年度“汉沙航空测量奖”。

【5月14日】测绘科大王之卓教授当选为湖北省人大第七届常委会副主任。

【5月】於宗俦当选为湖北省第六届政协常委；沈国健、黄仁涛当选为湖北省第六届政协委员。

【5月19日】测绘科大颁发《本科主干课程建设规范》，全校共确定各专业基础课及公共课中的主干课程5门，技术基础及专业课程中的主干课程56门。

【6月3日】测绘科大制定并颁布《关于攻读“双专业”和“辅修专业”的暂行办法》。

【6月10日】我国培养的测绘学科第一位博士研究生林宗坚，通过学位论文答辩；其导师为王之卓教授。

【6月22—23日】测绘科大《大学生科研管理试行办法》、《科研计划管理试行办法》、《科研合同制试行办法》、《科技成果管理办法》、《科学技术成果奖励办法》和《专利管理试行办法》相继公布执行。

【6月22日】校学位评定委员会举行第七次会议，决定授予林宗坚工学博士学位，授予55人工学硕士学位。

【7月1—10日】中国测绘学会第四届理事长王之卓教授率学会代表团一行35人，出席在日本京都举行的“国际摄影测量与遥感学会第十六届大会”，并被大会授予最高荣誉——“荣誉会员”称号（在世受此殊荣者仅七人）。大会宣读了联邦德国摄影测量与遥感学会主席给王之卓的邀请信，请他1989年2月去德国庆祝他获柏林工业大学博士学位五十周年。王之卓教授提交了国家报告题为“中国摄影测量与遥感四年来的成就”。闭幕式上，王之卓教授作为亚洲学者代表发表演讲。

测绘科大副校长张祖勋教授、航测与遥感系系主任李德仁教授作为代表团成员出席了大会，展示了他们的研究成果。李德仁教授被选为该学会第三委员会（数据的数学分析委员会）主席。

【7月上旬】1988届本专科生毕业746名，其中计划内本科生406人，专科生118人。

【7月15日】测绘科大科研成果“卫星网与地面网的联合平差以及在西北卫星定位网中的应用”荣获第三届国家科技进步奖三等奖。

【7月23日】国家教育委员会（88）教研自014号文件《关于下达高等学校重点学科点的通知》批准摄影测量与遥感为国家重点学科。

【暑期】测绘科大组织5个系130多名师生赴洪湖市进行市区规划测量工作。完成了27平方公里的控制测量和9平方公里的城区1：1000地形图的测绘，以及2平方公里水下地形测量。为洪湖市城市规划、决策及综合治理提供了科学依据。

【8月下旬】1988年测绘科大招收700名新生，其中本科生466人，专科生234人。函授完成招生计划117%，干部专修科完成招生计划110%，分布全国28个省“市”和十

几个部委系统。

【9 月 1 日】测绘科大校教材委员会第五次会议，从 1976—1985 年十年间出版发行的全部教材和讲义中，评选出优秀教材 8 种，优秀讲义 23 种。

【9 月 13 日】测绘科大颁布《关于硕士提前攻读博士学位的试行办法》、《关于遴选硕士研究生指导教师的试行办法》、《关于专业技术人员工作调动后技术职务变更的暂行规定》、《关于职工教育的暂行规定》等文件。

【9 月 16 日】中荷合作项目“测绘科大城乡测量、规划与管理教育中心”建成举行开学典礼。

【9 月 19 日—10 月 3 日】中德测绘合作德方联系人、联邦德国应用大地测量研究所副所长莱因哈特博士携夫人女儿来讲学、访问。

【9 月 20—22 日】测绘科大与美国光谱物理公司、香港银河公司在该校对外交流中心联合举办“激光测量仪器在测量及建筑工程上的应用报告会”，三方草签了合作意向书。

【9 月 29 日—10 月 6 日】测绘科大名誉教授、荷兰 ITC 尤佩拉兹博士应国家外国专家局邀请到北京出席国庆活动，受到李鹏总理等国家领导人的接见。此次邀请的外国文教专家全国仅 20 名，湖北省仅他 1 名，以表彰他为争取荷兰资助测绘科大所作的贡献。

【9 月 28 日】国家测绘局批准测绘科大 1989 年起办夜大学：专科为主学制三年，6 个专业。

【9 月 29 日】测绘科大 1989 年招收“应用电子技术专业专科生”，该专科设在电子工程系。

【10 月 5 日】1987 年度叶雪安大地测量奖学金暨教育科技奖颁奖大会在校学术报告厅举行。14 名同学获奖学金，其中一等奖 3 名、二等奖 11 名；7 位教师获教育科技奖。

【10 月 10—12 日】国家教委、机械电子工业部“计算机及应用专业本科生培养质量评估”专家组一行 6 人，对我校计算机及应用专业进行了调查评估检查。专家组长、华南理工大学教授陈兴业指出：测绘科大计算机系专业水平较高，达到了国家规定的标准。

【10 月 11—13 日】由联合国亚太地区经社理事会（ESCAP）本区域遥感计划组织（RRSP）和我国国家科委遥感中心联合举办的“亚太地区遥感教育会议”在测绘科大召开，巴基斯坦等 10 个国家以及荷兰 ITC 等组织共 20 名代表出席会议；测绘科大林宗坚副教授为会议主席，作“中国遥感教育与训练状况”报告。会议通过建立亚太地区遥感教育联络网的决议，经国家科委遥感中心指派，测绘科大为中国方面遥感教育联络点。

【10 月 12—17 日】国际摄影测量学界有较高声望的学者和活动家之一、瑞士苏黎世高等工业学校大地与摄影测量研究所格林教授应邀访问测绘科大，介绍当今世界数字摄影测量系统以及实时摄影测量现状和前景。双方就联合培养博士生交换了意见。

【10 月 14 日】测绘科大鄂栋臣和徐绍铨参加我国首次东南极考察队，主要是负责完成中山站建站中的测绘考察项目。杨振涛参加我国第五次西南极考察队去长城站，主要任是完成菲尔德斯海峡断层形变监测。

【10 月 24 日】我校印发重新修订的“关于建立各学科梯队的暂行办法”，学术梯队、教师队伍建设更加科学化和正规化。

【11 月 1 日—12 月 30 日】由测绘科大大地测量系宋成骅教授牵头承担的“全国陆地

海洋卫星定位网”已被纳入国家科委科技项目，该项目南起南海北部湾，北抵渤海，至1988年底，我国在此范围内布设陆地、海洋卫星定位点达333点，成为世界上卫星定位点最多的国家之一；填补了我国海洋大地测量的空白，对沿海地区经济发展、海岛联测与开发、海域划分、统一我国陆地海洋大地基准、维护我国海洋权益，都有重大意义。

【11月2日、9日】国家教委批复同意测绘科大增设“城镇建设”本科专业——设在工程测量系，增设“土地管理”本科专业——设在大地测量系，均于1989年秋季开始招生。

【11月10日—12月1日】澳大利亚昆士兰大学教授科兹洛夫斯基应邀来校访问讲学，举办“城市、区域及环境规划中的门槛理论”讲习班，学员来自全国10多个城市60多人。来访期间，教授提出签订校际合作协议。

【11月11日】经国家测绘局同意，测绘科大增设“城市规划”本科专业，设在“城乡测量、规划与管理教育中心”，1989年开始招生。

【11月20日】测绘科大五个年级函授生368名，来校参加为期70天期末集中面授。

【11月】大地测量系教授高时浏与工程测量系副教授张正禄合译的联邦德国著名地籍测量学教授齐格勒博士所著《地籍测量概论》一书，填补了我国在这方面的空白，获武汉市翻译工作者协会“1988年度翻译作品优秀成果奖”。

【11月30日】世界银行外国专家咨询组组长罗森布里斯先生一行4位专家，来校了解利用世界银行贷款情况。测绘科大提供详尽资料汇报近年的工作。专家组高度评价说，测绘科大是他们所到中国第二个大学发展项目院校中最满意的学校之一。

【12月5日】以潘正风教授为首研制的“北京正负电子对撞机注入器激光准直系统”，在北京通过技术鉴定，认为该系统“设计方案合理、系统构思严密，设备先进、经济实用，硬设备全部采用国产元件，操作方便，测量方法可靠，使用效果显著”，“具有国际先进水平，有开拓意义”。

【12月9日、10日、14日下午】测绘科大教学工作会议，听取了宁津生校长的《教学工作总结报告》；形成了《教学工作会议纪要》，定稿后将成为今后几年办学的意向。会议给1987—1988学年教学优秀奖57名获奖者颁奖。

【12月11—15日】中国测绘学会“数字摄影测量暨微机在摄影测量中的应用”学术讨论会由测绘科大航测与遥感系主办在武汉召开，学会理事长、名誉校长王之卓教授作了关于国际摄影测量与遥感学会第16届大会及主要技术成果的报告。龚健雅等的论文被评为优秀论文。

【12月15日】国家测绘局批准，从1989年起测绘科大恢复招收外国留学生。

【12月15日】测绘科大举行名誉校长“王之卓教授80寿辰暨执教50周年庆贺会”。

【12月17—29日】以宁津生校长为首的测绘科大代表团，应邀访问荷兰国际航天测量与地学学院（ITC）。贝克院长亲自颁发荣誉证书授予宁津生获该校最高荣誉称号（仅有12位国际著名学者获得）。21日两校结为姐妹学校。

【12月底】湖北省科委主持通过测绘科大、湖北省测绘局及利川市合作完成的“鄂西利川市草场资源遥感调查项目鉴定”，认为：技术先进，手段新颖，有较高效益，达到国内先进水平，多重数据多重判别等综合处理方法进入国际先进行列。

【12 月 31 日】据计算中心计算机记账程序的统计，1988 年度 7570-C 计算机系统的 CPU 实际使用时间为 1239 小时，终端为 75583 小时，每台终端年平均使用 1890 小时，超过国家教委规定的指标 1200 小时的 57.5%，为全校计算机使用效率之首。

1989 年

【1 月 4—7 日】“全国测量学电视系列教材片首次评审会”在测绘科大举行。宁津生任评审委员会主任主持会议。测绘教材委员会主任、武测前院长纪增觉，为评审把好质量关。会议审定通过了 7 部电教片（其中测绘科大电教中心制作 2 部）。

【1 月 4 日】测绘科大恢复函授教育后首届函授本科生毕业。这批 1983 级函授生，共四个专业 302 人，经过 5 年半学习实际毕业 245 人，占录取人数的 81%。

【1 月 14 日】测绘科大“全数字化自动测图系统”获国家教委 1988 年度科技进步一等奖，“近代测量平差理论及其应用”获二等奖。

【1 月 25 日】校学位评定委员会授予 47 位研究生工学硕士学位。

【2 月 6 日—3 月 6 日】王之卓、张祖勋、李德仁应邀访问联邦德国。柏林工业大学举行隆重的“金博士”庆祝会，纪念王之卓荣获该校博士学位五十周年。为李德仁颁发了“汉沙·航空测量奖”。会后访问了联邦德国 8 个城市 10 所大学及汉沙航测公司、蔡司光学仪器厂，作 7 场学术报告。后赴瑞士苏黎世访问与讲学一星期。

【2 月 14 日】测绘科大李德仁、毋河海获“1988 年度国家级有突出贡献的中青年专家”称号。

【2 月 26 日】鄂栋臣、徐绍铨参加中国南极中山站落成典礼，测绘科大致电热烈祝贺。

【3 月 3— 6 日】国家教委重点学科项目评审团来校评估，初步确定“测绘遥感信息工程实验室”为国家重点实验室，列为世界银行追踪实验室。

【3 月】测绘科大与澳大利亚昆士兰技术大学，通信签订校际协议。与澳大利亚昆士兰大学交换了校际协议初稿。

【4 月 8 日】我国第五次西南极考察队员、大地系讲师杨振涛返校。他主要完成菲尔德斯海峡断层形变、纳尔逊冰盖运动、长城站建筑物形变监测、长城湾平均海水面确定及水准原点联测等。

【4 月 11—16 日】国家测绘局“七五”重点测绘科研项目工作汇报会在测绘科大召开。

【4 月 13 日】测绘科大鄂栋臣、徐绍铨参加中国首次东南极考察队，出色完成中国南极中山站建站和测绘考察任务返校。

【4 月 19—23 日】“中国测绘学会第四次代表大会暨庆祝学会成立 30 周年学术讨论会”在西安召开，代表 221 人，特邀代表 25 人。王之卓被选为第五届理事会名誉理事长，宁津生为副理事长，胡毓钜为名誉理事，宁津生、李德仁、陶本藻、郑肇葆、杜道生，丁窘辋、陈晓东、徐庆荣、周慎杰等，分别被选为学会各专业（工作）委员会正副主任委员。

【4 月 28 日】中国南极考察委员会首次东南极考察庆功大会，鄂栋臣、徐绍铨均获二等功。

【5 月 13—26 日】联邦德国巴伐利亚州地籍测量司司长、慕尼黑科技大学教授、地籍测量专家齐格勒博士应邀来测绘科大讲学；20 个省市区 40 余人来上课。

【5 月 17 日】测绘科大 1983 级 165 名函授本科毕业生获“工学学士”学位证书。

【5 月 23 日】国家新闻出版署批准成立测绘科大出版社，副校长张祖勋兼出版社社长。

【5 月 31 日】测绘科大公布首批满足“课程建设规范”、验收合格的 19 门课程；印发《课程验收工作总结》及《1989 年评选一类课程暂行办法》，促进主干课程建设。

【6 月 3 日】测绘科大“关于攻读‘双专业’和‘辅修专业’暂行办法”从本科 1987 级执行。

【6 月】测绘科大从 1989—1990 学年起执行《课程选修办法》。

【6 月 25 日—8 月 23 日】成人教育中心 7 个函授站、1985—1988 四个年级函授生 1060 人暑期集中教学。

【6 月 26 日】校学位委员会授予单杰、徐培亮工学博士学位，授予 4 人工学硕士学位。

【7 月 3 日】1989 届毕业典礼，毕业生 611 人，计划分配本科毕业生 426 名、专科生 98 名。

【7 月 8 日】测绘科大 4 项成果获 1988 年度国家测绘科技进步奖。其中“北京正负电子对撞机注入器激光准直系统”获二等奖，“黄土高原（重点产沙区）信息系统”、“鄂西利川市草场资源遥感调查”、“体外循环流量计”等 3 项均获三等奖。

【7 月】国家重点实验室会议在成都举行，测绘遥感信息工程实验室获贷款 130 万美元，在 155 个子项目中列第 7 位。

【8 月 17—24 日】测绘科大胡毓钜、杜道生出席在匈牙利首都布达佩斯举行的国际地图学协会第 14 届学术讨论会；700 余人与会；其中我国约 30 人，14 人宣读论文；会议期间还发放了测绘科大与中国地图出版社的《地图》杂志英语增特刊 150 本。

【8 月 21 日】测绘科大成人教育中心为 1985 级“四 · 二两段制”前四年专科函授毕业生举行毕业典礼。360 名函授生完成专科任务，有 168 人取得两年本科学习资格，其余 192 人获大专文凭。

【8 月 26 日】测绘科大刘基余教授作为国家测绘系统唯一代表，应邀到中南海参加“国家航天领导小组学术座谈会”。

【8 月下旬】1989 年从全国 28 省市区招收本科生 494 名、专科生 212 名（内少数民族本、专科生各 12 人），函授普通班专科生 22 名。从全国 25 省市区招收 2 个本科函授生 42 名、7 个专科函授生 265 名，共计 307 人。

【9 月 2 日】国家测绘局委托测绘科大举办第一期“测绘系统大队级干部管理科学研究班”。

【9 月 9 日】测绘科大成立国家重点实验室筹建领导小组，组长：张祖勋，副组长：杨长庚，组员 12 人。

【9月上旬】国家测绘局拨专项经费，改造测绘科大崇阳实习场。

【9月16日】苏联最高苏维埃访华代表团访问武汉，代表团成员、莫斯科测绘学院院长、苏联宇航员、两次“苏联英雄”称号获得者维克多·彼得诺维奇·萨维内赫访问测绘科大。

【9月20日】测绘科大《关于加强对学术梯队及骨干教师管理的通知》，公布了各学科学术梯队成员及骨干教师的名单。

【9月21—27日】测绘科大“全数字化自动测图系统”、“卫星网与地面网的联合平差及其在西北卫星定位网中的应用”、“地图数据库与微机地理信息系统”、“北京正负电子对撞机注入器激光准直系统”、“南极测绘成果”、“近代平差理论及其应用”等成果，被选入“建国四十周年武汉地区科技成就展”，在武汉展览馆展览。

【9月24— 26日】荷兰驻华大使馆新任秘书波特曼先生来访，了解中荷合作建立“城乡测量、规划与管理教育中心”的进展状况。

【9月28—10月初】鄂栋臣被选为全国先进工作者，出席全国劳模和先进工作者表彰大会，党和国家领导人接见，参加首都国庆40周年活动。

【10月6—9日】“湖北省测绘学会成立30周年纪念会暨第5届会员代表大会”在我校召开。选举省测绘学会第5届理事会，副校长张祖勋当选为副理事长。

【10月11日】国家测绘局主持在测绘科大召开“调整普通高等学校本科基本专业目录（有关测绘部分）讨论会”，全国24人出席，其中有测绘科大王之卓、纪增觉、宁津生、张祖勋、鄂栋臣、丁窘锕、陶本藻、李德仁、杜道生等。

【10月12日】国家测绘局委托测绘科大办的“国家测绘系统第一期大队长级管理科学研究班”，26名学员学习期满，举行结业典礼。

【10月14—19日】宁津生校长在大连主持“测绘科大第八次函授站工作会议”，各函授站22人参会。会议表彰先进集体6个，先进个人21名，选出优秀函授生89名。

【10月】国际地图制图学会副主席、测绘科大胡毓钜教授，应美国俄勒冈州立大学邀请，通信评审该校副教授晋升教授——这是测绘科大教授首次参加外国大学评审副教授晋升教授事宜。

【10月30日】大地测量系高级工程量蔡宏翔、航测与遥感系青年教师孙和利，参加我国第6次南极考察队，乘“极地号”考察船远航南极，承担中山站第二期建设、测绘等任务。

【11月1日】名誉校长、中国科学院地学部委员王之卓教授荣获中国科学院颁发的荣誉章。

【11月2日】由王之卓、金为铣、李德仁负责完成的“专业改革系统工程——由航空摄影测量专业发展为摄影测量与遥感专业”获1989年普通高等学校优秀教学成果国家级优秀奖。

【11月1—3日】国家教委世界银行贷款第二个大学发展项目测绘科大第三标，将购置GPS卫星测量系统、超微机系统、综合测量系统、计算机排版系统等设备，总价值85.7万余美元。

【11月4日】国务委员、国家科委主任宋健及中科院院长周光召联名电贺王之卓教授

80寿辰。

【11月5日】测绘科大1989年恢复招收留学生，“摄影测量与遥感”专业招收亚太地区4名高级进修生，学制一年。

【11月7—15日】荷兰ITC尤佩拉兹教授等访问测绘科大，双方草拟“两校1991—1994年新合作备忘录”，分别报送我国国家测绘局、荷兰政府合作与发展部，争取批准。

【11月11日—12月8日】根据世界银行贷款项目安排，澳大利亚昆士兰技术大学测量系主任库比克教授来我校访问讲学。

【11月13—20日】联邦德国斯图加特大学教授、国际摄影测量界著名学者阿克曼博士第三次来测绘科大讲学。测绘科大授予阿克曼为名誉教授。

【12月上中旬】测绘科大6个项目获国家科学基金资助，2个项目分获湖北省自然科学基金和霍英东青年教师基金首批资助。

【1989年】根据“中荷城乡测量规划与管理教育中心”安排，ITC全年派教师16人次来授课。讲授“遥感与地球资源信息”、“SPOT立体图像判读原理”、“城市与环境地学”、“城乡社会经济信息系统”等课题，介绍城乡测量规划先进科研成果。

【12月】王之卓、金为铣、李德仁主持的“专业改造系统工程——由航空摄影测量专业发展为摄影测量与遥感专业”，获国家教委全国普通高等学校优秀教学成果优秀奖、湖北省优秀教学成果一等奖。於宗俦、吴俊昶、鲁林成主持的“测量平差课程内容与本系的改革”，获湖北省优秀教学成果一等奖。测绘科大的“大学物理课程建设”、“工程制图课程的改革与建设”、“高等数学课程建设与改革”3项教学成果，均获湖北省优秀教学成果二等奖。

【1989年】测绘科大被“亚太地区遥感教育中心”确定为亚太地区遥感教育培训中心之一。

【1989年】测绘科大7项科研成果获国家、省部委科技进步奖：（1）1988年度国家教委科技进步奖，一等奖：全数字化自动测图系统；二等奖：近代测量平差理论及其应用；（2）1988年度国家测绘科技进步奖，二等奖：北京正负电子对撞机注入器激光准直系统；三等奖3项：黄土高原（重点产沙区）信息系统，鄂西利川草场资源遥感调查，体外循环流量计；（3）1988年度湖北省科技进步一等奖：湖北省国土经济地图集。

1990年

【1月6日】测绘科大地图制图系费立凡获霍英东教育基金会第二次青年教师基金1.8万美元，资助其课题《地形图智能综合系统》的研究，这是测绘科大首次取得此项基金。

【1月12日】校学位评定委员会决定授予冯延明工学博士学位；授予54位工学硕士学位。

【3月14日】测绘科大成立教学指导委员会和科学技术委员会。校教学指导委员会：主任宁津生，副主任徐庆荣，委员27名。校科学技术委员会：主任张祖勋；副主任周慎杰，委员23名 。

【同日】国家测绘局批复测绘科大学位评定委员会名单：名誉主席王之卓，主席宁津生，副主席张祖勋，委员 25 名。

【3 月 15 日—4 月 20 日】为落实中央领导同志有关指示，适应南沙形势需要。测绘科大 7 名教师参加国家测绘局、国家海洋局、国家地震局联合南沙科学考察队测量分队，进行海上岛礁联测和海陆联测，建立南海大地控制网。在南海共选大地基准点和大地控制点 8 个，建造永久性测量标石 6 座，南沙科学考察纪念碑一座；完成海上 5 岛礁 8 个点和陆上 4 个点 GPS 联测等工作，把我国南海纳入大陆统一坐标系统，建成我国第一个与大陆相连接的"南海大地控制网"。

【3 月 24 日—4 月 9 日】根据世界银行贷款项目安排，联邦德国波恩大学制印专家莫斯特恩教授应邀第三次来校讲学，内容为制印新技术等。

【4 月 13—14 日】以我校名誉教授、国际摄影测量与遥感学会本届第一副主席、前任主席、联邦德国康乃斯内教授为团长，由美国国际人民交流协会组织、8 个国家测绘专家组成的欧美测绘代表团一行 19 人，访华期间来测绘科大交流参观；绝大部分首次来，都表示今后和测绘科大发展友谊合作交流。

【4 月 24—26 日】国际地图制图协会（ICA）执行委员会议在测绘科大召开，这是 ICA 执委会会议第一次在中国举行。该执委会 8 位副主席出席此次会议。中国测绘学会理事长陈俊勇和校长宁津生致欢迎词。其间，ICA 执委会成员参观了测绘科大地图制图系、航测与遥感系、计算中心和图书馆。1984 年起胡毓钜教授一直担任 ICA 副主席，1987 年他提出在我国举办本次执委会会议的建议，经测绘科大同意报请国家测绘局批准，1988 年中国测绘学会申请、ICA 接受并决定在测绘科大召开此次会议。

【5 月 2 日】蔡宏翔、孙和利参加中国第 6 次南极考察队，完成中国南极中山站第二次测绘科学考察任务后回到学校。他们对南极中山站所在拉斯曼丘陵成功进行了中国首次南极航空摄影，共拍摄了 16 条航线，所摄航片影像清晰、层次丰富，摄影面积约 35 平方公里；还完成了测定中山站大地原点天文方位角等多项测绘考察任务。

【5 月 8—11 日】中国测绘学会主办、测绘科大承办"第八届国际大地测量计算讨论会"，10 个国家和地区 120 名学者与会。中国测绘学会理事长陈俊勇主持开幕式，副理事长测绘科大校长宁津生作了会议总结。会议收到国内外论文 112 篇，其中选出 67 篇为大会报告，反映了该领域的新成果。测绘科大迅即将论文汇编成集印发与会者，国际大地测量与地球物理联合会主席、奥地利莫里茨教授当即发言："我出席世界各国 100 多次国际学术会议，只有这一次闭幕就拿到论文集"。

【5 月 20 日】测绘科大举行王之卓教授《摄影测量原理（带遥感）》英文版首发式，国家测绘局副局长杨凯、省新闻出版局副局长王文钦及中外来宾 140 多人出席了仪式。

【5 月 22—25 日】中国测绘学会主办、测绘科大承办"国际摄影测量与遥感学会（ISPRS）第三委员会学术讨论会"，这是第一次在中国召开的 1SPRS 学术会。有来自 25 个国家和地区 140 名学者参加，收到 129 篇论文，大会报告 50 篇。与会学者在地理信息系统理论，数字影像分析配备和自动解释，航空航天遥感新方法和新技术，全球定位系统在航测中的应用，数字地面模型，计算机视觉人工智能与专家系统等六个方面进行了学术交流。

【5月22日】测绘科大召开“海峡两岸测绘学者座谈会”，欢迎18名台湾同行来校出席ISPRS第三委员会学术讨论会。

【6月2日】测绘科大1990年科技工作会议。向近两年获国家教委、湖北省科技进步奖、校科技成果奖和获得省、校大学生优秀科研成果奖的集体和个人颁奖。

【6月8日】测绘科大召开部分博士导师座谈会，拟订了《武汉测绘科技大学关于博士生培养的初步意见》。

【6月11—13日】测绘科大航测系李德仁教授承担的“摄影测量与非摄影测量的联合平差”及“航测在高精度地籍测量中的应用”两课题通过部级鉴定。参加鉴定的专家教授一致认为，研制的WUCAPS软件系统质量分析超过世界同类软件功能，高精度地籍加密处于国内领先地位，两项成果可推行应用于多部门进行大比例尺测图。

【7月初】测绘科大崇阳实习场1963年建场以来，规模较大的技术改造工程历时2月完工，布局更趋合理，设施较前完善，面貌大为改观，能基本满足航测、大地两系实习之需要。

【7月2日】1990届毕业典礼。各类结业生共843名，其中博士生1名，硕士生54名，本科生489名，专科生281名，函授专科生18名。

【8月18日】测绘科大与荷兰国际航天测量与地学学院（ITC）、荷兰社会研究院（ISS）签订了三方合作意向书，双方确定在第二阶段的合作项目中适当加强区域规划和社会经济内容。

【8月】测绘科大与澳大利亚昆士兰大学签订校际协议，这是第8个与外国大学的校际协议。

【8月25—28日】德国国际发展基金（DSE）代表团以昆斯博士为首一行6人，应邀访问测绘科大。27日授予联邦德国国会议员、德国国际发展基金（DSE）副总裁昆斯博士测绘科大名誉教授。昆斯博士帮助中国发展地籍测绘事业，在知识培训方面卓有成效。国家测绘局局长金祥文，国家土地管理局副局长马克伟专程来出席仪式，宁津生校长向昆斯博士颁发荣誉证书，佩戴测绘科大校徽。昆斯博士是第6位获得测绘科大名誉教授称号的外国学者。

【6—9月下旬】应黑龙江测绘局邀请，测绘科大采用全球卫星定位系统（GPS），重建了大兴安岭大地控制网，90个控制点有效控制6500平方公里，每公里误差不超过2厘米，为大兴安岭地形重绘奠定了基础。随之共同承担了“国家高精度GPS空间定位网东北测区测试工程”，在测区14个控制点组成的GPS环，展开了一个多月高精度GPS定位试测，圆满完成任务。

【9月13日】1990级新生开学典礼，录取本科生493名（其中少数民族学生19人）、专科生233名（少数民族10人），攻读博士学位研究生8名、攻读硕士学位研究生42名。

【10月上旬】测绘科大申报的“基于地理信息系统的地图设计专家系统研究”、“图像理论与空间数据自动相识”、“光纤技术用于红外测距发光管混相研究”、“当代中国科学技术史”等4项国家自然科学青年基金项目，全部获得批准。

【10月15日】“叶雪安大地测量奖励基金会成立5周年暨1989年度颁奖大会”。基金会发起人叶德丰、鼎力赞助人韦梓辉应邀参加大会、接受荣誉证书和捐赠证书，授予韦梓

辉为我校名誉高级工程师，聘为校科技开发总公司名誉董事长。13 位同学获大地测量奖学金，5 名教师获教育科技奖。

【10 月 25—28 日】国家教委、人事部主办“首届全国留学回国人员科技成果展览”，我校 13 项成果参展，重点介绍张祖勋、潘正风、李德仁、毋河海和测绘遥感信息工程国家重点实验室的成果。

【10 月下旬—11 月 14 日】测绘科大大地测量系与新疆第一测绘大队合作，进行塔克拉玛干沙漠群克地区 GPS 大地控制网外业测量，全网有效控制面积 2000 平方公里，精度达到设计指示，满足了石油大会战的急需。

【10 月 22—27 日】中、荷政府联合评审组一行 5 人来测绘科大对合办的“城乡测量规划与管理教育中心”全面评估。肯定所取得的成绩，指出需改进的问题，建议合作项目予以延长。

【11 月 1—15 日】“全国测绘教材工作会议”在国家测绘局无锡培训中心召开，宁津生当选第三届教材委员会主任，纪增觉任顾问，教材委员会办公室设在测绘科大教务处。

【11 月 1—7 日】荷兰 ITC 院长、测绘科大名誉教授贝克，ITC 城市测量与人类居住地分析系系主任、测绘科大名誉教授尤佩拉兹等来访。根据中荷评估结果，双方商讨了合作项目延长的具体事宜，草拟了新合作议定书，分别上报各自政府主管部门审批。

【11 月】由测绘科大、葛洲坝工程局、美国华盛顿大学合作，国家测绘科技基金资助的“近景摄影方法监测葛洲坝大型船闸闸门变形”在葛洲坝通过技术鉴定：在施测方案、数学模型及数据处理等方面达到国内先进水平，部分内容接近国际先进水平，是中美在科技领域一次成功合作。

【11 月 30 日】测绘科大大地系陈春明、航测系孙家抦参加中国第七次南极考察队，乘“极地”号远洋考察船前往中国南极长城站和中山站。

【12 月上旬】“第 11 届亚洲遥感会议”在中山大学召开，王之卓教授作了题为“如何推动摄影测量与遥感的发展”学术报告，提出“影像信息工程”的新概念。李德仁和林宗坚在分组会上作论文报告；硕士研究生闫利的 CV-2 课题论文获大会最佳论文奖，指导教师林宗坚。

【12 月 24 日】测绘科大成立世界银行贷款“项目总结领导小组”，组长：宁津生、副组长：张祖勋，组员 6 人。

【12 月 26 日】87 名教师获 1989—1990 学年教学优秀奖，其中一等奖 4 名，二等奖 63 名。

【12 月】国务院学位委员会《关于下达第四批博士和硕士学位授权学科、专业名单的通知》、《关于下达第四批博士生指导教师名单的通知》，批准测绘科大工程测量专业为第四批博士点，陈永奇、陶本藻、李德仁为第四批博士生指导教师。张祖勋、潘正风两教授被授予全国高等学校先进科技工作者称号。王之卓、於宗俦、崔希璋三位教授，获国家教委颁发的“从事高校科技工作四十年成绩显著荣誉证书”。

【1990 年】测绘科大科研成果《湖北省国土经济图集》（与湖北省测绘局合作）获 1990 年度国家科技进步三等奖，“航空遥感调查与地理信息系统辅助武昌县总体规划”、“土地资源信息调查系统”两项成果获 1990 年度国家测绘科技进步三等奖，“浆液面控制

系统”获 1990 年度武汉市科技进步三等奖。由测绘科大教师编著、出版社公开出版的教材有 13 种。

1991 年

【1 月 24 日】校长宁津生主持国家自然科学基金高技术项目《地球重力场模型研究》，研制出我国重力场特征 WDA-89 模型，推算重力场参数精度比国内外同类模型有很大提高，处于领先地位。通过国家测绘局主持的专家鉴定。

【1 月】测绘科大南极考察标本：企鹅、鲸鱼骨、海蟹等，获武汉市首届科技博览会奖杯。

【2 月】测绘科大与武汉第一棉纺织厂合作完成的浆液面控制系统获武汉市 1990 年度科技进步二等奖，计算机研究所获武汉市科技工作先进集体，林宗坚获武汉市科技工作先进个人称号。

【3 月 19 日】测绘科大隆重纪念前副院长、国家一级教授、著名教育家、社会活动家金通尹教授诞辰一百周年。纪念会由张祖勋副校长主持，宁津生校长致开幕词，前院长纪增觉作了“纪念金通尹教授诞辰一百周年”专题报告。国家测绘局特邀顾问李曦沐，湖北省人大副主任王之卓，省政协副主席、民进中央代表、民进湖北省委主委石泉，省委统战部副部长蒙美路，省委高校工委副书记余风盛，省教委副主任陶醒世，民盟湖北省委副主任兼秘书长刘忠等出席并讲话。民进中央组织部、复旦大学上海校友会工程学系联谊发来贺电……

【3 月 26—29 日】国家南极考察委员会“全国第一次南极档案工作会议”，测绘科大被评为“南极档案管理先进集体”，鄂栋臣被评为“南极档案先进工作者”。

【3 月】世界银行董事会正式批准我国利用世行贷款重点学科项目，其中包括测绘科大国家重点实验室 130 万美元。

【4 月 4—12 日】我国测绘界第一部声像出版物《高等学校电视教学系列片 · 测量学》第三次审定会在测绘科大召开。这部电视系列片共 30 集，是我国测绘教育改革一项重大成果。

【4 月 14 日】校学位评定委员会决定授予 51 位硕士研究生工学硕士学位。

【4 月 22 日】测绘科大成立外国文教专家工作全面管理领导小组，组长：张祖勋，组员 4 人。

【5 月 2—9 日】与荷兰 ITC 联合举办“遥感与地理信息系统在城乡规划等方面的应用国际讨论会”；来自欧亚 7 国代表 16 名、国内代表 69 名与会讨论和交流。ITC 6 人代表团与我校商谈第二期合作，起草了协议文本。

【5 月 6 日】国家测绘局委托测绘科大举办的“第四期测绘系统管理干部研讨班”开学。

【5 月 14 日】中共测绘科大第五次代表大会；正式代表 144 人，特邀代表 14 人，列席代表 12 人，代表全校 727 名党员。通过学校“八五”教育事业发展规划；选出第五届校党委和纪委：党委书记张世汶，副书记鄂栋臣、卢梅生，委员 19 人；校纪委书记卢梅

生（兼），委员7人。

【5月】国家测绘局批准成立“测绘遥感信息工程国家重点实验室学术委员会”，由23名委员组成（国内18人，国外名誉委员5人），其中包括5名中国科学院学部委员；主任委员王之卓，副主任委员陈述彭、杨凯、张祖勋、方磊。

【5月26—28日】澳大利亚新南威尔士州测绘局局长、总测量师格兰特，应邀率测绘代表团一行4位专家访问测绘科大。双方就“向澳政府申请资助在中国海南省建立国土基础信息系统”问题，商讨合作培训人才及技术咨询。

【5月20—25日】测绘科大高新科技成果：CV_2图纸读取系统、大比例尺测图新技术及其应用、微型单像坐标量测联机系统，测绘专家系统工具及应用等，参展北京“国际测绘科技成果与仪器展览会”。

【5月29日】国家测绘局、国家人事部颁发全国测绘行业先进集体、先进个人奖，测绘科大校长宁津生、党委书记张世汶分别荣获先进工作者称号，梁荫中副教授荣获劳动模范称号，遥感与信息工程实验室荣获先进班组称号。

【6月】党委书记张世汶先后荣获“全国普通高校优秀思想政治工作者”和“湖北省高校优秀思想政治工作者”称号。

【6月21日】校学位评定委员会授予陈晓勇工学博士学位，还授予1人工学硕士学位。

【6月29日】国家人事部、全国博士后科研流动管理协调委员会批准测绘科大建立测绘学科博士后科研流动站，所含专业为大地测量、摄影测量与遥感、工程测量。

【7月1日】1991届毕业典礼，毕业生680人，其中本科468名，专科214人。

【7月】测绘科大两项成果：“利用遥感和GIS辅助城市总体规划”、“中国西北地区卫星定位网的建立及在石油地质勘探中的应用”，分别获1990年度国家教委科技进步奖（丙类）三等奖。

【7月22—24日】国家测绘局“八五”测绘重点科技项目计划工作会议在测绘科大召开。

【8月19日】制图系郭仁忠博士获“国家教委优秀青年教师基金”资助，是测绘科大第二位获得该基金的教师。

【8月19—20日】测绘科大承担的国家测绘局“七五”攻关项目《内外业一体化大比例尺测图系统》通过国家测绘局主持的技术鉴定，国内领先。

【9月12日】1991级新生开学典礼：本科生540人（其中少数民族25人），专科224人（其中少数民族11人），博士研究生11名，硕士研究生51名，总计826名。

【9月14日】测绘科大大地系教师与国家测绘局“英雄测绘大队”共同完成国家测绘局“中尼边境GPS联测和西藏地区GPS大地控制网布测”项目，5个月内完成50个点GPS定位布测，建立起西藏地区高精度大地控制网。

【9月14日】测绘科大7项成果获“1991年度国家测绘科技进步奖；一等奖：“集成式专家系统工具及地图设计生产智能化系统”，二等奖：“地球重力场模型研究”、“摄影测量与非摄影测量观察值的联合平差和用摄影测量方法进行高精度地籍加密”，三等奖：“近影摄影测量应用于水工建筑物变形观测”、“球形金属容积测量新方法”、“航空遥感和

地理信息系统在武汉市洪山区制定综合发展战略规划中应用的研究”、“利用空间定位技术改造城市测量控制网”。

【9月20日—10月14日】宁津生校长5人代表团访问莫斯科测绘学院，双方就恢复和发展两校间的友好交流问题进行了商讨。其间，应邀访问了莫斯科大学。

【9月23日】测绘科大高科技开发领导小组成立，组长张祖勋，副组长甘宏度，成员9名。

【10月28日】测绘科大计算中心荣获国家教委颁发的“全国实验室工作先进集体”奖状，省教委授予测绘科大“1990年度物资管理工作先进学校”。

【10月28日】鄂栋臣等7教师参加国家测绘局“八五”测绘科技重点项目论证会，确定测绘科大负责5个重点项目：地球重力场精细结构及我国大地水准面精化的研究、青藏高原现今地壳运动的监测及其动学机制研究、面向实体的智能化中（英）文基础软件系统、计算机视觉系统的研究，南极地区现代地壳运动和遥感成图研究。

【10月28—31日】国家测绘局在上海举办“第二届测绘技术市场交易会”，全国200多个单位和外商7家约700人与会。测绘科大“CV_2图纸读取系统”、“地图设计生产智能化系统”、“微机坐标仪器联机系统”、“内外业一体化大比例尺测图系统”、“PC-1500内存扩充模块外存扩展卡”等5个演示项目产生较大影响。

【10月30日—11月31日】国家测绘局金祥文局长、黄云康副局长率队到测绘科大现场办公，研究解决测绘科大建设和发展中存在的突出问题。

【10月31日】叶雪安大地测量奖励基金会1990年度颁奖大会召开，300余名师生与会，16名同学获奖学金，3位教师获教育科技奖；国家测绘局局长金祥文、基金会主任宁津生、副主任叶雪安的女儿叶德丰等讲话并颁奖。

【11月1日】测绘科大召开第二次教职工暨第十次工会会员代表大会，出席大会代表195人，列席代表3人，特邀代表3人。通过《教职工住房分配暂行办法》；选出第二届教代会、第十届工会委员会、住房分配委员会、女职工工作委员会。发出《行动起来，为实现我校“八五”教育事业发展规划而奋斗》的倡议书。

【11月4—22日】测绘科大极地测绘研究室主任鄂栋臣在上海参加“中国极地研究所落成及中国南极八五科研计划第三届学术研究会议”。经国家南极考察委员会、国家测绘局批准，测绘科大“极地测绘研究室”更名为“中国南极测绘研究中心”，鄂栋臣兼任主任。

测绘科大鄂栋臣、向虎雏、孙和利、桑吉章4教师参加我国第八次南极考察队。

【11月29日】测绘科大举行第二届教学指导委员会会议，评选出“高等数学”为校第二批一类课程，林宗坚等4教师获1990—1991年度校教学优秀一等奖，51人获二等奖。

【12月18日】测绘科大第4次科技成果评奖选出优秀成果奖86项，其中应用研究成果39项（含荣誉17项、一等奖1项，二等奖18项，三项奖13项），优秀论文（专著）奖47项（含一等奖2项，二等奖11项，三等奖34项）。

【12月】李德仁教授著《误差处理和可靠性理论》获“1986—1989年度全国优秀测绘教材一等奖”，吴子安著《工程建筑物变形观测数据处理》，祝永刚、徐正扬著《惯性测量系统的理论与应用》，杨凯、孙家抦、卢健、蓝运超、林开愚著《遥感图像处理原理

和方法》等3种教材分别获二等奖。

【12月】国家人事部批准我校副校长、博士生导师张祖勋教授为“1990年度国家级有突出贡献的中青年专家”。

1992年

【1月】国家测绘局系统陈俊勇、李德仁被增选为中国科学院地学部学部委员。

【1月6—8日】测绘科大评选出首届青年科技十佳：张文星、邱卫根、陈建新、杜清运、巢伯崇、何对燕、袁修孝、章登义、关泽群、邓德祥。

【1月中旬】测绘科大表彰1990—1991年度实验室先进集体和先进个人，授予9个实验室先进集体称号（其中计算中心被国家教委评为全国先进实验室）、22人实验室先进工作者称号。

【1月】由测绘科大地图制图系负责设计、编绘的我国首部《中国经济地图册》（企业分布版上册）由中国经济出版社正式出版，国务院副总理邹家华等题词祝贺该书出版。

【1月中、下旬】副校长张祖勋和航测与遥感系主任李德仁，应日本测机舍邀请，赴日本讲学、访问10天；接受日本《测量》杂志专访，参观了东京大学等单位。

【2月15日】测绘科大第四次校科技成果奖项目86项，其中应用研究成果39项（含荣誉奖17项；一等奖1项，二等奖8项，三等奖13项）、优秀论文（专著）奖47项（含一等奖2项，二等奖11项，三等奖34项）。

【3月13日】测绘科大鄂栋臣、向虎雏出色完成在南极长城站考察任务并顺利返校。他们此次考察率先在全球南极监测地壳运动中使用GPS。

【3月17—20日】测绘科大地测学院晁定波、许才军参加国家测绘局代表团，赴美出席第六届国际卫星定位学术讨论会，提交论文两篇。

【3月24日】国家测绘局托办的测绘科大“测绘系统第六期大队长级党务干部研讨班”开学。

【3月30日】由中国通信学会、中央电视台联办，测绘科大电教中心摄制的系列电教片《光纤数字通信》，在中央电视台开播，共12讲，每周播出一讲，每讲25分钟。

【4月7—10日】测绘学《授予博士、硕士学位和培养研究生的学科专业简介》定稿会在测绘科大召开，来自国务院学位办等有关领导和专家共31人与会，进行讨论和修改。

【4月27—30日】美国大地测量公司副总裁克里夫·弗雷泽博士访问测绘科大，探讨了双方近景摄影测量仪器方面的合作事宜。

【3—4月】测绘科大李德仁赴德国波恩参加ISPRS第三届委员会“第二届计算机视觉学术报告会”和在英国格拉斯哥召开的ISPRS执委会议，应邀访问了英国国家测绘局、伦敦大学，出席英国摄影测量学会年会，被吸收为英国摄影测量学会会员。

【5月4日】测绘科大授予赵少荣、龚健雅工学博士学位，授予38人工学硕士学位。

【5月8日】国家高教自考指导委员会批准测绘科大为“印刷技术”专业主考学校。

【5月9日】授予澳大利亚昆士兰技术大学测量系主任库比克教授为我校名誉教授。

【5月10—14日】测绘科大国家重点实验室与ISPRS第三委员会合办“摄影测量遥感

与地理信息系统国际学术研讨会”，参会外国学者 17 人、中国学者 50 人到会，提交论文 48 篇，其中 28 篇为大会报告论文，湖北省省长郭树言应邀参加会议。

【5 月 19—25 日】测绘科大科技成果：CV 计算机立体视觉系统、集成式专家系统工具及地图设计生产智能化系统、1∶5 万海南地形图数据库、全国测绘资料档案管理系统、遥感和 GIS 在城乡规划与环境资源评价中的应用，参加全国第二届电子信息应用展览会，其中前三项在现场演示受到与会者好评。

【5 月 16—26 日】德国联邦国防军大学测量实验室主任海斯特博士应邀来专题讲学，题为“电子经纬仪原理、发展及三维工业测量系统”。

【5 月下旬】测绘科大承担的国家和国家测绘局“八五”科技攻关项目 5 个，课题 7 个，专题（含独立子专题）8 个，通过国家测绘局组织的专家论证，正式立项启动。

【5 月 30 日】国家测绘局批准测绘科大建立“成人教育学院”和“国家测绘局继续教育中心”。

【6 月 1 日】测绘科大授予边少峰工学博士学位。

【6 月 10 日】国务院学位委员会学科评议组换届及选聘工作结束，测绘科大宁津生和李德仁被聘为第三届学科评议组成员。

【6 月下旬】测绘科大重大科研成果：全数字化测图系统中间成果应用技术、机助编图与专题制图技术、地图代数研究，通过国家测绘局主持的专家鉴定，前一项居世界领先地位，后两项达到世界先进水平。

【7 月 4 日】测绘科大建筑工程系正式成立，是测绘科大第九个系。

【8 月 1—14 日】测绘科大张祖勋、李德仁、陈军、龚健雅参加中国测绘学会代表团，赴美国华盛顿出席“国际摄影测量与遥感学会第 17 届大会”，李德仁当选为该学会第六委员会主席。会后他们又出席了在纽约召开的“首届中国学者 GIS 大会”。

【7—8 月】测绘科大 1992 届各类学生毕业 721 人，博士 4 人，硕士 38 人；函授毕业生本科 154 人，专科 183 人，夜大 12 人，其中通过学位考试取得学士学位函授本科生 21 人。

招收 1992 级本科新生 630 人，专科新生 489 人；博士生 13 人，硕士生 51 人，博士后 1 人，访问学者 2 人；函授新生 546 名，夜大新生 33 人。

【8 月】全国成人教育工作会议，国家教委授予测绘科大“全国普通高等学校成人高等教育先进单位”称号。

【9 月上旬】测绘科大刘经南、鄂栋臣、张剑清、祝国瑞荣获“湖北省有突出贡献中青年专家”称号。

【9 月 8—17 日】联邦德国威尔施、克劳特教授、佩尔策等教授一行五人，参观了测绘科大部分实验室；合作论证“中德合作进行滑坡监测”课题，赴清江隔河岩水电站和新滩滑坡等地科学考察。

【9 月 27 日—10 月 2 日】测绘科大获“全国高校科技成果展览会最佳参展单位”称号。

【9 月 30 日】“国家测绘局继续教育中心”暨“测绘科大成人教育学院”成立大会。国家测绘局批准陈恒禄任成人教育学院院长兼继续教育中心主任（副局级）。

【9月】全国科技情报工作会议。测绘科大研发的“测绘科技情报检索系统”及“西文测绘文献数据库”（库刊一体化）等成果，在“全国科技情报成果展览”受好评；图书馆馆长陆锴书，被国家科委评为“全国科学技术情报系统先进工作者”。

【10月初】测绘科大李德仁赴意大利出席ISPRS执委会和意大利摄影测量与测量代表大会。

【10月上旬】测绘科大6项成果获“1992年度国家测绘科技进步奖”：“CV_2”图纸读取系统、GPS网综合数据处理软件包，各获二等奖；新疆四县（市）沙漠绿洲农田防护林遥感调查研究、测绘经营管理理论与方法的研究、袖珍计算机PC—1500综合开发应用、解析法地面摄影测量方法监测西陵峡岩崩的研究，各获三等奖。

【10月】由王之卓著，测绘科大出版社出版的《摄影测量原理（带遥感）》英文版，在国家教委首届全国高等学校出版社优秀学术著作评选中，荣获特等奖。

【10月24—25日】“全国首届高校青年教师《测量学》讲课竞赛”在重庆举行，测绘科大工测系李小鹏夺得第一名，全国各地共有28名青年教师参加竞赛。

【10月31日】叶雪安大地测量奖励基金会1992年颁奖大会，4名教师获教育科技奖，13名学生获奖学金。

【11月21日】测绘科大将原电子分色室和地图制印厂合二为一成立印刷中心，办成教学、科研、开发、生产相结合的经济实体。

【11月】测绘科大申报获国家自然科学基金资助项目8个，经费达110.5万元，其中宋成骅教授主持的国际前沿课题《青藏高原地壳运动与形变的GPS研究》为国家“八五”重点项目。

【11月】测绘科大张祖勋、张剑清、吴晓良合著的论文《跨接法概念之扩展及整体形象匹配》获湖北省第四届自然科学优秀学术论文特等奖。

【12月7日】由测绘科大制图系编讲、电教中心摄制的12讲《地图应用》电视讲座，在中央电视台开播，每周一、三下午各播出一讲，每讲25分钟，是国家测绘局为宣传测绘大型活动之一、我国测绘系统第一部在中央电视台播出的科教片。

【12月11日】1992年校大学生优秀科研成果获奖项目17项（一等奖1项，二等奖4项，三等奖12项），其中8项获湖北省大学生优秀科研成果奖（二等奖3项，三等奖5项）。

【12月24日】由测绘科大完成的湖北省自然科学基金项目“用近景摄影测量方法提供湖北省矿区危崖产状的研究”，通过湖北省科委组织的技术鉴定，在测定危崖产状方面达到国际先进水平。

【12月30日】国家测绘局同意测绘科大在印刷工程系增设“包装技术”大专专业，从1993年起招生。

【1992年】测绘科大获国家科技进步三等奖：集成式专家系统工具及地图设计生产智能化；获国家教委科技进步奖，二等奖：二值数字化等高线地图影像的自动识别，三等奖：GPS卫星定位技术的推广和应用、省市、县、区域规划与管理信息系统规范的研究；国家测绘科技进步奖，二等奖：CV_2图纸读取系统、GPS网综合处理软件包；三等奖：新疆四县（市）沙漠绿洲农田防护林遥感调查研究、测绘经营理论与方法的研究、袖珍计

算机 PC—1500 综合开发利用、解析法地面摄影测量方法监测西陵峡岩崩的研究；湖北省科技进步三等奖：袖珍式野外测量小幅面绘图系统；航天航空工业部科技进步三等奖：我国定位卫星摄影资料的研究；武汉市科技进步三等奖：航空遥感和地理信息系统技术在武汉市洪山区制定综合发展战略规划中应用的研究。

1993 年

【1 月】大地测量系重奖“GPS 网综合数据处理软件包”课题组，该成果产品商品化，1990 年以来共为学校创收 200 多万元，主要研制者刘经南、桑吉章。

【2 月】航测与遥感系边馥苓教授当选为武汉市第九届人大代表，大地系王天麟副教授被推选为武汉市第八届政协委员。

【2 月 14—19 日】陈永奇教授赴美国出席国际测量师联合会第 60 届常委会会议。

【2 月 24 日】制图系郭仁忠副教授主持研制《基于地图的统计信息管理系统》，通过了国家测绘局鉴定。该成果在空间与非空间信息动态结合与动态制图方面创新，达到国际先进水平。

【2 月 25 日】制图系张克权教授主持完成国家测绘科技发展基金项目《专题地图制图工程的设计》，国家测绘局鉴定有国内领先水平，为“八五”相关科技攻关项目研究奠定良好的基础。

【3 月 1 日】为适应社会主义市场经济体制，加快科技成果转化为社会生产力，成立“测绘科大测绘院”。

【3 月 6 日】经国家测绘局和人事部审批，林宗坚被批准为 1992 年度国家级有突出贡献的中青年专家，刘经南等 36 位同志被批准享受政府特殊津贴。因此，测绘科大召开获政府特殊津贴奖励人员会议。

【3 月 24 日】测绘科大与荷兰国际航天测量与地学学院（ITC）合办“城乡测量、规划与管理教育中心”的第二期合作协议，由中荷两国政府在北京正式签署生效。

【3 月】测绘科大集科、工、贸一体高新技术企业——中国四维测绘技术武汉公司成立。

【3 月】李德仁教授专著《误差处理和可靠性理论》一书荣获“第二届全国高校优秀教材奖”。

【3 月】测绘科大学报获“湖北省优秀科技期刊”。此前，我校学报荣获“1992 年全国优秀科技期刊三等奖”，是湖北高校学报中四家获奖者之一。

【4 月 6 日】参加第九次南极科学考察的航测系副教授孙家抦、大地系讲师赵新维，圆满完成测绘考察任务，乘“极地”考察船回上海港。

【4 月】测绘科大招收第一名外国博士后——俄罗斯新西伯利亚测绘学院哥沃洛夫博士，为测绘遥感信息工程国家重点实验室博士后留学生。

【4 月】测绘科大出版社获国家新闻出版署批准出版计算机软件。

【4 月】测绘科大授予德国慕尼黑国防大学瓦尔特·威尔施教授和汉诺威大学汉斯·佩尔莱教授为名誉教授。测绘科大经国家外国专家局审核批准获首批聘请外国文

教专家资格。

【4月23—27日】测绘科大举行“高新技术研讨会暨产品展示会”。全国20多个省（市）30多家单位60多名代表参会。

【4月28日—5月10日】李德仁教授赴德国出席ISPRS执委会议和国际地图制图协会大会。

【5月2—10日】杜道生教授等3人赴德国出席国际地图制图协会第16次大会。

【5月12—15日】第二届全国近景摄影测量学术研讨会在测绘科大召开，全国46位专家参加。

【5月上、中旬】测绘科大王之卓教授、李宝桂副教授当选湖北省八届人大代表，王之卓作为无党派知名人士当选湖北省八届人大常委会副主任。校民盟支部主委、大地系於宗俦教授，校民盟宣委蔡宏翔、省九三学社常委副秘书长、校九三学社分社主委黄仁涛教授等当选为湖北省七届政协委员，出席了湖北省七届政协大会，於宗俦当选为湖北省七届政协常委。

【5月14—21日】以校长萨维内赫教授为首的俄罗斯国立莫斯科测绘大学代表团一行5人，应邀来校正式友好访问。双方签署了《测绘科大与莫斯科测绘大学合作纲要》。

【5月】测绘科大航测与遥感系系主任李德仁教授，被英国剑桥国际人物传记中心先后收入该中心出版的《国际名人录1993年第23卷》和《有杰出成就人物1993年第16卷》，介绍了其简历和所取得的成就。

【5月】测绘科大航测与遥感系主持召开了“第二届全国近摄影测量学术研讨会”，并编辑印刷《第二届全国近景摄影测量讨会论文集》。

【6月2—4日】宁津生校长和教务处处长范良季，赴丹麦出席“国际测量师联合会第二委员会讨论会”。

【6月17日】测绘科大科学技术协会成立，召开第一次代表会。

【6月】经国家科委正式批复，测绘科大摄影测量与遥感系以“国家遥感中心武汉培训部”的名义，加入国家遥感中心。

【7月1日】《中华人民共和国测绘法》颁布执行，测绘科大组织学习宣传《测绘法》。

【7月23—25日】测绘科大宁津生、张祖勋、李德仁、陶本藻、林宗坚、陈军、黄幼才、郭仁忠等同志应邀参加了国家测绘局召开的“编制‘九五’测绘科技发展计划座谈会。”

【8月6—12日】测绘科大参加了在北京展览会举行的全国首届地图展览，获优秀设计二等奖。8月7日晚中共中央总书记、国家主席江泽民莅临展览会会场，参观测绘科大展览。

【8月】经国家测绘局批准，测绘科大增设两个专科专业：二年制“市场营销”和三年制“涉外英语文秘”，1994年起招生。

【8月】测绘科大共招收1993级本科生789人（其中少数民族10人），专科生556人（其中少数民族7人），博士研究生16人，硕士研究生59人，总计1420人。

【9月8日】测绘科大林宗坚、孙家抦、边馥苓、卢健、舒宁的教学成果《遥感系列

课程建设》，获国家教委“1993 年全国普通高等学校国家级优秀教学成果一等奖”。

【10 月上旬】测绘科大与澳大利亚昆士兰大学达成协议，共同研究《全数字化自动制图系统》。

【10 月 19—22 日】测绘科大主办“城市空间信息与分析的进展”国际学术会议。52 名中外学者与会，其中有 10 个国家和地区 18 位学者；共提交论文 35 篇，其中外国学者 11 篇。

【10 月 24—29 日】测绘科大第十二次函授站工作会议在宜昌召开，会议由宁津生校长主持，各函授站长等 23 人参加会议，汇集工作总结、专题论文 20 篇。

【10 月 27 日】测绘科大南极测绘研究成果：“南极 1：20 万大剖面卫星影像数字制图研究”、“南极拉斯曼丘陵小像幅航摄成图研究”经专家鉴定属国内首创，达到世界先进水平。

【10 月】《武测函授》报经湖北省新闻出版局批准，改刊名为《测绘成人教育》，仍为季刊。

【11 月 15 日】叶雪安大地测量奖励基金会举行 1992 年度颁奖大会。15 名学生和 4 位教师分获叶雪安大地测量奖学金和教育科技奖。

【11 月 16—18 日】国家测绘局局长金祥文来测绘科大现场办公，强调：“国家测绘局将尽全力支持测绘科大进入‘211 工程’”。

【11 月 16 日】测绘科大举行隆重集会，纪念我校首任院长、著名大地测量学家、大地天文学家、测绘教育家、中国科学院最早的学部委员夏坚白教授诞辰 90 周年。

【11 月 18 日】测绘科大城乡测量与规划管理中心和建筑工程系合为城市建设学院。

【11 月 18 日】“第八期测绘系统大队长级干部培训班”，经 2 个半月学习结业，国家测绘局金祥文、杨凯和我校宁津生等领导出席结业典礼。

【12 月 1 日】测绘科大工程测量系和大地测量系合并成地球科学与测量工程学院。

【12 月 8 日】湖北省图书情报工作协调委员会确认：测绘科大图书馆为全省首批研究级文献收藏单位，测绘学科文献被确认为研究级文献。图书馆被评为先进集体，华玉民被评为先进个人。

【12 月】国家地震局公布了首届地震类专业优秀教材评奖结果，宁津生、管泽霖参加编著的教材《重力与固体潮教程》获国家地震局优秀教材一等奖。

1994 年

【1 月】国务院学位委员会批准，测绘科大地图制图专业获博士学位授予权，信号与信息处理专业获硕士学位授予权，刘经南、陈军、陈俊勇（兼职）、林宗坚、张正禄、毋河海为博士生导师。至此，测绘科大有博士点 4 个，硕士点 7 个、博士生导师 14 名。

【1 月 10 日】名誉校长王之卓院士和副校长张祖勋教授主持的“全数字化测图的理论与方法”获第六届国家自然科学二等奖。

【2 月】陈军教授主持的“四维动态地理信息系统的研究”，入选霍英东教育基金会第四届青年教师基金项目，获 18300 美元资助。

【3月5—12日】测绘科大鄂栋臣等5人赴澳大利亚出席国际测量师联合会第20届大会。

【3月11日】测绘科大与澳大利亚GEONAVTICS公司签协议，由该公司向国际市场代销我校研制的“全数字化自动测图软件包”。

【3月14—19日】德国国际发展基金会测绘项目瓦尔什、曼格、斯敦德一行3人到测绘科大，为中国举办“地籍测绘技术回炉班”。

【4月2日】经国家测绘局批准，测绘科大地图制图系与印刷工程系分开，各自独立建系。

【4月19日】测绘科大教务处荣获“全国普通高校先进教务处”称号。

【4月21—25日】奥地利格拉茨技术大学莫里茨教授，加拿大卡尔加里大学施瓦茨教授应邀来校，分别作“相对大地测量”与“航空重力测量的新进展”的专题讲学。

【4月22日】测绘科大授予奥地利莫里茨博士、加拿大施瓦茨博士为外籍名誉教授荣誉证书。

【5月5日】测绘科大获1993年度国家测绘科技进步一等奖1项、二等奖9项、三等奖6项。

【5月5—6日】测绘科大第二次教师讲课竞赛：航测与遥感系青年教师陶闯获青年组一等奖，基础课部陶佳瑞获中年组一等奖。

【5月9日】国家自然基金委地学部评审测绘科大国家自然科学基金项目“大地测量学学科发展战略”，评审会主任：王之卓院士，评审委员：10位专家。一致认为该研究报告“是一部多年来难得系统论述大地测量学学科发展的好报告”，通过了评审。

【5月10—12日】国家有关试点实验室50多位专家来我校，参加“1993—1994年世界银行贷款重点学科发展项目试点实验室工作会议”。

【5月27日】联合国和平利用外层空间局空间科技教育评估团4位专家，为选择亚太地区教育基地来考察，测绘科大给他们留下很好的印象。

【5月下旬】校长宁津生4人代表团，参加俄罗斯莫斯科测绘大学建校215周年庆典。随后，访问了西伯利亚测绘大学。

【5月】李德仁、黄仁涛分别获“湖北省首届梁亮胜侨界科技奖”一、二等奖。

【6月3日】中国工程院诞生，首批院士96名；我校航测与遥感系系主任、中科院院士李德仁入选中国工程院首批院士，成为全国测绘界和湖北省第一位，全国仅34名的“双院士”之一。

【6月18日】测绘科大承担的“八五”国家测绘科技攻关项目“GPS网最优化联测方案的研究”及“GPS网联测技术规定的研究”，通过国家测绘局专家鉴定，均达到国际先进水平。

【6月23日】校学位评定委员会授予袁宏永、王新洲工学博士学位，授予48人工学硕士学位。

【6月28日】宁津生主持研究的“地球重力场模型WDM94”通过国家测绘局鉴定：是我国首次推出适应全球且完整到二项式60阶次的高阶、世界精度最高的地球重力场模型。

【6月29日】1994届毕业生毕业典礼，共有毕业生1056名。

【7月2日】测绘科大向国家测绘局申请，增设“地理信息系统与地图学”、“资源环境区划与管理”、“机械设计与制造”、“检测技术与仪器仪表”、“建筑工程”、“市场营销”6个本科专业。

【9月8—14日】1994年度共招本、专科学生1370名，其中国家任务1000名，自费生370名。招博士生24名，硕士生66名，访问学者2名，学位课程进修生10名。

【9月2日】国家测绘局批准测绘科大大地测量学科为部级重点学科。

【9月29日】测绘科大与武汉大学、华中理工大学、中国地质大学（武汉）、武汉水利水电大学签署“五校联合办学协议”和“五校关于选课、辅修专业、攻读双学位联合办学的实施细则”。

【10月初】测绘科大第一位博士后郭仁忠圆满完成博士后研究工作，湖北省人事厅批准出站。

【10月5日】叶雪安大地测量奖励基金会1993年度颁奖大会，获奖21人。

【10月11日】测绘科大承办国家教委“3S（即遥感RS、地理信信息系统GIS、全球定位系统GPS）高级研讨班”开学典礼。

【10月12—20日】瑞士印刷研究所施拉普夫博士应邀来地图制图系讲学，内容为“色度学基本原理”、“数学图像处理”、“数字式彩色打样”、“调频加网技术”、“欧洲印刷业概况”等。

【10月17日】经国家测绘局批准，测绘科大聘请国际摄影测量与遥感学会主席、日本东京大学教授村井俊治为名誉教授，颁发了荣誉证书。

【10月18—20日】测绘科大召开“摄影测量、遥感与地理信息系统的集成化、自动化和智能化国际学术会议”，15个国家和地区55名代表与会，其中包括国际摄影测量与遥感学会主席、日本东京大学村井俊治教授等国际著名学者。共收论文41篇，其中宣读26篇。

【10月20—21日】由测绘科大航测系边馥苓教授任技术负责人、多单位完成的“深圳市规划国土信息系统”第一期工程投入使用。国家土地管理局等部门专家一致认为，如此大规模综合性规划国土信息系统属我国首例。

【10月25日】测绘科大“高等数学”、“大学物理”、“地貌学”3门课程，被评为“1994年度湖北高校优质课程”。

【10月25日】国防科工委干部部部长王庆录，给测绘科大送来“情系国防科技大业，培育优秀科技人才”锦旗、有纪念意义捆绑式火箭模型，以表达输送大批人才支援国防建设的谢意。

【10月26—30日】测绘科大第13次函授站工作会议在渝召开，评选出1993—1994学年度优秀函授生76人，函授教学质量优秀教师10人，先进成人教育工作者10人。

【10月27日】测绘科大作为湖北省教委受国家教委委托首批评估试点学校，4个参评实验室接受专家一听二看三抽查；分别为优、优、良、良，其中物理实验室得分为全省参评实验室最高。

【10月28日】测绘科大陈春明、徐绍铨参加我国第11次南极科学考察队。

【10 月 28—31 日】测绘科大易智华、朱定国、许礼林团队，参加“1994 年全国大学生数学建模大赛”，获全国 A 题组一等奖，被组委会选为全文刊载优秀论文（全国仅 4 篇）；另 5 个队中 2 个队获武汉赛区三等奖（未设一、二等奖），3 个队获武汉赛区成功参赛奖。鉴于优异成绩，组委会将武汉赛区颁奖地点定在测绘科大。

【10 月】测绘科大召开国际学术会议之际，举办“3S 高级研讨班”。国家自然科学基金委员会资助邀请德国慕尼黑科技术大学高级研究员唐粮、美国俄亥俄州立大学高级研究员何广平、香港中文大学讲师林珲等 3 位留学博士与会作专题报告，为“3S 高级研讨班”讲学。

【11 月 7 日】国家测绘局同意测绘科大聘请香港著名摄影家艺术家李乐诗为兼职教授。

【11 月 13 日—12 月 4 日】联合国开发计划署资助测绘科大启动斯里兰卡测绘培训：斯里兰卡测绘研究院一行 8 人来接受野外实习和仪器维修培训。斯方非常满意。

【11 月 17 日】测绘科大成立教学奖励基金管理委员会，制定了《教学奖励基金实施细则》。

【11 月 17 日】测绘科大将电子系与光仪系两系合建“电子信息工程与精密机械学院”，召开成立大会；是继城建学院、地测学院之后成立的第三个学院。

【11 月 14—30 日】测绘科大兼职教授、香港著名摄影艺术家李乐诗女士，来校为印刷工程系作广告知识系列讲学。她在湖北省科教大厦举办了《李乐诗“地球三极”摄影展》，展出了她在地球三极所摄的 300 多幅真实照片，令参观者赞叹不已。

【12 月 8 日】由李德仁主持的国家测绘基金项目“GPS 用于空中三角测量的试验研究”经 4 年攻关，完成了 GPS 动态相位差分数据处理、摄影测量数据与 GPS 数据联合平差的数学模型和相应处理方法等一系列研究；专家鉴定：充实了 GPS 动态定位理论和当代高精度摄影测量点位测定理论，对 GPS 应用于航测生产实践有重要指导作用，航测成图大量减免野外工作量。

【12 月 10 日】测绘科大举行王之卓教授 85 年华诞、纪增觉教授 80 华诞高尚道德风范和严谨治学精神座谈。

【12 月 13—19 日】校长宁津生、外事处长金标仁应邀出席荷兰 ITC 学院建校 44 周年庆典和该校创建人 Schermerhom 诞辰 100 周年纪念活动，双方研讨了合作项目。

【12 月 16 日】国务委员、国家科委主任宋健和中国科学院院长周光召，联名致函祝贺我校名誉校长、中科院院士王之卓教授 85 华诞。

【12 月 20—22 日】校党委书记张世汶，国家重点实验室实验室副主任陈军、郑儒根，赴京参加国家重点实验室十周年总结表彰暨高校重点实验室工作会议。郑儒根被评为国家重点实验室先进个人，获国家教委、国家科委、国家计委等中央 7 部委授予的“国家重点实验室建设金牛奖”。

【12 月 24 日】测绘科大航测与遥感系与浙江省玉环县城建局联合完成的“玉环县城市规划管理信息系统”，专家鉴定达到世界先进水平，是我国第一个基于 GIS 技术县级城市规划管理信息系统，为同类系统建立提供了宝贵经验。

【12 月 29 日】校学位委员会授予许才军等 7 人工学博士学位。

【12 月 30 日】为推动管理服务和科技工作上新台阶，测绘科大评选“管理服务育人十佳”和“青年科技十佳”，周建冕等 10 人获“管理服务育人十佳”称号，陶闯等 10 青年获“青年科技十佳”称号。

1995 年

【1 月 9 日】测绘科大成立外语系。根据上级批文公布，部级重点学科：大地测量学；省级重点学科：工程测量学、地图制图学；省级优质课程：高等数学、大学物理、地貌学。

【2 月】宁津生等编撰的《地球重力场模型理论》获 1994 年度测绘科技图书一等奖；黄幼才编撰的《数据探测与抗差估计》，陶本藻编撰的《监测网理论与应变分析》，李德仁等翻译的《摄影测量信息处理系统》，分别获二等奖。

【2 月 20 日】“地图制图系”经国家测绘局批准，更名为“国土信息与地图科学系”。

【3 月 5 日】校研究生部等 8 单位倡议，集资修建校内多年失修的道路，迎接校庆四十周年。

【3 月 9 日】测绘科大印发《关于博士生入学考试免试条件的暂行规定》。

【3 月 27 日】测绘科大博士研究生刘少创，参加中国首次北极科考探险队赴北极考察。

【3 月下旬】设立校长奖励基金委员会，统一学校各项奖励基金的管理。

【3 月 28 日】测绘科大校友会成立暨第一次校友代表大会。名誉校长王之卓、前校长纪增觉、校长宁津生为名誉会长，张世汶书记为会长，武汉市民政局李杰矩局长为顾问，副会长 27 名。市民政局颁发了社会团体法人证书。

【3 月】由测绘科大承担，陈俊勇、宁津生、罗志才完成的国家测绘科技发展项目《对外公开的 30′×30′平均重力异常的研究》，通过国家测绘局技术鉴定。

【4 月 4 日】测绘科大遥感与信息工程学院成立，学校任命两院院士李德仁为第一任院长。

【4 月 8 日】国家测绘局党组调整测绘科大领导班子：卢梅生退休；林宗坚、黄签名任副校长（副司局级）、党委常委；俞湛明任纪委书记（副司局级）、党委常委；同意杨长庚恳求，免去其副校长职务（保留原待遇），另行安排。

【4 月中旬】地测学院徐绍铨、陈春明圆满完成我国第 11 次南极测绘科考任务返校。徐绍铨是第 3 次到南极，在长城站 110 天，参与完成“95 全南极 GPS 联测”等 5 个项目。陈春明是第 2 次赴南极，随我国“雪龙”号首航南极；参与完成中山站埋设绝对重力点等 5 个项目。

【4 月 6—19 日】测绘科大国家重点实验室通过国家测绘局验收专家委员会、国家自然基金委代表等全面验收。专家一致认为：实验室科研方向明确，遥感图像处理、空间信息系统、高精度空间定位三大研究方向形成特色优势，国内外有重要影响；形成老中青结合较稳定学术队伍；实验室学术委员会有权威性、国际性和代表性；与国际水平接轨的实验与科研，逐步制度化、规范化。一致同意：通过国家验收，正式冠以“国家重点实验

室”称号。

【4月22日】测绘科大与武汉大学、武汉水利电力大学、中国地质大学（武汉）、华中理工大学的教务处长、图书馆馆长，聚集测绘科大共商五校图书资源共享，审议通过由测绘科大起草的《五所高校图书馆关于师生互办借书证的管理办法》。

【5月6日】9点20分，测绘科大博士生刘少创到达用GPS定位仪测定北极点，是中国科考队到达北极点第一人。

【5月17日】我国首次北极考察队队员、遥感与信息工程学院博士生刘少创凯旋，测绘科大授予他“北极测绘先行者”称号。

【5月23日】测绘科大聘请国际摄影测量与遥感学会第二副主席、瑞士苏黎世高等工业学校大地测量与摄影测量系阿明格林教授，为外籍名誉教授。

【5月】测绘科大与美国马萨诸塞波士顿大学建立两校交流合作关系。

【5月26—28日】王之卓、张祖勋、李德仁等14名教师，赴香港参加由香港中文大学地理系和中国海外GIS协会举办的“香港地区信息系统95国际讨论会”。

【6月6日】校教材委员会第20次全体委员会议，评定第三届优秀教材19种，其中一等奖3种，二等奖6种，三等奖10种；优秀讲义5种。

【6月7—10日】李德仁院士赴奥地利出席国际摄影测量与遥感学会执委会与专业委员会主席联席会议。

【6月15日】测绘科大接受校友张森仪捐赠10万元人民币和40台自动安平水准仪；以其每年捐款设立“森泓”奖。

【6月18日】武汉长江二桥建成通车，测绘科大地测学院吴栋材、李宝桂等7人课题组成出色完成长江二桥施工测量项目。

【6月20日】中国工程院院长朱光亚院士致函测绘科大，宁津生校长于5月当选为中国工程院院士。

【6月21日】校学位评定委员会授予葛茂荣工学博士学位，授予57人工学硕士学位。

【7月2—14日】地测学院院长陶本藻教授一行3人，赴美国科罗拉多大学出席国际大地测量与地球物理联合会（IUGG）第21届大会。

【7月3日】“祝贺宁津生校长当选中国工程院院士暨我校学科建设座谈会”。

【7月13日】国家测绘局党组任命俞湛明为中共测绘科大党委副书记。

【8月1—7日】测绘科大朱宜萱副教授等《用近景摄影测量方法提供矿区危崖产状的研究》、郭仁忠等与省水产研究所“湖北省水产统计信息与地图表达动态”、彭美云等“教师教学质量统计评价系统与二次量化模型”等成果，均获1995年湖北省科技进步三等奖。

【8月末】1995级成教学员开学典礼，共录取成教新生658人，其中函授专升本39人，函授本科24人，函授专科342人，成人脱产班182人，夜大专科71人。

【9月7日】录取1995级本科生1202人，专科398人，共计1600名。

【9月3—9日】测绘科大杜道生、祝国瑞等5名教师，赴西班牙出席国际地图制图协会第10届大会及第17次学术讨论会，提交论文3篇。

【9月13日】测绘科大授予德国达姆斯达特大学应用大地测量研究所格罗腾教授为测

绘科大名誉教授。

【9月16日】测绘科大授予日本国索佳社长海林昭德为“索佳测绘技术研究中心高级技术顾问”，授予索佳社驻上海事业所所长小林诚为外语系客座教授。

【9月】测绘遥感信息工程国家重点实验室常务副主任、博士生导师陈军教授，入选国家教委1994年度跨世纪人才计划，其“三维动态，GIS理论方法和关键技术”研究项目获20万元资助。

【9月下旬】测绘科大“图书馆计算机流通管理系统”建成。

【10月9日】叶雪安大地测量奖励基金会成立10周年暨1994年度颁奖大会。

【10月11—30日】受国家教委委托，测绘科大举办第二期“‘3S’的理论方法与集成应用”高研班，学员46人来自15所高校、9个科研所和11个测绘生产单位。授课教师包括王之卓、李德仁、徐冠华3名中科院院士，10名博士生导师，18名教授。

【10月18日】测绘科大遥感与信息工程学院龚健雅博士，荣获“国家杰出青年科学基金”60万元资助。

【10月20日】测绘科大合并社会科学部与学生处思想教育教研室，成立人文科学与经济学院。

【10月25—27日】测绘科大国家重点实验室与加拿大拉瓦尔大学共同举办“三维、时态、动态空间数据模型与分析”国际学术研讨会，国内外60余名学者研讨；其中外国学者13人提交论文13篇，我校21人提交论文9篇。此次是该室举办的第四次国际学术会议。

【10月28日】测绘科大国家重点实验室第二届学术委员会第一次全体会议。副主任杨凯主持，宁津生校长颁发聘书；张祖勋作1992—1995年工作报告，杜道生作科研基金指南汇报。审批了1995年度实验室开放基金资助项目。这是通过国家验收后的新一届学术委员会，任期三年。

【11月3日、20日】遥感与信息工程学院万幼川参加我国第12次南极科学考察队，是考察南极内陆冰盖的8名队员之一；随队乘“雪龙”号破冰船从上海启程赴南极。

【11月3日】地测学院祝贺高时浏教授80华诞座谈会。高教授1948年考取加拿大多伦多大学首届大地测量学硕士研究生，1950年获得测量学科学硕士学位，受聘为加拿大大地测量局工程师，多次进入北极圈测量，1951年到达过北磁极（北纬71度，西经96度）测量，是史料可查的第一位到达北磁极的中国测绘学者。1952年响应新中国召唤，放弃国外优厚条件回到祖国，长期从事测绘科研教育事业。

【11月10日】《测绘科大关于硕士博士生连读的实施细则》规定，每年遴选12~15名尖子作为硕、博连读研究生培养。

【11月11日】测绘科大副校长张祖勋教授，当选国际欧亚科学院院士。

【11月16—19日】德国下萨克森州测量主管官员克诺普教授应邀到测绘科大讲学。测绘科大授予克诺普名誉教授称号，颁发了名誉教授证书。

【11月19日】测绘科大边馥苓教授主持完成的“地理信息系统工程技术研究”通过了国家测绘局专家鉴定：该课题组经过8年艰苦探索，研究总结了建设地理信息系统工程的技术实用模式，多方面达到同类成果世界先进水平，实用技术处国内领先地位。

【11 月 21 日】聘请深圳市国土规划局信息中心主任王忠学高工为测绘科大兼职研究员。

【12 月 6 日】测绘科大接受香港徕卡公司为测绘科大四十周年校庆捐赠 30 万元人民币，全部用以装修新科学报告厅，将该厅命名为“徕卡科学报告厅”。

【12 月 19—21 日】测绘科大第三次教代会暨第十一次工会会员代表大会。正式代表 175 人，列席代表 48 人。征集提案 71 件、议案 2 件；提出提案代表 242 人次；提案立案 32 件，占总数的 54%。差额选举了第三届教代会常委会和第十一届工会委员会，通过校长工作报告、教代会工代会工作报告等文件。参加大会女职工代表召开了女职工代表会议，选出新一届女职工工作委员会。

【12 月 20 日】校网络中心顺利与“中国教育和科研计算机机网华中地区网络中心”互联入网，同时进入 INTERNET 网。

【12 月】测绘科大数字、物理、资源环境与规划、摄影测量、电子工程、测量平差、地图编绘与设计等 7 个教研室，分别获湖北省“1995 年度优秀教研室”称号。

【12 月】“测绘科大学报”获国家教委科技司“全国高校学报系统优秀学报评比”一等奖，和“湖北省高校学报分等定级评比”第三名及“1994—1995 年度湖北省优秀期刊”称号。

【1995 年】测绘科大 7 项科研成果荣获“1995 年度国家测绘科技进步奖”；其中二等奖 3 项：①“自然科学学科发展战略调研报告——大地测量学”（宁津生等）、②“JWP01”解析相片定位仪（高梯云等）、③“测绘科技管理政策与模式研究”（余国珊等）；三等奖 4 项：①“数字专题地图采色分色系统”（张银洲等）、②“测距仪器通用接口与数据处理装置的研制”（袁宇正等）、③“中国社会发展水平动态制图系统”（黄仁涛等）、④“城乡规划基础信息遥感调查产业化试点研究”（仇肇悦等）。

1996 年

【1 月 8 日】测绘科大学位委员会授予孙海燕、王爱朝工学博士学位。

【1 月 16 日】李德仁院士赴印尼出席国际摄影测量与遥感学会执委会与专业委员会主席联席会议。

【1 月 24 日】湖北省委书记贾志杰视察测绘科大。还分别到边馥苓教授和李德仁院士家中，看望两位教授。

【1 月 24 日】测绘科大陈军教授等完成的国家“八五”攻关项目子专题“基于测绘数据库的全国重点项目管理系统”，专家鉴定填补了我国 GIS 在重点建设项目管理信息系统方面的空白。

【1 月 25 日】“湖北省南北极科学考察学会”在测绘科大成立。曾四赴南极科考的鄂栋臣被推选为该学会理事长，我国第一个进入北极圈测绘学者、年逾 8 旬的高时浏和我国第一个到达北极点刘少创分别当选为该学会理事和常务理事。

【1 月】国土系杜清运、光电院胡又林，分别获第 5 届全国高校霍英东青年教师基金资助，其项目分别为“空间信息的语言学特征及其自动理解”（属地球科学）、“光薄膜多

参数测量技术的研究”（属材料科学）。国土系刘耀林获霍英东青年教师教学类三等奖。

【3 月 14 日】测绘科大聘请美国休斯公司高级研究员、国际大地测量联合会特别研究组王艳明博士为客座教授。

【3 月 25 日】国土信息与地图科学系第一位博士研究生王桥，以“全优”成绩通过了论文答辩。导师为毋河海、於宗俦、胡毓钜三位教授。

【3 月】国家测绘局设立“测绘系统生产单位奖学金”，鼓励和吸引优秀毕业生到测绘系统生产单位工作。

【4 月 4 日】鄂栋臣参加香港“北极探险队”抵达北极点，首次将我国国家测绘标志安放在北极点，测出北极点距北京最短距离为 5582. 81 公里。

【4 月 16 日】遥感信息工程学院、计算机科学与工程系合为信息工程学院，两院院士李德仁出任首任院长。

【4 月 15—17 日】测绘遥感信息工程国家重点实验室通过国家计委专家组现场评估。

【4 月 25 日】国土信息与地图科学系同地测学院的土地管理专业合并，组建为土地科学学院。

【4 月 22—26 日】测绘科大函授、夜大学教育，通过国家教委统一部署、国家测绘局委托湖北省教委专家组的全面评估。

【5 月 7 日】宁津生院士入选香港理工大学 1996 年“杰出中国访问学人”。

【5 月 17—18 日】国际欧亚科学院院士、副校长张祖勋，出席在莫斯科召开的该院院士大会。

【5 月 23 日】测绘科大校长奖励基金首次颁奖：1995 年获奖 58 名。其中：青年教师优秀奖一等奖 1 名，二等奖 10 名；森泓教师奖一等奖 7 名，二等奖 16 名；教学工作优秀奖教学类一等奖 3 名、二等奖 13 名，管理类一等奖 1 名、二等奖 7 名。

【5 月 23 日】校出版社成立 7 周年，实施“精品战略”，推出“百优图书工程”。

【6 月 18 日】日本株式会社拓普康捐款 50 万元人民币，测绘科大新建“拓普康计算机试验室”。

【6 月 18—20 日】印刷工程学院王永宁、邹毓俊、吴学政三教授，赴台湾出席中国文化大学主办的“两岸三地印刷传播高等教育研讨会”，提交论文 3 篇。

【6 月 21 日】测绘科大授予关泽群等 6 人工学博士学位、授予 67 人工学硕士学位。

【6 月 27 日】1996 届毕业典礼大会，共有 1034 名本、专科生毕业。

【6 月】国家科委批准，自然科学季刊《武测科技》更名为《测绘信息与工程》。

【7 月 8 日】测绘科大成立“211 工程”部门预审筹备工作领导小组。

【7 月 9 日】中共中央宣传部同意测绘科大建立夏坚白教授半身塑像。

【7 月 9—19 日】张祖勋、李德仁一行 10 名教师，赴奥地利出席国际摄影测量与遥感学会第 18 届大会，提交论文 8 篇；其中，大会“最佳青年作者”袁修孝，宣读了题为“GPS 辅助航摄仪内方位元素的测定”获奖论文，导师为李德仁院士。

【7 月】国家教委通知，同意国家测绘局部门预审“211 工程”重点建设工作。

【8 月 5—7 日】测绘科大集中讨论修改“211 工程”整体建设、学科建设论证报告、校长工作报告和实验室介绍等材料。

【8 月 4—20 日】校评估专家组对全校函授站全面评估。决定授予华北、华东、中南、西南 4 个函授站为优秀函授站，东北、西北 2 个函授站为良好函授站。

【8 月】教学实验大楼（占地 $800m^2$，建筑面积 $13000m^2$，投资 2700 万元）和测绘科技大厦（占地 $800m^2$，建筑面积 $9952m^2$，投资 2050 万元）两座 16 层大楼相继竣工交付使用。

【8 月】学报编辑部与光盘国家工程研究中心签署协议，《测绘科大学报》整体加入《中国学术期刊（光盘版）》。

【9 月 5—7 日】1996 级本专科新生 1600 名，其中本科生 1300 名（含捐资生 60 名）、专科生 300 名（含自费、委培生）。新招研究生 116 人，在校研究生 353 人，其中博士生 112 人；硕士点增至 15 个，博士点 4 个。

【9 月 6—7 日】国家测绘局与湖北省政府共建测绘科大，金祥文局长和蒋祝平省长在协议书上签字。金祥文到校调研，他说："我来一次总要解决问题，这是宗旨。"

【9 月上旬】测绘科大获湖北省"1996 年度招生工作先进学校"称号。校科技处获"全国高校科技管理先进单位"称号，郭晶获国家教委"优秀青年体育教师"称号。

【9 月 25—27 日】国家测绘局部门预审"测绘科大申请进入'211 工程'"。预审专家组院士 4 名、教授 5 名、国家测绘局、湖北省、国家教委"211 工程"办公室等有关部门负责人、测绘科大领导及师生代表出席预审开幕式。国家测绘局局长金祥文、湖北省委宣传部长王重农致辞。听取宁津生校长"211 工程"部门预审工作报告，观看测绘科大"211 工程"预审片，实地考察测绘遥感信息工程国家重点实验室、现代地球动力学部级重点实验室及其他实验室，召开青年、中老年教师和党政管理干部座谈会，顺利完成了预审工作。预审专家组组长赵鹏大院士宣布："专家组成员一致同意测绘科大通过'211 工程'部门预审，建议国家测绘局尽快向国家教委申请立项。"

【10 月 10 日】测绘科大受国家教委委托第三期《遥感（RS）、全球定位系统（GPS）、地理信息系统（GIS）（简称"3S"）的理论方法与集成应用》高研班开学。聘请 9 位"3S"领域内卓有成就的教授讲课。

【10 月 16—19 日】测绘科大庆祝建校四十周年"地理信息学国际学术讨论会"召开。参会 112 人，其中外国学者 65 人、香港台湾学者 18 人。进行了 17 场专题讨论，宣读论文 114 篇；收到论文 122 篇，其中 114 篇收入论文集《地理信息学》第一、二卷。

【10 月 19 日】校领导和校友何建华出席"校庆展览"剪彩仪式。展览由校友何建华捐 10 万元人民币而建。

【10 月 19 日】测绘科大夏坚白院士铜像落成揭幕暨夏坚白奖励基金捐赠仪式。夏坚白铜像高 1.2 米（连基座高 2.8 米），由江苏校友会和夏坚白家乡、江苏常熟市政府共同捐资塑雕而成。校出版社捐资 10 万元人民币，建立夏坚白奖励基金。

【10 月 19 日】测绘科大授予荷兰国际航天测量与地学学院范·亨德伦、德国应用测量研究所赫尔曼·泽格尔为名誉教授，宁津生校长颁发了荣誉证书。

【10 月 19 日】测绘科大建设与捐建项目竣工剪彩（揭碑）仪式，剪彩（揭碑），有：教学实验大楼、测绘科技大厦、校友谊广场、前校门、广场"空中之舞"雕塑、拓普康计算机室、校园计算机网、校园近期规划模型、徕卡科学报告厅、爱校路、北京路、陕西

路、广东路、毕昇路、四川路、新疆路、桃李路、湖北路、广西路、物探路、四维路等。

【10月19日】测绘科大校庆预备暨校友会工作汇报会。24省市成立了校友分会；校庆前夕收到各方捐款700多万元。

【10月19日】测绘科大隆重举行庆祝建校40周年文艺晚会。

【10月19—22日】测绘科大仪器设备技术服务中心在校体育馆举办“国际测绘仪器设备展示暨技术讲座会”。

【10月20日】测绘科大建校40周年纪念日。校秋季运动会开幕式暨1996级新生军训汇报表演大会。测绘科大与日本株式会社索佳公司合作10周年纪念会在办公大楼会议室举行。

【10月19—22日】校庆期间，各院、系举办系列学术交流报告会。邀请各省测绘局、总工程师座谈学校如何培养复合型人才，校史编辑室向校友和来宾赠送测绘出版社正式出版的《学部委员夏坚白》一书；这部书40万字，由校长宁津生兼主编。

【10月21日】测绘科大校庆集资，接收259个单位及6081人捐赠，总额达868万元(其中捐给各院系27.5万元，实物折款240万元)。

【10月22日】“1995年度叶雪安大地测量奖学金”31名学生获奖，其中一等奖1名，二等奖30名。

【10月30日】测绘科大徕卡科学报告厅“第八届全国图像图形学术会议”。全国各地110位学者出席。收到论文160多篇。

【11月11日】“测绘系统第11期大队长培训班”16省市测绘局17名大队长级学员结业典礼。

【11月上旬】地测学院李建成，获“1996年度国家杰出青年科学基金”资助60万元人民币。

【11月18日】测绘科大王泽民、王清华、赵建虎参加我国第13次南极科学考察队，乘“雪龙”号破冰船赴南极。

【11月】受湖北省新闻出版局委托，印刷工程学院举办“湖北省第一期书刊印刷厂长岗位培训班”，40名厂长副厂长经过两周培训，达到厂长岗位规范，获新闻出版署《岗位培训合格证书》。

【11月29日】测绘科大承建“湖北省清江隔河岩大坝外观变形与高边坡安全GSP自动化监测系统”签约。测绘科大与广西北海市合作开发的《北海市土地管理系统》，专家鉴定认为处于“微机平台国内领先水平”。

【12月4日】校学位评委员会授予黄培之等4人工学博士学位。

【12月6日】测绘科大地测学院4年级学生李振洪，获团中央、全国学联“中国大学生跨世纪建昊奖学金”1996年度优秀奖3000元及证书。

【12月】由毋河海主持的国家测绘局“七五”重点攻关项目《机助编图与专题制图技术》获1996年度国家科技进步三等奖。

【12月27日】湖北省南北极科学考察学会第一次年会，理事长鄂栋臣作了工作报告。

【12月】校科技处获国家教委颁发的“全国高校科技管理先进单位”称号。

【12月下旬】测绘科大青年教师袁修孝、李建成、李霖、杜清运等4人入选第二批国

家测绘局跨世纪学术和技术带头人。

【12月30日】测绘科大召开“211工程”部门预审及40周年校庆总结表彰大会，授予12个处级单位为“教育工作先进集体”，授予“先进科室”26个，“优秀教育工作者”197名，授予“211工程”部门预审、40周年校庆先进集体22个，“先进个人”326名。

1997年

【1月4—10日】我国首次“地理信息系统软件工程及相关技术高级研讨会”在我校举办。

【1月】龚健雅教授相继入选国家“百千万人才工程”跨世纪科技学术带头人，国家教委、人事部“全国优秀留学归国人员”。

【1月6日】校学位委员会授予穆罕默德·欧贝德工学硕士学位。

【1月】受国家测绘局委托，测绘遥感信息工程国家重点实验室“气象卫星地面接收处理站”建成正式运行。

【2月27日】国家测绘局宣布：李德仁任测绘科大校长，刘经南任副校长。

【3月上旬】《测绘科大学报》获评“第二届全国科技期刊”三等奖。

【3月14日】测绘科大领导班子调整后第一次全校教职工大会。校长李德仁院士指出，集中精力抓好三件大事：一是做好“211工程”立项申报；二是通过国家优秀教学单位评估；三是多办实事改善教职工待遇。

【3月】信息工程学院张剑清荣获“1996年度国家级有突出贡献的中青年专家”称号。地测学院赵少荣荣获“第五届中国青年科技精英”奖。测绘遥感信息工程国家重点实验室增聘了12名国外客座教授。

【4月上旬】测绘科大刘少创博士任我国第二次北极科学考察队队长出征。

【4月11—17日】国家测绘局委托测绘科大研制成功《国有资产管理系统》；在测绘科大培训班全国测绘系统近50人。

【4月15日】澳大利亚昆士兰州教育厅副厅长一行4人访问测绘科大，签订了合作协议。

【4月1日、22日】我国第13次南极科学考察队队员、测绘科大王泽民、赵建虎、王清华先后胜利返校。王泽民在长城站、王清华在中山站，参加20多国30多考察站21天GPS国际联测；赵建虎为我国首次南极内陆冰盖考察8名队员之一，负责导航、定位及卫星影像图的解析工作。

【4月】测绘科大从1996级硕士生中选出17名硕博连读生，加快高层次人才培养质量。

【4月】张景雄获英国爱丁堡大学博士学位回国，进入测绘科大作博士后研究。

【4月】信息工程学院朱宜萱主持承担“香港志莲净苑仿唐佛寺重建工程近景摄影测量与工程监察研究”，将近景摄影测量课题扩展到香港，促进与香港测量界等合作。

【5月4日】测绘科大1996年度校长奖励基金森泓奖学金首次颁奖：学习优秀生33名，单项奖590名。光电学院森氏助学金也首次颁奖，112名同学获资助。

【5 月 6 日】测绘科大成立“本科教学评估领导小组”。国家测绘局“测绘系统第 12 期大队长级干部岗位培训班”开学。

【5 月 22 日】聘任中科院地球物理所研究员张禹慎为测绘科大兼职教授，与前校长宁津生院士共同指导博士生刘崇兵。

【5 月 23 日—6 月 2 日】校长李德仁与边馥苓、徐德敏、龚健雅、李清泉、周勇前、朱庆赴台湾参加“海峡两岸专家学术交流会”。

【6 月 2 日】测绘科大成立“计算机网络和多媒体研究所”，李德仁校长为名誉所长，胡瑞敏任所长。

【6 月 2—15 日】李德仁校长应美国国家航空航天局邀请赴美访问。

【6 月 5 日】校长李德仁院士颁发 1997 届 5 位博士和 56 位硕士学位证书。

【6 月 10 日】测绘科大团委承办的“汇凯杯”湖北大学生课外科技作品竞赛颁奖。测绘科大获团体总分第 3 名、优胜杯、组织奖；陈孔哲作品“车载 GPS 导航系统”（指导教师：刘经南）获一等奖。

【6 月 17 日】国家测绘局聘李德仁任测绘遥感信息工程国家重点实验室主任，任期五年。

【6 月 22—27 日】测绘科大土地科学学院刘耀林、毋河海、李霖等 7 人赴瑞典出席国际地图制图协会第 18 次学术会议。

【6 月 24 日】测绘科大 1997 届毕业典礼：毕业本科 790 余人，专科 320 余人，博士、硕士 60 余人，函授集中班 150 余人。

【6 月 26 日】测绘科大聘广东省政府办公室房地产高级顾问陶贵宝、深圳南油集团副总经理郭德法两校友为兼职教授；李德仁校长颁发了聘任证书。

【7 月 7 日】1994 级函授生毕业典礼。共毕业 380 人，其中专升本 22 人，本科毕业 28 人。

【7 月 9 日】测绘遥感信息工程国家重点实验室聘海内外 16 位学者为兼职教授，11 位学者为客座教授。至此，该室共聘请兼职教授 41 名，国外客座教授 19 名。

【7 月 14 日】测绘科大授予仇彤、翟京生、谈国新工学博士学位，授予阿夏德·穆罕默德工学硕士学位。

【8 月】测绘科大招收 1997 年新生：本科 1200 人，专科 250 人，成教脱产班 220 人，自学助考班 120 人，博士生 31 名，硕士生 111 名。

【8 月 8—14 日】测绘科大在哈尔滨承办测绘系统“3S 技术普及班”，李德仁、宁津生、刘经南、林宗坚、龚健雅等去授课。68 位学员获测绘科大颁发的结业证书。

【8 月 26 日—11 月 26 日】国家测绘局委托测绘科大举办“测绘系统局级干部培训班”，重点培训非测绘专业毕业局级领导系统学习测绘基本理论及科技知识。

【9 月 23 日】李德仁院士主持研究的“新型卫星传感器图像在我国困难地区测图中应用方法研究”，专家鉴定可为我国经济、国防、全球变化监测、灾害防治等提供所需的空间地理信息，有重大社会、经济效益。

【9 月】测绘科大与英国 Lexington 公司联合创办“多媒体网络通信工程研究所”。其主要研究方向为多媒体网络通信，覆盖多专业领域；该研究所配备一流开发环境，李德仁

院士领衔一批多学科领域年轻高科技人才参加。

【9月22日—10月13日】重点实验室杜道生应邀赴澳大利亚墨尔本科技大学土地信息系访问讲学。

【10月5日】国家测绘局调整“重点实验室第二届学术委员会”，李德仁院士任副主任委员。

【10月6日】国家测绘局党校、国家测绘局管理干部学院，在测绘科大挂牌成立。国家测绘局局长金祥文兼任校（院）长，党委书记张世汶兼任常务副校（院）长，李永雄、陈恒禄兼任副校（院）长。同日，首期局级干部培训班开学，为期两月；学员有20个省测绘局（院）领导干部21人。

【10月23日】巴基斯坦测绘局局长穆扎法少将率测绘代表团访问测绘科大。

【10月28日】为庆祝学报创刊四十周年，测绘科大授予为学报发展作出突出贡献的王之卓等29人荣誉证书，评出25篇优秀论文、授予“学报优秀论文”称号。

【10月28—29日】测绘科大第三次教职工代表大会暨第十一次工会会员代表大会第二次会议，到会正式代表173名，列席代表44名。

【10月29日】越南测绘代表团一行16人访问测绘科大。

【11月1日】测绘遥感信息工程国家重点实验室召开第二届学术委员会第二次会议。实验室主任李德仁作《1996—1997年实验室工作汇报》，常务副主任龚健雅作实验室开放研究基金及有关研究方向情况汇报。审定了1997年开放研究资金资助课题。

【11月3日】测绘科大授予国际知名大地测量学家，芬兰科学院院士、工程院院士卡库里博士为测绘科大的名誉教授。刘经南副校长颁发了荣誉证书。卡库里教授作了题为“卫星大地测量在全球变化研究中的应用”学术报告。

【11月5—7日】“东亚与东南亚地区现代化地壳运动与减灾国际学术讨论会”在我校举行。22个国家和地区约100百名代表与会，就“地震与减灾”等专题深入讨论。收到论文66篇，63篇作了口头报告。

【11月6—8日】李德仁、龚健雅赴澳大利亚参加“影像分析与信息融合”国际学术讨论会。

【11月8日】测绘科大一行13人应邀参加长江三峡工程大江截流仪式。

【11月10日】测绘科大叶雪安大地测量奖励基金会颁发1996年度奖学金，36名同学获奖。

【11月15日】测绘科大陈春明、夏林元、王清华参加我国第14次南极考察队，乘考察船赴南极中山站、长城站考察。

【11月21日】国家测绘局管理干部学院“第一期局级干部培训班”结业典礼。国家测绘局局长兼管理学院院长金祥文为学员们颁发了结业证书。

【11月23日】中共中央政治局常委、国务院副总理李岚清，在湖北省委书记贾志杰、省长蒋祝平等陪同下视察测绘科大。在测绘科大与武汉部分高校党委书记、校长座谈。

【11月24日】测绘科大纪念学报创刊四十周年大会，湖北省和测绘科大130多人与会；李德仁校长作学报工作报告。会议充分肯定学报成就和改革探索。会上表彰学报突出贡献者及第一届《学报》优秀论文。

【10—11 月】测绘科大通过《人民日报》海外版、《光明日报》等，向海内外公开招聘 16 位 45 岁以下 16 个专业有 3 年以上工作经验国内外博士为学科带头人，在海内外引起反响。

【11 月】测绘科大地测学院刘基余被美国纽约科学院授予院士称号。

【12 月 4 日】测绘科大接受荷兰政府无偿援助“巩固城市建设学院”，在荷兰驻华大使馆举行签字仪式，荷方将向测绘科大城市建设学院分批提供总价值 254.4 万荷兰盾（约合人民币 1200 万元）无偿援助，为期四年零一个月。

【12 月 4 日】测绘科大光电工程学院基金会成立暨聘任校友林旦博士为兼职教授仪式。他首批捐赠光电工程学院设立“光电红烛奖”和“光电成才奖”。

【12 月】测绘科大获准家自然科学基金委资助 11 项，资助总额 158 万元。赵少荣获 1997 年度国家杰出青年基金资助 60 万元。王新洲、胡瑞敏、关泽群入选国家测绘局 1997 年跨世纪学术技术带头人。

【12 月 18 日】国家测绘局举行由测绘科大国家重点实验室气象卫星地面站生产的中国植被指数图及相关资料交接仪式，我校气象卫星地面站产品正式投入使用。

【12 月 25 日】国家测绘局组织以殷鸿福院士为组长、5 位院士、10 位专家，对测绘科大“211 工程”建设项目进行论证和审核。一致认为测绘科大具备了“211 工程”项目建设的条件和可行性，通过了立项审核。

【12 月 26 日】测绘科大 1996 年度、1997 年度校长奖励基金颁奖。该基金是由校友张森仪、林旦、台湾林进二、苏州第一光学仪器厂、南京测绘研究院、广东地图出版社捐赠，及国家测绘局拨款设立。此次共奖励：青年教师优秀奖 32 名（一等奖 6 名，二等奖 26 名）；森泓教师奖 56 名（一等奖 9 名，二等奖 47 名）；教学工作优秀奖 26 名，其中管理类 12 名，（一等奖 3 名，二等奖 9 名），教学类 14 名（一等奖 1 名，二等奖 13 名）。

【12 月 26 日】地测学院院长徐绍铨代表 1997 年全国普通高校国家级教学成果一等奖《跟踪学科发展前沿，改造和建设大地测量专业的研究和实践》课题组，在人民大会堂受到中央领导亲切接见。

【12 月 29 日】测绘科大授予 2 人工学博士学位，授予 15 人工学硕士。

【12 月】国家卫星导航定位研究中心在测绘科大成立，刘经南副校长任中心法人、技术总负责人。校出版社出版我国第一部城市电子出版物《深圳电子地图集》。

【12 月】副校长刘经南获中国科协“全国优秀科技工作者”称号。

1998 年

【1 月 1—22 日】应台湾成功大学校长翁政义邀请，李德仁校长、王伟副教授赴宝岛讲学。在成功大学，李校长讲授了 3S 集成理论等。王伟介绍了国产 GIS 软件 Geostar。参观访问台湾明新学院、交通大学、中央大学。

【1 月 11—20 日】荷兰 ITCP. E. schoonackers 先生来执行荷兰政府资助测绘科大巩固城市建设学院项目有关事宜。

【2 月 16 日】测绘科大成立“211 工程”建设办公室。

【2月9日—12月30日】美国GIS专家Steren J. Dormer先生应聘来测绘科大教学科研。

【2月】土地科学学院青年教师郭庆胜，获国家教委霍英东基金会第六届青年教师基金资助。

【3月3—15日】校长李德仁当选第九届全国政协委员。围绕科教兴国，在九届全国政协第一次会议三次发言，提交两个提案，提出“产学研一体化”建议。

【3月4—24日】测绘科大土地科学学院黄仁涛、徐冰，受美国洛克菲勒基金资助，赴意大利圣勃罗尼，与美国专家探讨合作项目《中国历史文化地图集》。

【3月12日】国家测绘局决定，陈明任测绘科大成人教育学院院长（副局级）兼国家测绘局继续教育中心主任、国家测绘局党校副校长、国家测绘局管理干部学院副院长。

【3月16日】“测量平差”、“线性代数”获批学校第四批一类课程。

【3月19日】测绘科大决定冯文灏、张剑清、舒宁、孙家抦、邱志成、鄂栋臣、李建成、孔祥元、王新洲、李霖、杜道生、张清浦等12人为博士生指导教师。

【3月25日】测绘科大承担的国家自然科学基金“八五”重点项目“青藏高原地壳运动与形变的GPS研究”历时五年完成，为高精度研究青藏高原地壳运动提供了先进观测手段、可靠观测资料，通过验收。

【3月26日】台湾明新技术学院张瑞刚教授来访，商讨两校进一步合作。

【3月27日】教育部部长陈至立视察测绘科大。看望了90岁高龄的名誉校长王之卓院士。

【3月】测绘科大“测绘平差”、“工程测量学”、“线性代数”、“专题地图编制”、“印刷概论”、“大学物理实验”、“高等数学”、“大学物理”、“地貌学”等9门课程被评为“湖北高校省级优秀课程”。

青年教师刘耀林《地理信息系统环境下的地理数据库综合的研究》，获1997年教育部“资助优秀年轻教师基金”。

【4月初】国务院学位委员会设置工程硕士学位，测绘科大被批准获测绘工程硕士学位授予权。

【4月14日】测绘科大与越南矿业地质大学签署校际合作协议。

【4月13日—5月8日】测绘科大开展教学质量月活动。

【4月中旬】印刷学院正式成立“印刷新技术研究中心”，该学院院长王永宁兼中心主任。

【4月20—30日】名誉校长王之卓参加中国陈嘉庚基金会代表团访问新加坡。荣获新加坡总统王鼎昌颁发的“1997年度陈嘉庚地球科学奖”。

【5月10日】测绘科大成立高科技企业“信息工程中心”，中心主任龚健雅。

【5月11—12日】国家测绘局继教育中心“实时差分及动态GPS测量培训班”开班，学员55名。“测绘系统第十三期大队长级干部岗位培训班”开学，学员26名。

【5月14—18日】测绘科大分别授予：顾问——香港特区政府地政总署副署长陈克；兼职教授——香港佳能董事、总经理陈德祥；客座教授——香港理工大学史文中博士。

【5月16—22日】测绘科大兼职教授李乐诗应邀来校讲学。

【6月6—10日】李德仁校长出席日本东京大学“城市可视化国际研讨会”，提交论文1篇。

【6月6日】法国达索·塞赛尔公司捐赠测绘科大差分GPS参考站等仪器总价值100万元人民币。

【6月11日—7月9日】荷兰国际航天测量与地学学院Jan Turkstra教授，来测绘科大DSO项目科研，及研讨双方实施该项目有关问题。

【6月14—17日】香港大学叶嘉安教授来校实施DSO项目协议中的有关工作。测绘科大聘请叶嘉安教授为兼职教授。

【6月15日】测绘科大与香港大学签署校际合作协议。

【6月18日】国家测绘局批准成立测绘科大“GPS工程技术研究中心”，是国家卫星导航定位工程技术研究中心的技术发展部。

【6月19日】我校授予李清泉等7人工学博士学位，86人工学硕士学位，746人学士学位。

【6月24日】测绘科大1998届985名本、专科毕业生和93名博士、硕士，分赴29个省市自治区、13个计划单列城市、48个部委的600多个单位。

【7月】测绘科大研制的“三峡工程坝区测绘管理系统”通过验收投入三峡工程建设使用。

【7月1日】名誉校长王之卓入选中国科学院首批资深院士。

【7月6—10日】校长李德仁赴美国，出席国际摄影测量与遥感学会第三委员会1998年度学术研讨会，提交论文1篇。

【7月15—29日】测绘科大中国南极测绘研究中心主任鄂栋臣，赴智利出席国际“南极大地测量学术会议”及“国际南极科学委员会第25届工作会议”。

【8月17—20日】校长李德仁和舒宁教授指导青年教师方圣辉、巫兆聪突击研制完成一套反映1998年洪水水势的影像图——1998年《湖北省特大洪水遥感影像图》、《武汉洪水期影像图》、《松嫩平原洪水期影像图》、《洞庭湖湖区洪水期影像图》，迅速提供给国家防总等作重要参考资料，为准确、全面了解洪水情况，研究抗洪救灾对策，提供了宝贵的信息。

【8月底】计算机应用、城市规划设计、信号与信息处理、地图学与地理信息系统、光学工程5个学科，被批准为省级重点学科。

【9月3日】测绘科大校友、美国独资北京森氏精密仪器公司董事长张森仪专程来校捐赠人民币18万元，用以资助灾区的贫困学生。

【9月17日】我校新教工岗位培训班开学，对来自15所大学56名新教师进行一个月理论培训和三个月的社会实践。

【9月7—10日】1998级招收1600余名本、专科新生和129名硕士、博士研究生入学。10日上午开学典礼。

【9月上中旬】王之卓、李德仁、宁津生一行9人赴台南出席第二届海峡两岸测量学术及应用研究讨会，提交论文7篇。王之卓与1934年同船赴欧留学、台湾科技之父李国鼎在台北叙旧；两位90岁高龄学术巨子重逢，引起关注。

【9月18日】测绘科大承担的“清江隔河岩大坝外观变形与高边坡GPS自动化监测系统建设”通过11位专家验收委员会的验收，达到国际先进水平。

【9月21日】国家三部委和测绘科大共同投资900余万元，建设青年教工周转住宅取代筒子楼工程全面铺开。

【9月23日】地测学院李建成荣获第六届中国青年科技奖。

【9月25日】土地科学学院受托研制的《深圳地图集》（中英文电子版和印刷版），通过鉴定。

【9月30日】测绘科大接受中国地图出版社捐赠人民币100万元设立“科教兴测绘奖学金基金”，用以奖励优秀学生，成立了该基金委员会和基金评审委员会。

【10月11日】测绘科大成立“空间数据基础设施技术培训中心”陈明兼任中心主任，龚健雅、边馥苓、张松波兼副主任。

【10月14—16日】“测绘专业教学问题国际学术讨论会”在测绘科大举行，59位中外测绘教育工作者出席，收到论文53篇。

【10月16日】国家卫星定位系统工程技术研究中心在汉成立，副校长刘经南为法人代表。

【10月24日】刘经南、宁津生、徐绍铨等30余位教师历时三年研制成“清江隔河岩大坝外观变形与高边坡GPS自动化监测系统”，逢长江流域特大洪水，实时、高精度监测数据为正确决策提供了宝贵的科学依据，使清江、长江洪峰错开，保住了大坝，避免了荆江河段分洪，受到党中央和国务院领导表扬。

【10月31日】中荷合作DSO项目（直接支持发展中国家培训机构项目）第二次专家咨询会议。

【11月2日】“全国甲级测绘单位领导干部培训班”在测绘科大开学。

【11月3—9日】日本东京大学佐藤洋平教授应邀来校讲学。测绘科大授予他名誉教授称号。

【11月5日】硕士生王甫红参加我国第15次南极考察队，去中山站建立我国GPS常年跟踪站。

【11月10日】科技部抗洪救灾表彰会，测绘科大获“全国科技界抗洪救灾先进集体”称号。

【11月13日】测绘科大摄影测量与遥感学科获国家教育部批准为全国高校第一批设特聘教授岗位的学科。决定该学科设置遥感地理信息工程和3S集成理论与应用研究两个特聘教授岗位。

【11月17日】湖北省委书记贾志杰一行考察测绘科大。

【11月25日】测绘科大组织专科升本科的大学物理、高等数学、大学英语等三门课程考试，39名专科生符合升入本科学习条件，转入本科专业学习。

【11月25日】测绘科大中荷合作DSO项目首次发放助学金，城市规划专业5名本科生每人获3千元助学金。该项目1998—2001年内资助我校城建学院城市规划专业本科生80人次、硕士生60人次。

【11月】测绘科大教师的18篇学术论文被国际三大检索系统：美国的《工程索引》

(EI)、《科学引文索引》(SCI)、《科技会议录》(ISTP) 引用，标志着测绘科大科技论文国际地位提高。

【12月4日】国家测绘局委托测绘科大从1998年起开展“国家空间数据基础设施”技术培训。

【12月8日】测绘科大评出1998年度优秀论文27篇（其中一等奖1篇，二等奖7篇，三等奖19篇)，特等奖：1995—1997年间被国际EI、SCI、ISTP检索的24篇。

【12月12日】测绘科大国家“863高科技发展计划”课题“航空对地观测应用软件集成”，国家测绘局专家鉴定达到国际先进水平。

【12月13日】测绘科大“适应于各类封闭型构筑物的剖面测量系统”，经国家测绘局专家鉴定，其精度性价比大大优于国外同类系统，已在多项测量工程中成功应用。

【12月13—15日】测绘科大庆祝名誉校长王之卓90华诞，召开“空间信息科学与技术国际学术讨论会（3S技术集成与应用）”，20多个国家和我国两岸三地的100多位学者到会，收到论文118篇，其中58篇分成6个专题讲座。

【12月14—15日】测绘科大庆祝王之卓90华诞、执教60周年，举办“影像信息科学的发展暨王之卓学术思想研讨会”，全国100多名专家，就大会主题“空间信息科学与应用”和王之卓学术思想进行了研讨。

【12月16日】测绘科大祝贺名誉校长、资深院士王之卓执教60周年暨90华诞，举办专场文艺晚会。

【12月22日】土地科学学院第三届地图学与GIS奖学金颁奖。一等奖1名，二等奖7名。

【12月23日】校长李德仁院士和名誉校长王之卓院士，在武汉欧美同学会成立大会上分别当选为会长和名誉会长。

【12月30日】测绘科大授予张良培等4人工学博士学位，授予利光私秘理学博士学位，授予5人工学硕士学位。

【12月】1998年录取各类成教新生858人，全年举办各类培训班19期，培训632人。

1999年

【1月8日】鄂栋臣主持“南极地区测绘与遥感应用研究”获国家科技进步二等奖。

【1月8日】测绘科大硕士生孙洪君，入选国家考察队首次徒步穿越雅鲁藏布大峡谷考察。

【1月25日】测绘科大研制的“地球空间数据交换格式”，国家测绘局确定为国家标准。

【1月】测绘科大研制的“三峡工程坝区测绘管理系统”国家测绘局专家鉴定在地理信息系统工程应用方面达到国际先进水平，已用于三峡工程测绘管理。

【1月】李建成、刘耀林入选国家第二批百千万人才工程。

【2月】龚健雅入选教育部“长江学者奖励计划”第一批特聘教授。

【2月】李德仁出任中国测绘学会第七届常务理事会理事长。

【3月10日】测绘科大建成图书馆“多媒体文献阅览室”。

【上旬】李德仁出席九届二次全国政协会议，提交两个提案。

【3月】教育部批准测绘科大“大地测量与测量工程”、“地图学与地理信息工程”两学科为我国第二批设置特聘教授。

【3月】测绘科大获“1998年度国家测绘科技进步奖”8个：一等奖2项：“新型卫星传感器图像在我国困难地区测图中的应用方法研究”（主持人：李德仁）、“分布式广域差分GPS实时定位系统方案研究”（主持人：陈俊勇、刘经南）；二等奖6项：“地球形状及外部重力场”、“遥感图像处理原理与方法”、“地面控制与施工工程一体化自动化系统研究”、“地图数据编辑工作站的研制”、“遥感图像处理的智能化实用系统和方法研究”、“智能化图形扫描输入系统”。

【4月5日】完成我国第15次南极科考任务测技科大师生返校——黄声享参与中山站国际横穿南极科考、霍东民考察南极内陆格罗芙山地、张小红在长城站完成国际联测凯旋。王南红建我国第一个南极GPS常年跟踪站、国际联测，与测绘科大首派2名后勤员在南极越冬。

【4月16日】测绘科大“第一期国家空间数据基础设施技术培训班”开课。

【4月21—23日】校长李德仁等6人赴泰国出席国际摄影测量与遥感学会“移动绘图科技系统国际学术会议”，提交学术论文6篇。

【4月29日】我国首家GPS产业“测绘科大泰通GPS技术产业化基地”一期工程在武汉兴建。法人代表、副校长刘经南介绍，该基地将在三年建成，总投资1.6亿元。

【4月】龚健雅、李建成入选“1998年度国家级有突出贡献的中青年专家”。

【4月】《测绘科大学报》1997—1998年共有50篇论文被EI（美国工程索引）数据库收录，检索比例达到31%。科技部中国科技论文统计分析数据库（CSTPC）统计，该刊1998年被引频次为131，影响因子达0.269，名列全国高校学报第二。

【5月4—21日】测绘科大举办第二期“全国甲级测绘单位领导干部培训班”，学员34名。

【5月24日—6月18日】教育部测绘科大“地理信息系统新技术及发展高研班”，学员41人。

【5月25日】测绘科大“湖改江工程”竣工启用，喝上了长江水。

【5月31日】测绘科大与郭晟合作，成立“武汉立得空间信息技术发展有限公司”。

【6月6日】测绘遥感信息工程国家重点实验室创新成果汇报暨建室十周年大会。

【6月8日】测绘科大网络中心实现校园网微波传输系统与华中网络中心互联运行。

【6月上旬】测绘科大授予黄声享先进工作者称号。黄声享准确导航，确保考察队驰骋南极冰盖两千公里安全无误、世界首次登上南极冰盖最高点作出贡献。

【6月14日】测绘科大授予1999年度工学博士学位5名、工学硕士89名、法学硕士3名。

【6月15日】1999年度学位授予仪式，校长李德仁向10名获得博士学位、97名获得硕士学位毕业生颁发了学位证书；1100余名毕业生获学士学位。

【6月17—22日】校长李德仁率代表团访问荷兰ITC，会谈项目有关问题，应邀作学

术报告。

【6 月 25 日】测绘科大表彰 38 名主动参军的毕业生。授予 76 名“优秀毕业生”称号。1999 届毕业本科生 1193 人、专科生 236 人、硕士生 102 人；赴 31 个省市区、13 个计划单列市、43 个国家部委 400 多个单位工作。

【6 月 23 日—7 月 2 日】校长李德仁院士 4 人从荷兰抵非洲津巴布韦访问，与哈拉雷理工学院签署校际合作协议，应邀作学术报告；参观了津巴布韦测绘局。

【6 月】测绘科大出版社《数字摄影测量学》（张祖勋、张剑清编著）；《春去春又回——地球上的周期性现象探密》（代敏编著），分别获“1999 年度全国优秀科技图书暨科技进步”三等奖。《测绘科大学报》获“全国优秀学报一等奖”。

【7 月 4 日】国家测绘局调整校领导人员：王观松任校党委副书记、党委常委，陈明任党委常委，免去甘宏度、鄂栋臣校领导职务。

【7 月 15 日】李清泉任校长助理。

【7 月 14—16 日】陈春明 2 人赴波兰“第二届国际南极大地测量研讨会”，提交论文 2 篇。

【7 月 18—29 日】刘经南等 6 人赴英国“国际大地测量与地球物理联合会（IUGG）第 22 届大会”，提交论文 5 篇。

【8 月 5 日】我国首次北极科考队鄂栋臣和台湾明新技术学院张瑞刚，利用便携式重力仪在北纬 73 度、西经 165 度浮冰上绝对重力测量成功，填补北冰洋无高精度绝对重力点空白，我国成为获北冰洋上绝对重力值的国家。

【8 月 14—21 日】黄仁涛等 3 人赴加拿大“国际地图制图协会（ICA）第 19 次大会”；其《深圳市地图集》获“杰出作品”奖。

【8 月 16—21 日】“中国地理信息系统协会第五届年会”，李德仁为该协会第二届理事会顾问，龚健雅为理事，边馥苓为教育与培训专业委员会主任，测绘科大国家重点实验室为理事会单位。吉奥之星作为国产地理信息系统主流软件，受用户青睐。

【9 月 7 日】测绘科大“211 工程”建设项目、建筑面积 8400m^2、造价 1600 万元、可同时容纳 1 万人就餐多功能现代化学生食堂投入使用。

【9 月 12 日】中国北极科考队副队长鄂栋臣完成我国首次北极考察回校。

【9 月 14—17 日】李德仁代表中国国家遥感中心，参加“联合国空间技术用于农业可持续发展国际研讨会”，作题为“遥感在粮食保障与安全中的作用”学术报告。

【9 月 18 日】李德仁与德国斯图加特大学校长马丁·施托雷尔签订校际合作协议。

【9 月 19 日】测绘科大吉奥公司改股份制高新技术企业——武汉吉奥工程技术有限公司，自占 60%股份，社会占 40%股份，李德仁任董事长。

【9 月 19 日】测绘科大与南京规划局签协议，共建“南京市城市规划管理信息系统”。

【9 月 20 日】李德仁校长获“1999 年度何梁何利奖”奖励证书和奖金 20 万元（港元）。

【10 月 1 日】测绘科大“自行 GPS 火炮系统”受军方称赞，建国 50 周年阅兵式中展示。

【10月6—14日】深圳“首届中国国际高新技术成果交易会”，测绘科大研制的可视电话，在20多种参展可视电话中成为热点。

【10月7—9日】“1999年全国城市规划管理现代化学术研讨会”在测绘科大召开，全国近50名专家与会，收到论文40余篇，大会报告15篇。

【10月12日】测绘科大与美国俄勒冈州立大学签订校际合作协议。

【10月】龚健雅获国家人事部“优秀专业技术人员一等功”奖励。

【11月1日】我国第16次南极考察，测绘科大3人乘“雪龙号”赴中山站，1人另赴长城站。

【11月1日】首任院长夏坚白像印成中科院建院50周年院士邮票，收进《院士珍藏纪念邮册》。

【11月5日】“1999年全国GIS软件测评新闻发布会”，测绘科大“吉奥之星系列软件”多性能优于国外同类软件，被科技部推荐。

【11月上旬】测绘科大启动教学楼群联体工程，新增教室、实验室面积11200m²，可基本满足学校教学需要。

【11月18—27日】李德仁等16人赴香港出席“第20届亚洲遥感教育会议”；提交论文9篇，江万寿、朱宜萱《高精度古建筑正射影像的制作》获最佳论文奖。

【11月10—20日】测绘科大获“1999年联想杯中华青年遥感辩论会”团体冠军，其中一辩队员、在职博士生张目获“优秀辩论员”、“文采奖”、“风度奖”3项单项奖。两岸三地10队参赛，8名专家评委会5名是中国科学院院士。

【11月20日】测绘科大刘经南当选为中国工程院院士。

【11月29日—12月2日】“首届数字地球国际会议”在京召开。李德仁任会议指导委员会成员，参与“数字地球北京宣言”撰稿，与龚健雅分别作学术报告；测绘科大“全数字化自动测图系统”、“地理信息系统软件吉奥之星”参加成果展览。

【11月】李德仁当选为欧亚科学院院士。教育部批准，测绘科大聘任潘和平、江斌分别为摄影测量与遥感学科、地图学与地理信息工程学科的特聘教授。

【12月5日】“吉奥杯GIS系统软件设计大赛”，吉奥公司无偿赠送一批有完全自主版权国产GIS软件给测绘科大。董事长李德仁阐述国产GIS软件意义，希望中国软件占领世界市场。

【12月6日】中国工程院院长、主席团执行主席宋健电贺刘经南入选为中国工程院院士。

【12月上旬】1999年本科生毕业1190名，考取研究生87人，1033人落实就业单位，一次到位率95%以上。

【12月6日】测绘科大制订“关于加快我校高新技术产业发展、深化校办企业管理体制改革的意见”，1999年是建校以来成立高新技术企业最多的一年，校办产业年收入居湖北省高校前两名。

【12月16日】“王之卓创新人才奖”首次颁奖。获奖者9名：研究生6人，本科生3人。

【12月25日】信息产业部专家鉴定测绘科大“可视电话”，是我国第一个有自主知

识产权高性能可视电话，改变了我国在该领域受制于人的现状，填补了国内空白；建议支持其产业化。

【12月27日】测绘科大与洪山洪美房地产公司签订预购“桂子花园”住宅协议，出台优惠政策，支持教工购该小区住房。

【12月】关泽群博士论文《商空间下的遥感图像分析理论探讨》获“首届全国优秀博士学位论文奖”，指导教师李德仁获“优秀博士学位论文指导教师奖”。

【12月】胡瑞敏荣获“湖北省优秀青年科技工作者”称号。

【12月】龚健雅主持研制成功“土地变更信息管理系统”，为科学管理合理利用土地提供准确可靠资料，大大提高了工作效率。

【12月】测绘科大3成果获1999年度国家科技进步奖，二等奖：李德仁主持的“GPS航空测量技术”、张祖勋主持的“Virtuozo数字摄影测量系统”；三等奖：於宗俦、鲁林成主编的《测量平差基础》（第三版）。

【12月27—28日】测绘科大举办“从影像信息到数字地球”国际学术会议，国内外70人与会，提交论文16篇。

【12月30日】国家计委批复国家测绘局、教育部联合《关于申请武汉测绘科技大学“211工程”正式立项的函》，同意测绘科大为“211工程”立项院校，从“九五”期间开始建设。测绘科大“211工程”正式列入国家重点“211工程”。

2000年1月至7月

【1月3日】国家测绘局决定李清泉任测绘科大副校长、党委常委。

【1月10日】测绘科大与清江水电开发公司签协议建立“高坝州大坝外观变形GPS监测系统”。

【1月15日】测绘科大评选出4门课程为第5批一类课程，6个教研室为优良教风教研室。

【1月】国家测绘局批准测绘科大设立“精密工程测量与测量机器人”、“数字制图与国土信息应用工程”、“测试计量技术与通信工程”等3个部级重点实验室及其学术委员会名单，刘经南、高俊、刘先琳三院士分别任各学术委员会主任委员。

【2月】测绘科大6种教材获第四届全国高校优秀测绘教材奖；一等奖2种：《摄影测量学》（朱肇光、孙护等），《控制网测量平差》（吴俊昶、刘大杰等）；三等奖4种：《地籍测量》（钟宝琪、湛作霖等），《遥感应用技术》（仇肇悦、李军等），《控制测量学》（上下）（孔祥元、梅是义），《GPS测量原理及应用》（徐绍铨、张华海等）。

【2月】土地科学学院郭庆胜获“1999年度湖北省有突出贡献中青年专家”称号。

【2月26—27日】测绘科大2000年毕业生供需洽谈会，全国123个用人单位213名代表到会，签订就业协议320余项，接待校内外毕业生3800余人。

【2月】测绘科大建成多媒体教室，由传统课堂教学向计算机辅助教学模式转变。图书馆建成“电子文献检索室”，与“多媒体阅览室”开通使用。

【3月6日】测绘科大3名教师荣获教育部霍英东教育基金：朱庆“三维可视化地理

信息系统”获得青年教师基金资助；袁修孝、王泽民分别获得该基金会研究类二等奖和教学类三等奖。

【3月21—23日】吉奥公司开发的“GeoImager遥感图像处理系统”全面通过国家测绘局“基于卫星遥感影像的DOM生产软件”测试和验收。

【3月下旬】测绘科大4项成果获湖北省《梁亮胜侨界科技奖励基金》奖；其中李德仁再次获一等奖，於宗俦获二等奖。朱宜宣、舒宁分别获三等奖。

【4月上旬】测绘科大参与研制成功的武汉电子地图“武汉百事通”出版发行。

【4月7—8日】国家有关部委专家组新一轮评估测绘遥感信息工程国家重点实验室：听取了实验室主任李德仁报告及研究人员3场学术报告，检查、审阅、参观实验室12年工作，认为均取得重大进展。

【4月8日】测绘科大参加我国第16次南极考察5名队员：地测学院教师操华胜、丁士俊、彭文均，硕士生程晓，炊事员夏荣俊胜利返校。

【4月17日】测绘科大GPS工程研究中心、天任公司研制的“装甲侦察情报处理车定位系统”通过验收，一致认为该系统符合要求，同意交付使用。副校长刘经南院士表示，测绘科大要积极拓宽GPS技术在军事领域应用范围，为国防多作贡献。

【4月28日】胡瑞敏教授荣获“武汉劳动模范”称号。

【4月30日】信息学院院长边馥苓荣获“湖北省劳动模范”称号。

【5月9日】“测绘科大国防应用研究所”成立。顾问：李德仁、宁津生、刘经南，所长：李清泉，副所长：王新洲、郑晗。

【5月16日】在“武汉经济技术开发区成立9周年庆祝会”上，测绘科大多媒体研究所研制、武汉生产的可视电话问世，吸引了众多的参观者，可用于网络电子商务、远程教育、远程医疗、移动办公等业务，市场前景广阔。

【5月】测绘科大11项科研成果获1999年度国家测绘科技进步奖：一等奖1项、二等9项、三等奖1项。此外，还有6项成果的主要完成人中有测绘科大科技人员。

【5月31日】测绘科大校长李德仁院士被聘为“武汉·中国光谷”首席科学家”，湖北省委副书记、武汉市委书记罗清泉为李院士颁发了聘书。

【6月1日】测绘科大制订“测绘遥感信息工程国家重点实验室访问学者基金管理实施细则”。

【6月初】由李德仁校长主持、土地科学学院承担的“地理信息系统专业建设的研究与实践”通过由中国地大校长赵鹏大院士、解放军信息大学测绘学院院长高俊院士等知名专家组成的湖北省教育厅项目鉴定委员会项目鉴定。

【6月10日】校长李德仁授予荷兰代尔夫特技术大学大地测量专家彼得·特尼森为名誉教授。

【6月中旬】测绘科大与武汉大学、武汉水利电力大学、湖北医科大学统一以“新武汉大学”的名义招收2000级新生，其中测绘学科计划招生2000人，招20个本科专业，不招专科生，是我校历年来招生人数最多的一次，录取时四校分别单独录取。

【6月中旬】测绘科大对教师被收录进SIC、CITA、EL和ISI'P检索系统的论文22篇视收录情况分别给予一等奖5000元、二等奖3000元、三等奖2000元奖励，其中一等奖2

篇、二等奖 4 篇、三等奖 16 篇。

【6 月 21 日】测绘科大 21 名优秀大学生获得“科教兴测绘奖学金”每人 2500 元奖金，其中本科生 18 名、硕士生 2 名、博士生 1 名。

【6 月】龚健雅任总工程师的武汉吉奥公司吉奥之星基础软件（Ceoseur）、遥感图像处理软件等在国家科技部“2000 年国产 GIS 软件测评”得到专家们的赞誉。

【6 月 27 日】测绘科大授予 4 人工学博士学位、1 人理学博士学位、125 人工学硕士学位、3 人理学硕士学位、4 人法学硕士学位、1200 余名本科毕业生学士学位。

【6 月 28 日】2000 届毕业典礼，本专科毕业生 1538 人，研究生 167 人。

【6 月 29 日】测绘科大森泓教师奖和森氏助学金颁发，森氏教育基金会向测绘科大一次性发放奖励金和助学金 106 万元，用于奖励优秀师生、资助贫困师生以及制作光盘《测绘教育之都》。教师奖 157 人。

【6 月 30 日】中国工程院考察团一行 20 余名院士，在朱高峰副院长率领下来校考察。

【7 月 3 日】测绘科大党委常委会议，就测绘科大学科与武大三校合并后的学科设置和布局认真讨论，提出初步设想，作为对新武大的建议。

【7 月 15 日】测绘科大与武汉长江通信产业集团共同组建“武汉空间信息与网络通信技术研究开发中心”，副校长李清泉任中心主任，校长李德仁院士任中心学术委员会主任。

【7 月 17 日】“测绘科大中法国际遥感培训中心”在测绘遥感信息工程国家重点实验室建立，该中心名誉主任李德仁、主任龚健雅、副主任张松波、许妙忠。

【7 月】测绘科大研制的“GIS 平台软件吉奥之星的完善与产业化项目”通过以中国地大赵鹏大院士为首专家组的论证，专家组一致推荐该项目申报“国务院科技中小企业技术创新基金”，予以立项，为国家 GIS 产业作出积极贡献。

【8 月初】测绘科大的武汉吉奥公司科技园 GIS 科学国际培训中心、武汉立得公司和武汉瑞风公司等三家高科技公司，在武汉经济开发区高科技工业园举行奠基仪式。

第十三章　武汉大学测绘学科（2000.08—2016.07）

2000 年 8 月至 12 月

【8 月 2 日】教育部领导在武汉大学正式宣布，测绘科大与武汉大学、武汉水利电力大学、湖北医科大学等四所大学强强联合组成新的武汉大学，测绘科大建制取消，迈向新征程。

【9 月 14 日】科技部发布 2000 年国家重点实验室评估结果，我校测绘遥感信息工程国家重点实验室被评为优秀实验室，在参评的 28 个地学实验室中名列第 4。

【9 月】由李德仁、龚建雅主持科技部、国家测绘局“九五重中之重科技攻关项目”——“GIS 基础软件研究开发商品化”，分别通过国家测绘局和科技部的验收。

【10 月 11 日】胡瑞敏获第三届“武汉青年科技创新奖”。

【10 月 18 日】我校孙和利、周春霞、李世雄参加中国第 17 次南极考察。博士生周春霞是 1984 年以来湖北省参加国家南极科考的第一位女队员。

【11 月 2—10 日】“全国测绘系统局级干部行政管理与法制培训班”在我校举办，国家测绘局局长陈邦柱等出席开学典礼。

【11 月 21—30 日】受国家测绘局委托，测绘遥感信息工程国家重点实验室举办“4D 产品生产和应用技术培训班”，40 余名学员来自全国测绘行业。

【11 月 28 日】科技部副部长、测绘遥感信息工程国家重点实验室学术委员会主任委员徐冠华院士，主持召开该实验室第二届第五次全体学术委员会议。

【12 月 8 日】我校新增“地球空间环境与大地测量”为教育部重点实验室，举行授牌仪式。

【12 月 16 日】第二届王之卓创新人才奖项颁奖，2000 年 16 人获奖，其中一等奖 3 名，奖金各 8 千元；二等奖 2 名，奖金各 5 千元；三等奖 8 名，奖金各 3 千元。

【2000 年】宁津生、李德仁、陈俊勇、刘经南、高俊等 5 院士及张祖勋、陶本藻等我国测绘学科权威学者为大一新生开设基础课程——《测绘学概论》，引领新生进入科学殿堂。

2001 年

【1 月】由原武大环境科学与工程系、原武汉水利电力大学环境工程专业、原测绘科大土地科学学院组建新武大资源与环境科学学院。

【1 月】原测绘科大印刷工程学院与原武大新闻学院合并组建新的武汉大学新闻与传播学院。

【2 月 19 日】中共中央、国务院在京隆重召开科学技术奖励大会。我校测绘学科陈俊勇、刘经南院士等完成的国家测绘局"八五"重点攻关项目"国家高精度 GPS 网布测技术方案、实施技术和数据处理的研究"获"2000 年度国家科技进步二等奖"。

【2 月 20 日】2001 年度湖北省高等学校省级教学成果奖揭晓。其中我校测绘学科方面：由李德仁、刘耀林等完成的"地理信息系统专业建设的研究与实践"和由张正禄、黄全义等完成的"地面测量工程计算机辅助教学实习改造"等 2 项分别获一等奖；由万晓霞、甘朝华等完成"印刷专业技术基础课多媒体辅助教学方法的研究"获二等奖。

【2 月 21 日】荷兰国际航天测量与地学学院（ITC）校长 Martien Molenaar 教授一行访问我校，并签署了校际合作备忘录。中荷 DSO 项目执行单位为我校和荷兰 ITC。该项目根据 1986 年中荷两国政府合作协定启动，分三期进行。荷兰已投入合作研究经费 1000 多万荷兰盾，约合人民币 5000 万元，用于改善实验条件、培训师资和聘请专家。经过前两期的合作，我校城建学院在学科建设和师资力量等方面都得到了很大的发展。DSO 项目临近尾声，ITC 表示愿意与我校继续开展合作。此次 ITC 新任校长来访，与我校签订合作备忘录，将有力推动两校在地理信息学、城市规划和土地管理、地理信息管理、自然资源管理、地球资源和环境科学、水资源和环境管理领域的交流。

【2 月】我校遥感信息工程学院袁修孝教授，被选为"湖北省首届优秀科技工作者"。

【4 月】我校在原印刷教研室和电子出版教研室基础上，组建新闻与传播学院印刷与传播系；在原包装教研室的基础上组建新闻与传播学院包装设计系。

【4 月 19—21 日】24 位中国工程院院士来校考察现代测绘技术和电子信息的新发展及其应用成果，与我校有关专家深入交流与研讨。

【4 月 21—25 日】我校资源与环境科学学院成功主办"第七届海峡两岸环境保护学术研讨会"，参会学者 297 人，其中境外人士 182 名，收到论文 338 篇。

【5 月 17—20 日】应国家测绘局邀请，越南测绘代表团一行 6 人来我校访问；参观了测绘遥感信息工程国家重点实验室、遥感信息工程学院、GPS 研究中心和测绘学院；惊叹中国在测绘科学领域的世界一流地位，表示要保持联系，学习我校在摄影测量、GPS 应用于城市交通、灾害监测等领域的先进技术。

【5 月 21—27 日】我校学术委员会主任李德仁院士赴泰国出席国际学术会议。

【6 月 20 日】2000 年度湖北省科技奖励大会在洪山礼堂隆重举行，我校 34 项科技成果受表彰。其中，遥感信息工程学院冯文灏、罗乖林等完成的"特大型军用运输机外形的结构光工程测量"，获 2000 年度湖北省科技进步一等奖。

【6 月 22 日—7 月 2 日】李德仁院士赴加拿大、美国，出席国际学术会议。

【7月16日】《教育部、国务院学位委员会关于批准2001年全国优秀博士学位论文的决定》发布，其中测绘遥感信息工程国家重点实验室袁修孝《GPS辅助空中三角测量及其质量控制》，入选全国优秀博士学位论文。这是李德仁院士指导的博士论文第二次入选全国百篇优秀博士学位论文。

【7月】教育部批准，遥感信息工程学院申报的新型跨学科特点本科新专业"遥感科学与技术"，面向全国招生。

【8月】我校资源与环境学院编制的《深圳市挂图》，在"第20届国际制图大会"获奖。

【9月3日】胡瑞敏教授获第七届中国青年科技奖。

【9月16日】副校长李清泉教授主持完成的测绘科技发展基金项目"三维目标信息实时获取与模型化研究"通过国家测绘局验收。该项目技术开发产品"LD激光自动测量系统"同时通过鉴定：安装简便，运行稳定可靠，测量速度快，自动化程度高。具有良好的应用前景，可取得显著的经济效益。

【9月23—25日】瑞士联邦材料检验与研究所所长Dr. Kurt Schlaepfer教授、该所传播工程部副主任Markus Daetwylr先生来访讲学。讲学内容为印刷工业领域的数据交换、数字工作流程中的质量控制、色彩管理、数字加网等。

【9月26日】我校吉奥公司申报的"地理信息系统基础软件——吉奥之星"被国家信息产业部评为"2001年信息产业重大技术发明"。

【10月7日】荷兰国际航天测量与地学学院院长及荷兰驻华使馆代表与我校签订联合培养理学硕士生协议。

【10月11日】我校与广东省南海市政府达成共建"数字南海"项目协议。双方将在"数字南海"这一总体框架下，开展多层次、多渠道、多方位的合作。包括建立南海市空间基础信息平台，利用空间数据管理分析能力及遥感、多媒体、GPS、CIS等高新技术，完成"城市高速宽带网"、"市政设施综合管理系统"等一系列软件硬件设施建设。还继续加强与南海市国土资源管理局的合作，对"田地资源管理系统"进行改造升级。

【10月16—19日】我校成功举办"城市地理信息系统国际学术研讨会"，该领域108名学者到会，其中国外26名；收到论文73篇。

【10月】遥感信息工程学院建立MODIS卫星遥感数据地面接收站，投入运行。

【11月11日】江泽民主席在广东考察南海市信息化建设，对我校边馥苓教授带领十多名青年教师和研究生经过两年的艰苦攻关，独立完成的南海市国土信息管理系统，给予好评。

【11月11日】参加第18次南极科考的我校4名队员赴沪，乘"雪龙号"远征南极。

【11月】在科技部优秀软件测评中，我校资环学院"Atlas GIS"软件被评为优秀软件，是此次测评全国高校中唯一的优秀软件。

【11月17—18日】香港印艺学会公关总监林和安来访讲学，内容为大中华印艺网的创建与发展。

【11月】我校4个测绘科技发展基金项目：鄂栋臣负责的"北极考察测绘保证和冰态环境变化以及绝对重力点建立"、计算机学院陈珉负责的"GIS的主动机制和模型研究"、

遥感信息工程学院贾永红负责的“多源遥感影像数据融合方法及其应用研究”、测绘遥感信息工程国家重点实验室夏林元负责的“GPS 抗多路径效应的方法研究”，分别通过国家测绘局专家验收会验收。一致认为，这些项目均完成了合同规定的各项任务，达到了预定技术指标，验收考核为优秀。

【12 月】由李德仁、龚健雅主持完成的“自主版权国产 GIS 基础软件吉奥之星的研制与工程应用”荣获 2001 年度国家科技进步二等奖；由卢健完成的“BBL-501 型步兵侦察雷达便携式可视化智能终端”荣获 2001 年度军队科技进步奖二等奖；李德仁、关泽群等完成的“遥感、地理信息系统与全球定位集成的理论与关键技术”荣获 2001 年度湖北省自然科学奖三等奖；由舒宁、潘斌等完成的“RS 与 CIS 实用一体化微机系统”荣获 2001 年度湖北省科技进步二等奖；由王桥、毋河海完成“地图信息的分形描述与自动综合研究”获 2001 年度湖北省科技进步三等奖。

【2001 年】我校测绘遥感信息工程国家重点实验室科研攻关项目“国产 CIS 基础软件吉奥之星的研制与工程应用”获 2001 年国家科学技术奖励二等奖；“地理信息系统基础软件吉奥之星”，获 2001 年国家信息产业部信息产业终端技术发明奖。资环学院教学研究项目——“地理信息系统专业的建设与改造”获国家优秀教学成果二等奖。

2002 年

【1 月】鄂栋臣获“湖北省科普先进工作者”称号。

【1 月 7 日】中共湖北省委书记俞正声在测绘遥感信息工程国家重点实验室，先后与李德仁、刘经南二位院士交谈。在了解“Vistuozo 全数字测图软件”和数码城市应用开发技术后，俞正声强调，高校科技的发展前途远大，政府决策要充分利用高校科技成果。

【1 月 16 日】我校遥感信息工程学院、测绘学院、资源与环境科学学院、城市建设学院等学院实验中心共多个实验室，湖北省教育厅评估为合格实验室，获得申报教育部评估验收和全国基础课实验室示范中心资格。

【1 月】教育部教研函［2002］2 号文件确定全国高校重点学科，我校测绘学科中除“摄影测量与遥感”继续被确定为全国重点学科外，“大地测量学与测量工程”、“地图学与地理信息系统”同时被确定为全国重点学科。

【2 月 1 日】李德仁院士主持的“自主版权国产 CIS 基础软件吉奥之星的研制与工程应用”获“2001 年度国家科学技术进步二等奖”，出席人民大会堂“国家科学技术奖励大会”。

【2 月】我校参与完成的“新一代国家大地测量控制网布设的可行性方案研究”在北京通过了专家验收。陈俊勇、宁津生等 10 位专家验收委员会认为，该项目有一定创新性，切实可行，对制定我国大地测量发展规划有重要的参考价值，建议主管部门完善研究成果组织实施。

【3 月 19 日】我校历经两年建成“互联网南极地理信息系统”，迈开建“数字南极”第一步。

【3 月】丹麦测绘局地球动力学部负责人 Rene Forsberg 先生应邀来我校测绘学院讲

学，题目是“空间、机载、地表数据用力重力场确定”。

【4月】我校“九五”、“211工程”重点建设项目“印刷工程学科”，国家评估验收为“优秀”。

【4月9—10日】由南开大学毋国光院士任组长，许厚泽院士、高俊院士等7人组成的教育部专家组，对我校“211工程”建设项目（原测绘科大部分）进行了评估验收。副校长刘经南介绍“九五”“211工程”全面完成了建设任务，测绘学科成为在国际上有较大影响力和知名度的优势学科：获得国家科技进步一等奖1项、二等奖5项、三等奖2项，国家优秀教学成果一等奖1项等各种奖励；在促进经济建设、国防建设和社会可持续发展方面发挥了重要作用。专家组考察了“211工程”建设成果展览和各建设项目，分组座谈和项目评议，给予高度评价，认为建设任务完成情况良好，学科建设迈上了新台阶。

【4月10日】“211工程”一期建设项目“地图制图学与地理信息工程”以优异建设成果通过验收，“211工程”二期建设项目“地理信息科学与资源环境”立项可行性报告通过了专家论证。

【5月18日】中国科学院资深院士、中国测绘教育事业奠基人之一、原测绘科大名誉校长、武大教授王之卓逝世，享年93岁。5月22日，省委书记俞正声等各级领导和各界人士近千人参加了王之卓院士遗体告别仪式。

【5月20—22日】测绘学院举办“工程和局部地壳形变监测新技术国际学术研讨会”，与会学者90名，其中外国学者23名，收到论文70篇。

【5月27日】我校李德仁、刘耀林等完成的“地理信息系统专业建设的研究与实践”，张正禄、黄全义等完成的“地面测量工程计算机辅助教学实习改造”，分别获得“2001年度国家优秀教学成果二等奖”。

【5月27日】台湾南华大学管理学院院长王禄旺教授一行来印刷与传播系访问交流。

【5月】我校测绘专家参与国家测绘局组织实施的“国家高精度水准网动态平差”一项成果表明，近50年我国大陆陆地垂直运动的总趋势为；南部相对上升，北部相对下降；东部变幅较小，西部变幅较大。此成果为我国国民经济建设、环境保护、防灾减灾和地球科学研究等提供了精确可靠的基础地理信息。

【5月25日—6月7日】李德仁、张祖勋等赴俄圣彼得堡出席国际“INTERCARTO-8CIS区域可持续发展”科学大会，李德仁作了题为“Geostar与中国空间数据基础设施”大会报告。闭幕式上，大会向杰出贡献科学家颁纪念奖品，李德仁院士获此殊荣。

【5月】印刷与传播系成功承办了“全国印刷工程教学指导委员会分会第三次会议”。王永宁为该分委员会副主任委员，朱元泓为委员。

【6月初】我校2000—2001学年度科教兴测绘奖学金颁奖：20名优秀学生每人获得奖学金3000元。

【6月12日】叶雪安大地测量奖励基金2000年度颁奖大会，22人获奖，其中一等奖5人，二等奖17人。

【6月上、中旬】我校中国南极研究中心主任鄂栋臣，是国际南极研究科学委员会中国常设代表，应国际制图协会原主席、加拿大卡里顿大学泰勒教授邀请，赴加拿大渥太华参加“国际南极互联网赛博地图研讨会”。我校“建立南极互联网CIS和赛博地图研究”

处国际先进水平，在国际合作项目“基于网络系统的南极洲赛博地图集”占重要地位，故被首选为设立网络节点国家。

【6 月 16 日】我校李建成、胡瑞敏入选第五届“中国优秀青年科技创新奖”百位获奖者名单。李德仁院士获中国侨联“科技进步带头人”称号。

【6 月】包装工程教育学会成立，印刷与传播系万晓霞任副秘书长、陈瑛任常务理事。

【8 月 4 日】我校成立“夏坚白测绘事业创业奖励基金第一届管理委员会，推选副校长刘经南为主任委员；讨论制订了该奖励基金管理章程和实施细则以及《奖励基金管理委员会职责》、《奖励基金提名委员会职责》、《奖励基金评审委员会职责》等。

【8 月】第三届“中国青年遥感辩论会”在杭州举行，我校遥感信息工程学院与测绘遥感信息工程国家重点实验室联合代表队获得冠军。

【9 月 8—13 日】我校与美国俄亥俄州立大学、我国台湾“交通大学”和国际大地测量协会卫星测高工作组联合举办“卫星测高国际学术会议”。来自美国、英国、法国、荷兰等 20 多个国家及地区 60 多位专家与会；副校长刘经南任本次大会副主席，测绘学院院长李建主持开幕式。

【9 月 13 日】由我校中国南极测绘研究中心绘制的世界上第一张南极内陆地形图《南极格罗夫山地形图》出版发行。格罗夫山地形复杂，是东南极极少尚未有任何国家考察的地区之一。该地形图为我国在此建科考站、考察打下坚实基础，对南极乃至地球地理结构研究是重大突破。

【9 月 16—18 日】我校作为全国测绘工程硕士培养工作牵头单位，召开了第二届全国“测绘工程硕士培养工作研讨会”，12 所有此授予权高校的代表、测绘局有关负责人与会；根据全国工程硕士教育指导委员会要求成立了“测绘工程”领域工程硕士培养工作协作组。

【9 月】印刷与传播系与美国爱色丽公司，共同召开“印刷色彩管理及质量研讨会”。

【9 月 29 日】《教育部关于聘任第五届教育部科学技术委员会委员的通知》发布，我校刘经南院士入选“第五届教育部科学技术委员会委员名单”，学科：大地测量。

【10 月 9 日】《教育部、国务院学位委员会关于批准 2002 年全国优秀博士学位论文的决定》发布，其中，在李德仁院士指导下，测绘遥感信息工程国家重点实验室吴华意的《拟三角网数据结构及其算法研究》入选全国优秀博士学位论文。这是李德仁指导的博士论文第三次入选全国百篇优秀博士学位论文。

【10 月 17 日】鄂栋臣荣获“2002 年度何梁何利基金科学与技术进步奖”，出席了在北京钓鱼台国宾馆召开的颁奖典礼。

【10 月 18 日】1300 名校友欢聚测绘学院建院 45 周年庆典，社会捐款助学达 300 多万元。

【10 月 26 日】我校副校长刘经南院士等参加“中国资源二号”卫星发射观礼团，观看了该卫星发射。我校参与了“中国资源二号”卫星整流罩的测温测湿和地面数据分发研制工作，是此次观礼活动唯一被邀请的地方单位。

【10 月 26 日】测绘学院从 45 周年院庆捐款中划拨 100 万元充实夏坚白测绘创业奖励基金。

【11 月 4—5 日】由我校中国南极测绘研究中心和测绘遥感信息工程国家重点实验室共同承办的“中国南极互联网 CIS 研讨会”在我校召开，探讨如何利用互联网及 CIS 技术更好地为极地科考服务，同时为各相关学科的建设提供一个基础平台。

【11 月 12 日】教育部公布《2002 年全国普通高等学校优秀教材获奖书目》，我校遥感信息工程学院李志林、朱庆著《数字高程模型》一书荣获 2002 年度全国普通高等学校优秀教材二等奖。

【11 月 20 日】我国第 19 次南极科考队出征，我校中国南极测绘研究中心共派 7 名队员。

【11 月】我校中国南极测绘研究中心主任鄂栋臣负责的“九五”测绘科技重点项目“南极冰貌环境变迁与海平面变化和南极动力大地测量研究”通过国家测绘局专家验收。该项目可在无人冰貌环境中有效地提取动态信息、高精度处理数据方法及分析系统，在国际上率先建立了南极互联网地理信息系统。

【2002 年】我校资环学院院长刘耀林入选 2002 年教育部跨世纪人才。

【11 月 18—23 日】以李德仁院士为团长的中国代表团赴意大利出席“第 16 届国际对地观测委员会 CEOS 大会”。共有美国、俄罗斯、德国、中国、印度等国家的 76 位代表与会。

李德仁发言中系统介绍了中国开展 NRSCC 取得的成就，提出 WCISS（CEOS 信息系统和服务工作组）向中国提供三峡库区和北方沙尘暴地区卫星数据信息资源共享的要求，他的发言受到与会专家学者的重视和肯定。在 CEOS“对地观测用于可持续发展”高级研讨会上，李德仁院士与各国学者进行了学术交流。

【11 月 21 日】原武汉测绘学院院长、国家三级教授、我国测绘高教事业主要开拓者之一、著名测量学家、教育家、中国共产党优秀党员纪增觉，因病医治无效在南京逝世，享年 88 岁。

【11 月】受国家教育部委托，测绘遥感信息工程国家重点实验室，举办“数字城市”高级研讨班。40 名各高校相关学科的学术带头人或学科骨干，相关政府机关、科研机构、企事业单位的研究人员或高级管理人员参加研讨班的学习。由相关领域 6 位院士、10 位教授为学员授课。

【12 月】我校遥感信息工程学院教授、博士生导师、空间信息与数字工程研究中心主任边馥苓，荣获“湖北省职工职业道德十佳标兵”称号。

该“双十佳”评选活动是由省委宣传部、省企业工会、省经贸委、省文明办、省工会等六家单位联合主办的。

【12 月】印刷与传播系、包装设计系教师本年度共出版学术专著 4 部，发表学术论文 46 篇（其中在核心期刊上发表 30 篇）。

2003 年

【1 月 24 日】校学术委员会主任委员李德仁院士，出席美国“第 15 届电子成像科学技术”和“国际光学工程学会（SPIE）第 15 届年会”，作了“三维室内预排的新型可见

性算法”学术报告。

【2月】我校测绘学院院长李建成，赴德国地学研究中心合作研究1年。该院郭际明、尹晖、郭俊义3教授，以高级访问学者身份赴加拿大、德国合作科研。

【2月】我校资环学院学生社团“绿舟环保协会”，在联合国全球青年环境社团网络“关爱网”正式注册，成为国内唯一在联合国网络注册的环保组织。

【2月】“国家海洋勘测专项学术交流暨总结会”在京举行，国家有关部委、中科院及高校专家等近2000人出席了会议。我校资环学院承担的海洋勘测专项（HY126）项目在此次会上获得了表彰。

【3月1日】中国第19次南极科考队员、我校硕士研究生艾松涛，测绘出南极长城站最新站区图，并完成其他任务后顺利返校。

【4月18—26日】我校学术委员会主任委员李德仁院士，赴美国出席“用于国防与安全的技术与系统”为主题的“Aero Sense2003年度国际学术大会”，作了题为“基于双向随机马尔可夫场SAR图像分割方法”的学术报告。

【5月】“九五”、“211工程”重点项目——印刷工程学科大型实验设备引进全部完成、安装调试。

【6月2—7日】受国家科技部委派，我校李德仁院士率国家遥感中心代表团一行4人赴法国巴黎，参加在联合国教科文组织总部召开的“第11届一体化全球观测战略伙伴关系大会”；并任下一届（第12届）联合会主席。

【6月30日—7月11日】我校测绘学院许才军、张小红、罗佳、姜卫平、李志才（博士生）组团赴日本，参加“国际大地测量和地球物理学联合会（IUCGG）2003大会”，分别作口头报告。

【7月14日】2002年度湖北省科学技术奖励大会隆重举行。我校两院院士李德仁获得唯一的湖北省最高科技奖项——“湖北省科学技术突出贡献奖”。中央政治局委员、湖北省委书记俞正声给李德仁院士颁发了证书和50万元奖金。此次获奖优秀成果中，资源与环境学院胡鹏主持的“地图代数研究”获湖北省自然科学三等奖；测绘学院吴栋才主持的“武汉长江二桥变形监测研究”荣获湖北省科技进步奖三等奖。

【7月22日】中组部、教育部在我校干部教师大会上宣布：刘经南院士任武汉大学校长（副部长级）。

【7月】我校“摄影测量与遥感”国家重点学科建设，通过教育部验收。

【8月】鄂栋臣等，赴西班牙参加“国际光学工程协会遥感论坛”、赴乌克兰参加“第五次国际南极大地测量研讨会”。

【8月】我校测绘学科13项成果获“2003年度国家测绘进步奖”，其中一等奖4项，二等奖3项，三等奖6项。

【9月18日】由我校与瑞士徕卡测量系统公司合作建立“GPS多功能站”揭幕仪式在测绘学院举行。

【9月】宁津生院士等10人，赴台湾参加由我校和我国台湾交通大学合办的“海峡两岸重力及水准面研讨会”。

【10月16—18日】由我校在武汉科技会展中心主办“2003年亚洲地理信息系统年会

暨第三届3S技术国际研讨会"，14个国家和地区近百名专家学者与会。李德仁院士主持会议，介绍了我校地理信息系统现状、发展前景及取得成就。与会专家学者围绕地理信息系统理论与方法、全球或区域资源与环境监测及国际合作等15个议题，展开讨论，举行多场专题报告会。

【10月18日】"第五届亚洲GIS大会"在我校召开，会上成立了亚洲GIS协会。150位来自日本、韩国、泰国、马来西亚、新加坡、伊朗以及中国大陆、港、澳、台地区的代表，一致推选我校李德仁院士为协会首届主席。该协会成立，将推动亚洲乃至世界GIS技术发展和在社会可持续发展中的应用。

【10月23日】科技部部长徐冠华、校党委书记顾海良，为立在测绘遥感信息工程国家重点实验室大厅内的"王之卓院士铜像"揭幕。

【10月24日】由于2001年王之卓、陈述彭等14位院士，联名建议我国设置"遥感科学与技术"一级学科，国家组织专家来我校对该学科进行了论证。原国家教委科技委员会常务副主任、清华大学吴佑寿院士任专家组组长，我校李德仁院士、张祖勋教授为专家组成员与会。李德仁作关于增设"遥感科学与技术"一级学科的论证报告。与会专家审阅论证报告、充分讨论论证，一致建议国务院学位委员会尽快增设"遥感科学与技术"一级学科。

【10月】我校遥感信息学院贾永红教授主讲的《数字图像处理》课，被评为国家级精品课程。资环学院承担的科研项目"深圳市宝安区土地定级与基准地价估价及综合地价测算信息系统"，获国土资源部科技进步奖二等奖。

【10月28日】我校测绘学院博士生张小红参加中国第20次南极科考队，执行我国首次与澳大利亚联合编队合作南极埃默里冰架科学考察。

【10月29日】应我校空间信息与数字工程研究中心之邀，英国牛津大学教授、国际知名数学家John Ockendon和Hilary Ockendon夫妇参观了该研究中心。该研究中心主任边馥苓教授等介绍了该中心发展情况及近年取得的重要成果。

【11月10—14日】李德仁院士赴美国夏威夷出席"第30届环境遥感国际研讨会"。

【11月18—20日】李德仁院士赴美国出席国际对地观测委员会（CEOS第17届大会）。

【11月】资环学院的"地理信息系统教育部重点实验室"在我校挂牌。资环学院1999级学生李智勇，获"第八届全国大学生'挑战杯'课外科技作品竞赛"一等奖。

【11月20】11月20日是武汉测绘学院首任院长夏坚白院士百年诞辰。

【11月26日】我校在夏坚白院士家乡江苏省常熟市隆重举行"夏坚白院士百年诞辰纪念大会暨夏坚白院士测绘事业创业奖励基金颁奖仪式"。江苏省副省长吴瑞林，国家测绘局副局长李维森，校党委书记顾海良，校长刘经南，全国政协委员、国家测绘局原局长金祥文，李德仁、陈俊勇、宁津生、魏子卿、王家耀等院士，夏坚白院士生前同事、好友、学生及亲属代表共180余人与会。纪念大会后举行了夏坚白院士测绘事业创业奖励基金颁奖仪式。基金提名委员会主任、评审委员会主任宁津生院士宣读测绘事业创业奖获奖人员名单。李志刚、许才军等8人获奖。这是该基金首次颁奖。

【12月13—23日】我校测绘学院郭际明、张正禄、巢伯崇、罗年学赴斯洛伐克参加

中国·斯洛伐克国际科技合作项目“基于 GIS 的滑坡与板块变形的监测和建模及环保研究”合作研究，并在 Kosice 技术大学作 5 个学术报告。

【12 月 14—20 日】李德仁院士、宁津生院士应邀赴台参加“海峡两岸测绘学名词对照会”。

【12 月 27 日】我校“第五届王之卓创新人才奖学金颁奖大会”在测绘遥感信息工程国家重点实验室举行，16 名本科生和研究生受到奖励。

【12 月】我校资环学院成功申报了“环境科学与工程一级学科博士学位授权点”和“土地资源管理二级学科博士点”，自然地理学和人文地理学 2 个硕士点。“地图制图学与地理信息工程”、“环境科学”、“土地资源管理”3 个学科为湖北省重点学科。科研项目《地图代数研究》获湖北省科技进步奖三等奖。

2004 年

【1 月 2 日】我校跨越极地展览馆开馆，举行了“南极石”揭幕仪式。跨越极地展览馆位于信息学部教学实验大楼，展品展现了我校 20 年来南北极考察的历程。

“南极石”坐落在该楼前的广场上，鄂栋臣称之为无价之宝。它 2003 年 2 月采集于东南极中山站拉斯曼丘陵，重约 2 吨，由雪龙号破冰船从中山站经印度洋、太平洋运至上海，航程 15600 公里；然后再转运至我校跨越极地展览馆。

李德仁院士、宁津生院士、鄂栋臣教授、校纪委书记俞湛明为南极石揭幕。

【1 月 5 日】中国工程院 2003 年度院士增选结束，我校遥感信息工程学院张祖勋教授，当选为土木水利与建筑工程学部院士。

【1 月 9 日】“夏坚白测绘事业创业优秀学生奖”颁奖，共有 21 位学生获奖。

【2 月 1—7 日】“国际卫星对地观测委员会战略实施工作组第 13 次会议”和“一体化全球观测战略伙伴关系专题讨论会”在日本东京召开，李德仁院士作“一体化全球观测战略伙伴关系组织的活动与现状”特邀报告。

【2 月 23—27 日】李德仁院士应邀出席南非“政府间对地观测组（GEO）第三次全会”和“秘书处及工作组分会”。

【3 月 28—31 日】“第 4 届移动测图技术国际研讨会”在昆明召开，李德仁院士出席作“基于位置服务/3S 技术的发展”专题报告。

【4 月 11 日】校党委为加强印刷与包装学科建设，决定印刷与包装学科成建制从新闻与传播学院划出，成立直属学校的印刷与包装系。

【4 月 27—30 日】“中国科技部·欧洲空间局‘龙’计划合作项目启动会暨研讨会”在厦门召开，李德仁院士出席作“中国对地观测卫星及其应用”特邀报告。

【5 月 5—7 日】由我校等单位主办“国际卫星对地观测委员会（CEOS）第 18 次大会”在武汉开幕，来自 22 个国家和地区的 200 余名专家学者与会。大会执行主席李德仁院士介绍，主办 CEOS 第 18 届大会，对于促进世界各国对地观测的学术交流与合作，更好地推动空间数据的应用，特别是促进湖北省、武汉市相关科研机构与世界各国的学术交流，将产生较大的推动作用。湖北省副省长辜胜阻、我校校长刘经南等出席了开幕式。

【5 月 13 日】我国研发的首套“移动道路测量系统”通过国家测绘局专家鉴定，一致认为，这是一项世界先进水平“革命性高科技产品”，代表道路电子地图测制领域的发展主流，市场前景广阔。

该系统由我校测绘遥感信息工程国家重点实验室和成果转化企业立得公司联合研制；公司董事长李德仁院士、总经理郭晟等分别作了工作报告。立得公司产品已远销韩国、意大利等国，并获军方认购；国家测绘局有关负责人表示，将大力支持该产品在国内推广应用。

【5 月 14 日】国家测绘局验收我校一批测绘科技发展基金项目：“大地测量数据函数模型及随机模型的综合研究及物理解释”（李斐等）、“工业部件精密测量与放样系统的研制”（冯文灏等）、“数字正射影像快速更新技术试验”（张剑清等）、“雷达影像干涉测量方法及其测图应用研究”（舒宁等）、“应用 ENVISAT 卫星遥感数据进行地形测绘及资源环境监测的研究”（廖明生等）。验收专家经认真审议一致认为：这批成果扩展了测绘技术应用领域，为解决其中关键问题奠定坚实的理论基础，提供了实用方法，有重要理论意义和应用前景。

【5 月 27—29 日】我校主办“东南极国际 GIS 研讨会”，鄂栋臣教授担任大会主席。来自中、美、德、俄、意、波兰、加拿大等国 50 多位科学家与会，专题研讨“通过地理信息系统（GIS）将南极搬进互联网工程”。2004 年是我国南极科考 20 周年，此研讨会是系列纪念活动之首项。

【6 月 4 日】我校测绘学院院长李建成荣获第五届“光华工程科技奖——青年奖”，到北京人民大会堂出席颁奖典礼。

【6 月 10 日】叶雪安大地测量奖学金 2002—2003 年度颁奖大会。50 名博士生、硕士生、本科生获奖，其中一等奖 8 名、二等奖 42 名。

【6 月 15 日】我校资环学院“地理信息系统教育部重点实验室”通过建设计划可行性论证。

【7 月 12—23 日】“国际摄影测量与遥感学会（ISPRS）第 20 届大会”，在土耳其首都伊斯坦布尔召开；我校学术委员会主任李德仁率 32 人代表团参加。艾廷华关于“地图综合”研究论文获大会最佳论文奖——全球获此奖仅 8 篇；在此次大会上，我校资环学院院长刘耀林教授当选“空间推理、分析和数据挖掘工作组”主席。

【7 月】学校资助印刷与包装系 200 万实验设备经费，该系建设全面启动。

【7 月 15—8 月 4 日】校长刘经南、纪委书记俞湛明等 9 人赴美国，先后考察了纽约、华盛顿、芝加哥等 7 个城市，访校友、揽人才，寻求合作，达成了多项教学、科研合作和人才、智力引进意向，为我校国际化办学创条件，开辟了新途径。

【8 月】中国三江航天集团总经理冯志高一行回访我校。此前，校长刘经南曾率团前往三江集团签订了全面合作协议。冯志高等参观了我校测绘遥感信息工程国家重点实验室、国家卫星定位系统工程技术研究中心、激光雷达实验室、动力仿真实验室及优秀成果展。双方表示加强学校和著名军工企业的战略合作，优势互补，在项目、机制和人才等方面有新突破。

【8 月 25 日】我校参加中国北极黄河站首次科学考察的鄂栋臣、艾松涛载誉返校。他

们成功完成了预定的科考任务——建立中国北极 GPS 卫星跟踪站和建立北极地区地理信息系统（GIS）等。

【9 月 3 日】校长刘经南与国家海洋局极地考察办公室签订协议，我校正式成为国家极地考察支撑条件建设单位。这是国家海洋局极地考察办公室与高校签订的第一个相关协议。

【9 月 10 日】我校龚健雅教授，在第 20 个教师节之际荣获“全国优秀教师”称号。

【9 月 19—25 日】“2004 年度国际地学与遥感大会”在美国阿拉斯加州安克雷奇市召开，李德仁院士与会，作了“从数字地图到空间信息多级格网”的报告。

【9 月】我校资环学院吴凡博士负责完成的国家海洋勘测专项子项目“建立海洋地理和资源信息系统及海底地形三维模拟与仿真技术”获得国家海洋成果奖一等奖。

【10 月 18 日】我校测绘遥感信息工程国家重点实验室和成果转化企业武汉吉奥信息工程技术有限公司，共同举办“21 世纪地球空间信息科学与技术院士论坛”，庆祝该实验室成立 15 周年和吉奥公司成立 5 周年。

【10 月 18 日】我校聘任国家测绘局副局长王春峰为兼职教授，校长刘经南为其颁发聘书。

【10 月】李德仁主编的《误差处理与可靠性理论》，获第 11 届全国优秀科技图书奖三等奖。

【10 月 20 日】“数字近景摄影测量学术研讨会”在测绘遥感信息工程国家重点实验室举行。全国各地 21 名代表与会，深入研讨视觉测量技术、飞机空中加油系统试飞的摄像测试技术、古文物保护等最新研究动态和热点。

【10 月 22 日】我校“地球空间环境与大地测量教育部重点实验室”接受教育部专家组现场评估。专家组听取该室主任宁津生院士报告，易帆、邓晓华作成果学术汇报，并对有关问题进行阐述。专家组经过细致现场考察，认为该室的研究达到国内领先、国际一流水平。

【10 月 25 日】我校中国南极测绘研究中心派 6 名队员，随我国第 21 次南极科考队乘坐“雪龙号”破冰船，从上海启程。此次重要任务之一是为我国在南极内陆建立第三个科学考察站选址做准备，参与冲刺南极内陆距海岸线最远称为“不可接近之极”的冰穹。

【10 月】我校出版社相继正式出版由宁津生、陈俊勇、李德仁、刘经南、张祖勋五位院士领衔编著的教材《测绘学概论》，和普通高等教育“十五”国家级规划教材《数字测图原理与方法》。

【11 月 10 日】申请筹建“武汉地球空间信息国家实验室”专家考察会议，在我校测绘遥感信息工程国家重点实验室举行。考察组包括中国科学院国家天文台艾国祥等 7 位院士。

李德仁院士作筹建“武汉地球空间信息国家实验室”申请报告。龚健雅、张祖勋、宁津生、姜卫平、易帆、李清泉等分别作汇报。考察组选择访谈了部分专家，召开了座谈会，考察了现场。

武汉地球空间信息国家实验室以武大测绘遥感信息工程国家重点实验室和 4 个相关国家重点学科为核心，联合中科院测地所、中国地大（武汉）、中国地震局地震研究所单位组建，涵盖8个省部级重点实验室、2个国家工程中心和2个国家“863”空间信息产业化基地，得到教育部、湖北省和武汉市政府的大力支持。

【11月】遥感信息工程学院冯文灏教授当选为国际欧亚科学院院士。宁津生、鄂栋臣应邀赴台商谈“南极航空重力测量”合作项目事宜。资环学院“空间数据自动综合技术及其应用研究”获国家测绘科技进步一等奖；“测绘创新人才培养方案的优化设计与实践”获国家测绘科技进步三等奖。

【12月】我校印刷与包装系成功申报包装科学与技术硕士点。

【12月23日】“国家重点实验室计划20周年、国有重点基础研究发展计划（973计划）5周年纪念大会”在京召开，我校测绘遥感信息工程国家重点实验室被评为“国家重点实验室计划先进集体”，李德仁代表该室领取了先进集体“金牛奖”；该室常务副主任龚健雅被评为“国家重点实验室计划先进个人”，领取了先进个人“金牛奖”。

【12月底】第三届夏坚白测绘事业学生奖颁奖；12位学生获奖，一等奖2名，每人奖励8000元；二等奖10名，每人奖励5000元。

【2004年度】我校测绘学科6项研究成果获省部委科技进步奖：

①由中国南极测绘研究中心鄂栋臣、陈春明等完成的“3S技术集成在极地冰貌环境与地壳动态过程中的应用”获2004年度湖北省科技进步一等奖。

②由资源与环境科学学院刘耀林、艾廷华等完成的“空间数据自动综合技术及其应用研究”获2004年度国家测绘科技进步一等奖。

③由空间研发中心李清泉、李必军等完成的“导航电子地图和智能导航软件研究与产业化”获2004年度国家测绘科技进步二等奖。

④由李德仁、刘小波等人完成的“测绘创新人才培养方案的优化设计与实践”，由测绘学院王新洲、邱卫宁等人完成的“地壳运动连续形变场有限元模拟与地壳应力场反演研究”，由GPS中心梁宗武、张建春等完成的“长江干线航道GPS　C级网建设”3项成果，分别获2004年度国家测绘科技进步三等奖。

2005年

【1月18日】北京时间3时16分，我校博士生张胜凯捷足先登南极冰盖最高点：手中GPS接收机显示，最高点海拔4093米，南纬80°22′00″，东经77°21′11″。

【2月7日】教育部《关于公布2004年度国家精品课程名单的通知》，遥感信息工程学院贾永红负责的“数字图像处理”课程，入选“2004年度国家精品课程”。

【2月21日】《教育部关于公布“新世纪优秀人才支持计划”2004年度入选人员名单的通知》：我校测绘学科袁修孝、杜清运、许才军入选，各获资助50万元。

【3月】我校聘请香港星光集团总裁林光如先生为印刷与包装系客座教授。

【3月4日】《教育部关于公布2004年度“长江学者和创新团队发展计划”创新团队入选名单的通知》：我校遥感信息工程国家重点实验室龚健雅教授负责的“地球空间信息科学与技术”团队，入选2004年度创新团队。

【3月24日】我校第20次南极科考队越冬队员李海亭、第21次南极科考队队员张胜

凯乘“雪龙号”凯旋。第21次我校派出了博士生张胜凯、硕士生张春奎和人民医院副主任医师童鹤翔等，张春奎、2名后勤人员已先返校，童鹤翔于2006年3月返校。

【3月28日】2004年度国家科学技术奖励大会在北京人民大会堂举行。我校为第一完成单位，陈俊勇、李建成、宁津生等人的“全国及省市地区高精度高分辨率似大地水准面的技术研究及实施应用工程”和边馥苓、王青峰等人的“地理空间信息资源开发与技术产业化”两项，分别获“2004年度国家科技进步二等奖”；我校为第二完成单位，李志林、朱庆等人的“数字地表模型的多维动态构模研究”，获“2004年度国家自然科学二等奖”。

【1—3月】我校承担的国家“985”二期工程建设项目获国家批准，其中一类科技创新平台1个：武汉地球空间信息创新平台。

【3月】我校资环学院杜清运入选“2004年新世纪优秀人才支持计划”。

【3月28日】“2004年度长江学者特聘教授、讲座教授受聘仪式”在人民大会堂举行。我校测绘学院李建成院长被聘为长江学者特聘教授（大地测量与测量工程专业）。

【3月30日】我校测绘学院隆重举行“加拿大NovAtel公司和北京北斗星通公司赠送我校GPS产品仪式”。仪式结束后，两公司技术人员与参加仪式的师生进行了技术交流活动。

【4月10日】我校在信息学部天文台园甫隆重举行我国测绘高等教育事业的先驱、著名大地测量学家、教育家、国家一级教授“叶雪安铜像”揭幕仪式。

【4月10日】我校聘请8位省测绘局局长为兼职教授。他们是：海南胥燕婴、青海杨俊岭、湖北张必贵、甘肃牛岸英、福建陈跃进、山西刘和平、广西黄俊华、广东叶炳楷。

【4月23—25日】李德仁院士赴阿联酋迪拜出席“中东测图国际大会”。

【4月下旬】我校中国南极研究中心博士生张胜凯获第五届“湖北青年五四奖章”。

【5月25—27日】李德仁院士赴香港中文大学出席国际会议。

【5月】我校联合中科院、北大、上海交大等单位，成功申请国家重点基础研究发展规划项目（973项目），测绘遥感信息工程国家重点实验室常务副主任龚健雅为该“973”项目首席科学家。

【6月6日】我校印刷与包装系举行2005年曼罗兰奖学金颁奖仪式，13名同学分获曼罗兰印刷科技创新奖学金和曼罗兰印刷科技人才奖学金。

【6月24日】“叶雪安大地测量奖励基金会成立20周年暨奖学金颁奖大会”，41名学生获奖。2005年叶雪安教授诞辰100周年。叶雪安大地测量奖励基金已连续颁发20届，累计发奖金30.64万元，奖励学生404人、教师30人，在学校和社会产生了深远影响。

【7月】我校鄂栋臣、艾松涛再上中国北极黄河站，参与2005年冰川、气象、大地测量科考。我校聘请香港印刷业商会李德荣理事长、何家铿监事长为印刷与包装系客座教授。印刷与包装系编制“十一五”建设发展规划。资环学院举办2005年全国环境科学研究生暑期学校。

【8月】我校测绘学院李建成教授，荣获加拿大卡尔加里大学工学院“国际杰出学者”称号，应邀前往该校进行为期20天访问及合作研究；还完成双方主管校长签署的两校国际合作协议文件的交换，双方将更广泛深入交流合作。

【8 月】“第四届中国青年遥感辩论会”在贵阳举办，我校遥感信息工程学院和测绘遥感国家重点实验室联合组成的代表队获得冠军。

【8 月 27—29 日】“时空建模、空间推理、空间分析、数据挖掘与融合国际学术会议”在北京大学召开，我校资环学院院长刘耀林教授任大会主席。

【9 月】我校资环学院教师编著的《土地信息系统》获全国高校测绘优秀教材一等奖，《地籍测量学》获全国高校测绘优秀教材三等奖。

【9 月 10 日】我校测绘学院李征航教授被评为 2005 年“湖北名师”。

【9 月 13 日】中共中央政治局委员、国务院副总理曾培炎，参观我校测绘遥感信息工程国家重点实验室。

【9 月 14 日】我校聘任国家测绘局副局长李维森为讲座教授。

【10 月 5—6 日】李德仁院士赴香港中文大学，出席“第一届多云多雨地区遥感国际研讨会”。

【10 月 12—14 日】“中国全球定位系统技术应用协会成立 10 周年大会暨第 8 次年会”召开。我校测绘学院张小红的论文《亚分米级精度的动态单点定位在航空测量中的应用》荣获优秀论文一等奖（全国只评一篇），原全国政协副主席胡启立为张小红颁发了获奖证书。

【10 月 13 日】《教育部国务院学位委员会关于批准 2005 年全国优秀博士学位论文的决定》发布，其中，在李德仁院士指导下，测绘遥感信息工程国家重点实验室王树良的《基于数据场与云模型的空间数据挖掘和知识发现》，入选全国优秀博士学位论文；这是李德仁指导的博士论文第四次入选全国优秀博士学位论文，他成为获全国优秀博士论文指导教师奖次数最多的博导。另外，杨必胜的博士论文《数字城市的三维建模与可视化技术研究》获提名论文，指导教师李清泉。

【10 月 25—26 日】李德仁院士获 2005 年度香港理工大学“杰出中国访问学人”，应邀出席了该校颁奖典礼并讲学。

【10 月】我校遥感信息工程学院袁修孝教授的“摄影测量学”、资源与环境科学学院胡鹏教授的“地理信息系统”，两门课程被评为“国家级精品课程”。

【10 月 24 日】我校聘请美国 NPES 公司总裁代尔蒙太尔先生为印刷与包装系客座教授。

【10 月 31 日—11 月 2 日】“第四届多光谱影像处理和模式识别国际研讨会”在武汉举行。来自美、英、瑞士、中国等 10 余个国家和地区的专家、湖北省副省长郭生练、国家遥感中心主任张国成、我校校长刘经南院士、测绘遥感信息工程国家重点实验室主任李德仁院士出席了大会。该室常务副主任龚健雅主持会议。

【11 月 3 日】我校资环学院“地理信息系统教育部重点实验室学术委员会第一次会议”，专家们评审了实验室开放研究基金项目，对实验室的建设提出了建议。

【11 月上中旬】李德仁院士和副校长李清泉一行 6 人，赴美国旧金山出席“第 10 届国际智能化交通大会”，世界各国 6000 多名代表参加了这次大会。李德仁创立的“立得 3S 移动测量系统”是我国唯一参展的高科技成果，受到了美国、日本和欧盟多家公司重视。

会后，李德仁、李清泉、朱宜萱教授应邀访问了莱卡公司基地，双方就加强合作、促进武大成果国际商业化深入讨论。还应邀访问了佐治亚工大、美国东海岸的老道明大学、朴利茅斯市 GIS 中心、乔治梅森大学等。

【11 月 18 日】我国第 22 次南极考察队乘“雪龙”号破冰船，从上海起航奔赴南极。其中我校 4 位：测绘学院硕士生詹必伟、讲师彭文钧，中南医院医生梅斌、金伟；主要任务：长城站 GPS 国际联测、拉斯曼丘陵区航测、中山站越冬 GPS 常年观测、考察队员的医学观察和保障。

【11 月中旬】“《工程测量学》新书新闻发布暨课程建设研讨会”在我校测绘学院召开。该书乃普通高等教育“十五”国家级规划教材、高等学校测绘工程专业核心教材，由张正禄教授组织我校、解放军信息工程大学、同济大学、西南交通大学、中南大学、河海大学和山东科技大学 7 所大学的教授参加编著，已由武汉大学出版社出版。全国 20 多所高校、近 20 家生产单位 80 余位领导、教授、总工、高工参加这次研讨会，围绕该课程的精品课程建设和教学改革进行交流和讨论，倡议成立“工程测量学”课程教学指导组。

【11 月 28 日—12 月 1 日】“全球对地观测政府间协调组织第五次工作会议”在加拿大首都渥太华召开，我校李德仁院士参加我国科技部代表团出席该会议，是为了顺应全球对地观测系统的建立，落实我国中长期科技发展计划，充分发挥该系统对经济建设和社会可持发展的应有作用。

【12 月 5 日】“2005 年厦门科技论坛第三期”开讲，主题是“GPS、GIS、RS 技术应用”暨市校合作成果汇报。我校刘经南、李德仁、宁津生、陈俊勇、张祖勋 5 位院士同时到会举办科技论坛，在福建省尚属首次。我校是首批与厦门签署“市校同发展科技合作工程”协议的高校之一，刘经南和李德仁为厦门市政府科学技术顾问。此次论坛 5 位院士作了精彩的报告，与科技人员探讨 3S 技术的理论研究和应用前景。

【12 月 14 日】我校在中国南极测绘研究中心举行由该中心和黑龙江测绘工程中心整合而成的“极地测绘科学国家测绘局重点实验考察评审会”。陈俊勇、李德仁、宁津生等 9 名专家听取了该中心主任鄂栋臣、黑龙江测绘局副局长鲍英华的汇报，审阅有关材料，考察有关设施和研究成果。一致认为：建立“极地测绘科学国家测绘局重点实验室”条件成熟，建议国家测绘局尽早批准。

【12 月 15 日】第六届“王之卓创新人才奖”颁奖，16 位本科生、研究生获奖。

【12 月 18 日】我校与德国伍珀塔尔大学签订联合培养印刷媒体技术专业硕士研究生协议。从 2006 年起，印刷与包装系与德国伍珀塔尔大学联合培养研究生。

【12 月 31 日】印刷与包装系成功申报“图像传播工程”博士点。

【12 月】由我校测绘学院和东莞市国土资源局共同完成的“东莞市高精度三维大地测量基准的研究与建立”成果，5 名院士在内的鉴定委员会评价：是国内精度最高城市似大地水准面模型。

【12 月 31 日】我校测绘学院获日本拓普康中国总代理邹熹光捐赠 400 万元，其中 100 万元用于设立熹光测绘奖学金，成立熹光测绘实验中心。

【2005 年】武大测绘学科的“地理信息系统”、“摄影测量学”两门课程，分别获批为“国家级精品课程”。

2006 年

【1 月 6 日】国际商用公司（IBM）向测绘学院捐赠价值 130 万元人民币小型机一台，捐赠仪式在该学院举行。校长刘经南院士、IBM 中国公司武汉分公司经理宋云，以及该学院领导等参加了捐赠仪式。

【1 月 9 日】我校由龚健雅、李清泉、朱欣焰等完成的“空间信息网络服务技术及产业化”，由郭仁忠、刘耀林、艾廷华等完成的“空间数据自动综合技术及应用工程”，分别获“2005 年度国家科技进步二等奖”。

【1 月 10 日】教育部《关于公布 2005 年度国家精品课程名单的通知》：我校袁修孝负责的“摄影测量学”和胡鹏负责的“地理信息系统”两门课程，分别为“2005 年度国家精品课程”。

【1 月 12—16 日】“中国测绘院士南极考察团”陈俊勇、宁津生、李德仁、许厚泽 4 位院士和朱宜萱教授等 8 人，考察访问了中国长城站、韩国站、俄罗斯站、乌拉圭站和智利站，提出咨询报告。考察团途中顺访智利大学，作了三场学术报告。

【1 月 13 日】“第四届夏坚白奖励基金优秀学生奖”颁奖：一等奖 2 名、二等奖 10 名。

【1 月】我校由刘经南、黄声享等完成的“大坝填筑碾压施工质量 GPS 实时监控系统研制与应用”，获 2005 年度湖北省科技进步二等奖；由刘耀林、周勇等完成的“湖北省农用地分等研究”获 2005 年度湖北省科技进步三等奖。由李德仁、郭晟等完成的“基于 3S 集成技术的 LD2000 系列移动道路测量系统”，由李建成、宁津生等完成的“卫星测高学理论与技术及其应用研究”，由刘经南、黄福来等完成的“深圳市连续卫星定位服务系统”，由王新洲参与完成的“空间数据不确定性理论与方法”等 4 项，分别获得 2005 年度国家测绘科技进步一等奖；由边馥苓、沙宗尧等完成的“基础地理信息在现代农业管理中的应用科技示范工程”，获 2005 年度国家测绘科技进步二等奖。

【2 月 14 日】《教育部关于公布新世纪优秀人才支持计划 2005 年度入选人员名单的通知》：我校测绘学科李清泉、朱庆、艾廷华等 3 位教授入选，各获资助 50 万元。

【3 月 23 日】我校“天府奖学金”颁奖，16 名测绘相关专业学子获奖。

【3 月 24 日】我校“科教兴测绘奖学金”颁奖，20 名测绘相关专业学生获奖。

【3 月 28 日】中国第 22 次南极科学考察队，圆满完成科考任务乘“雪龙”号回到上海。此次我校 3 名考察队员。童鹤翔医生上次留中山站越冬。彭文钧完成南极内陆冰盖考察导航、监测点复测。

【3 月 29 日】人民大会堂举行“2005 年度长江学者受聘仪式”：我校新增刘耀林为“地图制图学与地理信息工程特聘教授”；德国 Potsdam 地球科学研究中心研究员葛茂荣为“大地测量学与测量工程讲座教授”，每年定期来我校 GPS 中心合作研究。

【3 月 30 日】测绘学院“武大 NovAtel、北斗星通 GPS 产品赠送仪式”，接受捐赠 5 台套最新接收机；有关专家召开技术交流会，介绍第五代接收机最新技术。

【3 月】本年 10 月 20 日是我校测绘学科创建 50 周年纪念日；校党委决定届时举行系

列活动，以“凝聚校友、携手行业、弘扬测绘、共谋发展”为主题，庆祝测绘学科创建50周年。成立了庆典筹备委员会、筹备工作领导小组，设办公室筹备此事。

【4月】印刷与包装系与德国伍珀塔尔大学，联合培养印刷媒体技术专业硕士研究生，开始招生。

【4月7日】我校与国家测绘局全面合作协议签字仪式；副校长李清泉、国家测绘局副局长李维森，代表双方在协议上签字。签字仪式后，与会人员来到学校天文台，参加“我校测绘学科创始人之一、著名大地测量学家、资深院士‘陈永龄塑像’揭幕仪式”；刘经南和李维森为塑像揭幕；有关专家领导、陈永龄亲属及部分师生代表参加揭幕仪式。

【4月7日】“中国南极考察地区基础测绘”通过验收。以宁津生院士为组长的专家组，听取了项目负责人鄂栋臣的报告，查阅了相关文件、资源，进行了讨论，高度评价该项目。

【4月7日】“数字制图与国土信息应用工程国家测绘局重点实验室”揭牌仪式在资源与环境科学学院举行。

【4月17日】由杰出美籍华人贝聿铭等创建的“百人会”为中国优秀研究生颁发“百人会英才奖”。我校资源与环境科学学院硕士生邓红兵获首届“百人会英才奖”奖学金1万美元。

【4月21日】“211工程”二期建设项目“地理信息科学与资源环境”通过了专家验收。

【4月22日】我校杰出校友、原中国测绘研究院院长、著名遥感专家林宗坚教授，应邀在测绘遥感信息工程国家重点实验室作题为“无人机低空遥感”学术报告。

【4月25—26日】全国测绘科技大会在京举行。我校测绘遥感信息工程国家重点实验室、测绘学院分别获“‘十五’测绘科技工作先进集体”称号，该室副主任李平湘作为先进集体代表发言。龚健雅、刘耀林、李建成为青年科学家代表作学术报告，李德仁主持学术报告会。李清泉副校长、边馥苓、宋爱红等参加大会。李德仁、宁津生、张祖勋院士在大会闭幕式上讲话。

【4月】我校刘耀林、詹长根等完成的“土地资源管理专业建设的研究与实践”，冯文灏、李欣等完成的“现代三维测量系列实验的研究与实践”，分别获2005年度湖北省高等学校教学成果一等奖。许才军、花向红等完成的“测绘工程专业本科毕业设计模式理论与实践”，刘继琳、万幼川等完成的“遥感系列课程辅助教学系统的研究与应用”，分别获得2005年度湖北省高等学校教学成果二等奖。

【5月初】为迎接我校测绘学科创建50周年，筹备办公室决定编纂出版《武汉大学测绘学科五十年》一书，成立了编辑委员会，主任：宁津生，副主任：李德仁、刘经南、张祖勋，委员：于子松、万幼川、万晓霞、刘耀林、朱德友、李平湘、李建成、陈明、晏金柱、徐兴沛、黄佐斌、龚健雅。邀请刚退休原测绘科大校史编研室编审徐兴沛担任该书主编，具体编著该书。

【5月3—5日】校党委书记顾海良，校学术委员会主任李德仁及香港“志莲净苑佛寺公园信息系统”项目负责人朱宜萱等7人，赴香港志莲净苑访问；双方就进一步合作达成共识。而后顺访香港中文大学和香港理工大学，与香港中文大学签订了长期合作协议。

【5月4日】教育部、团中央授予测绘学院2003级博士生张胜凯“全国三好学生标兵”。

【5月6—12日】龚健雅率我校测绘遥感国家重点实验室代表团，赴荷兰国际地球科学学院（ITC）参加了国际摄影测量与遥感学会第七专业委员会“从像素到处理”学术讨论会。龚健雅是该专业委员会第五工作组组长，也是本次会议的组织者之一。龚健雅等分别作口头报告或张贴论文，廖明生获最佳张贴论文奖。龚健雅主持了一场专题学术报告会，参加第七专业委员会工作会议。代表团顺访ITC，就合作科研进行了交流。

【5月25日】校长刘经南会见来访的香港印刷商会理事长李德荣等5位港商。印刷与包装系主任万晓霞等出席。双方磋商在该系合作开办印刷管理EMBA，培养高级印刷管理人才，及与香港印刷企业在广东地区合作办学等，达成共识。

【5月25—27日】由我校印刷与包装系主办，美国电子文档基金会、测绘遥感信息工程国家重点实验室、中国文化大学资讯传播系协办的“第一届图像传播国际会议”在武汉举行，国内外150余位嘉宾与会，会议获得圆满成功。

【5月28日】教育部印刷工程专业教学指导委员会2006年会在我校印刷与包装系成功举行。

【5月29日】由我校和国际大地测量协会主办、测绘学院承办的“第六届Hotine-Marussi理论和计算大地测量国际研讨会”在武大国际学术交流中心开幕，20多个国家（地区）70多位专家、中国大陆100多位代表参加，主题是“现代大地测量的机遇和挑战”。

【4、5月】我校高技术产业立得公司成功对新青藏铁路（格尔木至拉萨）全程数据采集和处理。用李德仁院士主持研制代表当今世界最尖端的测绘科技产品——移动道路测量系统，仅20个小时有效采集就完成了格尔木到拉萨1142公里的数据采集——通过550公里长多年冻土层，最高山口海拔5072米，总长约10千米的隧道；内业数据处理仅用1天完成。通过这次数据采集和处理，立得公司建立起青藏铁路可视化3D图像库，为可视化铁路GIS提供数据解决方案，实现了铁路中心线建库和铁路附属设施（公路标/半公里标/信号灯/……）建库，迈出了铁路资产管理与维护现代化关键性一步。

【5月26—28日】美国德克萨斯州立大学地理系湛飞并教授来测绘遥感国家重点实验室访问交流。与李德仁院士等进行研讨，参加博士研究生论文答辩，作报告介绍地理信息研究环境、健康的进展。

【5月29日】泰国亚洲理工学院工程与技术学院院长WorsakKanok-Nukulchai教授，工程与技术学院陈晓勇副教授等一行4人访问测绘遥感信息工程国家重点实验室。

【5月】我校7种教材获第五届全国优秀测绘教材奖，一等奖：陶本藻、邱卫宁等著《误差理论与测量平差基础》，刘耀林、刘友兆等著《土地信息系统》；二等奖：贾永红著《数字图像处理》，孔祥元、郭际明等著《大地测量学基础》；三等奖：詹长根、刘丽等著《地籍测量学》，黄声享、尹晖等著《变形监测数据处理》，潘正风、杨正尧著《数字测图原理与方法》。

【5月30日—7月4日】美国田纳西州立大学地理系萧世伦教授，应邀来我校对研究生进行全英文授课，课程名称为“GIS for Transportation”，共计36学时。他还参加了空间

信息与网络通信研究中心的项目讨论，与李清泉教授对合作事宜进行深入探讨。

【6月1日】我校测绘学院名誉教授授聘仪式，刘经南校长为澳大利亚新南威尔士大学 Chris Rizos 教授颁发了“名誉教授”聘书。

【6月8日】校长刘经南院士、继续教育学院院长陈明等，拜会国家测绘局局长鹿心社，专题汇报测绘学科创建50周年庆祝活动的筹备情况，得到鹿局长和国家测绘局完全赞成和支持。

【6月17日】国家测绘局在太原主持“山西省基础地理信息数据库”项目成果鉴定会。该项目是我校测绘遥感国家重点实验室和吉奥公司，全方位技术支持山西省测绘局，经6年半艰苦努力完成的。项目采用国际先进水平和自主知识产权的 GeoStar 5.0 GIS 软件平台，首次实现用国产软件对省级大型基础地理信息数据库的集成化管理和业务化运行，实现了项目管理创新。

鉴定委员会一致认为：项目实现了建设目标，总体水平国内领先，达到国际先进水平。

【6月19日】澳大利亚蒙纳什大学副校长 StephanieFahey 一行三位教授，来测绘遥感信息工程国家重点实验室参观访问。龚健雅、吴华意等接待来宾。双方就合作事宜热烈讨论。

【6月25日】中央政治局委员、湖北省委书记俞正声来校，登门看望94岁高寿的老党员毛远耀。毛远耀是毛泽东的远房侄子，1926年参加革命，1957—1970年任武汉测绘学院党委第一书记。

【6月28日】国家测绘局副局长常志海一行到我校测绘学院，就“测绘学科建设及人才培养”进行调研座谈参观。

【7月5—6日】李德仁、张祖勋率队访问中国测绘科学研究院和国家基础地理信息中心，通报测绘学科创建50周年庆祝活动筹备情况。

【7月8—9日】校长刘经南院士一行访问河南省测绘局和郑州测绘学校、参加我校河南校友会议。两单位领导均表示支持测绘学科创建50周年庆祝活动。

【7月10—14日】中国科技部·欧洲空间局“龙”计划合作项目研讨会在云南丽江召开。中方“龙计划”124位专家、欧洲空间局成员国46名科学家和官员参加了会议。李德仁院士、廖明生教授等代表“地形量测主题”出席了会议。李德仁院士作为“地形量测主题”责任科学家，主持了7月11日的大会，作“地形量测主题的进展报告”，受到同行专家关注和高度评价。

【7月12日】我校举行徕卡公司捐助测绘学院110万元人民币捐赠仪式。

【7月16—22日】“第36届空间科学大会”在北京举行，1900多名各国代表与会。我校李德仁院士应邀作了题为“中国对地观测卫星的应用”的特邀报告。

【7月23—24日】应李德仁院士邀请，国际摄影测量与遥感学会大象俱乐部4位国际知名教授到我校测绘遥感信息工程国家重点实验室举行专题报告会。报告会开幕式由实验室主任龚健雅主持，副校长李清泉和李德仁院士分别致欢迎辞。四教授分别作精彩的学术报告。

【8月4—7日】我校李德仁、朱宜萱、李平湘等6人访问甘肃；与甘肃省国土厅、测

绘局和敦煌研究院就西部开发、数字莫高窟建设、国际合作等，达成意向。甘肃有关人士均表示支持，并组织校友返校参加测绘学科创建50周年活动。

【8月12—20日】宁津生院士率团访问四川、陕西和山西三个省测绘局，通报测绘学科创建50周年活动。三个省测绘局均大力支持。

【8月17日】张祖勋院士率团赴贵州国土资源厅、贵州测绘局访问。贵州校友共同表示以50周年庆典活动为契机，加强与母校的沟通交流，为母校、为贵州测绘事业的发展贡献力量。

【8月18日】我校李清泉副校长获得第九届中国青年科技奖。

【8月27—30日】李德仁、龚健雅一行12人，赴新西兰奥克兰参加“2006年数字地球与可持续发展高峰”。李德仁院士作为论坛报告人，开幕式在主席台就座。他应邀作了“广义和狭义空间信息网格”的报告。李德仁一行还顺访了澳大利亚新南威尔士大学、昆士兰州理工大学，与在澳大利亚和新西兰工作的多名校友亲切交流。

【9月3日】由上海市政府、中国科学院和中国工程院共同发起和主办、以“上海城市突发事件风险评估与应急预案的地理信息系统平台建设”为主题的“东方科技论坛学术研讨会”在上海举行。我校朱庆教授应邀作了“虚拟地理环境及其在大城市应急寻径和导航中的应用”的报告。

【9月9日】第22个教师节，人民大会堂隆重举行“第二届高等学校教学名师奖表彰大会”；我校测绘学院李征航教授获第二届“国家级教学名师奖”，并出席了大会。

【9月20日】遥感信息工程学院举行仪式，聘请台湾成功大学教授王蜀嘉为我校客座教授。

【9月27日】德国激光雷达制造商和激光雷达测量服务商Toposys总经理Alexander先生，来我校遥感信息工程学院访问讲学，高度评价我校测绘成就及技术实力，对双方合作期望很高。

【10月9—13日】李德仁院士率我校代表团赴蒙古首都乌兰巴托，出席“第27届亚洲遥感大会”。闭幕式上举行了特别仪式，李德仁院士代表中国测绘遥感界向蒙古国赠送了由我国对地观测卫星拍摄的、覆盖蒙古国全境的卫星遥感影像。

【10月9日】应我校邀请，香港星光集团首席执行官、全国政协委员、印刷与包装系客座教授林光如，来“珞珈印刷论坛”作“星光岁月”专题讲座。香港星光集团科技总监戴祖玺、星光印刷深圳公司成品部总经理钟志塘等7人一同来访。举办面向2007届毕业生的见面会。印刷与包装系有5个课题组获得“星光科研基金”支持。

【10月9日】我校测绘学院邀请徕卡公司前首席执行官、武大荣誉教授Dr. Hans Hess作主题为《地球空间信息技术的快速发展与未来展望》的报告。

【10月10日】我校测绘学院博士研究生张胜凯，荣膺“2006年度全国百佳大学生”称号。

【10月12日】深圳会展中心“第八届中国国际高新技术成果交易会”武大展区，中共中央政治局委员、国务院副总理吴仪，仔细观看立得公司移动道路测量系统的演示，她希望高校为推动科技进步和增强企业自主创新能力发挥重要作用。吉奥公司GIS基础平台系列软件和立得公司LD2000-R型移动道路测量系统获得一致好评。立得公司获得本届高

交会组委会、深圳市知识产权局颁发的“自主知识产权证”。

【10月18日】兰州大学常务副校长李廉、副校长郑晓静，率该校6个教育部重点实验室主任及相关人员，来测绘遥感信息工程国家重点实验室考察取经。李德仁院士会见了来访的客人。

【10月22日】为迎接我校测绘学科创建五十周年庆典，中国地图出版社、测绘出版社联名并全额资助正式出版《武汉大学测绘学科五十年》一书，精装本10000册运达我校，满足庆典活动之需。

【10月27日】“测绘遥感信息工程国家重点实验室第四届学术委员会第一次会议”在实验室召开，该委员会主任李德仁院士主持会议。

【10月28日】国土资源部副部长、国家测绘局局长鹿心社，会见参加第14届地球空间信息科学国际会议和武大测绘学科50年庆典的9位特邀外国嘉宾，校长刘经南、校学术委员会主任李德仁陪同。鹿心社等参观测绘遥感信息工程国家重点实验室，和学生亲切交谈。

【10月28—30日】“第14届地球空间信息科学国际会议”在武汉海怡锦江大酒店召开。邀请国际学术组织ISPRS、FIG、IAG、ICA、IEEEGRSS的主席或副主席，及10位世界知名学者作主题报告。15个国家和地区300多名专家与会，我校博士、硕士研究生100多人到场旁听。大会从700篇来稿中选出96篇，分16个分会场作口头报告；选出200多个分四个分会场张贴；择优300篇，全文收录到会议论文集（共4册）由SPIE组织出版。大会闭幕式上对优秀青年作者颁发了最佳论文奖。

【10月28日】以“凝聚校友、携手行业、弘扬测绘、共谋发展”为主题的武汉大学测绘学科创建50周年庆祝大会在信息学部运动场隆重举行。国土资源部副部长兼国家测绘局局长鹿心社、副局长李维森，湖北省副省长郭生练，解放军信息工程大学测绘学院院长王小同少将，湖北省教育厅厅长路钢，陈俊勇、许厚泽、刘先林、魏子卿、宁津生、李德仁、张祖勋等院士，来自美、英、日、澳、荷等国的专家，校友、校老领导代表，校领导顾海良、刘经南等在主席台就座。参加大会还有国家测绘局、各省测绘局、测绘行业相关负责人及有关高校测绘学科代表等。

庆典由顾海良主持。刘经南回顾测绘学科作为武大独具特色优势学科、享誉海内外。鹿心社、郭生练、测绘学科教师代表李德仁，国际测绘学术组织代表、国际测量师联合会主席、德国慕尼黑技术大学教授麦格，国际测绘教育界代表、荷兰ITC院长马丁·莫勒奈尔，全国测绘行业代表、山西省测绘局局长刘和平，校友代表、中国公路咨询监理总公司总经理王国峰先后在会上致辞。庆典庄重热烈。陈俊勇、许厚泽、刘先林、魏子卿、宁津生、李德仁、刘经南、张祖勋8位院士倡议：加快“数字中国”建设步伐。

【10月28日】“第二届国际测量仪器及测绘新技术展览”在信息学部老体育馆开展。校党委书记顾海良、副校长李清泉、日本索佳公司驻京首席代表吕裕恒、美国天宝公司大中国区测绘部总经理麦克先生、瑞士徕卡公司北京办事处副总裁陈亮先生为展览剪彩。展厅里，瑞士徕卡、英国雷迪、美国天宝、日本索佳、苏州一光、广州中海达、北京博飞和南方测绘等35家国内外顶尖厂商展览200余件包括最新测绘产品。而众多参展厂商的领军人物都是武大校友。

【10月28日】“国家测绘局重点实验室和工程技术中心建设工作座谈会”，在测绘遥感信息工程国家重点实验室召开。

【10月29日】“2006年全国测绘人才工作会议”在我校举行，国家测绘局局长鹿心社、武大党委书记顾海良、全国测绘系统及高校百余名代表与会，探讨“人才强测”战略。

“贵州黄果树助学金”颁发仪式在遥感信息工程学院举行，为10名贫困学子颁发了助学金。

【10月30日】校长刘经南在GPS工程技术研究中心与国家测绘局副局长李维森会谈。李维森表示，测绘局会全力支持武大测绘学科的发展，创造条件，让测绘学科各大实验室发挥更大的作用。

【10月30日】澳大利亚皇家墨尔本理工大学数学与地球空间科学学院系主任克里斯·贝尔曼、GPS中心主任张克非博士、遥感摄影测量中心主任西蒙·琼斯博士等5人访问我校，与测绘学院部分师生座谈。两校正联合向澳政府申请长江学生奖学金，参加该项目的学生可赴澳学习专业课程5个月。

【10月30日】国际大地测量学会副主席、加拿大卡尔加里大学工程系迈克·塞德里斯教授应邀在测绘学院作题为“全球大地测量观测系统”学术报告。

【10月31日】英国爱丁堡大学Neil Stuart博士，在我校遥感信息工程学院作了题为“自然资源管理的合成孔径雷达遥感”的报告。

【11月21日】受国家测绘局委托，测绘遥感信息工程国家重点实验室举办“4D产品生产和应用技术培训班”（DEM数学地面模型、DOM数字正射影像、DRG数学栅格地图、DLG数学线划地图，简称“4D”）。

【11月22日】教育部《关于公布2006年度国家精品课程名单的通知》，测绘学院李征航负责的“GPS原理及其应用”、遥感信息工程学院孙家炳负责的“遥感原理与应用”，分别入选“国家精品课程”。

【11月28日】测绘遥感信息工程国家重点实验室第二届学术委员会第五次全体会议，听取该委员会主任李德仁工作报告，审议了实验室“十五”规划，审批了开放研究基金课程。

2007年

【1月30日】《关于2006年教育部“新世纪优秀人才支持计划”入选者公示的通知》，我校施闯、吴华意、王树良等教授，入选“新世纪优秀人才支持计划”，各获资助50万元。

【2月7—14日】李德仁、朱宜萱应邀访问美国得克萨斯州立大学，作了3个报告：“测绘遥感信息工程国家重点实验室近期科研进展”、“移动测量系统能为你提供什么”、“仿唐木构建筑的三维重建与可视化”。

【2月16日】李德仁院士访问校友余模智博士所在的新飞通公司，参观了公司研制的可调激光器。

【2 月 20—21 日】李德仁院士在硅谷应邀访问了天宝公司测图与 GIS 分部，与校友卢刚博士交流。会见 Google 公司主要技术骨干，探讨了双方合作的前景。

【2 月 28 日—3 月 8 日】我校李德仁、朱宜萱一行 10 人，应邀参加台湾中国文化大学举办的“两岸三地数位地球华语论坛”。开幕式李德仁致词，作专题演讲题为“论广义空间信息网格和狭义空间信息网格”。两岸同仁交流数字地球、空间信息网格等问题。参加了“中国文化大学 45 周年校庆”系列活动。会后考察了台湾岛地质地貌及资源环境。

【3 月 28 日】“2006 年度长江学者特聘教授、讲座教授受聘仪式暨长江学者成就奖颁奖典礼”在人民大会堂举行。我校测绘学院副院长许才军被聘为“测绘科学与技术”特聘教授，加拿大卡尔加里大学高扬被聘为我校“测绘科学与技术”讲座教授。

【4 月 10 日】泰国玛哈扎克里·诗琳通公主来访与我校签署《备忘录》；测绘遥感信息工程国家重点实验室以公主名字命名的“诗琳通地球空间信息科学国际研究中心”成立，正式揭牌。

【4 月 13 日】科技部决定共建 14 个地球物理领域国家野外站；其中我校“武汉大气遥感国家野外科学观测研究站”为新建国家野外站之一，以我校“地球空间环境与大地测量教育部重点实验室·中、高层大气研究组”为主要依托，结合“国家卫星定位系统工程技术研究中心”部分内容。在 14 个获批国家野外科学观测研究站中，该站是唯一以高校为独立单位申报并获批准的。

【4 月 17—21 日】李德仁院士以 CPSIS 名誉会员的身份出席在美国旧金山召开的“AAG（美国地理学家协会）2007 年会”，作题为“网格计算环境中的可扩展的地理空间网格”口头报告。与新朋老友探讨中巴资源卫星如何解决美国陆地资源卫星连续性服务可能产生的问题。

【4 月 22—25 日】李德仁院士受美国科学院院士 Prof. Goodchild 之邀，访问了加州大学圣芭芭拉分校，并讲课题为“基于可量测影像的 LBS（Location-based services）”，展示了中国测绘遥感信息工程国家重点实验室在地球空间信息领域的成就，受到了一致好评。

【6 月 5 日】国家重点基础研究发展计划(“973”计划）第四届专家顾问组在京成立，负责进行战略咨询、评议和监督；共 30 位专家，其中 10 位来自高校，任期三年。李德仁院士为湖北高校唯一入选者。

【6 月 5—9 日】李德仁院士随中国代表团赴美国加州参加“第五届数字地球国际研讨会”。研讨会上，李德仁介绍了具有自主创新的国际一流成果——武大测绘遥感信息工程国家重点实验室研制的 GeoGlobe 和 TrueMap 网上空间信息服务系统。

【6 月 23 日】武汉欧美同学会召开第二次会员代表大会，李德仁院士再次当选新一届会长。

【7 月 1—15 日】李德仁一行 5 人访问英国伦敦大学和曼彻斯特大学，作题为“网格计算环境中的可扩展的地理空间网格”的报告。随后，访问瑞士苏黎世联邦理工大学，参加“第 8 届光学三维测量技术国际研讨会”和“建筑群三维虚拟重建和可视化国际研讨会”，李德仁作了题为“Virtual Chinese ancient building complex（中国古代建筑群）”口头报告。

【8月20日】《教育部关于公布国家重点学科名单的通知》批准测绘科学与技术为一级学科国家重点学科。

【9月8日】在华中科技大学校召开的"中国科协2007年会"上，李德仁院士作了题为"中国对地观测卫星意义及其运用报告"。

【9月26日—10月上旬】我校李德仁院士一行4人，访问泰国科技部地球空间信息与空间技术发展局，与泰方协商确定以诗琳通公主为指导委员会主席的"诗琳通地球空间信息科学国际研究中心"组织框架等事宜，顺访泰国清迈大学。

【10月17日】根据《教育部关于公布新世纪优秀人才支持计划2007年度入选人员名单的通知》：我校测绘学科张永军、杨必胜、龚威、姜卫平、罗志才，获批为"2007年度新世纪优秀人才"，各获资助50万元。

【10月21—24日】作为亚洲GIS协会前主席、现任执委会委员，李德仁院士应邀参加韩国GIS协会十周年庆典，在国际研讨会上作了题为"What Can Vision Cruiser Do for Digital Earth?"特邀报告。

【10月29日】教育部、财政部《关于批准第二批高等学校特色专业建设点的通知》发布，我校的"遥感科学与技术"专业，被批准为第二批高等学校特色专业建设点。

【11月5日】我校龚健雅教授为首的"多传感器对地观测数据精确处理与空间信息智能服务"团队，入选"国家自然科学基金委员会2007年度创新研究群体"，将持续三年获得共500万元的资助。

【11月16日】《教育部、财政部关于批准2007年度人才培养模式创新实验区建设项目的通知》：以李建成为负责人的我校"信息化测绘人才培养模式创新实验区"，入选国家"人才培养模式创新实验区"。

【11月19—25日】李德仁院士率我校代表团，赴台湾交通大学，参加"第五届海峡两岸测绘发展研讨会"；他作专题演讲"移动测绘技术及其应用"。

【11月22日】教育部《关于公布2007年度国家精品课程名单的通知》，由宁津生等五位院士领军为本科生主讲的"测绘学概论"、测绘学院李建成负责的"物理大地测量学"，两门课程被评为"国家精品课程"。

【12月下旬】全球首个影像城市地图《武汉市影像城市地图》由我校、立得公司和中国电信湖北分公司共同研发推出：覆盖武汉市区800平方公里，可在30万个标注点和108个360度全景点呈现出城市风貌。李德仁院士认为这是全球第一个最完整、真正意义上的"影像城市"。

【12月29日】《教育部财政部关于批准第二批高等学校特色专业建设点的通知》，我校"遥感科学与技术"专业点被批准为"第二批高等学校特色专业建设点"。

2008年

【1月8日】国家科学技术2007年度奖励大会，李德仁院士主持的"3S集成技术的LD2000系列移动道路测量系统及其应用"获国家科技进步二等奖。这是李德仁第3次获国家科技进步二等奖。

【1 月 18—20 日】我校卫星导航定位技术研究中心，主办主题为“新一代卫星导航系统 · 机遇与挑战”的“导航定位技术科学家论坛”。中、美、澳、加拿大 120 人参加了研讨会，其中海外学者 31 人，国内学者 89 人；就导航定位新技术、新方法、新应用展开研讨。

【1 月 31 日—2 月 4 日】应微软之邀，我校李德仁院士、朱宜萱教授赴美国西雅图访问微软公司。李德仁作了题为“基于可量测影像的数字地球”的报告。在微软工作的校友陶闯博士，陪同参观微软公司、波音公司，与西雅图地区校友相聚。

【3 月 10 日】我校印刷与包装系与德国伍珀塔尔大学合办“第二届中德印刷媒体技术高级培训班”开学；该校 4 名教授先后来讲授“印后加工”等 4 门课程。与该校“合作培养印刷媒体专业硕士研究生项目”继续推进，第二批 5 人顺利抵德学习。

【3 月 31 日— 4 月 5 日】根据我校与香港专业教育学院合作协议，该校资深专家黄培达来印刷与包装系讲学。

【4 月 8 日】我校与北京东方道迩集团共建“激光探测与测量技术研究与应用中心”签约暨揭牌仪式，在遥感信息工程学院举行。将联合双方技术、设备和人力方面的优势全面合作，建成该领域有产学研联合特色的高水平研究基地。

【4 月 8 日】我校印刷与包装系与世界著名芬欧汇川纸业公司，签约“芬欧汇川奖学金”，包括学生奖学金和教师培训两个项目。

【4 月 11 日】李德仁院士主持研制的“基于 3S 集成技术的 ld2000 系列移动道路测量系统”，获 2007 年度武汉市科学技进步一等奖。

【4 月 23 日】鉴于对中国国家科技部和欧洲空间局合作“龙计划”一期（2004—2007）成功实施、取得丰硕成果的突出贡献，国家科技部遥感中心和欧洲空间局，授予李德仁院士特别奖励。

【4 月】应韩国极地研究所所长李洪锦、韩国培材大学校长郑淳勋邀请，中国南极测绘研究中心鄂栋臣、王泽民两教授赴韩工作访问两单位。

【5 月 12 日】四川省汶川县 8. 0 级特大地震、灾情惨重、救援紧急。李德仁院士组织成立“5 · 12 地震遥感信息收集与灾情评估”应急小组，在全球范围内搜集汶川遥感影像应急加工，积极准备赴灾区执行任务。

【5 月 14 日】“夏坚白测绘事业创业奖励基金”得到科技部许可审批正式注册登记，更名为“夏坚白测绘事业创业与科技创新奖”，成为科技部准予设立的科学技术奖，设奖者：武汉大学。

【5 月 24 日】“新型传感器数字测图技术”研讨会在我校国际交流中心召开，全国测绘领域 140 余位代表与会。研讨会有 3 个院士特邀报告和 9 个学术报告，就新型传感器数据快速处理与数字测图等最新技术广泛讨论和交流。

【5 月 24 日】李德仁院士与国务院抗震救灾专家组副组长陈祖煜院士，联合提出“利用机载激光雷达系统实时获取堰塞湖区三维地形”建议，得到温家宝总理批准；李德仁组建了 8 人专家组（遥感学院 7 位、测绘遥感国家重点实验室 1 位），由马洪超教授负责，携“985 工程”购置价值 1100 万元的 LIDAR 系统往灾区，利用遥感手段建立堰塞湖附近精确三维地形，为堰塞湖泄洪提供决策数据。

【5月31日】南极测绘研究中心鄂栋臣教授和张胜凯博士，作为我校的奥运火炬手和火炬护跑手，参加了2008北京奥运火炬在湖北省的传递活动。

【6月4日】教育部公布“2007年度长江学者特聘教授、讲座教授和长江学者成就奖获奖者名单”：张良培为“摄影测量与遥感专业特聘教授”，湛飞并为“地图制图学与地理信息工程专业讲座教授”。

【6月4日】李德仁院士派其弟子，协助锁定汶川抗震救灾5月31日一架米-171运输直升机失事高度怀疑区，由原来80平方公里缩至5平方公里，为搜寻提供积极帮助。

【6月18日】总部位于美国加利福尼亚州、全球最大的软件公司——甲骨文公司，与我校共建“空间数据库创新研究中心”，揭牌仪式在我校举行。李德仁院士致辞指出，国际巨擘和我校强强联合，必将推动国际地理信息学的发展。

【6月】我校调整卫星导航定位技术研究中心领导班子，主任：施闯；副主任：杨蜀江、高振东、姜卫平。

【6月24日】我校遥感团队收到成都军区抗震救灾联合指挥部发来的感谢信：“武大专家为搜救米-171失事运输直升机所作努力，对于准确判断失事地域起到了重要作用”。

【6月25—27日】“第八届自然资源与环境科学空间信息精度评估国际研讨会”在上海举行；参会代表90余人，其中海外30余人。大会主席为李德仁院士和美国科学院院士Michael Goodchild。李德仁主持开幕式；大会期间作题为“在空间信息、不确定性分析和应用：中国视角”的主题演讲。

【7月2—11日】李德仁院士率我校代表团赴京出席“第21届国际摄影测量与遥感大会”，这是ISPRS大会首次在中国召开，主题为“铺就影像信息的丝绸之路”。其间，李德仁和ISPRS第一副主席John Trinder，给英国卡迪夫大学古德教授颁发了王之卓奖——这是由中国测绘学会为纪念我国摄影测量与遥感事业奠基人王之卓而出资设立、国际测绘界第一个以中国科学家名字命名的奖项，每4年颁发1次，表彰在国际空间信息领域取得突出成绩的科学家。7月4日李德仁作大会特邀报告“遥感与地理信息技术用于汶川地震”。李德仁作为ISPRS白象俱乐部成员之一，参加了7月6日白象俱乐部的活动。他还分别作了题为“从数字莫高窟到数码志莲净苑”和“数字地球与数字衡量图像”的口头报告。作为本次ISPRS大会一环，7月9日李德仁与OGC（国际开放地理空间信息联盟）总裁Mark E. Reichardt共同主持“武大国际开放地理信息联盟联合会”成立仪式，签署了合作协议，由李德仁和David Schell联合担任主席。

7月10日ISPRS部分奖项颁奖，李德仁获得“国际摄影测量与遥感协会Samuel Gamble奖”，表彰他对中国和国际摄影测量、遥感与空间信息科学的显著贡献。

【7月9—13日】我校在京主办“中德高分辨率雷达影像解译与应用高级研讨班”，李德仁院士出席开幕式并致辞。

【7月11日】李德仁院士应邀做客《人民网·科技频道·“美丽的科学”》访谈，与网友就中国遥感技术发展与汶川地震、奥运安全、探月工程、载人航天、抗震救灾等领域的应用等话题，畅谈交流。

【7月14—15日】我校参与在武汉科技会展中心承办“首届武汉国际地球空间信息技术与产业发展论坛”。国内外参会单位84家，参展71家，参会人员达1000余人次。李德

仁院士在论坛作了题为“DMI Supported LBS”的主题演讲。

【7月】我校南极测绘研究中心鄂栋臣、王泽民、周春霞，赴俄罗斯圣彼得堡，参加“第30届国南极研究科学委员会工作组会议”和“学术交流大会”。

【8月22日】李德仁与国家测绘局专家一行，考察新疆吐鲁番最低洼处——中国海拔最低的艾丁湖。

【9月10日】教育部在京召开“第四届高等学校教学名师奖表彰大会”，我校资源与环境科学学院刘耀林教授荣获“第四届国家级高等学校教学名师奖”。

【9月17日】“第十届中国科协年会”表彰了抗震救灾先进集体、先进个人。我校张祖勋院士被评为“中国科协抗震救灾先进个人。汶川大地震后，张祖勋率科研人员用自行研制数字摄影测量网格（DPGrid），快速处理了大量非常规航空摄影数据，制作出高分辨率震区数字正射影像图，为抗震救灾提供了第一手资料；他在“中国工程院工程科技论坛”上，提出建立抗震救灾航空摄影测量应急响应机制，引起极大关注。

【9月18日、27日】我校2007级硕士研究生周浩获意大利印刷技术奖（中国项目），得到意大利印刷技术协会邀请，27日赴意大利参观考察交流学习13天，乃是国内印刷类在校生首次获邀出访意大利。

【9月26—27日】李德仁院士率我校代表团赴韩国釜山，参加“第7届亚洲GIS大会”，作口头报告。

【9月】新西兰坎特伯雷大学Bryan C. Storey教授应邀来讲学，题为“新西兰南极研究最新进展”。

【9月28日】《教育部财政部关于立项建设2008年国家级教学团队的通知》：以李德仁院士为带头人的“遥感科学与技术专业教学团队”，入选“2008年国家级教学团队”。

【9月29日】教育部、财政部《关于批准2008年度国家精品课程建设项目的通知》：测绘学院邱卫宁负责的“误差理论与测量平差基础”、资源与环境科学学院刘耀林负责的“土地信息系统”、印刷与包装系万晓霞负责的“印刷概论”3门课程，均入选“2008年度国家精品课程”。

【10月8—11日】我校南极测绘研究中心在哈尔滨召开“2008中国极地科学学术年会”。我校11人由鄂栋臣教授带队与会。大会共有报告130篇。我校王泽民、陈能成、周春霞、艾松涛等分别作口头报告。陈能成题为“可互操作南极空间数据基础设施的设计与实现”和“虚拟观测数据服务系统实现及其在南极应用设想”的报告，获大会青年优秀论文奖。

【10月13日】我校测绘遥感信息工程国家重点实验室首次承办《2008欧洲空间局·中国科技部“龙计划”第二期陆地遥感高级培训班》开班；李德仁院士致欢迎词，并和龚健雅教授一起，为欧方8位科学家颁发重点实验室客座教授证书。中欧合作“龙计划”是我国地球观测领域最大的国际科技合作项目。

【10月22—23日】我校卫星导航定位技术研究中心主办“导航定位技术科学家论坛汶川地震专题研讨会”。美、澳、英、加拿大、中国香港学者共80人与会，其中海外学者18人，国内学者62人。

【10月22—23日】由中英国国际合作交流协会主办、我校卫星导航定位技术研究中

心与英国诺丁汉大学联合承办“中英全球导航卫星系统和地理空间信息科学研讨会”。校长刘经南院士、国家测绘局副局长李维森、陈俊勇院士、诺丁汉大学副校长 Dodson 等中英 50 余位科学家出席会议。

【10 月 27 日】在北京召开的“第 9 届国际信息处理大会”开幕式上，李德仁院士作了题为“干涉合成孔径雷达及其应用的信号处理”的特邀主题报告。

【10 月】我校鄂栋臣教授被湖北省科学技术协会评为“湖北省科技传播十大杰出人物”。

【10 月 28 日—11 月 2 日】李德仁院士与朱宜萱教授应邀赴美，参加了在加州召开的“2008 年 Leica（徕卡）全球用户大会”；李德仁作了特邀报告。

【11 月 3 日】中组部负责人宣布关于我校党政主要领导职位变动的决定：李健任党委书记，因年龄原因刘经南院士不再担任校长职务，顾海良任校长。

【11 月 3 日】“第一期甲级测绘单位负责人培训班”在我校开班。吉林、河南、湖北、湖南、陕西五省甲级测绘单位 120 余名负责人参加培训。国家测绘局宋超智副局长作《国务院关于加强测绘工作的意见》辅导报告，李德仁院士介绍了“空间信息服务平台及大众化服务功能”。学员参观了我校测绘遥感信息工程国家重点实验室和遥感信息工程学院新一代数字摄影测量软件平台。

【11 月 12—14 日】李德仁院士、朱宜萱教授等参加在德国波茨坦召开的“数字地球高峰论坛：全球变化研究的工具”论坛。李德仁作特邀报告，题为“地理空间技术在汶川大地震的作用”。

【11 月 14 日】李德仁院士、朱宜萱教授等应邀访问德国柏林理工大学大地测量与地球信息科学研究所。李德仁作了题为“中国摄影测量与遥感”的报告。

【11 月 15 日】由我校卫星导航定位技术研究中心承建的国家重大科技工程项目、我国第二座大学校园 GNSS（全球卫星导航系统）卫星基准站，在延安大学破土开工。

【11 月 15 日】中国数码印刷领域最权威、最具影响力质量及技术应用大赛——“2008‘科印杯’数码印刷作品大奖赛”在上海举行。我校印刷与包装系王婧婧选送的“北京奥运会纪念台历——2009”获新秀奖唯一金奖。2006 级动画专业张玖丽选送的“献礼青春·感恩、进取、创造”获评委特别推荐奖。

【11 月 16 日】李德仁院士、朱宜萱教授等，在汉诺威会见德国著名摄影测量学家 Gottfried Konecny 教授和 Hans Knoop 教授，进行了亲切的交流。

【11 月 16 日】我校印刷与包装系系主任万晓霞教授，赴上海应邀出席“方正包装新产品和新技术暨方正包装 Pack#TM1.0 印前软件产品英文版发布会”。会上，方正公司副总裁贾文华表示：“如果没有武大印刷与包装系支持参与，就不会有方正包装印前软件产品的诞生。”

【11 月 17—18 日】李德仁、朱宜萱一行应邀访问德国慕尼黑理工大学，受到慕尼黑武大校友团热情接待。慕尼黑理工大学常务副校长孟丽秋教授等会见了李院士一行，商讨了两校合作问题。

【11 月】我校卫星导航定位技术研究中心，成立教授委员会，刘经南院士任主任；成立学术委员会，施闯任主任。

【11 月 22 日】走出了 21 位诺贝尔奖获得者的瑞士苏黎世理工大学，授予李德仁名誉博士学位。该校 PETER MARTI 教授，高度评价李博士的研究成果和对国际教育交流所作的贡献，称“武汉大学是当今世界地球空间信息领域最著名的研究机构。”

【11 月 23 日】《人民日报》发表专访李德仁院士《成才的路越走越宽广》一文，专访中李院士指出：“科学研究不要迷信权威，不要迷信书本，尤其不要迷信洋人，要拿出自己的新东西。”

【11 月 29 日】我校设在樱顶老图书馆的“珞珈讲坛”拉开序幕，由两院院士李德仁首讲，题目是“论地球空间信息大众化服务”。

【12 月 20 日】我校印刷与包装系主办、测绘遥感信息工程国家重点实验室协办、在武汉海怡锦江大酒店召开“第二届图像传播国际会议”。美、日，以及中国香港、中国台湾地区、内地相关高校和科研机构的专家学者 120 余人与会。李德仁院士任大会荣誉主席，印刷与包装系主任万晓霞任执行主席。

【12 月 26 日】湖北省测绘局、省测绘学会召开“2008 年度学术年会”，李德仁院士应邀作题为“对地观测技术与抗震救灾”学术报告。

【12 月 27—29 日】我校主办“对地观测数据处理与分析国际会议”，中、美、瑞士、英、澳的 400 多名代表参加了会议。

【12 月 31 日】科技部正式批复我校科技园建设“国家地球空间信息武汉产业化基地”。

【2008 年】由我校李德仁院士负责的教学研究项目“遥感科学与技术专业建设的探索与实践”获“2008 年武汉大学教学成果奖”特等奖。遥感科学与技术专业教学团队先后于 2008 年 6 月、10 月被评为 2008 年度湖北省高等学校教学团队和 2008 年国家级教学团队。2006 年遥感科学与技术专业被评为湖北省高等院校人才培养与创新工程本科品牌专业，2007 年遥感科学与技术专业成为国家一类特色建设专业。

【2008 年】由我校龚健雅、张良培等完成的“空间信息智能处理、建模和集成分析的理论与方法”，获 2008 年度全国高校自然科学一等奖。由胡瑞敏等完成的“车载多媒体通信系统”，获 2008 年度全国高校科技进步一等奖。由朱宜萱等完成的“仿唐木构建筑群现代工程监理与真三维数字建筑信息系统的研制”、由刘耀林等完成的“空间数据挖掘技术与应用工程研究”，分别获 2008 年度国家测绘科技进步奖一等奖。

由徐亚明、潘正风主持的“精密三角高程测量方法研究”、由刘良明、万幼川等完成的“MODIS 与风云卫星数据在环境与灾害监测中的应用研究”，分别获 2008 年度国家测绘科技进步二等奖。

2009 年

【1 月】李德仁团队完成“影像武汉”网络地图，成为国内首个最完整、真正意义的免费“影像城市”。

【1 月 6 日】张祖勋团队完成的“基于数字摄影测量网格的正射影像更新”项目，在广州通过陈俊勇、宁津生、刘先林等院士专家鉴定。一致认为，该项目在国际上首次提出

基于数字摄影测量网格的大范围正射影像自动更新技术方法，成功设计研制了正射影像更新系统，革新了摄影测量生产流程，大幅度提高了数字摄影测量作业效率，较好满足了数字影像信息快速采集与更新的需要，是新一代高性能航空航天数字摄影测量处理平台。

【1月9日】由李建成等完成的“我国区域精密高程基准面建立的关键技术及推广应用”，获2008年度国家科技进步二等奖。

【1月10日】中共湖北省委书记、省人大常委会主任罗清泉登门慰问李德仁院士，感谢他为湖北经济社会发展作出的贡献。李德仁向罗清泉书记赠送自己最近出版的《不停歇的思索》一书。

【1月13日】香港中文大学聘任李德仁院士为荣誉教授。李德仁作题为“对地观测与抗震救灾”的学术报告，参观了该校地理与资源管理学系、太空与地球科学信息研究所。

【1月17日】朱宜萱教授主持承担的“香港南莲园池数字化项目成果”移交仪式在香港举行。李德仁院士等参加移交仪式，顺访香港理工大学、香港中文大学、香港科技园，进行学术交流。

【1月19日】教育部发布《学科评估高校排名结果》(2007—2009)，我校测绘科学与技术一级学科排名该学科全国第一。

【1月20日】我校龚健雅、刘耀林两教授，被选为国务院学位委员会第六届学科评议组成员。

【2月2日】我国首个南极内陆考察站建站。我校测绘学院张胜凯参与建站工作，他完成的冰盖运动监测工作填补了国际南极冰川学研究的空白。

【2月13日】“国家地球空间信息武汉产业化基地”建设筹备会议在东湖开发区召开。湖北省科技厅会同省测绘局、东湖新技术开发区、武汉科技局、武大科技园等就科技部批准在我省建立“国家地球空间信息武汉产业化基地”的建设问题进行了研究。一致认为：获批李德仁院士团队主导的“国家地球空间信息武汉产业化基地”这块牌子难得，是全国唯一，取之不易！应高度重视，加强领导和协调，通力合作成合力，积极为基地建设提供政策、资金和基础设施等支持。基地要依托“武汉中国光谷”，认真做好规划，大力发展地球空间信息产业，促进区域经济协调、持续发展。

【2月16日】李德仁院士率我校代表团赴泰国，参加“诗林通地球空间信息科学国际研究中心理事会第二次会议暨指导委员会第一次会议”，商讨该中心在武汉和泰国建地面站事宜。

【2月25日】李德仁院士带领我校“泰国诗琳通中心对地观测卫星地面站”建站工作组成员，在东湖开发区规划局袁云华局长陪同下，冒雨顶风爬山头，实地考察初步定出两处候选地点。

【3月9日】湖北省政府发文成立“国家地球空间信息武汉产业化基地”领导小组。组长：副省长郭生练；副组长：省政府副秘书长黄国雄、武汉市常务副市长袁善腊；成员：10名，其中有我校副校长李清泉和“两院”院士李德仁。领导小组办公室设在武汉东湖新技术产业开发区管委会。

【4月10日】我校测绘遥感信息工程国家重点实验室一年一度开放研究基金成果报告会。实验室学术委员会主任李德仁院士阐述了实验室开放研究基金的意义和作用，希望大

家用好项目经费，做好研究工作。

【4月10日晚】我校举行“2009首届全国GIS技能大赛”启动仪式。该大赛由我校资源环境科学学院与教育部地理信息系统软件及其应用工程研究中心主办。

【4月13日】李德仁院士应邀在我校信息学部作“学习科学发展观，实践科学发展观”的报告。报告分三部分：一、对科学发展观本质的认识，二、关于学科发展的科学发展观，三、关于人才培养的科学发展观。引起听众强烈反响。

【4月17日】香港印刷商会理事长杨金溪在“珞珈印刷论坛”为印刷与包装系学子作题为“坚定信心，迎接挑战”讲座。同时办讲座的还有香港印刷商会监事长何家铿、香港印刷商会副理事长谢葆德。

【4月22日】国家测绘局局长徐德明等考察我校测绘遥感信息工程国家重点实验室，李德仁作了介绍。

【4月23日】国家测绘局与武汉大学签订进一步深化人才培养与科技合作协议。

【4月25日】国家测绘局组织由多名测绘界院士组成的专家组，在江苏省泰州市对李德仁院士主持完成的《数字泰州地理空间框架建设项目工程设计书》进行了评审。该设计方案顺利通过评审，获高度评价。国家测绘局、江苏省测绘局、泰州市人民政府举行了共建签约仪式；李德仁主持的数字泰州项目全面启动，他作题为“数字城市及其典型应用”的报告。

【4月】我校印刷与包装系与德国学术交流中心、伍珀塔尔大学合作，举办“第三期德国DAAD（德意志学术交流中心）暑期班”，为期三周；103名学员来自全国11所高校。同时面试“印刷与媒体技术”硕士生11名，录取5名。

【5月31日】德国慕尼黑工业大学第一副校长孟丽秋教授访问我校，双方就在测绘遥感领域开展2+1双硕士项目达成意向，李德仁院士等参加了会谈。

【6月9日】我校测绘遥感信息工程国家重点实验室2009届毕业典礼隆重举行。实验室学术委员会主任李德仁院士与实验室博导为博士、硕士毕业生颁发了学位证书。

【6月12日】我校测绘遥感信息工程国家重点实验室召开“985”、“211”二期建设项目“机载激光雷达”设备验收会。马洪超教授代表机载激光雷达科研团队，从设备引进、开发应用、服务社会及基于设备取得的相关成果等详实汇报。与会专家和领导对设备引进和使用予以高度评价，湖北省科技厅授予遥感信息工程学院“2008年度大型科学仪器协作共用奉献奖”荣誉称号，并发奖金人民币2万元。“全数字航空数码相机ADS40设备”一并通过验收。

【6月20日】中国冶金地质总局与我校合作共建的“地球空间信息工程重点实验室”在遥感信息工程学院揭牌。领导小组由该局局长闫学义、我校副校长李清泉等4人组成，该局副局长琚宜太为实验室主任、我校遥感学院万幼川为常务副主任；宁津生院士为实验室学术委员会主任。

【6月20日】由湖北省南北极科学考察学会发起，我校中国南极测绘研究中心、极地测绘科学国家测绘局重点实验室主办的“南北极科学考察学术研讨会”，在武汉蔡甸举行。该学会理事长鄂栋臣和理事会全体理事与会。

【7月5日】“国家地球空间信息武汉产业化基地”建设领导小组举行第一次会议，

武汉大学、东湖高新区分别汇报了基地产业规划与基地建设进展情况——基地一期 10 万平方米和基础设施建设已初步完成，基地二期 12 万平方米正在建设中。基地建设领导小组组长、副省长郭生练指出，国家地球空间信息唯一的产业化基地落户武汉，是我省相关产业的重大发展机遇。基地要创新体制机制，做好规划，创造好的创业环境，吸引更多人才。要直面市场，通过竞争实现产业优势资源的整合。政府各级部门要与企业交流沟通，做好服务工作，提升企业核心竞争力。

【7 月 22 日】在李德仁院士指导下，我校测绘遥感信息工程国家重点实验室激光与光学遥感组与中科院武汉分院成功举行联合日食观测活动。

【8 月 8 日】我校卫星导航定位技术研究中心举办 2009 年度中国最大的一次导航国际学术会议——“CPGPS2009 卫星导航定位技术论坛”；海内外专家学者、产业界人士、学子 400 多人参加了会议，收到论文 130 多篇、口头报告 108 个，出版 EI、ISTP 论文集各一册。

【8 月 28 日—9 月 1 日】四川五粮液集团普什集团下属全资子公司普拉斯包装材料有限公司刘坤宏等，来我校印刷与包装系考察。双方就共同建设包装 CAD 课程，拓展 3D 技术的推广和应用，开展新型防伪技术和包装结构的开发，色彩管理改进的研究，以及围绕五粮液集团产品开展包装设计竞赛等进行了充分的探讨。

【9 月 4 日】《教育部、财政部关于批准第四批高等学校特色专业建设点的通知》：我校的“地理信息系统”专业，被批准为“高等学校特色专业建设点”。

【9 月 6 日】教育部公布“2008 年度长江学者获奖名单”；其中，我校测绘遥感信息工程国家重点实验室的朱庆教授，为“长江学者摄影测量与遥感专业特聘教授”。

【9 月 6 日】香港印刷资源中心有限公司李志明董事在《珞珈印刷论坛》主讲“当今印刷新趋势”。印刷与包装系系主任万晓霞主持了论坛。本科生、硕士生、博士生等近 130 人参加了论坛。

【9 月 9 日】我校与中测新图（北京）遥感技术有限责任公司，依托张祖勋团队研制的、具有自主知识产权“空间信息数据处理技术”、合作成立“武汉中测晟图遥感技术有限公司”，召开第一届第一次股东会、董事会和监事会，选举张祖勋院士为公司名誉董事长，万幼川任董事长，张剑清为监事会主席。

【9 月 9—12 日】以“行动中的数字地球”为主题的“第六届国际数字地球会议”在北京国际会议中心举行；这次会议是 1999 年我国发起首次国际数字地球会议后再次主办的一次数字地球盛会；来自 40 多个国家 1000 余位本领域学者、企业家和管理专家参加会议。李德仁院士出席作《面向地球空间服务的网络》报告，对数字地球前沿理论与技术进行了阐述。

【9 月 15 日】《教育部、财政部关于立项建设 2009 年国家级教学团队的通知》，我校以国家名师李征航教授为带头人的“卫星导航定位与测量数据处理系列课程教学团队”，入选“国家级教学团队”。

【9 月 17 日】《教育部、国务院学位委员会关于批准 2009 年全国优秀博士学位论文的决定》发布，我校测绘遥感信息工程国家重点实验室钟燕飞的博士论文《遥感影像处理中的人工免疫系统理论及其应用方法研究》，入选“2009 年全国优秀博士学位论文”；指

导教师为张良培教授。

【9月】中国南极测绘研究中心鄂栋臣教授、艾松涛博士赴荷兰阿姆斯特丹，参加“2009年国际南极科学研究大会”的“地理信息工作组”会议。

【9月28日】我校印刷与包装系2008级研究生牟笑竹，获“意大利印刷技术奖”；意大利印刷协会安排其11月赴意大利参观考察印刷、包装相关制造商、企业，进行交流。

【10月13—14日】我校资源与环境科学学院主办“空间分析、时空数据建模和数据挖掘国际会议”，院长刘耀林担任会议主席和会议科学委员会副主席；加利福尼亚大学Michael F. Goodchild教授、剑桥大学Robert Haining教授、香港理工大学史文中教授等多位GIS专家，以及我校师生近300人参加会议。

【10月17日】教育部、财政部《关于批准2009年度国家精品课程建设项目的通知》，我校测绘学院郭际明负责的“大地测量学基础”课程，获批为“2009年度国家级精品课程”。

【10月18—23日】以“亚洲开始太空时代”为主题的“第30届亚洲遥感大会”在北京召开。大会向来自中、印、日、蒙、泰、越、瑞士、斯里兰卡等国家的12位科学家，授予以泰国遥感科学家Boon Indrambarya教授命名的金质奖，表彰长期以来对亚洲遥感发展有重大贡献的个人；中科院郭华东和武大李德仁为中国大陆获奖者。大会还颁发了优秀青年论文奖，我校7名同学参加了本次青年学生研讨会并宣读了论文，梁思获得小组优秀论文奖。

【10月19日】李德仁院士等武测航测系1957级同学在北京中国测绘科学研究院欢聚。

【10月20日】美国罗切斯特工科大学国际学生招生负责人Jody Lehr女士访问我校会谈，印刷与包装系系主任万晓霞参与了会谈。双方在印刷、包装、微电子等学科建立合作关系有建设性探讨。

【10月22日】李德仁院士应邀在北京举行的“第四届中国国际数字城市建设技术研讨会、全球数字城市高峰论坛”，作了题为“数字城市建设的成果及应用”的报告。

【10月16日】我校隆重纪念中国科学院资深院士王之卓教授诞辰100周年。武汉大学出版社出版了重要文献《资深院士王之卓》（主编李德仁，副主编徐兴沛、于子松、杨旭）；全国人大常委会副委员长、中国科学院院长路甬祥院士题写书名，全国科教文卫体委员会主任、国家科技部原部长徐冠华院士题词：“王之卓先生，您是中国科学家永远的榜样”，湖北省委书记罗清泉题词：“学界泰斗，大家风范”，全国多名院士、各界知名人士纷纷题词或撰文纪念，表达对王之卓的深切缅怀和崇高敬意。

【10月24日】我校举行“隆重纪念王之卓院士诞辰100周年大会”。李德仁、陈俊勇、刘先林、宁津生、刘经南、张祖勋、童庆禧、王家耀、许其凤等9位院士，来自德国斯图加特大学和汉诺威大学、日本东京大学、瑞士苏黎世理工大学以及美国、澳大利亚、俄罗斯等国和中国台湾、中国香港等地著名大学20多位国际知名学者，国内测绘遥感系统领导专家学者，我校党政领导、师生和校友代表等2000余人参加纪念大会。其间，李德仁院士为专程前来与会的德国斯图加特大学阿克曼教授——他的博导恩师庆贺八十大寿。

【10月24日】我校测绘遥感信息工程国家重点实验室召开“第四届学术委员会第四次全体会议”。该实验室学术委员会主任李德仁院士主持会议。

【10月】我校中国南极测绘研究中心艾松涛博士，自主研发的“雪龙在线”网络信息平台，在中国第26次南极考察首次投入使用，安装在我国第三代极地考察破冰船“雪龙”号上，为各方提供了解雪龙航行状态、关注极地考察的窗口，并通过国内专家团队为雪龙船航行提供必要的信息支撑。

【10月底】我校资源与环境科学学院的地理信息系统教育部重点实验室，获评为教育部数理、地学领域的30多个教育部重点实验室中5个优秀实验室之一。

【10月30—31日】由我校资源与环境科学学院与日本京都大学在日本京都举办“第五届亚洲可持续发展学术研讨会”。中日两国教授和研究生，围绕“低碳社会与可持续环境”学术报告20多个。

【11月8日】李德仁院士在测绘遥感信息工程国家重点实验室为研究生作题为“论空天地一体化对地观测”的讲座，以汶川地震为例，讲述了遥感技术当代发展状况及未来发展方向。

【11月17日】中国资源卫星应用中心与我校签署科技全面合作协议，双方共建“卫星数据处理与应用技术研究中心”，在遥感学院挂牌成立；李德仁、张祖勋为该中心首席科学家，龚健雅、万幼川为特聘专家；李德仁、张祖勋院士等为该中心揭牌。

【11月18—21日】鄂栋臣教授率中国极地研究中心师生一行，在福州福建会堂主办“2009中国极地科学学术年会”。

【11月19—20日】中共中央政治局委员、国务委员刘延东来校视察测绘遥感信息工程国家重点实验室，湖北省委书记罗清泉等陪同视察，李德仁院士详细介绍了实验室概况和发展运行情况，得到肯定和赞扬。

【11月28日】《教育部、财政部关于批准2009年度国家级实验教学示范中心建设单位的通知》发布，我校的“测绘实验教学中心”获批准为“2009年度国家级实验教学示范中心建设单位”。

【12月9日】《教育部关于聘任第六届教育部科学技术委员会及其战略研究指导委员会、学风建设委员会和学部委员的通知》发布，聘任我校李德仁院士为“第六届教育部科学技术委员会委员”、战略研究指导委员会委员、国防科技学部委员；李清泉教授为“第六届教育部科学技术委员会委员”、地学与资源环境学部常务副主任。

【12月12日】“第十届毕昇印刷技术颁奖大会”在北京召开，我校印刷与包装系万晓霞教授获“第十届毕昇印刷技术奖”。

【12月15日】我校客座教授、利奥纸品集团（香港）有限公司董事、首席财务官黎景隆，应邀在《珞珈印刷论坛》作题为“策略联盟，合作共赢”演讲。

【12月16日】我校“中国南极测绘研究中心”入选“辉煌荆楚60名片”。

【12月21日】“中国冶金地质总局地球空间信息工程重点实验室”第一次学术委员会扩大会议，在湖北随州召开。听取了实验室常务副主任、我校万幼川“实验室工作报告”；评审了实验室申报的“基于数码航测的大比例尺3D产品生产关键技术研究”、“基于遥感与物探技术的重大矿山工程风险评估研究”、“一体化数字化测图系统平台的研究

与开发”、“激光雷达及其矿山三维可视化技术”的项目申请报告。学术委员会委员、与会专家领导深入讨论，提出了建设性的意见，明确了下一阶段的工作目标和研发重点。

【2009 年】宁津生院士领衔的教学研究项目“面向信息化的测绘工程专业改革及系列精品课程建设”、李德仁院士领衔的教学研究项目“遥感科学与技术专业建设的探索与实践”，分别获“第六届高等教育国家级教学成果奖”二等奖、湖北省教学成果奖一等奖。李德仁、王树根、周月琴著《摄影测量与遥感概论（第二版）》获评为“2009 年度普通高等教育精品教材”。测绘学院有 9 部教材参加第六届全国高校优秀测绘教材评奖，其中获得优秀测绘教材一等奖 3 部，二等奖 3 部，三等奖 2 部。

【2009 年】我校测绘学院在重点学科、“985 工程”和“211 工程”项目建设基础上，提出了“211 工程”三期建设项目：现代测绘基准与空间信息探测技术，争取到建设经费 825 万元。确定主要研究方向 3 个：现代空间基准与导航定位、现代测量工程及信息化、地球物理信息探测技术及应用方向；提出 7 个主要学科发展方向：物理大地测量学、卫星大地测量学、地球物理大地测量学、精密工程测量、工程形变与灾害预报、极地测绘遥感信息学和图像工程学等。同时，针对学院是教育部“信息化测绘人才培养模式创新实验区”，制定了信息化测绘人才培养模式创新实验区具体培养方案，建立信息化测绘实验班。测绘学院科研经费取得新突破，达 3950 万元，比 2008 年增长 30%，其中横向 2913 万元，纵向 1037 万元。在研科研项目总数达 172 项，教师人均科研经费在全校学院中排名第 2。2009 年测绘学院共开设 6 门双语课程。

【2009 年】我校资源与环境科学学院“地理信息系统专业”被批准为国家级特色专业建设点；《地理信息系统》教材获全国高等学校测绘教材二等奖；刘耀林教授获宝钢优秀教师特等奖。

【2009 年】我校卫星导航定位技术研究中心参加“欧盟 FP6 合作项目”，建立了中国唯一的“伽利略卫星导航系统跟踪站”，成果可为中国自主建设“北斗卫星导航系统”提供借鉴。

2010 年

【1 月 4 日】我校第 11 届“王之卓创新人才奖”颁奖，17 名学生获得奖学金。李德仁院士、张祖勋院士等向获奖学生颁奖。

【1 月 4 日】我校鄂栋臣、庞小平、王泽民等完成的“极地基础测绘与冰雪环境动态过程研究”获“2010 年国家测绘科技进步奖一等奖”。

【1 月 7 日】应中国电子科技集团公司第十研究所邀请，李德仁院士赴成都该所合作座谈交流，作题为“论空天地一体化对地观测网与地理信息新时代”的学术报告。

【1 月 9—10 日】应九寨沟管理局的邀请，李德仁院士、朱宜萱教授参加“中国九寨沟“智慧景区”研讨会”；李德仁作特邀主题报告“从数字地球到智慧地球”，主持“智慧九寨”全面建设规划项目论证会：利用数字地球和互联网最新技术，建设和谐智慧九寨，打造世界级旅游精品。

【1 月】国家测绘局重点实验室评估小组林宗坚教授一行，来我校检查评估“数字制

图与国土信息应用工程国家测绘局重点实验室”。

【1月18日】李德仁院士应邀为海南省直机关400名干部作题为“从数字地球到智慧地球”的报告；结合海南建国际旅游岛的需要，对“智慧海南”提出建议。我校和立得公司协助海南测绘局启动该项工程。

【1月22日】由极地测绘科学国家测绘局重点实验室、武大中国南极测绘研究中心编制，中国地图出版社出版发行的《南北极地图集》在京举行首发式。这是我国第一部反映南北极自然地理环境与我国南北极测绘科学考察成果的地图集，综合反映了25年来我国南北极测绘史与研究成果。

【1月25日】根据教育部教人厅函［2010］3号文公告，我校测绘遥感信息工程国家重点实验室朱庆教授，入选2009年度“新世纪百千万人才工程”名单。

【1月30日】中央电视台科教频道（CCTV10）《大家》栏目聚焦李德仁院士，以《测绘人生》为题，围绕汶川地震求解唐家山堰塞湖危机、留学德国破解测量学界百年难题、用遥感技术改善人民生活等，专题电视报道李院士，展现了他的求学与治学历程。

【1月】我校“珞珈印刷论坛”，邀请杜邦公司业务部经理古汉军作“柔性版印刷的技术优势”的报告。

【2月22日】教育部批准，我校和清华大学牵头组建、共有19所知名高校参加的“教育部对地观测联合研究中心”成立，李德仁院士担任该中心第一任主任。主要任务是：以高分辨率对地观测系统重大专项和科技工程发展需求为牵引，整合高校优势资源参与专项工程，围绕科技创新、应用示范、人才培养和国际交流四方面开展工作；实现高校强强联合，为国家重大科学攻关项目作出更大贡献。

【2月25日】《教育部关于公布新世纪优秀人才支持计划2009年度入选人员名单的通知》，我校遥感信息工程学院钟燕飞教授入选“新世纪优秀人才”，获资助50万元。

【3月5日】我校测绘遥感信息工程国家重点实验室青年教师黄昕，荣获美国摄影测量与遥感学会“2010年度影像分析与解译最佳论文波音奖”。

【3月18日】Hexagon大中华区总裁李洪全等4人访问我校测绘遥感信息工程国家重点实验室。李德仁院士等会见了李总裁一行。双方达成在地球空间信息科学领域合作意向。

【3月22日】作为中科院遥感所第8届学术委员会副主任，李德仁院士出席该委员会第一次会议。会议制定该所“十一五”任务目标、“十二五”规划基础，促进该所长远发展。

【3月23日】台湾中国文化大学前校长李天任教授，应邀在“珞珈印刷论坛”作题为“印刷传播人才时代使命与文化涵养”的报告。

【3月26日】国家测绘局副局长李维森一行来校与李德仁院士、长江学者代表、相关院系负责人、专家学者等，就测绘科技创新体系布局、建设、管理运行、产学研结合、提高科技成果转化率、整合利用高校科研单位和企业的研发资源、积极争取参与国家重大科技项目、对《测绘科技“十二五”发展规划（征求意见稿）》的修改意见、建议等，建言献策。

【3 月底】我校吉奥公司国产地理信息系统平台入选国家电网公司信息化建设。在这平台上，电网任何位置异常，都可直接以图形直观反馈到控制中心，节省大量成本，为国家智能电网建设发挥基础作用。

【3 月 30—31 日】教育部印刷工程教学指导委员会“《印刷工程本科专业教学规范》制订研讨会”在我校印刷与包装系召开，与会成员来自我校、华南理工大学、北京印刷学院等 5 所高校。

【4 月 6 日】《教育部关于成立 2010—2015 年教育部高等学校创业教育指导委员会的通知》：我校副校长李斐教授为“2010—2015 年教育部高等学校创业教育指导委员会”委员。

【4 月 6—7 日】“国家测绘局重点实验室评估会议“在京举行，我校“数字制图与国土信息应用工程国家测绘局重点实验室”主任刘耀林教授的工作汇报和评估答辩，获得评估组专家一致肯定。

【4 月 15 日】我校张祖勋院士将一套研发的可移动 DPGrid 技术设备送往北京，与国土资源部的科研人员一起，随时接收从玉树传输回来的航拍图，及时收集灾区信息制作地形图，为抗震救灾决策指挥提供科学依据。

【4 月 16—17 日】受国家科技部委托，国家自然科学基金委组织专家对我校测绘遥感信息工程国家重点实验室进行了每 5 年一次的现场评估。校长顾海良、常务副校长李清泉、副校长李斐，院士李德仁、宁津生、刘经南、张祖勋，校科技发展研究院负责人、该实验室全体人员等参加了现场评估。实验室主任龚健雅作工作报告；朱庆、张良培、朱欣焰、李清泉、眭海刚等代表性成果报告，回答了专家提问。专家组现场考察、综合评议实验室各方面情况及代表性成果演示，对实验室五年来所取得成绩给予了充分肯定和高度评价。

【4 月 18 日】我校参与共建的“民政部减灾和应急工程重点实验室”揭牌仪式，在测绘遥感信息工程国家重点实验室举行。龚健雅教授主持揭牌仪式。李德仁院士出任“民政部减灾和应急工程重点实验室”学术委员会主任。2009 年 4 月民政部批准成立“减灾和应急工程重点实验室”，首批认定为部级重点实验室：依托我校和民政部卫星减灾应用中心，与中国航天科技集团 503 所、北师大共建。以李德仁院士为首席科学家的空间信息技术减灾团队，多次参与和协助国家减灾中心科技减灾，取得丰硕合作成果；经过一年筹备，该室终于在我校测绘遥感国家重点实验室挂牌。

【4 月 20 日】“国家重点基础研究发展计划”（“973”计划）和国家重大科学研究计划 2011 年项目实施会”在京召开。我校张良培为首席科学家申报的“空天地一体化对地观测传感网的理论与方法”项目获得批准。

【4 月 22 日】我校与国家土地督察武汉局“共建大学生和研究生实习基地”协议签字仪式，常务副校长李清泉和该局局长王广华签字、为基地揭牌。

【4 月 23 日】我校“地理信息科学技术文化节”开幕式。首场学术讲座由李德仁院士作“从数字地球到智慧地球”报告。李院士阐述了数字地球与智慧地球的区别、数字地球“秀才不出门，能知天下事”，而智慧地球却“秀才不出门，能做天下事”；展望地理信息科学技术未来，指出全新地理信息时代已到来。

【4月27—29日】我校李德仁、朱宜萱一行5人，应邀参加在俄罗斯新西伯利亚市举行的“GEO-Siberia2010国际会议”。李德仁院士作为ISPRS白象俱乐部成员，在白象俱乐部分会场作了题为“中国地球信息科学的技术转化”的报告。

【4月29日】李德仁院士一行应邀访问俄罗斯新西伯利亚测绘学院，磋商两校在地球空间信息科学领域国际合作。

【5月3—7日】李德仁等7位院士与相关专家赴十堰市等地，调研南水北调生态经济情况。此调研由中科院地学部和我校联合进行，将在此基础上完成《南水北调中线工程核心水源区生态经济可持续发展咨询报告》，提交中央国家有关部门决策参考。该项目2008年立项，由李德仁院士负责。他指导我校测绘遥感国家重点实验室龚健雅、陈晓玲、曾群，水资源与水电国家重点实验室邵东国，资环学院王红萍等；多次赴十堰市、丹江口市调研，开展了一系列前期论证工作。

【5月7日】国家减灾委员会等在京举办“国家综合防灾减灾与可持续发展论坛”；李德仁院士主持“科技进步与综合防灾减灾专题”，作题为“多系统集成的自然灾害应急响应系统”报告。

【5月上旬】国家测绘局公布2008—2009年度国家测绘局重点实验室评估结果，我校“数字制图与国土信息应用工程国家测绘局重点实验室”被评为优秀实验室。

【5月13日】我校李斐副校长被选为“高等学校创业教育指导委员会”委员。

【5月17—21日】“中欧科技合作〔龙计划〕二期中期成果学术研讨会”在广西阳朔召开的。李德仁院士为特邀嘉宾出席开幕式，作了题为“Chinese EO missions and future programmes”报告。

【5月17日】“首届‘北斗杯’全国青少年科技创新大赛”在北京大学颁奖。共有87个单位262个作品参赛。我校遥感信息工程学院“基于北斗导航系统的移动导航定位终端的设计”（钱成越、薛原、张彦峰、卢争超）荣获一等奖；“北斗卫星轨道设计及三维显示的仿真研究”（曾也鲁、曾超）、“北斗卫星导航系统在自然灾害防治中的应用”（周云、符思涛）、“北斗卫星导航系统在地震中的应用及建议”（徐迎欢、罗迪）、“基于卫星空间相对位置及摄影测量信息的空间卫星系统轨道参数的整体测定”（张德飞、刘璐）、“任重道远”（张晗）等5项获优秀奖。遥感信息工程学院分团委获得优秀组织奖。

【5月26—28日】“国际地理信息科学理论——数据处理及建模大会”在香港理工大学召开；李德仁院士出席开幕式，作题为“地理信息的新时代”的特邀报告。

【5月】我校印刷与包装系的代表，赴韩国参加“包装工程专业国际会议”。

【6月上旬】民政部国家减灾中心给我校“MODIS卫星数据地面接收站”来信感谢该中心：“在玉树地震灾情遥感监测评估工作中，MODIS卫星数据地面接收站及时向国家减灾中心（民政部卫星减灾应用中心）提供了技术支撑，为我们扩大灾区监测范围、提高灾害评估准确性等提供了重要的数据基础，并发挥了重要作用。”

该接收站负责人、“民政部减灾与应急工程重点实验室”特聘专家刘良明教授研究小组，积极参与青海玉树地震灾情遥感监测，及时向国家减灾中心、民政部卫星减灾应用中心提供了相关的技术支撑和数据支持。

【6月11—16日】李德仁院士一行三人赴保加利亚参加“第三届ISDE数字地球高峰论坛”。李德仁应邀作了题为“从数字地球到智能地球”的报告，受到高度关注。

【6月】美国联美印刷总裁周贤孟博士应邀来我校“珞珈印刷论坛”，作“胶版印刷原理与未来”讲座。

【6月17日】武汉市常务副市长袁善腊来我校看望李德仁院士；市政府将积极推进产学研用结合，大力支持李院士的研究新进展。

【6月】经中国版权保护中心审核登记，我校中国南极测绘研究中心获“南极PANDA地理信息系统1.0计算机软件著作权”（登记号：2011SR014176；证书号：软著登字第0277850号）。

【7月2—4日】“国际摄影测量与遥感学会立100周年庆典大会”在奥地利维也纳科技大学召开。大会首次选举了国际摄影测量与遥感学会12个先进人物（Fellow），我校李德仁院士入选。

【7月6日】由我校测绘遥感信息工程国家重点实验室和科技成果转化企业武汉武大卓越科技有限责任公司联合研究开发、武汉龙安集团有限责任公司制造的我国首台“激光动态弯沉测量车”问世。我校常务副校长李清泉教授介绍，“激光动态弯沉测量车”，打破了西方少数国家在这一领域的技术封锁和垄断，填补了国内道路快速弯沉检测的空白，取代价格昂贵的进口设备，使我国公路检测仪器的研发和道路养护水平跻身世界领先行列。

【7月5—11日】李德仁院士等应邀前往捷克布尔诺市进行遥感与GIS领域的学术交流，作了学术报告；并考察了捷克喀斯特地貌和三皇会战古战场。

【7月7日】《教育部、财政部关于立项建设2010年国家级教学团队的通知》，我校资环学院刘耀林负责的“地理信息系统专业系列课程”教学团队，入选为“国家级教学团队”。同日，《教育部、财政部关于批准第六批高等学校特色专业建设点的通知》，我校“测绘工程”专业点，被批准为“特色专业建设点”。

【7月11—18日】我校中国南极测绘研究中心等单位，以“地球南北极对全球气候变化的响应与反馈作用”为主题，举办“国际大学生极地科学考察学术报告邀请赛”；澳、新及我国港、台、大陆10余所著名高校的学生参赛。我校南极中心硕士生王立影获一等奖。

【7月13日】泰国科技部次长Suchinda，武汉市委、湖北省科技厅、东湖新技术开发区有关领导，我校常务副校长李清泉，李德仁、宁津生、刘经南、张祖勋等院士，出席我校“诗琳通地球空间信息科学国际研究中心”奠基仪式。武汉东湖新技术开发区豹澥镇铁家山规划土地100亩，用于该中心的建设。

【7月24日】国土资源部副部长、国家测绘局局长、党组书记徐德明考察“国家地球空间信息武汉产业化基地”。他高度评价了基地的建设成就，充分肯定我校建设该基地的努力。我校副校长李斐、国家测绘局副局长李维森及湖北省测绘局、武汉市规划局、武汉东湖高新区管委会有关负责人等参加了考察。

【8月】我校印刷与包装系“第4期德国DAAD暑期班”，聘请德国伍珀塔尔大学印

刷媒体的教授来授课。学员 77 名来全国 9 所高校印刷专业。

【8 月 14 日】由我校测绘遥感信息工程国家重点实验室张良培教授为首席科学家的国家 973 计划项目："空天地一体化对地观测传感网的理论与方法"，获科技部批准，资助 2800 万元。

【8 月 18—20 日】我校卫星导航定位技术研究中心，在上海举办"CPGPS2010 卫星导航定位技术暨全球卫星导航定位系统——新兴产业与国际交流论坛"，海内外 7 个国家和地区 500 多人参加论坛。

【8 月 20 日】"2010 年高速铁路精密测量理论及测绘新技术国际学术研讨会"在西南交通大学召开。李德仁应邀作大会主题报告。

【8 月 24 日】"第十届海外高新技术人才为国服务暨第三届新侨创新成果交流会"在人民大会堂举行。我校李德仁院士获"中国侨界（创新人才）贡献奖"；李德仁的"基于 3S 集成技术的 LD2000 系列移动道路测量系统及其应用"成果，获"中国侨界（创新成果）贡献奖"。

【8 月 26 日】中国工程院院长周济来我校考察座谈。李德仁院士建议，工程院应加大步伐发展院士，"千人计划"遴选应制定更全面、合理标准。张祖勋院士建议，应注重院士评选中的保密问题，鼓励研究多采用国产硬件和软件。测绘遥感信息工程国家重点实验室主任龚健雅教授介绍了实验室的概况。

【8 月 28 日】由我校常务副校长李清泉牵头、测绘遥感国家重点实验室杨必胜为团队技术总负责人研制的国内首台集成 GPS、惯导、激光扫描仪、高分辨率相机的"遥感无人机测量系统"，经 2 年多攻关试飞成功，该机能设定路线自动飞行，飞行最高海拔 2000 米，辐射范围 10 多公里；同时获取高分辨率影像、激光点云、视频等数据；可广泛运用于灾害应急、勘察设计、电力巡线、国土资源调查、基础测绘、交通等领域；如用于泥石流灾害，就可测量地形获取实时影像，帮助防灾救灾，既快又大大节约成本。

【8 月中下旬】四川省普降暴雨，汶川大地震影响区域受泥石流侵害，形成堰塞湖，严重威胁了群众生命财产安全。我校与中测新图遥感技术公司合作成立的"武汉中测晟图遥感技术有限公司"，以紧急供图为第一要务，利用我校张祖勋团队研发的"DPGrid 数字摄影测量网格系统"，对无人机获取的航空遥感数据快速处理，最短时间得到灾区灾后高分辨率影像，为科学救灾、灾情评估提供了科学依据。

【8 月 27—31 日】"第 17 届中国遥感大会"在杭州召开，李德仁院士作特邀报告"LIDAR 技术及其应用"。大会举办"'航天星图杯'第六届中国青年遥感辩论会"，李德仁任嘉宾评委，精彩点评辩论。

【9 月 3 日】世界知名海克斯康测量系统总裁 Juergen Dold 博士一行四人应邀来访，与李德仁院士就地球空间信息技术领域合作深入讨论，成立了联合项目工作组。

【9 月】我校印刷与包装系 5 名硕士生赴台湾文化大学学习研究半年。

【9 月 5 日】李德仁院士应邀为重庆市勘测院题词："为五个重庆的建设提供强有力的勘测保障——敬贺重庆市勘测院成立六十周年"。

【9 月 17 日】我校与中国航天科技集团公司卫星应用研究院签署战略合作框架协议，在对地观测与导航领域国家重大项目联合攻关、卫星应用终端产品联合开发、共建卫星应

用技术创新研究中心等方面，开启合作新篇章。该院副院长李忠宝，我校校长顾海良、国防科技研究院院长刘经南院士等出席协议签字仪式。

【9月24—28日】“2010极地科学学术年会”在上海举行；我校中国南极测绘研究中心11人与会，其中7人作学术报告；师资博士后杨元德获青年优秀论文奖。

【9月28日】科技部2010年对我国地学领域国家重点实验室开展了5年一次的评估，我校测绘遥感信息工程国家重点实验室被评为“优秀实验室”——这是该实验室第三次被评为优秀。

【10月11日】我校举行“缅怀先贤·激励后学·李庆海先生诞辰100周年纪念大会”，隆重纪念中国杰出大地测量学家、中国工程测量学科奠基人李庆海教授。校党委书记李健，宁津生院士，杨元喜院士，常务副校长李清泉，校党委副书记、纪委书记俞湛明，高校、科研机构、大型企业代表，李庆海子女和学生代表，测绘学院师生代表等出席大会。

“我从1954年起跟随先生，聆听先生教诲，一直到1986年先生逝世，先生的教导令我受益匪浅。”宁津生院士追忆恩师对自己为人为学的影响，简介李庆海先生生平。李庆海首批硕士生代表陈春明教授、李庆海同事代表刘基余教授先后发言，回顾李先生治学品格、为人风范、报国情怀和对测绘事业的执着追求。测绘学院院长李建成介绍了筹备李庆海奖励基金会及捐款情况，首批收到捐款165万元。

【10月14日】“第六届海峡两岸测绘发展研讨会”在澳门召开。李德仁院士应邀作《从数字地球到智慧地球》的主题报告。

【10月16日】对我校资环学院胡鹏教授主持的“数字高程模型新理论和关键技术”，湖北省科技厅组织高俊、孙九林、李小文3院士等7专家进行鉴定，一致认为该成果有重大理论创新和应用前景，达到国际领先水平。

【10月18日】科学技术部《关于国家重点基础研究发展（973）计划2011年项目立项的通知》，我校测绘遥感国家重点实验室张良培教授主持的“空天地一体化对地观测传感网的理论与方法”，列为“国家重点基础研究发展（973）计划2011年项目”。

【10月18日】我校常务副校长李清泉团队研制的“无人驾驶车”，获国家自然科学基金委员会“中国智能车未来挑战赛”亚军。该团队集中测绘遥感信息工程国家重点实验室、计算机学院、软件工程国家重点实验室、动力与机械学院等单位的20余位青年师生，经过近一年研制才成功。

【10月19日】我校第192期“弘毅讲堂”，李德仁院士作题为“论学科发展的纵深与交叉”讲座。军事测绘行业20名专家，为加强军地测绘界沟通与交流，应邀来聆听讲座。

【10月21日】我校召开“985工程”（2010—2013年）建设规划专题会议。校学术委员会主任李德仁院士主持会议；常务副校长李清泉，校学术委员会副主任委员、部分学院（系）和职能部门负责人出席。与会专家进行了充分讨论，就建设规划方案提出了许多建设性的意见。李德仁指出，规划方案要“大钱办大事”，集中力量创建世界一流学科群，发挥学科门类齐全的优势，促进学科交叉融合，明确新的学科交叉增长点。李清泉总结提出，要准确把握发展定位，突出规划的重点、亮点。

【10 月 28 日】李德仁院士与专家组前往成都，检查中国电子科技集团公司第 10 研究所承制的“武汉大学诗琳通地球空间信息科学国际研究中心 THEOS 遥感卫星地面站”设备系统研制情况。

【10 月 29 日】李德仁院士领衔、我校测绘遥感信息工程国家重点实验室深圳研发中心研发的“‘智慧九寨’一期基于可量测实景影像的九寨景区智能化管理与服务平台”，通过由四川省阿坝科技局专家组鉴定，一致认为：该平台属旅游业有自主知识产权的高科技产品，国内首创，居国内旅游行业领先水平。

【10 月 30—31 日】包括宁津生、陈俊勇、李德仁、李小文、刘经南 5 名院士在内的专家组，对我校以龚健雅为首席科学家完成的 973 计划项目“对地观测数据·空间信息·地学知识的转化机理”进行验收。该项目包括 6 个课题，专家组对各课题取得的诸多研究成果给予高度评价，一致认为均圆满完成了计划任务，实现了预期目标，同意通过验收。

【11 月 1—3 日】“中国工程院工程科技论坛·现代测绘科学技术与信息化社会的可持续发展论坛”在我校举行。宁津生院士主持开幕式。国家测绘局副局长李维森、我校常务副校长李清泉等出席开幕式并致辞。15 位院士以及测绘学科多名专家学者，探讨如何科学合理建立对地观测体系，充分利用地球空间信息解决发展和环境资源保护的矛盾问题，引领我国经济社会可持续发展。

李德仁题为“空天地一体化对地观测技术”、周丰峻题为“测绘科学技术在灾害监测和大跨度结构研究中的应用”、许厚泽题为“全球环境变化的空间大地测量探测”、王家耀题为“变化着的世界与变化中的地理空间信息工程技术”……28 位院士、学者，从不同研究方向阐述了现代测绘科学技术发展趋势和应用前景，内容涉及土木、水利、建筑、测绘、地理等，为测绘学科快速发展、广泛应用，提供了许多思路方法。

【11 月 2—5 日】“第二届武汉国际地球空间信息技术与产业发展论坛”在武汉科技会展中心举办。国际摄影测量与遥感学会前任主席 John Trinder，国际制图学会前任主席、国际数字地球学会副主席、欧亚科学院欧洲研究中心主任 Milan Konecny、我校李德仁院士、中国测绘科学研究院院长张继贤、南方测绘集团总经理马超分别做主题演讲。我校立得空间信息技术有限公司展出了基于具有自主知识产权、世界领先的移动测量系统的实景三维技术，我校卓越科技有限责任公司展出了自主创新成果——激光动态弯沉车，武汉泰通卫星技术发展有限责任公司展出了全球卫星定位系统最新技术和成果。

【11 月 4—6 日】李德仁院士等 19 人，赴台湾高雄出席“2010 年两岸四地 GIS 与应用遥感研讨会”。李德仁作了题为“地理空间信息新时代”的大会主题报告，得到与会学者的广泛关注。会后，李德仁、朱宜萱赴台南拜访了王之卓先生早年的学生、90 岁高龄、台湾成功大学资深教授史惠顺。

【11 月】我校测绘遥感信息工程国家重点实验室陈晓玲教授等，荣获“Elsevier 环境科学领域 2005—2010 年最高被引中国作者”证书；这是我校首次获得该证书。陈晓玲等的论文题为“基于遥感影像的城市热岛与土地利用/地面覆盖变化关系分析”，2006 年发表在《环境遥感》上，当年即成为国际热点文章排名第一，已被《环境遥感》、《国际遥感杂志》等 SCI 期刊论文引用数十次。

【11月7日】我校空间信息与数字工程研究中心边馥苓、科技考古研究中心王然牵头，经1年多科研攻关的“科技考古遥感无人机”试飞成功，是我校“985”工程跨学科共享平台“科技考古与文化遗产保护综合研究”的重要研究成果。

【11月9—11日】“中国测绘学会2010年学术年会”在南京召开。学会副理事长李德仁院士作题为“数字地球与智慧地球”报告。我校中国南极测绘研究中心鄂栋臣、庞小平、王泽民等完成的“极地基础测绘与冰雪环境动态过程研究”获2010年测绘科技进步一等奖、《南北极地图集》获优秀地图作品裴秀奖金奖。

【11月】我校将中国南极测绘研究中心调整为直属学校管理的实体性科研机构：调整后南极中心与卫星导航定位技术研究中心，合组教授委员会和学位评定委员会。学科建设归口信息学部，按学校二级单位运行；科学研究受校科技发展研究院管理指导；教工学生基层党支部隶属测绘遥感国家重点实验室党委。人才培养以与极地科学相关的硕士和博士生为主，科研人员可承担相关学院的本科、研究生课程。

【11月】我校测绘遥感信息工程国家重点实验室，发给6名硕博连读优秀新生每人2万元奖学金。

【11月11日】中国第27次南极科学考察队乘“雪龙”号考察船从深圳起航，赴南极考察。我校4名科考队员：中国南极中心副教授周春霞、博士后杨元德、博士生杜玉军，电子信息学院博士生刘建军。我校副校长、中国南极测绘中心主任李斐及鄂栋臣、王泽民前往送行。

【11月15—19日】李德仁院士等赴美国佛罗里达，出席ISPRS技术委员会等国际学术组织联办的国际研讨会。李德仁作题为“面向服务的地理空间信息科学的挑战和机遇”的报告。他还应邀在“ICA早期预警和危机管理研讨会”上作大会报告。

【11月16日】我校和中国地震局地震研究所签订“关于开展极地卫星激光测距的合作协议”：在组建极地激光测卫站和极地激光测卫研究中心、科学研究、仪器资源等方面，实现人力资源互补、科技成果共享、协同发展等全方位合作。中国地震局地震研究所副所长杜瑞林，我校副校长、中国南极测绘研究中心主任李斐，鄂栋臣教授等出席；校科技发展研究院常务副院长李平湘主持签订仪式。

【11月21日】“第十二届中国国际高新技术成果交易会”在深圳会展中心闭幕。我校卓越公司的“全自动激光测量盘库系统”、武汉泰通公司的“RFID超高频无源立体电子标签”分别获得“优秀产品奖”。

【11月26日】中国科协《关于表彰全国优秀科技工作者的决定》，授予我校资源与环境科学学院院长刘耀林教授为“2010年全国优秀科技工作者”称号。

【11月29日】李德仁院士入选合校10周年“武汉大学十大风云人物”。

【12月6日】《教育部关于成立第三届教育部学科发展与专业设置专家委员会的通知》，我校副校长李斐教授为“第三届教育部学科发展与专业设置专家委员会”委员。

【12月21日】国家测绘局为“国家测绘局首批科技领军人才”颁发证书和科技资助专项资金。2010年，评选出7名“国家测绘局首批科技领军人才”；其中有我校测绘学院院长李建成、测绘与遥感信息工程国家重点实验室主任龚健雅。每人资助50万元。李建成代表首批当选国家测绘局科技领军人才发言。

【12 月 21—22 日】李德仁院士莅临广州中海达卫星导航公司作“紧密结合 GNSS 技术的地理信息系统新领域”、“三维激光车载测量和近景摄影测量对比”、“可量测实景影像与位置在导航服务中应用”的技术报告，与参会人员进行了技术交流。并应邀为该公司题词：“做导航定位和空间信息服务的旗舰”。

【12 月 24 日】中组部负责人宣布：李晓红为武大校长，免去顾海良的校长职务、调任教育部党组成员。

【12 月 31 日】我校测绘遥感信息工程国家重点实验室召开“评估总结座谈暨新年茶话会”，回顾 2000 年、2005 年、2010 年国家 3 次评估，均被评为“优秀”不平凡历程。陈俊勇、许厚泽、李德仁、宁津生、刘经南、张祖勋、张勇传等院士，国家测绘局副局长李维森，科技部、湖北省科技厅、测绘系统相关单位代表，全体在校校领导及有关学院、职能部门负责人出席了座谈会。实验室主任龚健雅作工作报告，回顾总结了实验室优秀之路。李德仁院士作专题报告，展望实验室对地观测平台建设。实验室已成为国际上测绘遥感信息工程领域的重要研究平台，以实验室为代表的武大测绘学科国际影响与日俱增。

【2010 年】我校资源与环境科学学院“数字制图与国土信息应用工程国家测绘局重点实验室”，被国家测绘局全国重点实验室评估为“优秀实验室”；2007 级杨盼盼获得数模竞赛全国一等奖；2007 级张文逸作为主力队员参加第九届“国际大学群英会辩论会”获得冠军；2008 级王峰获“世界脑力锦标赛中国区总冠军”。

【2010 年】我校测绘学院获成功举办“面向信息化测绘的测绘工程专业创新教学体系建设高级研修班”，承办了中国工程院第 106 场工程科技论坛“现代测绘科学技术与信息化社会的可持续发展”。邀请国（境）外的学者来学院交流讲学访问 11 次。20 余名教师出国访问和参加国际会议。

【2010 年】我校卫星导航定位技术研究中心邀请国际知名学者 20 余人来中心讲学合作交流，举办专业报告 36 场；开设专业英语课程一门；接收了荷兰和巴基斯坦等国的访问学者。

【2010 年】我校印刷与包装系与香港知专设计学院、香港印刷业商会继续推动双方印刷、动画班学生交流学习；全年有 47 名师生赴香港，香港知专设计学院有 48 名学生和 3 名教师来交流学习。

【2010 年】我校国家卫星定位系统工程技术研究中心获苏州工业园区科教创新重点工程项目“多模多频卫星导航射频接收芯片研发及产业化”，在苏州工业园区成立了苏州晶为微电子有限公司，注册资金 1000 万元。

2011 年

【1 月 14 日】国家科学技术奖励大会。我校龚健雅主持的“开放式虚拟地球集成共享平台及重大工程应用”、刘耀林主持的“时空数据挖掘关键技术与应用”，分别获得“2010 年度国家科技进步二等奖”。

【1 月 16 日】第 12 届“王之卓创新人才奖”颁奖，16 名学生获奖。李德仁院士、宁津生院士等出席。

【1月18日】我校印刷与包装系罗毅等5名2009级硕士生，赴台湾中国文化大学学习一学期返校。这是该系第一次派遣学生赴台交流学习。

【1月21日】教育部办公厅、国家测绘局办公室发布《关于成立测绘领域卓越工程师教育培养计划工作组和专家组的通知》，决定联合实施测绘领域的卓越工程师教育培养计划，共同成立工作组和专家组，我校宁津生院士任组长、中国测绘科学研究院刘先林院士任副组长，成员26名，其中有我校龚建雅、李建成、单杰、刘耀林、施闯等5教授。2011年，我校测绘学院“测绘工程专业”、遥感信息工程学院“遥感科学与技术专业”获批入国家“卓越工程师”教育培养计划。

【1月24日】中国工程院院长周济等，来慰问我校中国工程院院士。校党委书记李健主持座谈会，在校的工程院院士刘经南、张祖勋、茆智、朱英国，常务副校长李清泉等出席。

【1月27日】武汉市委副书记胡曙光来校慰问宁津生院士，感谢他在测绘科学研究方面作出的贡献，送上新春祝福。

【2月5日】在天津滨海新区，我校与天津滨海激光雷达技术产业有限公司，联合成立“三维城市工程应用研究中心”——挂靠遥感信息工程学院；同时，在该公司设立武大研究生培养基地。

【2月13日】在陕西省西安市，我校遥感信息工程学院与中煤航测遥感局举行我校专业学位研究生实习实践基地揭牌仪式，该学院党委书记于子松、中煤航测遥感局谭克龙副局长为实习基地揭牌。

【2月20日】我校印刷与包装系师生58人赴香港知专设计学院交流学习两周。该系本年度继续招收香港插班生5名。

【3月4日】科技部《关于发布973计划2010年结题项目验收结果的通知》。由我校测绘遥感信息工程国家重点实验室龚健雅主持的973项目“对地观测数据—空间信息—地学知识的转化机理”（2006年立项）在“综合交叉领域”验收结果优秀，圆满结题；这反映了“十一五”期间，我校在测绘遥感重要科学领域坚实的研究基础和良好的发展态势。

【3月7日】由我校印刷与包装系承办、德意志学术交流中心（DAAD）全程资助的“第五届中德印刷与媒体技术暑期班”开班；学员共84名，来自国内外9所高校印刷工程专业；德国伍珀塔尔大学印刷与媒体系5名教授和1名外事人员采用全英文的方式，培训批学员三周；内容是：传统印刷与数字印刷的概念、项目管理/经济学、印刷工艺和印后加工等。

【3月16日】李德仁院士出席“国际对地观测高层战略研讨会暨中科院对地观测与数字地球科学中心建设期满报告会”，被聘为学术委员会副主任；他在会上致辞，并在“国际对地观测高层战略研讨会”作主题报告，探讨与前瞻国内外对地观测技术的发展。

【3月】教育部批准以我校与清华为依托，北大、北航等17所高校参加，共同组建“教育部对地观测联合研究中心”，聘请李德仁院士担任第一任中心主任。该中心主要任务是：以高分辨率对地观测系统重大专项和相关科技工程的发展需求为牵引，整合相关高校优势资源，围绕科技创新、应用示范、人才培养和国际交流四个方面开展工作。

【4 月 1—2 日】由我校遥感信息工程学院、台湾航空测量及遥感探测学会共同主办，台湾成功大学测量及空间资讯学系承办“2010 年两岸非常规摄影测量研讨会”，与会代表 130 名。会议分五个专题 21 个报告。遥感信息工程学院提交 11 篇论文；张祖勋院士作题为“谈当代摄影测量”专题报告。

【4 月 1 日】全美印刷、出版和纸品加工技术供应商协会前总裁 Regis J. Delmontagne 先生，应邀来我校印刷与包装系讲授“图像传播商务英语”课程七周。这是他第三次来授课。

【4 月 1 日】我国第 27 次南极科考队随雪龙号科考船回国，其中包括我校 2 名队员杨元德和黄继锋，博士生黄继锋在南极连续工作 300 多天。国家海洋局和上海市举行了盛大的欢迎仪式，校党委书记李健赴上海迎接。参加此次南极科考周春霞此前已先期回国。

【4 月 1—5 日】两院院士李德仁教授率我校 13 人赴泰国访问，与泰国科技部共同召开了“诗琳通地球空间信息科学国际研究中心”理事会第四次会议。会议由泰国 GISTDA 执行主任 Anond Snidvongs 博士和实验室主任龚健雅教授共同主持。泰方代表致欢迎辞，李德仁院士代表我校致词。

【4 月 6 日】台湾科技大学叶正涛教授在“珞珈印刷论坛”演讲“阻隔与活性塑胶包装材料的发展”。

【4 月 8 日】德国宇航局对地观测中心，正式启动了我校测绘遥感信息工程重点实验室与慕尼黑工业大学对地观测领域 IGSSE 项目“四维城市——基于多传感器融合与可视化的城市设施时空动态监测”；以德国 TerraSAR/TenDEM-X 计划为背景，瞄准高分辨率合成孔径雷达和其他新型传感器的发展，开拓雷达遥感在城市地区的应用。

【4 月 9 日】全国测绘学科教学指导委员会地理信息系统专业分委员会第一次会议在我校召开，会议由地理信息系统专业分委员会主任委员、资环学院院长刘耀林教授主持。20 名委员参加了会议。

【4 月 18 日】我校中国南极测绘研究中心主任李斐教授和张胜凯副教授，加入 2011 年中国北极科考队，从北京启程前往黄河站开展科学考察。此次我校共派出 7 名队员，分批赴北极进行多学科考察。

【4 月 20 日】9 位校友当选为我校第六届杰出校友；其中有测绘学科 2 名：国家千人计划获得者、我校特聘教授（荣誉）、香港理工大学教授、测绘遥感信息工程博士生导师史文中教授和我国著名动态大地测量学家、中国地震局地震预测研究所研究员陈鑫连。

【4 月 22—23 日】“2011 成像雷达对地观测高级学术研讨会”在京召开的，李德仁院士为特邀嘉宾作主题报告：“从成像雷达数据中提取几何信息”。

【4 月 28 日】《教育部关于公布新世纪优秀人才支持计划 2010 年度入选人员名单的通知》，我校测绘遥感信息工程国家重点实验室王密、资源与环境科学学院沈焕锋，入选“2010 年度新世纪优秀人才支持计划”，各获资助金额为 50 万元。

【5 月 3—7 日】李德仁院士和朱宜萱教授应邀赴土耳其，出席国际摄影测量与遥感学会“2011 年减灾防灾国际学术研讨会”；世界近 200 位代表与会。李德仁作了题为“建立国家减灾防灾系统的系统”的报告。

【5 月 5 日】我校与国家基础地理信息中心共建“导航与位置服务国家测绘地理信息

局重点实验室”挂牌，依托单位为武汉大学。

【5 月 5—6 日】“第三届全国工程硕士教育指导委员会学位标准研究组第四次会议”在我校召开，通过了第二批 10 个领域学位标准和 5 个研究课题结题报告，审议了光学工程等 8 个领域学位标准的立项申请。其中，我校作为牵头单位完成了“测绘工程领域工程硕士学位标准”的制定。协作组组长、我校副校长李斐，委员会秘书处负责人、学位标准研究组专家以及测绘工程等第二批 10 个工程领域协作组组长出席会议。

【5 月 5—7 日】我校印刷与包装系系主任万晓霞等 6 人代表团出访香港，会见中华商务联合印刷（香港）有限公司董事、总经理梁兆贤，与香港知专设计学院曾昭学院长签署了两校合作协议。

【5 月 9 日】中国空间技术研究院与我校签署战略合作协议，该院院长杨保华、副院长李明，我校校长李晓红、国防科学技术研究院院长刘经南院士，常务副校长李清泉等出席签字仪式。

【5 月 23 日】我校测绘遥感信息工程国家重点实验室主任龚健雅教授，应邀参加由国家科技部、教育部、中国科学院、中国工程院、国家自然科学基金委员会联合在北京召开的“全国基础研究工作会议”。

【5 月 23 日】李德仁院士在国家测绘局，向李克强副总理汇报测绘地理空间信息科学技术发展情况及面临的挑战。

【5 月 23—27 日】国际标准化组织 · 地理信息标准化技术委员会第 32 次全体会议暨工作组会议，在荷兰召开。测绘遥感信息工程国家重点实验室杜道生教授代表我校参加中国代表团与会。

【5 月 26—29 日】李德仁院士作为特邀嘉宾赴南京，出席“2011 激光雷达与合成孔径雷达测图技术与应用国际研讨会”。开幕式上，李德仁作题为“合成孔径雷达和激光雷达的几何信息提取”主题报告。

【5 月 27 日】应我校邀请，全球定位系统之父、美国国家工程院院士布拉德福德 · 帕金森教授在“珞珈讲坛 · 第 25 讲”，作了题为“GPS 的起源、巨大影响力及未来应用”的报告。刘经南院士主持报告会。

【5 月 28 日】李德仁院士赴湖北宜都市第一人民医院，出席“纪念朱裕璧诞辰 108 周年暨塑像揭幕仪式”，为朱裕璧塑像揭幕，代表朱裕璧先生家属为该院捐款 20 万元。

【6 月 1 日】胡锦涛总书记视察武汉东湖高新技术开发区。作为武汉东湖高新区的优秀企业代表，我校测绘遥感信息工程国家重点实验室科技成果转化企业——武大吉奥公司和武大卓越公司，向胡锦涛总书记演示汇报了技术成果。

【6 月 6—9 日】李德仁院士应邀赴美国佛罗里达州奥兰多市，出席“海克斯康 2011 国际用户大会”。大会以“构建更智能世界”为大会主旨，超过 2500 名用户到会，其规模和价值前所未有。在徕卡主题报告会上，李德仁院士作了“数字敦煌”大会报告，系统介绍了机载和地面激光扫描仪用于敦煌莫高窟洞穴内外三维重建的原理与方法，演示了“高精度数字敦煌”的成果，受到了与会代表的热烈欢迎。

【6 月 15—20 日】我校遥感信息工程学院刘良明教授一行 6 人，参加了在保加利亚举行的“第三届制图与 GIS 国际会议”。

【6月18—26日】我校测绘遥感信息工程国家重点实验室“空间统计分析高级培训班”；邀请美国得克萨斯州立大学 Daniel Griffith 教授，美国中密歇根大学李斌教授、赵强孙博士前来授课；学员来自全国24所高校共100余人；泰国有关机构派2人参加培训。培训之后，举办了“空间统计与智能分析研讨会”。

【6月20日】联合国教科文组织聘请李德仁院士为“国际自然与文化遗产空间技术中心第一届科学委员会副主任”。

【6月26—28日】“三维城市建模与应用暨三维地理信息国际研讨会”在我校测绘遥感信息工程国家重点实验室成功举行。该室朱庆教授为大会主席。ISPRS 学会秘书长、国家基础地理信息中心总工陈军教授，ISPRS 第5委员会主席、英国纽卡斯尔大学 Jon Mills 教授，以及该室龚健雅主任出席开幕式致辞。13个国家和地区的120多名专家学者参加了研讨。

【6月28日】“武大卫星遥感大气监测国际研究中心”在测绘遥感信息工程国家重点实验室举行成立仪式。中心依托该实验室，联合美国的纽约州立大学、北达科他大学和汉普顿大学等国际知名大气研究相关机构，合作开展卫星遥感与大气研究。

【6月28日—7月7日】我校卫星导航定位技术研究中心10余名师生，赴澳大利亚墨尔本参加主题是“处境危急的地球·为了可持续星球的科学”的“国际大地测量与地球物理学联合会第25届大会”。

【7月3—8日】“国际制图协会第15届全体代表大会暨第25届国际制图大会”在法国巴黎召开，各国学者2500人与会；我校资环学院刘耀林、杜清运、李霖、艾廷华教授等6人在大会进行了主题发言。刘耀林教授当选为ICA 新一届副主席和执委会成员；杜清运教授当选为ICA 理论地图学委员会主席。

【7月4—11日】我校中国南极测绘研究中心庞小平教授，参加在法国巴黎召开的第25届国际制图大会，提交了“地图产品的共享与知识产权保护”、“极地制图现状与未来”报告；同时提交《南北极地图集》参与大会地图展。

【7月11—18日】武大中国南极测绘研究中心、极地测绘科学国家测绘地理信息局重点实验室、武大学生社团联合会共同举办“第二届国际大学生极地科学考察学术报告邀请赛”。有24名国内外学生参加，达成“开展极地科学考察，保护地球环境，肩负应对气候变化使命，倡导低碳可持续绿色生活”共同宣言。

【7月13日】我校与中国航天科技集团公司在北京签署“战略合作协议”，校长李晓红与该公司总经理马兴瑞代表双方签字。马兴瑞高度评价以李德仁为代表的武大学者为我国航天事业发展所做的巨大贡献。希望双方加强沟通，深化合作，优势互补，共同推动中国航天事业发展。李德仁回顾双方合作历程，展望了我国航天科技与产业化未来发展前景。

【7月17日】我校遥感信息工程学院与台湾成功大学召开“研究生学术研讨会”进行了交流。

【7月22日】我校测绘学院曾文宪获全国高等学校测绘学科青年教师讲课竞赛一等奖。

【7月25日】我校遥感信息工程学院院长单杰教授，参加了在美国夏威夷召开

“IEEE 国际地球科学和遥感专题讨论会”，并作大会报告。

【8 月 8—12 日】“遥感影像处理与数据融合国际研讨会”在云南腾冲顺利召开，中外有关专家、学者 100 余人出席研讨会。李德仁院士、瑞士 Armin Grun 教授、中国测绘科学研究院张继贤研究员，从当前遥感影像处理与数据融合研究热点出发，分别就数据和影像融合、多传感器及多分辨率影像融合的进展和发展趋势，作主题报告，其中对数据融合质量评价及其在文化遗产保护和古建筑重建的应用得到广泛关注。

【8 月 23 日】科技部公布 973 计划《关于国家重点基础研究发展计划 2011—2012 年项目立项的通知》，其中我校遥感信息工程学院院长单杰教授主持的“高分辨率遥感数据精处理和空间信息智能转化的理论与方法”，项目概算 3700 万元，2012 年初启动实施。

【8 月 23—25 日】国际数字地球学会中国专家委员会主席李德仁院士及朱宜萱教授，应邀赴澳大利亚珀斯参加“第七届数字地球国际会议”。在“数字地球展望”主题分会场，李德仁作题为“从数字地球到智慧地球”特邀报告，总结了数字地球五大成就，指出“数字地球加上物联网和云计算将走上智慧地球”，展示了“智慧地球”的应用前景。

【8 月 25 日】国家测绘局宣布我国西部测图完成，标志中国陆地国土实现了 1∶5 万基础地理信息数据全覆盖，在世界同等规模大国中首屈一指。李德仁院士作为西部测图工程专家咨询委员会成员之一，带领武大测绘团队，为工程实施提供坚实技术后台，将大量高精尖测绘技术从实验室带入实战，获得广泛运用。

【9 月 17—19 日】由中科院遥感应用研究所、我校测绘遥感国家重点实验室主办，主题为“遥感改变生活 GIS 构建未来”的“第二届全国遥感与地理信息科学研究生论坛”在京举办；李德仁院士出席作了题为“计算机视觉的现状与困惑”的报告。

【9 月 22 日】李德仁院士任在天津召开的第 13 届中国科协年会第 11 分会场——通信学会分会场“智慧城市论坛”首席科学家，作了“数字城市与智慧城市”专题报告。

【9 月 25—29 日】由我校、瑞士 ETH、敦煌研究院、甘肃省测绘局等联合在敦煌举行“三维数字文化遗产建模国际研讨会”，李德仁院士主持了开幕式。10 个国家 70 余人参加会议、包括测量、计算机、考古、博物馆等多个领域的专家。

【9 月 28 日】设在我校印刷与包装系“新闻出版总署武大高级印刷人才培养基地”揭牌仪式，国家新闻出版总署副署长孙寿山、湖北省副省长张通、省新闻出版局局长张儒芝、武大党委书记李健等出席。

【9 月 27 日—10 月 5 日】我校印刷与包装系系主任万晓霞教授，应邀率团访问德国伍珀塔尔大学；双方讨论并签署了“中德联合培养印刷媒体技术学士学位项目培养方案”、“课程学分互换”、“中德联合培养印刷媒体技术硕士研究生项目培养方案修订”等合作协议。

【9 月 30 日】我校党委书记李健，来到老红军毛远耀家，祝即将百岁诞辰的毛老生日快乐。毛远耀是毛泽东的远房侄子——出生在湖南韶山冲一贫农家庭，祖父毛福生是毛泽东父亲毛顺生同房堂兄弟，父亲毛智珠系毛泽东远房堂兄弟。1926 年，他受毛泽东启迪参加农民运动；1929 年 12 月，毛泽东的大弟毛泽民介绍他加入中国共产党；1957 年，他被中央任命为武汉测绘学院党委第一书记，1988 年离职休养。

【10 月 9—15 日】由李德仁院士倡议召集，国际摄影测量与遥感学会（ISPRS）主

办，我校测绘遥感信息工程国家重点实验室、遥感信息工程学院、测绘学院、资源与环境科学学院共同承办“2011 年国际地理信息科学学生夏季研讨会”。参加该研讨会外方有 ISPRS 第二副主席 Ammatzia Peled 教授，以及俄罗斯新西伯利亚大学、德国宇航中心、蒙古科学技术大学、维也纳大学的师生 19 人，中方有我校相关负责人和 23 名优秀博士、硕士研究生。

【10 月 12 日】由我校李德仁院士主持建设的“数字泰州”工程，获得国家测绘地理信息局颁发的“全国数字城市建设示范城市”铭牌。“数字泰州”建设极大方便老百姓通过网络了解、生活、发现泰州。

【10 月 15 日】“第一届全国高分辨率遥感数据处理与应用研讨会”在西安开幕！全国 300 余位代表出席。首先，李德仁院士作“论高分辨率对地观测系统”的特邀报告。随后，3 位专家就相关领域分别作了介绍；分四个分会场专题研讨。大会将 56 篇论文编入论文集，刻制了光盘。这次大会层次高、研讨内容丰富，受到高度赞扬。

【10 月 17 日】“2011 年国际摄影测量与遥感学会多维动态地理信息国际研讨会”在同济大学开幕，来自 10 多个国家和地区 80 多位学者参加会议。李德仁院士、Christopher Gold 教授、陈军教授和我校千人计划学者李荣兴教授应邀作了大会特邀报告。

【10 月 20—21 日】由国际摄影测量与遥感学会第四委员会 6 个工作组联合发起、国家测绘地理信息局批准、国家基础地理信息中心主办的“空间数据基础设施：从数据获取与更新到智慧服务国际学术研讨会”在广西桂林召开。会议特邀李德仁院士作学术技术前沿及发展趋势的专题报告。

【10 月 21 日】“中国航天科技集团公司 · 武汉大学首届战略与学术研讨会”在我校举行，校长李晓红，院士李德仁、刘经南、张祖勋，集团公司副总经理袁家军、科技委主任包为民院士、总工程师李锋、五院范本尧院士、八院孟执中院士等出席研讨会。双方揭开深度合作新篇章：成立了“战略与学术委员会”，由袁家军担任主任，李德仁和包为民担任副主任。集团公司一院、八院与我校签署战略合作协议，2 个联合实验室——“卫星重力测量技术联合实验室”、“小卫星遥感技术联合实验室”揭牌。

【10 月 26 日】我校遥感信息工程学院与广州建通测绘技术开发有限公司联合建立“机载激光扫描测图系统研究开发中心”成立大会暨揭牌仪式在广州举行。该中心由张祖勋院士的团队与建通公司技术人员组成，主要目标是开发出国际先进的“机载激光扫描测图系统”，实现高度自动化、智能化和高精度的机载激光扫描地形图测绘和空间信息采集。

【10 月 30 日】我校测绘遥感信息工程国家重点实验室主办、北京博思科空间信息技术有限公司承办的“‘感知智慧地球，共建和谐社会’高端研讨会”在京举行；业内专家及各大公司高层领导出席会议。李德仁院士作主题报告，探讨如何从数字地球到智慧地球，通过实例展现了智慧地球的各种应用。

【11 月 2 日】“第二届武汉国际地球空间信息技术与产业发展论坛”在武汉举行。来自海内外的专家学者、业界精英共 400 多人参加论坛。遥感信息工程学院分别主持了“数字中国与数字流域”和“地球空间信息技术及其产业化”两个专题论坛的报告及相关座谈活动。

【11月3日】《教育部、国务院学位委员会关于批准2011年全国优秀博士学位论文的决定》：我校测绘遥感信息工程国家重点实验室潘俊题为“自动化的航空影像色彩一致性处理及接缝线网络生成方法研究”的论文，入选“2011年度全国优秀博士学位论文”；指导教师李德仁院士。这是李德仁第5次获得“全国优秀博士学位论文指导教师”。

【11月3日】我校中国南极测绘研究中心安家春、谢苏锐，随中国第28次南极科学考察队乘“雪龙”号极地船从天津出发赴南极考察。

【11月】《科技部公布2011年度国家973计划和重大科学研究计划立项通知》，我校遥感信息工程学院单杰教授主持的“高分辨率遥感数据精处理和空间信息智能转化的理论与方法”，获批国家973计划，项目概算3700万元。

【11月14—18日】我校测绘遥感国家重点实验室龚健雅教授和高文秀教授，参加中国代表团，赴南非比勒陀利亚出席“国际标准化组织/地理信息标准化技术委员会（ISO/TC 211）第33次全体会议暨工作组会议”。龚健雅代表中国，在WG6工作组会议上提出了“影像和格网数据编码”的议题，得到美国、加拿大、澳大利亚和德国等国家的支持；在会议第571决议中肯定了该议题。

【11月14—17日】“2011中国国际全印展”在上海举行。我校印刷与包装系系主任万晓霞教授等6人参观了全印展，出席了“中国印刷协会理事会议”、“数码印刷在中国高峰论坛”、“第一届亚洲G7高峰会·国际印刷标准化论坛”，与香港知专设计学院、西安理工大学等校际交流，与多个合作单位落实本科生实习、沟通深化合作事宜。

【11月21日】“第十三届中国国际高新技术成果交易会”在深圳会展中心落下帷幕。我校研发的“无人驾驶智能车”是多学科综合研究代表性成果之一，成为本届高交会的亮点之一。

【11月24日】应我校邀请，新加坡大学荣誉教授吴雪鸿博士来“珞珈印刷论坛”演讲，题为“聚合物接枝聚合物碳纳米管的机械加固”。

【12月8日、9日】中国工程院、中国科学院先后公布2011年院士增选名单。其中，我校测绘遥感信息工程国家重点实验室主任龚健雅当选为中国科学院院士、测绘学院院长李建成当选为中国工程院院士。

【12月9日】李德仁院士应邀在北京建筑大学作题为“从数字城市到智慧城市”的学术报告。

【12月13—14日】“首届湖北印刷影响力表彰大会暨湖北印刷发展高峰论坛、2011高宝杯中部印刷经理人年会”在湖北应城举行。我校印刷与包装系系主任万晓霞获“首届湖北印刷影响力特别荣誉奖”，作年会主题报告：“立足湖北 放眼世界 促进印刷业转型发展”。

【12月15日】“中国科协会员日暨第十二届中国青年科技奖颁奖大会”在人民大会堂举行。我校卫星导航定位技术研究中心教授姜卫平获“第十二届中国青年科技奖”。

【12月16日】“教育部印刷包装教学指导委员会印刷教学分指导委员会换届暨2011年年会”在我校印刷与包装学系举行。万晓霞教授出任该委员会新一届主任。

【12月17—18日】我校印刷与包装学系举办“第三届图像传播国际学术研讨会”，这是该系第三次举办的图像传播学术会议。

【12月18日】以我校李德仁院士为主编的“《地球空间信息科学》期刊国际编委会第一次全体会议”在测绘遥感信息工程国家重点实验室举行；世界各国遥感、地理信息和全球定位系统的编委20余人与会。会议对期刊主题、编委会运作、评审方式，摄影测量、大地测量与全球导航卫星系统、遥感、地理信息系统等深入讨论，确定了发展计划，主要目标是争取尽快成为SCI检索源刊，提出期刊近期主要选题。

【12月19日】《南方数码》记者到李德仁院士家中专访，恭喜其弟子龚健雅当选中国科学院院士。李德仁称赞龚健雅：“很老实、很踏实、很刻苦、很勤奋！”

【12月19日】测绘遥感信息工程国家重点实验室和国际地学计算与分析研究中心（ICCGS）联合主办“地学计算与分析学术系列报告会”在该实验室召开。

【12月21日】武昌东湖宾馆，湖北省委书记李鸿忠，省委副书记、省长王国生，省委副书记张昌尔，省委常委、省委秘书长李春明，会见了我校新当选院士李晓红、张俐娜、龚健雅、舒红兵、李建成一行。我校党委书记李健等参加会见。

【12月29日】被誉为城市“智慧之眼”的“武汉城市视频监控系统”，通过李德仁院士、赵梓森院士专家组的验收。市长唐良智开通该系统，遍布全市25万个视频监控探头上岗。

【2011年】我校测绘遥感信息工程国家重点实验室新增“十二五”重点研究项目7个：地理空间网络智能的理论与技术平台、内陆水体水色参数高精度遥感定量反演方法研究、GNSS精密导航定位平台与空间探测技术、多传感器数据摄影测量处理的理论方法和关键技术、航空航天对地观测数据辐射精处理、基于高分辨率SAR层析技术的城市复杂场景地物目标特性分析与解译、低空地面观测平台一体化数据处理软件；研究进展均顺利。

【2011年】我校中国南极测绘研究中心参与中国极地科学考察：2010—2011（跨年度）南极考察有博士生杜玉军、硕士生谢苏锐、师资博士后安家春。

【2011年】《教育部关于公布“新世纪优秀人才支持计划”2011年度入选人员名单的通知》，我校测绘遥感国家重点实验室陈能成教授、黄昕副教授入选“2011年度教育部新世纪优秀人才支持计划”。

【12月30日】我校遥感信息工程学院与湖北省航测遥感院签订“战略合作伙伴协议”；优势互补，资源互用，共建教学实习基地，积极开展科研项目、人才培养等方面的交流合作。

2012年

【1月8日】“国家测绘地理信息界新当选院士庆贺会暨2012年新春院士座谈会”，在中国测绘创新基地隆重举行。我校李德仁、宁津生、刘经南、张祖勋、龚健雅、李建成等院士应邀出席会议。

【1月9日】国家测绘地理信息局局长徐德明，副局长王春峰、李朋德，我校李德仁、张祖勋、龚健雅等院士，莅临我国在太原卫星发射中心现场观看我国用长征四号乙运载火箭，成功将“资源三号”卫星送入太空；李德仁团队为该卫星提出了主要设计指标，研

发了全套接收处理软件。

【1月11日】我国首颗民用高分辨率光学立体测图卫星——资源三号首次对地成像观测，由遥感信息工程学院张永军教授负责研制的“资源三号卫星高级产品生产系统”在1小时内成功完成首图处理，得到航天科技集团、国防科工局、国家测绘地理信息局等单位领导和专家的肯定。

【1月12日】《教育部关于批准实施“十二五”期间“高等学校本科教学质量与教学改革工程”2012年建设项目的通知》，我校“专业综合改革试点·测绘工程专业”，项目经费150万元；“专业综合改革试点·遥感科学与技术专业”，项目经费150万元；“武大·东方道迩信息技术股份有限公司工程实践教育中心”，项目经费200万元。在获批“武大2012年度国家大学生创新创业训练项目”中，还有测绘学科多个项目立项。

【2月14日】中共中央、国务院在北京隆重举行国家科学技术奖励大会。我校测绘学院李建成院士等承担完成的“测绘基准和空间信息快速获取关键技术及其在灾害应急测绘中的应用”、卫星导航定位技术研究中心施闯教授等承担完成的“全球卫星导航系统精密定轨定位数据处理理论、方法和软件系统”，两项成果分别获“2011年国家科技进步奖二等奖”。

【2月14日】教育部《关于公布2011年度高等学校本科业设置备案或审批结果的通知》，我校遥感信息工程学院申报的全国首个“地理国情监测”和测绘学院申报的“导航工程”，两个本科新专业获批准。

【2月14日】《教育部办公厅关于公布第二批卓越工程师教育培养计划高校学科专业名单的通知》，我校的“测绘工程”和“遥感科学与技术”两专业列入“卓越工程师教育培养计划”。

【2月】教育部《关于公布“新世纪优秀人才支持计划”2011年度入选人员名单的通知》，我校测绘遥感国家重点实验室陈能成教授、遥感学院黄昕教授，入选“新世纪优秀人才”，分别获资助50万元。

【2月27日】中国矿业大学聘请李德仁院士为环境与测绘学院院长（兼），举行学术报告会。校长葛世荣为李德仁颁发聘书。李德仁向该校赠送了自己多部著作，为师生作题为“从数字地球到智慧地球”的学术报告。1996年李德仁即受聘为该校兼职教授，是该校江苏省资源环境信息工程重点实验室学术委员会主任。

【3月5日】德意志学术交流中心联合我校印刷与包装系承办“第六届中德印刷与媒体技术暑期班”。德国伍珀塔尔大学Urban教授、印包系万晓霞主任等出席了开班式。

【3月8日】我校测绘学院承担的“211工程”三期建设项目“现代测绘基准与空间信息探测技术”通过了验收。成果主要有：国家级科技进步二等奖3项、省部级一等奖3项、二等奖11项，9项成果获实用新型专利和22项软件著作权登记，30多项等成果已得到应用，经济效益显著。验收专家组认为，高质量超额完成各项建设内容，全面实现预期建设目标。

【3月14日】我校与四川测绘地理信息局战略合作协议签字仪式。常务副校长李清泉与该局党组书记、局长马赟签署协议。副校长李斐主持仪式。双方将共建“数字制图与国土信息应用工程国家测绘地理信息局重点实验室”；积极发挥我校教学科研优势和该局

生产服务优势，在“数字城市”、“天地图·四川”等项目中开展合作。

【3月19日】科技部《关于聘任“十二五”“863”计划专家委员会和主题专家组专家的通知》，聘任我校资源与环境科学学院刘耀林教授为“地理信息系统技术主题专家组专家”，聘期为三年。

【3月30日】应镇江规划设计院邀请，李德仁、龚健雅作“新地理信息系统时代下信息化测绘”报告。

【4月8日】中国第28次南极考察队乘“雪龙”号极地考察船返回上海基地码头。我校的第27次南极科考队员杜玉军、刘建军历经南极越冬科考凯旋。我校中国南极测绘研究中心主任、副校长李斐前往迎接。我校安家春完成长城站验潮站更新改造升级后，已先期回国。

【4月12日】我校举办“移动测量技术及其在数字城市中的应用高峰论坛”。数十家国内外知名企业代表逾500人与会。李德仁院士、龚健雅院士、国家测绘地理信息局副局长李朋德分别作了题为“移动测量系统及其应用”、“地理信息公共服务平台及关键技术”、“资源三号测绘卫星的建设与应用”的大会主题演讲。论坛设“空/陆基移动测量技术与产品”、“数字城市/智慧城市”、“移动测量技术及其在国防、公安、城管、交通、数字社区中的应用”3个分论坛，与会代表进行了广泛交流与探讨。

【4月13—14日】我校举办“移动测量技术及其在数字城市中的应用高级研讨班”。来自全国110余名技术骨干参加了研讨。我校相关知名专家教授和立得公司核心技术人员，讲授了移动测量技术的相关新理论、新技术和新应用，与学员一起探讨了移动测量技术的新发展。

【4月17日】中国科协副主席陈希到我校调研，与李德仁院士等座谈。

【4月21日】“2012高校GIS论坛”南京江苏省会议中心召开，李德仁院士应邀出席作主题为“地理信息技术及其产业化”的报告。

【4月23—25日】李德仁院士、朱宜萱教授赴荷兰阿姆斯特丹，参加《地理空间信息世界》杂志主办的“地理空间信息世界论坛”，代表我校领取“地理空间信息科学全球领袖”奖（此前仅美国加州大学伯克利分校、德国汉诺威大学获此殊荣），印度第11届总统阿卜杜尔·卡拉姆博士为李德仁院士颁奖。随后在“培训与教育：行业和研究机构的合作”专题中，李院士作了题为“论地理空间信息的知识转化”的报告。

【4月25日】我国“两弹一星”功勋科学家、国家最高科技奖获得者、北斗卫星导航系统总设计师孙家栋院士来我校调研北斗卫星研究进展。校长李晓红院士、刘经南院士等出席座谈会；卫星导航定位技术研究中心主任施闯汇报了“北斗高精度导航定位”最新研究成果。孙家栋予以高度评价：“北斗厘米级实时动态精密定位、北斗高精度米级差分导航”两项技术成果，对推动我国北斗应用产业化有重大意义。孙家栋亲自登上北斗车载导航试验车，体验通过北斗地基增强技术、实现精确至车道级的北斗车载导航。

【4月26日】《教育部关于公布首批“精品视频公开课”名单的通知》，我校以宁津生为课程负责人、由6位院士和4位知名教授讲授的“走进测绘殿堂”公开课，入选教育部“首批精品视频公开课”。

【5月7日】陈俊勇、宁津生、李德仁三院士莅临四川测绘地理信息局作专题报告：

陈俊勇题为"'十二五'中国测绘与地理空间信息科学展望"；宁津生题为"中国测绘与地理空间信息科学进展"；李德仁题为"地理信息技术及产业化"。会后，三位院士在马赟局长陪同下参观了该局的"九兴基地"。

【5月8日】"科技部关于国家重点基础研究发展计划（973）2012年第二批项目立项的通知"，我校常务副校长李清泉教授主持的"文化遗产数字化保护的理论与方法"被遴选立项。

【5月8日】国家测绘地理信息局公布"首届测绘地理信息教学成果奖"评奖结果。我校测绘学科的"创新型测绘工程专业人才培养模式与课程体系的构建及实践"、"卫星导航定位系列课程建设"、"基于信息化测绘的测绘工程本科专业实验教学新模式"等3项目被评为一等奖，"大地测量与地球物理专业交叉学科创新性人才培养的改革与实践"、"物理大地测量学系列课程与教学团队建设"等2项目被评为二等奖，"测绘程序设计的教学与实验互动平台"项目被评为三等奖。

【5月19日】我校卫星导航定位技术研究中心，在广州举办"全球华人导航定位协会年会"，有海内外近200位专家学者与会，使该中心成为导航领域海内外华人的交流平台。

【5月24日】黑龙江测绘地理信息局与我校签订协议，捐赠50万元设立"龙江测绘奖助学金"：连续5年每年10万元，面向遥感学院、测绘学院、测绘遥感国家重点实验室、资环学院品学兼优且经济困难的三四年级本科生和二三年级研究生。

【6月1日】中国人工智能学会理事长李德毅院士做客"珞珈讲坛·第四十五讲"，题目是"网络交互的魅力"。李德毅讲述，"如果说互联网的发明催生了网络科学，那么随着云计算和移动互联网的高速发展，万人万物正作为重要因素参与网络交互，实现物物联网、人人联网……千姿百态，体现了网络交互的魅力。"

【6月7日】教育部等21部门"关于建设国家级工程实践教育中心的通知"，我校与北京东方道迩信息技术股份有限公司联合共建的工程实践教育中心、与中国地图出版社联合共建的国家级"地理信息系统工程实践教学教育中心"，分别获批为"国家级工程实践教育中心"。

【6月12日】"武汉大学·福建省地勘局战略合作协议签署暨学生培养实践基地揭牌仪式"，在福建省地质培训中心举行。

【6月15—17日】新西兰坎特布雷大学南极研究中心STORY教授、RACK博士应邀来我校中国南极测绘研究中心访问交流，双方就南极合作研究深入研讨。

【7月13日】我校常务副校长李清泉调任深圳大学校长。深圳市称其是从湖北"挖"来的人才——深圳市委书记王荣到湖北考察学习时，就悬而未决深大校长人选，向曾任深圳市委书记的湖北省委书记李鸿忠求援；李鸿忠积极推荐了10名；最终35岁即任大学副校长、著名测量遥感专家李清泉教授被挑中。

【7月14—18日】我校副校长、中国南极测绘研究中心李斐主任、鄂栋臣教授和艾松涛博士，赴美国俄勒冈州波特兰市参加"2012年国际南极科学研究大会"。在"地理信息工作组会议"上，鄂栋臣提出由李斐接替他为中国国家代表；李斐介绍了中国南极测绘研究中心的极地地理信息规划，探讨可能的国际合作；艾松涛作"中国南极地理信息工

作进展”的报告。

【8月25日】“第22届国际摄影测量与遥感大会”在澳大利亚墨尔本召开。我校李德仁院士被授予“国际摄影测量与遥感学会荣誉会员”称号；这是该学会最高荣誉称号，仅授予在世最具影响10名杰出科学家。王之卓院士1988年曾获此荣誉，李德仁是中国获此称号的第二人。李德仁1988—1992年任该学会理论与方法专业委员会主席；1992—1996年任该学会教育与合作专业委员会主席；2008年获该学会Samuel G. Gamble奖（全球每4年奖励1人）；2010年当选为该学会Fellow（全球仅12人当选），他也是全世界唯一同时获得该学会Fellow和荣誉会员称号的科学家。

【8月27日】在“第22届国际摄影测量与遥感学会全体会员国会议”上，我校龚健雅院士当选为该学会第六委员会主席。这是继1992年李德仁任该委员会主席之后，中国学者再次当选该委员会主席。

【8月】我校卫星导航团队建成首个非欧美地区IGS分析中心。据IGS官方评测，我校产品质量在全球9家同类分析中心中排名前三。

【9月3日】我校印刷与包装系与永发印务（东莞）有限公司签约合作技术研发。

【9月7日】宁夏回族自治区人民政府聘任李德仁、龚健雅等院士为“自治区特聘专家”。

【9月13日】我校与香港印刷科技研究中心，在印刷与包装系签订合作协议。

【9月19日】苏州市副市长浦荣皋率苏州市科技局及企业代表来访，与我校签署4项科技合作协议；其中第一项为“苏州国家高新技术产业开发区管理委员会与我校遥感信息工程学院科技合作意向协议”。

【9月21日】武汉大学、杜克大学以及昆山市人民政府三方宣布，原我校校长刘经南院士任昆山杜克大学（筹）校长；原美国艾格尼丝·斯科特学院院长Mary Bullock博士任常务副校长。

【9月22—25日】“2011中国极地科学学术年会”在我校举行，国家海洋局、国家测绘局、中科院等52家机构和大学300余名专家与会。大会4个特邀报告、13个报告，及7个分会场数百个学术报告，充分展示了我国极地科学考察的最新成果。

【10月4日】校长李晓红到我校“诗琳通地球空间信息科学国际研究中心”一期工程“卫星地面站建设基地”检查工作，登上基地山顶13米口径天线塔顶，俯视整个建设工地，查看了卫星地面站指挥控制大楼，对一期工程的顺利完成表示由衷高兴。李德仁介绍了中心和地面站的发展规划、建设情况、面临的问题以及下一步工作重点。李晓红肯定中心和地面站建设取得阶段性成果，感谢李德仁致力于中心协同发展的战略眼光，以及所投入的心血。他表示，学校将积极支持中心的建设与运行，推进中心更好地实现协同创新目标。

【10月4—6日】以“发展低碳能源，应对气候变化”为主题的“海峡两岸气候变迁与能源可持续发展论坛第八届年会”在我校举行。该年会由中国工程院能源与矿业工程学部和台湾永续能源研究基金会主办，我校资环学院具体承办。中国工程院院长周济院士、副院长谢克昌院士、台湾永续能源研究基金会简又新董事长等20名院士以及100多名海峡两岸学术界知名学者和相关研究人员出席了年会。

【10 月 18 日】我校成功举办“测绘学院创立 56 周年庆典暨宁津生教授 80 华诞、从教 56 周年学术与教育思想研讨会”。国家测绘地理信息局党组副书记、副局长王春峰，校党委书记李健等在校全体校领导，全国近 300 家单位 1500 多名嘉宾、校友以及原测绘科大、测绘学院老领导和离退休教师代表、测绘学院全体师生出席此会，其中包括 12 位院士（宁津生同窗许厚泽院士专程从美国赶回来参加）。有 200 余单位发来贺信贺电。

宁津生院士即席演讲：“测绘学院前身是成立于 1956 年的武汉测量制图学院天文大地测量系，至今已走过 56 年历程。而我正好 1956 年从同济大学测量系毕业，随即步入这所中国测绘教育殿堂，迄今在此工作了 56 年。”“我感到自豪的是，建院 56 年来，我是一直在岗的武测人。”这位 80 岁长者道出与测绘学院 56 载难舍情缘：“我很感谢我的老师和同事，是他们的帮助和支持，使我取得今天这点微不足道的成绩。”赢得了热烈掌声。

【10 月 18 日】来自兄弟高校和测绘行业 12 位院士、300 余位学者出席“宁津生院士 80 华诞及从教 56 周年学术创新与教育发展论坛”与“宁津生学术成就研讨会”。论坛由刘经南主持，陈俊勇、李德仁、王家耀、许其凤、杨元喜、龚健雅等 6 位院士，分别以“2000 国家重力基本网现状分析”、“智慧地球时代测绘地理信息学的新使命”、“关于信息化时代的地图学的再思考”、“GNSS 快速定向”、“导航定位不确定性若干注记”、“实时 GIS 及其在智慧城市中的应用”为题，作学术报告。研讨会由李德仁主持，嘉宾纷纷发言，回顾与宁津生交往经历，研讨其学术成就。“表扬要适度，批评我欢迎。”宁津生一句话引来全场笑声掌声。

【10 月 20—23 日】“第十八届中国遥感大会”在武汉东湖国际中心举行，李德仁、刘经南、张祖勋、龚健雅、李建成等 13 位院士、500 多位遥感专家学者与会。会议以“遥感 · 全方位的社会服务”为主题，由 12 多场特邀报告、中国青年遥感辩论会、全国高分辨率遥感数据处理与应用研讨会、分主题交流、新技术/产品展示等板块组成。

【10 月 22 日】我校（印刷与包装系）与武汉虹之彩包装印刷有限公司签订校企合作协议。

【10 月 26 日】《科技部关于国家重点基础研究发展（973）计划 2013 年项目立项的通知》，我校李建成院士为首席科学家的项目“高分辨率高精度地球重力场及其时变效应和动力学机理研究”，获批准立项，成为大地测量领域首个“973”资助项目，获批经费 3400 万元。

【11 月 5 日】“深圳大学讲坛”在深大图书馆启幕，首讲嘉宾是中国科学院院士、中国工程院院士、国际欧亚科学院院士李德仁教授，他以《论智慧城市》为题，展示了智慧城市建设为社会与百姓带来的好处。

【11 月 5 日】“中国第 29 次南极科学考察队”从广州乘雪龙号启程。我校 7 名考察队员——3 名随团启程，另 4 名随后乘飞机前往南极，分赴长城站、中山站和昆仑站。我校副校长、中国南极测绘研究中心主任李斐，副主任王泽民，测绘遥感国家重点实验室党委书记杨旭等，赴广州为我校队员送行。杨旭召集我校队员成立了党小组，组长由杨元德博士担任。

【11 月 6—9 日】我校测绘遥感国家重点实验室深圳研发中心，在深圳市成功承办“国家测绘地理信息局 2012 届‘低空遥感与智慧社区建设’高级培训班”；李德仁院士莅

临作专题报告，介绍当前最前沿的科研问题——从数字城市到智慧城市。培训结束后，李德仁等视察深圳研发中心，受到热烈欢迎。

【11月12日】荷兰代尔夫特理工大学校长德克·贝格和我校常务副校长冯友梅签署协议，建立"武汉大学·代尔夫特理工大学地球空间信息联合科学联合研究中心"，测绘遥感信息工程国家重点实验室主任龚健雅院士与德克·贝格共同为中心揭牌，副校长李斐主持仪式。本年4月，测绘遥感国家重点实验室李德仁院士、朱庆教授访问该校；双方达成合作协议；因此，德克·贝格来我校签署协议。

仪式结束后，龚健雅院士、代尔夫特理工大学皮特·范欧东教授、测绘遥感国家重点实验室吴华意教授，分别作主题报告。根据所从事的研究领域，中荷专家学者分组研讨。

【11月16日】我校李建成院士获"2012年宝钢优秀教师特等奖"。

【11月16—21日】"第十四届中国国际高新技术成果交易会"在深圳会展中心举办。我校获高交会优秀组织奖、优秀展示奖、优秀产品奖。我校展出的"智能道路检测系统"、"吉奥地理信息服务平台软件 GeoGlobe"、"测绘基准和空间信息快速获取关键技术及应用"等产品，充分展示我校在原始创新、集成创新和引进消化吸收再创新的实力，以及科技成果转化与产业化，促进区域经济转型升级，服务社会的能力。

【11月21日】《教育部关于印发第一批"十二五"普通高等教育本科国家级规划教材书目的通知》，我校《测绘学概论（第二版）》（宁津生、陈俊勇、李德仁等著）、《摄影测量学（第二版）》（张剑清、潘励、王树根著）、《误差理论与测量平差基础（第二版）》（测绘学院测量平差学科组著）等3部教材入选。

【11月24—25日】在我校"印刷企业高级经营管理人才培训班"，国家新闻出版总署副司长曹宏遂以"新形势下如何推进印刷产业转型升级"为题，香港印刷科技研究中心顾问曾昭学以"数字化印刷之道路"为题，相继为该培训班讲学。

【11月26日】我校举行国家"卓越工程师教育培养计划"专业、国家大学生校外实践教育基地、国家级工程实践教育中心建设单位授牌仪式，副校长李斐向承建单位授牌。其中，"测绘工程"和"遥感与科学技术工程"两个专业，入选教育部"卓越工程师教育培养计划"专业；"武大·东方道迩公司工程实践教育中心"被批准为"国家大学生校外实践教育基地"、列为"第一批国家级工程实践教育中心建设单位"。

【12月4日】刘经南院士在华师大一附中举办我国"2013第四届卫星导航学术年会·武汉市'北斗科技周'科普系列报告"首场讲座，主题为"全球卫星导航定位技术和应用"。

【12月12日】"2012年RICS国际测绘会议"在湖北测绘地理信息大厦隆重召开，国内外测绘行业200余位代表与会。我校李建成院士、中国测绘科学研究院院长张继贤教授等知名专家，就对地观测数据获取技术与应用、海洋与海岸工程测绘、基于GPS监测大型结构等国际热点前沿问题作报告。

【12月17日】《教育部关于公布2012年度"创新团队发展计划"入选名单的通知》，我校测绘遥感国家重点实验室龚威领军的"多源地球空间数据的智能观测与定量应用"团队入选，获300万元资助。

【12月17日】我校资环学院院长刘耀林教授入选"第二批国家测绘地理信息局科技

领军人才”。

【12 月 18 日】教育部“2012 年度中国高等学校十大科技进展”颁布，我校李德仁院士主持的“资源三号卫星指标设计及地面处理关键技术”入选。

【12 月 19 日】《光明日报》发布了该报“2012 年我国十大科技瞬间”。其一的“‘北斗’完成亚太地区全覆盖”成果中，含我校团队在北斗卫星数据处理方面攻克的几项难题。

【12 月 23 日】李德仁院士主导推动建设的我国最大直径遥感卫星地面接收站试运行。该站卫星接收天线直径 13 米，能接收国内外 10 多颗卫星遥感数据，有望成为我国资源卫星应用中心的一级数据备份中心。

【12 月 24—26 日】挪威约维克大学 Phil Green 教授应邀来我校印刷与包装系讲学，以“国际色彩联盟色彩管理的新发展”为题，面向学生举办讲座。

【2012 年】我校测绘学院申报引进的澳大利亚昆士兰科技大学博士后桑吉章，2012 年入选国家“千人计划”，2013 任测绘学院特聘教授。

【12 月 26 日】《教育部关于公布 2012 年度“新世纪优秀人才支持计划”入选人员名单的通知》，我校测绘遥感国家重点实验室邵振峰的“高分辨率遥感影像处理与分析”、卫星导航定位技术研究中心赵齐乐的“卫星精密定轨”、测绘学院姚宜斌的“高精度 GNSS 数据处理”，入选 2012 年度“新世纪优秀人才支持计划”第十三届中国青年科技奖，各获资助 50 万元。

【12 月 27 日】我国北斗导航系统正式对亚太地区提供导航定位和授时服务。我校卫星导航定位技术研究中心自主研发的“北斗卫星高精度观测实验网”，使北斗系统用户的导航定位精度，由米级向厘米级“成功晋级”——该网由刘经南院士提出，团队 10 多位老师（其中教授 3 名）、20 多个博士和硕士，在刘经南带领下研发 22 个月，投入 1 千万元，建成的 20 个遍布全球的卫星接收站网络。

【12 月 28 日】《教育部、国务院学位委员会关于批准 2012 年全国优秀博士学位论文的决定》，我校张良培教授指导博士生黄昕的论文《高分辨率遥感影像多尺度纹理、形状特征提取与面向对象分类研究》，入选“全国优秀博士学位论文”。这是张良培第二次入选“全国优秀博士学位论文”指导教师。

【2012—2013 年（跨年度）】我校中国南极测绘研究中心王泽民教授，博士生张保军、墙强，硕士生袁乐先赴南极考察，分别执行长城站验潮系统的维护和标定、中山站卫星跟踪站建设和观测、伊丽莎白公主地内陆站建站等科考任务。张保军接替袁乐先执行中山站越冬任务，开展 GPS 跟踪站和验潮站业务化观测。袁乐先结束越冬任务后继续执行 2013 年渡夏任务。

2013 年

【1 月 10 日】新闻出版总署《关于公布全国新闻出版行业第三批领军人才遴选结果的通知》：我校印刷与包装系万晓霞教授，入选“全国新闻出版行业领军人才”。

【1 月 14—17 日】教育部专家组对我校“十一五”国家级实验教学示范中心“测绘实

验教学示范中心”检查验收。经测绘学院副院长许才军汇报，专家组6位专家实地检查，该中心顺利通过国家验收。

【1月18日】国家科学技术奖励大会上李德仁主持、王密等参与的“天地一体化对地观测数据处理技术创新及在国家应急响应中的应用”、刘耀林主持的“全数字化土地资源评价关键技术与工程应用”，两项分别获国家科技进步二等奖；李霖参与的“国防交通地理信息系统关键技术及应用”获国家科技进步一等奖。

【1月29日】教育部2012年学科评估结果公布：我校测绘科学与技术一级学科，全国同类学科排名全国第一；我校地球物理一级学科，与北大、中国科大在全国同类学科中排名并列全国第一；地理学全国排名第四；印刷与包装系作为我校轻工技术与工程一级学科，排名全国并列第七。

【2月4日】中国工程院院长周济，来我校看望李德仁院士并说：“你把握住大方向，带领大团队，瞄准国家需求，取得了重大成果！感谢你为国家，为工程院所作出的贡献！”

【2月7日】《教育部关于公布2011年度长江学者特聘教授、讲座教授名单的通知》：我校吴华意被聘为“地图制图学与地理信息工程”特聘教授，台湾交通大学黄金维被聘为我校“大地测量学与测量工程”讲座教授。

【2月26—28日】国际地图制图协会（ICA）执委会在武汉召开，国际地图制图协会副主席和执委、我校资源与环境科学学院院长刘耀林教授主持会议。

【3月5日】我校由印刷与包装系本科生赵君婕、朱智鹏、杨莉及城市设计学院本科生穆舟组队，在上海“首届安姆科中国包装创新设计大赛”一举夺冠。高智勇副教授任指导教师。

【3月17日】“十二五”国家863现代农业技术领域“作物数字化技术研究”在南京启动。我校遥感学院方圣辉、舒宁团队负责承担该项目第1课题“作物生长信息的数字化获取与解析技术研究”，依托地面、无人机、卫星等不同监测平台，解决作物生长相关信息获取关键问题。总经费1100余万元。

【3月22日】我校卫星导航定位技术研究中心和湖北省测绘局承担的“北斗地基增强系统湖北示范项目”在武汉通过验收。孙家栋、宁津生、刘经南、杨元喜、李建成5院士领衔的专家组，评价该项目：“建立了国内首个省级北斗精密定位服务系统，为湖北省北斗应用推广产业化提供了基础平台，建议推广使用。”

【3月24日】李德仁院士应邀赴深圳出席“中国智慧城市院士高峰论坛”，作题为“视频技术在智慧城市中的应用”的专题报告。

【3月25—28日】美国摄影测量与遥感年度大会（ASPRS 2013）在美国举行。我校测绘遥感国家重点实验室博士生陈敏的“仿射稳健的高分辨率遥感影像直线特征匹配”，获“最佳学生论文奖”，应邀在大会作报告；指导教师为李德仁院士和邵振峰教授。

【3月28日】“第156次中国工程科技论坛暨第一届智慧城市与智能系统国际论坛”在香港举行。李德仁院士作了题为“智慧城市：概念、支撑技术及应用”的主题演讲。

【3月29日】“云计算与软件服务工程创新发展高峰论坛”在我校举行；校长李晓红、刘经南、龚健雅、李德毅等9院士共13位信息专家作学术报告；国际软件学院崔晓

晖院长主持此论坛。

【3 月 30—31 日】李德仁应邀出席在上海举行的“2013 中国城镇化高层国际论坛”，他作报告强调：“中国当前正面临工业化、信息化、城镇化的任务，而通过智慧城市建设可以实现三化统一、协调发展。”

【3 月 30 日】国家重点基础研究发展计划（973 计划）“西部山区大型滑坡研究”启动。我校遥感信息学院廖明生教授是该项目第五课题“多源观测数据与滑坡机理模型同化理论与方法”负责人。

【4 月 6—18 日】我校测绘学院申文斌教授应邀赴奥地利维也纳参加“2013 年欧洲地球科学年会。

【4 月】我校中国南极测绘研究中心王泽民教授和艾松涛博士，赴北极黄河站进行冰川 GPS、雷达测量。

【4 月 9 日】《教育部关于成立 2013—2017 年教育部高等学校教学指导委员会的通知》：我校李建成院士为“测绘类专业教学指导委员会”主任委员；副校长李斐为“地球物理学类教学指导委员会”副主任委员；印刷与包装系万晓霞为“轻工类教学指导委员会”副主任委员。

【4 月 9 日】泰国公主玛哈扎克里 · 诗林通再次莅临武汉大学，为中泰共建的“诗林通地球空间信息科学国际研究中心”新址揭牌。

【4 月 9 日】我校王泽民等 7 人，参加中国第 29 次南极科学考察，分赴长城站、中山站和昆仑站考察，圆满完成任务回国。此次返国还有第 28 次南极越冬考察的硕士生谢苏锐。第 29 次考察硕士生袁乐先仍在南极越冬考察。

【4 月 9 日】我校许才军教授负责 2011 年结题的国家自然科学基金项目“利用 GPS 与 IM/WS 干涉测量监测鲜水河断层变形”，获得“特优”结题。

【4 月 10 日】英国帝国理工大学地球科学工程系刘建国教授，来我校资源与环境科学学院学术交流。院长刘耀林教授、沈焕锋教授及遥感研究方向的老师参加了交流会。

【4 月】我校测绘遥感国家重点实验室博士生郑杰，获得美国地理学家学会“混搭地图大赛”“最受欢迎地图奖”，为该奖项唯一获奖的中国人。

【4 月 16—17 日】加拿大滑铁卢大学环境学院院长 Andre Roy 教授一行，访问我校资源与环境科学学院，就两校地理信息科学 2+2 本科联合培养课程交换意见。

【4 月 18 日】“中泰地球空间灾害预测系统合作基地”在武汉挂牌成立。我校测绘遥感信息工程国家重点实验室作为签约三方之一，负责技术指导和项目的执行。

【4 月 20 日 8：02】我校卫星导航定位技术研究中心研制的“十一五”国家 863 计划重点科研成果“广域实时精密定位系统”，捕获四川省雅安市芦山县发生地震信号：7.0 级地震，震源深度 13 千米。

【4 月 22—26 日】以“对地观测与全球环境变化”为主题“第 35 届国际环境遥感大会”在北京召开，56 个国家和地区 1000 余人参会。李德仁院士应邀作“中国减灾系统的系统框架设计”的专题报告。

【4 月 23 日】我校测绘学院院长李建成院士获“全国五一劳动奖章”。

【4 月 25 日】英国阿伯泰邓迪大学副校长史蒂文 · 奥利维尔一行来我校资源与环境科

学学院访问，刘耀林院长等会见，双方希望加强交流和合作。

【4 月 28 日】“北斗科技周”科普讲座走进汉阳区，中国工程院院士刘经南作题为“全球卫星导航定位技术和应用”的专题讲座。

【5 月 2 日】由我校李建成院士任首席科学家、大地测量领域首个国家“973 计划”——“高分辨率高精度地球重力场及其时变效应和动力学机理研究”项目启动。李建成向各课题组负责人颁发聘书，各课题负责人汇报计划和方案。宁津生院士、中国测绘科学研究院林宗坚教授代表项目特邀专家和咨询专家讲话。

【5 月 8 日】我校印刷与包装系博士后吴伟，入选“2013 年香江学者计划”，赴港 2 年作博士后研究。

【5 月 9 日】由我校测绘学院院长李建成院士带领答辩队，赴北京参加“全国工程硕士专业学位研究生教育综合改革试点项目验收工作会议”。由我校测绘学院牵头的教育改革试点工作以优秀成绩通过验收。

【5 月 10—22 日】我校测绘遥感信息工程国家重点实验室举办“前沿地理信息技术暑期学校”。共有 170 名学员参加，其中校外学员 85 名。

【5 月 15—16 日】我校测绘遥感信息工程国家重点实验室主办“地球空间信息和智慧城市高峰论坛”；李德仁院士作“智慧城市的概念、支撑技术及应用”主题报告。美国科学院院士 Michael Goodchild，瑞士皇家科学院院士 Armin Gruen，国际摄影测量与遥感学会第一副主席 Orhan Altan、前主席 John Trinder，叶嘉安、郭华东、龚健雅 3 院士，张良培、单杰、萧世伦、李志林、刘耀林等作专题报告。

【5 月 15—17 日】以“北斗应用 · 机遇与挑战”为主题“第四届中国卫星导航学术年会”在武汉举行。32 位院士、知名专家组成年会科学委员会，我校刘经南院士任执行主席。国家最高科学奖获得者孙家栋院士，武汉市长唐良智，校党委书记韩进，副校长李斐，宁津生、刘经南、李建成等院士共 2000 余人与会。

【5 月】国际著名地图学家、美国内布拉斯加大学 Miachael Peterson 教授，来我校资环学院讲学一周，作“云计算在数字制图与地理信息工程中的应用”专题报告。双方就两校深入合作交换了意见。

【5 月 16 日】“‘中国智能城市建设与推进战略研究’项目学术报告会暨第四次工作组会议”在武汉召开，包括 11 位中国工程院院士在内的业内专家共商中国智能城市建设大计。会议就项目组 12 个分课题展开讨论。我校宁津生、张祖勋、李建成 3 院士参与了该项目研究。第 12 课题组组长宁津生作题为“智能城市地理信息基础设施建设发展战略研究”的课题报告。

【5 月 16 日】“地球科学与遥感学会 2013 年度数据融合大赛”开幕，63 个国家 50 多个团队 700 多名用户参与 3 个月比赛；我校参赛团队（博士生赵贝、钟燕飞教授、张良培教授、硕士生赵济）获第 2 名。

【5 月 22 日】我校举行“朱裕璧教授诞辰 110 周年纪念会”，李德仁夫妇再次为“朱裕璧医学奖”捐款 20 万元——该奖项由李德仁 2003 年倡议并捐赠 20 万元设立，已颁发五届 34 人次获奖。李德仁说：“朱先生一辈子忠诚于国家和人民，要很好地传承他的精神，共同努力，促进湖北医学发展，造福人民。”

【5 月 22 日】美国科学院院士 Michael F. Goodchild 教授，在遥感信息工程学院“知卓讲坛”（第十讲），作题为“地理信息系统：设计我们的未来”学术报告。

【5 月 23—25 日】我校测绘遥感信息工程国家重点实验室承办“第十二届国际地学计算会议”。5 个国家 100 余名学者带来 5 个主题报告、60 余场口头报告、40 余篇海报展示、17 个分会场专题讨论。“大数据时代的地学计算”研讨会，李德仁院士作主题演讲“智慧城市与大数据处理”。龚健雅院士大会总结，宣布下届“地学计算国际会议”2015 年在美国达拉斯举行。

【5 月 25—27 日】我校印刷与包装系与香港印刷科技研究中心在深圳联合举办“印刷质量控制与印刷企业标准化管理”高级研修班。

【6 月 5 日】“中国绿色包装产业技术创新战略联盟”在京成立。我校印刷与包装系为发起人单位之一。

【6 月 3—7 日】我校李建成、金涛勇、姜卫平，应邀赴意大利参加“中国科技部·欧洲空间局合作‘龙计划’2013 年交流会”，作口头报告。

【6 月 8 日】瑞典皇家科学院院士 Kim Johan Holmén 做客“珞珈讲坛”第 65 讲，作题为“气候变化和极地——斯瓦尔巴群岛的研究对于研究持续变化的重要性”的报告。副校长李斐为其颁发“珞珈讲坛纪念证书”。

【6 月 14 日】“大学文化与武大精神论坛”开讲，刘经南院士首场主讲“变与不变，与时俱进”。

【6 月 15 日】“武汉大学王之卓教育发展基金”第一次理事会，选举李德仁院士为理事长，刘先林院士、刘经南院士、张祖勋院士、龚健雅院士、谢红星副校长为副理事长。

【6 月 20—22 日】“第 21 届国际地理信息科学大会”在河南大学举行。李德仁院士荣获大会颁发的“国际地理信息科学杰出教育奖”，并作题为“智慧城市：概念、支撑技术和应用”的特邀报告。测绘遥感信息工程国家重点实验室陈能成教授、硕士生周连杰等，在大会上作口头报告。

【6 月 25 日】我校测绘遥感国家重点实验室对开放基金应结题的 15 个课题，组织专家进行结题评审。结果为：7 项“优”，8 项“良”。

【6 月 25 日】前国际制图协会主席、捷克马萨里克大学 Milan Konecny 教授访问我校资源与环境科学学院，作了题为“地图制图在预警和危机管理中的潜力”的报告。

【7 月 3 日】我校、广东省地质局“战略合作协议签约暨测绘工程硕士研究生班开班仪式”在广东地质大厦举行。李斐副校长与该局陈周平副局长代表双方签署协议。

【7 月 3 日】国家减灾委员会办公室发来感谢信，感谢我校遥感学院对芦山地震灾害评估提供的大力支持——四川芦山“4.20”地震发生后，遥感学院主动安排师生赴民政部国家减灾中心协助灾害评估工作，提供了及时数据和技术支持。

【7 月 5 日】我校 2013 年新教职工岗前培训，159 名新教工参加“院士与你面对面”，李德仁院士回顾了自己留学归来、报效祖国的经历，勉励新教工做“顶天立地”的人!

【7 月 10—11 日】第五轮中美战略经济对话在美国华盛顿国务院大楼举行，国务委员杨洁篪等多位国家领导人出席了本次对话，我校国际软件学院崔晓晖院长应邀出席会议。

【7 月 12 日】我校测绘遥感国家重点实验室主任龚健雅院士，为“2013 年青少年高

校科学营武大分营”320 多名营员，作题为“智慧城市与未来展望”的报告。

【7 月 21 日】习近平总书记考察武汉“中国光谷”：15 时 23 分，走进光谷展示厅，刘经南院士向习近平总书记介绍了北斗适用领域、产业化、高精度应用情况和我校自主研发核心芯片等成果；其中由施闯团队支撑、湖北率先建立、全国推广的北斗地基增强网，精度提升到厘米级。习总书记很欣慰说：“国家富强靠自主创新，靠技术，靠人才，科技是国家强盛之基。”

【7 月 21—23 日】“中海达”杯“第七届全国高等学校测绘学科青年教师讲课比赛”在哈尔滨举行，全国 44 所院校 96 位青年教师参赛。我校资环学院任福的“地理信息系统原理”课程，获得竞赛特等奖。测绘学院赵前胜、方兴，分别获“地理信息系统原理与应用”、“测量平差”课程一等奖；詹总谦获“摄影测量”课程二等奖。

【7 月 23 日】“2013—2017 年教育部国家测绘地理信息局测绘类专业教学指导委员会”第一次全体会议在黑龙江工程学院召开。宁津生院士出席会议——30 年来，宁津生院士一直担任该委员会的主任，为其建设和发展作出突出贡献，得到高度赞扬。新一届委员 44 人，我校李建成院士接任主任委员。

【7 月 29 日】我校副校长李斐、中国南极测绘研究中心艾松涛赴英国剑桥，参加南极研究科学委员会“2013 年地理信息工作组工作会议”，作“中国南极地理信息工作进展”报告。

【7 月 29 日】全国博士后管委会《关于 2013 年度“香江学者计划”终选结果的通知》：我校印刷与包装系师资博士后吴伟是全国印刷研究领域唯一入选者，2014 年 1 月赴香港城市大学从事印刷电子领域博士后研究，为期 2 年；内地和港方分别给予每年 15 万元人民币和 15 万元港币资助。

【8 月 3 日晚】中国教育电视台全国大学生大型益智节目《天才知道》第一季收官，我校遥感学院 2008 级校友马鸿旭摘得第一季总冠军，为我校赢得 15 万元公益助学金。

【8 月 5 日】李建成院士参加中央组织的专家北戴河暑期休假，受到中央政治局常委刘云山的接见。

【8 月 8—10 日】全国印刷教学分指导委员会第二次工作会议在我校印刷与包装系召开。与会专家评议“武大颜色科学与技术实验室”总分第一。

【8 月 8—10 日】我校印刷与包装系举办首届全国“印刷专业学科发展与技术前沿高级研修班”，19 所高校 50 余名青年骨干教师参加研修；我国印刷专业 8 位知名学者莅临讲学。

【8 月 16 日】国家自然科学基金委员会《关于公布 2013 年度国家自然科学基金申请项目评审结果的通告》：我校卫星导航定位技术研究中心施闯“高精度卫星导航定位及其应用”项目，获该基金资助。

【8 月 16 日】“武汉大学·北京东方道迩信息技术股份有限公司国家级工程实践教育中心”揭牌仪式在该公司济南分公司举行，我校测绘学院副院长许才军和该公司济南分公司总经理刘树东共同揭牌。

【8 月】我校资环学院刘耀林参与主持“退化与废弃地遥感信息提取和监控信息系统开发及其应用”，获“2013 年度中国地理信息科技进步奖一等奖”；胡海主持“数字高程

模型新理论和关键技术”获三等奖。

【8月24—30日】我校宁津生院士、申文斌教授等12人，应邀赴台湾参加“海峡两岸重力研讨会”。

【8月25—30日】我校副校长李斐赴德国参加“第26届国际制图大会”，担任分会场的主席，分别作题为“在接下来的中国南极科考站的选址”与“关于北极冰川观测不确定性”的口头报告。

【8月】我校测绘遥感国家重点实验室研究生张明达、胡磊、郭重鑫、姜良存组队，参加“欧洲空间信息基础设施建设计划2013欧盟挑战赛”，参赛作品荣获“水晶牛”奖。指导教师乐鹏教授。

【8月26—29日】“第八届国际数字地球会议”在马来西亚古晋市召开，35个国家和地区的360余位学者与会。李德仁院士作了题为“论智慧城市”特邀报告。

【8月31日—9月7日】“国际大地测量协会成立150周年科学大会”在德国波茨坦召开，50多个国家和地区500多位学者与会。我校测绘学院副院长许才军一行4人参加，作口头报告4人次。

【9月2—3日】“北斗二号卫星工程总结大会”在京召开。我校国家卫星定位系统工程技术研究中心，获得“北斗二号卫星工程突出贡献集体奖”。

【9月3日】我校测绘学院院长李建成院士参加“中组部井冈山干部培训学院专家院士培训班”。

【9月5日】第十届中国·东盟博览会期间，“北斗卫星导航产业国际合作与投资论坛”在南宁举行。李德仁院士应邀作了题为“对地观测卫星用于灾害管理”主题报告。

【9月】我校中国南极测绘研究中心艾松涛，再赴北极执行“全球卫星导航系统跟踪站”建设任务。

【9月9—11日】我校测绘学院副院长许才军等9人，赴英国诺丁汉大学参加“第二届变形监测国际研讨会”；许才军教授、郭际明教授应邀任分会主持人。许才军指导的博士生牛杰明获“优秀学生论文奖”。

【9月12日】中国教育部批准我校和美国杜克大学合作办“昆山杜克大学”，刘经南院士任校长，玛丽·布朗·布洛克教授任常务副校长。

【9月14—19日】测绘学院申文斌应邀赴法国参加“2013天文地球动力学研讨会”作口头报告。

【9月14—17日】“2013中国地理信息产业大会”在山东潍坊召开，10多个部门的2300多人参加大会；龚健雅院士作了题为“GIS的发展：从系统到服务从静态到动态”专题报告。会议期间，同时召开中国地理信息产业理事会会议、第八届海峡两岸GIS研讨会筹备会议。

【9月14日】我校朱欣焰等参与的“大型电网地理信息平台研制与应用”、刘耀林教授参与主持的“退化与废弃地遥感信息提取和监控信息系统开发及其应用”，两项成果获“2013年度国家地理信息科技进步一等奖”；胡鹏教授等参与的“数字高程模型新理论和关键技术”，获三等奖”。

【9月16—20日】“美国导航学会全球卫星导航系统年会”，20余个国家和组织约

1200 人参会。我校卫星导航定位技术研究中心 2013 级博士生陈起金题为“GNSS/INS 组合导航在高铁轨道不平顺检测中的应用”论文获优秀学生论文奖，全额资助到会宣读论文。

【9 月 18 日】由武汉大学、中国资源卫星中心和解放军信息工程大学联合建设“中国(嵩山)卫星遥感定标场”项目基建工作全部完成并通过三方联合验收，开始为多颗卫星的辐射定标、几何辐射精度和载荷性能验证提供服务。

【9 月 21 日】应俄罗斯新西伯利亚测绘学院校长 Aleksand Karpik 教授和“3S-2013”大会主席 Igor Musikhin 的邀请，我校龚健雅院士一行 17 人，赴俄罗斯新西伯利亚市参加“第四届国际学生夏季研讨会”；旨在加强国际范围地球空间信息科学关键课题的关注和深入交流，推动空间信息科学的发展。

【9 月 25 日】由我校与国家海洋局极地考察办公室共建的“极地测绘遥感与全球环境变化实验室”成立暨第一届学术委员会会议在武汉召开。会议由国家海洋局极地办吴军副主任主持，我校党委书记韩进、李斐副校长兼实验室主任，国家海洋局极地办曲探宙主任，该实验室第一届学术委员会 7 位委员，以及相关领导出席会议。曲探宙和李斐签署共建协议，并为实验室揭牌。

【9 月 26 日】由我校测绘遥感国家重点实验室朱庆教授主持的“室内多维位置信息标识语言”国家标准课题，与由该室朱欣焰教授主持的“位置传感网与全息位置地图关键技术及其应用”国家支撑计划课题，联合召开“室内定位与导航专题国际研讨会”。31 位国内外专家参会。

【9 月 26—29 日】我校中国南极测绘研究中心多名师生，参加在合肥召开的“2013 中国极地科学学术年会”，作了 9 项口头报告。

【9 月 27 日】我校李建成院士的论文：“最新中国陆地数字高程基准模型：重力似大地水准面 CNGG2011”入选“2007— 2012 年度领跑者 5000——中国精品科技期刊顶尖学术论文”，中国科学技术信息研究所向入选论文颁发了证书。

【10 月 7 日】我校测绘学院召开学科与人才队伍建设工作研讨会。与会人员围绕主题讨论。宁津生院士指出，学院要立足实际，建设好现有专业，站在国际前沿谋划学科发展，以具有生命力的学术方向凝聚学术团队。李建成院长强调，进一步增强紧迫感和使命感，积极抢占测绘学科新的制高点，在人才引进和培养、学科平台建设、标志性学术科研成果等方面力争新突破。

【10 月 8 日】《教育部关于公布 2013 年度“新世纪优秀人才支持计划”入选人员名单的通知》：我校遥感信息工程学院乐鹏教授，入选 2013 年度“新世纪优秀人才支持计划”。

【10 月 8 日】宁津生院士为我校测绘学院研究生作题为“我的测绘人生”报告，82 岁高龄的他幽默地称自己为“80 后”，坦言“在学习和科研中，要有一份持久的热情和高度的责任感，否则将一事无成。”寄语青年学子要培养四种品格：“实事求是、执著追求、诚实守信和不耻下问。”

【10 月 8 日】美国加州大学资深研究员、国际著名的古地磁专家赵西西，应邀来测绘学院交流，作题为“印度亚洲何时何处碰撞，从那时起发生了什么？一个新系统”学术

报告。

【10 月 9—11 日】我校中国南极测绘研究中心王泽民教授、艾松涛博士，参加在意大利罗马举行的“第 11 届北极新奥尔松科学研讨会”，作 2 项口头报告。

【10 月 11 日】“中国测绘学会第十次全国会员代表大会暨 2013 年综合学术年会”在京西宾馆召开。大会选举产生了学会第十一届理事会；李维森连任理事长，彭震中连任副理事长兼秘书长，徐德明为名誉理事长，陈俊勇、李德仁、宁津生为顾问，李建成任教育工作委员会主任。国际地图制图协会副主席刘耀林向中国测绘学会遴选、并荣获国际地图制图协会地图展三项大奖的有关单位颁发了该协会奖励证书。

我校姜卫平与刘经南主持的“利用卫星定位系统建立与维持高精度坐标框架的关键技术及推广应用”、朱庆主持的“三维地理信息系统平台软件与示范应用”、张过与李德仁主持的“基于 RPC 模型的星载 SAR 和 InSAR 数据处理关键技术”、李清泉主持的“智能路面综合检测装备研发及产业化”、闫利主持的“车载激光扫描与全景成像城市测量系统”等 5 项成果，分别获得“2013 年度测绘科技进步奖一等奖”。杜清运主持的“基于本体模型的自主制图服务中间件关键技术研究”、艾廷华参与主持的“多尺度城市空间数据库快速构建及在广州的应用实践”、徐进军等参与的“Topo-Lite 三维激光扫描数据处理应用系统”、黄先锋等参与的“三维数字化建模软件研发及应用”、刘经南和施闯参与主持的“北斗地基增强系统湖北示范项目”等 5 项成果，分别获得“2013 年度测绘科技进步奖二等奖”。

【10 月】我校卫星导航定位技术研究中心完成的“北斗二号卫星工程初始运行阶段系统试验与评估”获“2013 年度军队科技进步二等奖”。

【10 月 12 日】我校校长李晓红与李德仁、龚健雅、舒红兵，前往中国航天科技集团，商谈共建“地球空间信息技术协同创新中心”及“开展宏观战略合作”。

【10 月 13 日】“湖北省第二届老有所为科技贡献奖”评选结果揭晓。其中，我校刘基余（77 岁）、毋河海（80 岁）分别获一等奖，潘正风（73 岁）、黄仁涛（74 岁）分别获二等奖。

【10 月 13—15 日】“中国地球物理学会第 29 届学术年会（2013）”在云南省昆明市召开。我校测绘遥感重点实验室廖明生教授，作了题为“永久散射体干涉测量技术在三峡库区滑坡监测中的应用”专题报告。

【10 月 17 日】根据《教育部办公厅关于公布卓越工程师教育培养计划第三批学科专业名单的通知》：我校印刷与包装系“印刷工程专业”被列入“卓越工程师教育培养计划第三批学科专业”。

【10 月 17—19 日】“第七届中国传感器网络学术会议”在中国海洋大学召开。我校龚健雅院士应邀作了题为“传感网与实时 GIS 关键技术”的专题报告。

【10 月 19 日】我校遥感学院将每年 10 月份第三个星期六确定为“遥感校友日”。首届校友日以“校友团聚的盛会，沟通交流的平台”为主题，主要活动有：王之卓教育发展基金捐赠仪式，摄影测量仪器馆、移动测量实验室揭牌仪式、院情通报、院士报告、企业专题报告、企业展示、招聘宣讲等板块，旨在为全体校友、业界同仁提供了解学院和沟通交流的平台。李德仁院士作了题为“智慧城市中的大数据”的学术报告；为捐资企业、

校友代表颁发了荣誉证书。

【10月20—24日】“第34届亚洲遥感会议”在印度尼西亚巴厘岛召开；李德仁院士与会作题为“对地观测卫星及其在中国的应用”专题报告。

【10月】李德仁、王树良和李德毅合著《空间数据挖掘理论与应用（第二版）》，由科学出版社出版发行，列入地球观测与导航技术丛书。

【10月24日】我校测绘学院与国家测绘地理信息局职业技能鉴定指导中心签署合作协议，建立“国家测绘地理信息局注册测绘师教育培训基地”。

【10月25—27日】“第二届全国激光雷达大会”在北京建筑大学大兴校区召开。我校李德仁院士应邀作大会主题报告“空天一体化激光雷达测量技术及其应用”，测绘遥感重点实验室杨必胜教授作“车载激光点云的目标特征感知与重建”专题报告。

【10月29日】教育部《关于公布第二批国家级精品资源共享课立项项目名单及有关事项的通知》：我校测绘学科由宁津生负责的《测绘学概论》、郭际明负责的《大地测量学基础》、贾永红负责的《数字图像处理》等3门课，入选为“第二批国家级精品资源共享课”，每门课程获10万元补贴。

【10月30日】我校卫星导航定位技术研究中心施闯教授，首批选入国内高层次人才“万人计划”。

【10月30—31日】李德仁院士应邀赴京在“第八届中国智慧城市建设技术研讨会暨设备博览会”上，作“智慧城市中的大数据”主题报告。由李德仁院士任首席科学家的立得公司，展出了自主创新研发的单人背负式、推车式高清全景采集系统，是当前世界上最先进的便携式移动测量产品；“这款具有亿万像素分辨率的便携式采集设备，远远超出了谷歌单人采集设备的千万级分辨率。”

【10月31日】“国家测绘地理信息局地理国情监测生产性技术试验项目实施方案评审会议”在北京召开，我校李建成院士承担的“利用卫星测高技术监测我国典型内陆江河湖泊水位变化”项目接受评审；李建成向专家组重阐述了实施方案与技术路线。与会专家审议认为，该项目对西部及边远地区地理国情监测与获取有显著技术优势，符合总体要求，一致同意实施方案通过评审，获得首批立项。

【10月31日】“2012—2013年度美国百人会英才奖”在京颁奖。我校资源与环境科学学院2010级博士生曾晨获奖。这是该学院研究生第二次获此奖项。每位奖学金1万美元，一次全部领取。

【11月5日】两院院士李德仁被聘为“地球空间信息技术协同创新中心主任”，与校长李晓红签署聘用合同。李德仁表示，该中心将在地球时空基准、卫星导航定位、遥感对地观测等7个方面展开研究，力求建为国际一流地球空间信息基础研究平台、行业共性技术研发基地、高新成果辐射基地和高级人才培养基地。

【11月7日】中国第30次南极科学考察队乘“雪龙”号赴南极，将建立我国第四个科学考察站——中国南极泰山站。我校派5名队员出征：测绘遥感信息工程国家重点实验室教授龚威，生命科学学院副教授彭方，中国南极测绘研究中心博士艾松涛，博士生张保军和墙强。

【11月7—8日】英国纽卡斯大学David Fairbairn教授参观我校，与资环学院院长刘耀

林、副院长杜清运，及遥感学院、测绘学院、GPS 中心负责人深入研讨，达成学术交流与合作共识。

【11 月 8 日】我校夏坚白测绘事业创业与科技创新奖·测绘优秀青年学生奖、陈永龄院士优秀学生科技创新奖学金、李庆海测绘优秀学子奖学金和熹光测绘奖学金评审会在测绘学院举行。宁津生院士等参加评审，最终评选出夏坚白奖学金 12 名，陈永龄奖学金 16 名，李庆海奖学金 18 名，熹光奖学金 67 名。

【11 月 8 日晚】我校第八届研究生学术科技节开幕，李建成院士应邀作题为“学术研究探讨”的首场讲座。他将自己经验和体会娓娓道来；寄语青年学子，志存高远，勇于担当，在学术和科研道路上不断前行。

【11 月 9 日】“空间信息、资源管理与可持续生态国际会议（2013）”在武汉召开，中、美、英、印度的 100 多名代表与会。李德仁院士和英国皇家科学院 Michael Batty 院士为会议名誉主席，我校国际软件学院边馥苓教授主持会议，李德仁院士、国际软件学院崔晓晖教授，美国东密歇根大学谢宜春教授，香港理工大学史文中教授分别作大会特邀报告。

【11 月 10—12 日】“2013 大气光学及自适应光学技术发展研讨会”在安徽合肥召开。我校测绘遥感信息工程国家重点实验室龚威教授，应邀作题为“超高光谱分辨率太阳速度场成像方法与技术”的专题报告。

【11 月 13 日】以“共舞天地图，畅想中国梦”为主题的“第一届天地图应用开发大赛”，全国近 200 支队伍参赛。我校测绘遥感信息工程国家重点实验室博士生郑杰、杨文竞的参赛作品“天之眼”荣获唯一的特等奖，其指导老师为龚健雅院士和吴华意教授。

【11 月 15—17 日】我校印刷与包装系“汇集校友才智、共商事业发展；凝聚各界力量、共创美好未来”建系 30 周年庆典，举办印刷色彩质量控制与标准化技术研讨会、第四届图像传播学术研讨会、印刷与包装产学研创新论坛、校友论坛、2014 届毕业生招聘宣讲会等 6 个版块活动。

印刷与包装系是校直属系，1983 年设印刷工程本科专业，1995 年设包装工程专业，1996 年印刷工程进入国家“211 工程”建设重点学科。30 年来，坚持“厚基础、宽口径、高素质、创新型”，着力培养“三创”能力的复合型人才，为国家培养硕士 500 余名，本、专科毕业生 2000 余名，其他各类学生 1500 多名。

【11 月 20 日】我校《地球空间信息科学学报（英文版）》（*Geo-spatial Information Science*）入选“中国科技期刊国际影响力提升计划”，成为湖北唯一获得立项资助的英文学术期刊，2014 年起将获 3 年资助。

该学报（英文版）1998 年创于原测绘科大，李德仁院士任主编，是我国较早创办的测绘遥感领域全英文专业学术期刊，旨在建设地理信息科学的“高端学术交流平台和国际一流学术期刊”；组建了国际化专业编委会，包括院士 6 名，国际编委 26 名（占编委 70. 3%）。实现了数字化和在线优先出版。已发表一批国际知名专家的优秀论文，国外作者发表文章占 50%以上，其在线阅读、下载引用等稳步上升，发展势头迅猛。

【11 月 25 日—12 月 6 日】我校专家组携自主研制的北斗接收处理系统赴泰国，启动了北斗卫星导航系统第一批海外示范站调试和试运行。北斗“天眼”从位于泰国春武里

府的北斗卫星示范站，回传连续卫星监测信号，由李德仁院士领衔的中泰地球空间项目首战告捷。李德仁解释说。“目前北斗系统16颗星中，有5颗分布在赤道面地球同步静止轨道上，对低纬度东盟国家如泰国、印尼等，信号等于就在头顶上，北斗应当是他们的最好选择。”

【11月27日】在“地球空间信息技术协同创新中心”框架下，我校与武汉市共建的“武汉遥感与空间信息工业技术研究院”落户武汉光谷科技未来城，举行揭牌仪式。武汉市委副书记、市长唐良智，市委常委、东湖新技术开发区工委书记胡立山，我校校长李晓红、两院院士李德仁共同揭牌。

【11月28—29日】“地理国情监测技术与应用研讨会暨第三届全国高分辨率遥感数据处理与应用研讨会”在武汉东湖国际会议中心举办，全国近400位专家学者与会。特邀陈俊勇、李德仁、潘德炉、王家耀、许其凤、张祖勋等多名院士作主题报告；57位与会代表分别就地理信息技术与服务、影像信息解译与提取、3S集成技术与应用三大主题展开报告和研讨。同期举行了中国测绘学会摄影测量与遥感专业委员会工作会议、地理国情监测国家测绘地理信息局重点实验室学术委员会第一次会议。

【11月29日】“测绘遥感信息工程国家重点实验室第五届学术委员会第三次全体会议”在实验室学术报告厅隆重举行。学术委员会主任李德仁院士主持会议，副主任刘经南，顾问陈俊勇、许厚泽、刘先林、宁津生、王家耀、张祖勋，委员潘德炉、杨元喜、龚健雅、李建成、周成虎等13位院士，以及委员顾行发、单杰，国家遥感中心副主任景贵飞、武大副校长李斐、科学研究院院长李平湘和该实验室部分教师与会。

实验室主任龚健雅院士作2013年度工作报告。5教授作专题报告与演示：朱欣焰“资源三号卫星遥感云服务”、陈能成“地理空间传感网公共服务平台”、杨必胜“低空无人机遥感集成平台”、江万寿“倾斜摄影测量与三维城市建模”、龚威“地基激光遥感技术与系统”。各位顾问和委员就云计算、传感网、大数据、智慧城市及实验室发展等问题进行了热烈讨论，提出了指导性意见。

会议评审了该室2014年开放基金申请课题，确定了15个基金资助课题，其中1项重点（含4个子课题）。

【12月1—2日】国家科技部遥感中心“地理信息系统技术主题‘十三五’战略规划与技术预测研讨会”在北京召开。我校刘耀林教授作为国家十三五地理信息系统技术主题专家，主持编制地理信息服务方向十三五发展战略研究大纲和建议书，该学院艾廷华教授和何建华教授参加了其他主题建议书的编写。

【12月2日】教育部公布“2013年度高校科研优秀成果奖授奖项目”。我校测绘遥感国家重点实验室杨必胜等参与的“基于多传感器信息的地表地物建模奖与可视化的理论与方法”，获高校自然科学二等奖；卫星导航定位技术研究中心施闯主持的“广域实时精密定位关键技术与应用”，获高校科技进步一等奖。

【12月3—5日】由我校资源与环境科学学院承办的“地图与地理信息在预警与灾害管理中的应用国际研讨会”在武汉召开。来自国内外高校和研究机构100多名代表参加了会议，围绕地图与地理信息在预警、灾害应急管理与决策等相关领域的应用展开了学术交流。我校资源与环境科学学院院长刘耀林主持了会议。

【12月6日】我校测绘学院举办“基于大地测量与地球物理观测的地球结构及其动力学研究”国际学术研讨会；邀请10多位国内外相关专家学者，就地球结构以及地球动力学方向新成果，分别作了主题报告。随后，与会人员进行了深入的探讨交流。该学院100多位师生参加了研讨会。

【12月6日】我校资源与环境科学学院与湖南省地图院共建的“大学生校外实习基地”挂牌。

【12月7—8日】主题为“遥感与地理信息系统的新技术与新方法”的第三届“全国遥感与地理信息科学研究生论坛”在武汉召开。我校学术委员会主任李德仁、该论坛学术指导委员会朱庆、测绘遥感信息工程国家重点实验室党委书记杨旭、中科院遥感与数字地球所党委书记赵忠明等出席了开幕式致辞。全国遥感地学领域200多名研究生来论坛；收到论文近150篇，评选出一等奖5名、二等奖10名、三等奖及优秀论文奖多篇，优秀组织单位10个。

【12月7—8日】我校测绘遥感信息工程国家重点实验室主办“第一届空间信息智能服务研讨会”，全国120多位专家、师生与会。会议主席龚健雅院士作了“智慧空间信息服务”主题报告。会议探讨智能空间服务的主要内容及未来发展方向。会议期间，举行了“测绘科学与技术学科评议组工作会议”；评议组召集人龚健雅院士回顾与介绍了第六届学科评议组的工作，与会人员就该学科博士生学术论坛、研究生暑期学校等活动进行了交流。

【12月10—13日】2013届“测绘遥感新技术在智慧城市中的应用”高级培训班在深圳举办，我校测绘遥感信息工程国家重点实验室党委书记杨旭主持了开班仪式。由4位院士、8位知名教授分12个专题讲授；其中，李德仁、李德毅、郭仁忠、龚健雅4位院士分别讲授“智慧地球时代的测绘地理信息学”、“大数据时代的移动位置服务”、“三维地籍技术与管理”、“地球空间信息智能服务网”专题。

【12月13—14日】我校刘耀林教授作为主题专家，赴长沙参加在国防科技大学举行的“863面向新型硬件架构的复杂地理计算平台”项目年度检查暨“十三五”战略规划研讨会议。

【12月16日】《教育部关于公布2012年度长江学者特聘教授、讲座教授名单的通知》：我校姜卫平被确定为“大地测量学与测量工程”岗位“2012年度长江学者特聘教授”。

【12月16日】“第十三届中国青年科技奖颁奖大会”在人民大会堂举行。我校测绘学院姚宜斌教授荣获“第十三届中国青年科技奖”。

【12月18—19日】由我校测绘遥感信息工程国家重点实验室主办、中国地理信息产业协会支持、北京博思科空间信息技术有限公司承办的“多波段多极化雷达数据应用研讨会”在北京召开。李德仁院士作题为“中国对地观测卫星及在灾害中的应用”的主题报告；该实验室雷达遥感方向学术带头人廖明生教授、资源三号测绘卫星应用系统总师助理张过教授等分别作报告。

【12月18日】两年一度“国家测绘地理信息局重点实验室评估会议”在京召开，全国高校和科研院所的12个实验室参加评估。我校“地球物理大地测量实验室”获第一

名，“精密工程与工业测量实验室”的评估结果有很大提升。

【12 月 18 日】第六届“则泰杯”全国大学生测绘科技论文大赛在郑州解放军信息工程大学落幕。这次竞赛共收到 32 所大学的 167 篇论文，涉及 353 名在校本科大学生，150 多位指导老师。我校测绘学院获大赛一等奖 3 篇，二等奖 3 篇，三等奖 4 篇，获奖总数及一等奖数均排全国第一。

【12 月 19 日】中国工程院 2013 年院士增选结果公布，我校资源与环境科学学院校友郭仁忠教授当选中国工程院院士。

【12 月 19 日】我校印刷与包装系“包装工程专业”，入选“2013 年湖北省普通高等学校战略性新兴（支柱）产业人才培养计划”。

【12 月 20 日】教育部公布“第三批国家级精品资源共享课立项项目名单”：我校 7 门课程入选，其中测绘学科有 6 门：李建成负责的“物理大地测量学”，黄劲松负责的“GPS 原理及其应用”，袁修孝负责的“摄影测量学”，刘耀林负责的“土地信息系统”，邱卫宁负责的“误差理论与测量平差基础”，方圣辉负责的“遥感原理与应用”，万晓霞负责的“印刷概论”。

【12 月 20—21 日】“第二届高分辨率对地观测学术年会”在京召开。我校测绘遥感信息工程国家重点实验室博士生朱映荣获该年会青年创新基金论文，指导老师为王密教授。

【12 月 21 日】由教育部学位与研究生教育发展中心主办的“第十届全国研究生数学建模竞赛”在中南大学举行，全国 332 所高校和研究院所 3884 个队共计 11652 名研究生参赛。我校 33 名同学组成 11 支队伍参赛，最终有 8 支代表队获奖（一等奖 1 项、二等奖 6 项、三等奖 1 项）；其中测绘学院研究生 3 支代表队 8 人参赛，荣获一等奖和二等奖各一项。

【12 月 23 日】美国休斯敦大学周华伟教授应邀来我校作了题为“微震定位技术的发展”学术报告。

【12 月 24 日】“863 主题项目‘作物数字化技术研究’2013 年度总结会”在我校遥感信息工程学院召开，7 个课题承担单位 40 多位代表参加会议。我校方圣辉、舒宁团队承担该项目第 1 课题“作物生长信息的数字化获取与解析技术研究”研究。

【12 月 26 日】上海数慧系统技术有限公司向我校资环学院捐赠 105 万元签约仪式在该院举行。校友、公司董事长元哲起，我校资环学院院长刘耀林代表双方签字。

【12 月 27 日】武汉海地测绘科技有限公司向王之卓教育基金捐赠无人机系统仪式，在遥感学院举行。该公司总经理、我校友高宇希望增强联系，多方面深层次的合作。

2014 年

【1 月 10 日】“2013 年度国家科学技术奖励大会”。龚健雅等参与的“国产民用高分辨率立体测图卫星测绘和应用关键技术”，获国家科技进步一等奖；李平湘等参与的“机载多波段多极化干涉 SAR 测图系统”，获国家科技进步奖二等奖；与我校合作的意大利 Fabio Rocca 教授，获国际科学技术合作奖。

【1 月 15 日】我校张良培等的专著《高光谱遥感影像处理》，由科学出版社出版。

【2 月 17 日】中国遥感应用协会“2012—2013 年度中国遥感十大事件”，我校遥感信息工程学院 2005 级校友向涛创办的武汉禾讯科技农业信息有限公司“聚焦遥感创业，将遥感技术用于期货分析”榜上有名。

【2 月 21 日】我校印刷与包装系“英国利兹大学交流项目宣讲会”，推进开放式国际化办学，学制分别为 3+1+1 本硕联读项目、1+1+1 双硕士项目、3+1+1+2 本硕联读双硕士项目等三种合作办学形式。

【2 月 24 日】李德仁院士入选“湖北省全面深化改革专家委员会”委员。

【2 月 25 日】2013 年度湖北省科技奖励大会。我校陈晓玲、龚健雅、吴华意等完成的“地学遥感信息提取分析与共享服务”，获“2013 年度湖北省自然科学一等奖”；龚威主持的“地物探测多光谱激光雷达”，获“2013 年度湖北省技术发明一等奖”；朱庆、眭海刚主持的“地物探测多光谱激光雷达”，获“2013 年度湖北省技术发明奖三等奖”；孟令奎参与主持的“水利卫星遥感大数据业务化处理与监测关键技术及应用”，获“2013 年度湖北省科技进步一等奖”。

【2 月 26 日】我校“地球物理大地测量国家测绘地理信息局重点实验室 2013 年度学术委员会会议”在测绘学院召开。实验室主任李建成院士汇报了主要成绩及发展规划。许厚泽院士主持验收了国家基础测绘科技项目“利用 GOCE 和 GRACE 观测数据确定高精度卫星重力模型的关键技术研究”，评审了实验室 2013 年度开放基金项目申请。

【2 月 26 日】《中共中央组织部办公厅关于印发“万人计划”第一批人选名单的通知》；我校卫星导航定位研究中心主任施闯被选为“科技创新领军人才”；资环学院院长刘耀林被选为“教学名师”。

【2 月 26 日】我校遥感信息工程学院付仲良与浙江省地理信息中心承担的“美丽乡村地理信息服务平台”，通过浙江省测绘局技术鉴定：达到国内领先水平，填补了我国乡村地理信息应用和服务的空白。

【2 月 27 日】我校“地球空间环境与大地测量教育部重点实验室 2013 年度学术委员会会议”在测绘学院召开。实验室主任李建成院士作年度报告，简介 2014 年工作目标和思路。与会委员充分肯定实验室一年来的成绩，认为实验室发展应与国家社会需求紧密结合，寻找新的突破口。

【3 月 1 日】我校陈能成等的专著《对地观测传感网资源集成管理的模型与方法》，由科学出版社出版。

【3 月初】2013 年国家测绘地理信息局重点实验室评估报告出炉，我校 5 个参评实验室顺利通过评估，其中，地球物理大地测量、数字制图与国土信息应用工程、导航与位置服务 3 个实验室分别以第一、第二、第五的成绩获“优秀重点实验室”称号。

【3 月 18 日】我校遥感信息工程学院 1957 级校友刘先林院士，获全国“感动测绘人物”殊荣。

【3 月 19 日】我校印刷与包装系远东宏信有限公司“远东宏信助学金”颁发。2006 年公司“中国印刷高校助学联盟”开始资助该系；2014 年公司捐资 10 万元，资助该系 20 名本科贫困生，每生 5000 元。

【3月22日】李德仁院士应邀赴香港中文大学（深圳）举办的“中国工程院‘城市与生活的智能化’院士论坛”主讲“深圳要打造智能城市，要牢牢抓住‘大数据’机遇。”

【3月23—28日】在美国摄影测量与遥感学会年会上，我校郑顺义教授和博士生黄荣永、周漾的论文“激光点云与影像配准及其精度分析”获波音图像分析与解译最佳科学论文奖（每年只选一篇）和约翰戴维森主席应用论文奖一等奖；博士生陈敏的论文“仿射不变的高分辨率遥感影像线特征匹配”获塔尔伯特·艾布拉姆斯奖；陈敏的指导教师为李德仁院士和邵振峰教授。

【3月24日】由中国工程院主办、智慧中国（控股）有限公司等承办的“第二届智慧城市与智能系统国际论坛”在香港举行，李德仁院士作题为“智慧城市中的大数据”主题报告。

【3月24—26日】国际地图制图协会副主席、我校刘耀林教授，参加在捷克举行的“国际地图制图协会执委会”会议。

【3月25日】“地球空间信息技术协同创新中心理事会”在我校召开；中心主任李德仁院士指出，中心以机制体制改革为先导，不断汇聚国内外优势资源，开展协同攻关，相关成果有力支撑了“高分辨率对地观测系统”、“中国第二代卫星导航系统”等国家科技重大专项建设，推动了地球空间信息产业国际化。

【4月2日】我校、广东省地质局举行“2014年度局校战略合作联合领导小组会议”，讨论推进广东省“智慧地质信息工程”项目立项工作的实施方案，研讨数字县（区）地理空间框架建设合作及地理国情监测专业建设，并就推进局校深度合作深入交流。

【4月3日】由我校姚宜斌教授负责的国家863计划“高程基准现代化实现关键技术”课题2013年年度检查会议在测绘学院召开。专家组审阅了相关资料，经质询讨论，综合评价该课题为“优”。

【4月4日】《教育部办公厅关于公布第五批“精品视频公开课”名单的通知》，我校宁津生等院士、教授主讲的“走进测绘殿堂（1～14讲）”，入选为国家“精品视频公开课”。

【4月】中国南极测绘研究中心王泽民、艾松涛赴北极黄河站开展冰川雷达探测等工作。

【4月12—25日】我校测绘遥感国家重点实验室杜志强等10余人，参加国家卫星应用产业化项目和高分辨对地观测系统重大专项——“5·12”大地震遗址北川老县城联合实验，建立快速准确评估灾情技术体系，为国家灾害应急、救助和恢复重建提供了支持。

【4月15日】中国第30次南极科学考察队乘坐“雪龙”号凯旋，我校共派出5名队员参加，执行了长城站验潮系统的维护和标定、中山站卫星跟踪站建设和观测、内陆站建站等多项任务。我校1名第29次南极科考队越冬队员，也一起返回。

【4月16日】我校印刷与包装系“立感见颖”团队获“2014年大学生‘小平科技创新团队’”称号与4万元创新奖励。该团队由钱俊教授、李治江副教授和陈娜讲师担任指导老师。

【4月23日】我校“极地测绘科学国家测绘地理信息局重点实验室”召开第二届学

术委员会第三次会议及基础测绘科技项目验收会。

【4 月 25 日】科技部国家遥感中心在京宣布，我国自主研发的高精度定位服务系统“羲和”正式播发信号——该系统是由我校“卫星导航定位技术研究中心”研究团队研制，将提升我国卫星导航系统的服务能力，加速北斗导航产业化。

【4 月 28 日】加拿大滑铁卢大学环境学院院长 André Roy 和副院长 Jean Andrey 来访遥感信息工程学院，就双方就开展的本科 2+2 项目和拟进行的科研、研究生教学等合作交换意见。

【4 月 30 日】我校测绘学院姚宜斌教授荣获 2014 年“湖北青年五四奖章”。

【5 月 1 日】我校廖明生教授等的专著《时间序列 InSAR 技术与应用》，由科学出版社出版。

【5 月 8 日】李德仁院士接受湖北日报记者采访，推动中国地球空间信息产业真正走向商业化和国际化。李德仁和测绘领域多名院士联名向国家提交咨询报告，建议我国遥感卫星尽快实现商业化。

【5 月 12 日】我校、幸福航空控股有限公司和武汉高科国有控股集团公司签订三方合作协议，共建“武汉遥感与空间信息工业技术研究院”。

【5 月 12 日】龚健雅院士在“知卓讲坛”，作题为“地理信息服务与传感网监测技术”的学术报告。

【5 月 19—27 日】印度古鲁詹伯赫希瓦理工大学印刷技术学院 Ambrish Pandey 副教授，来我校印刷与包装系与万晓霞等开展“颜色科学研究领域”学术交流。

【5 月 19—21 日】国际摄影测量与遥感学会第六委员会中期会议在我校举行。22 个国家 300 余名中外学者及“地球空间信息科学暑期学校”学员参加了会议，主题为“数据、信息和知识共享的地理信息教育”。李德仁院士、德国慕尼黑工业大学 Uwe Stilla 教授、国家测绘地理信息局李朋德副局长、美国德克萨斯州立大学达拉斯分校 Daniel A. Griffith 教授分别作了报告。在白象俱乐部专场，ISPRS 荣誉会员 Armin Gruen、Ian Dowman、John Trinder 等分别作了精彩演讲。

【5 月 19—29 日】我校测绘遥感信息工程国家重点实验室举办“地球空间信息科学全球研究生暑期学校”暨“国际摄影测量与遥感学会暑期学校”。153 名学员来自国内外 55 所高校、研究所。

【5 月 21 —23 日】“第五届中国卫星导航学术年会”在南京召开，主题是“北斗应用：创新·融合·共享”，国内外卫星导航系统代表 2000 多人与会。我校测绘学院 7 教师和 10 多位研究生参加了此次会议，9 人次口头报告；5 名研究生获“青年优秀论文奖”，测绘学院获“学术论文组织奖”。

【5 月 24 日】中国测绘地理信息学会教育工作委员会换届大会在南京工业大学举行，李建成接替宁津生出任第十一届委员会主任委员，宁津生任名誉主任委员。

【5 月 24—31 日】第四届全国印刷行业职业技能大赛暨第 43 届世界技能大赛“印刷媒体技术”选拔赛在上海举行。我校印刷与包装系徐宏平率李翔等 2011 级 4 名本科生，代表湖北省参赛。经过激烈角逐，李翔闯进全国十强，备战 2015 年在巴西举行的“第 43 届世界技能大赛”。

【5月26—28日】“2014年度中欧科技合作“龙计划”三期中期成果国际学术研讨会”在电子科技大学召开。我校李德仁院士等“龙计划”中欧双方科学家近300人参会。

【6月1日】我校龚健雅等的专著《地理信息基于网络的要素服务》，由科学出版社出版。

【6月6—8日】“第二届全国高校GIS（地理信息系统）青年教师讲课竞赛暨教育论坛”在清华举行，全国40多个单位近80位青年教师参加。我校资环学院青年教师费腾博士讲课竞赛获一等奖。

【6月10日】我校资环学院与百度公司签署“学生实习实践基地合作协议”。

【6月14—18日】我校李德仁、龚健雅等9人赴泰国出席“亚洲GIS大会”。

【6月18日】我校团队在泰国建设完成了北斗卫星地基增强系统示范站3个。李德仁举行了北斗卫星系统连续运行参考站启动仪式并作学术报告。龚健雅一行参加了“亚洲地理信息学术年会”，代表李德仁作题为“地理空间信息在智慧城市中的应用”的特邀报告。

【6月23—25日】国际摄影测量与遥感学会ISPRS第五委员会会议在意大利举行。我校遥感信息工程学院郑顺义与其博士生黄荣永等完成的论文“3D文化遗产中未知的几何薄碎片重组”，获最佳论文奖。

【7月5日】李德仁院士在武汉东湖宾馆，向马凯副总理汇报测绘遥感产业的军民融合发展方向，所提建议受到肯定。

【7月7—9日】我校测绘遥感信息工程国家重点实验室举办“2014年优秀大学生暑期夏令营”，从119报名者中遴选44个名校大学生为营员。根据选拔排名确定“优秀营员”，报考硕士生时优惠。

【7月9—11日】我校印刷与包装系举办“第二届优秀大学生暑期夏令营”，13所高校优秀生参加。

【7月12—19日】我校张良培、王密等17师生赴加拿大出席“2014地球科学和遥感研讨会”。

【7月12—31日】由国家遥感中心主办、我校卫星导航定位技术研究中心承办“北斗技术与应用国际培训班”，培训马来西亚、泰国、印度、文莱、巴基斯坦、柬埔寨、老挝、朝鲜等国家约20人。

【7月18—21日】“中海达杯全国第三届高校大学生测绘技能竞赛”在河南城建学院举行。我校测绘工程专业2011级本科学生朱晓康等6位同学组队，荣获团体总成绩一等奖、“1∶500数字测图”一等奖、“四等水准测量二等奖”和“一级电磁波测距导线测量”三等奖；赵岚被评为“优秀指导教师”。

【8月13日】我校测绘学院与中国地质调查局发展研究中心签署“战略合作框架协议”：双方将努力探索产学研紧密的合作关系，开启测绘地理信息、地球物理、地质资料信息资源共享的新模式。

【8月15日】国家自然科学基金委员会《关于公布2014年度国家自然科学基金申请项目评审结果的通告》。其中，我校测绘遥感信息工程国家重点实验室获批13项，测绘学院获批18项、经费1445万元，遥感信息工程学院获批9项、经费457万元，卫星导航

定位技术研究中心获批 4 项，中国南极测绘研究中心获批 2 项，印刷与包装系、国际软件学院各获批 1 项。

【8 月 16—22 日】李德仁院士等 7 人，应邀赴荷兰代尔夫特理工大学参观访问讲学。

【8 月 17 日】由我校李建成院士任首席科学家的国家“973 计划”资助项目——“高分辨率高精度地球重力场及其时变效应和动力学机理研究”项目中期总结会议在汉召开。评审专家组评价结果为优。

【8 月 19 日】湖北省第四届高校青年教师教学竞赛决赛在华中师范大学举行。我校遥感信息工程学院龚龑副教授参赛讲授“高光谱遥感”课程，获得第一名。

【8 月 21 日】全国博士后管委会《关于 2014 年度“香江学者计划”获选结果的通知》：我校测绘学院师资博士后袁强强入选 2014 年度“香江学者计划”，获得资助。

【8 月 21—28 日】我校副校长李斐率中国南极测绘研究中心 5 名研究人员赴新西兰参加“第 32 届 SACR 科学大会”和“SCAR 地理信息工作组会议”。

【8 月 21—25 日】“首届全国研究生智慧城市技术与创意设计大赛”在北京航空航天大学决赛。我校遥感信息工程学院团队获“视频分析挑战赛”一等奖、二等奖、优秀奖各 1 项，“创意设计大赛”三等奖、优秀奖各 1 项；陈震中、姚剑获优秀指导老师称号。

【9 月 4 日】履新不久的国土资源部副部长、国家测绘地理信息局局长库热西·买合苏提来我校，调研测绘学科建设和人才培养。

【9 月】我校中国南极测绘研究中心安家春博士赴北极，执行 GNSS 跟踪站维护及山地冰川冰流速监。

【9 月 21 日】李德仁院士在西安出席“第 19 届中国遥感大会”，接受中国网记者专访，他表示，“去年遥感产业在全世界市场规模约为 300 亿美元，我们有信心 6 年后中国可分得三分之一的份额。”

【9 月 21—23 日】“第 19 届中国遥感大会暨第 8 届中国青年遥感辩论会”在西安举行。由我校代表队获团体亚军；4 名选手获优秀辩手、最佳文采、最佳幽默、最佳辩才等 4 个单项殊荣。

【9 月】我校成果转化企业武大吉奥信息技术有限公司在芬兰、瑞典分别成立分公司，进入欧洲市场，武汉·中国光谷·空间信息智能服务产业技术创新战略联盟驻芬兰、瑞典办事处”揭牌。

【9 月 26 日】我校李建成院士的论文“最新中国陆地数字高程基准模型：重力似大地水准面 CNGG2011”入选中国精品科技期刊顶尖学术论文平台，即 F5000（领跑者 5000）。

【9 月 28 日—10 月 4 日】李德仁、朱宜萱、眭海刚教授赴土耳其出席“国际摄影测量与遥感学会第七委员会中期会议”。

【10 月 4 日】由我校国际软件学院与美国东密歇根大学联合举办的“空间信息、资源管理与可持续生态国际会议”在美国召开，边馥苓、崔晓晖教授为大会主要负责人，龚建雅院士作特邀报告；中、美、英、印度等国 100 多名代表参加了会议。

【10 月 11 日】《教育部、财政部关于公布 2014 年度“2011 协同创新中心”认定结果的通知》，由李德仁院士任中心主任、我校牵头联合中国航天科技集团、清华大学、北京航空航天大学等单位，共同组建的“地球空间信息技术协同创新中心”名列其中。

【10月14日】《省教育厅关于公布2014年、2015年湖北省高等学校战略性新兴（支柱）产业人才培养计划本科项目的通知》；我校印刷与包装系“印刷工程专业”获批入选。

【10月15日】湖北省“高分辨率对地观测系统应用推广新闻发布会”，依托我校设立并负责建设运营“高分辨率对地观测系统湖北数据与应用中心”，测绘遥感国家重点实验室教授张过为副主任兼总工程师。

【10月15—16日】“中国极地科学学术年会”在青岛召开，我校中国南极测绘研究中心多名研究人员参加，作口头报告8项。

【10月16日】“教育部《第二批“十二五”普通高等教育本科国家级规划教材书目》：我校测绘学科教材：《数字图像处理（第二版）》（贾永红）、《数字图像处理实习教程（第二版）》（贾永红、张谦、崔卫红、佘卉）、《数字摄影测量学（第二版）》（张祖勋、张剑清）、《GPS测量与数据处理（第二版）》（李征航、黄劲松）、《大地测量学基础（第二版）》（孔祥元、郭际明、刘宗泉）5种教材，入选国家级规划教材。

【10月17日】《教育部办公厅关于公布卓越工程师教育培养计划第三批学科专业名单的通知》；我校“印刷工程专业”入选卓越工程师教育培养计划。

【10月18日】遥感信息工程学院“第二届遥感校友日”以“校友团聚的盛会，沟通交流的平台”为主题。刘先林、林宗坚、史文中、王国锋、孙玉国、张扬、张继贤、郭四清等被选为学院“首届杰出校友”。

【10月18日】我校“王之卓教育发展基金”第二次理事会，基金理事会理事长李德仁院士主持会议；围绕资金募集使用及发展计划展开讨论，对基金发展提出了建议。

【10月20—23日】2014年中国地球科学联合学术年会在北京国际会议中心举行。来自地球科学领域的1400多名科技工作者和学者参加了会议。我校副校长李斐教授作了题为“基于不同跟踪模式的月球重力场模型研究”的专题报告。

【10月22—24日】我校吴华意教授应邀出席在京召开、主题是“地理信息支撑可持续发展”的“联合国第三次全球地理信息管理高层论坛”，在“利用科技创新衡量和监测发展”单元作报告。

【10月27—31日】李德仁、朱宜萱、张良培等6人，赴缅甸出席“第35届亚洲遥感会议”；李德仁院士应邀作题为“大数据和智慧城市”的全会报告，还参加了白象分会场、AARS理事会会议，并与ISPRS主席、AARS主席、ISPRS白象成员等就相关议题深入讨论。

【11月1日】我国探月工程三期再入返回器完美回到地球。我校吉奥公司为此次搜救提供“探月工程三期着陆场系统车载地理信息系统”，为探月三号着陆场地面回收分队在特殊条件下完成快速搜救，提供了全面的地理信息技术支持与保障。

【11月5日】李德仁院士应长江大学邀请，成为该校“长江讲坛”（设在武汉校区）首讲嘉宾，作题为“智慧城市大数据”的报告。李院士送给长江大学学生8个字：读书、思维、创新、实践。捐赠了《不停歇的思考——李德仁院士文集》等一批书籍。长江大学校长谢红星代表学校向李院士赠送激光雕刻“长江讲坛第一讲”和李院士名字特制水晶纪念品。

【11月6日】国务院学位委员会第31次会议审议通过新一届（第七届）国务院学位委员会学科评议组成员名单，其中有我校测绘学科龚健雅院士，学科专长摄影测量与遥感、地图学与地理信息系统；刘耀林教授，学科专长空间分析、地理信息系统。

【11月6日】我校印刷与包装系本科生王煜、梁正宇的"蝴蝶美食电商平台"项目，获"2014年'创青春'全国大学生创业大赛"全国金奖——这是该系学子连续第五年在全国大学生"挑战杯"竞赛中获得殊荣。

【11月6—8日】龚健雅院士，赴香港大学出席"虚拟地理环境中的地理过程模拟国际会议"，作了题为"基于云的地理空间建模与知识服务网络服务技术"的报告。

【11月8日】"2014高校GIS论坛"在武汉科技会展中心举行，主题为"变革与成长"。我校资源与环境科学学院艾廷华教授获得该论坛的"GIS创新人物奖"。

【11月10日】我校资源与环境科学学院刘耀林教授，获巴西国家地图学、大地测量、摄影测量与遥感协会授予的骑士勋章，表彰他为国际地图制图与地理信息领域发展、国际合作研究和交流所作出的贡献。

【11月10—12日】我校中国南极测绘研究中心承办"极地测绘遥感与全球环境变化国际学术研讨会"；来自挪威、澳大利亚、美国、德国和两岸三地从事极地研究的专家学者110余人参加会议。

【11月11—12日】法国纸张标准化专家Luc LANAT先生来访印刷与包装系。访问期间表示，将促成印刷与包装系与法国印刷工程师大学在人才培养、科学研究等方面的合作。

【11月17日】李德仁院士、朱宜萱教授应邀启程赴美国访问讲学。

【11月18日】访澳的国家主席习近平，由澳大利亚总理阿博特陪同，登上在澳大利亚霍巴特港停靠补给"雪龙号"科考船，慰问接见了包括我校李航、刘杨在内的中国第31次南极科学考察队全体队员。

【11月22日】由我校发起、国内创新研究机构和企业组建的"羲和导航与位置服务产业技术创新联盟"成立，成员包括了武汉大学、北京邮电大学、中国电信、中国联通、百度、腾讯、华为、中兴、泰斗微电子、合众思壮等从事导航与位置服务的相关单位。秘书处设在我校。

【11月24日】我校印刷与包装系万晓霞教授，入选武汉市首批"黄鹤英才（专项）计划"。

【11月29日】"第十二届全国高校GIS大赛总决赛"在清华大学举行，我校遥感信息工程学院2012级本科生包文韬、徐静、刘亚奇、刘雪静的项目"iParking武汉市户外停车服务系统"获移动应用开发组二等奖；指导教师陈江平、马吉平。

【12月初】泰国外交部副部长敦·帕马威奈一行11人来访测绘遥感信息工程国家重点实验室和诗琳通地球空间信息科学国际研究中心。龚健雅院士介绍了实验室及诗琳通中心发展情况，双方研讨了进一步合作。随后，泰国代表团参观了诗琳通中心卫星地面接收设施。

【12月上旬】"则泰杯"第七届全国大学生测绘科技论文竞赛成绩揭晓，我校测绘学院8篇本科生论文全部获奖，其中一等奖2篇、二等奖2篇、三等奖4篇，获奖论文篇数

位列参赛单位第一。

【12 月 3—16 日】龚健雅院士、吴华意教授赴印度出席“国际摄影测量与遥感学会第八委员会会议”。

【12 月 6—14 日】李德仁、朱宜萱应邀访问了美国乔治-梅森大学、马里兰大学、美国地调局 EROS 中心和南达科他州立大学，作多场学术报告，商讨国际合作事宜。

【12 月 7 日】“夏坚白创新奖管理委员会换届暨第 13 届评审会”召开。讨论修订该奖章程，推选成立第四届管理委员会，设立该奖顾问委员会。

【12 月 11 日】“则泰杯”第七届全国大学生测绘科技论文竞赛成绩揭晓，我校测绘学院选送的 8 篇本科生论文全部获奖，其中一等奖 2 篇、二等奖 2 篇、三等奖 4 篇，获奖论文篇数位列参赛单位第一。

【12 月 11 日】中央电视台《焦点访谈》栏目，以“2014 中国经济：创新促增长”为主题，报道了我校遥感信息工程学院 2009 届本科毕业生向涛的创业故事：向涛毕业创立商业化全球大宗农作物监测的“禾讯科技有限公司”，通过卫星照片和大数据分析，帮助农产品投资基金交易决策；中国遥感应用协会评为“2012—2013 年度中国遥感十大事件”。

【12 月 17—18 日】中国测绘地理信息学会“2014 年学术年会”在武汉颁发“2014 年年度国家测绘科技进步奖”：我校龚健雅主持的“国家地理信息公共服务平台天地图建设与应用”，获特等奖；宁津生主持的“重力场数据的多尺度分析技术及其应用”、艾廷华参与的“高精度测深理论、方法与应用”，分别获一等奖；陈能成主持的“地理空间传感网关键技术与系统”、王密主持的“大面积三维无缝立体正射影像生成方法及其应用”、邵振峰参与的“基于移动终端的实景 LBS 技术及应用”、杨必胜等参与的“特大城市交通地理信息服务平台及应用”、赵建虎主持的“高精度测深理论、方法与应用”、申文斌主持的“三轴分层地球自转理论”、魏二虎主持的“VLBI 用于深空探测器精密定位的理论方法、软件系统及推广应用”、艾廷华主持的“土地利用专题地图综合软件及其在‘二调’多级数据库建设中的应用”、李霖教授主持的“数字制图要素空间转换理论及应用”、王少华和边馥苓等参与的“荆州大遗址机载三维激光扫描遥感考古调查与监测方法”、沙宗尧等参与的“地理空间数据挖掘的理论、方法及应用”、许贤泽主持的“基于物联网的公路安全监测及预警系统”等 12 项成果分别二等奖；姚宜斌等参与的“服务于南京市国土测绘的现代测绘基准的建立与维持”获“三等奖。

【12 月 19 日】解放军信息工程大学王家耀院士应邀出席资环学院“国家重点学科建设座谈会”，探讨了“地图学与地理信息系统”、“地图学与地理信息工程”两个国家重点学科建设的相关问题，并讨论两校的学科交流。

【12 月下旬】国际全球卫星导航系统（GNSS）服务组织（简称 IGS）主席正式通知我校国家卫星定位系统工程技术研究中心，由该中心负责建设“全球第五个 IGS 数据中心”。这将改变我国卫星导航用户完全依赖国外数据中心的现状，全面拓展北斗国际化应用。

【12 月 23 日】“国际科联工作协调委员会全体会议”在北京举行。我校刘耀林教授当选为该会副主席。

【12月26日】国家测绘地理信息局公布第三批科技领军人才入选名单：我校测绘学院许才军、闫利，资源与环境科学学院李霖等三教授入选。

【12月27日】由我校与西南交通大学共同承办“973计划‘高分辨率遥感数据精处理和空间信息智能转化的理论与方法’项目2014年度总结会”在西南交通大学举行；项目首席科学家单杰教授汇报了2014年项目整体研究，6个课题组长分别汇报了课题进展、取得成果、人才培养等情况。与会领导和专家认真听取汇报，给予充分肯定；建议面向国家重大需求、加强创新点，做出更好的成果。

【12月29—30日】我校举行“第二届国际交叉学科论坛”；来自德国地学中心邓治国博士、李星星博士和美国加州大学洛杉矶分校刘小白博士应邀出席“测绘学院分论坛”作学术报告。印刷与包装系承办“印刷与包装学科分论坛”，澳大利亚蒙纳什大学研究员田君飞博士、美国麻省理工学院博士后张帆应邀参加。

【2014年】中国南极测绘研究中心编写《武大人极地测绘30年成果集》，对极地测绘30年考察研究成果认真总结梳理。编写了专用教材《极地测绘遥感信息学》。参与编写“中国极地考察十三五规划”、“极地测绘十三五规划”，明确了十三五期间极地测绘的任务和发展方向。

【12月30日】“第三批国家测绘地理信息局科技领军人才”中，有我校测绘学科4名：武大杰出校友、武大·香港理工大学空间信息联合实验室主任史文中，测绘学院副院长许才军、闫利，资环学院地理信息系系主任李霖。

2015年

【1月6日】“地理国情监测国家测绘地理信息局重点实验室第二次学术委员会会议”在浙江德清举行，李德仁院士等十位专家参加了会议。李德仁介绍了美国地理国情监测现状，以及他对地理国情监测的思考。会议推进了地理国情监测理论与技术方面的研究，力争将该室建设成我国地理国情监测的智库。

【1月9日】“2014年度国家科学技术奖励大会”；我校“对地观测与导航技术创新团队”获“2014年度国家科技进步奖（创新团队奖）”，李德仁院士代表团队参加国家颁奖大会。我校施闯、楼益栋、陈向东、刘经南等完成的“广域实时精密定位关键技术与应用”，潘励参与完成的“国家基础地理信息更新技术体系与工程应用”、眭海刚和刘俊怡参与完成的“×××关键技术及装备”等3项成果，分别获“2014年度国家科技进步二等奖。

【1月12日】教育部党组任命李建成、周叶中为武大副校长、党委常委。这是我校首次通过公开竞争上岗方式提任的两位副校长。

【1月】由德国斯图加特大学牵头，我校为主要合作方申报“德意志学术交流中心战略合作伙伴与专题研究合作网络项目计划”国际合作项目“现代空间大地测量技术用于全球变化监测”，获100万欧元资助。德国斯图加特大学Sneeuw教授任该项目首席科学家，我校副校长李建成任该项目联合首席科学家。

【1月14日】泰国科技部常务次长威拉蓬·沛素汪来我校，与副校长李斐及李德仁、

龚健雅两院士及相关单位负责人探讨深化合作。特邀我校代表3月赴泰国，出席“诗琳通地球空间信息科学国际研究中心指导委员会会议暨泰国中心”成立仪式。

【1月14—15日】马来西亚注册土地测量师技术培训班23名学员，到我校测绘学院中心实验室，培训“像机检校、影像数据处理”等技术。

【1月16日】“教育部关于公布2013、2014年度长江学者特聘教授、讲座教授名单的通知”：我校施闯受聘为“大地测量学与测量工程”岗位特聘教授，龚威受聘为“摄影测量与遥感”岗位特聘教授。

【1月16日】“广东地理国情监测专题报告会”暨我校“遥感学院与广东泰一公司无人机遥感技术联合研究中心”授牌仪式在广东省惠州市举行，双方签署合作协议，为“无人机遥感技术联合研究中心”揭牌。我校遥感学院李建松教授作了题为“地理国情监测与政府运营管理决策”的专题报告。

【2月8日】李德仁院士做客央视2套《对话》栏目“挑战国家科学技术奖”。

【2月14日】“感动江城”2014年人物评选揭晓。李德仁院士获评首届感动江城个人奖。评委会评语：个人奖——李德仁；获奖名片——北斗之星；事迹简介——两院院士、测绘遥感信息工程国家重点实验室主任；近30年来，他带领团队取得一项项创新成果，助推中国跻身世界上3个最重要航测遥感强国之列；他带领中国北斗“武汉军团”成功夺得面向全球招标的中泰北斗项目，中国北斗产业由此正式迈出国门。

【2月16日】《教育部2014年度高校科学研究优秀成果奖（科学技术）奖励的决定》：我校陈能成等完成的“对地观测传感网协同智能服务的理论与方法”，获“2014年度高校科研自然科学奖”一等奖。

【2月25—27日】李德仁、朱宜萱等6人赴西班牙参加“复杂建筑的三维虚拟重建与可视化国际研讨会”，李德仁应邀作报告。

【2月26日】《科技部关于公布2014年创新人才推进计划入选名单的通知》；我校李建成院士领军“地球重力场精细结构及其时变效应研究创新团队”入选“重点领域创新团队”；龚威教授入选“中青年科技创新领军人才”；我校入选“创新人才培养示范基地”。

【3月初】我校遥感信息工程学院姚剑教授指导硕士生张觅的论文，被计算机视觉国际顶级学术会议接收发表；这是该学院首次作为第一作者在CVPR上发表论文，是该学院承担的973项目的重要成果之一。

【3月9—10日】美国杜克大学副教务长拉里·卡林、昆山杜克大学校长刘经南、学术副校长高海燕来访。副校长李建成指出，昆山杜克大学扩大为三校合作，对提升我校和杜克大学国际影响力，至关重要。

【3月11—26日】李德仁院士和李熙博士公布关于叙利亚的遥感研究成果：自叙利亚内战以来，叙利亚夜间灯光损失83%，大部分区域陷入黑暗人道主义灾难。全球500余家主流媒体纷纷以头条或重要位置报道。《纽约时报》3月14日整版报道该研究成果。“联合国安理会叙利亚问题简报”引用了该研究成果。

【3月18—21日】校长李晓红院士、学术委员会主任李德仁院士率我校代表团赴泰国，参加“诗林通地球空间信息科学国际研究中心”理事会、指导委员会、泰国基地大

楼揭牌仪式。典礼之前，中国驻泰大使宁赋魁，李晓红、李德仁、龚健雅院士应邀与诗琳通公主共进午餐。诗琳通公主主持典礼；中泰嘉宾合影后参观了中心科学技术展；诗琳通公主饶有兴趣观看并详细询问，用中国书法写下“天人合一”四个大字。李德仁应邀在诗琳通国际空间信息学术研讨会作“中国对地观测卫星与灾害管理”的主题报告。

【3月27日】拉美和加勒比10国使节代表团来访，与我校洽谈人才培养、科学研究等方面深化合作；副校长李斐会见了来宾。李德仁介绍了测绘遥感信息工程国家重点实验室基本情况、近年的科研成果；龚威陪同参观实验室，及虚拟现实演示。10国使节一致表示，将选更多优秀学生来学习，加强合作互利共赢。

【3月27日】我校成功举行“中英教育圆周会议”，双方就智慧绿色城市最新研究成果，以及武汉与曼彻斯特在智慧城市领域合作前景热烈探讨。陈能成教授报告重点实验室对智慧城市研究的成果及设想。

【3月28日】我校成立高等研究院发展战略咨询委员会，聘任12位院士、多位知名专家为咨询委员，副校长李建成院士为咨询委员颁发聘书。

【4月2日】我校与国家测绘地理信息局签订《深化科技发展与人才培养合作协议书》。校党委书记韩进，副校长李建成院士，国土资源部副部长、国家测绘地理信息局局长库热西·买合苏提，国家测绘地理信息局纪检组组长于贤成、副局长李朋德等出席签字仪式。

【4月2日】龚健雅院士任遥感信息工程学院院长。

【4月13日】姚宜斌任测绘学院院长，许才军、闫利、邹进贵、沈作霖任副院长。

【4月14日】“首届武汉市功勋市民模范市民文明市民颁奖晚会”，我校李德仁院士荣获首届“武汉市模范市民”奖章和荣誉证书。

【4月14日】我校测绘学院申文斌教授荣获美国俄亥俄州立大学“2015年度海斯卡宁奖”。

【4月】国际电气和电子工程师协会，在北京举办“第一届国际多媒体大数据会议技术挑战赛”，我校遥感信息工程学院陈震中教授指导的“智能信息处理实验室科研小组”获得冠军。

【4月18—20日】“第二届移动测量关键技术及地面三维建模高级研讨班”在我校开班，60余名学员来自全国多个测绘地理信息企事业单位。

【4月18—23日】李德仁院士及立得公司郭晟总裁等7人，参加在俄罗斯新西北利亚市召开的“第11届国际博览会与科学大会”。李德仁在“大数据时代的预警和危机管理国际会议”上作题为“智慧城市大数据”的特邀报告。立得公司高精度POS系统、五倾斜航空相机和多性能移动测量系统获得“最佳参展商奖”。

【4月21日】《关于公布第十一批“千人计划”青年人才、创业人才入选资格名单的公告》：我校卫星导航定位技术研究中心耿江辉教授，入选“青年千人计划”。

【4月21日】中国抗震减灾专家周福霖一行11位院士，参观我校测绘学科有关部门；副校长李建成院士及测绘学科相关单位负责人陪同作介绍。

【4月24日】“武大·中国葛洲坝集团股份有限公司湖北高校省级实习实训基地”在宜昌市葛洲坝集团测绘工程院揭牌。测绘学院院长姚宜斌和葛洲坝集团测绘工程院院长晏

春波签署了合作协议。

【4月29日】20：44，武汉教育电视台播放了大师专题片《江城院士风采——李德仁》。

【4月30日】我校测绘遥感信息工程国家重点实验室张良培教授获“湖北省先进工作者”荣誉称号。

【5月13日】我校测绘学院举行“地球行星数据应用与解释国际研讨会”。研讨我国对月观测的最新研究进展、地球内部结构、尼泊尔地震机理解释、全球日长变化等，促进我国地球和行星科学的研究。

【5月13日】李德仁院士在测绘遥感信息工程国家重点实验室“学生学术交流平台”第100期作题为“读书、思维、创新、实践，成功在于坚持不懈的努力”的报告。

【5月】我校张祖勋院士团队的“数字摄影测量网格核心技术”，与国际著名地理信息机构美国ESRI公司签订使用权出口许可协议。这是我国自主研制的“数字摄影测量系统”又一次走向国际市场。

【5月】我校朱宜萱教授的“面向复杂文物场景的精细测绘关键技术研究与示范”、邵振峰教授的“基于测绘卫星数据的城市不透水层提取研究及应用”，各获2015年国家基础测绘科技项目资助30万元。

【5月19日晚】中央电视台英文频道（CCTV-NEWS）《中国24小时》节目中，专题报道我校陈晓玲教授及其水环境遥感团队开展的鄱阳湖湿地遥感研究；展现了遥感技术在湿地环境保护中发挥的重要作用。

【5月26日】我校学术委员会换届，两院院士李德仁连任武汉大学学术委员会主任。

【6月1日】我校陈能成等的专著《智慧城市综合管理》，由科学出版社出版。

【6月1—3日】“2015年大气光散射和遥测技术国际学术会议”在武汉召开。来自美、日、德、斯洛文尼亚及我国近20家单位150多名学者与会。我校副校长李斐代表学校热烈祝贺大会召开，李德仁院士为大会名誉主席，测绘遥感信息工程国家重点实验室副主任龚威教授为大会主席。大会紧紧围绕大气光散射及遥感观测技术作报告近60场，对提高大气探测质量和效率有重要意义。

【6月4—14日】我校第四次承办“地球空间信息科学国际暑期学校”，从52个国家480多份申请录取学员135名，其中外国35名。开幕式上李德仁院士致辞。暑期学校围绕“大数据”主题开设“空间统计与分析”、“时空大数据分析与数据科学”两门课程，分别由美国、瑞典和我校的教授讲授；还有上机实践、研究实例获数据结论。课余组织联欢、参观、游览等，了解中国文化。

【6月5日】武汉市调整市科协领导班子，两院院士李德仁任武汉市科协主席。

【6月8—12日】“国际标准化组织地理信息技术委员会第40次全体会议”在英国召开。由我校龚健雅院士领衔编制的首个国际标准《地理信息影像与格网数据的内容模型及编码规则第一部分：内容模型》（ISO 19163-1）通过全体会议审查，由国际标准化组织出版。会上，中国获邀提交一项新国际标准项目提案，有望成为我国主导编制的第二个地理信息国际标准。

【6月17日】我校牵头承担的863计划“地球观测与导航技术领域”主题项目“时

空过程模拟与实时 GIS 系统”下 3 个课题结题。验收由国家遥感中心组织。项目首席专家龚健雅院士，总体汇报了项目完成情况；3 位课题负责人各作详细汇报。专家组经听取、审阅、评议后，一致同意 3 个课题通过验收。

【6 月 17—18 日】“第二届地理信息系统和环境国际研讨会”在武汉举行，美国、挪威、中国包括徐冠华院士约 60 位学者与会。龚健雅院士在开幕式上致辞；会议旨在加强全球范围内地理信息与生态环境、健康关系及研究方法等方面的国际学术交流与合作。

【6 月 19 日】“‘珞珈一号’科学试验卫星需求分析和卫星可行性论证会”在我校测绘遥感信息工程国家重点实验室召开，我国卫星应用、研制专家和领导 50 余人参加论证。与会专家赞同李德仁院士“建设卫星遥感、卫星导航、卫星通信集成的卫星系统，是迎接地理信息产业与 IT 产业融合发展的必然要求”的观点。会议通过了该论证报告。李德仁团队推进“珞珈一号”科学试验卫星研制进入新阶段。

【6 月 20 日】我校测绘遥感信息工程国家重点实验室“2015 年智慧城市高端论坛报告会”：苏黎世联邦理工学院 Armin Gruen 教授“热带岛屿的物理生态系统模型”、香港大学叶嘉安教授“如何使智慧城市更智慧”、孙志鸿教授“智慧地球和智慧技术”、柴崎亮介教授“城市中的人口流动”等报告，展现了实现和应用智慧城市的理念和成果。

【6 月 22—26 日】李德仁、龚健雅、朱宜萱、廖明生等，出席在瑞士举行的中欧合作“龙计划”三期“2015 年国际学术研讨会”。开幕式上，李德仁代表中方作题为“中国对地观测计划与进展”的主题报告，重点介绍了高分领域的最新成果。他出席“龙计划”项目高层会议，规划 4 期项目安排。

【6 月 26 日】“科学中国人（2014）年度人物颁奖典礼”，我校邵振峰获“2014 年度杰出青年科学家奖”。

【6 月 30 日】我校与湖北科技学院“合作共建测绘地理信息实习基地”签约暨揭牌仪式，在湖北科技学院咸安校区举行。测绘学院院长姚宜斌、院党委书记孙萍、副院长邹进贵，学校相关部门和相关学院负责人参加了签约暨揭牌仪式。该基地占地 600 亩左右，地物地貌丰富，可满足测绘学科相关专业课程实习要求；可供 400 名左右的学生住宿，生活较为便捷，是开展测绘相关专业实习的理想基地。

根据协议，我校将在测绘工程、遥感科学与技术、地理信息科学、环境科学、环境工程等专业建设、学科建设、科研项目合作、教师和实验技术人员培训等方面为湖北科技学院提供指导与支持。

【7 月 2 日】我校新一届校学术委员会首次“上岗”。两届校学术委员会主任李德仁介绍新学术委员会亮点：压缩人数、精简队伍，总分两级、顾全大局，优化结构、自由开放；新学术委员会三原则：求同求异辩证统一，考评量化非量化辩证统一，营造师生互爱教学氛围。

【7 月 6—10 日】我校李德仁、朱宜萱、吴华意、桂志鹏等，赴印度德拉敦参加由印度遥感研究所承办的“国际摄影测量与遥感学会第六委员会暑期学校”授课，培训 82 名印度学员。开幕式上，第六委员会第一工作组长吴华意介绍了培训大纲。第六委员会第六工作组联合组长李德仁院士，作题为“智慧城市中的大数据”的报告。吴华意、桂志鹏主讲“地理数据、算法和模型的在线共享”课程。

【7月11—13日】我校测绘遥感信息工程国家重点实验室“2015年优秀大学生暑期夏令营”开营。全国各地51所高校181名学生报名，筛选出125名参加夏令营。

【7月24日】我校“地理国情监测国家测绘地理信息局重点实验室建设期满验收会”在京召开；验收专家组组长刘先林院士等，听取建设汇报和审核小组报告，审阅材料、质询讨论，一致同意通过建设期满验收。

【7月25—31日】我校测绘遥感信息工程国家重点实验室乐鹏教授，在IEEE地球科学与遥感协会（GRSS）技术委员会改选中，当选新一届ESI地球信息科学委员会主席。

【7月28日】第十四届“挑战杯”全国大学生课外学术科技作品竞赛“智慧城市”专项决赛在香港科技大学举行；我校遥感学院陈震中教授指导学生完成的“智慧城市之智能安防”，荣获一等奖。

【7月29日】我校遥感学院方圣辉主持的“十二五”国家“863”计划现代农业技术领域“作物生长信息的数字化获取与解析技术”课题，召开中期检查会。该课题组通过两年半努力，初步形成一套适用于油菜、小麦等典型作物的“近地·无人机·卫星”作物信息获取与解析技术体系，为建立基于遥感观测与地面调查的农田精准管理技术体系奠定了基础。专家组认为课题进展良好，对提出的几何光谱一体化农作物监测设备予以充分肯定。希望加强研制原理样机和大面积试验验证，力争产品化，为农业生产实践发挥更大作用。

【7月31日—8月2日】“‘中海达杯’第八届全国高校测绘类专业青年教师讲课比赛”在西安举行，李建成、宁津生出席开幕式并致词。全国55所高校129名青年教师参赛。我校测绘学院詹总谦、邢诚，分别获“摄影测量与遥感”和“测量学”课程组特等奖；资环学院李连营，获“地图制图学”课程组特等奖；测绘学院史俊波获“大地测量学基础”课程组一等奖。

【7月底至8月中旬】我校遥感信息工程学院院长龚健雅院士、书记毕卫民率新一届党政领导班子成员，赴黑龙江、吉林省、新疆、陕西、浙江、广东等测绘地理信息局、地理信息中心、中国科学院西安光学精密机械研究所等单位调研，达成多方面合作意向。

【8月1日】我校李锐、黄蔚、金宝轩的教材《空间云计算——应用与实践》，由高等教育出版社出版。

【8月5—13日】由朱宜萱、黄先锋带领的我校团队、联合新疆有关部门，顺利完成新疆两处文物遗址——石头城与曲什曼拜火教遗址的无人机航摄和激光扫描任务。该项目获国家测绘地理信息局和“文化遗产数字化理论与方法973项目”联合资助。

【8月8日】“地球空间信息技术协同创新中心第二次工作研讨会”在京举行。会议主要就该中心跨学科学术交流的组织、科研方向、管理工作、跨学科人才培养等问题进行讨论。中心主任李德仁院士对“互联网+天基信息实时服务系统”总体设计作介绍和阐述，强调对原创性科技创新、与军民融合型技术应用、市场为导向产业化推进的重视。会议协商和安排了中心未来的若干工作。

【8月10—14日】我校遥感学院与中国信息公司联合举办“第三届高校GIS技能培训班”，全国高校从事GIS教学60余位老师参加培训。

【8月13—16日】中国图形图像学会在天津市召开“第八届国际图形图像大会”，学

会会长徐冠华院士出席开幕式，李德仁院士作“智慧城市大数据”大会主题报告。

【8 月 16—23 日】我校测绘学科 24 名研究生，赴莫斯科国立测量制图大学参加“中俄 3S 国际学生夏季研讨班”。

【8 月 17 日】《关于公布 2015 年度国家自然科学基金申请项目评审结果的通告》；我校遥感信息工程学院黄昕教授的“高分辨率城市遥感：信息处理方法与应用”，获“优秀青年科学基金”资助 130 万元。

【8 月 19 日】《关于公布 2015 年度国家自然科学基金项目立项情况的通知》；我校测绘遥感信息工程国家重点实验室获批 24 项，获批经费 2711 万元；测绘学院获批 7 项，获批经费 454 万元。

【8 月 20 日】重庆市地理信息中心举行“武大遥感技术与应用中试基地”签约仪式。我校遥感信息工程学院院长龚健雅，重庆市测绘局曹春华局长、重庆市地理信息中心主任张泽烈出席签约仪式，龚健雅与张泽烈在协议上签字。龚健雅院士应邀作题为“传感器与实时 GIS 技术及其在智慧城市中的应用”学术报告。

【8 月 21 日】我校遥感信息工程学院院长龚健雅院士一行访问重庆测绘院，双方同意在推进地理国情普查与测图技术等方面，开展广泛的合作交流。

【8 月 23—28 日】“第 27 届国际地图制图学术大会暨国际地图制图协会第 16 届大会”在巴西里约热内卢召开，我校资源与环境科学学院院长刘耀林教授当选协会副主席和执行局执委。

【8 月 24—28 日】我校测绘遥感信息工程国家重点实验室“大数据分析与空间统计学术研讨会”，近 30 位师生参加。台湾铭传大学林真真教授、台湾大学张建成教授、该实验室舒红教授相继举办学术讲座。

【8 月 27—29 日】“吉奥杯第二届全国研究生智慧城市技术与创意设计大赛决赛”在我校举行。全国 172 所高校（研究所）3500 名研究生参赛；经初评，118 所高校（研究所）141 支队伍近 400 名师生参加总决赛。我校获一等奖 1 项，二等奖 1 项，三等奖 3 项。我校获得“优秀组织奖”。陈震中获优秀指导教师奖。

李德仁院士为参赛师生作了题为“智慧城市背景下的大数据”的主题报告，龚健雅院士应邀做了题为“传感器与实时 GIS 技术及其在智慧城市中的应用”的学术报告。

【8 月 31 日—9 月 4 日】“第 25 届国际文化遗产档案委员会大会”在台湾中国科技大学举办，我校朱宜萱、张志超、申力、艾明耀、杜志强参加了此次会议。艾明耀代表武大文化遗产 973 项目组题为“彩塑和壁画的 4D 可视化”的学术报告，获该会议最佳论文奖，引起海内外学者兴趣与关注。

【9 月 3 日】在纪念中国人民抗日战争暨世界反法西斯战争 70 周年阅兵式上，我校测绘遥感国家重点实验室主任龚健雅院士，作为全国优秀教师代表参加教育部观礼团，在天安门广场西一区参加观礼。

【9 月 14—16 日】“联合国利用天基技术进行灾害管理国际会议”在京召开。李德仁院士代表国家减灾委作“论我国减灾的集成系统”主题报告，阐述我国对地观测与卫星导航成果及在减灾中的应用，提出利用云计算大数据技术，实现 12 个部委减灾系统的集成服务以提升减灾服务能力。报告受到与会代表欢迎。

【9月16—18日】海上丝绸之路起点福建泉州召开“第27届海洋测绘专业学术年会”，我校测绘学院赵建虎教授，荣获“第二届海洋测绘学科发展突出贡献奖”。

【9月17日】我校学术委员会主任、中国矿业大学环境与测绘学院院长（兼）李德仁院士，应邀在中国矿业大学作题为“智慧城市时空大数据”的报告。

【9月19—23日】国际合作项目“现代空间大地测量技术监测全球变化”正式启动。牵头该项目的德国斯图加特大学项目执行协调员蔡剑青博士到我校，与我方项目首席科学家李建成院士、项目协调负责人姜卫平教授、项目成员姚宜斌教授、中国测绘科学研究院副院长吴岚，讨论和交流该项目的执行细节。

【9月20—21日】“湖北省海洋测绘技术‘十三五’发展战略研讨会”，国家海洋局、国防科技办、工业信息化部有关负责人，我校党委书记韩进、副校长李建成院士，张金麟、潘德炉、吴立新、王家耀、段正澄、刘经南等院士，以及各界120余位专家与会研讨。

【9月21日】我校召开“海洋测绘研究中心立项建设论证会议”。测绘学院院长姚宜斌简介设立“海洋测绘研究中心”的基础和需求，赵建虎作“武大海洋测绘研究中心建设论证”汇报。专家组从国家发展战略、海洋经济建设、海洋科学研究等方面，强调发展海洋测绘学科的必要性和迫切性，肯定了我校在海洋测绘学科方面的办学优势和办学实力，一致同意成立“武汉大学海洋测绘研究中心”，依托测绘学院建设。

【9月25日】“第三届小卫星技术交流会”在京召开，卫星制造和相关单位的200多位代表参会。李德仁院士作题为“互联网+天基信息智能服务”特邀报告，阐述建设“一星多用、多星组网”，实现与地面互联网互联互通，达到“天网”与“地网”深度耦合，将广大用户所需数据和信息送到手机和移动终端上。报告受到与会代表欢迎。我校测绘遥感国家重点实验室张过教授主持了分会场；遥感学院蒋永华博士题为“基于平行观测的高频误差探测”，获会议“优秀论文奖”。

【9月28日】我校在京召开“珞珈一号工程卫星详细设计方案与地面系统总体方案评审会”。此次评审标志着“珞珈一号卫星”研制由方案设计转入工程研制阶段。研发团队将针对会议提出的建议，深入调研论证，完善该卫星的设计方案。

【9月28日】中国卫星导航定位协会“2015年度卫星导航定位科技奖获奖项目”发布；我校与浙江第一测绘院完成的“中国海域数字高程基准研究及应用”，获特等奖；我校与交通部北海航海保障中心、武汉攀达公司完成的“北斗沿海差分导航与精密定位服务系统研究与应用”，获一等奖。

【9月29日】“中亚地理信息技术国际研讨会”在乌鲁木齐市召开。中、俄、比利时、捷克、吉尔吉斯、乌兹别克、哈萨克等国的专家与会并作专题报告。大会学术委员会名誉主席李德仁院士，作题为“中国对地观测卫星及应用”的报告，指出我校全球测图技术和北斗增强服务技术，将为推动“一带一路”经济建设和可持续发展全方位服务。施闯教授介绍了我校卫星导航导航定位的成果与应用。

【10月上旬】“国际摄影测量与遥感学会2015年地球空间周”在法国举行，47个国家500多名代表参加。我校吴华意、杨必胜、胡翔云教授等参会，实验室博士生仇林遥作了题为“一种任务驱动的灾害数据聚合方法”的报告。我校参加了举办“2017年地球空

间周”竞争并获得成功，“国际摄影测量与遥感学会2017年地球空间周”由武汉大学承办。

【10月14日】我校印刷与包装系与安徽省工商联召开校企合作座谈会，安徽印刷与包装业多名董事长、总经理参加座谈；一致认为，要认识经济新常态，加强校企合作。

【10月14日】我校“2015级遥感科学与技术专业‘首届知卓班’开班仪式”；是我校第一批“贯通式人才培养模式”试点单位之一，从2015级遥感科学与技术专业新生中选拔31名，组成“遥感科学与技术专业本博贯通式培养班（知卓菁英班）”，简称“知卓班”，导师为湖北名师、博士生导师袁修孝教授。

学院院长龚健雅院士强调“知卓班”旨在创学术品牌，实现人才汇聚，努力造就国家拔尖人才。

【10月14日】“武大·杜克日”，美国杜克大学副教务长劳伦斯·卡林（Lawrence Carin）教授、我校前校长、昆山杜克大学校长刘经南院士率团来校，深度对接拓宽交往，“武大·杜克研究院”进入合作新阶段。

【10月16日】我校“地球空间信息科学国际合作联合实验室”，由教育部组织以香港大学叶嘉安院士、解放军信息工程大学王家耀院士为首的专家组考察论证：该实验室依托我校测绘遥感国家重点实验室、地球空间创新中心、天空地一体化智能处理基地、荷兰代尔夫特理工大学进行建设，经过近三年培育，形成良好国际合作环境，引进培养了一批国际化人才。符合教育部立项建设条件，一致同意通过立项建设论证。这是我校获批建设首个部级国际合作平台。李德仁、龚健雅、李建成三位院士参会，对推动我校地球空间信息学科进入世界一流学科前列充满信心。

【10月16日】由我校、中国地震局地震研究所、云南省地震局合建的“昆明超导重力观测站”，在昆明防震减灾技术试验基地通过验收正式运行。

【10月17日】我校遥感信息工程学院第三届“遥感校友日”，国家测绘地理信息局副局长王春峰、李维森，总工程师李志刚，我校党委书记韩进、副书记黄泰岩、副校长李建成等领导，李德仁、张祖勋、龚健雅等院士和各届校友、企事业单位代表300余人同欢。评选出李召良、李全占、李维森、顾行发、郭晟5校友为学院第二届杰出校友，颁杰出校友奖、王之卓教育发展基金第三次理事会、知卓高端学术论坛、创新创业报告、捐赠仪式、企业招聘等，为全体校友、在校师生和业界同仁提供交流平台。

【10月17日】“第十四届夏坚白测绘事业创业与科技创新奖评审会”评选出3名“创业与创新奖”获得者：张新长（中山大学地理科学与规划学院）、马赟（四川测绘地理信息局）、郭春喜（国家测绘地理信息局大地测量数据处理中心）。

【10月18日】“珠海欧比特控制工程股份有限公司·武大卫星大数据处理联合研究中心”在我校测绘遥感信息工程国家重点实验室揭牌。李德仁、龚健雅和欧比特董事长总裁颜军先后致辞，明确其挂靠“地球空间信息技术协同创新中心”；由实验室江万寿任主任，欧比特蒋晓华副总经理、实验室张过任副主任，遥感学院蒋永华博士任主任助理。李德仁和颜军为联合中心揭牌。该中心成立，拓宽我校卫星应用商业化领域。

【10月19日】“国家测绘地理信息局科技创新工作会议”在中国测绘创新基地召开。李德仁院士代表我校“对地观测与导航技术团队”作题为“武大对地观测与导航技术团

队之本”发言。介绍团队坚持创新与协同攻关、老中青相结合，30年不断探索，取得一批国际领先的成果；坚持在国家重大研究中培养年轻的领军人才，激励他们在科研攻坚第一线快速成长，整个团队充满了不断发展的活力。

【10月21日】“首届中国‘互联网+’大学生创新创业大赛”在长春闭幕。我校测绘遥感信息工程国家重点实验室郑杰、冷伟的“卫星大数据农业遥感分析平台”项目，获“实践组金奖”；李德仁院士、龚健雅院士被评为“优秀指导老师”；该实验室被评为“大赛先进集体”。

【10月22—23日】“中国测绘地理信息学会2015年学术年会暨第五届全国测绘地理信息技术装备展览会”在南昌召开。李德仁院士作题为“论夜光遥感数据挖掘”特邀报告，表示将发射“珞珈一号”小型夜光遥感卫星，用以加强地面夜光数据监测分析。

大会表彰了2015年度全国优秀测绘工程奖白金奖、测绘地理信息自主创新十大产品奖和夏坚白院士测绘事业创业奖等奖项。立得公司获“2012—2014年度测绘地理信息自主创新十大产品”奖。

大会颁发了“2015年度国家测绘科技进步奖”。我校张永军、张祖勋主持的“航空航天遥感影像摄影测量网格处理关键技术与应用”获“2015年度国家测绘科技进步特等奖”——自2012年开始设立特等奖，这是我校首次以第一完成单位获得该奖项。李斐参与的“广海岛礁测绘重大关键技术与集成应用”、刘耀林参与的“全球30米地表覆盖遥感制图关键技术研究与产品研制”，也分别获特等奖。

我校赵建虎主持的“海洋无缝垂直基准及其转换模型构建理论、方法与应用”获一等奖；邹进贵主持的“重大灾害监测与预警系统”，徐亚明参与的“超高层建筑第三方监测技术体系研究及应用”，梅文胜、陈雪丰参与的“典型工程变形监测预警系统研究与应用”，杜清运主持的“重大灾害监测与预警系统”，田礼乔、王艳东参与的“预备役应急信息平台”，分别获二等奖；郭际明参与的“山东省连续运行参考站网服务管理系统”和“基于南宁CORS的移动终端精确定位研究”，分别获三等奖。

【10月23日】联合国经社部统计司司长Stefan Schweinfest先生、项目官员马明女士来校，现场考察我校“国际地球空间信息科学学院”。国家测绘地理信息局副局长李朋德，我校副校长李斐，李德仁院士、龚健雅院士及专家学者、职能部门负责人参加活动。

【10月25日】我校牵头“地球空间信息技术协同创新中心”在京召开“战略发展委员会和理事会会议”。我校校长李晓红、李德仁、龚健雅、宁津生、刘经南、张祖勋、李建成、陈俊勇、潘云鹤、张军等10位院士，以及我校、中国航天科技集团、教育部、清华、北航30余位代表出席。该中心主任李德仁、副主任龚健雅汇报了2014—2015年度工作进展。该中心委员会和理事会成员高度评价了中心在科技创新、成果转化、学科建设、人才培养及国际合作等方面取得的成绩，提出了建设性指导意见。

【10月26日】“中国水利学会2015学术年会”在南京召开，颁发“2015年度大禹水利科学技术奖”；遥感信息工程学院孟令奎主持的“水利应急响应遥感智能服务平台”获一等奖，这是我校首次以第一完成单位获该奖；该平台在历次重大突发水灾应急处置和救灾减灾科学决策方面发挥了关键作用。

【10月26日】中国科学院院士、工程院院士李德仁，做客人民网·城市战略研究院

“未来战略”论坛，就“智慧城市中的大数据”相关话题与网友在线交流。

【11月4日】“武汉大学·湖北科技学院合作共建测绘地理信息实习基地验收会”在我校对口支持单位湖北科技学院咸安校区举行。该基地签约揭牌后，双方保证了实习基地建设、配置和验收工作顺利完成。

【11月6日】我校测绘学院与中石化地球物理公司地理地质信息勘查分公司签订战略合作协议，共建“武大·武汉勘查公司测绘地理信息联合实验室”，从“中石化智能化管线管理系统建设”项目开始，在航空摄影测量、城市空间信息及工程测量等领域启动，全方位合作。

【11月7—8日】“泛在测绘与位置大数据应用国际工程论坛”在武汉召开。刘经南院士任大会主席，作“互联网和大数据时代泛在测绘的应用与发展”主题报告。副校长李斐致欢迎辞。院士李德仁、龚健雅、李德毅、王家耀、郭仁忠，欧洲开放地理空间协会主席麦克·杰克逊、美国杜克大学大卫·布拉迪、英国国家测量局首席科学家波利亚·阿梅里安、中科院计算所研究员程学旗、中国人民大学教授孟小峰，分别作主题报告；英国诺丁汉大学、澳大利亚皇家墨尔本大学、宁波诺丁汉大学、香港理工大学的专家分别作专题报告。主办方认为，本论坛紧密结合当前国家战略，是一次有广度、深度、高水平的专题性国际会议，体现了学科和学术上的开放性、前瞻性、交叉性和大视野。

【11月17日】我校遥感信息工程学院与广西师范学院签订框架合作协议，对口支援广西师范学院。

【11月17日】“中国瑞典智慧城市研讨会”在我校召开；我校测绘遥感信息工程国家重点实验室钟燕飞教授，汇报了与瑞典合作的“热红外遥感监测城市热力管线泄漏”课题进展。会后，钟燕飞和瑞典合作方就课题后续计划和技术选型进一步交流。耶夫勒市因地理信息产业发达而有“北欧地理信息之都”美誉。2014年8月耶夫勒市与武汉市正式签订协议，成为友好城市。

【11月】我校遥感信息工程学院贾永红团队与武汉测绘研究院合作完成的“地理国情遥感变化监测与应用研究”获“2015年度湖北省测绘科技进步一等奖”。贾永红题为“资源三号卫星数据融合的核线影像生成”的论文，入选中国精品科技期刊顶尖学术论文平台，即F5000（领跑者5000）。

【11月20日】“‘中关村青联杯’第十二届全国研究生数学建模赛”评审公告：我校测绘学院2014级硕士生葛余超荣获全国一等奖，管守奎、黄杰、夏博洋获全国二等奖，赵玲娜、曾诗瑜、董翠军获参赛奖。

【11月24日】测绘学院举行“导航与位置服务”学术报告会。报告会由客座教授高扬主持。加拿大移动多传感器系统领域首席科学家Naser EI-Sheimy教授的报告题为“惯性导航技术在移动测绘和室内导航应用中的最新进展及其未来发展趋势”；美国德州农工大学Ruizhi Chen教授的报告题为“移动智能设备从智能感知到智慧认知的探索”。测绘学院院长姚宜斌教授及150名余师生聆听了报告。

【11月25—27日】“第四届全国遥感与地理信息科学研究生论坛”在南京大学举办。论坛分“院士与知名专家主题报告、研究生分组学术报告。研究生优秀学术论文评比”三部分。我校测绘遥感信息工程国家重点实验室研究生卜晓倩，获优秀论文一等奖；李

欢、费峰获优秀论文奖；宋晓晴、卿雅娴、周佳丽、沈高云等获优秀论文报告奖；该实验室获优秀组织奖。闭幕式上，李德仁院士作题为“论夜光遥感数据挖掘”学术报告：鼓励大家专心科研，用青春智慧为国家献力。

【11月26日】《关于2015年度博士后综合评估结果的通报》揭晓2015年度全国博士后流动站综合评估结果。我校“测绘科学与技术博士后流动站”被评为“优秀”。该流动站由测绘学院、遥感信息工程学院、资源与环境科学学院、测绘遥感信息工程国家重点实验室、卫星导航定位技术研究中心、中国南极测绘研究中心等6单位共同建设、共同管理、资源共享，牵头单位为测绘学院。

【11月27日】《科技部关于发布2015年数理和地学领域国家重点实验室评估处理结果的通知》：我校测绘遥感信息工程国家重点实验室被评为“优秀实验室”，这是该室连续第四次获得此荣誉。

【11月28日】我校测绘遥感信息工程国家重点实验室“第五届学术委员会第五次会议”。该实验室学术委员会主任李德仁院士主持会议。副校长李建成院士代表我校致辞。实验室主任龚健雅院士报告近五年来实验室取得的各项研究工作进展及主要成绩。实验室副主任吴华意报告了开放基金情况，会议最终确定13个基金资助项目，其中1项为重点项目（包含4个子项目）。各委员肯定实验室在在科学研究人才培养、团队建设方面的成就，对实验室未来战略、国际合作等问题，提出宝贵建议。

【11月28日】“首届‘劲牌杯’湖北地区高校包装设计大赛”落幕。我校印刷与包装系2013级包装工程专业本科生王利利和湖北美术学院本科生艾天行合作的“视觉类设计94号作品”荣获最佳创意奖，印刷与包装系高智勇副教授和湖北美术学院涂志初主任荣获优秀指导教师称号。

【11月28日】我校在苏州工业园区举行“测绘学院与苏州工业园区测绘地理信息有限公司校企导师对接会”，测绘学院副院长许才军宣读了我校研究生院聘任校外导师决定，向5位企业导师颁发了聘书。双方导师介绍了各自的研究领域和方向，对培养对接工作提出了建议。

【11月28日】我校测绘遥感信息工程国家重点实验室举办“第十届研究生学术科技节学术讲座”。中国空间技术研究院张庆君总工程师，作了题为“航天遥感技术发展与展望 ”的学术报告。李德仁院士、实验室党委书记杨旭、王密教授及有关师生参加了讲座。

【11月30日】全球最大的地面土壤水分共享数据库“国际土壤水分网络”通知，成功接入我校传感网地面气象和土壤观测数据，我校成为我国首个加入该数据库的高校——测绘遥感信息工程国家重点实验室陈能成团队，在多地部署了地面传感网，接入多个地面和网络数据系统，已形成包含百余种万级数量传感器的分布式传感网试验场。我校传感网建设获国家科技部重点基础研究973计划和国家自然科学基金资助。

【12月初】由德国斯图加特大学牵头国际合作项目“现代空间大地测量技术监测全球变化”在该校召开第一次工作研讨会。该项目由斯图加特大学斯诺教授任首席科学家，我校副校长李建成院士任联合首席科学家。项目协调负责人姜卫平教授、项目成员申文斌教授等参加了会议，介绍了项目研究进展情况，并与参会人员深入交流。此次工作研讨会促进了该项目研究顺利进展。

【12 月 9—11 日】测绘遥感信息工程国家重点实验室主任龚健雅院士，代表我校出席在澳大利亚悉尼新南威尔士大学召开的“第 9 届移动测量技术国际研讨会”。立得空间董事长郭晟介绍了核心产品“定位定姿系统”、移动测量技术在中国的应用，及立得对移动测量技术未来的展望。立得最新单兵全景激光采集设备“背包侠”参展，以其一体化机身设计，轻便快速操作及全自动实时影像拼接技术，获与会专家一致好评。

【12 月 10 日】我校牵头地球空间信息技术协同创新中心，在中国航天科技集团第五研究院举行“‘多星组网，一星多能’暨 2015 年度第五次学术研讨会”。该中心主任李德仁院士总结，创新中心一年来管理有力，各团队工作勤勉、交流充分、通力合作，在队伍建设、科学研究、人才培养等方面取得重要进展；中心通信方向首席科学家、清华大学陆建华教授、中心外聘专家、总参二部航侦局周志鑫局长 2015 年当选中国科学院院士，可喜可贺！殷切希望中心七个方向来年继续围绕中心目标努力协同攻关，取得突破性成果。

【12 月 12 日】“第十二届‘中关村青联杯’全国研究生数学建模竞赛”颁奖典礼在北京交通大学举行，我校测绘学院 2014 级硕士研究生葛余超荣获全国一等奖，管守奎、黄杰、夏博洋荣获全国二等奖，赵玲娜、曾诗瑜、董翠军获得成功参赛奖。

【12 月 12—13 日】“南水北调水源地绿色发展 · 中国 · 丹江口水都论坛”在丹江口市召开。会上，李德仁院士发表了题为“南水北调中线工程水源区生态经济可持续发展研究”的演讲，他力推“南水北调中线工程核心水源区引入无线传感器网络、遥感等新的监测技术，构建保障南水北调安全的水质监控系统。”

【12 月 12—13 日】“第三届全国大学生数字媒体科技竞赛”在京举行。我校印刷与包装系本科生陈然、赵柏钥、胡亮、郭陈凤组队完成的“安达货运平台”获一等奖，易尧华教授获“优秀指导教师”称号。

【12 月 15 日】中共中央组织部办公厅《关于印发 2014 年“万人计划”青年拔尖人才入选名单的通知》：我校遥感信息工程学院乐鹏教授、资源与环境科学学院沈焕锋教授入选“万人计划青年拔尖人才”。

【12 月 16 日】我校测绘遥感信息工程国家重点实验室李德仁院士、龚健雅院士、杨旭书记、龚威副主任参加深圳市“智慧城管战略发展顾问授聘仪式”。该市聘请李德仁院士任深圳市智慧城管战略发展首席顾问，聘请龚健雅院士任深圳市智慧城管战略发展顾问。

【12 月 16 日】澳大利亚工程院院士程一兵教授一行四人来访我校印刷与包装系，系主任万晓霞、系副主任易尧华、印刷研究室和包装研究室有关老师参加交流。双方希望在光电印刷研究方向开展合作。

【12 月中旬】我校卫星导航定位技术研究中心承建的“广东省连续运行基准站系统北斗升级改造工程”通过专家验收，向广东用户提供高精度北斗定位导航在线服务。宁津生院士指出，“这是一个自主创新工程！是我国第一个具有完全自主知识产权的北斗精密定位在线运行服务系统！”

【12 月 17—18 日】我校举行“第三届空间信息智能服务研讨会”，国内外高校、研究机构、高新技术企业近 400 位专家学者和师生与会研讨 10 个主题：空间信息服务模型与方法、全息位置地图、空间信息智能服务系统、大数据时空分析与建模主题、环境灾害

检测、空间数据挖掘、点云和影像大数据处理与分析，以及实时地图与智能服务等。测绘遥感信息工程国家重点实验室主任龚健雅院士致开幕辞，该实验室副主任吴华意教授介绍了实验室近几年的研究进展。深圳大学校长李清泉教授、西南交通大学朱庆教授等8位专家作了主题报告。

【12月】由我校刘耀林团队开发的“地理国情普查统计分析系统”，被国务院第一次全国地理国情普查领导小组办公室确定为“全国第一次地理国情普查统计分析使用软件”，在全国推广应用。

【12月24日】我校印刷与包装系与深圳正鑫源实业有限公司签署合作协议。

【12月25日】《湖北省政府关于2015年度科学技术奖励的决定》：我校邵振峰教授主持的“空天地高分辨率多源遥感影像智能匹配与融合的关键技术与系统”，获“2015年度湖北省技术发明二等奖”。

【12月28日】《第十二批国家“千人计划”青年人才公示名单》发布，我校引进的芬兰大地测量研究所研究员柳景斌博士，入选“第十二批国家‘千人计划’青年人才”。测绘学院引进的美国伊利诺伊大学宋晓东教授，入选地球物理方向“千人计划短期项目”。

【12月下旬】“则泰杯”第八届全国大学生测绘科技论文竞赛成绩揭晓，我校测绘学院选送的4篇本科生论文获奖，其中一等奖1篇、二等奖2篇、三等奖1篇。

【2015年】我校测绘遥感信息工程国家重点实验室在“中国（嵩山）卫星遥感定标场”内，利用60米遥感观测塔和配套设施，开展了遥感观测手段对定标场及周边地面景物和大气环境参数的实时观测，以实现与卫星遥感的同步观测，用于高分辨率航空航天遥感影像的辐射与光谱定标。该定标场已为多颗卫星（包括“资源三号”、“资源一号”02C、“遥感”序列和高分一、高分二号卫星）的辐射定标、几何辐射精度和载荷性能验证提供服务。测绘遥感信息工程国家重点实验室继续对“武汉大学诗琳通地球空间信息科学国际研究中心遥感卫星地面站”测速系统及网络中心等配套设施进行建设；以该地面站为基础设置的实验室深空探测器测距测速设施，成功接收月球卫星信号，观测了美国月球卫星月球轨道器（LRO）和嫦娥三号着陆器，标志着地面站已初步具备深空探测能力。

【2015年底】我校成立“地球空间信息技术跨学科拔尖人才培养基地”。依托“地球空间信息技术协同创新中心”，是我校博士研究生跨学科拔尖创新人才培养“首个试点试验区”。首批6位博士生学员遴选自测绘遥感信息工程国家重点实验室、测绘学院、遥感信息工程学院、GPS中心、资源与环境科学学院、电子信息学院；指导导师团队由这6单位的7教授组成：电子信息工程学院院长李德识、遥感信息工程学院副院长方圣辉、GPS中心姜卫平、测绘学院申文斌、测绘遥感信息工程国家重点实验室陈能成、GPS中心江鹏、遥感信息工程学院郑顺义等。该创新中心、导师团队、学员签署了基地首创的三方培养协议，规定了学员及导师的任务目标、考核目标和奖励政策。该基地学员研究课题涉及学科横跨测绘科学与技术、地球物理、通信技术、动植物学、地质学、计算机科学、气象学等10个一级学科。将探索机制创新之路，更多与产业发展相结合，为探索跨学科人才培养模式作贡献。

2016 年 1 月至 7 月

【1 月 5 日】“地理国情监测国家测绘地理信息局重点实验室学术委员会第三次会议”在我校召开；遥感信息工程学院院长龚健雅院士主持，该学术委员会 10 名委员出席。会议充分肯定了该室 2015 年的工作，及在地理国情监测基础理论研究、关键技术突破等丰硕的成果；确定 3 个重点课题和 12 个普通课题。

【1 月 8 日】“2015 年年度国家科学技术奖励大会”。李清泉主持的“道路路面动态检测关键技术及装备”获“2015 年度国家技术发明二等奖”；邵振峰等参与的“国家数字城市地理空间框架技术体系构建与应用”、孟令奎等参与的“大数据驱动的水文多要素监测预报关键技术与应用”，分别获“2015 年度国家科技进步二等奖”。

【1 月 13 日】我校测绘学院召开“地球物理与大地测量 2016 年学术研讨会”，国内外 10 多名著名学者与会作专题报告。

【1 月 15 日】由龚健雅院士任项目负责人主导编制、国内外多位专家参与制定的首个地理信息国际标准《地理信息影像与格网数据的内容模型及编码规则第 1 部分：内容模型》，由国际标准化组织正式发布，中国成为国际地理信息标准化领域一支重要力量。

中国获邀提交一项新国际标准项目提案，有望成为我国主导编制的第二个国际标准。

【1 月中旬】我校测绘遥感重点实验室钟燕飞，受 1980 年创刊、国际遥感领域著名期刊——《国际遥感》主编 Tim Warner 教授邀请，担任该期刊副主编。

【1 月 18 日】美国科学院院士、国际空间数据不确定性研究先驱之一、加州大学教授 Michael F. Goodchild 来我校测绘遥感国家重点实验室讲学，主题是“空间，地方和地理信息科学”。龚健雅院士主持了报告会。

【1 月 24 日】瑞典耶夫勒大学副校长纳德 · 阿马迪教授一行访问我校，与副校长李斐、测绘遥感重点实验室副主任吴华意，讨论联合培研究生养，起草了全面合作备忘录。

【2 月 1 日】《教育部关于 2015 年度高等学校科学研究优秀成果奖（科学技术）奖励的决定》：我校李霖主持的“数字环境下地图制图关键技术”，获“2015 年度高等学校技术发明二等奖”。

【2 月】我校“卫星导航定位技术研究中心”，被“国际全球卫星导航系统服务组织”正式接纳为“IGS 电离层分析中心”；表明我校在该领域已迈入国际先进行列，得到国际同行认可。

【2 月】我校 2015 年度“351 人才计划”入选者名单揭晓：测绘遥感信息工程国家重点实验室邵振峰、钟燕飞入选“珞珈特聘教授”，李熙、田礼乔、史磊入选“珞珈青年学者”；测绘学院申文斌教授入选“珞珈杰出学者”，方兴、郭斐和从加拿大卡尔加里大学引进的鲍学伟博士入选“珞珈青年学者”。

【2 月 22 日】我校“地球空间信息技术协同创新中心”李德仁院士，方向首席刘经南院士，方向首席助理施闯教授、李德识教授、许才军教授，中心主任助理杨旭等，受中心团队成员、中组部“千人计划”入选者、我校 GPS 中心教授朱敦尧博士邀请，考察“武汉光庭信息技术股份有限公司”自动驾驶试验基地。

李德仁、刘经南体验了光谷梦 2.0 自动驾驶汽车，强调高校与科技企业深化协同合作、助力行业创新。

【2 月 25 日】国家科技部副部长阴和俊，浙江省常务副省长袁家军一行，考察我校国家卫星定位系统工程技术研究中心。刘经南、施闯研究团队现场演示和汇报。我校将羲和高精度定位技术引入浙江地理信息产业园，已成为园区最具代表性之一。

【3 月 2 日】《科技部办公厅关于第二批科技服务业行业试点单位名单的通知》，我校“面向导航与位置服务产业的科技服务业试点”（依托“国家卫星定位系统工程技术研究中心”）入选。

【3 月 3 日】中组部海外高层次人才引进工作专项办公室《关于公布第十二批“千人计划”青年人才、创业人才入选资格名单的公告》，我校测绘遥感信息工程国家重点实验室柳景斌教授入选。

【3 月初】在美国圣迭戈举行“国际电信联盟视频质量专家组联席会议”上，我校遥感信息工程学院千人计划专家陈震中教授，当选理事会成员和沉浸媒体工作组共同主席，是唯一来自中国的理事会成员。

【3 月 11 日】“武大 · 代尔夫特理工大学地球空间信息联合科学联合研究中心”中期评估报告会。两校签署“双学位博士联合培养协议”。该大学副校长彼特 · 维林加，我校副校长李斐、学术委员会主任李德仁院士、遥感信息工程学院院长龚健雅院士等出席仪式。李德仁院士主持会议。

【3 月 22 日】由我校地球空间信息技术协同创新中心和立得公司“移动测量万里行/智慧中国百城秀/武汉站活动”在东湖宾馆召开。到场嘉宾 500 余人，邀请到测绘地理信息、智慧城市、大数据、云服务等专家作报告。李德仁院士指出，移动测量实现天地一体化地理信息数据库，丰富了智慧城市大数据，将与云计算结合，整体提高，实现地理信息大数据的实时更新。“立得”产品展示成为活动主要亮点之一。

【3 月 28 日—4 月 1 日】国家测绘地理信息局继续教育中心与我校测绘学院合作举办“信息化测绘新技术培训班”。8 位授课老师从八大专题授新技术前沿知识，有助解决实际工程中的相关技术问题。

【3 月 28 日—4 月 2 日】我校李德仁、龚健雅、邵振峰等率多名博士生赴美国旧金山出席“美国地理学家协会 2016 年会”。李德仁院士在“人类动力学研讨会：地球空间大数据和智慧城市”分会场作专题报告“智慧城市中的地球空间大数据”。龚健雅院士主持“环境感知与健康”分会场，作题为“基于社交媒体的城市空气质量预测”的报告。邵振峰教授主持“城市土地利用和变化”分会场，作题为“基于随机森林模型的高分辨率遥感影像不透水面提取”的报告。与会博士生也作了多项报告。

【3 月 29 日】武大、重庆市勘测院共建“卓越工程师”培养基地揭牌仪式在重庆举行。重庆市测绘地理信息局局长曹春华，重庆市勘测院院长陈翰新，我校测绘学院院长姚宜斌等为基地揭牌。

【3 月 30 日】《教育部关于聘任第七届教育部科学技术委员会委员的通知》：我校副校长李建成院士任“第七届教育部科学技术委员会委员”。

【3 月 31 日】“武大 · 智途科技空间信息大数据研发基地”在江苏智途科技股份有限

公司揭牌。我校副校长李建成院士、扬州市副市长何金发，智途科技董事长何小军等及媒体代表出席。

【4月1日】《教育部办公厅关于发布2015年度数理和地学领域教育部重点实验室评估结果的通知》：我校“地球空间环境与大地测量教育部重点实验室”评估成绩为优秀。

【4月8日上午】“地球空间环境与大地测量教育部重点实验室2015年度学术委员会会议”在我校进行学术委员会换届。我校副校长、该实验室主任李建成院士作工作报告。第二届学术委员会主任王水院士致辞，杨元喜院士当选为第三届学术委员会主任。

【4月8日下午】“地球物理大地测量国家测绘地理信息局重点实验室2015年度学术委员会会议”在我校测绘学院召开。实验室主任李建成院士致辞，姚宜斌作年度工作报告。委员们一致认为要紧密结合国家局“十三五”战略规划中的重大工程项目（927二期工程、北斗导航工程等）开展工作。

【4月8—10日】我校“第三届国际交叉学科论坛·遥感分论坛”，邀请德国海德堡大学城市建模实验室主任范红超博士，美国马里兰大学、北卡罗来纳大学博士后研究员朱莺嘤，美国马里兰大学地理系助理研究教授何涛博士作学术报告；院长龚健雅对交叉学科论坛给予肯定。德国地学中心李星星博士和德国海德堡大学范红超博士应邀在“测绘学院分论坛”作学术报告。

【4月12日】中国第32次南极考察队乘“雪龙号”科考船回国，其中有我校教师柯灝与中山站越冬第31次科考队员博士生李航、刘杨——李航负责中山站大地测量和卫星导航，刘杨负责极区电离层极光观测。柯灝曾入第29次考察队在长城站；这第32次则是海拔更高、更寒冷、空气稀薄的昆仑站。

【4月12日】由我校测绘遥感国家重点实验室朱欣焰主持、总经费941万元、国家“十二五”科技支撑计划项目“位置传感网与全息位置地图关键技术及其应用”，通过公安部科技信息化局验收专家组验收。项目成果丰硕，发表论文41篇，完成国家标准草案3项（1项已立项），申请国内专利12项（已授权6项），获10项计算机软件著作权，撰写1部专著初稿。公安部科技局希望与公安行业紧密结合，推动成果转化。

【4月】李德仁、王树良、李德毅的英文专著《空间数据挖掘理论与应用》，由世界最大的科技出版社之一、德国斯普林格出版社出版。陈述彭院士盛赞该书为“空间数据挖掘的里程碑式力作”，与美国科学院院士古德恰尔德教授、美国工程院院士查德教授、伊利诺伊大学韩家炜教授等作序，力荐“这本书内容博大精深，治学方法精益求精。既适合研究人员和开发人员，也可作为相关专业本科生、研究生的教学内容。”

【4月25日】我校“首场航天科学讲堂”，李德仁院士作题为“遥感大数据及应用”的讲座。讲座由湖北省国防科工办主任张忠凯主持，副校长李建成出席，拉开2016年“中国航天日”武大系列活动序幕。

【4月25—26日】台湾成功大学工学院测量系主任江凯伟、杨明教授访问我校测绘学院；分别作“台湾成功大学自制行动测绘系统之演化历程”、“台湾坐标系统之现代化”的报告。

【4月26日】我校定于本年10月22日前后举办“武汉大学测绘学科60年发展回顾暨世界一流学科建设高端论坛”系列活动。宗旨：弘扬学术，彰显成就，凝聚力量，促

进发展。论坛顾问：宁津生、李德仁、刘经南、张祖勋、陈俊勇、刘先林、郭仁忠等院士。筹委会由李建成、龚健雅、李斐负责，测绘学科相关单位共同参与。

【4月28日】教育部“内地与香港大中小学师生交流计划”2016年度工作会议在杭州召开。我校在会上介绍，根据教育部“香港万人计划”的工作要求，与香港高校实质合作：资环学院与香港理工大学“武汉地区大气光化学污染形成机制研究”项目取得阶段性成果；遥感学院与香港理工大学中长期项目“可靠性空间分析”，多项研究成果已在国际知名期刊上发表，两校达成了联合培养和博士研究生的协议。与会者表示，我校的经验为全国与香港师生交流项目起了积极示范效应。

【4月29日】我校与解放军信息工程大学依托中国嵩山遥感定标场，联合举办“第一届嵩山遥感论坛”。全国200余名遥感精英出席论坛。李德仁、龚健雅等16位专家围绕“高精度地球观测与全球测绘”主题作报告。论坛还组织召开中国测绘学会摄影测量与遥感专业委员会会议；参观中国嵩山卫星遥感定标场；观摩无人机遥感探测飞行演示和高新遥感测绘产品展览。

【4月29日】我校测绘学院与广州汇达集团有限公司签订“战略合作暨捐赠协议”，广州汇达公司捐赠200万元，共建“智慧城镇与在数据可视化研究创新中心”。

【5月13日】“第六届‘济丰杯’运输包装设计大赛”在上海揭晓。我校印刷与包装系荣获最佳组织奖，参赛的包装工程专业本科生段若竹获创意设计一等奖，吴岳轩、龙晓旭、胡逸心分别获创意设计二等奖，吴岳轩获优秀软件应用奖，高智勇副教授获最佳指导教师奖。

【5月14日】“十二五”国家863计划信息技术领域“智慧城市（二期）”重大项目课题“8城市信息多层次智能决策关键技术与系统”在太原通过验收。课题负责人、我校王伟教授汇报项目建立综合决策模型库，为太原市提供多层次时空数据与模型服务，取得了11项专利、6项软件著作权、发表论文11篇（其中：SCI论文5篇）、出版《智慧城市综合管理》专著1部、向国际电联（ITU）提交标准6项等丰硕成果。

国家科技部专家组一致认为：课题组完成了规定的研究内容，达到了技术考核指标，同意通过验收。

【5月14日】“武大珞珈创新天使基金”成立，乃是国内率先由高校、政府、校友三方共同发起的创投基金，加速武大科技成果转化、支持师生以及校友创新创业；基金首期筹资1.5亿元。萌芽于测绘遥感国家重点实验室的“大势智慧科技有限公司”总经理黄先锋获得“珞珈创新天使投资”600万元。

【5月15日】四川省委副书记、省长尹力会见参加“西南交通大学轨道交通前沿科技论坛”的19位院士；李德仁院士代表两院院士发言。

【5月16日】《科技部关于公布2015年创新人才推进计划入选名单的通知》：我校测绘遥感信息工程国家重点实验室邵振峰、国家卫星定位系统工程技术研究中心姜卫平，入选“青年科技创新领军人才”。

【5月16日】《中共中央组织部、人力资源社会保障部、中国科学技术协会关于表彰第14届中国青年科技奖获奖者的决定》：我校测绘学院张小红教授获“中国青年科技奖”。

【5月16日】我校测绘学院召开“全球卫星导航系统精密产品现状及展望国际学术研讨会”，国内外150多名专家学者与会。

【5月17—19日】德意志学术交流中心“现代空间大地测量技术监测全球变化”欧洲代表团一行7人访问我校。副校长李建成院士是该项目中方首席科学家。项目交流报告会在测绘学院召开，副校长李斐、测绘学院院长姚宜斌等，与欧方学者分别报告项目的进展，深入交流，达成广泛共识。

【5月17—18日】我校印刷与包装系系主任万晓霞等，参加中国包装印刷业的领军企业、深圳劲嘉集团股份有限公司“工业产品生态（绿色设计）试点”项目启动仪式，签约建立博士后流动站科研基地。

【5月24日】根据国家遥感中心《关于获得2016年度遥感青年科技人才创新资助计划资助人员的通知》：我校测绘遥感国家重点实验室陈碧宇、李熙入选“2016年度遥感青年科技人才创新资助”。

【5月25日】以“聚焦未来　创新驱动　绿色发展”为主题第二届广东院士高峰年会在深圳召开。我校李德仁院士接受新华网广东频道专访，解读智慧城市、大数据和科研人才培养等热点话题。

【5月28日】我校与国家海洋局南海规划与环境研究院签署合作框架协议。

【6月1日】中国工程院“第11届光华工程科技奖颁奖大会”，我校卫星导航定位技术研究中心姜卫平教授获“光华工程科技奖青年奖”。

【6月2日、6日】在院士大会期间，李德仁、刘经南、龚健雅三院士应邀参观北京信威集团，并与王靖董事长就“一星多用、多星组网”议题深入讨论。受李德仁院士邀请，北京信威集团蒋伯峰副总裁一行来到我校考察，与我校相关领域研究人员交流座谈。

【6月3日】党和国家领导人习近平、李克强等参观在北京展览馆举行的国家“十二五”科技创新成就展览。在战略高技术展厅，我校卫星导航定位技术研究中心牵头研制的“羲和系统大型演示沙盘”，引起了国家领导人浓厚兴趣，刘经南、施闯教授等汇报和讲解。我校参展的“全球卫星导航系统精密定轨定位数据处理理论、方法和软件系统”，支撑我国建立了首个非欧美地区的国际卫星导航分析中心，实时产品质量位居全球前三名，并被10余个国际著名研究机构引进。

【6月8日】“2015年度云南省科学技术奖励大会”。我校邵振峰教授主持完成的“集成BIM和多源空间信息的建设工程全生命周期管理平台研发与应用”，获“2015年度云南省科技进步二等奖”。

【6月15日】我校测绘学院国家“千人计划”桑吉章教授等，赴内蒙古自治区鄂尔多斯市，与该市高新区、中国科学院国家天文台洽谈和签约，共同打造鄂尔多斯“亚太地基光学空间物体观测系统数据与运行管理中心”观测站与天文科普试验基地。

【6月16日】“首届中国太空经济论坛”在北京举行。两院院士李德仁在论坛上指出：“卫星导航、卫星遥感、卫星通信等产业将迎来新一轮的发展机遇，这是千亿级市场。”李德仁强调：“一定要一星多用，多星组网，多网融合，智能服务，上手机……”“把我们的太空经济作为21世纪推动世界经济新产业抓好！”

【6月18日】武大《关于测绘遥感信息工程国家重点实验室行政领导班子成员聘任的

通知》，龚健雅院士为实验室主任，陈锐志、吴华意、龚威为实验室副主任。

【6月18—19日】“地球物理前沿国际研讨会暨中国科学促进会2016年会”在我校测绘学院顺利召开。

【6月20日】我校测绘遥感信息工程国家重点实验室“地球空间信息科学2016年度国际研究生暑期学校”开学，70余名学员来自11个国家。与以往几期不同，本期授课教师全部来自我校，讲授地球空间领域最新研究成果，如北斗导航、夜光遥感、地理信息服务等。

【6月20日】经过两年重建，我校图书馆信息科学（测绘学科）分馆正式开放。

【6月21日】国务院决定，李晓红院士继续担任武汉大学校长。

【6月27日】我校“地球空间信息技术跨学科拔尖人才培养基地”期末学术交流会，6位学员与导师团队面对面，共同探人才培养新模式。

【6月28日】《教育部办公厅关于公布第一批“国家级精品资源共享课”名单的通知》：我校测绘学科9门课程：“土地信息系统”（负责人刘耀林）、“GPS原理及其应用”（负责人黄劲松）、“摄影测量学”（负责人袁修孝）、“物理大地测量学”（课负责人李建成）、“误差理论与测量平差基础”（负责人邱卫宁）、“遥感原理与应用”（负责人方圣辉）、“印刷概论”（负责人万晓霞）、“测绘学概论”（负责人宁津生）、“大地测量学基础”（负责人郭际明）、“数字图像处理”（负责人贾永红）等，被确定为第一批“国家级精品资源共享课”。

【6月28日】“2016首届国际航空航天产业发展大会”在深圳举行。我校测绘遥感信息工程国家重点实验室深圳研发中心与深圳宝安区政府、顺丰航空签订战略合作协议。李德仁院士出席大会并致辞。

【6月29日】“测绘科学与技术学科研究生培养研讨会”在我校举行，37个测绘科学与技术学科博士、硕士授权点单位67位专家与会。该评议组召集人龚健雅院士，介绍了评议组的工作、一级学科博士学位授权点申请、博士生论坛、暑期学校、新增的二级学科方向、学位评估等问题。会议讨论“博士硕士学位授权一级学科点申请基本条件”、“测绘科学与技术学科研究生课程建设报告”等，龚健雅进行了总结。

【7月4—8日】由科技部、国家遥感中心和欧洲空间局主办、我校测绘遥感信息工程国家重点实验室承办的“中欧国际合作项目‘龙计划’三期成果总结暨四期启动会”在我校开幕。中欧研究队伍已发展到234个研究机构的630余名学者。李德仁院士是“中国地形和形变”合作领域的首席科学家，带领的研究团队与意大利米兰理工大学研究小组合作，首次采用航天遥感技术获得地表毫米级精度的微小形变，是雷达遥感领域的重大突破。

【7月上旬】入汛以来，全国发生多起重大洪涝和地质灾害。我校遥感信息工程学院水利遥感团队任润东、邢晨、贾祎琳三位研究生，在导师孟令奎教授指导下，利用高分系列卫星影像、雷达数据、堤坝矢量数据，对武汉市、洞庭湖等地进行实时监控分析，制作了大量长江中下游地区洪涝分布数据及专题图，为防汛提供了及时准确的遥感监测信息。

【7月7—8日】“第六届国际数字地球高峰会议”在京举行，30余个国家及国际组织的300余位代表与会，李德仁院士作题目是“展望大数据时代的地球空间信息学”主题

报告，提出“对地观测脑”的概念，国内外听众反响热烈。李德仁院士获大会颁发的“科技贡献奖”。

【7月11日】我校中国南极测绘研究中心青年教师季青博士，随中国第七次北极科学考察队“雪龙”号科学考察船从上海基地码头启航，前往北极科学考察，执行北冰洋海冰变化监测项目。

【7月12—19日】李德仁、龚健雅院士率我校代表团80余人，赴捷克布拉格参加“第23届国际摄影测量与遥感大会大会”，大会主题为“穿越人类历史长河的空间信息”。李德仁作题为“大数据在测量遥感和地理信息”报告。吴华意团队研发的教学软件GeoSquare，通过激烈的竞争，从14个参赛软件中脱颖而出，获得比赛第三名的奖励。资源与环境学院博士生刘欣鑫作了题为“遥感影像中密集条带的一种新型去除方法”的口头报告，获大会青年论坛最佳论文奖。该奖项为30岁以下青年学者设立，本次大会仅1人获奖。

会议期间，龚健雅、吴华意和ISPRS新任主席Christian Heipke就9月18—22日在武汉举办的“ISPRS2017地球空间信息科学周”展开讨论。吴华意在大会闭幕式邀请各国代表参加该活动。

【7月21日】“中德测绘日活动”在柏林工业大学举办，留德、旅欧专家学者，中德双方博士生等50余人与会。中德测绘与地球空间信息协会顾问委员会主任、武大地球空间信息技术协同创新中心主任李德仁院士，中国驻德公使衔参赞尹军，柏林工业大学大地测量研究所所长弗兰克·耐策教授，德国宇航中心行星测量研究所所长约根·奥伯斯特教授出席开幕式。德国地学研究中心资深研究员葛茂荣博士受聘为武大地球空间信息技术协同创新中心兼职研究员，李德仁颁发了兼职研究员聘书。随后，李德仁作题为“中国高分辨率对地观测卫星”的大会报告，以已成功三期12年的“龙计划”为例，详细介绍国外研究机构如何深入参与到“龙计划”项目中；以及武大与德国斯图加特大学、慕尼黑工业大学成功合作范例，包括中德间测绘教育领域硕士生培养等内容；愿与更多的德国高校建立灵活多变的硕士生教育合作模式。

后　记

《武汉大学测绘学科六十年（1956—2016）》编撰工作由武汉大学测绘学科相关单位共同承担完成。李建成担任主编。杨旭负责全书统稿，陈晓榕协助统稿。本书内容主要分为“文字”和“表格”两大类。具体任务承担情况如下：

1. 第一篇（第一章至第三章）主要由徐兴沛负责编撰，陈晓榕、晏金柱、杨旭等参与了内容修改完善工作。

2. 第二篇（第四章至第九章）由多人分工完成：

（1）第四章“办学实体”和第五章“学科设置”由孙萍负责编撰；材料收集人员包括：杨克俭、程新明、施焕军、万舒良、易尧华、郭永军、关琳、戚颖华、付波、徐永芳等。

（2）第六章“师资队伍”由毕卫民负责编撰。表格统计和材料收集人员包括：李霞、秦平、魏秀琴、余晔、万爱萍、曾春梅、何小丹、胡艳、张文燕等。

（3）第七章“人才培养”由晏金柱负责编撰。表格统计和材料收集人员包括：程新明、秦咏梅、王琪、何凌、刘潇、沈元春、徐鹏、华翔、郭永军、黄舒、关琳、金文杰、王群、胡艳、刘旻等。

（4）第八章“科学研究”由陈莉琼负责编撰。表格统计和材料收集人员包括：施焕军、张泉、杨妙玲、余晔、郭永军、李汉武、胡灵、闫海蕴、金红、胡艳等。

（5）第九章“国际学术交流”由杨旭负责编撰。表格统计和材料收集人员包括：李霞、张泉、杨妙玲、余晔、石立特、何婧琳、金文杰、何小丹、胡艳等。

李汉武、万爱萍、石立特、关琳、胡灵、陈莉琼、曾春梅、闫海蕴、何婧琳、金文杰等参与表格资料汇总与整理。

3. 第三篇（第十章至第十三章）由徐兴沛负责编撰。

宁津生、李德仁、刘经南、张祖勋、龚健雅等院士对本书编撰给予了悉心指导，提出了修改意见；陈明全程参与本书编撰过程中的讨论和修改；姚宜斌、刘耀林、彭宇文、万晓霞、左军、施闯、闫利、邹进贵、张朝龙、张永军、方圣辉、秦昆、郭重奎、高卫松、艾廷华、李霖、肖胜春、易尧华、周翠芳、龚威、王泽民、庞小平、朱国宾等参与了本书内容提供与修改工作；甘宏度、郑肇保、尹传忠、郑儒根等对相关内容给予了审定；何婧琳给予了编务工作服务。

《武汉大学测绘学科六十年（1956—2016）》编写组

2016 年 9 月

图书在版编目(CIP)数据

武汉大学测绘学科六十年:1956—2016/李建成主编. —武汉:武汉大学出版社,2016.10
ISBN 978-7-307-18769-6

Ⅰ.武… Ⅱ.李… Ⅲ. 武汉大学—校史—1956-2016 Ⅳ. G649.286.31

中国版本图书馆 CIP 数据核字(2016)第 237790 号

责任编辑:胡 艳　　责任校对:李孟潇　　版式设计:韩闻锦

出版发行:**武汉大学出版社** (430072 武昌 珞珈山)
(电子邮件:wdp4@whu.edu.cn 网址:www.wdp.com.cn)
印刷:湖北恒泰印务有限公司
开本:787×1092 1/16　印张:31.75　字数:768 千字　插页:14
版次:2016 年 10 月第 1 版　2016 年 10 月第 1 次印刷
ISBN 978-7-307-18769-6　定价:99.00 元